꼼꼼한 재은 씨의
스위프트 문법편

꼼꼼한 재은 씨의 스위프트:문법편

초판 2017년 12월 4일
 2판 2018년 10월 16일
 3판 2020년 2월 20일
 4판 2022년 4월 20일

지음 이재은
편집 강원정

발행인 한창훈

발행처 루비페이퍼
등록 2013년 11월 6일 제 385-2013-000053 호
주소 경기도 부천시 원미구 길주로 252 603호
전화 032-322-6754
팩스 031-8039-4526

홈페이지 www.RubyPaper.co.kr
ISBN 979-11-86710-23-4

이 책은 저작권법에 따라 보호받는 저작물이므로 무단 전재와
무단 복제를 금하며, 이 책 내용의 전부 또는 일부를 이용하려면
저작권자와 루비페이퍼의 서면 동의를 받아야 합니다.

책값은 뒤표지에 있습니다.

잘못된 책은 구입하신 곳에서 바꾸어 드립니다.

꼼꼼한 재은 씨의
Swift : 문법편

이재은 지음

저자의 말

글을 쓴다는 것은 참 즐거운 일입니다. 대화나 채팅은 일회성으로 흘러가는 반면, 글은 한번 써 놓은 후 다시 다듬을 수 있을 뿐만 아니라 시간이 지난 후에는 보다 냉정한 시각에서 다시 읽어볼 수도 있기 때문입니다. 더군다나 혼자 쓰는 글에 그치지 않고 책으로 엮어져 여러 사람에게 읽힌다는 것은 글을 쓰는 일을 업으로 하지 않는 저 같은 이에게는 영광이기도 합니다.

하지만 글을 쓴다는 것은 또한 힘든 일이며, 동시에 책임감과 부담이 따릅니다. 잘못된 설명 한 내용 하나가 누군가에게 지식으로 남을 수 있다는 생각을 하면 더욱 그렇습니다. 책의 내용 한 줄을 쓰거나 수정하는 일이 생각만큼 쉽지 않은 것은 이 때문입니다. 많은 것을 알면 알수록 더더욱 글을 쓰는 것이 조심스러워지죠. 하지만 겁 없이 내놓았던 첫 책이 과분한 사랑을 받은 덕분에 수많은 책 속에 묻히지 않고 개정판까지 낼 수 있게 되어 감사할 따름입니다.

이번 개정 작업 과정에서는 새로 발표된 스위프트 5와 Xcode 10에서 변경된 점을 반영했으며, 기존에 설명이 부족했던 부분, 혹은 어렵게 느껴졌을 만한 부분을 정리하고 이를 더 쉽게 전달하기 위한 고민을 계속했습니다. 단순하고 짤막한 이론 설명보다는 많은 사람들이 어려워하거나 원리를 궁금해하던 부분, 실수하기 쉬운 부분을 가급적 상세하게 설명할 수 있도록 노력했습니다. 차분하게 차례대로 읽어 나가다 보면 어느샌가 스위프트와 iOS의 제작 과정에 대해 충분히 이해할 수 있을 것이라 생각합니다.

20여 년에 가까운 시간 동안 프로그래머로서 일을 해오면서도 저에게 여전히 프로그래밍은 흥미진진하고 호기심 가득한 여정입니다. 스위프트와 같은 최신 언어가 반영하고 있는 프로그래밍 패러다임을 알아가는 것도 무척 즐거운 일이고요. 이 책을 읽는 독자 여러분들도 스위프트가 얼마나 깔끔한 언어인지, iOS 앱을 만드는 과정이 얼마나 쉽고 간결한지, 더 나아가 프로그래밍 과정이 얼마나 즐거운 것인지를 함께 느낄 수 있으면 좋겠습니다.

2018년 10월

이재은

감사의 말

우선, 댓글과 메일, 쪽지 등을 통해 응원의 메시지 혹은 책이 좋았다는 메시지를 보내주시는 열성적인 독자분들께 감사드립니다. 책을 쓰는 과정은 참 지난하고 힘들며, 자신과 싸움의 연속이라 지치기 쉬운데, 그때마다 받은 메시지들을 읽어보면서 왜 제가 책을 쓰는지, 그것이 어떤 의미가 있는지 새삼 느끼곤 합니다.

오타와 오류를 직접 정리해서 보내주시는 열정적인 독자분들께도 감사드립니다. 지적해주지 않았다면 미처 수정하지 못하고 다음번 인쇄 때에도 여전히 오류인 상태로 출간할 뻔했던 적이 많았답니다.

어려서부터 책을 많이 읽고, 또 글을 좋아할 수 있도록 꾸준히 환경을 만들어 주신 덕분에 결국 지금처럼 글쓰기의 즐거움을 느껴볼 기회를 갖게 해 주신 어머니께 감사드립니다. 돌이켜 생각해 보면 글은 저희 어머니께서 훨씬 더 잘 쓰셨던 것 같은데 말이죠 ^^

여러 해 함께 일하며 다양한 이슈에서 토론 상대가 되어 주는 저의 부사수 신성철 군과, 오랜 시간을 따라다닌 치킨 트라우마의 전말을 알고 기어이 사비를 털어 프라이드치킨을 사주신 최은경 님과 장석순 님께 감사의 인사를 전합니다. 덕분에 드디어 월급날 즈음에 '치킨'을 먹을 수 있었답니다.

오랜 시간 변함없이 아낌없는 지원을 하고 있다고 우기는 승현과 효정, 그리고 지현에게 고마움을 전합니다. 사실 변함없이 그 자리에 있어 주는 것만으로도 힘이 되는 사람들이 있는데, 저에겐 이들이 그렇습니다. 가족만큼 가까운 사람들인 셈이죠. 오랜만에 한번쯤 다 같이 모여 볼 수 있다면 정말로 좋을 것 같네요.

제자이자 동생이며, 드디어 사회에 당당하게 발을 내디딜 수 있게 된 권민 군에게 감사의 인사를 전합니다. 세상에서 제일 이쁘다는 수식어를 꼭 붙여 달라고 요구한 이유미씨와, 그보다 훨씬 착하고 멋진 김예슬 님께도 감사드립니다. 항상 글에 대해 꾸준한 관심을 보여주고, 책이 완성되기를 응원해준 별이 님께도 감사드립니다.

책을 쓰고 고민할 때마다 방향을 찾아 제시해주고, 응원과 조언을 아끼지 않으며, 출판인으로서의 자세를 보여주고 계시는 강원정 님에게도 감사드립니다. [꼼꼼한 재은씨] 시리즈에서 주인공 역할을 허락해주신 윤서 님에게도 감사드립니다. 제가 쓰는 글이라면 무엇이든 출간해주신다고 약속하시어, 제가 쓰고 싶은 글과 대중성 사이에서 고민을 하지 않아도 되도록 해주신 루비페이퍼의 한창훈 대표님께도 감사드립니다.

고맙습니다. 여러분들 덕분에 포기하지 않고 끝까지 책을 쓸 수 있었습니다.
모두에게 너무너무 감사드립니다. 고맙습니다.

머리말

아이폰이 세상에 선을 보인지도 여러 해가 지났습니다. 아이폰은 스마트폰이라는 새로운 상품군을 만들어 냈고, 앱스토어에서 수많은 앱이 선을 보였습니다. 여러 번의 모델링을 거쳐 최근에는 아이폰 XS까지 발표되기에 이르렀죠.

세상을 바꾼 가장 혁신적인 발명이라는 명제에 걸맞게 아이폰이 세상에 가져온 혁신은 어마어마했습니다. 사람들은 걸어 다니면서도 인터넷에 접속하여 유용한 정보를 획득할 수 있게 되었고, 과거 SF 영화에서나 볼 법했던 여러 기술이 스마트폰을 통해 구현되기도 했습니다.

개발에 관심이 있는 사람들은 저마다 앱 개발자가 되어 좋은 앱을 개발해보고자 노력했고, 그러는 와중에 소위 말하는 대박난 앱들이 등장하기도 했습니다. 앱 개발을 위해 비싼 돈을 들여 개발자 프로그램에 가입하고 앱을 만들어 앱스토어에 등록하는 과정은 꽤 번거롭고 힘든 일이었지만 그래도 앱 개발자들의 열풍은 계속되었고, 그 노력에는 어느 정도 보상이 뒤따랐습니다. 앱스토어에 등록된 앱 생태계는 늘어난 앱의 개수만큼이나 무척이나 풍요로워졌죠.

그러나 과거에도 그랬듯이 애플 진영 특유의 폐쇄성에 기인한 iOS와 앱스토어에 대한 강력한 통제 정책으로 인하여 개발자들은 조금씩 불만이 쌓여갔습니다. iOS를 원하는 대로 튜닝할 수도 없고, 애플에서 새로 배포하는 버전에서 API를 차단해 버리면 기존 앱들도 모두 서비스를 중단해야 하는 상황이 비일비재했습니다. 특히 앱 내에서 상품을 결제하기 위해서는 애플에서 제공하는 API를 사용하고, 매출의 상당 비율을 수수료로 내야 한다는 애플의 'In App Purchase' 정책은 우리나라에서 서비스되던 많은 앱에 결정적인 장벽이 되었습니다.

그 와중에 개방과 공유를 기조로 한 구글의 안드로이드 플랫폼이 점점 성장하고 있었고, 이 성장 역시 또 다른 변혁을 가져왔습니다. 많은 개발자와 스마트폰 제조사가 너도나도 안드로이드 진영에 가담한 것이죠. 그러자 전 세계 IT 시장은 애플의 iOS를 탑재한 아이폰과 구글의 안드로이드를 탑재한 수많은 스마트폰의 대결 형국으로 굳어졌습니다.

많은 혁신과 새로운 생태계를 만들어 내며 IT 패러다임을 바꿔왔던 애플의 아이폰이 이제는 안드로이드 플랫폼의 거센 도전에 직면하고 있습니다. 아니, 이미 대세는 안드로이드라는 말이 나올 정도로 국내 아이폰의 점유율이 대폭 하락한 것이 사실이며, 이러한 추세가 세계적으로 지속되고 있습니다. 시장 지배적 입장에서 다시 도전자의 입장으로 바뀌게 된 애플은 이러한 난관을 타개하기 위하여 여러 가지 시도를 하고 있으며, 그 시도 중 하나가 이 책에서 이야기하고자 하는 스위프트입니다.

스위프트가 가지는 앱 개발 언어로서의 가능성과 한계는 차치하고라도, 기존의 언어를 대체하는 목적으로 등장했다는 점에서 많은 개발자가 스위프트를 불만스럽게 여기는 부분이 많습니다. 그러나 C 기반의 어려운 개념들 때문에 앱 개발을 포기했던 많은 사람에게는 스위프트가 좋은 기회가 될 수 있습니다. 이 기회를 놓치지 않을 수 있도록 이 책이 여러분을 도와드릴 것입니다.

학습 방법

하나의 앱을 만들려면 여러 개념과 기술이 접목되어야 합니다. 따라서 이 책은 시리즈 전반에 걸쳐 스위프트로 앱을 제작하는 개념을 익혀 나가는 과정에서 네트워크나 JSON 데이터 포맷 등 많은 주변 지식과 기술에 대한 설명을 함께 다룹니다. 먼저 간단한 기능을 반영한 앱을 만들어보고, 해당 기능을 이어지는 장에서 보완하는 과정을 반복합니다. 이처럼 단계적으로 앱을 완성해 나갈 수 있도록 설명을 제공합니다.

이 책은 현장에서 강의하던 경험을 바탕으로 커리큘럼을 그대로 도입했습니다. 따라서 학습을 진행할 때 될 수 있으면 이 책의 순서에 따르는 것이 좋습니다. 처음에는 설명 부분이 지루할 수도 있지만, 끈기를 갖고 따라 하다 보면 조금씩 스위프트에 대한 이해가 쌓여가는 자신을 발견할 수 있을 겁니다.

스위프트가 얼리어답터에 의해 사용되던 시기는 지났습니다. iOS 앱 개발에 관한 팁을 검색하면 이제는 오브젝티브-C보다 스위프트를 이용한 코드가 먼저 검색될 만큼 스위프트를 이용한 샘플 소스와 각종 강좌는 폭발적으로 늘어가고 있죠. 게다가 스위프트는 현재 문법적 안정화 단계에 접어들었습니다. 지금이야말로 스위프트를 시작하기에 최적의 시기입니다.

이제 다음 장을 넘겨 지겨운 설명부터 읽기 시작해 봅시다. 읽고 따라 하다 보면 조금씩 앱 제작 방법에 대한 이해가 쌓여가는 자신을 확인할 수 있을 겁니다.

이 책은 무엇에 대한 책인가요?

이 책은 애플 사에서 발표한 컴퓨터 언어인 스위프트 프로그래밍에 대한 첫 번째 시리즈인 《스위프트 : 문법편》으로, 현재 스위프트 5의 최신 문법에 대해 다루고 있습니다. 후속 시리즈인 《스위프트 : 기본편》을 통해 iOS 앱 제작 방법을 학습하기 위한 준비 단계인 동시에 오픈소스로 발표된 리눅스용 스위프트를 이용하여 서버 프로그래밍 등 다양한 애플리케이션을 제작하기 위한 선행 학습 과정이기도 합니다.

이 책은 시리즈인가요? 어떻게 읽어야 하죠?

이 책은 시리즈의 일부로, 이어지는 나머지 책들의 첫 번째 책에 해당합니다. 따라서 스위프트를 이용한 iOS 개발 학습을 생각하는 분이라면 다음의 순서대로 책을 학습하시는 것이 좋습니다.

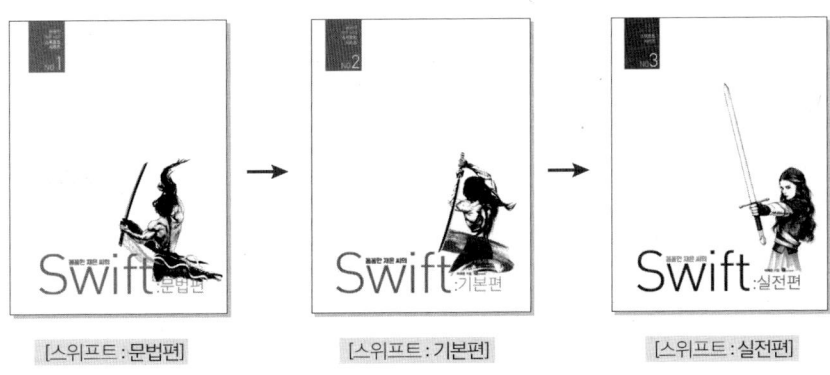

[스위프트 : 문법편]   [스위프트 : 기본편]   [스위프트 : 실전편]

이 책에 해당하는 문법편에서는 스위프트의 기본 문법과 코드의 특성에 대해 설명합니다. 이어서 기본편에서는 iOS 앱 개발에 대한 기본적인 내용을 학습하게 되고, 실전편에서는 앞에서 배운 내용들을 활용하여 실제 현업에서 사용해야 할 주제들을 배우게 됩니다.

예제 코드는 어디서 받을 수 있나요?

실습 과정에 포함된 모든 예제는 루비페이퍼 자료실에서 내려받을 수 있습니다.

이 책에 포함된 예제 코드를 비상업적 목적으로 사용할 때에는 별도의 허락을 구할 필요는 없습니다. 그러나 상업적 목적으로 예제 코드의 대부분을 사용할 때에는 이에 대한 허락을 구해야 합니다. 또한 책의 설명 내용을 인용할 때에는 가급적 저작권을 명시하여 주시기 바랍니다. 저작권에는 제목, 저자, 출판사, ISBN을 포함해야 합니다.

목차

CHAPTER 01 애플의 새로운 언어, 스위프트   1

1.1 스위프트 언어의 탄생과 배경   4
1.2 스위프트 언어의 특징   7
    1.2.1 스위프트 언어에서 차용하고 있는 주요 기능들   8
    1.2.2 구조적 특징   14
1.3 오브젝티브-C vs 스위프트   16

CHAPTER 02 Xcode와 친해지기   23

2.1 통합개발 환경   24
    2.1.1 통합개발 환경 이전의 프로그래밍   24
    2.1.2 통합개발 환경의 등장   26
2.2 Xcode란?   27
2.3 Xcode 설치하기   35
    2.3.1 정식 버전 설치 : 앱스토어를 통하여   35

2.3.2 베타 버전 설치 : 애플 개발자 사이트		37
2.4 Xcode 실행하기		**39**
2.4.1 첫 번째 메뉴, 플레이그라운드 시작하기		41
2.4.2 두 번째 메뉴, Xcode 프로젝트 생성하기		51
2.5 Xcode의 구성 요소		**57**
2.5.1 툴바 영역		58
2.5.2 내비게이터 영역		61
2.5.3 에디터 영역		70
2.5.4 디버그 영역		74
2.5.5 인스펙터 영역		76
2.5.6 라이브러리 영역		82
2.6 앱 시뮬레이터		**92**
2.6.1 앱 시뮬레이터의 사용 방법		95
2.6.2 앱 시뮬레이터의 고급 기능		101
2.7 Xcode 제약 사항		**108**
2.7.1 앱 빌드 시 주의 사항		108
2.7.2 디바이스에 앱을 설치할 때 주의할 점		109

CHAPTER 03 기본 문법 : 이것이 바로 스위프트 117

3.1 스위프트 기초 문법 118
3.2 변수와 상수 124
3.2.1 변수와 상수를 정의하는 방법 126
3.2.2 변수와 상수의 이름 정의하기 132
3.3 자료형 136
3.3.1 기본 자료형 138

3.3.2 타입 추론과 타입 어노테이션	150
3.3.3 타입이 다른 변수끼리의 결합	155
3.3.4 스위프트 4에서의 문자열 처리	159
3.4 연산자	**168**
3.4.1 산술 연산자	168
3.4.2 비교 연산자	170
3.4.3 논리 연산자	170
3.4.4 범위 연산자	172
3.4.5 대입 연산자	176

CHAPTER 04   흐름 제어 구문 코드의 활용성을 높여주는 도구들 179

4.1 반복문	**181**
4.1.1 for~in 구문	182
4.1.2 while 구문	191
4.1.3 repeat~while 구문	193
4.2 조건문	**195**
4.2.1 if 구문	196
4.2.2 guard 구문	208
4.2.3 #available 구문	212
4.2.4 switch 구문	216
4.3 제어 전달문	**225**
4.3.1 break	226
4.3.2 continue	227
4.3.3 구문 레이블과 break, continue	230

CHAPTER 05 집단 자료형 : 연관된 데이터를 손쉽게 다루기 — 237

5.1 배열 — 239
- 5.1.1 배열 순회 탐색 — 243
- 5.1.2 배열의 동적 선언과 초기화 — 246
- 5.1.3 배열 아이템 동적 추가 — 252
- 5.1.4 범위 연산자를 이용한 인덱스 참조 — 258

5.2 집합 — 261
- 5.2.1 집합의 정의 — 262
- 5.2.2 집합 순회 탐색 — 265
- 5.2.3 집합의 동적 추가와 삭제 — 266
- 5.2.4 집합 연산 — 268

5.3 튜플 — 274

5.4 딕셔너리 — 280
- 5.4.1 딕셔너리의 선언과 초기화 — 283
- 5.4.2 딕셔너리에 동적으로 아이템 추가하기 — 287
- 5.4.3 딕셔너리의 순회 탐색 — 292

CHAPTER 06 옵셔널 : 스위프트가 잠재적 오류를 다루는 방법 — 295

6.1 옵셔널 타입 선언과 정의 — 301

6.2 옵셔널 값 처리 — 303
- 6.2.1 옵셔널 강제 해제 — 305
- 6.2.2 옵셔널 바인딩 — 309
- 6.2.3 컴파일러에 의한 옵셔널 자동 해제 — 312
- 6.2.4 옵셔널의 묵시적 해제 — 315

CHAPTER 07 함수 : 함수가 갑입니다 — 319

7.1 함수의 기본 개념 — 319
7.1.1 사용자 정의 함수 — 321
7.1.2 함수의 호출 — 326
7.1.3 함수의 반환값과 튜플 — 338

7.2 매개변수 — 342
7.2.1 내부 매개변수명, 외부 매개변수명 — 342
7.2.2 가변 인자 — 347
7.2.3 기본값을 갖는 매개변수 — 348
7.2.4 매개변수의 수정 — 350
7.2.5 InOut 매개변수 — 353
7.2.6 변수의 생존 범위와 생명 주기 — 357

7.3 일급 객체로서의 함수 — 364
7.3.1 일급 함수의 특성 — 364
7.3.2 함수의 중첩 — 386

7.4 클로저 — 393
7.4.1 클로저 표현식 — 394
7.4.2 클로저 표현식과 경량 문법 — 398
7.4.3 트레일링 클로저(Trailing Closure) — 403
7.4.4 @escaping과 @autoescape — 407

CHAPTER 08 구조체와 클래스 : 객체지향 스위프트 — 415

8.1 구조체와 클래스의 기본 개념 — 418
8.1.1 정의 구문 — 418
8.1.2 메소드와 프로퍼티 — 420

	8.1.3 인스턴스	422
	8.1.4 초기화	427
	8.1.5 구조체의 값 전달 방식 : 복사에 의한 전달	431
	8.1.6 클래스의 값 전달 방식 : 참조에 의한 전달	433
8.2 프로퍼티		**439**
	8.2.1 저장 프로퍼티	441
	8.2.2 연산 프로퍼티	453
	8.2.3 프로퍼티 옵저버	462
	8.2.4 타입 프로퍼티	467
8.3 메소드		**471**
	8.3.1 인스턴스 메소드	472
	8.3.2 타입 메소드	479
8.4 상속		**480**
	8.4.1 서브클래싱	482
	8.4.2 오버라이딩	489
8.5 타입 캐스팅		**500**
	8.5.1 타입 비교 연산	504
	8.5.2 타입 캐스팅 연산	507
	8.5.3 Any, AnyObject	511
8.6 초기화 구문		**515**
	8.6.1 init 초기화 메소드	516
	8.6.2 초기화 구문의 오버라이딩	524
8.7 옵셔널 체인		**528**
	8.7.1 옵셔널 타입의 문제점	528
	8.7.2 옵셔널 체인	531

CHAPTER 09 열거형과 익스텐션 : 코드의 한계를 넓혀주는 문법   537

9.1 열거형   538
- 9.1.1 열거형의 정의   539
- 9.1.2 멤버와 값의 분리   546
- 9.1.3 열거형의 활용   551

9.2 익스텐션   554
- 9.2.1 익스텐션과 연산 프로퍼티   555
- 9.2.2 익스텐션과 메소드   557
- 9.2.3 익스텐션을 활용한 코드 정리   560

CHAPTER 10 프로토콜 : 객체의 설계도   573

10.1 프로토콜의 정의   576
- 10.1.1 프로토콜 프로퍼티   577
- 10.1.2 프로토콜 메소드   578
- 10.1.3 프로토콜과 초기화 메소드   586

10.2 타입으로서의 프로토콜   592

10.3 델리게이션   597

10.4 프로토콜의 활용   602
- 10.4.1 확장 구문과 프로토콜   602
- 10.4.2 프로토콜의 상속   603
- 10.4.3 클래스 전용 프로토콜   610
- 10.4.4 optional   611

CHAPTER 11 오류 처리 : 스위프트는 어떻게 오류를 처리할까요? 615

11.1 오류 처리 구문 616

11.1.1 오류 타입 정의하기 617
11.1.2 오류 던지기 619
11.1.3 오류 객체 잡아내기 625

이 책을 마치며 630
찾아보기 631

CHAPTER 01

애플의 새로운 언어, 스위프트

2014년 6월 2일, 애플은 세계 개발자 대회(WWDC 2014)를 개최했습니다. 해마다 세계를 놀라게 하는 혁신을 거듭해 왔던 WWDC였던 만큼 이번에는 어떤 의미 있고 혁신적인 하드웨어를 공개할 것인가에 사람들의 이목이 온통 집중되어 있었던 행사였죠. 하지만 애플의 그해 WWDC는 다른 의미로 혁신적이었습니다. 하드웨어가 아니라 소프트웨어, 그것도 20여 년 가까이 앱 개발을 위한 주력 언어로 사용해 왔던 오브젝티브-C를 대체할 새로운 언어를 발표한 것입니다. 바로 스위프트죠.

그림 1-1 스위프트 로고

스위프트는 발표와 동시에 많은 논란을 가져왔습니다. 기업에서 상용 제품을 개발하는 데 사용하는 언어는 오랜 시간 개발자들이 검증하고 개선한 언어를 채택하는 것이 일반적입니다. 그런데 스위프트는 소위 말하는 갑툭튀였거든요. 어느 날 갑자기 전혀 생소한 언어를 채택한 겁니다. 스위프트에 대해 알 리가 없는 대부분의 사람들은 일순간 혼란에 빠졌습니다.

그중에서도 가장 혼란이 극심했던 것은 바로 오브젝티브-C 개발자들이었습니다. 오브젝티브-C가 갖는 강점을 이해하고 어느 정도 자유롭게 사용할 수 있기까지 많은 노력이 필요했던 개발자들에게 기존의 언어를 대체할 새로운 언어가 등장했다는 소식은 청천벽력같은 일이었습니다. 기존에 쌓아왔던 경험과 경력들을 모두 초기화해야 하는 것이냐며 불안감이 생겨났고 이에 따른 불만도 고조되었습니다.

하지만 그런 불만은 시간이 지나면서 점차 희석되어 갔습니다. 당장 오브젝티브-C를 사용하지 못하게 된 것도 아니고, 스위프트 언어가 당장 앱 개발에 투입될 수 있을 만큼 안정성을 갖추지도 못했기 때문입니다. 언어로서의 완성도 역시 부족하여 가독성이 떨어지는 연산자나 오류 검출을 위한 옵셔널(Optional) 개념, lazy 처리 미비 등 다양한 부분에서 보완이 필요한 상태였죠. 이 때문에 많은 사람은 '애플이 또 이상한 짓 하는구면.'하고 생각하기도 했습니다.

결국, 약 3개월여에 걸쳐 스위프트는 십여 차례 이상의 업데이트를 진행했고, 이를 통해 안정적이고 상업적으로 이용 가능한 수준의 언어로서 모습을 갖추어 갔습니다. 그동안 다양한 변화가 있었고, 어떤 변화는 매우 급격하기도 했습니다. 업데이트 때마다 이전 버전과의 호환성이 담보되지 않아 초기 버전에서 맞게 작성된 스위프트 코드가 다음 업데이트 버전에서는 문법 오류투성이로 둔갑하는 일도 비일비재했습니다. 이같은 일이 몇 달간 거듭되던 끝에 2014년 가을, 정식 버전이랄 수 있는 스위프트 GM 버전이 공개되면서 스위프트의 급격한 변화는 조금씩 사그라져갔습니다. 비로소 어느 정도 안정성을 갖춘 언어로서 자리를 잡은 것이라 할 수 있습니다.

하지만 스위프트의 변화는 여기서 그치지 않았습니다. 스위프트의 첫 공개로부터 약 1년 후, 애플은 2015 WWDC에서 스위프트 2.0 버전을 공개하였습니다. 스위프트 2.0 버전은 그간의 요구를 충실하게 담아 스위프트 GM 버전에서 부족하게 여겨졌던 각종 구문에 대한 꼼꼼한 보완은 물론이거니와 많은 개발자가 원하던 오류 검출 기능까지 추가하였습니다. 2.0 버전의 공개를 통해 스위프트는 비로소 앱 개발 플랫폼으로 사용하기에 충분한 언어로서의 면모를 갖추게 된 것이죠.

2015 WWDC에서 스위프트에 대해 발표된 내용은 이뿐만이 아니었습니다. 2015년 말로 예정된 오픈소스화 계획 발표와 함께 리눅스용 컴파일러까지 제공하겠다고 선언하기까지 했죠. 애플 특유의 폐쇄성을 생각해본다면 이는 실로 대단한 일입니다. 스위프트에 대한 오픈소스화는 해당

언어를 이용하여 애플 기기용 앱뿐만 아니라 다른 기기에서 실행될 수 있는 다양한 소프트웨어를 개발할 수 있다는 의미이기 때문입니다. 특히 리눅스용 컴파일러를 제공하겠다는 것은 C/C++, 자바, C#, 파이썬, 자바스크립트(Node.js) 등의 언어가 주도하고 있는 서버 프로그래밍을 스위프트로도 할 수 있게 된다는 뜻이기도 합니다. 그만큼 스위프트를 사용할 수 있는 선택의 폭이 넓어지는 셈입니다.

2015년 말, 애플은 공언한 대로 스위프트를 오픈 소스로 전환하고 이를 뒷받침해줄 홈페이지도 함께 공개했습니다. 리눅스용 컴파일러도 함께 제공되었죠.

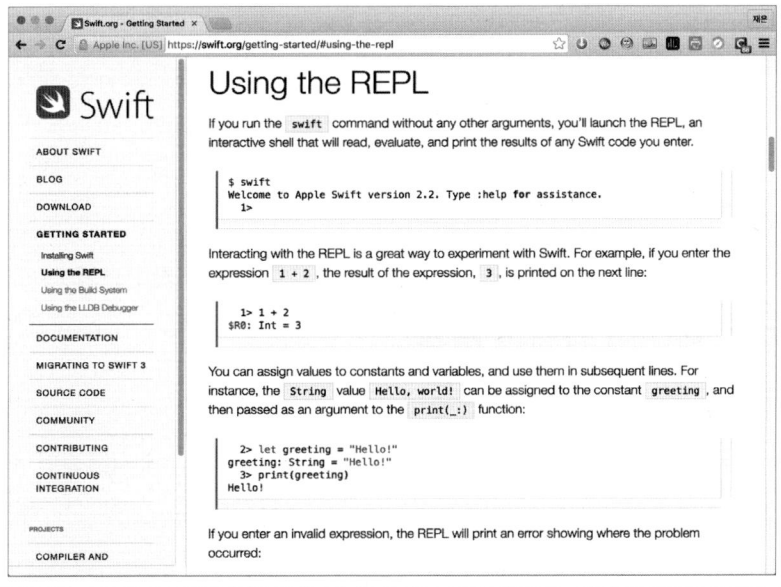

그림 1-2 오픈소스 스위프트 홈페이지(https://www.swift.org)

홈페이지와 커뮤니티를 통해 애플은 스위프트에 대한 개발자들의 제안을 받아들이기 시작했고, 개발자들이 던진 제안 중 검토를 거쳐 합리적이라고 판단된 것들을 스위프트에 반영하기 시작했습니다.

그리고 시간이 흘러 다시 WWDC 2016, 2017, 2018을 차례로 개최하면서, 애플은 개발자들의 의견이 수렴된 스위프트 새 버전을 계속 내놓게 됩니다. 기존 언어와의 공생 관계를 탈피하고, 스위프트만의 독자적인 언어 특성을 만들어가기 시작하는 시기라고 할 수 있죠. 새 버전이 발표되는 매년 6월의 궤적을 따라가다 보면 다음 해 6월에는 과연 어떤 변화가 있을지 기대되기도 합니다.

이제 스위프트가 발표된 지 4년이 지나갑니다. 스위프트는 그동안 가장 핫한 신생 언어로서 여러 언어 순위 차트에 그 이름을 올려놓았으며, 주요 언어를 꼽을 때 빠지지 않는 핵심 언어로 자리 잡아가고 있습니다. 초기에는 찾아보기 힘들었던 각종 샘플 코드들도 이제는 어렵지 않게 찾아볼 수 있어 개발 부담을 덜 수 있게 되었죠. 스위프트를 사용하여 앱을 개발하는 것이 오브젝티브-C보다 더 쉬워져 가고 있다는 뜻입니다.

이번 장에서는 플랫폼으로서의 스위프트에 대하여 학습합니다. 문법을 학습하기에 앞서 스위프트의 언어적 특징은 어떠한지, 스위프트의 장점은 무엇이며 전반적인 이슈는 무엇인지 등을 살펴보면서 스위프트에 대한 전반적인 이해를 갖추어 보면 좋겠습니다.

1.1 스위프트 언어의 탄생과 배경

스위프트(Swift)는 애플이 2014 세계 개발자 대회(Worldwide Developers Conference, WWDC)에서 발표한 새로운 언어입니다. 그동안 앱을 개발하는 데에 사용되던 오브젝티브-C를 대체할 목적으로 발표된 언어죠.

애플의 이전 주력 언어였던 오브젝티브-C는 C 언어를 기초로 하여 스몰토크(Smalltalk)의 메시지 전달 개념과 객체지향 개념을 반영한, 말 그대로 객체지향형 C 언어입니다. 이러한 특성 때문에 그동안 iOS 앱을 개발하기 위해서는 C 언어의 저수준 프로그래밍과 스몰토크의 객체지향 개념을 동시에 구현해야 한다는 부담이 있었습니다. 게다가 C 언어의 장점이자 단점인 포인터 개념은 오브젝티브-C를 강력한 언어로 만들어주긴 했지만, 처음 접근하는 사람에게는 그만큼 높은 장벽으로 작용하기도 했습니다.

이러한 여러 요인으로 인하여 프로그래밍 언어를 익히는 데에만 수개월이 걸리다 보니, 앱을 개발하기 위해 언어만 죽어라 익히다 지쳐서 포기하는 일도 잦았습니다. 아마 여러분의 주변에도 오브젝티브-C를 조금 다루어보다가 중도에 포기해 버린 사람들이 꽤 있을 겁니다. 모순적이게도, 언어 자체가 어렵다 보니 앱의 다양한 기능에 집중해야 할 개발자가 성능 개선에 더 많은 노력과 시간을 소모하는 현상을 가져왔음도 부인할 수 없습니다.

이는 애플이 바라는 앱 생태계와는 다소 거리가 있었습니다. 애플은 앱 개발자들이 기술적으로 더 훌륭한 앱을 만들기보다는 기능적으로 더 다양한 종류의 앱을 만들기를 원했거든요. 게다가 개방성을 강력한 무기로 내세우는 구글의 안드로이드에 점차 스마트폰 시장을 잠식당하고 있는 상황에서, 어떤 방식으로든 다시 앱스토어의 콘텐츠 다양성을 무기로 하는 시장 지배력을 갖추고 싶었습니다. 다시 말해 현재의 개발자뿐만 아니라 아이디어를 가진 많은 잠재적 개발자들까지도 마음만 먹으면 손쉽게 앱을 구현할 수 있는 환경을 만들어주는 것이 당면 과제였습니다.

이같은 목적성에 기초하여 기능이 아니라 성능에 관련된 많은 부분, 특히 코드 최적화나 메모리 관리, 성능 관리 등의 기술 경험 기반 개발 이슈를 시스템이 전담하여 개발자들의 부담을 덜어주는 것이 가장 중요했습니다. 말하자면 아이디어를 가진 많은 사람이 기술에 제한받지 않고 마음껏 아이디어를 구현할 수 있는 손쉬운 개발 환경을 만들어 주고 싶었던 겁니다.

이러한 목표를 위해 만들어진 언어 플랫폼이 바로 스위프트입니다. 스위프트는 기존의 오브젝티브-C가 C 언어로부터 가져온 저수준 프로그래밍을 자동 관리 영역으로 대체했고, 생소한 문법이지만 객체지향을 위해 사용할 수밖에 없었던 스몰토크의 메시지 문법을 사람들에게 익숙한 자바, 파이썬, C#의 문법으로 바꾸었으며, 오브젝티브-C와 호환까지 가능하도록 설계되는 등 여러 가지 언어적 강점을 지녔습니다.

오브젝티브-C가 고급 개발자를 대상으로 사용된 언어라면 스위프트는 개발에 갓 입문하는 사람들까지 무리 없이 사용할 수 있는 언어입니다. 그 대표적인 기능이 바로 **인터랙티브 플레이그라운드**(Interactive Playground)입니다.

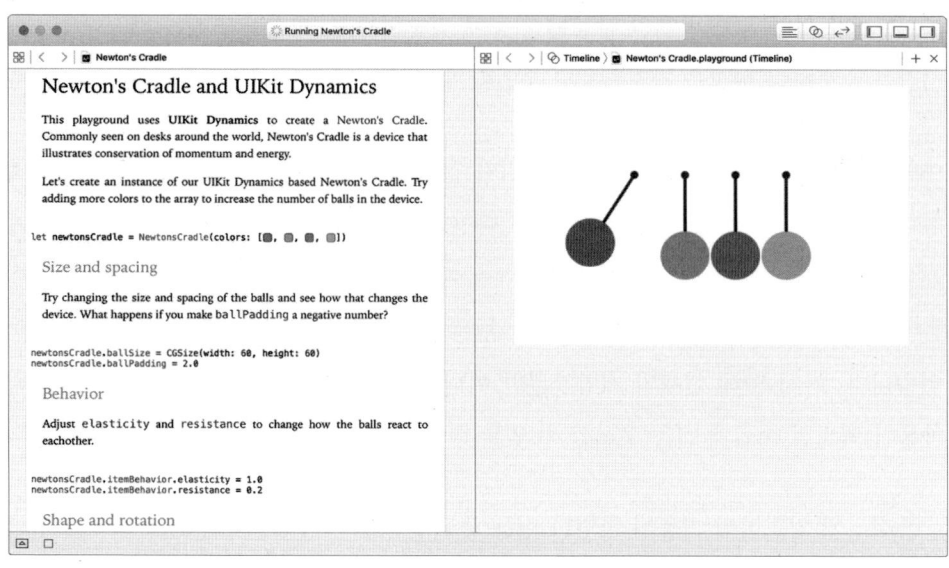

그림 1-3 인터랙티브 플레이그라운드 편집기

직관적으로 코드를 작성하여 그 결과까지 볼 수 있는 이 편집기는 왼쪽의 편집 창에서 코드를 작성하면 중간 결과물을 보여줄 뿐만 아니라 즉석에서 컴파일하여 처리 결과까지 제공합니다. 단순히 텍스트 결과를 나타내는 것만이 아닙니다. 반복적인 증감값의 경우 그래프를 통하여 직관적인 결과를 볼 수 있도록 처리해 주며, 필요에 따라 다양한 멀티미디어 객체를 사용하여 풍부한 사용자 정보를 제공해 주기도 합니다. 직관적인 사용자 인터페이스를 통하여 쉬운 접근을 추구하는 애플의 철학이 반영된 결과물인 것이죠.

기술적인 관점에서 스위프트는 애플의 메인 프레임워크인 코코아 프레임워크와 코코아 터치 프레임워크를 모두 사용할 수 있습니다. LLVM 컴파일러, 옵티마이저, 오토벡터링, ARC 메모리 관리, 런타임 환경 등을 기존 언어의 개발 환경과 거의 동일하게 사용할 수 있다는 장점도 있죠. 이처럼 다양한 강점을 통하여 스위프트는 점차 iOS 앱 개발의 강력한 플랫폼 언어로서 자리매김하고 있습니다.

1.2 스위프트 언어의 특징

그림 1-4는 WWDC 2014에서 발표한 스위프트의 개발 생산성과 앱 성능에 대한 포지셔닝 그래프입니다. 상대적으로 언어에 대한 진입 장벽이 낮고 개발하기 쉬운 자바스크립트나 파이썬, 루비와 같은 동적 바인딩 타입의 언어는 생산성이 좋지만 성능이 부족한 경우가 많고, 성능이 좋은 언어일수록 진입 장벽이 높고 개발하기 어려워 생산성이 낮은 경우가 많습니다. 이에 비해 스위프트는 개발 생산성과 앱 성능 모두에서 만족할 만한 결과를 가져오는 언어로 포지셔닝되어 있습니다.

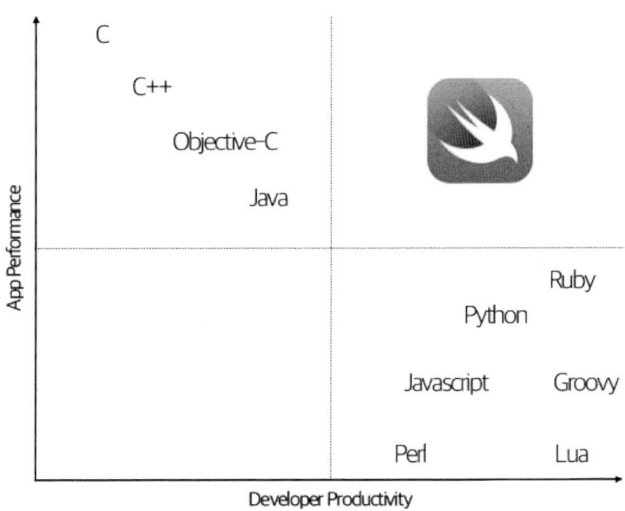

그림 1-4 프로그래밍 언어들의 생산성과 성능 그래프

스위프트가 파이썬이나 자바스크립트처럼 동적 바인딩(Dynamic Binding)을 채용하고 있는 언어는 아닙니다. C, C++, 오브젝티브-C, 자바처럼 정적 바인딩을 채용하고 있는 언어죠. 비록 데이터 타입 추론 기능에 의해 컴파일러가 알아서 변수와 상수의 타입을 결정하기 때문에 마치 동적 바인딩 언어인 것처럼 착각되기도 하지만, 기본적으로 스위프트는 정적 바인딩 언어입니다.

또한 스위프트는 데이터 타입에 대한 구분이 엄격합니다. 스위프트에서 선언된 변수와 상수는 컴파일 단계에서 데이터 타입이 미리 정의되어 있어야 하고, 일단 변수의 데이터 타입이 정의되면 다른 타입으로 변경할 수 없습니다. 이같은 엄격성을 바탕으로 컴파일러는 타입에 맞지 않는 데이터가 변수에 대입되는 것을 사전에 차단하여 안정성을 높일 수 있습니다.

스위프트는 네임스페이스를 사용하여 필요한 객체들을 참조하는데, 일반적으로 프로젝트 전체가 네임스페이스의 범위로 지정됩니다. 이는 같은 프로젝트 내에 작성된 객체일지라도 오브젝티브-C에서는 참조를 위해 일일이 헤더 파일을 반입해 주어야 했던 것과 다르게, 스위프트에서는 같은 프로젝트 내에 작성된 객체들은 반입 과정 없이 참조할 수 있다는 뜻입니다. 이 덕분에 스위프트에서 import 구문은 UIKit, Foundation 등의 프레임워크나 라이브러리 정도에만 사용하게 되어 개발 생산성을 향상할 수 있게 되었습니다.

1.2.1 스위프트 언어에서 차용하고 있는 주요 기능들

세상에 존재하는 수많은 프로그래밍 언어 대부분이 그렇겠지만, 특히 현대에 와서 발표되는 언어 중 전적으로 새로운 언어는 거의 없다고 해도 과언이 아닙니다. 대부분 언어는 앞선 시대의 언어에서 아이디어를 차용하여 자신의 것으로 발전시키고, 시간이 지나면 또 다른 언어가 이를 차용하는 과정이 반복됩니다.

스위프트도 예외는 아닙니다. 기술적으로 새롭다고 할 수 있는 스위프트이지만, 사실 알고 보면 다른 언어에서 채택된 개념들을 새로운 이름으로 조합한 것에 지나지 않습니다. 이런 관점에서 미국의 IT 전문 저술가 피터 웨이너(Peter Wayner)는 InfoWorld.com에서 애플이 스위프트를 만들면서 주변 언어로부터 차용한 10가지 개념과 특징들에 관해 이야기하고 있습니다. 이 글을 인용하여 스위프트의 특성을 다른 언어들과 비교해 보겠습니다. 다른 언어를 익힌 분들이라면 이 설명을 통해 스위프트의 특징에 대해 더욱 잘 이해할 수 있을 겁니다.

딕셔너리(해시 테이블) – 자바스크립트, 파이썬

자바스크립트 프로그래머들은 대괄호 구문을 이용하여 값을 배열로 만들거나 문자열을 입력받는데, 이것이 해시 테이블 역할을 합니다. 스위프트도 마찬가지입니다. 대괄호를 사용하여 해시 테이블을 만들 수 있죠. 애플에서는 이것을 **딕셔너리(Dictionaries)**라고 부르며, 초기화할 수 있는 구문을 제공합니다.

```
var airports = [String : String?] ()
airports["ICN"] = "Inchon International Airport"
// If close "Inchon International Airport", then delete it"
airports["ICN"] = nil
// ICN has now benn removed from the dictionary
```

데이터 타입 추론 – 함수형 프로그래밍 언어

프로그래머 관점에서 변수를 특정 데이터 형식으로 강제하면 코드를 실행해 보기 전에 버그를 미리 잡을 수 있어 효율적입니다. 컴파일러가 데이터 형식을 확인하고 비호환성이 발견되면 오류를 검출해주기 때문입니다. 하지만 편리함을 추구하는 현대 프로그래밍에서 모든 변수마다 데이터 형식을 일일이 지정하는 고생을 감수할 사람은 그다지 많지 않습니다.

최근의 우수한 컴파일러들은 데이터로부터 스스로 형식을 추론할 수 있으므로 컴파일러가 알아서 변수에 데이터 형식을 지정할 수 있게 되었습니다. 이러한 움직임은 ML과 같은 함수형 언어부터 시작됐으며, 이후 하스켈, 스칼라, 오파 등의 언어에도 등장했습니다. 마이크로소프트까지도 이같은 추론 기능을 닷넷 프레임워크에 추가한 만큼 이제는 주류 기능이라고 할 만합니다. 데이터 타입은 강제하지만, 데이터 타입을 생략할 수 있는 스위프트 컴파일러의 발전 덕분에 iOS 개발자들도 이제 코드 입력에 드는 수고를 조금은 덜 수 있게 되었습니다.

```
let meaningOfLife = 42
// meaningOfLife is inferred to be of tyep Int
```

데이터 구조체 타입 선언 – C#과 자바

어떤 타입의 데이터가 데이터 구조체에 저장될지 컴파일러에 미리 알려줄 수 있을까요? 자바는 버전 5에서부터 도입한 제네릭 타입을 통해, 프로그래머가 HashMap, Array 또는 Collection에 넣을 데이터 형식을 컴파일러에게 미리 알릴 수 있도록 지원합니다. 일반적으로 제네릭 타입은 '⟨와 ⟩' 기호를 이용하여 데이터 구조체에 저장될 형식을 지정하곤 합니다. 거의 같은 시기에 마이크로소프트는 이 기능을 C#에 도입하기도 했죠. 이제 스위프트에서도 이와 동일한 방법으로 데이터 구조체에 저장될 타입을 컴파일러에게 미리 알려줄 수 있게 되었습니다.

```
var namesOfIntegers = Dictionary<Int, String>()
// namesOfIntegers is an empty Dictionary<Int, String>
```

문자열 템플릿 – 콜드 퓨전, JSP, 파이썬 등

최초의 컴퓨터는 단순히 숫자만을 처리했지만, 요즘은 프로그래머가 하는 일 대부분은 문자열을 이어 붙이는 작업입니다. 편의를 위해 많은 프로그래밍 도구들이 변수값을 문자열 템플릿에 삽입하는 기능을 제공합니다. 콜드 퓨전(Cold Fusion), 자바 서버 페이지(JSP, Java Server Page), 파이썬 서버 페이지(PSP, Python Server Page)와 같은 웹 도구들은 오래전부터 데이터와 HTML을 템플릿에서 혼합하는 간편한 방법을 제공해왔습니다.

스위프트는 역슬래시와 함께 소괄호를 작성하고, 그 안에 평가할 식이나 변수를 넣어 출력해주는 깔끔한 템플릿 시스템을 제공합니다. 불과 세 번의 부가적인 키 입력으로 문자열 템플릿을 제공하는 이 방식은 아마 같은 기능을 수행하기 위한 키 입력 중에서는 가장 적은 수일 것입니다.

```
let apples = 3
let oranges = 5
let appleSummary = "I have \(apples) apples"
let fruitSummary = "I have \(apples + oranges) piece of fruit."
```

선택 사항인 세미콜론 – 자바스크립트와 파이썬

세미콜론(;)은 한 행의 구문이 끝났음을 알려주는 간편한 방법이지만, 어떤 이유에선지 세미콜론을 입력하기 싫어하는 개발자의 수가 점점 늘어나는 것 같습니다. 지난 몇 년 동안 일부 자바스크립트나 파이썬 프로그래머들은 세미콜론이 진정한 선택 사항인지를 두고 논쟁을 벌였습니다. 세미콜론이 꼭 필요할까요? 아니면 그저 미관을 위한 장식일 뿐일까요?

스위프트가 이 논쟁에 확실히 끼어들었습니다. 스위프트에서 세미콜론은 라인 끝에 붙일 수 있는 선택 사항입니다. 여러 구문을 한 라인으로 묶어야 할 때에는 세미콜론이 필요하지만, 각 구문을 개별 라인으로 작성할 때는 애써 힘들여가며 세미콜론 기호를 입력할 필요는 없습니다.

프로토콜(인터페이스) – 자바와 C#

자바와 C#에서 정교한 객체지향 클래스 구조체를 만드는 프로그래머는 가장 먼저 기본 인터페이스부터 설계를 시작하는 경우가 많습니다. 인터페이스는 클래스가 정의에 부합하기 위해 제공해야 하는 모든 함수에 대한 구조를 정의하는 기본 클래스입니다. 스위프트는 클래스 모음의 인터페이스에 대해 '프로토콜(Protocol)'이라는 용어를 사용합니다.

```
protocol ExampleProtocol {
    var simpleDescription : String { get }
    mutating func adjust()
}
```

튜플(Tuple) – 리스프와 파이썬

함수나 메소드에서 가끔 두 개 이상의 값을 반환해야 할 때가 있습니다. 리스프(Lisp)와 같은 초기 언어는 모든 요소를 튜플 목록으로 간주했는데, 파이썬 같은 근래의 언어는 메소드에서 반환되는 N개의 값과 여기에 바인딩되는 N개의 변수를 맞추기 위한 명시적인 구문을 제공합니다. 스위프트도 이 방식을 따라 튜플을 지원합니다.

```
func getGasPrices() -> (Double, Double, Double) {
    return (3.59, 3.69, 3.79)
}
getGasPrices()
```

자동 참조(가비지 콜렉터 비슷) – 자바, C#, 오브젝티브-C

초기에는 스위프트에 가비지 콜렉터가 도입된다는 이야기가 있었습니다. 가비지 콜렉터는 메모리를 탐색하면서 더는 사용되지 않는 메모리 영역을 회수하는 자동 루틴으로, 앞 글자를 따서 GC라고 불리기도 합니다. 자바와 C# 프로그래머들은 가비지 콜렉터를 무척 좋아하지만, 때로는 가비지 콜렉터 때문에 프로그램이 잠깐 멈추는 현상이 발생해 스트레스를 받기도 합니다. 가비지 콜렉터의 결과로 가용 메모리가 다시 늘어나는 장점이 있는 반면, 가비지 콜렉터를 실행하는 동안 프로세스는 원활한 진행을 방해받는다는 단점도 있습니다.

스위프트는 자동 참조 카운트(ARC - Auto Referencing Counter)를 사용하는데, 이는 오브젝티브-C 사용자들 사이에서 널리 사용된 것과 비슷한 솔루션입니다. 이 기능은 오브젝티브-C에서 물려받았다고 할 만한 기능입니다.

부호 있는 정수와 부호 없는 정수 – C#과 오브젝티브-C

좋은 시스템 프로그램이란 바이트 레벨에서 작동하는 프로그램을 의미하는 경우가 많습니다. 자바와 같은 일부 추상적 언어는 부호 없는 정수의 복잡성을 회피했지만, C# 언어는 이를 수용했습니다. 스위프트 역시 1, 2, 4, 8바이트의 부호 없는 정수와 부호 있는 정수를 제공합니다.

```
let pink : UInt32 = 0xCC6699

let redComponent = (pink & 0xFF0000) >> 16
// redComponent is 0xCC, or 204

let greenComponent = (pink & 0x00FF00) >> 8
// greenComponent is 0x66, or 102

let blueComponent = pink & 0x0000FF
// bluecomponent is 0x99, or 153
```

클로저(Closure) – 리스프와 스킴에서 자바스크립트까지

자바스크립트 프로그래머는 소량의 코드를 묶어서 함수처럼 전달하는 클로저를 사용할 수 있습니다. 이러한 클로저는 람다 함수 아이디어를 개발한 리스프, 스킴과 같은 언어에서 가져온 것이죠. 스위프트는 클로저를 제공할 뿐만 아니라 함수를 1급 객체로 간주, 인자값으로 함수 자체를 전달하는 기능을 제공합니다.

```
let numbers = [Int]()

numbers.map({
    (number:Int) -> Int in
    let result = 3 * number
    return result
})
```

멀티 라인 쿼우팅(Multi-Line Quoting)

파이썬 프로그래머들은 세 개의 따옴표를 겹친 """ ~ """를 이용하여 여러 줄의 문자열을 간편하게 입력해 왔습니다. 줄바꿈이나 범위에 상관없이 """로 시작하고 """로 닫기만 하면 그 안에 표현된 모든 문자열(공백까지 포함한)이 그대로 처리된다는 장점 덕분에, 긴 문자열을 입력할 때 요긴하게 사용되어 왔죠. 스위프트에서도 4.0 이후, 파이썬의 이와 같은 멀티 라인 쿼우팅 문법을 거의 그대로 도입하였습니다. 파이썬처럼 큰따옴표를 세 개 겹친 """로 문자열의 시작과 끝을 나타내는 방식으로 우리는 여러 줄의 문자열을 간편하게 입력할 수 있게 되었습니다. 이는 여러 줄의 문자열을 입력하기 위해 더이상 문자열 내부에 인위적인 줄바꿈 문자('\n')를 넣어주지 않아도 된다는 뜻이기도 합니다.

```
let query = """
  SELECT member_id, member_name, member_level, nick_name
    FROM member
   WHERE login_id = ? AND password = ?
"""
```

1.2.2 구조적 특징

스위프트의 발표 자료에 따른 스위프트 언어의 구조적 특성은 여섯 가지 정도로 구분됩니다. 이들 특성은 스위프트가 지향하는 방향성이기도 합니다.

빠름(Fast)

스위프트는 매우 빠른 언어로, 벤치마크에서 볼 수 있듯이 복합정렬 연산에서 오브젝티브-C보다 빠른 성능을 나타냅니다. 애플에서는 고성능 앱을 만들기 위해 GCC 대신 LLVM 컴파일러를 사용해오고 있는데, 이 컴파일러에서 제공하는 코드 최적화기를 사용하여 소스 컴파일과 최적화를 수행함으로써 스위프트의 성능을 극대화할 수 있습니다.

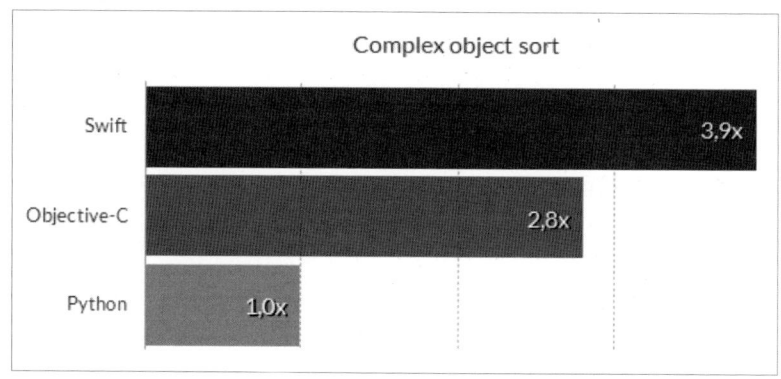

그림 1-5 복합정렬 벤치마크

설계에 의한 안전성(Safety by Design)

스위프트는 언어 차원에서 안전성을 담보하기 위한 설계로 여러 장치를 해 두었습니다. 변수나 상수는 반드시 선언한 후에 사용하도록 강제하였으며 타입 추론 기능에 의해 변수의 초기값을 기준으로 타입을 정의함으로써 데이터 입력에 대한 안전성을 높이고자 하였습니다. 배열과 정수는 오버플로우에 대비하여 확인하며, 특히 개발자가 정의하지 않은 배열 값에 승인하지 않은 값들이 주입될 수 없도록 Array bounds check 기능을 추가하였습니다.

여기에 더하여 스위프트는 포인터에 직접 접근하는 시도를 차단하고, 클래스를 통해 간접적으로만 레퍼런스를 참조할 수 있도록 제한했습니다. 스위프트는 ARC(Auto Referencing Counter)를 이용하여 자동으로 메모리를 관리하므로 메모리 누수 현상에 대한 안전성도 높일 수 있습니다. 이처럼 설계 수준에서 안전성을 구현하는 것이 스위프트의 구조적 특징 중 하나입니다.

현대적(Modern)

스위프트는 파이썬 언어에 기반을 둔 읽고 쓰기 쉬운 문법을 채택하였습니다. 그 결과, 코드 작성이나 디버깅, 유지보수 과정에서 기존의 오브젝티브-C보다 훨씬 적은 양의 코드가 사용됩니다. 게다가 손쉬운 유지보수를 위해 헤더 파일 사용 대신 메인 파일에 통합하여 코드를 작성할 수 있도록 설계되었죠. 스위프트는 옵셔널(Optional), 제네릭(Generics), 클로저(Closure), 튜플(Tuple)뿐만 아니라 현대 프로그래밍 언어의 특성까지도 상당수 포함하고 있습니다.

상호반응(Interactive)

Xcode 6 버전부터 애플은 스위프트 코드의 프로토타이핑을 위하여 **플레이그라운드(Playground)** 편집기를 제공합니다. 스위프트 코드를 작성하고, 그 결과와 메모리 스택 등의 정보 확인을 즉시 확인할 수 있어 상호반응적으로 코드를 작성할 수 있으며 디버깅도 무척 쉽습니다. 이러한 특징은 스위프트를 이용한 코딩의 효율성을 한껏 높여줍니다.

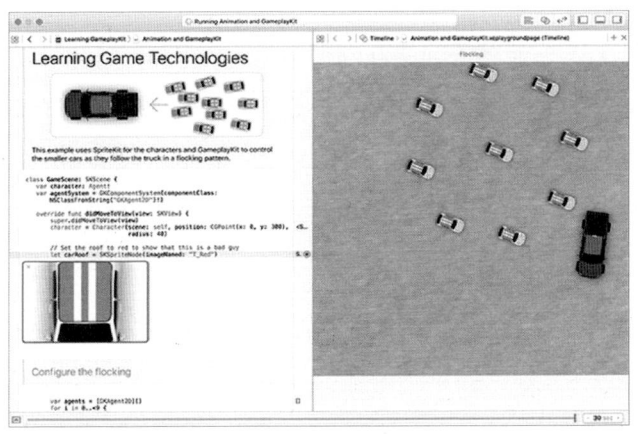

그림 1-6 플레이그라운드(Playground)

완전한 플랫폼(Complete Platform)

단순히 보조적인 수준으로만 스위프트를 사용할 수 있는 것이 아니라, 코코아 프레임워크나 코코아 터치 프레임워크의 모든 API를 스위프트로 호출할 수 있습니다. 오브젝티브-C로 작성되었던 핵심 프레임워크의 모든 라인이 스위프트 언어를 이용하여 거의 모두 재작성되었고, 이를 이용하면 오브젝티브-C 코드에 의존하지 않고도 프로그램을 작성할 수 있다는 것은 애플의 발표에 의해 널리 알려진 사실입니다. 스위프트만으로 하나의 완전한 앱을 만들 수 있다는 의미입니다.

통합(Unified)

스위프트는 C 언어나 오브젝티브-C 언어를 완전히 대체할 수 있습니다. 스위프트는 객체지향 언어의 특성을 모두 제공하는 동시에 자료형과 흐름 제어, 연산자 같은 저수준 언어의 기본 요소들도 모두 포함합니다. 게다가 하나의 앱 프로젝트에서 오브젝티브-C와 함께 사용할 수 있도록 통합성도 지니고 있습니다. 오브젝티브-C 객체를 스위프트에서 참조할 수 있으며, 각각의 화면별로 오브젝티브-C 또는 스위프트로 나누어 작성하는 것도 가능합니다.

1.3 오브젝티브-C vs 스위프트

오브젝티브-C는 20여 년 동안 애플의 주력 개발 언어로 사용되었던 만큼 튼튼한 아키텍처와 검증된 성능을 가지고 있습니다. 이런 오브젝티브-C를 대체할 목적으로 스위프트가 출현했을 때 많은 사람의 관심은 과연 스위프트가 오브젝티브-C를 대체할 수 있을까였죠. 언어를 대체한다는 것은 기존 언어가 담당하던 모든 역할을 처리할 수 있는 역량이 되어야 가능하기 때문입니다. 이런 점에서 스위프트를 이야기할 때 오브젝티브-C와의 비교는 빠질 수 없는 부분입니다. 애플에 의해 탄생한, 형제라면 형제일 수 있는 두 언어 사이의 공통점과 차이점에 대해서 알아봅시다.

파일 통합

오브젝티브-C는 C를 기초로 하여 만들어진 언어이므로 파일 구조도 C처럼 헤더 파일과 소스 파일로 구분됩니다. .h 확장자로 작성되는 헤더 파일은 변수나 상수에 대한 선언, 인터페이스에 대한 정의가 작성되고 .m 확장자로 작성되는 소스 파일은 헤더 파일에서 정의한 인터페이스를 구현하는 내용이 작성됩니다. 선언과 구현이 분리되는 형태죠. 그러나 스위프트는 헤더 파일과 소스 파일이 모두 .swift 확장자를 갖는 파일 하나로 통합되었습니다. 변수나 상수, 각종 객체의 형식에 대한 선언과 실질적인 내용 구현이 모두 하나의 파일에서 이루어집니다.

클래스의 정의와 구현

클래스를 작성할 때 오브젝티브-C는 헤더 파일에 클래스의 인터페이스를 정의하고, 소스 파일에서는 정의된 인터페이스를 구현합니다. 그러나 스위프트에서는 클래스의 인터페이스 정의 없이 바로 클래스를 구현하면 됩니다. 또한 오브젝티브-C는 반드시 클래스 선언 시 반드시 상위 클래스를 상속받아야 하며, 아무것도 상속받을 필요가 없을 때라도 최상위 클래스인 NSObject를 상속받아야 하지만, 스위프트에서는 상속받아야 할 클래스가 없으면 정말 아무것도 상속받지 않아도 됩니다.

오브젝티브-C : 클래스 선언 – 헤더 파일

```
@interface Player : NSObject
@End
```

오브젝티브-C : 클래스 구현 – 소스 파일

```
@implementation Player
@end
```

스위프트 파일 : 클래스 구현

```
class Player {

}
```

상속

오브젝티브-C는 다중 상속을 지원하지 않지만, 자바의 **인터페이스(Interface)**에 해당하는 개념인 **프로토콜(Protocol)**을 정의하여 클래스 객체가 준수해야 할 형식을 제공할 수 있습니다. 또한 **카테고리(Category)** 개념을 통해 상속 대신 기존 객체 자체를 직접 확장할 수 있습니다.

스위프트도 마찬가지입니다. 다중 상속을 지원하지 않으며 프로토콜을 정의할 수 있습니다. 또한, 기존 객체를 직접 확장할 수 있도록 Extension이 제공되는데, 이는 오브젝티브-C의 카테고리에 대응하는 개념입니다. 단, 오브젝티브-C에서 클래스 객체만 확장할 수 있었던 카테고리에 비해 스위프트의 Extension은 클래스, 구조체, 프로토콜 등 대부분 객체에 적용할 수 있습니다.

범용 타입

개발의 편의와 효율성을 높이기 위해 모든 데이터 타입을 저장할 수 있는 범용 타입 객체가 필요할 때가 있는데, 오브젝티브-C에서는 이와 같은 범용 타입으로 id 타입을 제공합니다. id 타입은 모든 타입의 데이터를 저장할 수 있을 뿐만 아니라, 호환성만 보장된다면 저장된 데이터를 어떠한 타입으로든 변환할 수 있는 특성을 가지고 있습니다. 코코아 프레임워크나 코코아 터치 프레임워크에서는 범용 타입을 이용한 API들이 많이 사용되고 있습니다.

스위프트 역시 동일한 코코아 프레임워크나 코코아 터치 프레임워크를 사용하기 때문에, 오브젝티브-C의 id 타입에 대응하는 범용 타입의 객체가 필요합니다. 이 때문에 제공되는 것이 Any 타입과 AnyObject 클래스입니다. Any는 구조체, 클래스, 열거형, 함수 등 스위프트에서 제공하는 모든 타입의 값을 저장할 수 있는 타입인 반면, AnyObject는 클래스에 한해 범용으로 사용 가능한 데이터 타입입니다.

메소드 호출

오브젝티브-C는 스몰토크의 문법을 차용한 결과, 메소드 호출을 메시지 전송 방식으로 처리합니다. 즉, 객체의 메소드를 호출하는 대신 객체에 메시지를 보내서 필요한 기능을 처리합니다.

객체와 메시지는 공백을 통해 연결되며 대괄호([ ])를 사용하여 메시지 전송 단위를 감싸서 구분합니다. 이런 스몰토크의 문법이 낯설거나 익숙하지 않은 사람들이 많아서 오브젝티브-C를 다룰 때에는 종종 주의가 필요하기도 했습니다.

그러나 스위프트는 일반적인 객체지향에서의 메소드 호출 방식을 따릅니다. 객체와 메소드 사이는 점(.)을 통해 연결되고, 메소드 호출 단위를 감싸는 구분자는 사용하지 않습니다. 아래는 오브젝티브-C와 스위프트에서의 메소드 호출 방식 예제입니다.

오브젝티브-C에서의 메소드 호출

```
[인스턴스명 incrementBy:3]
```

스위프트에서의 메소드 호출

```
인스턴스명.incrementBy(3)
```

nil의 의미

오브젝티브-C에서는 존재하지 않는 객체에 대한 참조를 위해 nil이라는 상수를 사용합니다. nil과 NULL의 차이에 대해 궁금해하는 분들이 있는데, 엄격하게 말해서 오브젝티브-C에서 정의된 nil 상수와 C에서 정의된 NULL 상수 간에 차이는 있지만, 오브젝티브-C 문법에서 두 상수는 기술적으로 혼용할 수 있습니다. 일반적으로는 nil은 클래스 객체를 참조하는 데에 사용되고, NULL은 그 밖에 다른 포인터 자료형에 사용됩니다.

```
// 객체의 빈 참조에 사용되는 nil
UIViewController *uvc = nil;

// 포인터 자료형의 빈 참조에 사용되는 NULL
int *sPtr = NULL;
```

반면, 스위프트에서 nil은 옵셔널 타입의 기본값으로 사용되며 '**값이 존재하지 않음**'을 의미합니다. 스위프트에서는 NULL 상수가 정의되어 있지 않습니다.

```
// 옵셔널 타입의 기본값으로 nil이 대입
var name : String? = nil
```

포인터 사용

오브젝티브-C는 C의 포인터 문법을 그대로 물려받았습니다. 객체에 대한 인스턴스 변수를 정의할 때에는 항상 포인터를 사용하는 레퍼런스 참조를 기본으로 사용했죠. 모든 변수 앞에 포인터를 거의 의무적으로 붙여주다 보니, 오브젝티브-C에서 포인터를 사용한다고는 해도 C 코드를 직접 작성하는 부분을 제외하면 크게 신경 쓸 부분이 없기는 했지만, 그럼에도 포인터를 사용해야 한다는 것은 초보자들에게는 적지 않은 부담으로 작용했습니다.

스위프트에서는 이러한 포인터 개념을 제거하여 개발자가 직접 레퍼런스를 참조하지 않도록 하는 대신, 객체의 종류에 따라 컴파일러가 직접 레퍼런스를 참조할 것인지 아니면 객체를 복사할 것인지를 결정합니다. 클래스는 포인터를 사용하지 않아도 자동으로 레퍼런스를 참조하고, 구조체는 객체를 복사하여 사용하는 방식으로 처리됩니다.

객체지향 타입

오브젝티브-C는 객체지향을 위한 타입으로 클래스를 제공합니다. @Interface 어노테이션을 이용하여 형식을 선언하고, @Implementation 어노테이션을 이용하여 실질적인 내용을 구현하죠. 이렇게 작성된 클래스를 사용할 때에는 인스턴스를 생성하여 사용합니다.

그러나 스위프트에서는 객체지향용 타입으로 클래스뿐만 아니라 구조체, 열거형까지 제공합니다. 이들 객체 타입은 모두 인스턴스를 만들 수 있으며 인스턴스와 관련된 변수, 상수를 **속성(property)**으로 선언하여 사용할 수 있습니다. 그뿐만 아니라 이들 객체 타입에 인스턴스 메소드와 타입 메소드를 작성하여 사용할 수도 있습니다.

스위프트의 객체지향 타입들 예시

```swift
// 클래스(Class)
class SampleClass {
}
// 구조체(Structure)
struct SampleStruct {
}
// 열거형(Enumeration)
enum SampleEnum {
}
```

익명 함수

현대 프로그래밍 개념에서 익명 함수의 사용은 람다 함수를 사용할 수 있게 해주는 리스프, 스킴 같은 함수형 프로그래밍 언어로부터 도입되었다고 할 수 있습니다. 람다 함수는 함수 기반으로 정의되는 코드 내에서 한 번만 사용하면 되는 코드마저 함수로 선언해서 사용해야 하는 번거로움을 피할 수 있게 해 줌으로써 코드를 더욱 간결하게 만들어 줍니다.

람다 함수는 최근 자바 8에서도 도입되는 등 프로그래밍 언어의 강력한 기능으로 고려되고 있습니다. 오브젝티브-C에서는 블록(Block)이라는 개념으로 익명 함수를 표현할 수 있었는데, 이 기능이 스위프트에서는 클로저를 이용한 익명 함수 정의 문법으로 제공됩니다.

오류 처리

일반적으로 객체 지향 언어에서 제공하는 오류 처리 기능은 오류 발생이 예상되는 지점에 미리 오류를 검출하는 코드를 작성해두고, 실제로 오류가 발생할 때 정해진 코드 블록 바깥으로 오류 정보를 던져 처리할 수 있도록 지원하는 방식입니다. 오브젝티브-C에서도 오류를 검출하기 위한 기능은 제공되었지만, 이는 읽고 쓸 수 있는 매개변수를 사용하여 오류를 검출해내는 방법이었을 뿐 오류 처리를 위한 구문이 별도로 제공된 것은 아니었습니다.

그러나 스위프트는 2.0 버전부터 오류를 검출해내고 각 오류에 효과적으로 대응할 수 있도록 전용 구문을 제공하고 있습니다. 많은 프로그래밍 언어에서 널리 사용하는 Try ~ Catch 구문을 채택한 스위프트는 코드를 실행하는 과정에서 오류가 발생하더라도 프로그램이 중단되는 것을 막아주고, 미리 준비된 대응 구문을 실행하여 효율적으로 오류에 대응할 수 있게 합니다.

Xcode와 친해지기

CHAPTER 02

이번 장에서 다루어볼 내용은 바로 툴(Tool)입니다. "프로그래밍 언어를 배우는 것만도 태산인데, 툴까지 또 공부해야 하는 거야?"라고 생각하는 분들이 있을지도 모르겠습니다. 하지만 프로그래밍 환경에서 툴이 차지하는 비중은 상당합니다. 얼마나 빠르고 쉽게 개발할 수 있는지가 툴에 달려 있기 때문이죠. 현대 프로그래밍은 상당히 많은 부분을 툴에 의존하는 경향이 있으며, 이는 툴과 프로그래밍 개발이 이제 떼려야 뗄 수 없는 관계에 들어섰다는 증거이기도 합니다.

이번 장에서는 프로그래밍 과정에서 툴이 갖는 위치와 필요성, 그리고 통합개발 환경에 대해 살펴보고, 우리가 스위프트로 앱을 개발하기 위해 사용해야 할 툴인 Xcode에 대해서도 알아보고자 합니다.

프로그래밍 경험이 충분하거나 과거에 Xcode를 다루어 본 경험이 있다면 이번 장을 읽지 않아도 좋습니다. 하지만 Xcode가 낯설거나 새로운 Xcode의 특성을 알아보고 싶다면 이번 장을 통해 Xcode의 사용법을 숙지해 둘 필요가 있습니다. 좋은 집을 만들기 위해 아무리 완벽한 설계도와 훌륭한 재료가 있다 하더라도 망치와 끌, 정 같은 기본 연장을 숙련되게 사용하지 못한다면 결코 좋은 집을 빠르게 만들 수 없는 것과 같은 이치입니다.

최근 10번째 버전까지 발표된 Xcode는 역사도 길고, 매우 방대한 기능을 갖춘 툴입니다. 세세한 기능과 내부 구성을 제대로 소개하려면 책 한 권으로도 부족할 정도죠. 이번 장에서는 Xcode의 기본적인 내용과 더불어 앱을 만들 때 꼭 필요한 항목을 중심으로 설명하겠습니다.

2.1 통합개발 환경

Xcode에 대해 이야기하기 전에, 먼저 '통합개발 환경' 개념에 대해 알아봅시다. 외우거나 논리적으로 이해해야 하는 내용은 아니므로 편하게 읽어보면 됩니다.

2.1.1 통합개발 환경 이전의 프로그래밍

최근에 널리 사용되는 프로그래밍 언어 대부분은 개발 생산성을 높이기 위해 여러 가지 기능이 집약된 전용 개발 툴을 제공하거나, 또는 유명한 개발 툴에 플러그인 방식으로 사용할 수 있도록 컴포넌트를 제공합니다. 이같은 도구들은 개발을 무척 편리하게 해 줄 뿐만 아니라, 하나의 툴 안에서 개발에 필요한 모든 것을 해결할 수 있도록 All-In-One 형식으로 구성되어 있어, 개발을 위해 여러 개의 툴을 사용할 필요가 없는 것이 장점입니다.

하지만 과거에는 그렇지 않았습니다. 프로그래머들은 하나의 소프트웨어를 완성하기 위해 용도별로 여러 가지 툴을 바꿔가며 사용하는 과정을 수백 수천 번 반복해야 했습니다. 대표적으로 C/C++ 언어를 이용하여 소프트웨어를 개발하는 과정을 예로 들어 봅시다. 먼저 프로그래머가 편집기(메모장이나 vi, vim, emacs 등)에서 소스 코딩을 마치면, 커맨드 창을 열고 GCC 컴파일러에게 이 소스를 컴파일하라는 명령을 입력합니다. 컴파일러가 소스 코드를 컴파일하는 과정에서 오류가 발생하면(물론, 이 경우 대부분은 문법 오류거나 오타인 경우가 많습니다) 그 오류 내용은 화면에 표시됩니다. 이를 확인한 프로그래머가 잘못된 부분과 원인을 찾아 고친 후 다시 컴파일합니다. 이 과정이 수없이 반복된 끝에 드디어 오류 없이 컴파일이 완료되면, 이제 그 결과로 만들어진 파일을 실행해 보는 단계에 접어듭니다.

지금까지의 과정에서 발생했던 오류를 **컴파일 오류(Compile Error)**로 분류하는 반면, 파일을 직접 실행하면서 발생하는 오류는 **런타임 오류(Runtime Error)**라고 합니다. 실행 시점에서 발생하는 오류라는 의미죠(경험상 컴파일 오류보다 런타임 오류가 훨씬 잡아내기 힘듭니다).

런타임 오류가 발생하면 이제부터는 순수하게 경험의 영역입니다. 프로그래머가 사용할 수 있는 온갖 수단을 동원해 원인을 찾아내야 하죠. 이런 작업을 기계 사이에 끼어 들어가 있는 버그, 즉 벌레를 잡아낸다는 뜻으로 **디버깅(Debugging)**이라고 부릅니다. 코드 중간중간에 브레이크 코드나 로그 출력 구문을 집어넣어서 실행 과정 중 어느 단계에서 오류가 발생하는지 알아내는 방법을 많이 사용하지만, 경우에 따라서는 **메모리 덤프(Memory Dump)***를 떠서 메모리에 입력된 데이터를 분석하기도 합니다. 이를 편리하게 해주는 툴인 디버거를 사용하는 경우도 많죠. 실무 현장에서는 앞서 설명한 것보다 더 다양한 방법들이 런타임 오류를 찾아내는 데에 동원됩니다. 소프트웨어를 개발하는 데에 걸리는 시간의 절반 이상이 오류를 수정하는 과정에 사용된다는 것이 일반적인 지론입니다.

이제 오류의 원인을 찾아내었다면 이를 고치기 위해 소스 코드를 다시 수정합니다. 수정이 완료되면 커맨드 창을 열어 컴파일하고, 다시 그 결과로 나온 파일을 실행해봅니다. 먼저 기존의 런타임 오류가 제대로 해결되었는지 확인하고, 새로운 런타임 오류가 발생하지 않는지 체크합니다. 실행한 애플리케이션이 원하는 결과를 내어놓을 때까지 이 과정을 무수히 반복하면 드디어 하나의 소프트웨어가 만들어집니다.

개발 과정을 진행하는 동안 개발자들은 소스 코딩과 컴파일, 실행 및 디버깅을 위해 여러 가지 관련 툴들을 번갈아가며 사용해야 했습니다. 그러다 보니 번거롭기도 하고, 이 과정에서 오류가 발생하는 경우도 생겨서 개발 생산성이 좀처럼 나아지지 않는 문제가 대두하였습니다. 굳이 무어(Moore, Gordon)의 법칙을 예로 들지 않더라도 하드웨어는 폭발적으로 생산성이 극대화되고 있는 상황에서 소프트웨어의 발전 속도는 이에 따라가지 못하게 된 거죠. 이른바 소프트웨어의 위기라고 하는 상황입니다. 이를 극복하기 위한 노력의 하나로 소프트웨어의 개발 생산성 향상에 대한 방법이 모색되기 시작했습니다.

***메모리 덤프란**, 현재 메모리에 저장되어 있는 모든 데이터를 그대로 복사하여, 분석할 수 있도록 파일로 내려받는 것을 말합니다. 물론 대부분의 데이터들은 바이트 단위로 이루어져 있으므로 특수한 툴을 사용하지 않으면 내용을 이해하기는 어렵습니다.

2.1.2 통합개발 환경의 등장

개발 생산성을 향상시키기 위한 방법론적 시작은 단순히 소스 코드를 작성하던 편집기에 컴파일러를 연동할 수 있는 기능을 제공하는 것에 불과했습니다. 편집기에서 소스 코드를 작성한 후 단축키나 정해진 버튼을 클릭하면 연결된 컴파일러를 실행하여 그 결과를 바로바로 콘솔창에 보여주는 수준이었죠. 아, 그 전에 편집기와 컴파일러를 서로 연동하는 과정이 필요했던 것은 물론입니다. 그 정도에 만족하고 사용하는 사람들이 있는가 하면, 만족하지 못한 사람들도 많아서 소스 코딩과 컴파일, 실행, 디버깅, 그리고 배포 환경 등의 여러 가지 툴을 하나로 갖춘 통합적인 개발 도구의 필요성이 증대되어 갔습니다.

이 과정에서 윈도우나 맥 OS, 리눅스의 X-Window, iOS나 안드로이드 등 그래픽 사용자 인터페이스를 기반으로 하는 다양한 운영체제들이 등장하면서, 소프트웨어 개발 시 UI 작업을 좀 더 쉽게 할 수 있는 도구들까지 만들어졌습니다. 시간이 지나면서 이런 그래픽 기반 도구들 역시 하나의 통합적인 개발 도구에 흡수되어 갔죠. 다양한 툴들이 통합된 결과, 소스 코딩부터 디버깅뿐만 아니라 사용자 화면을 직접 그리거나 데이터 구조를 설계하고, 코딩의 편의를 돕는 자동 완성 기능까지 포함된 툴들이 등장하게 되었습니다. 이른바, **통합개발 환경**(Integrated Development Environment, IDE)의 탄생입니다.

통합개발 환경은 프로그래밍 개발과 관련된 모든 작업을 하나의 프로그램 안에서 처리할 수 있도록 개발 환경을 통합적으로 제공해주는 툴로서, 다른 툴을 더 설치해야 할 필요가 거의 없을 뿐 아니라 내부에 포함된 여러 가지 도구가 서로 연동되기 때문에 개발 생산성을 극대화할 수 있다는 장점이 있습니다. 현대 프로그래밍에 와서 이들 통합개발 환경이 소프트웨어 개발에 미치는 영향은 무척 지대해서 이제는 IDE 없이 단순히 SDK만으로 상용 소프트웨어를 만든다는 것이 거의 불가능한 일이 되어 버렸습니다

대중적이면서 주류인 언어들은 대부분 완성도 높은 IDE들을 하나 이상 가지고 있는데, 대표적인 것들이 자바 플랫폼 계열의 이클립스(Eclipse), MS 계열의 비주얼스튜디오(Visual Studio), Mac 계열의 Xcode 등입니다. 물론 이들 이외에도 훨씬 더 많은 IDE가 공개되어 있으며, 일부는 무료로 제공되지만 일부는 유료로 판매되기도 합니다. 잘 알려진 IDE에는 다음과 같은 것들이 있습니다.

표 2-1 통합개발 환경의 종류

통합개발 환경	개발사	운영체제	언어
이클립스 (Eclipse)	IBM, 이클립스 재단	Window, Linux, Solaris, Max OS X, AIX	JAVA, C, C++, PHP, JSP, Python
비주얼 스튜디오 (Visual Studio)	마이크로 소프트	Window	Visual Basic, Visual C++, Visual C, Visual C#, F#
델파이(Delphi)	코드기어	Window	Object Pascal
엑스코드 (Xcode)	애플	Mac OS X	C, C++, Objective-C, Objective C++, Java, Cocoa, Carbon, GNU Pascal, C#, Perl, D
넷빈즈 (Net Beans)	썬 마이크로시스템즈, 넷빈즈 재단	MS-DOS	JAVA
제이 디벨로퍼 (J Developer)	오라클	Linux, Solaris, Windows, HP-UX, OS X	JAVA, SML, PL/SQL, BPEL, PHP, HTML
제이 빌더 (J Builder)	코드 기어	Window	JAVA
터보 C (Turbo-C)	코드 기어	MS-DOS	C, C++

정말 많죠? 위에서 나열된 툴들이 개발 실무 현장에서 많이 사용되는 대표적인 IDE들입니다. 그리고 이 중에서 iOS 개발자들이 사용하고, 우리가 실습 과정에서 사용할 툴은 바로 Xcode입니다. 다음 절에서 본격적으로 Xcode에 대해서 이야기해봅시다.

2.2 Xcode란?

Xcode는 앞으로 우리가 인터넷 브라우저만큼이나 자유자재로 다루어야 할 툴로서, iOS와 macOS용 앱을 개발할 수 있도록 애플에서 제공하는 IDE입니다. '엑스코드'라고 읽으며, 맥북 등 애플 컴퓨터의 운영체제인 맥 OS에서만 실행되는 애플리케이션입니다. 우리는 이 Xcode를 이용하여 오브젝티브-C나 스위프트를 작성하고, 애플리케이션을 개발합니다.

일반적으로 C 기반의 코드를 컴파일할 때에는 GCC라는 표준 컴파일러를 사용하는데, Xcode는 GCC의 성능을 더욱 개선한 LLVM을 메인 컴파일러로 사용합니다. 오브젝티브-C나 스위프트 코드 모두 실행 파일로 만들어질 때에는 LLVM 컴파일러에 의해 컴파일됩니다. Xcode가 공식적으로 지원하는 언어에는 C, C++, 오브젝티브-C, 스위프트, 자바, 파이썬, 루비 등이 있으며, 플러그인을 사용하면 파스칼, C#, 펄 등의 언어도 지원 가능합니다.

Xcode는 무척 방대한 역사를 자랑하는 애플리케이션입니다. Xcode의 시작은 맥 OS의 시작과 거의 일치하는데, 맥 OS가 시작된 해가 2003년도이므로, Xcode는 11년 정도의 역사를 가지고 있습니다. 이것만으로도 충분히 오래되었다고 할 수 있지만, 따지고 보면 맥 OS의 전신이라고 할 수 있는 NeXTSTEP 운영체제 시절부터 Xcode는 이미 프로젝트 빌더(Project Builder)라는 이름으로 제공되고 있었기 때문에 이를 감안한다면 Xcode는 1988년에 출시된, 무려 26년(!)의 유구한 역사를 가지는 IDE가 되는 셈입니다.

프로젝트 빌더가 Xcode로 이름이 바뀌고 제로링크, 분산 빌드 옵션, 코드 센스 인덱싱 등을 지원하기 시작하면서, Xcode는 명실상부하게 맥 OS의 공식 개발환경이 되었습니다. 이 과정에서 과거 카본 기반으로 작성되었던 SDK의 API들이 모두 오브젝티브-C 언어와 코코아 프레임워크(Cocoa Framework)로 재작성되기도 했습니다. 그 이후로 시간이 흐르면서 카본 프레임워크의 위치를 코코아 프레임워크가 잠식해 나가게 되었습니다(현재는 코코아 프레임워크와, 이를 기반으로 iOS나 watchOS를 지원하는 코코아 터치 프레임워크를 스위프트 언어로 재작성하는 작업이 다시 이루어졌습니다).

Xcode에서 아이폰용 앱을 만들 수 있게 된 것은 Xcode 3 버전부터입니다. 예전부터 맥 OS를 써왔던 독자들이라면 경험해보았을 OS X Leopard의 출시와 함께 공개되었죠(맥북이나 아이맥 등 데스크톱용 애플 기기의 운영체제에는 버전에 따른 별칭이 있는데, Leopard는 10.5 버전에 붙은 이름입니다). 이때 애플의 메인 컴파일러인 LLVM도 함께 덧붙여졌습니다.

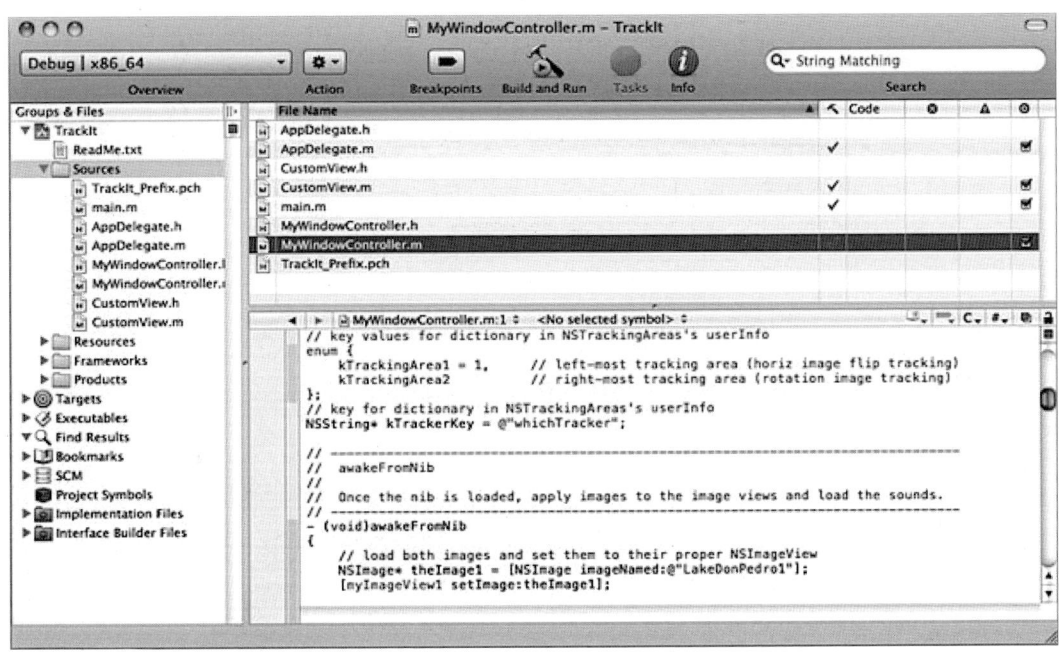

그림 2-1 Xcode 3 버전

Xcode 4는 기존 버전에 비해 굉장히 많은 면에서 변신이 일어났습니다. 객체를 메모리에서 제거할 타이밍을 계산하기 위한 참조 카운팅을 컴파일러에서 스스로 처리하는 ARC 기능이 추가되었을 뿐만 아니라, 현재의 Xcode 외형과 비슷한 모습을 가지게 된 것도 이 버전부터입니다. 또 별도의 독립 애플리케이션 형태였던 인터페이스 빌더가 이 버전부터 Xcode 내부에 모듈 형태로 탑재됨에 따라 Xcode 하나만으로 앱을 개발할 수 있게 되었습니다. 무슨 말이냐 하면, 기존에는 앱의 UI를 설계할 때 인터페이스 빌더 프로그램을 따로 띄워서 작업한 다음, 이 결과물을 Xcode 내부로 불러와서 프로그램 코드를 입히는 번거로운 과정을 거쳐야 했는데, 4 버전부터는 그럴 필요가 없어졌다는 겁니다.

Xcode 4.2 버전에서 Xcode는 완벽하게 단일 애플리케이션으로 통합됩니다. 이전에는 앱스토어에서 Xcode를 직접 내려받는 것이 아니라 Xcode 설치 프로그램을 내려받은 후 이를 실행하면 Xcode를 내려받는 방식이었지만, 이 버전부터 Xcode를 직접 내려받게 되었습니다. 사용자는 애플리케이션을 내려받은 후 실행하면 끝입니다. 설치에 있어서도 조금 더 간편해진 셈이죠. 이를 통해 비로소 Xcode는 하나의 완전한 앱 개발 환경을 구성할 수 있게 되었습니다.

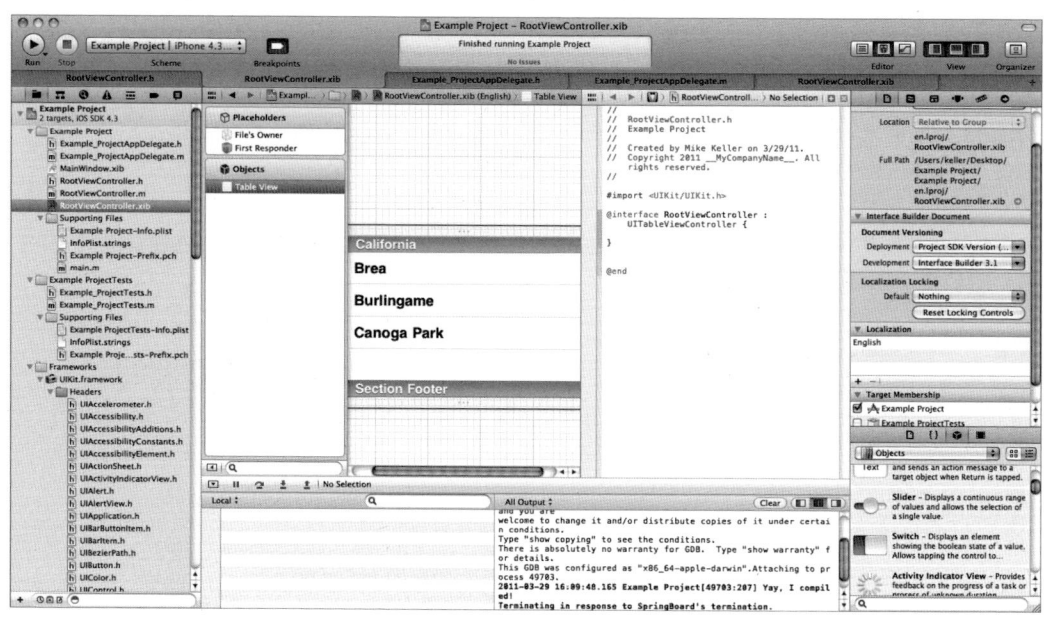

그림 2-2 Xcode 4 버전

iOS 7의 발표와 함께 공개된 Xcode 5는 iOS 7의 달라진 UI를 지원하기 위해 기존 버전의 UI를 호환성 있게 가져가는 데에 주력했습니다. 내장된 인터페이스 빌더에 많은 변화가 있었는데, 개별 UI 화면 단위로 하나씩만을 다루던 nib 파일 기반의 인터페이스 빌더가 스토리보드(storyboard) 파일 형식의 통합 인터페이스 빌더 위주로 대체된 것이 가장 큰 이슈라고 할 수 있습니다. 스토리보드 형식은 화면 인터페이스를 설계할 때 **여러 개의 화면을 하나의 스토리보드 파일에 모아 다룸으로써 화면 간의 연결 관계나 흐름을 쉽게 파악할 수 있도록 지원하는 형식**으로, Xcode 4 버전부터 공개되었지만 본격적으로 사용하게 된 것은 Xcode 5 버전부터입니다.

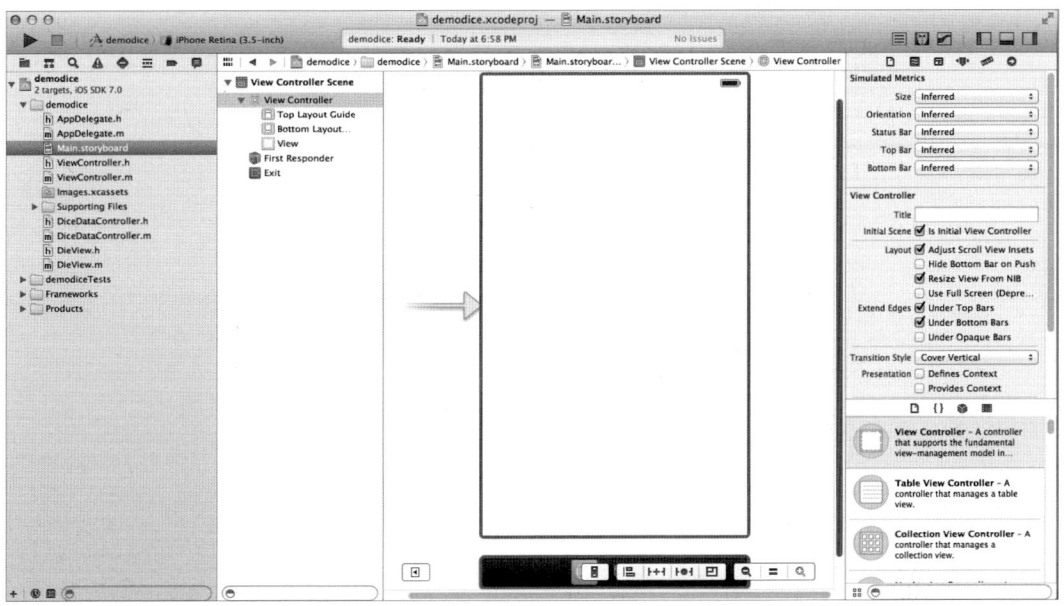

그림 2-3 Xcode 5 버전

이후 스위프트와 함께 공개된 Xcode 6은 외견상 큰 변화는 없었습니다. 하지만 Xcode가 스위프트를 지원하기 시작하면서 실시간으로 스위프트 코드를 작성하고 결과를 확인할 수 있도록 해주는 플레이그라운드가 추가된 점은 특기할 만한 사항입니다.

다음 해인 2015년에 발표된 Xcode 7은 스위프트 2를 지원할 뿐만 아니라, 맥 OS X, iOS, watchOS용 앱을 모두 만들 수 있는 더욱 확장된 개발 환경을 제공하였습니다. 전체적인 외관이 조금 더 다듬어졌고, 세련된 UI를 가지게 된 것은 말할 필요도 없죠.

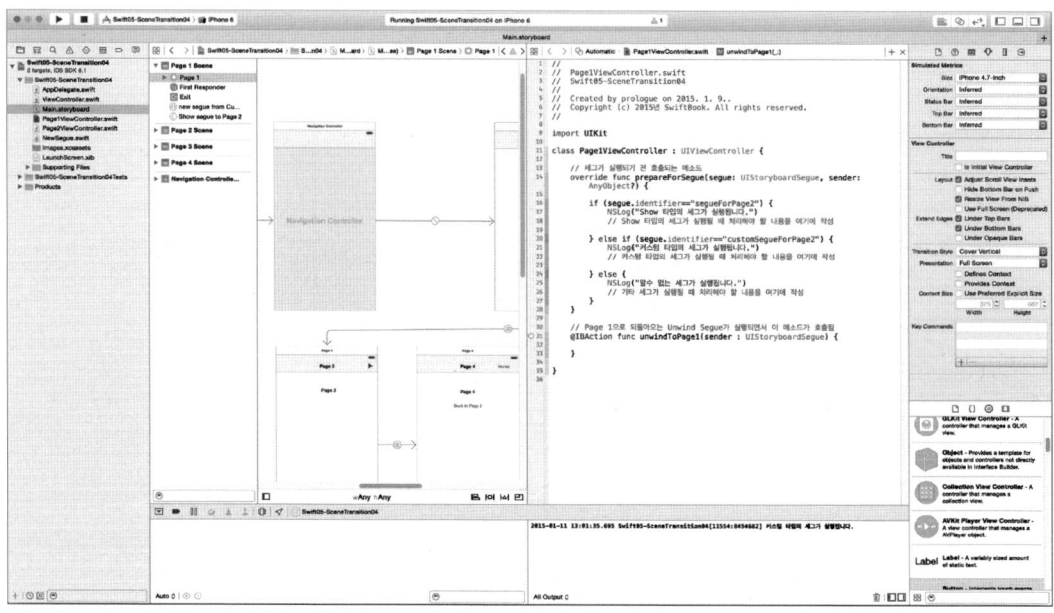

그림 2-4 Xcode 6 버전

2016년에 발표된 Xcode 8에서 외관상 뚜렷한 변화는 없었습니다. 하지만 Xcode 7에서 스토리보드의 확대/축소가 제한적이었던 것과 달리 Xcode 8에서는 여러 단계로 스토리보드를 축소 또는 확대해서 작업할 수 있게 되었습니다. 또한, 스토리보드 축소 시 화면 UI에 대한 편집 작업이 허용되지 않았던 과거 버전에서 발전하여 화면이 축소된 상태에서도 필요한 UI 편집 작업을 얼마든지 수행할 수 있게 됨으로써 화면 설계 작업이 훨씬 편리해졌습니다. 개인적으로 이같은 스토리보드의 기능 변화가 제일 달콤하게 느껴지는 부분이더군요.

2017년에는 Swift 4, iOS 11의 발표에 맞추어 Xcode 9이 공개되었습니다. 이 버전 역시 Xcode의 외관상 변화는 크지 않지만, 대신 함께 제공되는 iOS 시뮬레이터가 드라마틱하게 변신했다는 점을 주목할 만합니다. 이전 버전까지의 시뮬레이터는 단순히 화면과 기능만 테스트할 수 있는 밋밋한 일반 창 형태에 불과했던 것이, Xcode 9에서는 아이폰 형태를 그대로 본딴 모습으로 재탄생했을 뿐만 아니라 이전 버전에서는 단축키로 해결해야만 했던 홈버튼도 부활했거든요. 게다가 이제는 임의대로 시뮬레이터 크기를 늘리고 줄일 수도 있게 되었습니다. (아자!) 뿐만 아니라, iPhone 외에 watchOS, tvOS용 시뮬레이터도 동시에 실행하여 결과를 확인할 수 있게 되었죠.

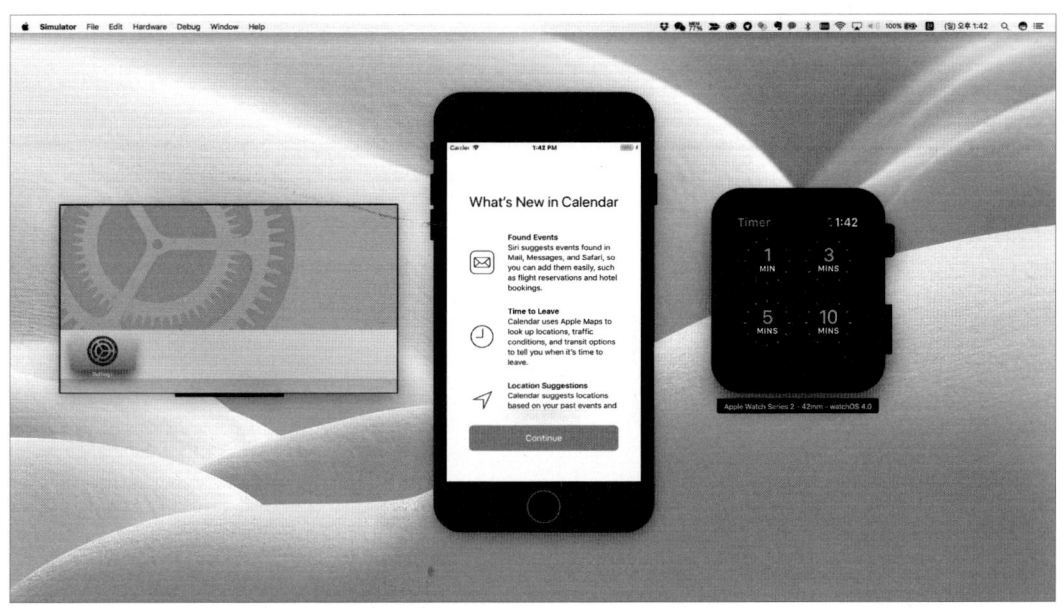

그림 2-5 Xcode 9의 시뮬레이터들

이외에도 Xcode 9에서 생긴 몇 가지 변화를 꼽아본다면 깃허브 연동을 위한 소스 컨트롤 기능이 내비게이터 패널에 추가되었다는 점, 오토 레이아웃 설정 시 화면상의 변화를 바로바로 확인할 수 있게 되었다는 점, Swift 3 코드의 호환성 유지를 위한 컴파일러 버전 설정이 추가되었다는 점 등을 들 수 있을 것 같습니다. (이 설명들이 무슨 말인지 이해하지 못해도 괜찮습니다. 이 책을 따라 학습하는 과정에서 하나씩 배우게 될 테니까요.) 전체적으로 Xcode 9는 Swift 3와 Swift 4 버전 간의 호환성을 유지하는 데에 주력한 면이 큽니다.

2018년에는 Swift 5와 함께 Xcode 10이 발표되었습니다. 외관상 보이는 가장 특이한 변화는 라이브러리 영역이 사라진 것과 다크 모드가 지원된다는 사실입니다. 우선 라이브러리 영역은 기존, 인스펙터 창 아래에서 고정적으로 노출되던 방식에서 벗어나 팝업 레이어 창 형식으로 바뀌었습니다. 즉 필요할 때 기존 화면 위에 꺼내서 사용할 수 있도록 오버레이 형태로 바뀐 겁니다. 이 때문에 라이브러리 영역을 애용하던 사용자라면 다소 당황스러울 수도 있습니다.

Mac OS 10.14 모하비 버전부터 제공하는 다크 모드를 Xcode 10에 적용할 수 있는 것도 큰 변화입니다. 단순히 테마 일부가 아니라 Xcode의 인터페이스 자체가 다크 모드를 지원함으로 해서 어두운 환경을 좋아하는 개발자들에게 편안함(?)을 선사해주게 되었죠. 다만 이 기능은 Xcode 10이라 하더라도 OS를 10.14 이상으로 업그레이드해야 적용할 수 있다는 것을 알아두기 바랍니다.

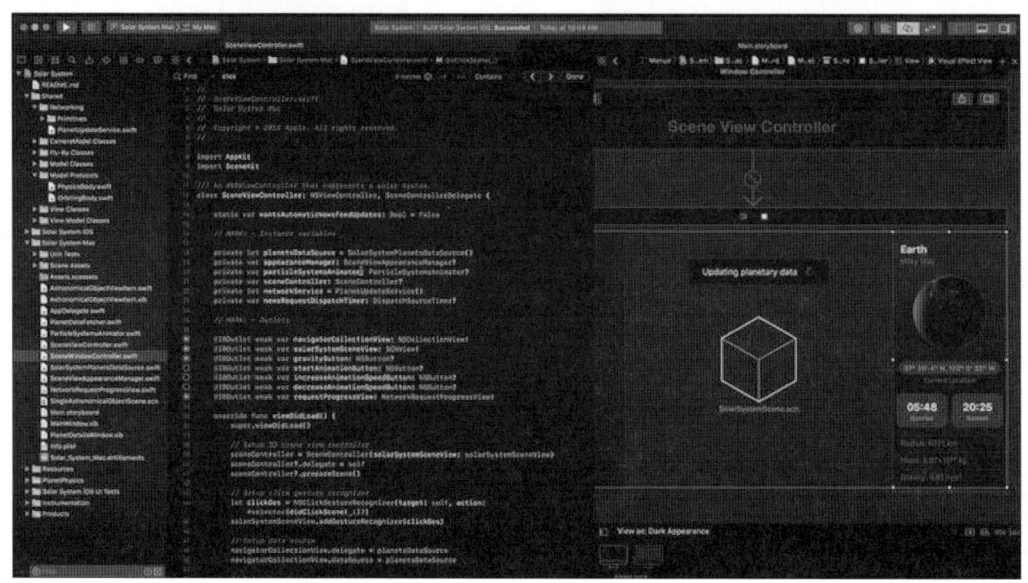

그림 2-6 Xcode 9의 시뮬레이터들

이처럼 해마다 버전이 업그레이드되면서 Xcode는 그 기능을 꾸준히 향상시켜 나가고 있습니다. 주의할 것은, 최신 iOS 버전을 기준으로 개발 작업을 진행하기 위해서는 항상 최신 버전의 Xcode를 사용해야 한다는 점입니다. Xcode는 새 버전의 전체 업데이트를 통해서만 최신 iOS를 지원하는 앱을 제작할 수 있습니다. 따라서 앱을 개발할 때에는 Xcode의 버전 업데이트 여부를 항상 신경 써야 합니다.

스위프트 언어를 지원하기 시작하는 Xcode 버전은 6부터지만 이 책에서 다루는 스위프트 5 문법은 Xcode 10 버전부터 지원합니다. 이 책에서는 앱스토어를 통해 Xcode 정식 버전을 설치하는 방법과 개발자 사이트를 통해 베타 버전을 설치하는 방법 모두를 알아보겠습니다.

2.3 Xcode 설치하기

Xcode는 애플 전용 데스크톱 운영체제인 macOS에서만 실행할 수 있습니다. 따라서 애플에서 출시한 맥북(MacBook), 맥북 프로(MacBook Pro), 맥북 에어(MacBook Air), 아이맥(iMac), 맥 미니(Mac Mini), 맥 프로(Mac Pro) 중 하나가 필요합니다. 마이크로소프트사의 Windows 운영체제가 설치된 일반 PC에서는 Xcode를 설치할 수 없습니다.

과거에는 Xcode를 내려받기 위해서 맥 OS 개발자 프로그램이나 iOS 개발자 프로그램에 가입해야 했습니다. 그렇지 않으면 별도 비용을 지불한 뒤에 내려받아야 했죠. 물론 개발자 프로그램에 가입하는 것도 비용이 발생하므로 Xcode는 유료로 제공되는 툴이었다고 볼 수 있습니다. 하지만 스위프트의 발표와 함께 Xcode에 대한 라이선스를 무료 제공 방식으로 전환하면서 이제는 거의 제약 없이 무료로 내려받을 수 있게 되었습니다.

Xcode의 정식 버전은 항상 앱스토어에서 받을 수 있지만, 베타 버전은 애플에서 제공하는 애플 개발자 사이트에서만 내려받을 수 있습니다. 베타 버전은 정식 버전보다 한발 앞서 최신 개선 사항을 적용해 볼 수 있다는 장점이 있지만 아직 안정화되지 않은 버전이어서, 개발 도중 알 수 없는 오류로 인하여 Xcode가 다운되기도 합니다. 호환성이 담보되지 않은 문법 및 구문 변경으로 인해 멀쩡하게 잘 돌아가던 스위프트 소스 코드들이 새 베타 버전의 Xcode에서 빨간 오류를 정신없이 뱉어낼 수도 있습니다. 이런 일들로 인한 스트레스를 덜 받고 안정적으로 사용하려면 가급적 앱스토어에서 제공하는 정식 버전을 이용하는 편이 좋습니다.

2.3.1 정식 버전 설치 : 앱스토어를 통하여

Xcode 정식 버전은 항상 앱 스토어를 통해 제공됩니다. 설치를 위해 맥 환경에서 앱스토어를 실행해 봅시다. 실행된 앱스토어 창의 오른쪽 위에 있는 검색 창에 Xcode를 입력하여 검색하면, 큼지막한 망치가 떡하니 자리 잡은 Xcode 앱 아이콘을 확인할 수 있습니다.

그림 2-7 앱스토어에서 Xcode 검색

앱 아이콘을 클릭하여 상세페이지로 진입한 다음 〈설치〉 버튼을 클릭하면 로그인 과정을 거쳐 자동으로 Xcode 설치가 시작됩니다.

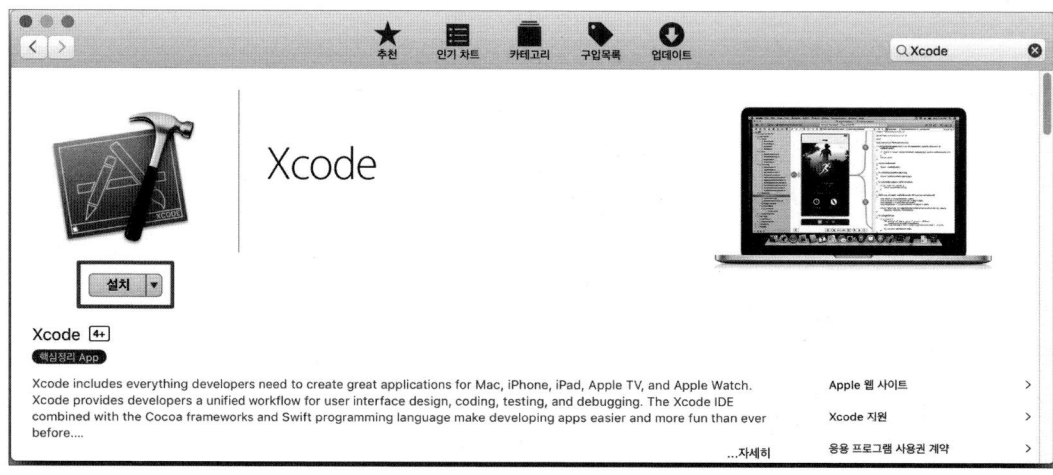

그림 2-8 앱스토어를 통한 Xcode 정식 버전 설치

설치 과정에서 등장하는 로그인 창에서는 애플에 등록된 계정을 입력하면 됩니다. 앱스토어에서 다른 앱을 내려받을 때 사용하던 일반 계정으로도 Xcode를 내려받고 설치할 수 있습니다. 다만 베타 버전을 내려받을 경우에는 애플에 등록된 개발자 계정이 있어야 하니, 이를 구분해서 알아두면 될 것 같습니다. 물론 개발자 계정 등록은 무료입니다.

설치는 비교적 간단합니다. 정식 버전으로 출시된 Xcode는 단순히 앱스토어를 거쳐 설치하기만 하면 끝이죠. 설치가 완료되면 위 앱스토어에 표시된 Xcode 아이콘이 맥의 응용 프로그램에도 자동으로 추가되므로, 이를 통해 Xcode가 정상으로 설치되었음을 확인할 수 있습니다.

2.3.2 베타 버전 설치 : 애플 개발자 사이트

만약 여러분이 최신 문법과 곧이어 발표될 새 iOS 버전에 한발 앞서 대응하고 싶다면, 앱 스토어를 통해 Xcode 정식 버전을 사용할 것이 아니라, 애플 개발자 사이트에서 베타 버전의 Xcode를 내려받아 사용해야 합니다. 다음은 베타 버전을 받을 수 있는 웹 페이지 화면입니다.

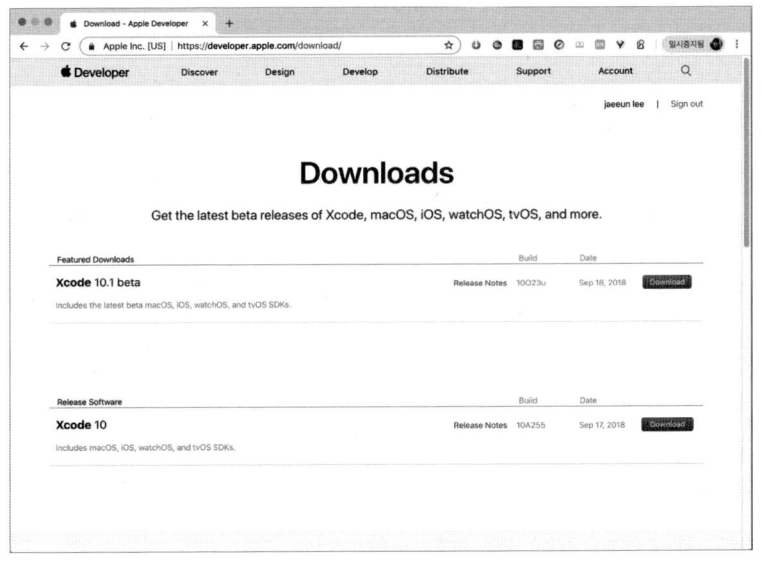

그림 2-9 애플 개발자 사이트(https://developer.apple.com/download/)

개발자 사이트를 통해 내려받은 파일은 xip 확장자 형식으로, 'Extract in Place' 또는 'Execute in Place'의 약자입니다. ZIP 형식의 압축 파일과 비슷하지만, 파일의 압축을 해제하기 전에 먼저 파일의 변경이 없었는지 여부를 애플로부터 인증을 받는 압축 형식으로, Xcode 8 버전의 다운로드부터 적용되었죠. macOS는 유닉스 시스템을 기반으로 하고 있기 때문에, 다운로드된 xip 파일은 압축을 해제한 결과물을 응용 프로그램 폴더에 복사하는 형태로 프로그램이 설치됩니다. 설치된 프로그램을 제거할 때는 프로그램이 설치된 디렉터리를 응용 프로그램 폴더로부터 삭제하기만 하면 됩니다.

내려받은 xip 파일을 더블클릭하면 압축된 파일이 해제되면서 자동으로 설치되는데, 만약 옵션을 선택하는 과정이 나온다면 모두 기본값으로 선택하여 진행하면 됩니다. 설치 도중에 다음과 같은 창이 표시되면 왼쪽의 Xcode 아이콘을 오른쪽의 Applications 폴더 쪽으로 드래그합니다. 이는 압축이 해제된 Xcode 파일을 응용 프로그램 폴더로 복사한다는 뜻입니다. 복사가 끝나면 별도의 설치 완료 메시지가 없더라도 설치가 완료된 것으로 볼 수 있습니다.

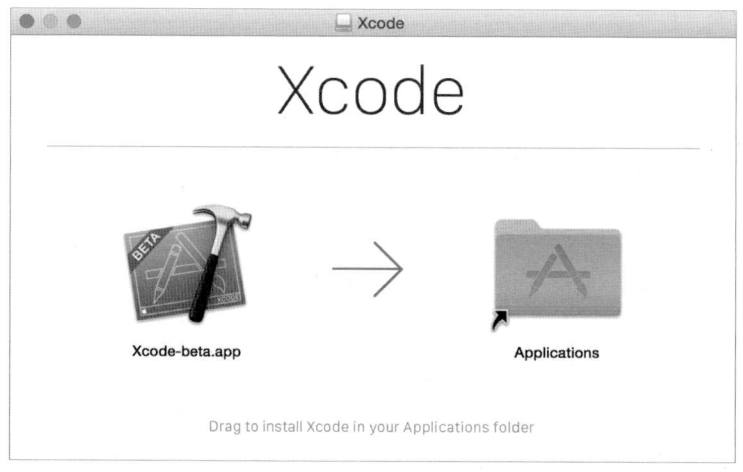

그림 2-10 Xcode 파일을 응용 프로그램 폴더로 복사

2.4 Xcode 실행하기

설치가 끝난 Xcode를 실행해 봅시다. 실행하는 방법은 간단합니다. 맥 하단의 도크(Dock)에서 응용프로그램(Launchpad) 아이콘을 누르면 앱 목록이 나타나는데, 이 중에서 Xcode 아이콘을 찾아 클릭하면 됩니다. Xcode를 처음 실행했을 때는 그림 2-11처럼 추가 컴포넌트 설치를 요구하는 창이 나타날 수 있는데, 이때에는 〈Install〉을 클릭하여 새로 추가된 컴포넌트들을 설치합니다. 만약 〈Quit〉을 클릭하면 Xcode가 그대로 종료되므로, Xcode를 실행하기 위해서는 반드시 추가 컴포넌트를 설치해야 합니다.

그림 2-11 추가 컴포넌트 설치

〈Install〉을 클릭하고 잠시 기다리면 Xcode가 스스로 추가 컴포넌트를 내려받고 설치하는 과정을 진행합니다. 설치가 완료되면 다시 Xcode가 실행되는데, 이때 가장 먼저 보이는 것이 다음 그림과 같은 시작 창입니다. 앞으로 종종 자주 보게 될 창이죠.

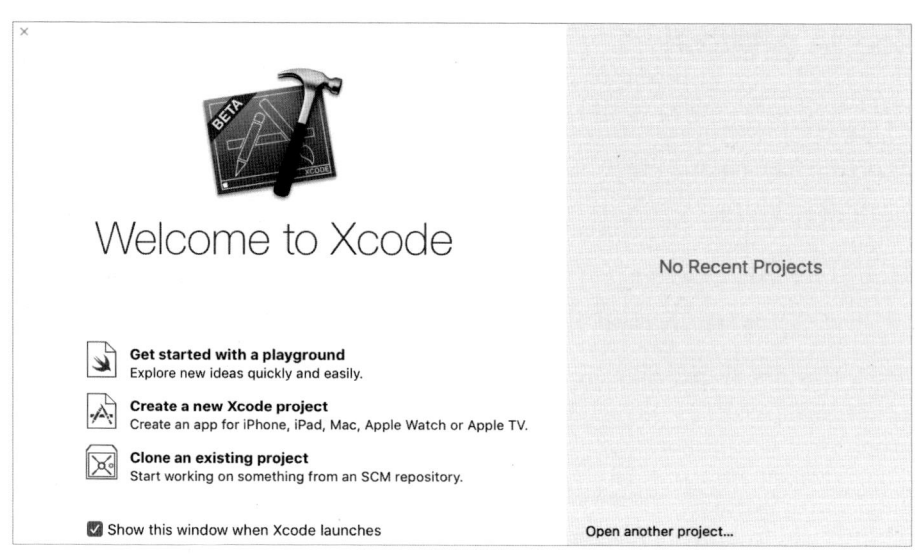

그림 2-12 Xcode 시작 창

시작 창 중앙에는 환영 문구와 함께 버전이 표시되고, 오른쪽에는 최근에 Xcode로 작업한 프로젝트 목록이 표시됩니다. 여러분이 만약 Xcode를 처음 실행했다면 필자처럼 빈 목록과 함께 'No Recent Project'라고 표시될 겁니다.

왼쪽의 환영 문구 아래에는 세 가지 선택 항목이 있습니다. 크게 중요한 것은 아니지만, 모르면 헤맬 수 있으므로 확인하고 넘어갑시다.

Get Started with a playground

이 항목은 '플레이그라운드'를 실행하는 것으로, 플레이그라운드는 애플이 스위프트를 위해 도입한 기능입니다. 간단한 코드를 작성하고 실행 결과를 확인해 볼 수 있는 일종의 즉석 코딩 & 실행 창으로, 빌드나 컴파일 과정을 자동으로 처리하고 화면 하단에 있는 결과 창을 통해 곧바로 실행 결과를 출력합니다. 클래스나 구조체 등의 객체를 구현해야 할 때 플레이그라운드를 이용하면 미리 코드를 쉽게 작성해 볼 수 있으므로 개발 생산성 향상에 많은 도움이 됩니다. 단, 스위프트 코드만 지원하므로 오브젝티브-C 코드는 작성해볼 수 없습니다.

Create a new Xcode project

새로운 프로젝트를 만들어 시작하고자 할 때 선택하는 항목입니다. Xcode에서 프로젝트라 함은 iOS, macOS, watchOS 또는 tvOS 등에서 동작하는 애플리케이션이나 혹은 C/C++ 모듈을 말합니다. 앞으로 우리가 스위프트로 실제 앱을 만들어볼 때 아주 여러 번 선택해볼 메뉴이니 잘 기억해 둡시다.

Clone an existing project

깃허브 저장소로부터 소스를 내려받아 작업을 진행하고자 할 때 선택하는 항목입니다. 오픈소스 라이브러리를 사용할 때나 또는 비교적 큰 프로젝트를 진행할 때 사용하는 항목이지만 당분간은 해당 사항이 없으므로 기억에서 지워버려도 됩니다.

참고로, 위와 같은 시작 창을 거치지 않더라도 Xcode의 [File] 메뉴를 통해 플레이그라운드나 프로젝트를 생성할 수 있습니다. 처음부터 세 개의 항목 중 어느 하나를 정확히 선택해야 한다는 부담은 갖지 않아도 됩니다.

2.4.1 첫 번째 메뉴, 플레이그라운드 시작하기

플레이그라운드를 실행하여 사용해 보고, 그 특징을 간단히 알아봅시다. 가장 먼저 할 일은 시작 창에서 [Get Started with a playground]를 선택하는 것입니다.

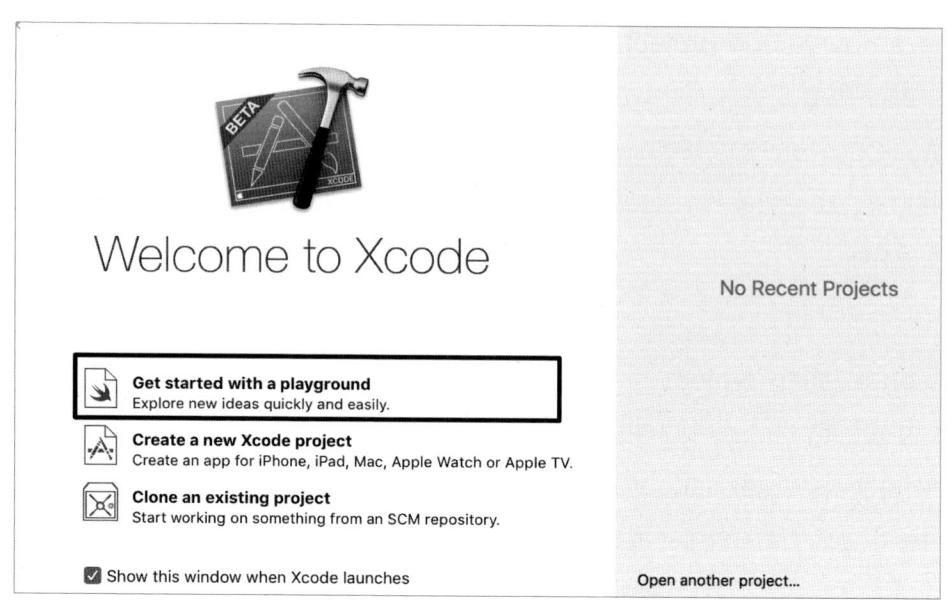

그림 2-13 시작 창에서 [Get started with a playground] 선택

시작 창의 메뉴를 선택하면, 템플릿을 선택할 수 있는 화면이 나타납니다. Xcode 9 이후로 플레이그라운드가 다양한 템플릿 타입을 지원하기 시작했는데, 이 덕분에 우리는 iOS나 tvOS, macOS 등 여러 OS에서 게임이나 지도, 뷰 등 프로토타이핑용 템플릿 종류를 선택할 수 있습니다. 그림 2-14에 표시된 화면이죠.

이번 실습은 이들 항목 중에서 [iOS] → [Blank] 템플릿을 선택합시다. 가장 기본적인 템플릿으로, 내용이 거의 비어 있다시피 하므로 우리가 원하는 코드를 마음껏 작성해볼 수 있습니다. 나머지 템플릿에 대한 설명은 생략하지만, 시간이 된다면 다른 템플릿도 한 번씩 선택해서 경험해 보시기 바랍니다.

그림 2-14 플레이그라운드 생성

템플릿을 선택한 뒤 〈Next〉 버튼을 누르면 파일명과 저장 위치를 지정하는 과정이 이어집니다. 원하는 파일명과 저장 위치를 지정해주고 나면 플레이그라운드 파일이 만들어지면서 준비가 끝나죠. 참고로 플레이그라운드 파일은 '.playground'라는 확장자를 가집니다. 모든 설정을 마치면 그림 2-15와 같은 화면이 나타나는데, 이것이 플레이그라운드의 기본 화면입니다.

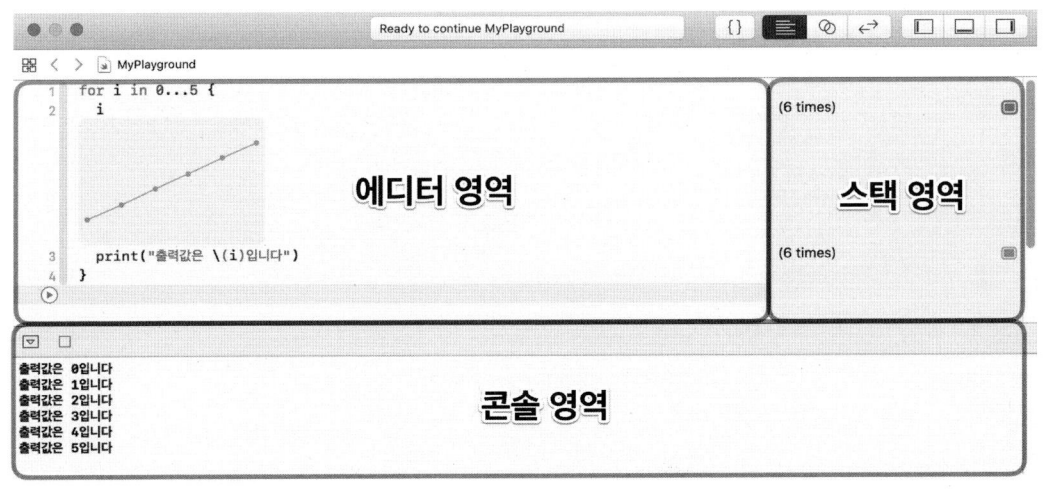

그림 2-15 플레이그라운드 기본 화면

실행된 플레이그라운드의 기본 화면은 크게 세 영역으로 나눌 수 있습니다. 좌측은 에디터 영역으로, 우리가 실제 코드를 입력하거나 편집하는 공간입니다. 코드의 실행 과정이나 값의 변경 단계를 가볍게 보여주기도 합니다. 우측은 스택 영역으로, 에디터 영역에 입력된 코드에 대한 실행 보조 정보를 보여줍니다. for 구문과 같은 반복문이 작성되었을 경우, 실제 반복 과정이 몇 번인지 값이 어떻게 변경되어 진행되는지를 알려주기도 합니다.

플레이그라운드 하단의 콘솔 영역은 출력할 메시지가 표시되는 공간입니다. 주로 print( ) 함수나 Log( ) 구문을 통해 출력되는 정보가 여기에 뿌려진다고 생각하면 됩니다.

여기까지가 플레이그라운드를 시작하기 위한 준비 과정입니다. 참고로 이 과정은 시작 창의 메뉴 대신, Xcode의 메인 메뉴 중 [File] → [New] → [Playground]를 차례대로 선택하여 진행할 수 있습니다.

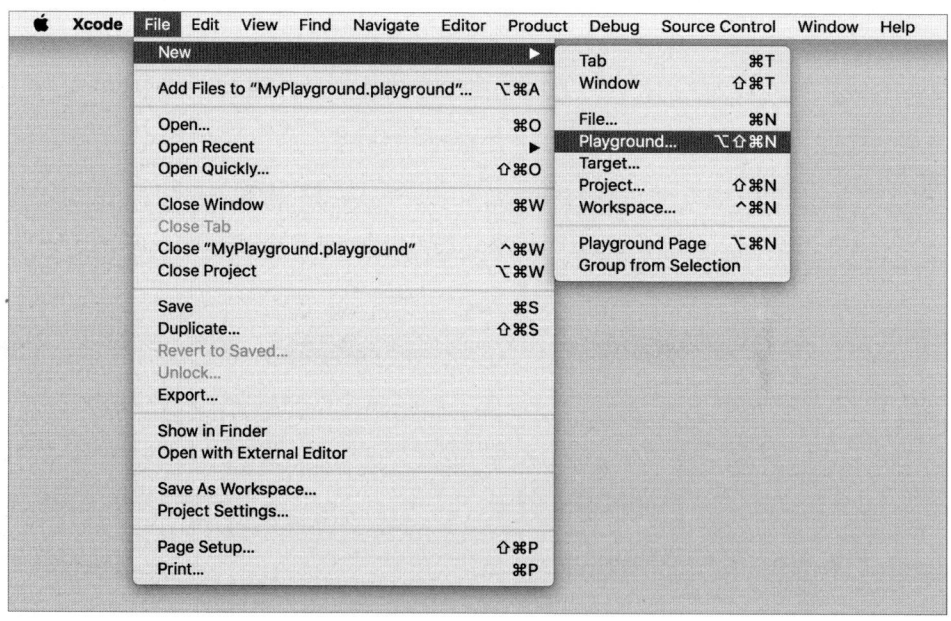

그림 2-16 [File] → [New] → [Playground] 메뉴로 플레이그라운드 시작하기

실습에 들어가기에 앞서 플레이그라운드의 역할에 대해 다시 한번 상기해 보겠습니다. 플레이그라운드가 하는 역할은 크게 다음 두 가지입니다.

1. 스위프트 코드의 문법 및 원하는 코드의 실행 과정을 확인하기 위해 프로토타이핑하는 역할
2. 스위프트 코드를 위한 각종 문서 및 가이드를 작성하는 역할

2번은 언뜻 이해가지 않을 수도 있지만, 플레이그라운드를 통해 작성되는 이른바 **리치 도큐먼트 (Rich Document)** 형식의 문서를 작성할 수 있다는 것을 알게 된다면 어째서 플레이그라운드를 통해 개발용 문서와 가이드를 작성하는 것인지 금세 이해하게 될 겁니다. 스위프트 코드는 물론이거니와 각종 이미지나 다양한 링크 문서 등을 작성할 수 있는 기능이 플레이그라운드를 통해 제공되기 때문입니다.

어쨌든 플레이그라운드는 위 1번과 2번의 역할을 위한 툴입니다. 따라서 여러분이 흔히 생각하는 iOS 애플리케이션 제작을 위한 툴은 아니며, iOS 애플리케이션을 제작하기 위해서는 플레이그라운드가 아니라 '프로젝트'라고 불리는 파일 그룹 단위가 사용된다는 것을 알아두면 좋겠습니다.

이제 본격적으로 실습에 들어가 보겠습니다. 플레이그라운드의 에디터 영역에 다음과 같은 코드를 작성해 봅시다.

```swift
for i in 0...5 {
    i
    print("출력값은 \(i)입니다")
}
```

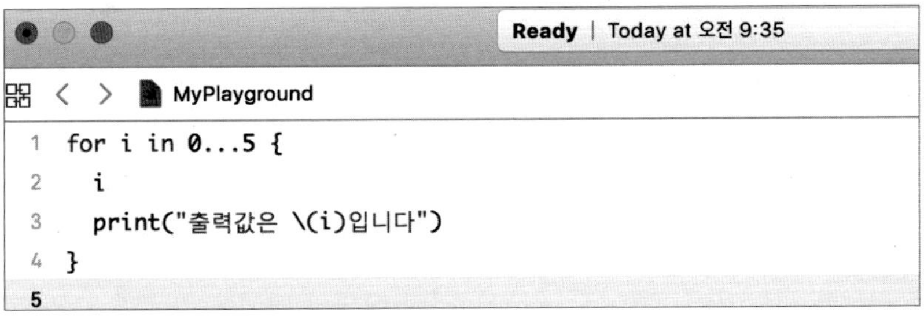

그림 2-17 플레이그라운드 에디터 영역에 코드가 작성된 모습

작성이 끝나면 창 하단의 ▶ 버튼을 클릭하여 실행 결과를 확인합니다. 아직 전체 코드의 의미를 모르더라도, print( )라는 구문의 안에 작성한 문장이 0부터 5까지 숫자만 바꿔가면서 반복 출력되는 것을 볼 수 있습니다.

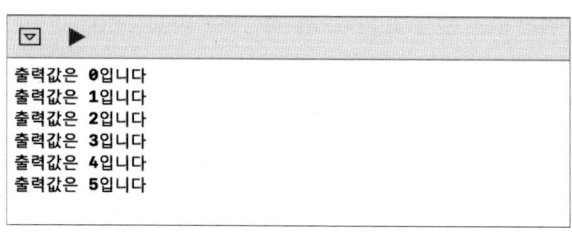

그림 2-18 출력 결과

출력 결과를 확인했다면, 플레이그라운드 오른쪽 영역에 표시되는 (6 times) 메시지 옆에 있는 사각형 아이콘을 클릭해 봅시다. 그림 2-19의 〈Show Result〉 아이콘 말이에요.

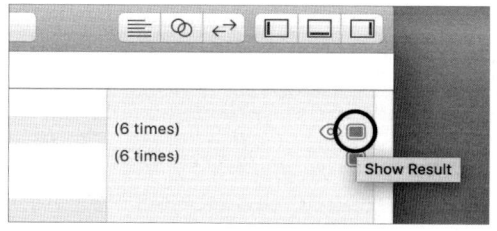

그림 2-19 〈Show Result〉 아이콘 클릭

이 아이콘은 실행 과정을 보여주는 버튼으로, 콘솔 영역에 보여지는 출력 결과를 제어하는 버튼이 아니라는 점에 주의해야 합니다. 일반적으로 우리는 실행 과정을 확인코자 할 때 print( ) 등의 구문을 통해 값을 출력해봄으로써 변화 단계를 확인하는데, Show Result 아이콘을 사용하면 값을 출력하지 않더라도 변수의 값이 어떻게 변하고 있는지 확인할 수 있습니다. 그 대표적인 예로, 우리가 작성한 코드에서 이 아이콘을 클릭하면 에디터 영역에 다음과 같은 그래프가 나타납니다.

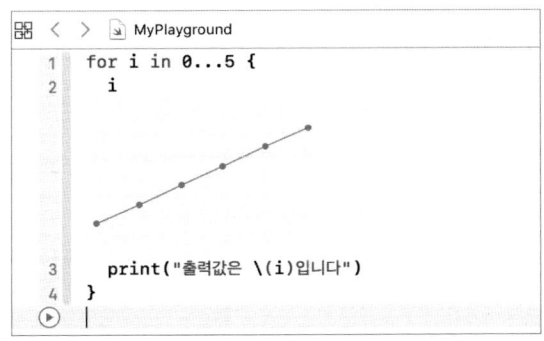

그림 2-20 Show Result 버튼에 의한 결과 출력

이 그래프는 우리가 작성한 구문에 의해 변수 i의 값이 어떻게 바뀌는지를 보여주는 그래프입니다. 우리가 따로 그래프를 구현하지 않았음에도 플레이그라운드가 알아서 그래프 형식으로 보여주는 결과물이죠. 이를 통해 여섯 번의 반복 과정에서 변수의 값이 어떻게 변화하는지 한눈에 확인할 수 있습니다.

이번에는 변수를 정의하고 값을 할당해 봅시다. 앞서 작성한 코드 아래에 다음과 같은 코드를 추가합니다.

```
var value = 1
value += 1
value += 2
```

작성이 끝나면 방금 작성한 행의 행 번호 위에 마우스를 올려 봅시다. 행 번호 위에 삼각형의 실행 아이콘이 표시될 겁니다. 이것은 클릭한 행까지의 코드만 부분적으로 실행해주는 버튼으로, 이 버튼을 이용하면 전체가 아닌 특정 행까지만 코드를 실행해볼 수 있습니다. 맨 마지막 행의 실행 버튼을 클릭하여 코드를 실행하고 잠깐 기다려 봅시다. 코드가 실행되면 스택 영역에 다음과 같은 값이 표시됩니다.

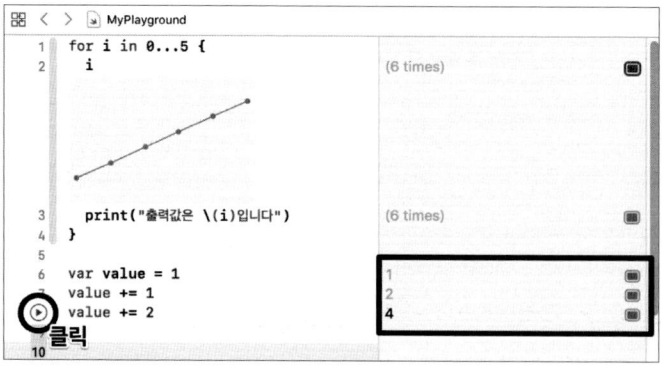

그림 2-21 변수에 값 할당 시의 스택 영역

스택 영역에 나타나는 값의 변화는 변수 value에 대입되는 값을 의미합니다. 각 줄의 1, 2, 4는 value에 해당 값이 차례대로 할당되었다는 것을 뜻하죠. 아직 배우지는 않았지만 '+='는 '현재의 변수값에 더해서 다시 저장하라는 의미를 가진 복합 연산자로, 3장에서 배우게 됩니다.

이처럼 에디터 영역에 변수가 정의되거나 사용되면, 스택 영역에서는 해당 변수의 값을 추적하여 표시합니다. 따라서 코딩을 하는 도중에 값을 확인하기 위해 일일이 출력해볼 필요 없이, 스택 영역을 확인하기만 하면 되죠.

스택 영역의 업그레이드 기능 한 가지를 더 확인해 봅시다. 기존의 코드를 모두 지우고 (지우지 않아도 괜찮기는 합니다) 다음 코드를 작성합니다.

```
import UIKit

let frame = CGRect(x: 100, y: 100, width: 200, height: 100)
let view = UILabel(frame: frame)

view.backgroundColor = UIColor.red
view.textAlignment = .center
view.text = "Hello, World!!!"
```

약간 복잡해 보이죠? 이 중에서 일부는 이 책의 후반부에서, 그리고 나머지 코드는 이 책의 후속편인 실전편에서 모두 다루게 될 코드들입니다. 그때가 되면, 여러분은 이 코드가 무엇을 의미하는지 쉽게 이해하게 될 겁니다. 간단하게 의미를 설명하자면, 텍스트를 출력하는 레이블(UILabel)이라는 것을 만들고, 여기에 배경 색상 및 출력할 텍스트를 표시해주는 과정입니다. 빨간 배경에 "Hello, World!!!"라고 씌어진 사각형의 레이블이 등장하게 되는, 뭐 그런 내용이죠.

작성이 끝났다면 이전과 동일하게 마지막 행 번호 위의 실행 버튼을 클릭한 다음, 스택 영역에서 〈Show Result〉 아이콘을 클릭해 봅시다. 앞서 작성한 코드 아래에 다음과 같은 사각형이 나타날 겁니다. 내부에 "Hello, World!!!"라는 글자를 품고서 말이죠.

그림 2-22 플레이그라운드에 표시된 레이블 객체

이번에는 조금 다른 방식으로 결과를 확인해봅시다. 〈Show Result〉 아이콘 위에 마우스를 올리면 눈 모양의 〈Quick Look〉 아이콘이 나타나는데, 이것을 클릭합니다. 그러면 작은 팝업창이 뜨면서 앞서의 빨간 사각형이 표시됩니다.

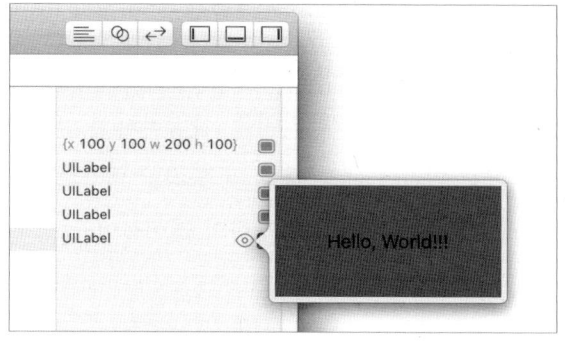

그림 2-23 〈Quick Look〉 창

이 창은 원하는 결과를 빠르게 확인할 수 있도록 도와주는 팝업으로, 퀵 룩(Quick Look) 창이라고 불립니다. 그림 2-22에서 보는 것처럼, 〈Show Result〉 아이콘을 클릭했을 때 에디터 영역에서 나타나는 것과 동일한 결과가 팝업 창을 통해 표시되죠.

이 밖에도 플레이그라운드를 사용하면 간단한 코드의 작성과 진행 과정, 그리고 값의 변화 및 결과를 빠르게 파악할 수 있어 편리합니다. 또한 **코딩 레이아웃(Coding Layout)**이라고 부르는, 프로그래밍 코드로 사용자 화면을 구성하는 작업에서도 플레이그라운드를 활용하면 이점이 많죠*. 특히 필자는 온라인에서 발견한 훌륭한 샘플 코드를 분석하는 데에 플레이그라운드를 사용하기도 합니다.

여러분도 마찬가지입니다. 플레이그라운드를 잘 활용하면 학습 성과를 상당히 높일 수 있습니다. 이 때문에 다음 장부터 본격적으로 시작되는 스위프트 문법을 학습할 때에는 단순히 읽고 넘어가기보다는 시간이 걸리더라도 플레이그라운드를 이용하여 코드를 직접 타이핑해 보기를 권합니다. 아마도 눈으로만 읽는 것보다는 내용을 훨씬 이해하기 쉬울 겁니다. 프로그래밍은 개념서를 백 번 읽는 것보다 한 번 직접 코딩해 보는 것이 1,020배쯤 낫답니다.

---

*애플리케이션 프로젝트에서는 결과를 확인하기 위해 매번 컴파일 후 시뮬레이터를 통해 실행해야 한다는 불편함이 있습니다.

2.4.2 두 번째 메뉴, Xcode 프로젝트 생성하기

스위프트 학습용으로 작성하는 코드나 간단한 프로토타이핑 등은 앞에서 실행했던 플레이그라운드 창에서도 얼마든지 가능하지만, 실제 앱을 만들 때에는 Xcode 프로젝트를 만들어 진행해야 합니다. 앱은 하나의 파일로 이루어지는 것이 아니라, 여러 개의 파일이나 리소스를 모은 프로젝트를 바탕으로 개발되기 때문입니다. 하나의 프로젝트가 대개 하나의 앱을 의미한다고 생각하면 됩니다.

실제로 Xcode 프로젝트를 생성해봅시다. 생성 과정은 몇 단계로 이루어져 있지만 일단 익숙해지고 나면 크게 복잡한 과정은 아닙니다. 프로젝트 생성은 다음 순서로 진행됩니다.

> [템플릿 선택] → [프로젝트 정보 입력] → [저장 위치 선택] → [프로젝트 생성]

가장 먼저, Xcode를 실행하여 시작 창을 엽니다. Xcode가 이미 열려 있는 상태라서 시작 창이 나타나지 않으면 Xcode를 종료했다가 다시 실행하세요.

시작 창이 나타나면 두 번째 메뉴인 [Create a new Xcode project]를 선택합니다. 새로운 프로젝트를 생성하는 메뉴입니다.

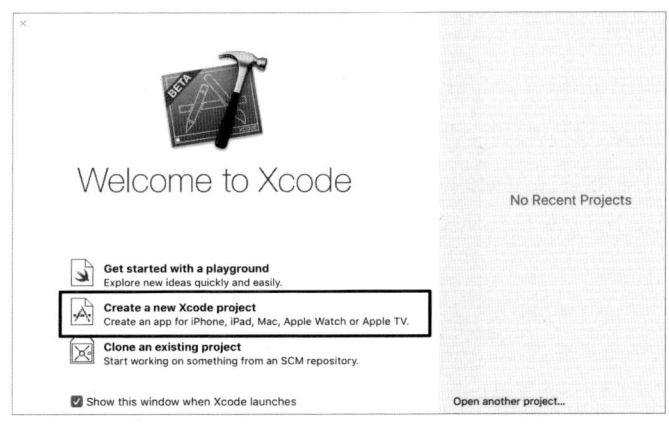

그림 2-24 시작 창에서 Create a new Xcode project 선택

프로젝트 템플릿 선택 창(그림 2-25)이 나타나면 창의 상단 영역에서 [iOS]를 선택하고, [Application] 그룹에서 [Single View Application] 템플릿을 선택합니다. 선택이 끝나면 〈Next〉 버튼을 클릭하여 다음 단계로 넘어갑니다.

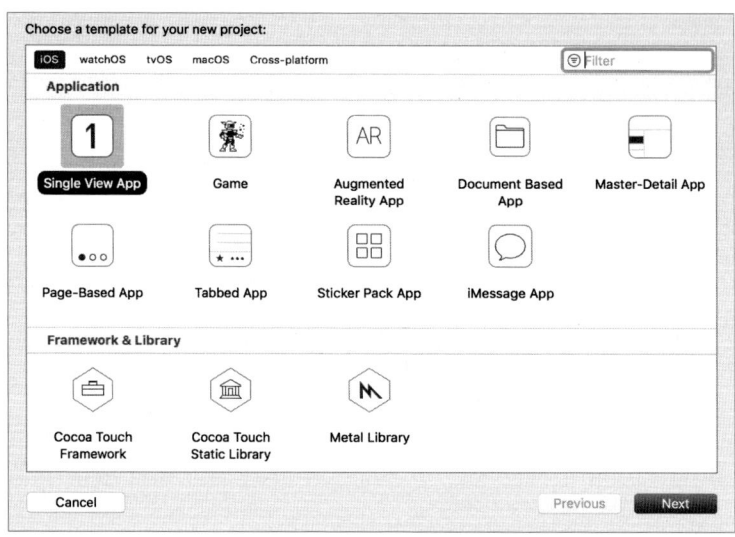

그림 2-25 프로젝트 템플릿 선택 창

이어서 프로젝트 정보를 입력하는 창(그림 2-26)이 나타납니다. 프로젝트명(Product Name), 조직명(Organization Name), 조직식별값(Organization Identifier)은 원하는 대로 넣을 수 있지만, Language 항목만큼은 반드시 'Swift'를 선택해 주어야 합니다. 그렇지 않으면 이 책의 실습 과정과 다른 결과를 볼 수도 있습니다. 마지막으로 프로젝트명을 'MyFirstApp'으로 입력합니다.

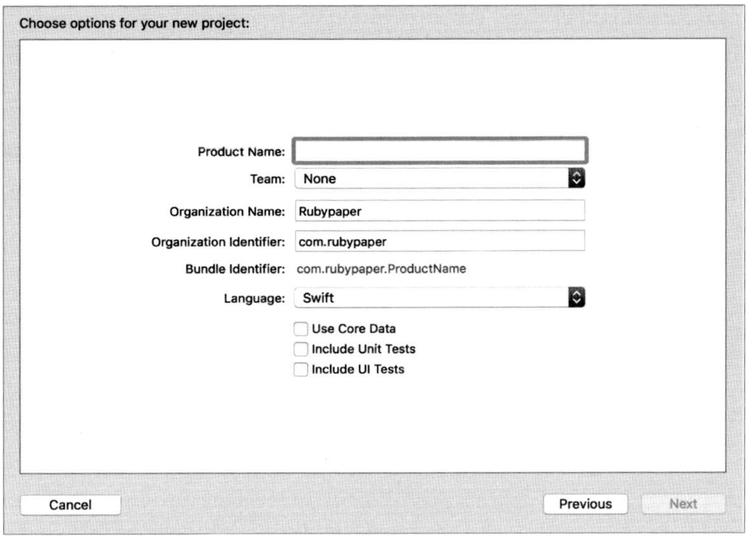

그림 2-26 프로젝트 정보 입력

프로젝트 정보를 입력했으면 〈Next〉 버튼을 누릅니다. 프로젝트 저장 위치를 지정하는 창(그림 2-27)이 나타날 겁니다. 프로젝트 파일을 저장할 적당한 위치를 지정하고 〈Create〉 버튼을 클릭하세요. 여기까지 진행하면 프로젝트가 만들어집니다.

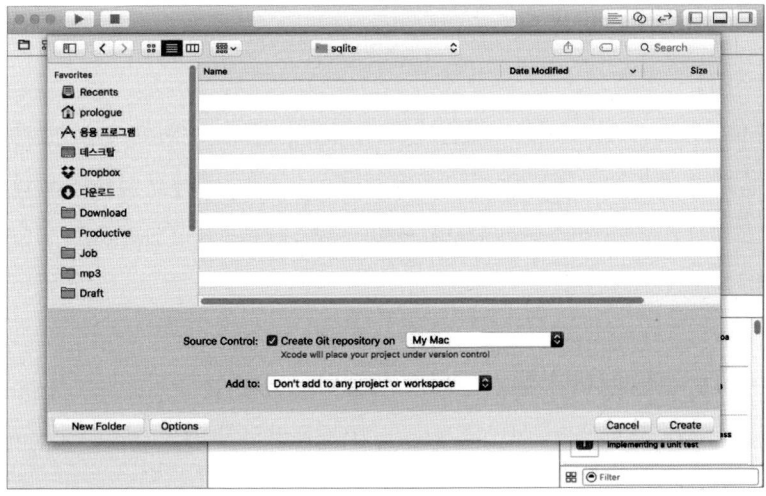

그림 2-27 프로젝트 저장 위치 지정

프로젝트가 생성되고 나면 화면에는 프로젝트에 대한 각종 설정 항목들이 표시됩니다. 앱 아이디나 버전, 앱 이름 및 앱이 지원할 iOS 버전, 화면 회전 여부 등 다양한 정보를 수정하고 편집할 수 있죠. 앞으로 자주 등장할 이 화면을 우리는 편의상 '프로젝트 정보창'이라고 부르겠습니다. 프로젝트 정보창에 표시된 항목 중에서 중요한 것들은 이후 본격적으로 앱을 만들기 시작할 때 상세히 언급될 예정입니다.

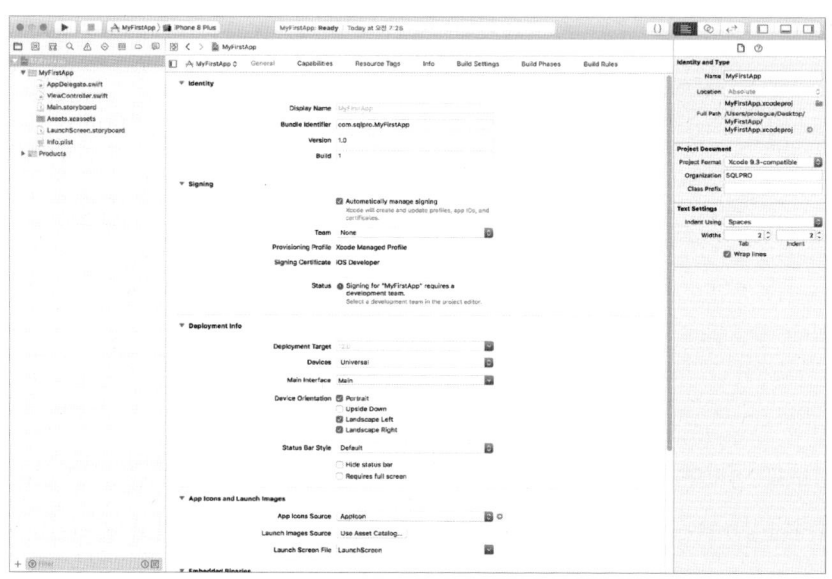

그림 2-28 프로젝트 첫 화면

프로젝트가 생성되었다면 앱 아이콘이라든가 로딩 화면, 그리고 (비록 비어 있기는 하지만) 첫 화면 등 앱에 필요한 기초적인 것들은 이미 자동으로 구현된 상태라고 보면 됩니다. 따라서 우리는 바로 앱을 실행시켜볼 수 있습니다. (사실 개발 관점에서는 프로젝트 자체가 앱이라고 할 수 있죠.)

Xcode 상단 왼쪽 버튼들 중에서 ▶ 모양의 아이콘을 클릭해 봅시다. 잠깐 기다리면 뭔가 아이폰을 빼닮은 창 하나가 뜰 텐데요, 이것은 Xcode가 제공하는 가상의 테스트 기기인 '시뮬레이터(Simulator)'입니다. 이 녀석 덕분에 우리는 디바이스를 직접 연결하지 않고도 앱을 테스트해볼 수 있죠.

일단 시뮬레이터가 실행되면 프로젝트가 만들어 낸 앱이 자동으로 설치되고, 이어서 실행됩니다. 다만 아직 아무 것도 작업하지 않았으니 지금은 잠깐의 로딩 화면을 거친 다음, 빈 화면만 뜰 겁니다. 이후 여러분의 작업에 따라 콘텐츠와 여러 기능이 채워지면서 이 앱 화면은 점점 멋있게 변해가겠지만, 일단 지금은 앱의 빈 껍데기가 만들어진 것이라고 이해하면 됩니다.

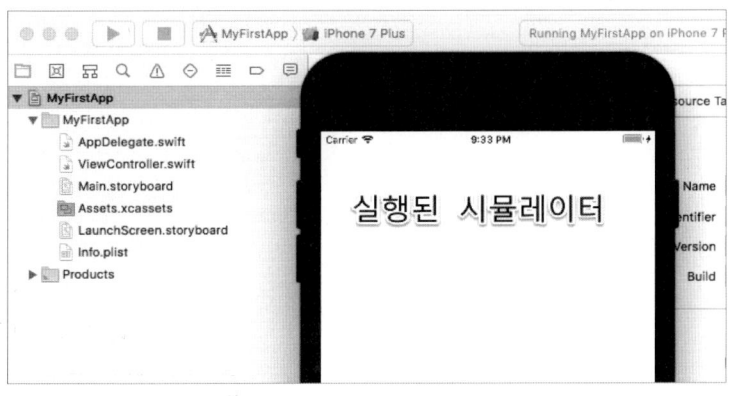

그림 2-29 앱 빌드 버튼과 시뮬레이터

이번에는 Xcode 왼쪽에 나타난 프로젝트 파일 목록에서, 제일 위에 있는 프로젝트명을 마우스 오른쪽 버튼으로 클릭해 봅시다. 다음과 같은 메뉴가 나타나면 이 중에서 [Show in Finder]를 선택합니다.

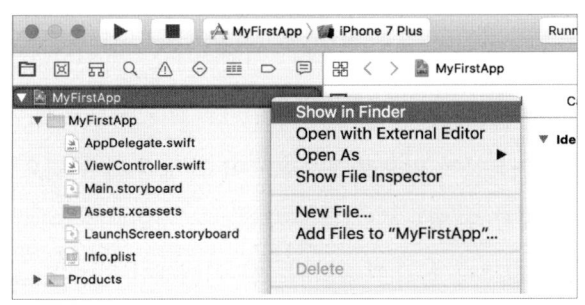

그림 2-30 [Show in Finder] 선택

이 메뉴는 선택된 파일 또는 폴더를 맥의 파인더(Finder)에서 열어주는 역할을 합니다. 파인더는 윈도우 탐색기와 같은 기능이라고 생각하면 됩니다. 열린 파인더에는 우리가 생성한 'MyFirstApp'이라는 이름으로 두 개의 아이콘이 만들어져 있는데, 하나는 프로젝트 관련 파일들이 저장된 폴더이고, 또 다른 하나는 프로젝트명.xcodeproj라는 파일입니다.

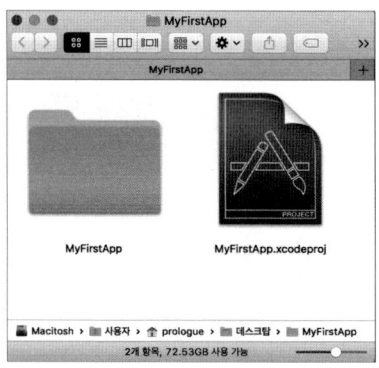

그림 2-31 Xcode 프로젝트 관리 파일

xcodeproj 파일은 Xcode 프로젝트의 설정이 저장된 마스터 파일이므로, 만약 프로젝트를 작업하던 도중에 예기치 않게 Xcode가 꺼져버렸다거나 (실제로 이런 일 많이 일어납니다. 누구나 한두 번쯤은 겪게 될 거에요) 혹은 예전에 진행하던 프로젝트를 다시 열어 진행하고 싶다면 이 파일을 더블클릭하면 됩니다. 해당 파일에 기록된 프로젝트 진행 정보를 Xcode가 읽고 다시 작업이 가능한 상태로 열어줄 겁니다.

여기까지가 기본적인 프로젝트를 생성하고, 앱을 실행해 보는 과정입니다. 비록 우리가 아무것도 하지 않아 텅 빈 화면에 불과하지만 그래도 이 안에는 기본적으로 앱이 갖추어야 할 각종 요소들이 담겨 있습니다. 여러분들이 앞으로 할 일은 이 안에 우리가 필요로 하는 화면 요소들을 추가하고, 원하는 대로 동작할 수 있도록 기능을 부여하는 것입니다. 이를 위해 여러분들은 스위프트 문법을 알아야 하고, 코코아 터치 프레임워크를 이해해야 하며 Xcode의 기능을 습득해야 합니다. 이 책을 통해 그 과정들을 차례대로 따라가 봅시다.

2.5 Xcode의 구성 요소

프로젝트를 생성하거나 생성된 프로젝트를 실행하면 Xcode는 여러 개의 작은 영역으로 분할된 커다란 윈도우 형태로 나타납니다. '워크 스페이스(Work Space)'라고 불리는 이 윈도우는 개발에 관련된 모든 것을 처리하기 위해 만들어진 Xcode의 가장 기본적인 작업 공간입니다. 워크스페이스는 기능에 따라 여러 개의 작은 영역으로 다시 분할되는데, 각각의 영역은 저마다 고유한 기능을 갖추고 개발 과정에서 중요한 역할을 담당합니다. 그림 2-32는 Xcode를 구성하는 각 영역을 보여주고 있습니다.

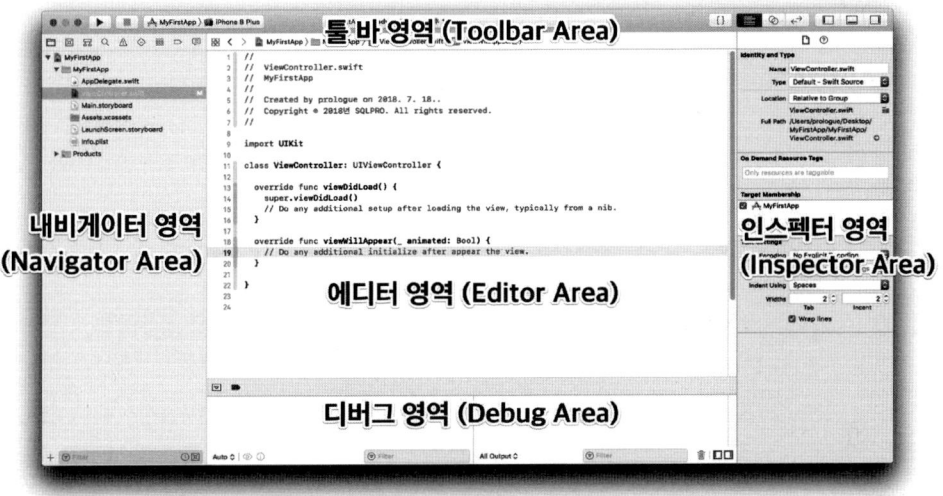

그림 2-32 Xcode 각 부분과 명칭

이들 영역의 명칭은 다음과 같습니다.

- 툴바 영역(ToolBar Area)
- 내비게이터 영역(Navigators Area)
- 에디터 영역(Editor Area)
- 디버그 영역(Debug Area)
- 인스펙터 영역(Inspector Area)

각각의 영역은 특성에 따라 더 작은 탭 영역으로 나누어지기도 합니다. 차례대로 알아보겠습니다.

2.5.1 툴바 영역

툴바 영역은 워크스페이스의 가장 위쪽에 위치한 영역으로, 작업을 도와주는 도구가 모여 있는 곳입니다. 앱의 빌드 및 실행이나 시뮬레이터의 설정이 여기에서 관리됩니다. 전체적인 프로젝트의 상태와 결과를 나타내기도 하며, 각종 보조적인 창을 여닫는 기능을 담당하기도 합니다.

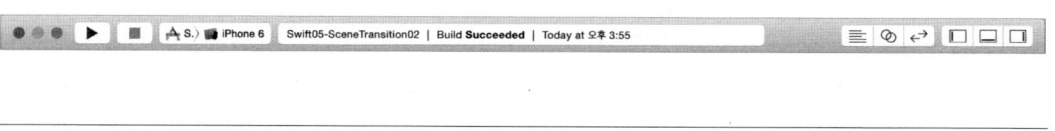

그림 2-33 툴바 영역

툴바 영역은 처리하는 기능에 따라 다시 다섯 개의 작은 영역으로 나눌 수 있습니다.

그림 2-34 앱 실행 및 중지 버튼

툴바의 맨 앞에 놓인 두 개의 버튼은 앱의 실행과 중지를 담당하는 버튼입니다. ▶ 버튼을 클릭하면 실행에 앞서 소스 코드가 컴파일되고, 이 과정에서 오류가 발생하지 않으면 이어서 앱이 실행됩니다. 개발용 맥에 실제 기기가 연결되어 있다면 연결된 기기에서 앱을 실행할 수도 있지만 그렇지 않으면 앱 시뮬레이터를 통해 앱이 실행됩니다. 이를 통해 앱을 테스트해서 정상적으로 기능이 동작하는지를 확인해 볼 수 있죠. 앱의 실행을 중지하고 싶다면 오른쪽 ■ 버튼을 클릭하면 됩니다.

그림 2-35 스키마와 시뮬레이터 선택 옵션

앱의 실행 및 중지 버튼 옆에 있는 것은 시뮬레이터 선택 옵션입니다. 어떤 기기에서 앱을 실행할지 선택할 수 있는 옵션이죠. 이 옵션을 클릭하면 여러 가지 버전의 동작 가능한 시뮬레이터들이 그림과 같이 나열됩니다.

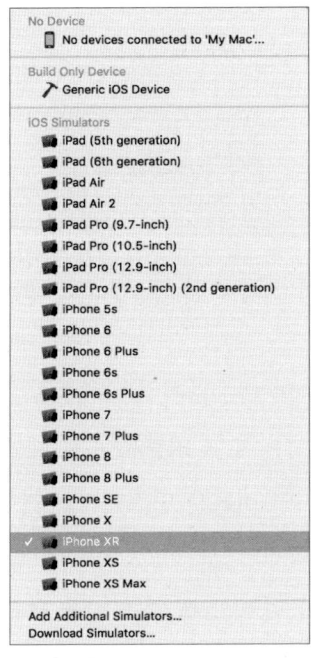

그림 2-36 앱 시뮬레이터 버전 선택

원하는 버전의 기기를 선택한 후 앞의 ▶버튼을 클릭하면 선택한 버전의 시뮬레이터가 기동되고, 제작 중인 앱이 시뮬레이터를 통해 실행됩니다. Xcode의 버전 업그레이드에 따라 앱 시뮬레이터가 지원하는 버전도 함께 확장되므로 최신 기능을 테스트하기 위해서는 항상 Xcode의 버전을 최신으로 유지해야 합니다.

그림 2-37 보조 에디터 모드 보이기/감추기

Xcode 상단의 오른쪽에 놓인 세 개의 탭은 어시스턴트 에디터, 즉 보조 에디터를 여닫을 수 있는 기능입니다. 앱을 제작하다 보면 화면 UI와 소스 코드를 함께 작업해야 하는 일이 많이 생기는데, 이때 이 탭을 이용하여 보조 에디터를 열면 UI와 소스 코드를 나란히 놓고 작업할 수 있어 편리합니다. 탭의 첫 번째와 두 번째 버튼은 각각 보조 에디터가 닫힌 상태와 열린 상태를 담당합니다.

그림 2-38 Xcode 레이아웃 편집 버튼

툴바의 마지막에 놓인 세 개의 버튼은 Xcode의 레이아웃을 조절할 수 있는 버튼들입니다. 버튼에 표시된 영역들을 열고 닫을 수 있는 토글 버튼들이죠. 제일 앞의 버튼은 내비게이션 영역을, 가운데 버튼은 디버그 영역을, 마지막 버튼은 인스펙터와 라이브러리 영역을 열고 닫는데 사용됩니다. 실제로 작업을 하다 보면 화면이 좁아서 Xcode에 열려있는 창들이 무척 거추장스러울 때가 있는데, 이때 이 버튼들을 이용하여 필요 없는 창을 닫으면 훨씬 넓은 화면으로 작업할 수 있어 유용합니다. 더 이상 설명이 필요 없을 만큼 직관적인 버튼들이므로 직접 눌러보면서 확인해 보도록 합시다.

2.5.2 내비게이터 영역

내비게이터 영역은 워크스페이스 왼쪽에 위치한 영역입니다. 이 영역은 우리 말로 '탐색기 영역' 정도로 해석할 수 있는데, 뭔가 탐색이 필요한 항목들을 쉽게 찾을 수 있도록 도와주는 역할을 담당합니다. 내비게이터 영역은 효율적인 탐색을 위해, 탐색할 대상의 성격에 따른 아홉 가지 세부 탐색기로 나누어집니다. 차례대로 살펴보겠습니다.

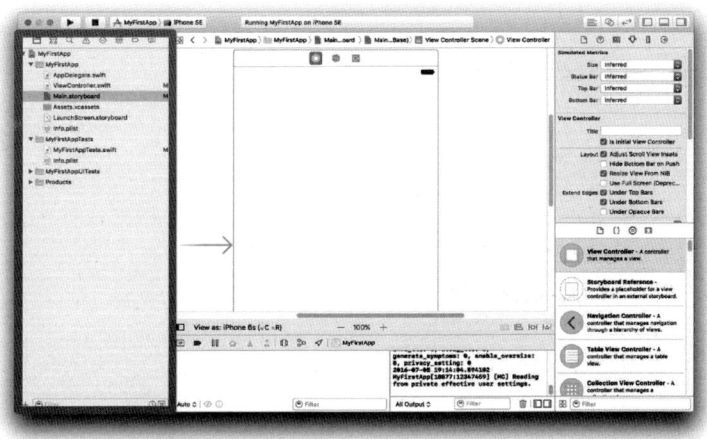

그림 2-39 내비게이터 영역

프로젝트 내비게이터

프로젝트 내비게이터는 프로젝트의 파일을 탐색할 때 사용하는 내비게이터입니다. 내비게이터 영역 상단의 탭 중에서 첫 번째 아이콘을 선택하거나 키보드 단축키 〈Command〉 + 〈1〉을 눌러서 선택할 수 있습니다.

앞에서 생성한 MyFirstApp 프로젝트에 관련된 파일을 펼쳐보면 그림 2-40과 같습니다. 현재는 프로젝트에 포함된 소스 파일인 AppDelegate.swift와 ViewController.swift, 그리고 화면을 그리기 위한 Main.storyboard 파일 등 몇 개밖에 없지만, 프로젝트가 진행되면서 필요한 파일들이 점차 늘어날 겁니다. 프로젝트 내비게이터는 이들 파일을 한눈에 살펴보고 관리할 수 있도록 트리 형식의 목록을 제공하여 프로젝트 내 파일에 대한 접근성을 높여줍니다.

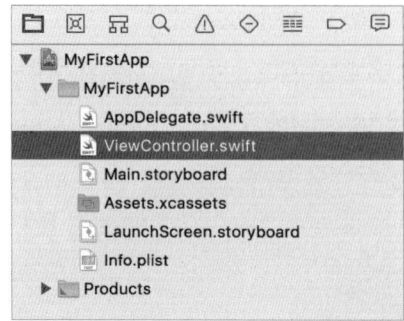

그림 2-40 프로젝트 내비게이터

소스 컨트롤 내비게이터

소스 컨트롤 내비게이터는 소스 파일의 버전 관리를 위해 제공되는 내비게이터로, Xcode 9부터 새롭게 추가되었습니다. 내비게이터 상단 영역의 두 번째 탭에서 찾을 수 있으며, 키보드 단축키 〈Command〉 + 〈2〉를 눌러도 됩니다. 깃허브 시스템과 연동하는 형태로 기능을 제공하는데, 이를 이용하면 자신이 만든 소스를 깃허브 사이트(https://github.com)에 올릴 수 있을 뿐만 아니라 깃허브에서 내려받은 오픈소스가 최신 버전으로 갱신될 경우 자동으로 알림을 받고 이를 업데이트할 수도 있습니다.

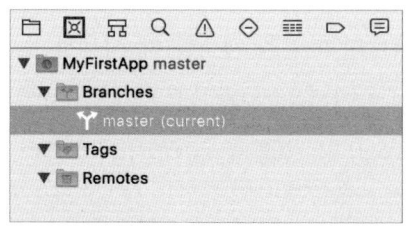

그림 2-41 소스 컨트롤 내비게이터

이 영역은 '리파지토리(Repository)'라고 불리는 소스 관리 전용 공간을 생성했을 때에만 사용할 수 있으므로, 이를 위해서는 신규 프로젝트 생성 시 옵션에서 [Create Git repository on my Mac]을 선택하거나 이미 생성된 상태라면 Xcode 메뉴에서 [Source Control] → [Create Git Repositories]를 차례로 선택해야 합니다.

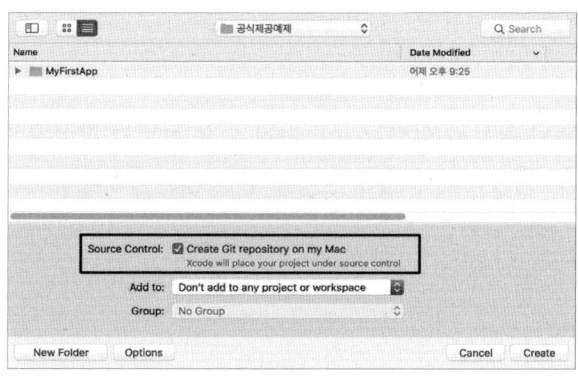

그림 2-42 리파지토리를 설정하기 위한 프로젝트 생성 옵션

심벌 내비게이터

심벌 내비게이터는 프로젝트에서 작성된 클래스나 구조체, 메소드 등의 심벌을 구조적으로 관리할 수 있는 내비게이터입니다. 내비게이터 영역의 탭 중에서 세 번째 아이콘을 선택하거나 키보드 단축키 〈Command〉 + 〈3〉을 눌러서 선택할 수 있습니다.

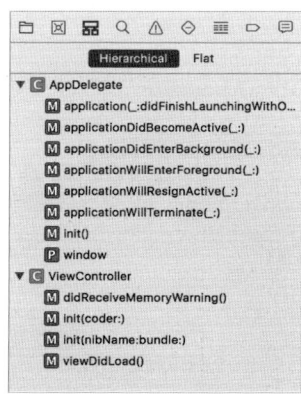

그림 2-43 심벌 내비게이터

MyFirstApp 프로젝트를 처음 생성하면 표준 템플릿에 의해 만들어진 세 개의 파일과 클래스가 추가되어 있는데요, 그림 2-43에서 보는 것처럼 심벌 내비게이터를 통해 각각의 클래스와 그 안에 정의된 메소드를 확인할 수 있습니다. 심벌 내비게이터의 항목 앞에 붙어있는 영문자 이미지는 심벌의 종류를 나타내는 것으로 클래스는 C, 구조체는 S, 메소드는 M으로 표시되며, 함수는 F로, 열거형은 E로 나타냅니다. C부터 E까지 영문자를 부여받은 모든 대상을 심벌이라고 표현합니다.

심벌 내비게이터에 나열된 각각의 심벌을 클릭하면 소스 코드에 작성된 심벌의 상세 내용이 에디터 영역에 표시됩니다. 이를 통해 손쉽게 심벌의 코드 내용을 확인할 수 있습니다.

검색 내비게이터

검색 내비게이터는 프로젝트 내부의 내용을 검색할 때 사용하는 기능으로, 빠른 검색과 깔끔한 정리를 자랑합니다. 내비게이터 영역의 탭 아이콘 중에서 네 번째 아이콘을 선택하거나 키보드 단축키 〈Command〉 + 〈4〉를 눌러서 선택할 수 있습니다. 그림 2-44는 검색 내비게이터를 이용하여 'version'이라는 키워드를 검색한 결과를 보여줍니다.

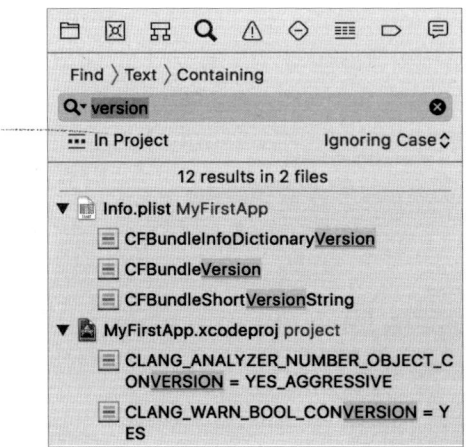

그림 2-44 검색 내비게이터

검색 내비게이터는 소스 파일뿐만 아니라 설정 파일, 프로젝트 마스터 파일에 기록된 검색 키워드까지 검색할 정도로 광범위한 검색을 처리하기 때문에 프로젝트 전체에서 해당하는 키워드를 찾을 때 매우 요긴하게 사용할 수 있습니다. 필자의 경우, 특정 값이나 변수명을 모조리 바꾸어야 할 경우에 검색 내비게이터를 이용하여 해당하는 모든 키워드를 찾곤 합니다.

이슈 내비게이터

Xcode는 코딩 도중에 잘못된 문장을 입력하거나 틀린 문법을 사용하면 문제가 있음을 알려주는 경고나 오류 표시가 즉각적으로 나타납니다. 이 표시를 클릭하여 활성화하면 표시된 내용에 대한 상세 정보를 볼 수 있는데, 이슈 내비게이터는 이런 경고나 오류 등의 이슈만 정리해서 보여주는 내비게이터입니다. 이슈 내비게이터를 사용하면 현재 코드의 어느 부분이 문제이고, 어느 부분을 고쳐야 하는지를 한눈에 파악할 수 있습니다. 내비게이터 영역의 탭 중에서 다섯 번째 아이콘을 선택하거나 키보드 단축키 〈Command〉 + 〈5〉를 누르면 선택됩니다.

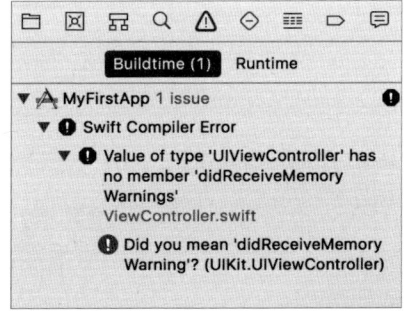

그림 2-45 이슈 내비게이터

이슈 내비게이터에 표시되는 문구를 클릭하면 이슈가 발생한 소스 코드 위치로 즉시 이동하게 됩니다. 이를 통해 오류를 처리해야 할 지점을 손쉽게 찾아갈 수 있죠. 이슈 내비게이터에 표시되는 내용은 항상 주의하여 문제점을 해결해주어야 하며, 그렇지 않을 경우 컴파일이 실패하거나 더 이상 진행되지 않는 등의 심각한 문제가 발생할 수도 있습니다.

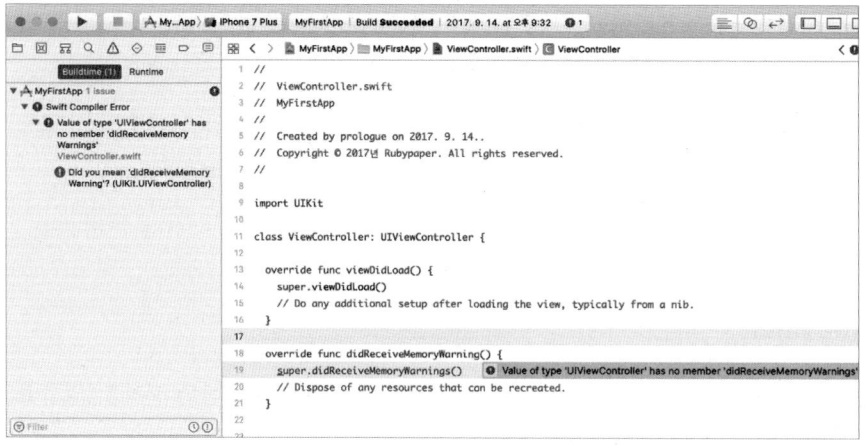

그림 2-46 이슈 내비게이터를 통해 오류 위치를 탐색한 모습

테스트 내비게이터

테스트 내비게이터는 MyFirstApp 프로젝트를 생성할 때 자동으로 구성된 테스트용 파일인 MyFirstAppTests.swift의 내용을 보여주는 영역입니다. 테스트를 위한 목적으로 만들어진 이 파일에서 테스트 항목은 일반적인 클래스의 메소드로 작성되어 있지만, 다른 클래스의 메소드와 구분되는 이 클래스의 특징이 있는데 바로 XCTestCase라는 클래스를 상속받았다는 점입니다. 이 클래스는 테스트를 목적으로 하는 클래스죠. 이 클래스를 상속받은 클래스의 테스트 항목이 표시되는 영역이 테스트 내비게이터입니다. 테스트 내비게이터는 내비게이터 영역의 탭 아이콘 중 여섯 번째 아이콘을 선택하거나 키보드 단축키 〈Command〉 + 〈6〉을 눌러서 선택할 수 있습니다.

그림 2-47 테스트 내비게이터

테스트 클래스는 프로젝트 생성 시 [Include Unit Tests], [Include UI Tests] 옵션에 체크했을 때 생성됩니다. 이 기능을 사용하고자 하는 경우, 프로젝트 생성 설정에서 다음 그림과 같이 체크해 주도록 합니다.

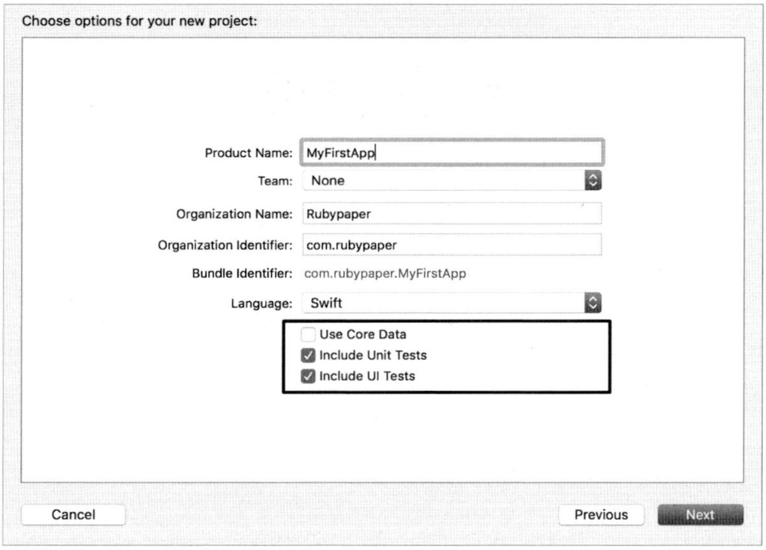

그림 2-48 테스트 클래스 추가 옵션

디버그 내비게이터

디버그 내비게이터 영역은 평소에는 아무것도 표시되지 않다가 시뮬레이터가 동작하면서 앱이 실행되면 디버그에 필요한 각종 정보를 보여주는 영역입니다. 특히, 브레이크 포인트와 함께 사용할 경우 지정된 브레이크 포인트에서 실행을 일시적으로 멈추고 다음 명령을 기다리는 형태로 표시됩니다.

디버그 내비게이터는 내비게이터 영역의 탭 아이콘 중 일곱 번째 아이콘을 선택하거나 키보드 단축키 〈Command〉 + 〈7〉을 눌러서 선택할 수 있지만, 앱이 실행되는 동안에만 정보가 표시된다는 점을 꼭 기억하기 바랍니다.

그림 2-49 디버그 내비게이터

디버그 내비게이터에 표시된 브레이크 포인트에서 실행이 멈춰 있을 때 다음 브레이크 포인트로 넘어가거나 실행을 재개하고 싶을 경우 디버그 영역의 continue 버튼을 클릭하거나 키보드에서 〈Control〉 + 〈Command〉 + 〈Y〉를 함께 누르면 됩니다.

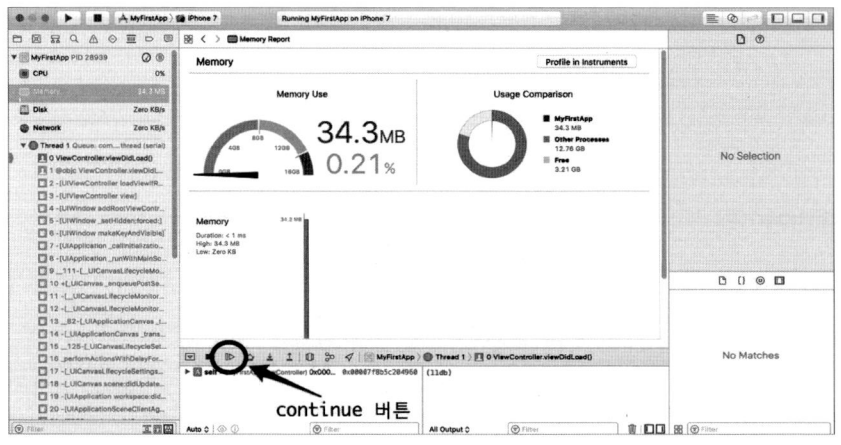

그림 2-50 디버그 내비게이터와 continue 버튼

브레이크 포인트 내비게이터

소스 코드를 디버깅하기 위해서는 실행 중간에서 코드의 진행을 멈추고 메모리나 변수값 등의 내용물을 확인해야 할 경우가 있습니다. 이때 코드의 진행을 멈출 수 있는 특정한 표시를 코드 내 원하는 위치에 삽입할 수 있는데, **이를 브레이크 포인트(Breakpoints, 중단점)**이라고 합니다. 브레이크 포인트를 설정한 상태에서 브레이크 포인트가 걸려있는 목록을 확인하고 다음 액션을 관리할 수 있는 영역이 바로 브레이크 포인트 내비게이터 영역입니다. 내비게이터 영역의 탭 아이콘 중 여덟 번째 아이콘을 선택하거나 키보드 단축키 〈Command〉 + 〈8〉을 함께 누르면 됩니다.

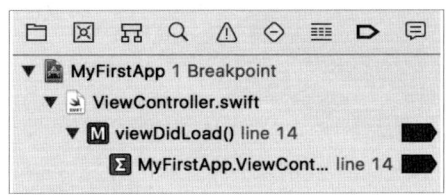

그림 2-51 브레이크 포인트 내비게이터

리포트 내비게이터

여덟 개의 내비게이터 탭 중 마지막 항목인 리포트 내비게이터는 빌드 결과나 실행 결과 등 작업의 결과를 확인할 수 있는 내비게이터입니다. 앱에서 출력하는 로그나 오류 메시지와는 다르게, 작업이 처리된 내역을 확인하는 용도로 사용됩니다. 내비게이터 영역 하단의 필터 바와 함께 사용하면 원하는 내용만 필터링할 수 있으므로 예전의 처리 결과와 비교할 때 편리합니다. 실행 요령은 내비게이터 영역의 탭 아이콘 중 마지막 아이콘을 클릭하거나 단축키 〈Command〉 + 〈9〉을 누르면 됩니다.

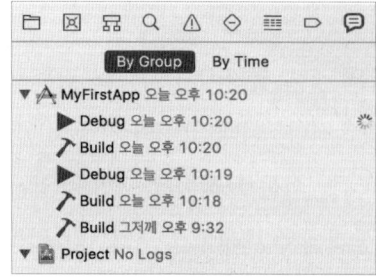

그림 2-52 리포트 내비게이터

2.5.3 에디터 영역

에디터 영역은 코드 작성이나 화면 설계 등 앱을 만들 때 필요한 대부분의 핵심 작업이 이루어지는 영역으로서 워크스페이스 가운데에 위치하고 있으며, 대부분의 영역을 차지합니다. 워크스페이스 왼쪽에 있는 내비게이터 영역에서 파일이나 심벌을 선택하면 선택된 소스 파일이 에디터 영역에서 열릴 뿐만 아니라, 만약 수정할 수 있는 파일이라면 이 영역에서 파일을 수정할 수도 있습니다. 단, 내비게이터 영역에서 파일을 클릭하면 해당 파일이 워크스페이스 내부에서 열리지만 더블클릭하면 별도의 편집 창을 통해 열리는 특성이 있으므로 주의해야 합니다. 그림 2-53는 내비게이션 영역과 함께 표시된 에디터 영역을 보여줍니다.

그림 2-53 에디터 영역

에디터 영역에서 사용되는 에디터는 크게 두 종류입니다. 소스 코드를 수정할 수 있는 텍스트 에디터와 스토리보드 파일의 UI를 수정할 수 있는 인터페이스 빌더가 그것이죠. 아, .xcodeproject 파일의 설정 내용을 수정할 수 있는 설정 창 에디터도 포함해야겠군요. 에디터 영역은 선택된 파일의 종류에 따라 자동으로 적절한 에디터를 선택하여 실행해 줍니다.

텍스트 에디터 왼쪽에는 줄번호가 있는데, 여기를 마우스로 클릭하면 해당 라인에 브레이크 포인트가 설정됩니다. 앱을 실행했을 때 해당 위치에서 실행을 잠시 멈추게 하는 역할이죠. 에디터 영역 위에는 현재의 워크스페이스 내에 있는 모든 레벨의 항목에 다양하게 접근할 수 있는 점프 바가 있습니다.

그림 2-54 브레이크 포인트와 점프 바

점프 바에는 프로젝트 시작부터 현재 열린 파일까지의 디렉터리 단계가 표시되어 있습니다. 현재 열린 파일과 동일한 디렉터리에 있는 파일을 선택하고자 할 때는 가장 뒤쪽에 표시된 파일을 선택하면 됩니다. 만약 프로젝트 최상단부터 접근하여 파일에 접근하려면 점프 바의 가장 앞에 있는 프로젝트 아이콘을 선택하여 원하는 디렉터리나 파일에 차례로 접근하면 됩니다.

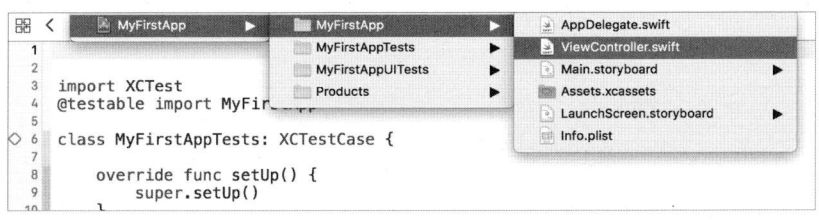

그림 2-55 점프 바에서 파일 접근

에디터 영역의 점프 바는 디렉터리 단계에 따라 순차적으로 접근하는 방식 외에도 점프 바 가장 왼쪽의 아이콘을 통하여 최근에 열었던 파일 목록을 제공하기도 합니다. 이를 이용하면 최근에 작업했던 파일에 빠르게 접근할 수 있습니다.

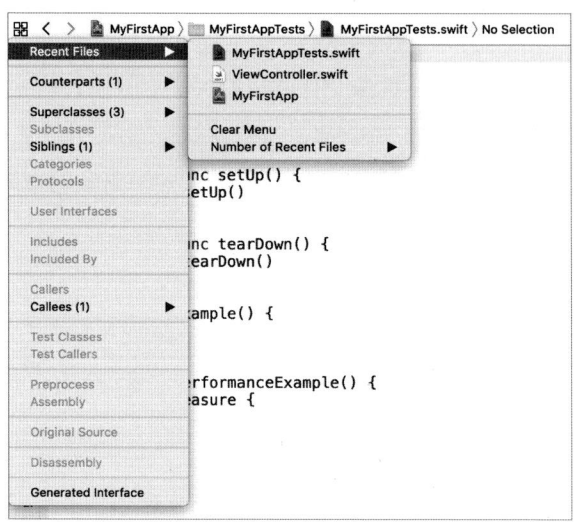

그림 2-56 점프 바에서 최근에 열었던 파일 열기

클래스 파일 등의 텍스트 기반 파일을 편집할 때와는 달리 스토리보드 파일이나 nib, xib 파일을 편집할 때에는 **인터페이스 빌더**가 실행됩니다. 인터페이스 빌더는 화면 UI를 설계할 때 사용되는 에디터로, 그래픽 기반의 툴입니다. 인터페이스 빌더를 사용하면 우리가 실제 앱을 보듯이 그대로 화면을 그려낼 수 있으므로 무척 편리합니다. 이 툴 덕분에 우리는 화면 UI의 결과를 직접 보면서 편집할 수 있습니다.

인터페이스 빌더는 UI 기반 파일을 클릭하면 자동으로 실행됩니다. 따라서 굳이 인터페이스 빌더를 열고자 애쓸 필요는 없습니다. 열려야 할 때가 되면 스스로 열릴 테니까요.

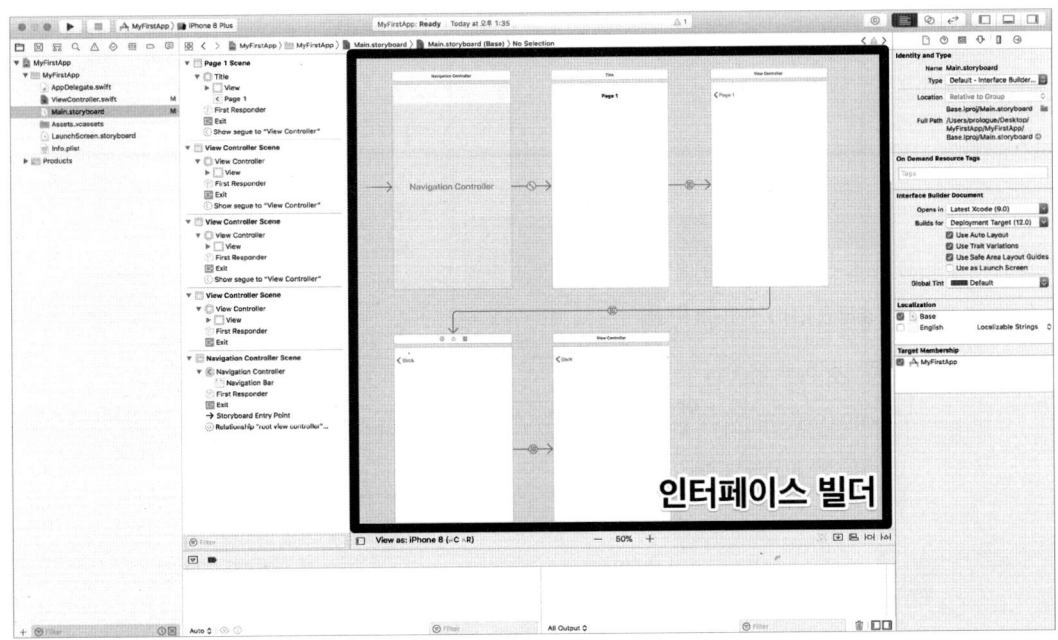

그림 2-57 인터페이스 빌더

인터페이스 빌더는 작업의 편의를 위하여 몇 가지 보조 도구를 제공합니다. 화면 UI와 관련된 소스 코드 작업을 쉽게 할 수 있도록 도와주는 **보조 에디터**(Assistant Editor)와 스토리보드에 작성된 객체들의 계층 관계를 정리하여 보여주는 **문서 개요창**(Document Outline)이 그것입니다.

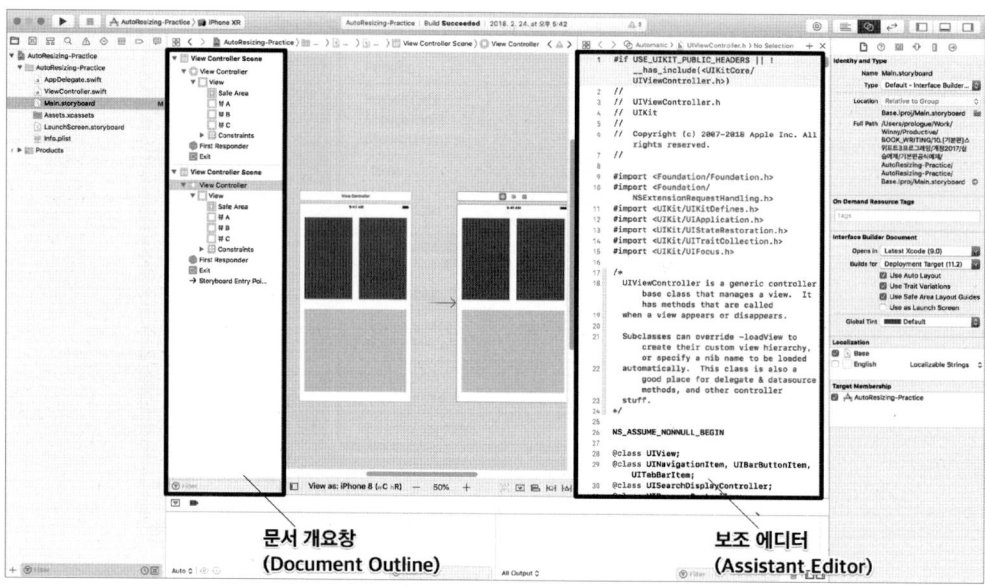

그림 2-58 문서 개요창과 보조 에디터

보조 에디터는 상단 툴바 우측 아이콘을 통하여, 문서 개요창은 인터페이스 빌더 왼쪽 아래에 있는 아이콘을 통하여 각각 여닫을 수 있습니다. 앞서 툴바 영역에 대해 학습할 때 보조 에디터를 여는 버튼에 대해 배웠던 것, 아직 기억하시나요? 보조 에디터와 문서 개요창을 각각 여닫는 자세한 방법은 실습 과정에서 배워보기로 하겠습니다.

2.5.4 디버그 영역

디버그 영역은 Xcode 워크스페이스 중앙 아래에 있는 영역입니다. 평소에는 특별한 정보가 나타나지 않지만, 프로젝트를 실행하거나 브레이크 포인트를 이용하여 코드를 디버깅할 때 내용이 출력됩니다.

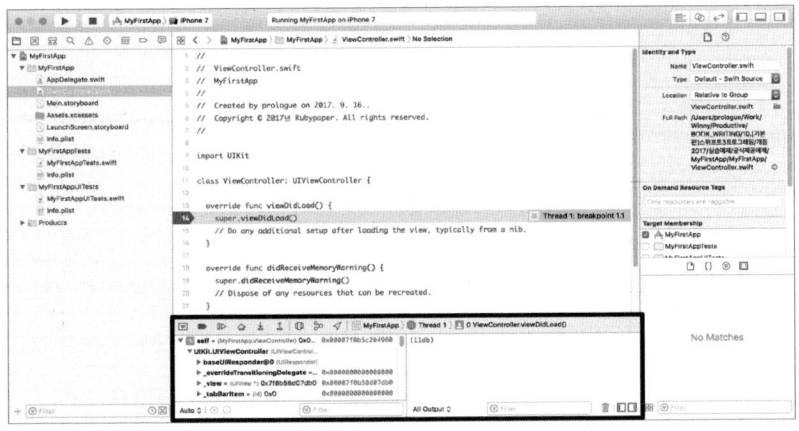

그림 2-59 디버그 영역

디버그 영역은 좌우 양쪽으로 분할되어 있는데, 좌측은 변수 정보 영역이며 우측은 콘솔 영역입니다. 변수 정보 영역은 해당 시점에서 사용된 모든 변수들이 갖는 메모리상의 값을 출력해주는 영역으로, 주로 브레이크 포인트와 함께 사용됩니다. 우측의 콘솔 영역은 소스 코드상에서 출력하는 모든 메시지가 나타나는 곳입니다. 앱을 만드는 과정에서 우리는 print( ) 구문 또는 NSLog( ) 구문을 사용하여 여러 가지 메시지를 출력해볼 텐데요, 이 메시지들이 바로 이 영역에 출력되는 겁니다.

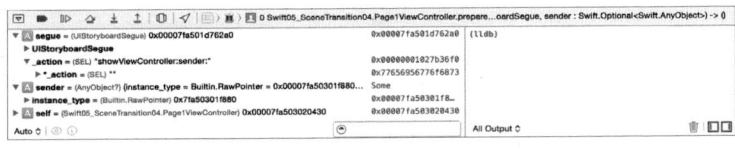

그림 2-60 디버그 영역

디버그 영역의 좌우측 창 각각은 필요에 따라 여닫을 수 있습니다. 디버그 영역 전체는 상단의 툴바에서 제어하지만, 좌우측 창의 레이아웃을 조절할 때에는 디버그 영역 우측의 하단에 있는 열고 닫기 아이콘을 사용합니다. 창 옆의 휴지통 아이콘은 출력된 로그를 지울 때 사용됩니다.

그림 2-61 디버그 영역의 레이아웃 조절 버튼

CHAPTER 02 | Xcode와 친해지기   75

2.5.5 인스펙터 영역

인스펙터 영역은 다양한 객체들에 대한 속성을 관리하는 영역으로, 속성의 타입에 따라 최대 6개 탭으로 나누어집니다. 여기서 '최대'라고 표현한 것은 파일이나 인터페이스 빌더의 화면 객체 등 현재 선택된 대상에 따라 보여지는 탭의 개수가 서로 다르기 때문입니다.

탭의 내용 역시 현재 선택된 대상의 영향을 받습니다. 내비게이터에서 파일을 클릭했을 때와 인터페이스 빌더에서 화면 요소를 클릭하여 선택했을 때, 각각의 인스펙터 영역에서 나타나는 속성 항목이 서로 다릅니다. 인터페이스 빌더에 포함된 화면 요소라 할지라도, 종류에 따라 보여지는 항목이 달라지기도 합니다. 버튼을 선택했을 때와 텍스트필드를 선택했을 때, 각각 서로 다른 항목을 보여준다는 뜻입니다.

파일이 선택되어 있을 때 인스펙터 영역에 나타나는 탭은 모두 두 개입니다. 파일 정보와 속성을 설정하는 **파일 인스펙터(File Inspector) 탭**과, 관련 정보를 빠르게 요약해서 보여주는 **빠른 도움말 인스펙터(Quick Help Inspector) 탭**이 전부죠. 아래 그림과 같은 모습입니다.

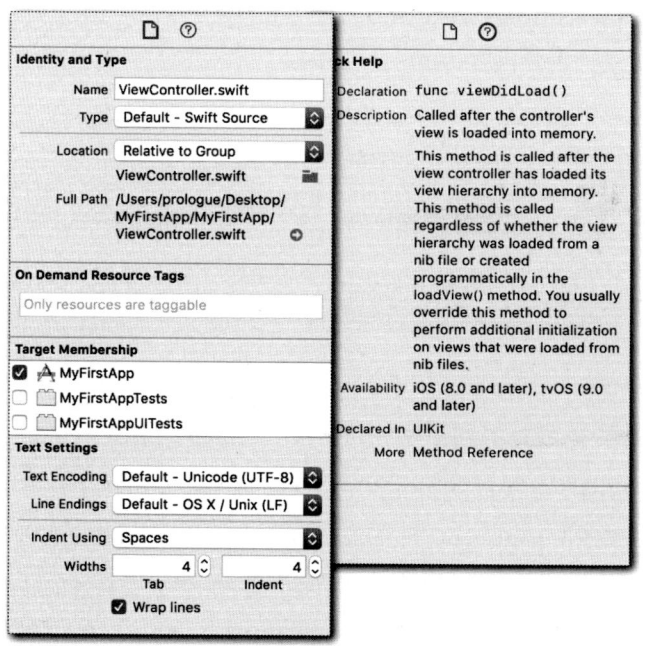

그림 2-62 인스펙터 영역(파일 선택 시)

파일 인스펙터 탭(그림 2-62 왼쪽)에서는 파일명, 파일 타입 등을 수정하거나 필요한 정보를 확인할 수 있고, 들여쓰기 및 코딩 편집 상태를 정렬할 수 있는 등의 설정도 변경할 수 있습니다. 빠른 도움말 인스펙터 탭(그림 2-62 오른쪽)에서는 소스 파일에 대한 간단한 정보가 레퍼런스를 참조할 수 있는 링크와 함께 제공됩니다.

이와 달리 인터페이스 빌더에서 객체를 활성화하면 새로운 네 개의 탭이 더 나타납니다. 도합 여섯 개의 탭이 되죠. 각 탭은 쓰임새가 매우 다양하며 중요한 역할을 담당하고 있습니다.

파일 인스펙터 탭

조금 전에 파일 인스펙터 탭에 대해 다루었는데 또 등장해서 의아했죠? 하지만 이건 인터페이스 빌더와 연관된 파일 인스펙터 탭입니다. 앞에서 살펴본 파일 인스펙터 탭과는 다른 요소가 많습니다.

파일 인스펙터 탭은 선택된 스토리보드 파일에 대한 정보를 보여줍니다. 이와 함께 빌드 대상 iOS 버전, UI 설계에 대한 자동 레이아웃 옵션 등을 설정할 수 있습니다. 앱 개발 과정에서 빌드 대상 범위를 조절하거나 여러 화면 크기에 대응하는 앱을 제작할 때, 그리고 국가별 언어 설정을 처리해야 할 때 이 탭에서 정보를 수정할 수 있습니다.

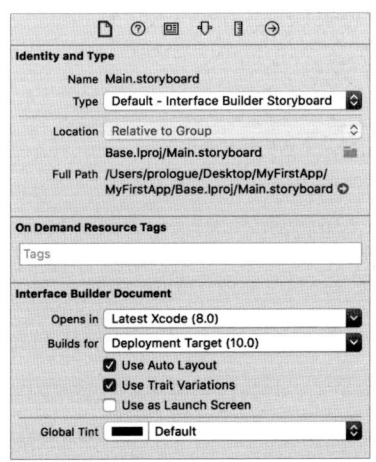

그림 2-63 파일 인스펙터 탭

아이덴티티 인스펙터 탭

아이덴티티 인스펙터 탭은 인터페이스 빌더에 추가된 객체와 이를 구현한 클래스 사이의 연결이나 객체의 ID 등, 각종 객체의 고유 정보를 관리하는 역할을 담당합니다. 특히 스토리보드에 추가된 뷰 컨트롤러나 프로토타입 셀은 주로 소스 코드를 통해 상세 기능이 구현되는데, 이를 위해 클래스 파일을 작성한 후 이 탭의 속성을 이용하여 화면상의 객체와 연결할 수 있습니다. UI 객체를 소스 코드에서 참조하기 위한 식별값을 정의할 때에도 아이덴티티 인스펙터 탭을 사용합니다.

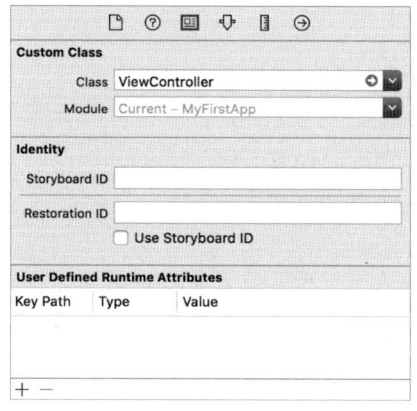

그림 2-64 아이덴티티 인스펙터 탭

어트리뷰트 인스펙터 탭

어트리뷰트 인스펙터 탭은 현재 인터페이스 빌더에서 선택되어 있는 객체의 속성값을 관리합니다. 어트리뷰트 인터페이스 탭에 표시되는 항목들은 어떤 객체가 선택되어 있느냐에 따라 차이가 굉장히 심한데, 이는 인터페이스 빌더 상의 객체들이 특성에 따라 서로 다른 속성을 가지기 때문입니다. 그림 2-65는 인터페이스 빌더에서 뷰 컨트롤러가 선택되어 있을 때의 어트리뷰트 인스펙터 탭의 모습입니다. 뷰 컨트롤러의 크기, 방향, 상태 바 여부 등과 시작 화면 여부 설정, 화면 전환 방식 등에 대한 다양한 속성을 보여주고 있습니다.

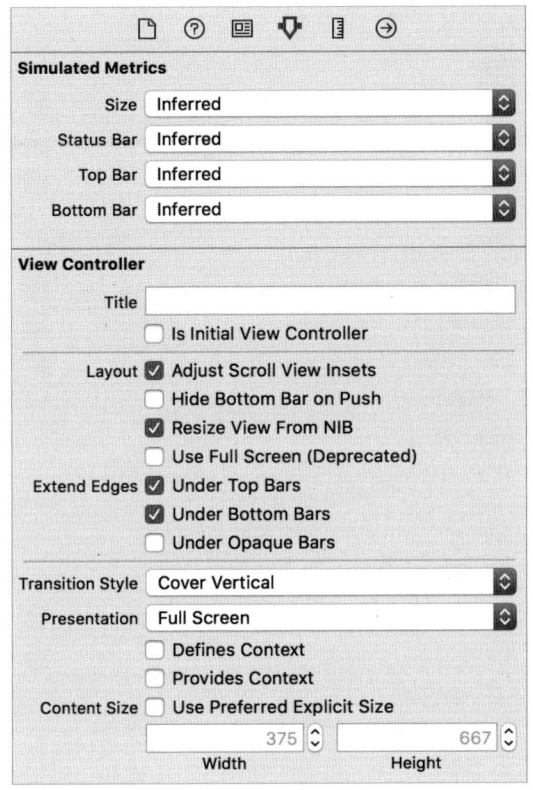

그림 2-65 어트리뷰트 인스펙터 탭(뷰 컨트롤러를 선택했을 때)

반면 그림 2-66은 버튼이 선택되었을 때의 어트리뷰트 인스펙터 탭 모습입니다. 탭의 내용은 모두 버튼의 속성에 관련된 항목들로 채워져 있어, 위의 뷰 컨트롤러 때와는 차이를 보입니다. 버튼의 텍스트, 색상, 버튼의 모양과 이미지 및 배경 이미지 사용 여부, 그림자의 처리 방식 및 간격 등에 대한 속성이 표시됩니다.

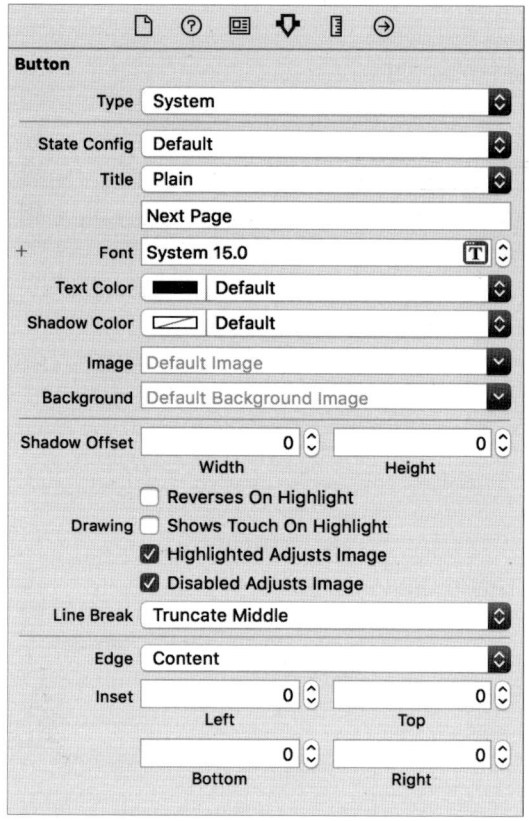

그림 2-66 어트리뷰트 인스펙터 탭(버튼을 선택했을 때)

뷰 컨트롤러나 버튼 이외의 객체들도 마찬가지입니다. 항상 인터페이스 빌더에서 선택한 객체의 고유한 속성들이 어트리뷰트 인스펙터 탭에 나타나기 때문에, 원하는 객체의 속성을 설정하려면 그 전에 먼저 인터페이스 빌더에서 해당 객체를 클릭하여 선택해 주어야 합니다.

사이즈 인스펙터 탭

앞에서 다룬 어트리뷰트 인스펙터 탭이 현재 선택된 객체 내부의 속성을 관리하는 탭이라면, 사이즈 인스펙터 탭은 선택된 객체의 외형에 대한 속성을 관리하는 탭입니다. 주로 크기와 위치, 배치 방식 등을 관리하죠. 사이즈 인스펙터 탭의 중간에 있는 'Autoresizing' 항목은 화면의 크기 변경에 따라 객체가 어떻게 대응할지를 결정하는 기능으로, 좌우 여백 고정 여부와 가로, 세로 길이의 가변성 등을 설정하기 위한 매우 직관적인 인터페이스를 제공합니다.

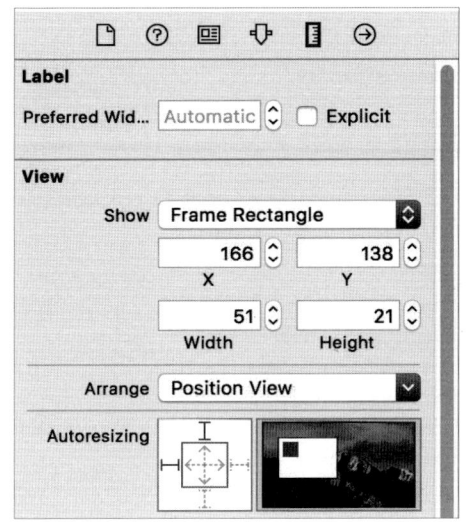

그림 2-67 사이즈 인스펙터 탭

커넥션 인스펙터 탭

커넥션 인스펙터 탭은 인터페이스 빌더와 소스 코드 간의 연결 관계를 관리합니다. 인터페이스 빌더를 통해 설계한 유저 인터페이스는 프로그래밍적으로 동작하기 위해 소스 코드와 연결되어야 하는데, 이 모든 연결 관계를 관리하는 것이 커넥션 인스펙터 탭이라고 할 수 있습니다. 커넥션 인스펙터 탭의 목록에서 좌측은 인터페이스 빌더상의 객체를, 우측은 소스 코드상의 객체를 나타냅니다. 좌우측이 서로 연결되어 있다면 인터페이스 빌더상의 객체와 소스 코드상의 객체들도 서로 연결되어 있다는 것을 의미합니다.

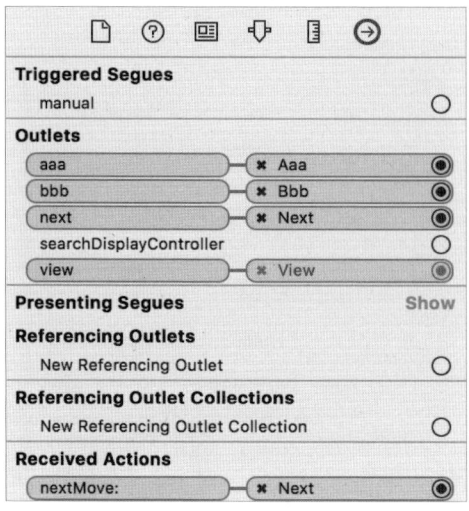

그림 2-68 커넥션 인스펙터 탭

이 탭이 관리하는 대표적인 연결 정보는 다음과 같습니다.

- 뷰 컨트롤러 사이의 화면 이동을 처리하는 세그웨이(Segueway)
- 스토리보드의 객체 속성을 소스 코드가 참조할 때 사용하는 @IBOutlet
- 버튼이나 테이블 셀, 제스처 뷰 등에서 발생한 이벤트를 특정 클래스의 이벤트 핸들러로 전달해주는 @IBAction

2.5.6 라이브러리 영역

라이브러리 영역은 앱의 UI를 만들 때 사용하는 탭 메뉴, 테이블, 버튼, 레이블 등 여러분에게 익숙한 UI 요소들이나 코드를 작성할 때 사용할 수 있는 템플릿들이 제공되는 영역입니다. 우리는 라이브러리 영역을 활용해서 UI 구현이나 코드 작성을 손쉽고 빠르게 처리할 수 있습니다.

이 영역은 Xcode 9 버전에서 인스펙터 영역 하단에 자리하고 있었습니다. 또한 파일 템플릿, 코드 스니펫, 오브젝트 및 미디어 라이브러리 사이를 전환할 수 있도록 4개의 탭으로 이루어져 있었죠. 하지만 Xcode 10에서 라이브러리 영역이 갑자기 사라지면서 기존 사용자들을 당황스럽게 만들었습니다.

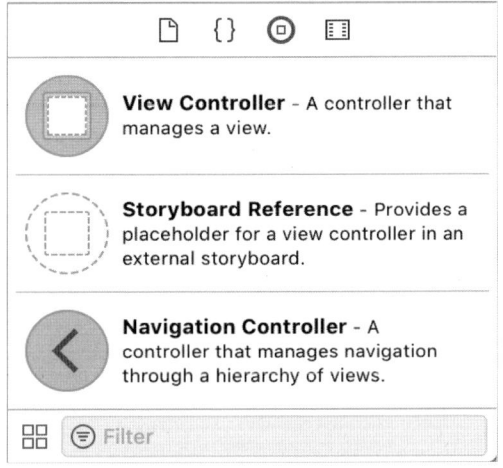

그림 2-69 Xcode 9에서의 라이브러리 영역

Xcode 10 버전에서 라이브러리 영역은 팝업 레이어 창으로 바뀌었습니다. 이제 이 영역은 항상 화면 전면에 노출되어 있는 것이 아니라 필요할 때마다 꺼내어 사용하는 방식이 되었습니다. 그리고 이 영역을 꺼내어 사용하기 위한 버튼이 툴 바에 추가되었죠. 써 보면 알겠지만, 이 버튼은 작업 상황에 따라 꽤 스마트하게 반응합니다. UI 작업을 하고 있을 때에는 UI 관련 라이브러리를, 코드 작업을 할 때에는 코드 관련 라이브러리를 알아서 제공해주죠. 다 좋은데, 버튼 자체를 발견하기가 조금 어렵다는 것이 옥의 티라고나 할까요?

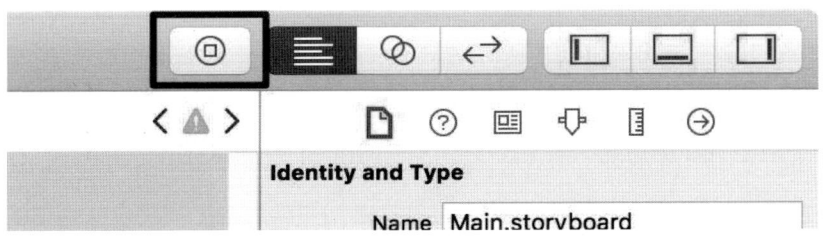

그림 2-70 라이브러리 버튼

라이브러리 버튼의 위치는 그림에 표시된 것처럼 툴 바 우측입니다. 앞서 필자는 이 버튼이 스마트하게 반응한다고 했는데요. 위 그림과 같이 원 안에 사각형이 들어간 형태의 아이콘은 사용자

CHAPTER 02 | Xcode와 친해지기 **83**

가 인터페이스 빌더에서 UI 작업을 할 때 표시됩니다. 이 버튼을 클릭하면 다음과 같이 라이브러리 창을 열 수 있죠.

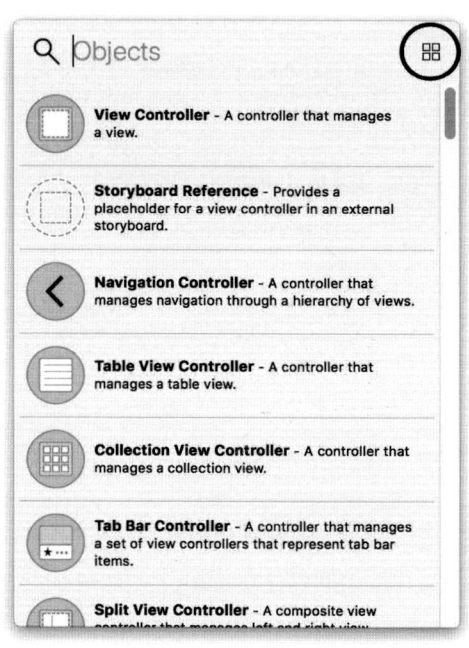

그림 2-71 오브젝트 라이브러리. 인터페이스 빌더 작업 중에만 열 수 있다.

이 라이브러리는 주로 UI 요소에 관련된 객체들이 모인 것으로, 오브젝트 라이브러리라는 이름을 가지고 있습니다. 그림을 살펴보면 뭔가 앱 화면에서 볼 만한 요소들이 눈에 띌 텐데요, 실제로 이 라이브러리에서는 앱 화면을 구성하는 데 필요한 UI들을 제공하다 보니 항목이 무척 많습니다. 만약 내용이 길어서 원하는 요소를 찾기 힘들다면 위 그림에 표시된 우측 아이콘을 클릭해봅시다. 각 요소의 타이틀이나 설명이 모두 사라지고 아이콘으로만 이루어진 형태로 바뀔 겁니다. Xcode에 익숙한 사용자에게 환영받을 만한 기능이죠.

그림 2-72 간소화 버전의 오브젝트 라이브러리

Xcode는 다른 종류의 라이브러리도 함께 지원합니다. 오브젝트 라이브러리의 역할이나 사용 방법에 대해서는 잠시 후에 다시 설명하기로 하고, 다른 라이브러리를 여는 방법을 알아봅시다.

인터페이스 빌더 대신 에디터에서 코드를 편집하고 있을 때에는 툴 바의 라이브러리 버튼 모습이 다음과 같이 바뀝니다. 이전에 Xcode를 사용해본 분이라면 이 버튼이 무엇을 의미하는지 짐작할 수 있을 겁니다.

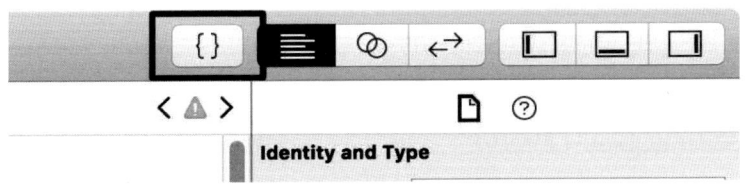

그림 2-73 코드 스니펫 라이브러리 실행 버튼

위 그림과 같은 모습일 때 버튼을 클릭하면 또다른 라이브러리가 나타납니다. C, C++, Swift 등 Xcode가 지원하는 각종 언어에서 사용하는 구문들이 모여있는 라이브러리죠. 이를 코드 스니펫 라이브러리라고 하며, 주로 코드 작성 시에 활용됩니다.

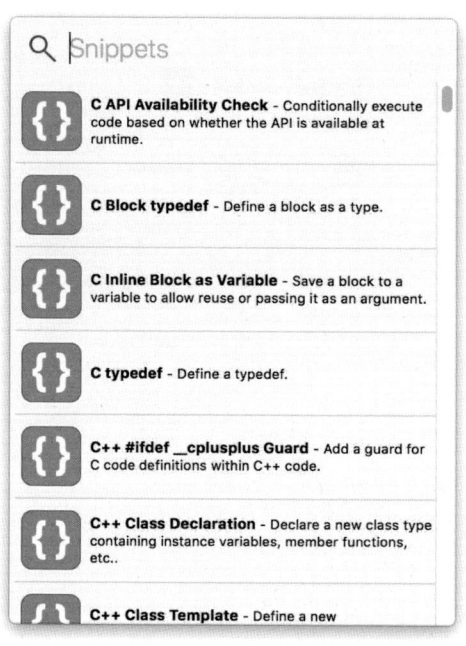

그림 2-74 코드 스니펫 라이브러리

라이브러리 버튼은 같은 버튼을 누르더라도 작업 상황에 따라 다르게 동작합니다. 인터페이스 빌더 작업 중일 때에는 UI 요소와 관련된 오브젝트 라이브러리가 나타나고, 에디터 작업 중일 때에는 코드 작성과 관련된 코드 스니펫 라이브러리가 나타나는 겁니다.

오브젝트 라이브러리(Object Library)

우리가 앞서 살펴본 라이브러리 중에서 가장 먼저 등장한 것은 오브젝트 라이브러리입니다. 여기에는 아이폰이나 아이패드 등 iOS 앱에서 익히 보았을 여러 가지 UI 요소들이 가득 들어 있는데요, 이 라이브러리는 이처럼 UI 작업시 필요한 요소를 모아 놓은 영역입니다.

오브젝트 라이브러리의 사용 방법은 매우 단순합니다. 사용할 항목을 골라 인터페이스 빌더에 끌어다 놓기만 하면 되거든요. 참고로 이를 가리켜 드래그 앤 드롭(Drag & Drop) 방식이라고 합니다.

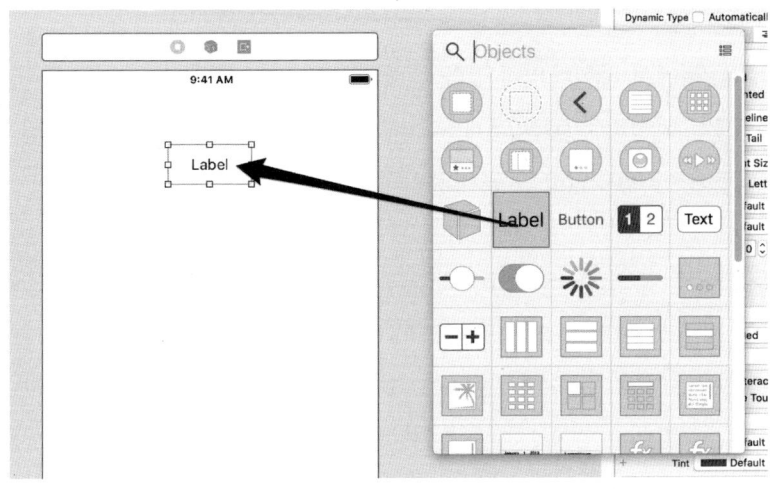

그림 2-75 오브젝트 라이브러리 사용방법

이 책에서는 iOS 프로젝트를 다루지 않지만, 후속으로 이어지는 기본편에서는 iOS 프로젝트를 생성하고 화면을 구성하는 과정을 학습합니다. 이를 통해 여러분은 오브젝트 라이브러리를 사용하는 방법에 대해 이해할 수 있게 될 겁니다.

코드 스니펫 라이브러리(Code Snippet Library)

코드 스니펫이라는 단어에 익숙하지 않은 분들이 많을 겁니다. 쉽게 설명하자면 코드 스니펫이란, 많이 사용되는 코드를 템플릿처럼 제공함으로써 코딩 편의성을 높여주는 기능을 말합니다. 코드를 타이핑하고 있노라면 Xcode가 "혹시 이거 작성하려는 거 아냐? 아님 이거? 이 코드 작성하려는 거지?" 하고 비슷한 코드를 미리 보여주는데요, 이것이 코드 스니펫이죠.

혹시 네이버나 다음에서 검색어를 입력한 경험이 있다면 우리가 입력하려는 검색어와 비슷한 단어를 자동 완성으로 미리 보여주는 기능을 본 적이 있을겁니다. 이 기능을 검색어가 아니라 코딩에 적용한 것이 바로 코드 스니펫이라고 할 수 있습니다. 우리 나라에서는 코드 스니펫이라는 이름보다는 자동 완성, 혹은 **코드 인텔리전스**라고 불리는 경우가 더 많죠.

코드 스니펫은 Xcode에서 라이브러리 창을 통해 제공됩니다. 그리고 이 기능은 매우 편리해서, 우리는 앞으로 코드를 작성하는 동안 알게 모르게 이 녀석에게 굉장히 의존하게 될 겁니다. 코딩 도중에 코드 스니펫 창이 뜨지 않으면 뭔가 불안하고 찜찜할 정도로 말이죠.

코드 스니펫 라이브러리를 열면 그림 2-76과 같이 에디터에 추가할 수 있는 코드의 종류가 나열됩니다. 코드들은 매우 다양해서 스위프트에 관련된 코드뿐만 아니라 C언어의 블록 타입 정의부터 C++ 함수/클래스 템플릿, Do-While 코드 등 다양한 언어들의 구문이 포함되어 있죠.

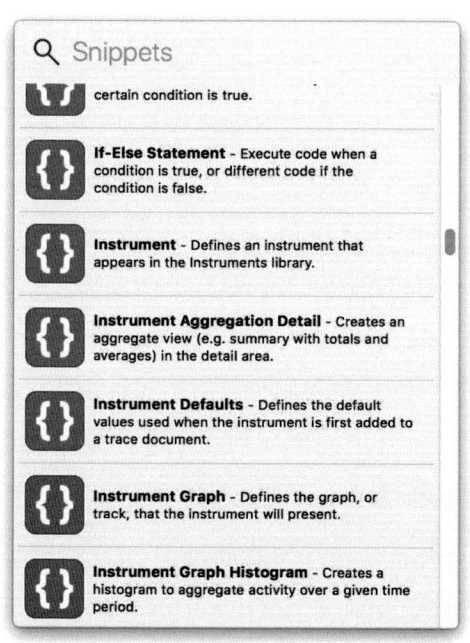

그림 2-76 코드 스니펫 라이브러리

코드 스니펫 라이브러리는 단순히 코드를 추가하는 기능 외에 추가될 코드 형식을 미리 볼 수 있도록 미리 보기 기능도 제공합니다. 라이브러리 목록에서 원하는 코드를 선택하고 잠시 기다리면 코드의 내용이 작은 팝업 창에 표시됩니다. 이를 통해 작성될 코드를 미리 확인할 수 있습니다.

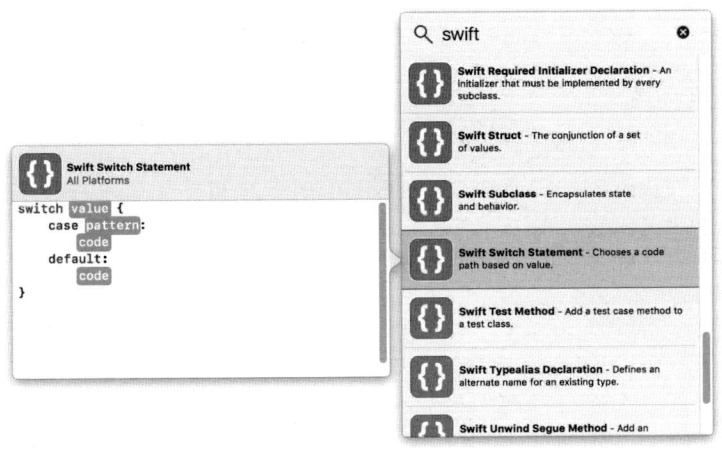

그림 2-77 코드 미리 보기

코드 스니펫 라이브러리를 이용하여 코드를 작성하는 요령은 간단합니다. 먼저 코드를 작성할 대상 파일을 엽니다. 이때 파일은 편집이 가능한 텍스트 기반 파일이어야 합니다. 가령 예를 들면 ViewController.swift와 같은 파일 말입니다. 파일이 에디터 영역에 열리면 툴 바의 버튼을 클릭하여 코드 스니펫 라이브러리를 열고, 원하는 코드 템플릿을 선택하여 에디터 영역으로 끌어다 놓습니다.

에디터 영역으로 끌어다 놓은 템플릿은 그림 2-78처럼 추가됩니다. 그림에 추가된 코드는 스위프트 문법의 switch 구문입니다.

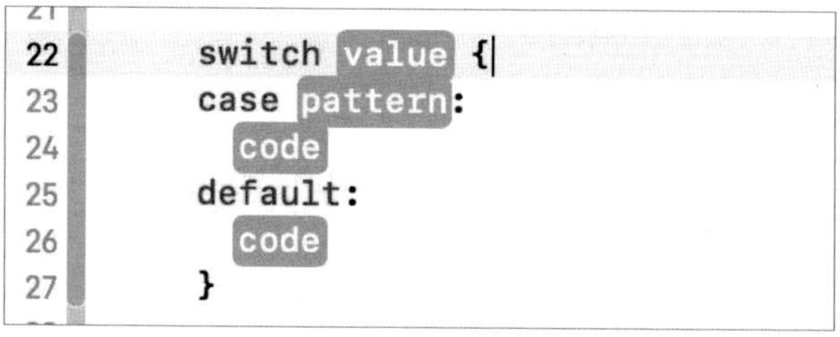

```
21
22      switch value {
23          case pattern:
24              code
25          default:
26              code
27      }
```

그림 2-78 코드 스니펫으로 추가한 switch 구문

코드 스니펫 라이브러리에서 코드를 추가할 때에는 현재 열려진 파일에 맞는 코드를 추가해야 합니다. 아무 코드나 막 끌어 놓으면 안 되구요. 열린 파일이 스위프트 파일이라면 스위프트 전용 구문들을 추가해야지, 오브젝티브-C 관련 코드나 C, C++ 관련 구문을 추가하면 안 된다는 겁니다.

추가된 템플릿 코드는 그 자체로 완전한 구문은 아닙니다. 표현식이나 값 처리 부분 등 그림 2-78에서 블록 처리된 부분은 모두 개발자가 직접 채워 넣어야 하는 영역입니다. 하지만 그래도 코드 스니펫 라이브러리는 분명 편리한 도구임에 틀림없습니다.

그런데, 코드 스니펫을 사용하는 핵심은 라이브러리를 통한 드래그 & 드롭이 아닙니다. 자동완성 기능을 이용하는 것이죠. 솔직히 필자는 굳이 라이브러리에서 코드를 찾아 끌어다 놓는 것보다는 자동완성 기능이 더 효율적이라고 생각합니다.

코드 자동완성 기능을 사용하기는 쉽습니다. 플레이그라운드 파일을 열고 class라고 입력해 봅시다. class라는 단어를 입력하려고 하면, 아마도 여러분의 Xcode는 단어를 미처 다 입력하기도 전에 'class'의 구문 정의 형태와 함께 자동완성 목록이 나타날 겁니다. 이때 우리는 마우스 또는 위아래 화살표(↑↓)를 사용하여 자동완성 목록에서 원하는 코드를 선택하기만 하면 됩니다. 그에 따른 코드 템플릿이 파일에 자동으로 채워집니다.

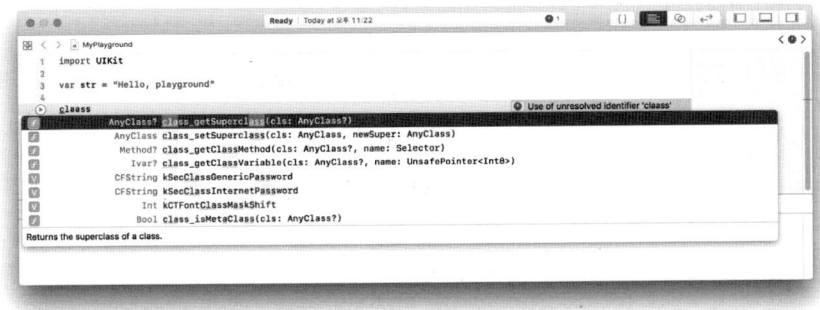

그림 2-79 코드 자동완성 기능

여러분이 앞으로 코드를 작성할 때, 많은 코드를 자동완성 기능으로 작성하게 될 겁니다. 공부하는 과정에서는 자동완성 기능을 이용하지 않는 것이 좋다고 주장하는 사람들도 있지만, 스위프트 프로그래밍에서 사용하는 메소드들은 대부분 꽤 긴 데다가 파라미터의 이름까지 섞여서 매우 복잡한 경우가 많으므로 자동완성을 이용하지 않으면 오타나 실수가 자주 발생하기도 합니다. 하지만 자동완성을 통해 코드를 작성하면 이같은 실수를 줄일 수 있죠.

자동완성 기능이 장점만 있는 것은 아닙니다. 꼭 필요한 메소드의 이름조차 다 외우지 못하게 만든다는 학습상의 단점도 있죠. 하지만 그보다 중요한 것은 실수 없이 코드를 작성하여 한 번에 결과를 확인하는 것입니다. 따라서 앞으로의 학습에서 자동완성 기능을 적극적으로 활용하는 것이 좋습니다.

참고

파일 템플릿 라이브러리의 행방불명

Xcode 9에서 지원하던 라이브러리 중에서 파일 템플릿 라이브러리의 행방에 대해 궁금해하는 분들이 있을텐데요. 이 라이브러리는 불행히도 Xcode 10 버전에서 사라졌습니다. 파일 템플릿 라이브러리가 스위프트 파일이나 플레이그라운드 파일, 각종 빈 파일을 추가할 때 사용할 수 있도록 도와주는 역할이긴 하지만, 사실 사용 빈도는 그다지 높지 않았거든요. 그래서 이번 개편에서는 제거된 겁니다. 대신 파일을 추가할 때에는 Xcode의 [File] → [New] 메뉴를 이용하면 됩니다.

2.6 앱 시뮬레이터

코코아 터치 SDK에는 아이폰, 아이패드, 애플 와치 등 모바일 디바이스에서 앱이 어떻게 동작할 것인지 미리 테스트해볼 수 있도록 지원해주는 앱 시뮬레이터가 포함되어 있습니다. 이 시뮬레이터는 실제 기기가 없어도 제작한 앱을 실행시켜 볼 수 있도록 해 주는 가상 디바이스입니다.

앱 시뮬레이터는 최초에 아이폰, 아이패드 등 iOS 전용 가상 디바이스만 제공되었지만, 이후 다양한 코코아 터치 계열의 디바이스 제품군이 출시됨에 따라 현재는 훨씬 다양한 시뮬레이터들이 제공되고 있습니다. 그림 2-80은 현재 Xcode를 통해 제공되고 있는 시뮬레이터들로써, 각각 iOS 시뮬레이터(좌측), watchOS 시뮬레이터(우측 상단), tvOS 시뮬레이터(우측 하단)에 해당합니다.

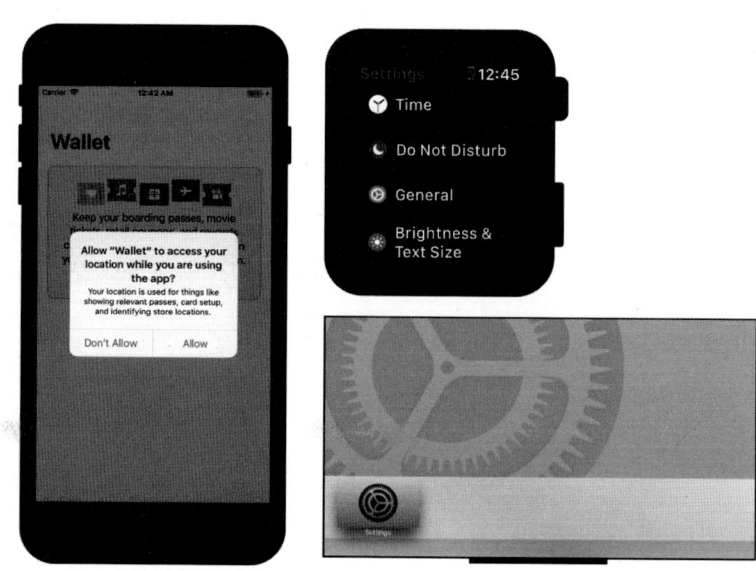

그림 2-80 Xcode를 통해 제공되는 다양한 앱 시뮬레이터들

앱 시뮬레이터는 프로그램으로 구현된 가상의 기기이지만 실제 기기와 거의 동일한 환경을 구현해 주기 때문에 앱 실행, 터치, 확대, 축소, 디바이스 회전 및 흔들기, 메모리 부족 상황 재현 등 실제로 발생할 수 있는 대부분의 상황을 재현해 볼 수 있습니다. 이런 지원 덕분에 애플 개발 환경에서는 실제 디바이스가 없어도 앱을 개발할 수 있죠.

안드로이드 개발 환경에서도 시뮬레이터를 제공해 주기는 합니다. 하지만, 아무리 사양이 좋은 컴퓨터에서 실행하더라도 성능이나 반응 속도가 최악이라, 극악의 불편함을 자랑하는 단점이 있습니다. 한때는 안드로이드 개발자들이 아침에 출근하여 컴퓨터를 켜면 맨 먼저 하는 일이 시뮬레이터를 부팅하는 것이었다고 하니, 알만하겠죠? 이 때문에 대부분의 개발자들이 안드로이드 개발 작업을 할 때는 시뮬레이터 대신 그냥 안드로이드 기기를 직접 연결해서 작업하는 경우가 많습니다.

그에 반해 애플 환경의 시뮬레이터는 제법 괜찮은 성능과 반응 속도를 제공합니다. 게다가 시뮬레이터에서는 애플에서 출시되는 디바이스와 OS를 세부 버전별로 바꾸어 가며 테스트해볼 수도 있습니다.

그림 2-81 iOS 시뮬레이터의 세부 버전 설정

하지만 시뮬레이터가 디바이스의 모든 기능을 다 지원하는 것은 아닙니다. 시뮬레이터의 한계로 인해 지원되지 않는 부분도 있죠. 대표적인 몇 가지를 꼽아보자면, 우선 카메라 기능을 사용할 수 없습니다(대신 사진 앨범은 이용할 수 있습니다). 가속도 센서나 자이로스코프 센서 등 일부 센서도 사용할 수 없죠. 3D Touch도 시뮬레이터 단독으로는 적용할 수 없습니다. 이런 항목들을 테스트하기 위해서는 어쩔 수 없이 실제 디바이스가 필요합니다.

아래는 앱 시뮬레이터를 실행하는 방법입니다. 두 가지 방법 중에서 하나를 선택하여 실행하면 앱 시뮬레이터를 열 수 있습니다.

- **방법 1** Xcode에서 실행(▶) 버튼을 클릭
- **방법 2** 키보드 단축키 〈Command〉 + 〈R〉

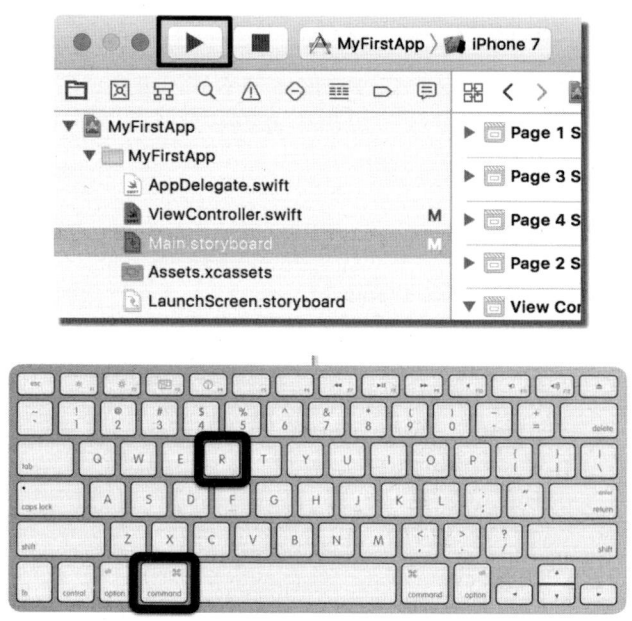

그림 2-82 앱 시뮬레이터의 실행 방법 (위 : 방법 1, 아래 : 방법 2)

앱 시뮬레이터는 항상 해당 앱과 함께 실행되므로 현재 작성 중인 프로젝트의 소스 코드를 컴파일하는 과정이 선행됩니다. 컴파일 과정이 성공적으로 끝나면 이를 앱 설치 파일 형식으로 빌드한 후에 자동으로 시뮬레이터가 부팅됩니다. 아이폰 기기의 전원을 켜는 과정이라고 생각하면 됩니다. 이전에 해당 프로젝트 앱을 시뮬레이터에 설치한 적이 없다면 시뮬레이터가 부팅된 후 앱 설치 과정이 먼저 진행될 것이고, 이미 설치된 앱이라면 업데이트 후에 실행됩니다.

2.6.1 앱 시뮬레이터의 사용 방법

기본적인 앱 시뮬레이터의 동작 방식은 손가락의 움직임을 마우스 포인터로 대신하는 것입니다. 손가락의 터치는 클릭에 해당하고, 손가락의 드래그는 마우스를 클릭한 채로 드래그하는 것으로 대신할 수 있습니다. 이것만으로도 많은 것을 처리할 수 있지만, 아이폰 6s 시리즈부터 제공되기 시작한 3D 터치는 별도의 압력 감지용 트랙패드를 사용하지 않는 한 지원되지 않으므로 유의해야 합니다.

기본적인 기능을 제외한 나머지 디바이스의 기능들은 모두 메뉴나 특정 단축키를 통해 제공됩니다. 이를 사용하여 실제 디바이스에서 테스트하기 힘든 상황도 손쉽게 테스트할 수 있습니다.

물리 버튼 활용

iOS용 앱 시뮬레이터는 최근 드라마틱한 변화를 겪었습니다. 본래 초기 버전에서 아이폰의 모습 그대로를 본딴 형태로 제공되었던 시뮬레이터가 스위프트의 발표에 즈음해서는 아이폰스러운 모습을 모두 없애고, 특징 없는 애플리케이션 모습으로 변경된 것이죠. 시뮬레이터의 외형이 중요한 문제는 아닐 수 있겠지만, 그 과정에서 홈 버튼이나 전원 버튼과 같은 물리 버튼까지 제거된 것은 충분히 당황스러울 수 있는 요소였습니다.

다행히 Xcode 9부터 iOS 앱 시뮬레이터는 예전의 모습대로 다시 돌아왔습니다. 홈 버튼이나 전원 버튼, 매너모드 버튼이나 볼륨 조절 버튼까지 표시된 아이폰스러운 모습 그대로 말입니다.

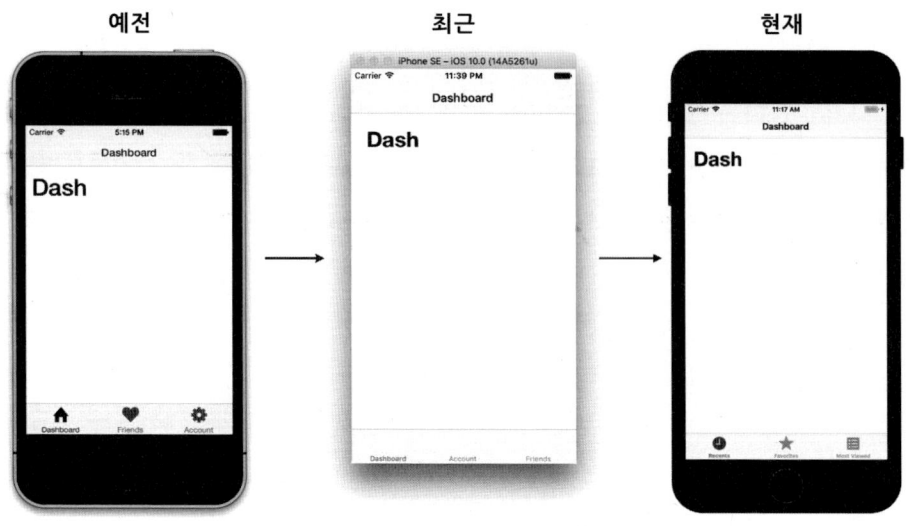

그림 2-83 iOS 시뮬레이터의 변화

Xcode 10에서 제공하는 iOS 시뮬레이터는 아이폰 6, 7의 외형을 그대로 본따 만든 듯한 모습에다 물리 버튼의 위치 역시 그와 동일한 위치를 따르고 있습니다. 왼쪽 가장자리에 달린 세 개의 버튼은 위에서부터 차례대로 사운드/진동 설정 버튼, 볼륨 업/다운 버튼이며, 오른쪽에는 전원 버튼이 위치하고, 맨 아래에는 홈 버튼이 자리하고 있죠. 그림 2-84는 iOS 시뮬레이터에서 사용 가능한 물리 버튼을 보여주고 있습니다.

그림 2-84 iOS 시뮬레이터에서 사용 가능한 물리 버튼 (아이폰 X에서는 홈 버튼이 제외됨)

특히 홈 버튼의 경우, 단순한 클릭 동작 이상의 역할을 합니다. 실제로 우리는 아이폰에서 홈 버튼을 더블 클릭하여 현재 실행중인 앱 목록을 볼 수도 있고, 길게 눌러서 시리(Siri)를 호출할 수도 있습니다. 시뮬레이터의 홈 버튼 역시 똑같이, 마우스로 홈 버튼을 더블 클릭하면 현재 실행 중인 앱 목록이 나타나고, 길게 누르면 시리가 호출됩니다. 실제 기기와 완전히 똑같죠.

다만 최근에 출시된 아이폰 X에서는 홈 버튼이 사라지면서, 이에 대응하는 시뮬레이터 역시 홈 버튼이 제거되었습니다. 이 때에는 아이폰 X에서처럼 화면 하단의 바를 위쪽으로 드래그함으로써 홈 버튼을 클릭하는 것과 같은 결과를 얻을 수 있습니다.

그림 2-85 아이폰 X 시뮬레이터에 반영된 바 인터페이스

이쨌든 앱 시뮬레이터는 굳이 물리 버튼을 마우스로 클릭하지 않고도 동일한 기능을 사용할 수 있도록, 메뉴를 통해 물리 버튼에 대응하는 기능을 제공합니다. 예를 들어 시뮬레이터 메뉴의 [Hardware] → [Home] 메뉴를 이용하면 현재 실행 중인 앱이 백그라운드 상태로 전환되면서 홈 화면이 표시됩니다. 홈 버튼을 누른 것과 같죠. 참고로 [Hardware] → [Lock] 메뉴는 전원 버튼에 대응합니다.

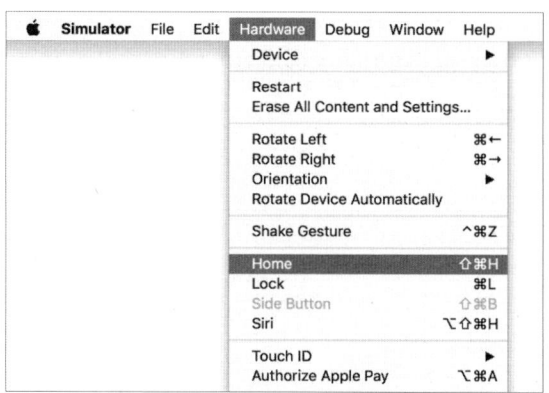

그림 2-86 홈 버튼 기능 : 시뮬레이터 메뉴 → [Hardware] → [Home]

그런데 메뉴를 클릭하는 것으로는 홈 버튼의 모든 기능을 구현할 수 없습니다. 홈 버튼을 사용하는 방법 중에는 길게 누르거나 빠르게 더블클릭하는 액션도 있기 때문입니다. 이같은 액션을 처리하려면 메뉴 선택 대신 단축키를 사용해야 합니다. 단축키는 메뉴 팝업 창에 표시되어 있는 내용을 참고하면 됩니다. 가령 그림 2-87을 참고하면 홈 버튼에 해당하는 단축키는 〈Shift〉 + 〈Command〉 + 〈H〉 키임을 알 수 있죠. 키보드에서 이들 버튼 세 개를 함께 누르면 디바이스에서 홈 버튼을 누른 것과 같은 효과를 가져옵니다.

그림 2-87 홈 버튼 기능에 대응하는 단축키 〈Shift〉 + 〈Command〉 + 〈H〉

홈 버튼을 빠르게 더블클릭하는 액션은 위 단축키를 연달아 두 번 누르면 됩니다. 세 개의 단축키를 연달아 함께 누르기가 힘들다면 〈Shift〉 + 〈Command〉 키를 누르고 있는 상태로 〈H〉 키만 연달아 두 번 눌러도 됩니다. 굳이 머리로 생각하지 말고 자연스럽게 단축키를 두 번 누른다고 생각하고 해 보면 어렵지 않게 누를 수 있을 겁니다. 홈 버튼을 길게 눌러서 실행 중인 앱을 확인하는 액션도 마찬가지로, 세 개의 단축키를 계속 누르고 있으면 됩니다. 이처럼 단축키를 사용하면 홈 버튼을 누르는 것과 동일한 효과를 어렵지 않게 구현할 수 있습니다.

키보드 선택

앱 시뮬레이터를 통해 앱을 테스트하다 보면 입력폼에 값을 입력해야 할 때가 많습니다. 앱 시뮬레이터에서 사용하는 기본 키보드는 가상 키보드인데, 손가락으로 직접 입력할 때에도 틀리기 쉬운지라 앱 시뮬레이터에서 마우스로 값을 입력하기란 여간 불편한 것이 아닙니다.

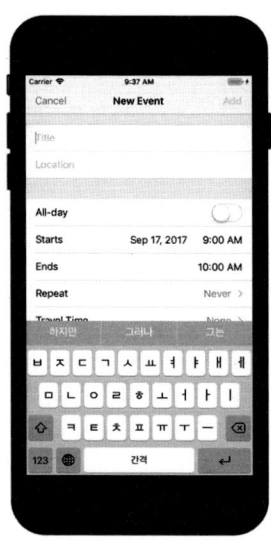

그림 2-88 아이폰 가상 키보드

이같은 키보드 입력을 시뮬레이터에서는 하드웨어 키보드, 즉 실제 키보드 입력으로 바꾸어 사용할 수 있도록 지원합니다. 단, 하드웨어 키보드가 연결되어 있을 때에는 가상 키보드가 시뮬레이터에 나타나지 않으므로 주의해야 합니다. 참고로 최근에 발표된 시뮬레이터에서는 가상 키보드로 설정되어 있더라도 하드웨어 키보드의 입력이 가능해졌습니다.

가상 키보드 대신 하드웨어 키보드를 연결할 때에는 [Hardware] → [Keyboard] → [Connect Hardware Keyboard]를 차례로 선택하거나 또는 단축키 〈Shift〉 + 〈Command〉 + 〈K〉를 사용하면 됩니다.

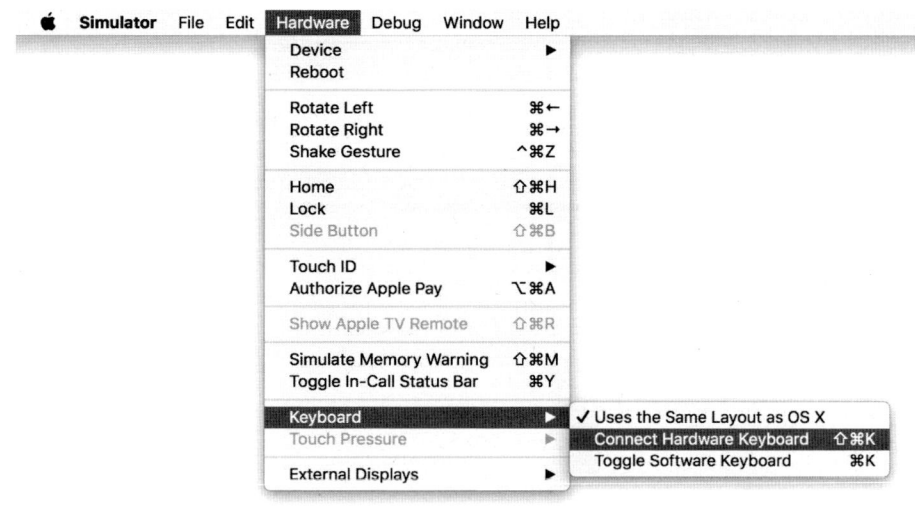

그림 2-89 하드웨어 키보드 연결

2.6.2 앱 시뮬레이터의 고급 기능

조금 전까지 학습한 기능만으로도 앱 시뮬레이터를 다루는 데 큰 문제는 없지만, 시뮬레이터가 제공하는 기능은 이보다 더 다양합니다. 고급 기능을 잘 다루면 그만큼 시뮬레이터를 이용하여 다양한 상황을 테스트할 수 있기 때문에 안정성을 갖춘 앱을 만드는 데 큰 도움이 됩니다. 앱 시뮬레이터가 제공하는 대표적인 고급 기능으로는 디바이스 회전이나 흔들기 동작 인식, 메모리 부족 상황 재연, 터치 아이디 사용 등이 있습니다.

디바이스 회전 및 흔들기 동작인식

모바일 기기의 회전에 따라 화면이 변화하는 앱을 종종 보셨을 겁니다. 우리는 프로젝트 설정을 통해 앱의 화면 회전을 허용할 것인지 아니면 막을 것인지 선택할 수 있는데, 만약 화면 회전을 허용한다면 그에 맞는 화면을 구현해주어야 합니다. 세로 형태로 구성되어 있던 화면이 가로 형태로 전환되면 앱의 레이아웃도 그에 따라 적절히 늘어나거나 줄어드는 등의 변화가 있어야 하기 때문입니다. 대표적인 것이 계산기 앱입니다. 가로와 세로의 레이아웃 및 기능이 완전히 달라서, 세로 방향일 때에는 평범한 일반 계산기이지만 가로 방향으로 눕히면 공학용 계산기로 변신합니다.

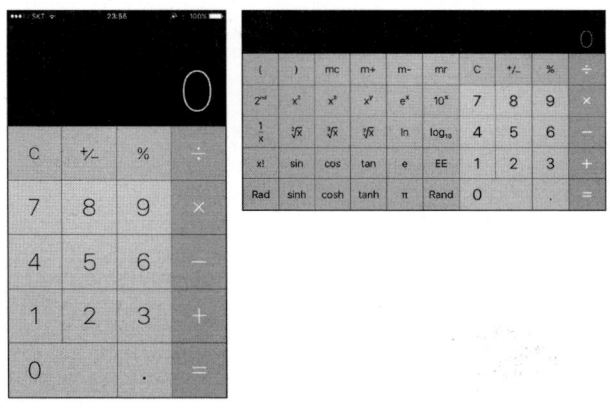

그림 2-90 가로세로 방향에 따른 앱 레이아웃 변경

이처럼 화면의 회전에 따라 기능이나 레이아웃 구성이 달라질 경우, 화면을 회전해 가면서 테스트할 필요가 있습니다. 하지만 시뮬레이터는 가상의 기기이므로 직접 화면을 회전할 수는 없죠. 그 대신, 시뮬레이터는 특정 메뉴를 통해 가로, 세로, 또는 완전 거꾸로 뒤집는 등 다양하게 화면을 회전시키는 기능을 제공합니다. 아래 그림에서처럼 [Hardware] → [Rotate Left] 또는 [Rotate Right] 메뉴를 선택하면 그에 맞게 오른쪽 또는 왼쪽으로 시뮬레이터 화면이 회전합니다. 이 메뉴를 통해 시뮬레이터를 회전시키고, 그에 맞는 기능이나 레이아웃이 제대로 동작하는지 살펴볼 수 있습니다.

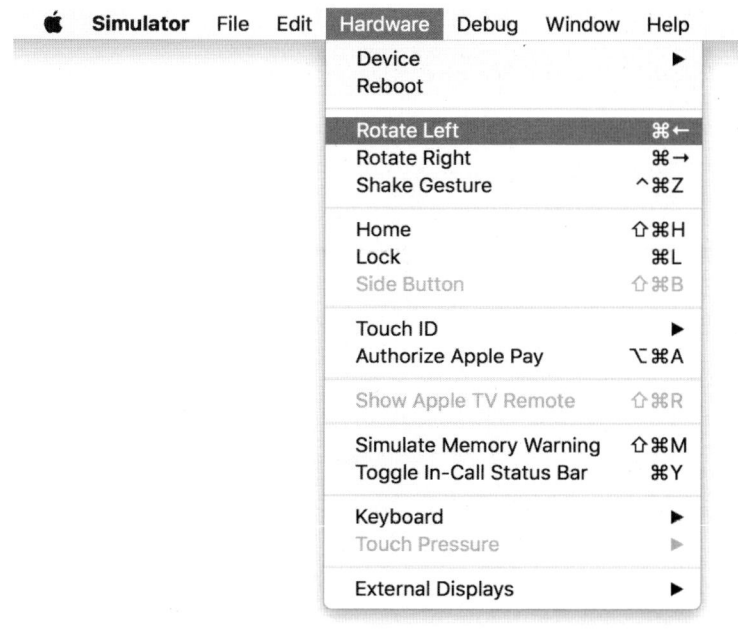

그림 2-91 디바이스 회전 기능

흔들기 액션도 이와 마찬가지입니다. 앱에서 흔들기 기능을 이용하는 기능을 구현했다면 테스트를 위해 실제로 디바이스를 흔들어 보아야겠지만 가상의 시뮬레이터를 잡고 흔들 수는 없는 노릇입니다. 그래서 대신 [Hardware] → [Shake Gesture] 메뉴를 제공하여 실제 디바이스의 센서가 흔들림을 감지했을 때 내보내는 신호를 동일하게 전달하도록 지원합니다.

메모리 부족 경고

템플릿 기반으로 뷰 컨트롤러를 생성하면 기본으로 정의되는 메소드 중에 didReceiveMemory Warning( )이 있습니다. 앱이 메모리 부족 상태일 때 호출되는 메소드죠. 메모리가 부족해진 앱은 자동으로 이 메소드를 호출하도록 설계되어 있기 때문에, 많은 앱들이 부족한 메모리를 추가로 확보할 수 있도록 하는 코드를 이 메소드에 작성하는 경우가 많습니다.

문제는 테스트입니다. 메모리가 부족한 상황을 실제로 만들어내기가 쉽지 않거든요. 하지만 앱 시뮬레이터를 사용하면 임의로 메모리가 부족한 상태를 만들어 낼 수 있습니다. 정확히는 메모리가 부족한 상태로 만들어 주는 것이 아니라 단지 그 상황에서 발생하는 시그널만 동일하게 발생시키는 것이지만, 실제로 메모리가 부족하지 않더라도 시그널만 던져주면 didReceiveMemoryWarning( ) 메소드는 똑같이 호출되기 때문에, 시뮬레이터를 사용하여 메모리 부족 상황을 가정한 처리 작업이 제대로 동작하는지를 손쉽게 테스트할 수 있습니다.

사용 방법은 지금까지와 비슷합니다. 앱 시뮬레이터 메뉴에서 [Hardware] → [Simulated Memory Warning]을 차례로 선택하거나 단축키 〈Shift〉 + 〈Command〉 + 〈M〉을 동시에 입력하면 됩니다.

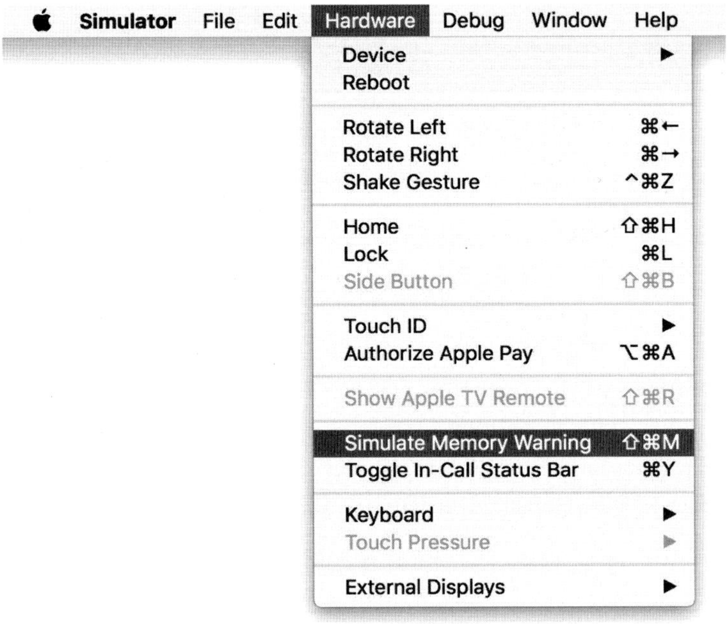

그림 2-92 메모리 경고 발생시키기

터치 ID & 페이스 ID 사용

아이폰 5부터 지문 인식 센서가 도입되었습니다. 그리고 아이폰 X부터 얼굴 인식 센서가 도입되었죠. 이들 센서를 이용하여 사용자를 인증함으로써 아이폰의 잠금을 해제할 수 있을 뿐만 아니라, 앱스토어에서 앱을 다운받을 때는 계정 정보 입력을 대신하기도 합니다. 지문 인식을 이용하여 인증하는 기능을 터치 ID, 얼굴 인식을 이용하여 인증하는 기능을 페이스 ID라고 합니다. iOS 9 이후로 터치 ID에 대한 API가 공개됨에 따라 이제 일반 앱에서도 지문 인식을 이용하여 잠금 해제나 인증 구현을 할 수 있게 되었습니다. 다시 말해, 이 기능을 일반 개발자들도 다양하게 활용할 수 있게 되었다는 겁니다.

터치 ID나 페이스 ID로 인증을 처리할 때, 직접 지문과 얼굴 패턴 정보를 읽고 분석할 필요는 없습니다. 단지 필요한 시점에 인증용 API를 실행하고, 인증 결과에 따라 적절한 처리를 해 주면 그 뿐입니다. 실제로 데이터를 분석하여 인증을 하는 것은 API 내부의 로직이 담당합니다.

물론 시뮬레이터에서는 지문도, 얼굴도 실제로 인식할 수는 없으므로 대신 인증 성공 여부를 직접 지정할 수 있도록 기능이 제공됩니다. 메뉴의 위치는 다음과 같습니다.

- **터치 ID 인증** : [Hardware] → [Touch ID] → [Matching Touch 또는 Non-matching Touch]
- **페이스 ID 인증** : [Hardware] → [Face ID] → [Matching Face 또는 Non-matching Face]

이때 [Matching Touch/Face]를 선택하면 시뮬레이터는 인증 성공으로 인식하고, 그 반대의 경우는 실패로 인식하여 앱에게 결과값을 보내줍니다. 실제 기기에서 인증한 것과 똑같은 결과죠. 단지 인증 과정만 건너뛸 뿐입니다. 따라서 이 기능을 활용하면 여러분이 만들고자 하는 기능에 인증 모듈을 매우 쉽게 연동할 수 있습니다*.

---

*터치 ID API를 이용한 로그인 인증 실습은 스위프트 실전편에서 다루고 있습니다.

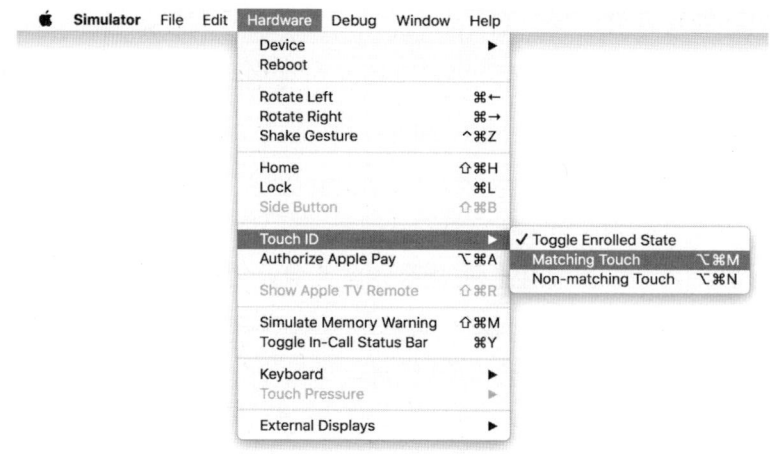

그림 2-93 시뮬레이터에서 제공하는 터치 ID 관련 기능

여기까지가 앱 시뮬레이터의 주요 기능들이었습니다. 개발 작업을 하다 보면 앱 시뮬레이터의 세부적인 기능에 대해서는 무관심해지기가 쉽습니다. 하지만 조금만 주의를 가지고 살펴본다면, 우리가 활용할 수 있을 좋은 기능들이 참 많이 제공되고 있다는 것을 깨닫게 될 것입니다.

단, 두 가지 인증을 동시에 사용할 수는 없습니다. 페이스 ID를 사용할 수 있는 유일한 디바이스인 아이폰 X는 더이상 터치 ID를 지원하지 않기 때문입니다. 따라서 아이폰 8 버전까지의 시뮬레이터를 선택할 경우 터치 ID용 메뉴만 표시되고, 아이폰 X 버전의 시뮬레이터를 선택하면 페이스 ID 메뉴만 표시됩니다.

애플 페이 인증

iOS에서는 모바일 플랫폼에서의 결제 수단으로 **애플 페이(Apple Pay)**를 제공합니다. 물론 네이버 페이나 카카오 페이, 삼성 페이 및 페이팔, 신용 카드 결제 등 다양한 결제 수단이 모바일 애플리케이션 형식으로 제공되고 있긴 하지만, 별도로 설치하지 않아도 OS 수준에서 제공될 뿐만 아니라 터치 ID나 페이스 ID 인증만으로 결제할 수 있다는 점에서 애플 페이는 굉장히 간편하고 접근성이 좋은 결제 수단이라 할 수 있죠.

애플 페이는 조금 전 살펴 본 터치 ID나 페이스 ID 인증과 거의 비슷한 방식으로 동작합니다. 즉 결제가 필요한 기능일 경우 우리는 애플 페이용 API만 호출한 다음, 결제의 성공 또는 실패에 따른 결과값만 받아 적절히 처리해주기만 하면 됩니다.

애플 페이 역시 인증 기능과 마찬가지로 시뮬레이터 상에서는 결제가 불가능합니다. 따라서 시뮬레이터는 임의로 애플 페이에 대한 결제 성공/실패 여부 결과값을 앱에게 전송할 수 있도록 기능을 제공하는데, 이 기능은 [Hardware] → [Authorize Apple Pay]를 통해 사용할 수 있습니다.

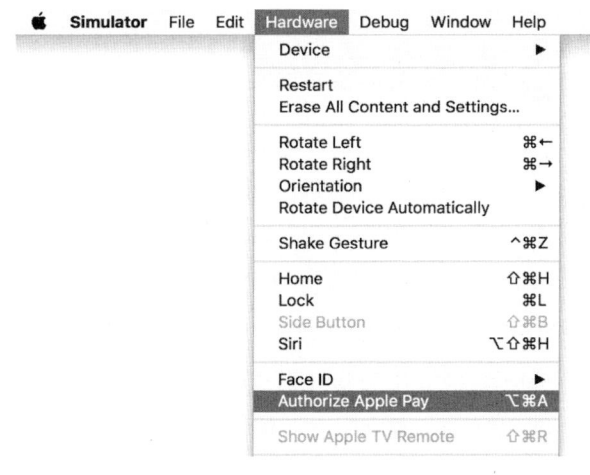

그림 2-94 시뮬레이터에서 제공하는 애플 페이 가상 인증 기능

시뮬레이터에서 애플 페이를 테스트할 때에는 애플 페이 결제를 위한 API를 프로그래밍 코드로 호출한 다음, 시뮬레이터에서 위 메뉴를 선택해 주면 됩니다. 앱은 결제가 성공한 것으로 인식하고, 다음 과정을 진행하게 됩니다.

여기까지가 앱 시뮬레이터의 주요 기능들이었습니다. 시뮬레이터는 의외로 굉장히 다양하고 폭 넓은 기능을 가지고 있어, 잘 활용하면 생산성을 높일 수 있을 분만 아니라 다양한 상황을 테스트하기도 쉽습니다. 하지만 개발 작업을 하다 보면 앱 시뮬레이터의 세부적인 기능에 대해서는 무관심해지기 쉽습니다. 테스트 도중에 시뮬레이터를 조금만 주의 깊게 살펴본다면, 우리가 활용할 수 있는 좋은 기능들이 참 많이 제공되고 있다는 것을 깨닫게 될 것입니다.

2.7 Xcode 제약 사항

2.7.1 앱 빌드 시 주의 사항

Xcode 7 이후 버전에서 자동 프로비저닝 기능이 추가되었습니다. 덕분에 테스트용 앱을 모바일 디바이스에 설치해 볼 때 더 이상 인증서를 따로 준비할 필요가 없어졌습니다. 애플 앱 스토어 개발자 계정만 넣으면 이를 바탕으로 앱을 디바이스에 설치하는 데 필요한 인증서를 자동으로 생성해 주기 때문입니다.

단, 이 기능을 이용할 때에는 주의할 점이 두 가지 있습니다. 우선 한 가지는 모바일 디바이스가 직접 케이블에 연결되어 있어야 한다는 점입니다. 네트워크를 통해 앱을 다운받아 설치해 보려면 예전처럼 애플 개발자 라이선스를 이용하여 그에 맞는 인증서 및 프로비저닝 파일을 생성해야 합니다.

또 하나 주의할 점으로는 앱에 설치된 프로비저닝 파일의 유효 기간과 최대 생성 가능 개수입니다. 앱 프로젝트를 생성하고 빌드하여 실행하면 설치 권한을 정의한 프로비저닝 파일이 만들어지는데, 이때의 파일은 앱 아이디로 구분하여 만들어집니다. 한번 만들어진 앱용 프로비저닝 파일의 유효 기간은 일주일이며 일주일이 지난 앱을 다시 빌드하여 실행하면 새로운 프로비저닝 파일이 생성됩니다. 일주일이 지나지 않은 앱을 빌드할 경우 인증서의 유효 기간이 지금으로부터 일주일 뒤로 다시 늘어나죠. 그런데 한꺼번에 가지고 있을 수 있는 프로비저닝 파일의 개수는 최대 10개입니다. 앱 프로비저닝 파일의 유효 기간이 일주일이니, 계산해 보자면 일주일에 10개의 앱 프로젝트를 만들어 볼 수 있다는 뜻이 됩니다.

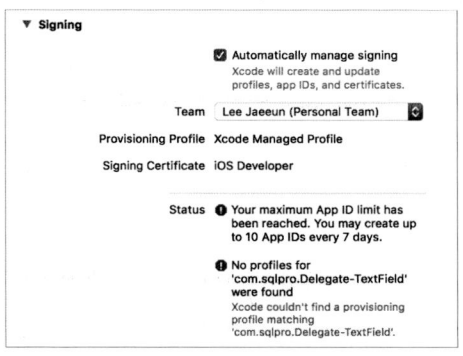

그림 2-95 자동 프로비저닝 관리 시 일주일 내 최대 10개까지만 등록할 수 있다는 메시지

생성된 프로비저닝 인증서를 임의로 지우거나 정리해서 다시 새로운 프로비저닝 파일을 만들 공간을 확보할 수는 없습니다. 일단 생성되고 나면 나머지 프로비저닝 파일의 유효 기간이 끝날 때까지 기다려야 합니다. 프로비저닝 파일은 개별 계정에 포함되기 때문에 정 필요하다면 새로운 계정을 하나 더 만들어 사용할 수는 있습니다. 이때에도 마찬가지의 규정이 적용되므로 주의해야 합니다.

자동 프로비저닝 파일 옵션을 사용하지 않고 직접 애플 개발자 사이트에서 생성한 프로비저닝 파일을 사용할 수도 있습니다. 이때에는 프로젝트 메타 정보의 Signing 항목에서 'Automatically manage signing' 옵션을 해제하면 됩니다.

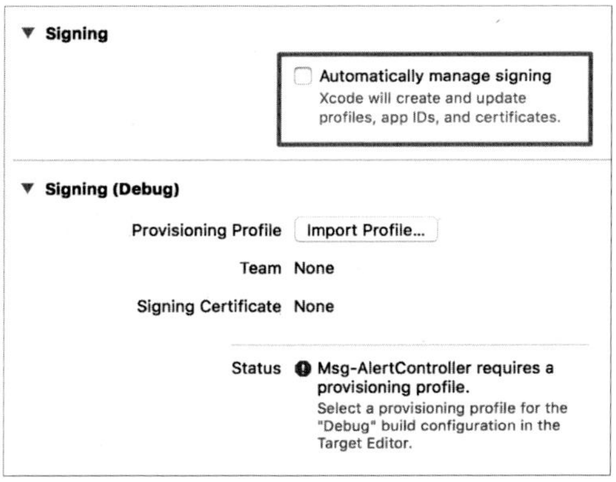

그림 2-96 자동 프로비저닝 관리 모드의 해제

2.7.2 디바이스에 앱을 설치할 때 주의할 점

계정 인증

시뮬레이터라는 훌륭한 장비가 제공되기는 하지만, 일부 특수 기능의 구현을 위해서나 혹은 앱의 최종 단계에서는 어쩔 수 없이 실제 디바이스에 앱을 설치해서 테스트해 보는 과정이 필요합니다. 하지만 대부분 처음 앱을 만들었을 때 여러분의 앱 설정 정보는 다음과 같은 상태일 겁니다.

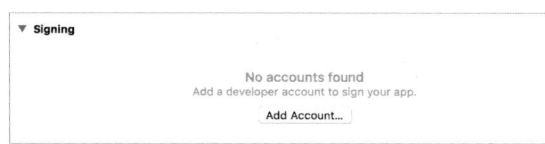

그림 2-97 Signing : No Accounts 상태

이는 앱을 실제 디바이스에 설치하여 테스트해볼 때 필요한 인증 계정이 입력되지 않은 상태를 뜻합니다. 앱을 디바이스에 설치해서 테스트해 보려면 개발자 계정으로 등록된 애플 계정이 반드시 필요합니다.

다행이 이 계정은 무료입니다. 앱 스토어에서 일반 앱을 내려받을 때 사용하는 계정을 개발자 프로그램에 등록하면 개발자 계정으로 사용할 수 있죠. 어차피 Xcode 베타 버전을 내려받은 분들은 개발자 계정을 이미 만들었을 것이고, 혹시 만들지 않은 사람이라면 애플 개발자 페이지를 접속하여 개발자 계정을 발급받은 후 그 계정을 여기에 등록하면 Xcode가 자동으로 인증서를 발급하여 앱을 디바이스에 설치할 수 있게 허용해 줍니다.

아래는 개발자 계정을 발급받아 Xcode의 빌드 정보에 설정한 모습입니다.

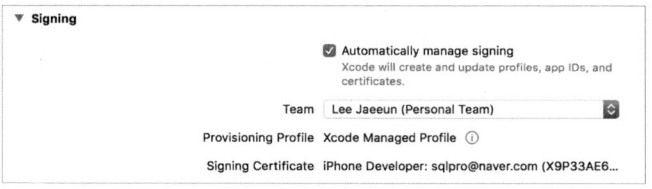

그림 2-98 애플 개발자 계정을 빌드 사이닝 정보에 등록한 모습

한 가지 더, 종종 처음 앱을 설치해 보면 아래와 같은 메시지가 뜰 때가 있습니다. 물론 디바이스에 앱이 설치된 상태에서 발생하는 문제입니다.

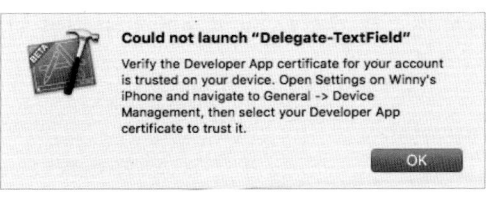

그림 2-99 디바이스에 앱을 처음 설치할 때 겪을 수 있는 메시지

이것은 앱에 포함된 프로비저닝 파일이 신뢰성 있는 인증을 받지 못했기 때문에 iOS가 앱 실행을 거부하는 데에서 발생하는 이슈입니다. 보통 앱이 실행되면 아이폰은 앱에 포함된 인증서나 프로비저닝 파일을 읽고, 이 정보를 애플의 관제 센터로 전송하여 이 앱을 이 기기에서 실행해도 되는 것인지를 확인합니다. 하지만 Xcode에서 자동 프로비저닝 관리 모드를 통해 생성된 프로비저닝 파일은 이같은 인증을 받지 못한 상태이기 때문에 사용자가 해당 배포 계정에 대한 무한한 신뢰를 보여주어야 iOS에서는 앱을 실행할 수 있도록 허락합니다. 위의 메시지는 말하자면 이같은 신뢰 인증 과정이 필요하다는 내용입니다.

개발자가 임의로 만든 앱에 대하여 무한한 신뢰를 보여주는 방법은 다음과 같습니다.

STEP 1 아이폰/아이패드의 [설정] → [일반] → [기기 관리] 메뉴를 찾아 클릭합니다.

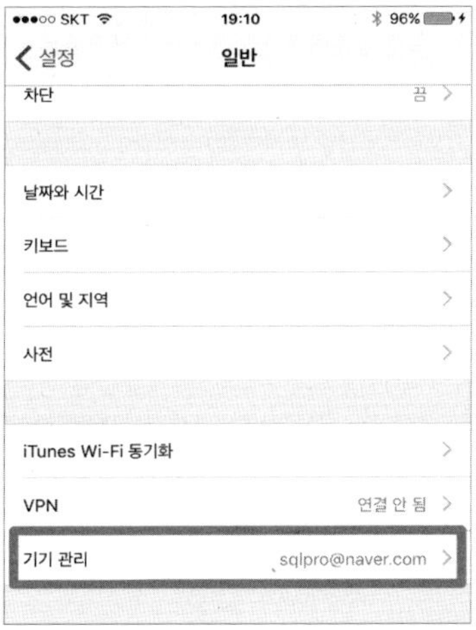

그림 2-100 [설정] → [일반] → [기기 관리]

STEP 2 기기 관리 페이지에서 개발자 계정 (본인 계정)으로 표시된 앱 정보가 있을 겁니다. 이를 클릭합니다.

그림 2-101 개발자 계정으로 표시된 앱 항목 선택

STEP 3 해당 계정에 대한 앱 목록이 나타나면, 여기서 'XXX 를 신뢰함'을 클릭합니다.

그림 2-102 앱 신뢰 설정

끝입니다. 이렇게 설정하면 향후 이 계정에 대한 기기 인증이 완료되어 별다른 절차 없이 앱을 설치하고 실행할 수 있게 됩니다.

프로젝트 빌드의 iOS 버전과 실제 기기 iOS 버전 차이로 인한 문제

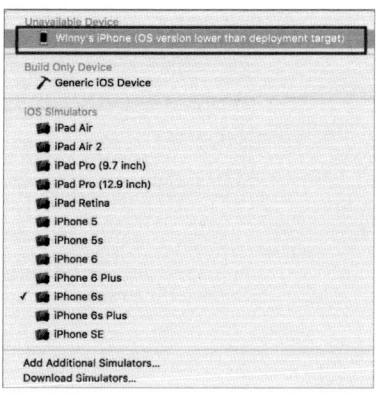

그림 2-103 OS version lower than deployment target

간혹 베타 버전의 Xcode가 새로운 iOS 버전을 미리 지원하는 경우, 연결된 디바이스의 iOS 버전이 이보다 낮으면 앱을 설치하지 못하는 경우가 있습니다. 이는 앱 설치를 위한 최소 버전 사양이 현재의 디바이스 버전보다 높게 설정되어 있기 때문입니다. 이 때에는 아래와 같이 Deployment Info 영역을 찾아, 앱의 빌드 대상 버전을 현재의 디바이스에 맞춰서 설정해 주어야 합니다.

아래는 이같은 경우에 앱의 빌드 허용 버전을 낮추어 주는 설정입니다. [Deployment Info] 영역의 [Deployment Target] 항목을 디바이스 버전에 맞게 혹은 그보다 더 낮게 설정해 준 다음 다시 앱을 빌드하여 실행하면 디바이스에 문제없이 설치됩니다. 물론 시뮬레이터는 대부분 최신 버전을 기준으로 자동 동작하기 때문에 이같은 문제가 거의 발생하지 않습니다.

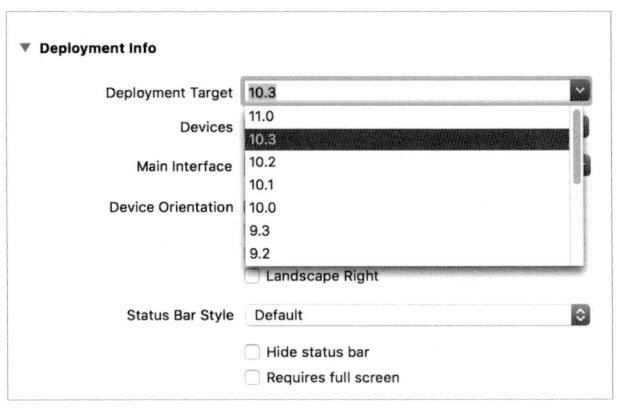

그림 2-104 배포될 애플리케이션의 iOS 버전 설정

이 장을 마치며

지금까지 우리는 Xcode의 특성과 각 영역의 기능 및 역할에 대하여 알아보았습니다. 워크스페이스를 구성하는 여섯 개의 작은 영역들은 각자의 역할을 담당하고 있으며 그 역할에 따라 또다시 세분화되는 영역으로 나누어지기도 합니다. 하나하나의 기능을 모두 살펴보려면 끝이 없을 정도로 방대합니다. Xcode는 이처럼 다양한 영역에서 여러 가지 기능을 포함하고 있는 만큼 분명 익혀야 할 부분도 많습니다. 모든 기능을 전부 외울 필요는 없지만, Xcode를 다루는 경험과 숙련도가 올라갈수록 작업이 편리해지며 개발 생산성도 향상됩니다. 그러니 Xcode를 여러 번 다루어보아 각종 다양한 기능이나 본인에게 필요할 것 같은 기능에 익숙해지는 것이 무엇보다 중요합니다.

또한 Xcode에서 사용되는 단축키에 대해서도 알아둘 필요가 있습니다. 처음에는 마우스로 Xcode를 조작하는 것이 편리하겠지만, 키보드로 소스를 코딩하는 도중에 마우스를 잡고 여러 가지 설정을 처리하다가 끝나면 다시 키보드로 소스 코딩 작업을 하는 과정이 반복되면 아마 여러분은 불편하다고 느낄 겁니다. 필자 같은 경우 신나게 코드를 작성하다 보면 키보드와 마우스를 번갈아 쥐어야 하는 것조차 귀찮게 느껴지거든요. 이때 Xcode의 기능별 단축키를 손에 익혀 놓으면 키보드만으로 대부분의 Xcode 기능을 조작할 수 있게 되므로 편리함을 느낄 수 있을 겁니다. 더불어 제가 계속 강조하고 있는 작업의 생산성도 향상시킬 수 있고 말이죠.

이어지는 다음 장부터는 실습의 비중이 조금씩 커지게 됩니다. 바로 다음 장에서는 스위프트 문법을 이해하기 위해 플레이그라운드를 통한 코드 작성 실습을 해 보아야 하고, 5장에서는 인터페이스 빌더를 이용하여 앱 화면을 설계해 보아야 합니다. 그다음의 6장부터는 본격적으로 앱을 만들어보는 과정이죠. 이런 과정에서 Xcode가 차지하는 역할은 무척 큽니다. 거의 필수 요소라고 해도 과언이 아닐 정도로요. 그러니 Xcode의 주요 기능을 숙지하고, 익숙하게 다룰 수 있을 때까지 노력을 아끼지 말기를 바랍니다.

수고하셨습니다. 다음 장에서 뵙죠.

CHAPTER

기본 문법 :
이것이 바로 스위프트

03

스위프트에 대해 한 마디로 정의하기는 어렵습니다. '스위프트가 도대체 뭐에요?'라고 묻는 사람들에게 굳이 답을 해야 할 때 필자는 종종 **객체 지향적 성격을 지닌 스크립트 스타일의 언어**라고 이야기하지만, 이것이 스위프트의 모든 성격을 드러내 주지는 못합니다. C#, 파이썬, 오브젝티브-C, 자바, 자바스크립트, 하스켈 등 다양한 언어로부터 차용한 현대적 프로그래밍 개념이 모두 반영된 결과물이 바로 스위프트이기 때문입니다.

스위프트 코드를 작성하기 위한 기본 문법은 이같은 여러 언어의 경험 연장선상에 있습니다. 따라서 기존에 어떤 언어를 다루어 본 경험이 있다면 스위프트 문법을 학습하면서 많은 부분이 비슷하다고 여기게 될 지도 모릅니다. 또한 다른 언어를 다루어 보지 않았더라도, 스위프트의 문법은 대부분 쉽게 납득할 만한 것들이기 때문에 이해하기 어렵지는 않습니다.

이번 장에서는 스위프트의 기본적인 문법에 대해 다루게 됩니다. 주로 값을 정의하고 사용하는 방법, 자료형, 그리고 연산자 등에 관한 것이죠. 여기서 다루는 내용은 이후에 이어지는 모든 문법들의 전제조건이므로, 잘 이해하는 것이 중요합니다.

학습에 앞서 강조하고 싶은 것이 하나 있습니다. 바로 이번 장에 나오는 문법을 반복해서 학습할 필요는 없다는 것입니다. 특히 이 책을 공부하는 동안 '난 이 책을 달달 외워버려야지', 또는 '난 이 책의 모든 내용을 완벽하게 이해해 버릴거야!' 하는 의욕은 아껴두는 것이 좋습니다. 문법은 맨 처음에 코딩해 볼 때에나 필요할 뿐, 실제로 앱을 만들면서 코드를 계속 작성하다 보면 어느 새 숙달되어 자연스럽게 사용할 수 있게 되거든요. 만일 기억나지 않거나 사용법이 모호하다면 그때 다시 이번 파트를 펼쳐 필요한 부분만 재학습하면 될 따름입니다. 그러니 **절대 전부 다 외우거나 이해하려고 하지 말기**를 바랍니다.

3.1 스위프트 기초 문법

스위프트의 전반적인 문법 특성에 대해 알아봅시다. 가장 기초적인 것으로서 이어지는 나머지 내용을 학습하기 위한 사전 내용이라고 생각하면 됩니다.

헤더 파일을 작성할 필요가 없습니다.

C 프로그램은 전처리를 위해 헤더 파일과 소스 파일의 역할이 분리되어 있습니다. 헤더 파일은 함수와 전역 변수의 선언을 담당하고, 소스 파일은 선언된 함수의 내용을 구현하는 역할을 합니다. C에 기반을 둔 오브젝티브-C 역시 헤더 파일과 메인 파일로 분리되어 있는데, 역할은 거의 비슷합니다. 헤더 파일에서는 클래스의 원형인 인터페이스를 선언하고 메인 파일에서는 이 인터페이스에 대한 내용을 구현하죠.

반면 스위프트는 전처리를 위한 헤더 파일이 필요하지 않습니다. 헤더 파일과 소스 파일이 통합된 하나의 *.swift 파일에서 필요한 내용을 자유롭게 정의하고 사용하면 됩니다. 스위프트는 클래스나 구조체를 선언할 때 **정의**(Interface)와 **구현**(Implementation)을 분리하지 않고 통합해서 작성하는 특성이 있습니다.

스위프트는 대소문자를 구분합니다.

스위프트는 변수나 상수 이름에서 대소문자를 구분합니다. 대문자 A와 소문자 a는 서로 다른 문자이죠. 따라서 다음 두 변수는 완전히 서로 다른 변수입니다.

```
var a = 30
var A = 30
```

함수와 메서드, 클래스, 구조체 등 모든 객체에서도 대소문자를 구분해야 합니다. 일부 프로그래밍 언어에서는 함수나 클래스 등 객체의 이름에서는 대소문자를 구분하지 않기도 하지만, 스위프트는 모든 객체의 이름에서 대소문자를 항상 엄격히 구분합니다.

이러한 특성 때문에 함수나 메소드, 클래스, 구조체 등에 이름을 정할 때에는 다음과 같은 관례를 지켜주는 것이 좋습니다.

- 함수와 메소드, 인스턴스명의 첫 글자는 소문자로
- 클래스와 구조체, 프로토콜 등 객체의 첫 글자는 대문자

참고

대소문자 구별을 꼼꼼하게 해주세요.

앱을 제작할 때 인터페이스 빌더의 화면 객체에 아이디를 지정하고 이 아이디를 소스 코드에서 읽어 들여야 할 경우가 자주 있는데, 아이디값 역시 대소문자를 구분하므로 이에 유의하여 아이디를 지정해 주어야 합니다. 필자가 오프라인에서 실습 강의를 진행하다 보면 학습자 본인이 입력한 아이디를 소스 코드에서는 대소문자를 다르게 입력하여 앱이 정상적으로 실행되지 않는 경우를 접하곤 합니다. 항상 이를 주의하여 대소문자 구별을 꼼꼼하게 해주기 바랍니다.

구문 끝의 세미콜론은 생략 가능합니다.

모든 구문마다 끝을 반드시 ;(세미콜론)으로 마감해야 하는 오브젝티브-C와는 달리, 스위프트는 세미콜론을 사용할 필요가 없습니다. 각 구문의 끝을 스위프트 구문 해석기가 알아서 찾아주기 때문입니다. 하지만 여러분이 C나 자바의 코딩에 익숙한 개발자라면 습관적으로 스위프트 코드의 구문 끝에도 세미콜론을 붙이려고 할지도 모릅니다. 안심해도 됩니다. 스위프트는 자바스크립트나 파이썬처럼 구문의 끝을 세미콜론으로 마감해도 오류가 발생하지는 않으니까요. 단지 무시될 뿐입니다. 그러므로 코드의 가독성을 중요하게 생각한다면 세미콜론을 붙여주어도 좋습니다.

물론 이는 한 줄에 하나의 구문을 작성할 때에 한합니다. 한 줄에 두 개 이상의 구문을 작성할 때에는 구문 해석기가 정확하게 해석할 수 없으므로 구문과 구문 사이에 세미콜론을 붙여 구분해주어야 합니다. 이에 대한 내용은 다음 장에서 다시 다룹니다.

▎ 엔트리 포인트(시작점)으로 사용되는 main() 함수가 없습니다.

시스템에서 main( ) 함수를 호출하는 것을 시작으로 프로그램이 실행되는 오브젝티브-C와는 대조적으로, 스위프트는 엔트리 포인트 함수가 없습니다. 대신, @UIApplicationMain 어노테이션을 사용하여 앱을 시작하는 객체를 지정합니다. 하나의 앱에서 @UIApplicationMain 어노테이션이 붙은 객체는 단 하나뿐이어야 합니다.

```
import UIKit

@UIApplicationMain
class AppDelegate : UIResponder, UIApplicationDelegate
```

▎ 문자열뿐만 아니라 문자도 큰따옴표를 사용합니다.

대부분 언어에서는 문자열을 표시할 때에는 큰따옴표를 사용하고, 문자를 표시할 때는 작은따옴표를 사용합니다. 즉 String 타입은 큰따옴표로, Character 타입은 작은따옴표로 감싸 표시한다는 뜻이죠. 하지만 스위프트에서는 문자열과 문자를 모두 큰따옴표로 표시하기 때문에, 별도로 처리하지 않으면 문자와 문자열을 구분할 수 없습니다. 따라서 문자를 저장하는 변수나 상수의 타입은 반드시 Character 타입으로 명시해주어야 합니다. 명시적으로 지정해 주지 않으면 타입 추론기에 의해 문자열로 처리됩니다.

▎ import 키워드를 사용하지만, 라이브러리와 프레임워크의 참조 용도입니다.

오브젝티브-C는 C 언어에 기반을 둔 언어이므로 다른 파일에 정의된 객체를 참조하려면 반드시 import 구문을 사용하여 객체가 정의된 헤더 파일을 반입해야 합니다. 그러나 스위프트에서 import 구문은 프레임워크나 외부 라이브러리를 사용하기 위한 목적으로만 사용됩니다. 프로젝트 내에 선언된 다른 객체를 호출할 때는 별도의 import 구문 없이도 참조할 수 있도록 프로젝트 범위의 네임스페이스가 제공되기 때문입니다.

다음은 플레이그라운드를 생성했을 때의 기본 코드입니다. 상단에서 import 키워드를 사용하여 UIKit 프레임워크를 호출하고 있는 모습을 확인할 수 있습니다.

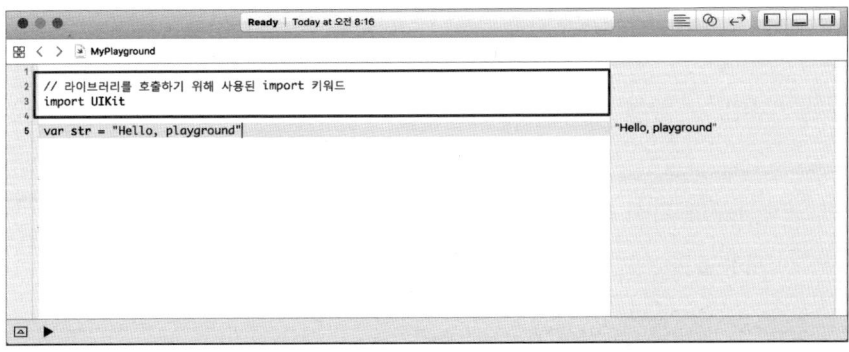

그림 3-1 플레이그라운드에서의 import 구문

C나 자바처럼 한 줄 주석, 여러 줄 주석 처리 방식을 모두 사용할 수 있습니다.

주석은 대다수 언어에서 지원하는 기능입니다. 프로그래밍 과정에서 중요한 내용을 기록해 두거나 잊지 않아야 할 부분을 상기시킬 목적으로, 또는 코드의 흐름을 부분별로 설명하기 위해 코드에 추가하는 텍스트입니다. 주석으로 작성한 부분은 실행되지 않으므로 원하는 내용을 필요한 곳에 작성할 수 있어 실무에서도 요긴하게 사용됩니다.

스위프트에서 주석은 //를 사용하는 **한 줄용 주석**과 /* ~ */를 사용하는 **여러 줄용 주석**으로 나뉩니다. 한 줄 주석은 //로 표시된 뒤부터 줄의 끝까지를 주석으로 처리하고, 여러 줄 주석은 /* ~ */ 사이에 있는 모든 내용을 주석으로 처리합니다. 다음은 주석을 사용하는 예입니다.

```
/*
 * Date : 2017. 03.10.
 * Create : 이재은(sqlpro@rubypaper.com)
 * File : MusicalCharacter.swift
 * Description : 개별 변수값을 할당한 다음, 변수를 조합하여 캐릭터의 스타일을 구성함
 *               현재 제공되는 캐릭터 타입 : 의적, 사또, 포졸
 */
```

```
// 개별 변수 할당
var name = "홍길동" // 캐릭터명
var type = "의적" // 캐릭터 타입
```

특이한 점은 주석 내부에 다시 주석을 포함할 수 있다는 점입니다. 즉 여러 줄 주석 안에 또다시 주석을 중첩해서 사용할 수 있습니다.

```
/*
 * Date : 2017. 03.10.
 * Create : 이재은(sqlpro@rubypaper.com)
 * File : MusicalCharacter.swift
 * Description : 개별 변수값을 할당한 다음, 변수를 조합하여 캐릭터의 스타일을 구성함
 *               현재 제공되는 캐릭터 타입 : 의적, 사또, 포졸
   /* 캐릭터 특징
    1. 의적 - 초기 아이템이 빈약하나 정의감으로 인해 능력치가 급상승됨
    2. 사또 - 초기 아이템이 넉넉하지만 백성들의 지지 기반이 약하므로 지속적인 성장이 어려움
    3. 포졸 - 초기 아이템과 성장력이 적절히 밸런스잡힌 타입
   */ <= 타 언어에서 주석이 종료되는 위치

   위 내용을 참고로 밸런스 데이터 처리 시 유의할 것
*/ <= 스위프트에서 주석이 종료되는 위치
```

여러 줄 주석이 중첩되었을 경우 대부분의 언어는 무조건 첫 번째 나오는 */에서 모든 주석을 종료합니다. 이는 중첩된 주석을 처리하지 않기 때문입니다. 하지만 스위프트는 중첩된 주석을 차례대로 해석하여 그에 맞는 단계만큼만 주석을 해제하는 것이 특징입니다.

try ~ catch 방식의 오류 처리를 지원합니다.

오류 처리는 스위프트 2.0부터 추가된 구문으로, 함수나 메소드가 리턴값 또는 매개변수를 이용하지 않고 외부로 직접 오류를 던질 수 있도록 하는 기능입니다. 던져진 오류는 try ~ catch 구문을 사용하여 잡아낼 수 있죠. 이같은 방식의 오류 처리는 객체지향 언어 상당수가 제공하는 보

편적인 것이지만 스위프트의 초기 버전에서는 오류 처리 구문을 지원하지 않았습니다. 대신 오류가 생길 가능성을 미리 차단할 수 있도록 고안된 옵셔널(Optional) 개념을 사용하도록 권고했습니다.

애플은 앞서 옵셔널 개념이 try ~ catch 방식의 오류 처리보다 훨씬 진보한 방식이라고 주장한 바 있습니다. 초기 스위프트에서 try ~ catch 구문을 지원하지 않는 이유도 여기에 있죠. 실제 스위프트의 구조를 살펴보면 옵셔널 개념을 통해 오류를 사전 차단하고 언어적 차원에서 안정성을 높이고자 노력한 흔적들을 곳곳에서 찾아볼 수 있습니다.

그러나 실제로 스위프트를 통해 앱을 개발하면서 옵셔널 개념만으로 오류를 처리하는 방식은 금세 한계를 드러내었습니다. 네트워크 처리나 데이터 파싱 처리 등 다양한 오류가 발생할 수 있는 상황에서 각각 오류에 유연하게 대응하기에는 옵셔널의 개념이 너무 단편적이었거든요. 또한, 오브젝티브-C와의 호환성을 위해 결코 포기할 수 없는 코코아 터치 프레임워크에서도 일부 오류 처리 기법이 여전히 사용되고 있었기 때문에, 완전히 오류 처리 기능을 무시하고 옵셔널만을 고집할 수도 없었습니다. 이런 부분은 옵셔널 개념의 기본 전제와 맞물려 모순을 만들어 내게 되었습니다.

이 때문에 스위프트를 다뤄본 개발자들은 하나같이 try ~ catch 방식을 사용하는 오류 처리 기능 도입의 필요성을 주장하며 문법이 확장된 스위프트 2가 조만간 발표될 것이라고 예견하기도 했습니다. 결국, 애플은 이러한 요구를 받아들여 오류 처리 구문을 도입한 스위프트 2를 발표했고, 이후로 우리는 익숙한 방식을 통해 오류를 처리할 수 있게 되었습니다.

3.2 변수와 상수

스위프트는 데이터가 저장되는 메모리 내 주소 공간을 개발자가 쉽게 인식하고 사용할 수 있도록 변수와 상수를 제공합니다. 예를 들어 연도를 의미하는 1999라는 숫자 데이터가 메모리 주소 0x12345678~0x1234567B까지에 걸쳐 저장되어 있다고 해 봅시다. 숫자 데이터를 꺼내어 사용할 때마다 항상 이 주소값을 사용할 수는 없습니다. 그러기엔 주소값이 너무 길고, 단순히 16진수 숫자들로 되어 있어 외우기도 어렵기 때문입니다. 그래서 이 주소값을 "year"라는 이름으로 연결합니다.

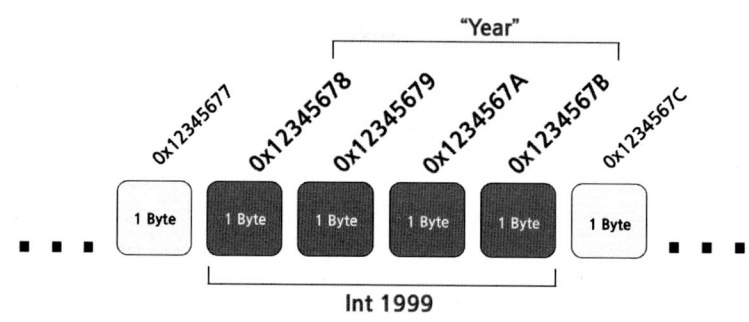

그림 3-2 정수값 1999에 대한 메모리 저장 구조와 변수의 관계

우리가 "year"라는 단어를 특정 형식에 따라 사용하면 컴파일러는 내부에 저장된 메모리 주소록을 뒤져서 year라는 이름으로 연결된 0x12345678~0x1234567B까지의 주소를 확인하고, 각각의 주소에 저장된 값을 읽어와 하나로 합친 1999라는 데이터를 만들어 줍니다. 이름으로 메모리 주소를 등록해 두지 않았다면 저장된 값을 꺼내기 위해서는 주소 공간 하나하나를 직접 찾아 값을 합쳐서 사용해야 하지만, 이름을 저장해 놓는다면 year라는 인식하기 쉬운 단어만으로 저장된 값을 쉽게 불러올 수 있습니다.

이렇게 값을 저장한, 혹은 저장할 메모리 주소값을 이름으로 연결해 놓은 것을 변수와 상수라고 합니다. 우리는 변수와 상수를 이용하여 메모리 주소에 해당하는 공간에 손쉽게 값을 저장하거나 꺼낼 수 있습니다. 일반적으로는 이같은 과정을 떠올리는 대신 **변수와 상수에 값을 저장한다**라고 생각해도 무방합니다.

변수와 상수는 값을 저장할 수 있다는 공통점이 있지만, 상수는 한 번 저장된 값을 다른 값으로 변경할 수 없는 반면에 변수는 필요에 따라 저장된 값을 몇 번이라도 다른 값으로 변경할 수 있습니다. 그래서 변수에는 프로그램의 실행에 따라 변하는 값을 저장하고, 상수에는 변하지 않을 값을 저장합니다.

하지만 변수라고 해서 아무 값이나 마음대로 저장할 수 있는 것은 아닙니다. 변수의 값을 변경할 때에는 처음 저장했던 값과 일치하는 타입이어야 합니다. 예를 들어, 변수에 처음 저장된 값이 정수였다면 이후로도 정수만 저장할 수 있습니다. 처음 저장한 값이 문자열이었다면 이후로 변경할 수 있는 값 역시 문자열뿐입니다. 즉 변수는 처음 입력한 값과 동일한 타입에 한해서만 값을 변경할 수 있습니다. 변경할 값이 처음 저장된 값과 일치하는 형태인지는 곧이어 자료형을 배우고 나면 알게 될 겁니다.

이쯤에서 상수가 왜 필요한지에 대해 궁금한 독자들이 있을지도 모르겠습니다. 변수에 값을 저장해 놓고 변경하지 않으면 그만이지, 왜 굳이 상수가 있어야 하냐 하고 말이죠. 하지만 성능이나 기타 다른 기술적 이점은 차치하고라도, 프로그래밍 소스 관리 목적상 변하지 않는 값은 상수에 저장하는 것이 훨씬 효율적입니다. 실수로 값이 변경되는 일도 막을 수 있고, 값의 성격이 명확히 분류되므로 관리하기에도 용이하기 때문입니다.

어떤 경우에 변수를 사용하고 어떤 경우에 상수를 사용할지 기준이 모호하다면 일단 변수로 작성하면 됩니다. 스위프트 2.0에서는 변수에 한번 할당된 이후로 소스 코드에서 변경되지 않은 값이 있을 경우 이를 상수로 바꾸도록 컴파일러가 조언을 해줍니다. 이 조언에 따라 적절히 상수와 변수를 조절하다 보면 변수와 상수의 선택 기준에 대해 이해하게 될 것입니다.

잠깐!! 억지로 다른 자료형의 값을 집어넣으면 어떻게 되죠?

오류가 발생합니다. 새빨간 오류 표시가 편집기에 나타나죠. 스위프트에서는 변수의 초기값이 지정되면 그 값에 의해 변수의 타입이 결정되고, 이후로는 타입의 변경이 불가능합니다. 따라서 억지로 다른 타입의 값을 집어넣으려고 한다면 이는 컴파일 오류로 이어지게 됩니다.

3.2.1 변수와 상수를 정의하는 방법

스위프트에서 변수와 상수는 반드시 먼저 선언한 다음에 사용해야 합니다. 이것은 '이러이러한 변수를 사용하겠다', 또는 '이런 이름의 상수를 사용하겠다'라는 것을 컴파일러에 알려주기 위함입니다. 마치 해외 여행 시 숙소를 정할 때 호텔에다 '이런이런 타입의 방을 XXX 이름으로 예약해주세요'라고 하는 것과 같다고 할까요?

변수와 상수를 선언하려면 키워드를 사용해야 하는데, 변수는 var 키워드를 사용하고 상수는 let 키워드를 사용합니다.

- 변수를 선언할 때: **var** + 변수명
- 상수를 선언할 때: **let** + 상수명

변수와 상수를 정의하는 실제 구문을 살펴 보겠습니다. 먼저 변수를 정의하는 방법입니다.

```
var year = 1999 // ① 정수형 변수
var message = "Hello, World" // ② 문자열 변수
```

작성된 구문에서 두 개의 변수 year와 message는 각각 정수 또는 문자열을 담을 목적으로 정의되었습니다. '=' 연산자*를 통해 대입된 값을 보면 알 수 있죠. year라는 이름을 가진 변수에는 1999라는 정수를 대입했으므로 정수형 타입의 변수가 되고, message라는 이름으로 정의된 변수에는 "Hello, World"라는 문자열을 대입했으므로 문자열 타입의 변수가 됩니다.

한번 정해진 타입은 바꿀 수 없어서, 정수형 타입의 변수에는 이후로도 정수만 대입할 수 있고, 문자열 타입의 변수에는 문자열만 대입할 수 있습니다. 스위프트에서 변수의 타입은 대부분 맨 처음 대입된 값에 따라 정해지고, 이후로는 타입을 변경할 수는 없습니다. 마치 새끼 오리가 세상에 태어나 맨 처음 본 존재를 엄마로 삼는 것과 비슷하죠.

---

* '='는 연산자의 종류로, 대입 연산자라고 불립니다. 수학에서의 '=' 기호와 의미가 다르므로 주의해야 합니다. 연산자에 대해서는 뒤에서 다시 다루게 됩니다.

var 키워드로 선언된 변수에 처음으로 값을 대입하는 과정을 초기화(Initialize)라고 합니다. 예제에서 본 것처럼, 대입 연산자 '='를 이용하여 이루어지죠. 스위프트는 대부분 초기화 과정에서 변수의 타입이 결정되는데, 이때 활약하는 것이 바로 컴파일러입니다. 컴파일러는 변수에 대입될 값을 검토하여 가장 적절한 타입을 추론하고 그에 맞는 메모리 공간을 확보한 다음, 여기에 값을 저장합니다. 이때부터 우리는 해당 변수를 사용할 수 있게 됩니다.

타입에 따라 필요한 메모리 공간이 다르기 때문에, 변수의 타입을 결정하는 과정은 프로그래밍 언어의 성능과 효율성을 결정하는 중요한 요소가 되기도 합니다. 4바이트만 있으면 충분함에도 확장성을 너무 고려한 나머지 8바이트나 그 이상의 공간을 잡아 놓는다면 그건 결국 메모리의 낭비로 이어질 테니까요. 이 때문에 스위프트는 '타입 추론기'라는 기능 모듈을 컴파일러에 별도로 내장하여, 항상 최적의 타입을 결정하고자 합니다. 물론 전통적인 C나 자바 프로그래머처럼 직접 변수의 타입을 지정하고 싶어하는 분들을 위해 '타입 어노테이션(Type Annotation)'이라는 기능을 제공하기도 합니다. 이 기능은 잠시 후에 다시 다룰 예정입니다.

스위프트가 아닌 다른 일부 프로그래밍 언어에서는 변수를 선언하는 과정과 초기화 과정을 반드시 분리하여 작성하도록 강제하기도 합니다. 먼저 선언하고 그 다음에 초기화하는 것이죠. 이를 테면 다음과 같습니다.

```
// 변수의 정의 2단계
var year // 1단계 - 변수 선언
year = 1999 // 2단계 - 변수 초기화
```

1단계에서는 변수를 선언만 한 다음, 2단계에서 초기화합니다. 단계를 보다 명확하게 나눌 수는 있겠지만, 다소 불편하고 번거로운 과정이죠. 하지만 스위프트에서는 이 두 과정을 나눌 필요없이 한꺼번에 처리할 수 있습니다. 앞에서 살펴본 예제 구문은 말하자면 선언과 초기화가 함께 들어 있는 셈입니다. 그림 3-3은 이를 구조적으로 분석하여 보여주고 있습니다.

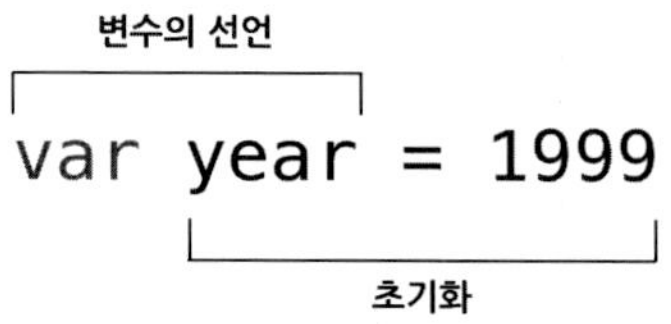

```
          변수의 선언
         ┌──────┐
         var year = 1999
             └──────────┘
                 초기화
```

그림 3-3 변수의 선언과 초기화

이번에는 상수의 경우를 살펴 봅시다. 상수에서도 큰 차이는 없습니다. 선언 키워드가 var가 아니라 let이라는 점만 다를 뿐이죠.

```
let birthYear = 1980 // ③ 정수형 상수
let welcomeMessage = "안녕하세요" // ④ 문자열 상수
```

종종 '=' 연산자와 초기값 사이에 가독성을 위해 공백을 두기도 하는데요, 상관없습니다. 스위프트에서는 연산자 바로 뒤에 연이어 나오는 공백들은 모두 무시하니까요. 단, 공백 여부는 연산자의 앞과 뒤에 모두 동일하게 적용되어야 합니다.

```
let birthYear =1980 // X
let birthYear= 1980 // X
let birthYear = 1980 // O
```

 선언과 초기화를 분리할 수도 있나요?

가능합니다. 다만 변수와 상수를 구분할 필요가 있는데요. 결론부터 이야기하자면 변수의 경우 스위프트에서는 선언과 초기화를 분리할 수 있습니다. 일단 선언만 하고, 이후 실제로 필요한 시점에 초기화해도 된다는 뜻입니다.

하지만 상수는 다릅니다. 스위프트에서 상수는 선언과 초기화가 동시에 이루어져야 합니다. 단, 예외적으로 상수에서 선언과 초기화를 분리할 수 있는 경우가 있는데, 이 부분은 나중에 클래스와 구조체를 다룰 때 다시 설명하겠습니다.

스위프트에서 선언과 초기화를 분리하여 정의하는 방법을 알아봅시다. 변수의 경우 선언과 초기화를 분리한 구문은 다음과 같습니다.

```
var year: Int // 변수 선언
year = 1999 // 선언된 변수의 초기화
```

그런데 이렇게 작성된 구문에서는 새로운 부분이 추가되어 있을 겁니다. ': Int' 말이죠. 이는 변수의 타입을 직접 정의해주는, 앞서 잠깐 언급한 타입 어노테이션이라는 문법입니다. 이것에 대해서는 이어지는 '3.3.2 타입 추론과 타입 어노테이션'에서 자세히 설명하겠습니다.

지금까지 설명한 내용들을 직접 확인해 보겠습니다. 먼저, 상수에 저장된 값은 변경할 수 없다고 설명했는데, 억지로 변경하면 어떤 일이 일어나는지 다음 코드를 통해 알아봅시다.

```
// 변수의 값 변경하기
var vValue = 3
vValue = 7
```

vValue에 먼저 3을 대입하여 초기화한 다음, 이어서 7을 대입했습니다. vValue는 변수이므로 같은 타입의 값이라면 얼마든지 변경할 수 있습니다. 지극히 정상적인 코드로, 아무런 문제도 없죠. 하지만 동일한 코드라도 상수의 경우에는 결과가 다릅니다.

```
// 상수의 값 변경하기
let cValue = 3
cValue = 7
```

이 구문을 플레이그라운드에서 실행해보면 다음과 같은 오류가 발생합니다.

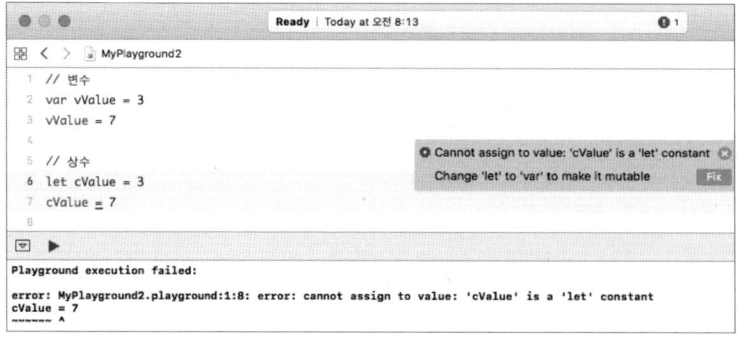

그림 3-4 변수의 선언과 초기화

오류 메시지를 자세히 살펴봅시다. 내용은 다음과 같습니다.

`Cannot assign to value 'cValue' is a 'let' constant`

해석하자면, cValue는 상수로 선언되었기 때문에 새로운 값을 할당할 수 없다는 뜻입니다. 이 메시지가 보여주듯이, 일단 초기화된 상수의 값은 결코 변경할 수 없습니다.

이같은 상황에서 플레이그라운드에 표시된 작고 빨간 메시지 팝업 창은 오류 메시지의 표시뿐만 아니라, 간단한 해결 방법까지 권고해 줍니다. 위 예에서는 let 키워드를 var 키워드로 바꾸어, 상수가 아니라 변수로 만들어 주라고 권고하고 있네요. 이때 메시지 창 하단에 표시된 Fix 버튼을 클릭하면 권고 사항에 맞게 소스 코드가 자동으로 수정됩니다. 편리하죠?

다음으로 변수의 타입과 일치하지 않는 값을 대입했을 때 어떤 일이 일어나는지 확인해 봅시다. intValue, strValue라는 변수를 각각 정수와 문자열다음으로 변수의 타입과 일치하지 않는 값을 대입했을 때 어떤 일이 일어나는지 확인해 봅시다. intValue, strValue라는 변수를 각각 정수와 문자열로 초기화한 후 다른 값을 대입하는 구문입니다.

```
01: // 변수의 선언 및 초기화
02: var intValue = 3 // Int 타입으로 초기화
03: var strValue = "Hello world" // String 타입으로 초기화
04:
05: // 새로운 값으로 변경
06: intValue = "안녕하세요" // Int 타입을 String 타입으로 변경
07: strValue = 100 // String 타입을 Int 타입으로 변경
```

이를 플레이그라운드에서 실행한 결과는 다음과 같습니다.

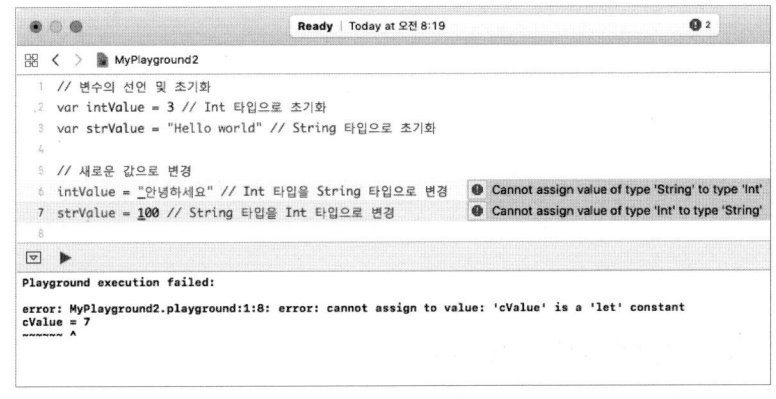

그림 3-5 잘못된 타입의 값을 입력했을 때의 오류

빨간 오류 표시가 두 개나 떠 있군요. 어디가 잘못된 걸까요? 코드를 자세히 따라가 봅시다.

가장 먼저 2행에서 intValue 변수의 초기값으로 3을 대입하였습니다. 초기화한 값이 Int 타입이므로 이제부터 intValue에 대입할 수 있는 값의 종류는 Int 타입으로 제한됩니다. 이어서 strValue 변수의 초기값으로는 "Hello world"라는 문자열을 대입하였습니다. 이제부터 strValue는 문자열만 입력받을 수 있는 String 타입의 변수가 되었습니다.

6행에서는 intValue의 값을 "안녕하세요"로 변경하려 하고 있습니다. 그런데 이 값은 정수가 아닌 문자열입니다. 같은 타입이 아닐 경우 변수의 값을 변경할 수 없다고 말씀드렸죠? 그래서 그림과 같이 오류가 발생합니다. 7행에서 strValue 변수에 대입하고 있는 값 100도 마찬가지입니다. String 타입으로 초기화된 변수에 정수를 대입할 수는 없기 때문에, 오류가 발생합니다.

이처럼 스위프트에서 상수는 처음 값을 할당한 이후 값을 변경할 수 없으며, 변수의 값을 변경하고자 할 때에는 타입에 맞는 값을 사용해야 합니다.

3.2.2 변수와 상수의 이름 정의하기

스위프트에서 사용할 수 있는 변수와 상수의 이름은 그 범위가 무척 넓습니다. 영단어 대/소문자와 숫자 일부, 특수 문자 몇 개만 허용하는 다른 언어에 비교해보면 상당히 자유도가 높은 편에 속하죠. 하지만 그럼에도 지켜야 할 몇 가지 정도의 규칙은 있습니다. 스위프트에서 변수와 상수의 이름을 정의할 때 지켜야 하는 규칙에 대해 알아봅시다.

① 알파벳과 한글 자음 및 모음, 아라비아 숫자를 사용할 수 있으며, 특수 기호나 한자, 이미지용 바이너리 코드까지 사용할 수 있습니다.

```
// 영어 및 숫자, 언더바로 정의
var str = "문자열"
var initInt34 = 37
var init_Int = 100

// 한글 및 한글 초성, 중성으로 정의
var 마스터 = "저자"
var ㄹㅂㅍㅇㅍ = "루비페이퍼"
var ㅏㅑㅓㅕㅗ = "아야어여오"

// 한글 초성과 알파벳을 혼용하여 정의
var aㅁㄴs = 30.789
let 마3t = 12345

// 특수 기호를 사용하여 정의
var Ω = 3.14
var ⓟ = false
```

```
// 이미지 바이너리를 사용하여 정의
var 😊 = "C"
let 🌏 = "t"

// 한자를 사용하여 정의
var 韓國 = "한국"
var 道德 = "도덕"

// 위 예를 모두 함께 섞어서 정의
var □aB수34Ω😊韓 = "이것저것"
```

참 다양하죠? 재미있기까지 합니다. 이처럼 스위프트는 변수나 상수명으로 다양한 문자와 기호, 심지어 이미지까지도 사용할 수 있습니다. 하지만 '할 수 있다'와 '한다'는 엄연히 다릅니다. 절대, 절대로 실무에서는 영어, 숫자, 그리고 밑줄 이외에 다른 문자나 기호를 쓰지는 마세요. 이유는 아래와 같은 실제 코드를 보면 금세 이해할 수 있습니다.

```
class 🚋🚋🚋🚋 {
    func 🚎🚎🚎(🐟:Int, 🐚:Int) -> Int {
        return 🐟 + 🐚
    }
}
var 💊 = 3
var 😎 = 💊 + 5
var 🚌 = 🚋🚋🚋🚋()
print(🚌.🚎🚎🚎(🐟:💊, 🐚:😎))
```

맥에서 제공하는 이미지 바이너리를 이용하여 작성한 클래스 코드입니다. 여러분은 저 코드를 이해할 수 있으신가요? 비교를 위해, 위 코드를 일반적인 형태로 작성해 보겠습니다.

```
class Wedding {
    func add(man: Int, woman: Int) -> Int {
        return man + woman
    }
}

var james = 3
var sofia = james + 5

var w = Wedding()
print(w.add(man: james, woman: sofia))
```

어떤가요. 아직 코드를 작성해 보기 전이라고는 해도, 두 코드를 비교해 보면 앞서의 코드가 정말 말도 안 되는 짓이라는 걸 단번에 눈치챌 수 있을 겁니다. 이처럼 이미지나 특수문자 등 일반적이지 않은 문자를 사용한 코드는 작성하기도 힘들고, 유지보수 하기에는 정말 엄두가 나지도 않으며, 무엇보다도 소스 코드를 읽기가 너무 어렵습니다. 실무 프로젝트에서 코드를 이렇게 짜 놓았다면, 아마도 당일로 쫓겨날 거에요(개념 없다고 말이죠). 그러니 단지 스위프트는 이런 기능도 있구나...하고 한번 웃고 잊어버리기 바랍니다. 제발요.

② **연산자와 혼동할 수 있는 [+, -, *, /] 및 공백은 변수, 상수명에 사용할 수 없습니다. 단, _(언더바)는 사용할 수 있습니다.**

```
// 연산자와 공백은 변수나 상수명에 들어가면 안 됨
var abc+t = "abc plus t"    // 값을 더하는 연산자라서 사용 불가
let abc-t = "abc minus t"   // 값을 빼는 연산자라서 사용 불가
let abc t = "abc space t"   // 변수명이 어디까지인지 구분할 수 없어서 사용 불가

// 언더바는 예외적으로 사용 가능
var abc_t = "abc underbar t"
```

③ 스위프트에서 예약어나 키워드로 등록되어 있는 단어는 변수나 상수명에 사용할 수 없습니다. 단, 대소문자를 바꾸어 사용하는 것은 가능합니다.

```
var class = 1        // (X), 'class'는 클래스 정의를 위한 키워드
var enum = 2         // (X), 'enum'은 열거형 정의를 위한 키워드
var struct = 3       // (X), 'struct'는 구조체 정의를 위한 키워드
var extension = 4    // (X), 'extention'은 확장을 위한 키워드
var protocol = 5     // (X), 'protocol'은 프로토콜 정의를 위한 키워드
var as = 6           // (X), 'as' 는 타입 캐스팅을 위한 키워드

// cf) 허용되는 경우
var Class = 1        // (O)
var Enum = 2         // (O)
var Struct = 3       // (O)
var Extension = 4    // (O)
var Protocol = 5     // (O)
var As = 6           // (O)
```

아직 배우지는 않았지만, 'class'나 'struct', 'extention', 'protocol', 'as' 등은 스위프트에서 기능적으로 특별한 의미를 가지는 키워드들입니다. 따라서 컴파일러의 오작동을 피하기 위해, 이들은 변수나 상수명에 사용할 수 없습니다. 단, 예제의 후반부에 표시된 것처럼 키워드의 일부를 대문자로 변경하면 사용이 가능한데, 이는 스위프트가 대소문자를 문법적으로 구분하기 때문입니다.

④ 변수, 상수명의 첫 번째 자리에 숫자가 올 수 없습니다.

```
// 첫 번째 자리에는 숫자를 사용할 수 없음
var 1abc = 123 // (X)
var 2bcd = 345 // (X)

// 두 번째 자리부터는 숫자 사용 가능
var a123bc = 123 // (O)
var b2cd = 345 // (O)
```

이상 변수와 상수의 이름에는 네 가지 정도 규칙이 적용됩니다. 이들 규칙만 준수하면 그 범위 내에서는 자유롭게 변수와 상수의 이름을 작성할 수 있습니다. 적어도 가능은 하다는 이야기지요^^;

3.3 자료형

뜬금없이 간단한 프로그래밍 개념에 대한 이야기를 해 볼까 합니다. 여러분이 프로그래밍을 하고 있는 중에 값을 입력받아야 하는 상황이고, 입력받은 값이 3이라고 가정해봅시다. 이 값은 숫자일까요, 문자일까요?

이 값을 우리는 문자로 받아들일 수도 있고, 숫자로 받아들일 수도 있습니다. 만약 숫자로 받아들인다면 이 값을 이용하여 더하거나 빼거나 곱하고 나누는 등 연산이 가능합니다. 말 그대로 숫자니까요. 하지만 문자로 받아들인다면 어떻게 될까요? 문자로 받아들인 3은 아무런 연산이나 계산도 할 수 없습니다. 대신 다른 문자열 앞이나 뒤에 결합하여 붙일 수는 있습니다. 다음처럼 말이죠.

"스위프트" + "3" = "스위프트3"

문자 "3"은 비록 모습은 숫자와 같지만 "가", "나", "다", "A", "B", "C"와 같은 문자입니다. 사실 컴퓨터가 문자 "3"을 내부적으로 받아들일 때는 아스키코드(ASCII Code) 51로 변환시켜 저장합니다. 반면 숫자 3은 그냥 3이라는 값으로 저장하죠. 이처럼 컴퓨터는 값을 저장할 때 내부적으로는 받아들이는 값이 실제와 달라서 사람처럼 편리하게 연산을 처리할 수 없습니다. 그래서 문자 "3"을 이용하여 연산을 처리하려면, 문자 "3"을 숫자 3으로 전환한 다음에야 비로소 연산을 할 수 있습니다.

여기서 간단한 퀴즈를 하나 내겠습니다. 문자와 문자를 결합하면 문자가 됩니다. 숫자와 숫자를 결합하면 숫자가 되고요. 그렇다면 문자와 숫자, 숫자와 문자를 결합하면 어떻게 될까요?

문자 + 문자 = 문자

숫자 + 숫자 = 숫자

문자 + 숫자 = ?

문자와 숫자는 적어도 각자의 특성을 유지한 채로는 결합할 수 없습니다. 연산도 불가능하죠. 이는 문자에 대한 결합 연산과 숫자에 대한 결합 연산이 다르기 때문입니다. 문자에 대한 결합 연산은 문자열을 이어 붙이는 것이고, 숫자에 대한 결합 연산은 두 수를 더하는 것입니다. 이 때문에 결합 연산을 처리하기 위해서는 양쪽의 값이 어느 한쪽의 타입으로 통일되어야 합니다. 하지만 문자와 숫자가 결합해야 하는 경우 숫자를 문자로 보아야 할지, 문자를 숫자로 보아야 할지 기준이 불분명합니다. 이 때문에 프로그래밍에서는 숫자인지, 혹은 문자인지 자료형으로 명확하게 정의되어야 합니다.

일반적으로 서로 다른 타입의 데이터끼리 연산을 시도할 때 처리하는 기준은 프로그래밍 언어마다 서로 다릅니다. 스위프트를 포함한 대다수 언어에서 실수와 정수는 일부 호환이 가능하며, 일반적으로 정수를 실수로 변환하여 연산을 처리하는 경우가 많습니다. 정수를 실수로 변환할 때에는 값의 손실이 발생하지 않지만, 실수를 정수로 변환하려면 값의 손실이 발생할 수 있기 때문입니다.

문자와 숫자를 결합하는 경우에는 조금 더 주의해야 합니다. 문자와 숫자 양쪽을 모두 문자로 간주하고 알아서 처리하는 자바스크립트 같은 편리한 언어도 있지만 스위프트에서는 문자와 숫자를 바로 결합할 경우 오류로 처리하거든요. 이는 방금 전에 언급한 것처럼 어느 쪽으로 타입을 맞추어야 할지 기준이 모호하기 때문입니다.

여기에서 이야기하고자 하는 것은 명확합니다. 값의 종류가 일치해야만 그에 맞는 처리가 가능하다는 것입니다. 단, 한 가지 전제가 있습니다. 변수나 상수에 할당되는 값은 모두 타입이 구분될 수 있어야 하죠. 방금 우리는 값 3에 대해서 문자인지 숫자인지에 대한 구분을 했습니다. 왜 그랬을까요? 변수나 상수에 할당된 값을 타입에 따라 명확하게 구분해주지 않으면 어떻게 처리해야 할지 기준이 모호해지기 때문입니다. 여기에 더해서 문자냐 숫자냐의 차이에 따라 준비해야 할 메모리 공간의 크기가 달라져야 하는 것도 하나의 이유입니다.

이런 이유들 때문에 스위프트에서는 변수나 상수를 정의할 때 반드시 숫자, 문자, 문자열, 논리(참/거짓) 등 몇 가지 종류의 타입을 지정하고 그에 맞추어 사용해야 합니다. 이를 데이터 타입(Data Type), 즉, 자료형이라고 합니다. 변수나 상수는 일반적으로 처음 입력되는 값에 맞는 자료형으로 초기화되며, 이후로는 해당 자료형에 호환되는 형식의 값만 저장할 수 있습니다. 그렇지 않을 경우 오류가 발생합니다.

3.3.1 기본 자료형

스위프트에서는 타입을 정의하는 데 사용할 수 있는 몇 가지 자료형을 미리 정의하여 제공합니다. 이와 같은 기본 자료형에 대해 알아봅시다.

Int

Int는 정수를 뜻하는 Integer라는 영어 단어의 줄임말로, 부호 있는 정수값을 저장하는 데 사용되는 자료형입니다. 다시 말해, 부호 있는 정수값을 저장하려면 해당 변수나 상수를 이 타입으로 지정해야 한다는 것이죠. 여기에서 부호가 있다는 말은 숫자 앞에 +나 -를 붙일 수 있다는 의미입니다. 즉, 이 자료형을 사용하여 [0, 1, 2, 3, 4, 5…, -1,-2,-3,-4,-5…,] 등 마이너스 범위의 정수부터 플러스 범위의 정수값까지 모두 저장할 수 있습니다. 일반적으로 사용하는 대부분의 정수값을 저장할 수 있는 자료형으로 생각하면 될 것 같네요.

하지만 무한대에 가까운 모든 정수값을 저장할 수 있는 것은 아닙니다. Int 타입이 저장할 수 있는 정수값의 범위에는 제한이 있는데, 이 제한은 컴퓨터의 CPU 사양에 따라 결정됩니다. 가령 8bit의 CPU를 가진 컴퓨터라면 2^8인 256개의 값을 저장할 수 있습니다. 이를 정수 범위로 환산하여 계산하면 Int 타입이 저장할 수 있는 값은 -128부터 127까지입니다.

 엇? 이상하군요? 256개까지 저장할 수 있다면서요.

네. 256개까지 저장할 수 있는 것은 사실이지만, Int는 앞서 말씀드린 바와 같이 부호 있는 정수, 즉 마이너스 범위의 정수까지 저장할 수 있도록 설계되어 있습니다. 그래서 0을 기준으로 반으로 나누어 절반은 플러스 범위에, 절반은 마이너스 범위에 할당하고 있죠. 256을 절반으로 나누면 128이 되죠? 그래서 0 위로 127까지, 0 아래로 −128까지 저장하게 된답니다.

그림 3-6 0과 Int 타입의 값 범위

 아래로는 −128까지인데, 위로는 왜 127까지죠? 오타 아닌가요?

이러한 궁금증은 0의 존재를 간과했기 때문입니다. 0은 양수도, 음수도 아니지만 편의상 양의 범위에 두도록 설계되어 있기 때문에 양의 정수 시작값은 0이 되는 셈입니다. 이에 따라 양의 정수 범위의 끝은 0으로부터 128번째인 127이 되고, 음의 정수 시작은 −1부터이므로 그 범위의 끝도 −1부터 128번째인 −128이 됩니다.

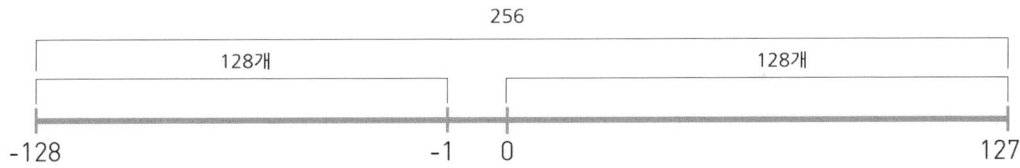

그림 3-7 0과 Int 타입 값의 개수

방금 우리는 8bit CPU에서 Int를 사용하는 경우를 이야기해 보았습니다만, 사실 8bit 범위만 사용하는 Int의 경우 스위프트에서는 서브 자료형이 별도로 정의되어 있습니다. 바로 Int8이죠. Int를 8bit 크기로 사용하겠다는 의미입니다. 유사한 자료형으로 Int16, Int32, Int64도 있습니다. 각각 16, 32, 64bit의 Int 타입을 의미합니다. 타입에 따른 값의 범위를 한번 확인해볼까요?

표 3-1 Int 타입에 따른 값의 범위

자료형	저장할 수 있는 값의 범위	크기
Int8	127 ~ -128	8bit
Int16	32,767 ~ -32,768	16bit
Int32	2,147,483,647 ~ 2,147,483,648	32bit
Int64	9,223,372,036,854,775,807 ~ -9,223,372,036,854,775,808	64bit

Int 자료형에 붙은 숫자가 커질수록 표현할 수 있는 수의 범위도 점점 늘어납니다. 그것도 일정하게 커지는 것이 아니라 2^n배 크기로 증가하죠. 따라서 큰 단위의 자료형을 사용할수록 큰 값을 저장할 수 있지만, 그만큼 메모리 소모 또한 늘어나기 때문에 실제로 코딩할 때에는 저장할 값의 범위에 맞는 적절한 타입을 선택해야 합니다.

 정수 타입이 필요할 때에는 Int8, Int16 등을 직접 지정해서 쓰면 될 것 같은데, 굳이 Int가 필요한가요? 어떨 때 쓰는 거죠?

Int는 Int8, Int16, Int32 등으로 이어지는 Int 계열 서브 자료형들에 대한 대표 자료형이라고 할 수 있습니다. 일종의 카멜레온처럼 실행환경에 따라 크기가 가변적인 자료형인데요. Int8이나 Int16 등은 실행 환경에 상관없이 크기가 고정되어 있지만, Int는 해당 컴퓨터의 CPU 비트 크기에 맞추어 자동으로 그 크기가 변화합니다. 따라서 Int 타입으로 변수나 상수를 선언하면 CPU 환경에 따라 변경해야 할 코드를 대폭 줄일 수 있습니다.

이제 Int 자료형에 현미경을 들이대 봅시다. Int는 사실 SignedInteger를 구현한 구조체의 일종입니다. 구조체는 8장에서 자세히 다루게 될 테니 지금은 Int 자료형이 'SignedInteger'라는 객체를 뼈대로 하여 만들어졌다는 정도만 이해하는 것으로 하고, Int 구조체의 모습을 살펴보겠습니다. Int를 구현하는 구조체는 다음처럼 생겼습니다.

Int구조체

```swift
/// A 64-bit signed integer value
/// type.
public struct Int : SignedInteger, Comparable, Equatable {

    /// Create an instance initialized to zero.
    public init()

    /// Create an instance initialized to 'value'.
    public init(_ value: Int)

    /// Creates an integer from its big-endian representation, changing the
    /// byte order if necessary.
    public init(bigEndian value: Int)

    /// Creates an integer from its little-endian representation, changing the
    /// byte order if necessary.
    public init(littleEndian value: Int)

    /// Create an instance initialized to 'value'.
    public init(integerLiteral value: Int)

    /// Returns the big-endian representation of the integer, changing the
    /// byte order if necessary.
    public var bigEndian: Int { get }

    /// Returns the little-endian representation of the integer, changing the
    /// byte order if necessary.
    public var littleEndian: Int { get }

    /// Returns the current integer with the byte order swapped.
    public var byteSwapped: Int { get }
    public static var max: Int { get }
    public static var min: Int { get }

    ..(중략)..
}
```

보시다시피 Int 내부에는 여러 가지 메소드나 속성 변수들이 다량 정의되어 있습니다(메소드나 속성이 무엇인지는 뒷부분에서 다시 설명합니다). 다른 것은 생략하고 제일 아래에 있는 두 가지 속성에만 주목해 봅시다.

```
public static var max: Int { get }
public static var min: Int { get }
```

이 두 가지 속성은 각각 Int 자료형이 가질 수 있는 최대값(=max)과 최소값(=min)을 의미합니다. 앞서 Int 타입에 저장할 수 있는 값의 범위, 즉 최대값과 최소값에 대해 배웠는데, 그 값을 max와 min 속성을 통해서 가져올 수 있다는 뜻입니다. 플레이그라운드를 이용해서 Int의 두 가지 속성을 확인해 봅시다. 먼저 대표 자료형인 Int입니다. 예상이 맞는다면 값의 범위가 아주 넓어야 할 겁니다.

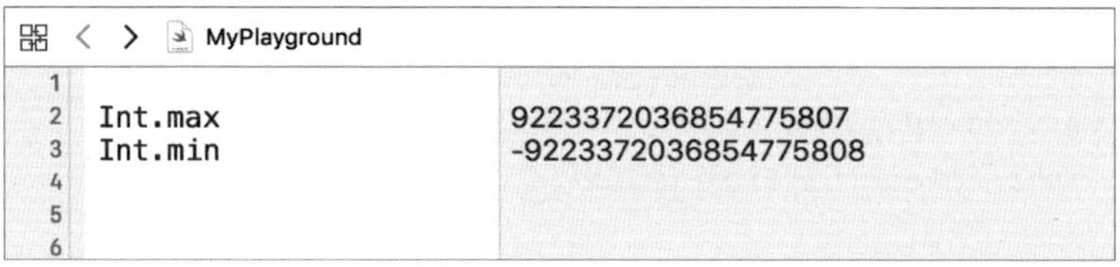

```
Int.max        9223372036854775807
Int.min        -9223372036854775808
```

그림 3-8 Int 자료형의 max와 min 속성 값

역시 예상대로 값의 범위가 아주 넓습니다. 몇 자리인지 읽기도 힘들 정도로요. 조금 전 Int 자료형은 실행되는 환경의 CPU에 맞추어 처리되는 값의 범위가 변한다고 했었는데, 필자의 실행 환경은 64bit CPU입니다. 따라서 필자의 맥북에서 실행한 Int의 min/max 값은 Int64와 같은 범위를 가집니다. 실제로 그런지 확인해봅시다.

```
         MyPlayground
1
2   Int.max           9223372036854775807
3   Int.min           -9223372036854775808
4
5   Int64.max         9223372036854775807
6   Int64.min         -9223372036854775808
7
```

그림 3-9 Int64 자료형의 max와 min 속성 값

그림에서 보는 것과 같이 Int.max와 Int64.max의 값이 같은 것을 알 수 있습니다. Int.min과 Int64.min의 값도 마찬가지죠. 이처럼 64bit의 실행 환경에서 Int는 Int64와 같은 처리 결과를 가집니다. 32bit의 실행 환경이라면 Int는 Int32와 같은 처리결과를 가질 거고요. 내친김에 비트별 Int 타입에 최대값과 최소값을 직접 확인해볼까요?

```
         MyPlayground
1
2   Int.max           9223372036854775807
3   Int.min           -9223372036854775808
4
5   Int64.max         9223372036854775807
6   Int64.min         -9223372036854775808
7
8   Int32.max         2147483647
9   Int32.min         -2147483648
10
11  Int16.max         32767
12  Int16.min         -32768
13
14  Int8.max          127
15  Int8.min          -128
16
```

그림 3-10 Int 서브 자료형들의 max와 min 속성 값

이처럼 Int 자료형은 Int8, Int16, Int32, Int64까지의 서브 자료형을 가지고 있으며 실행 환경의 플랫폼에 따라 유연하게 처리되는 특성을 가지고 있습니다. 양수부터 음수까지의 정수를 저장하고자 할 때는 Int 타입을 사용한다는 것을 잊지 마세요.

UInt

UInt는 Unsigned Integer를 줄인 단어로 부호가 없는 정수를 의미합니다. Int처럼 정수값을 저장하는 데 사용되는 자료형이지만 Int가 양수부터 음수까지를 모두 저장할 수 있는 반면 UInt는 양수만 저장할 수 있다는 차이가 있습니다. 다시 말해, UInt는 0을 포함하여 1, 2, 3, 4, 5… 등 우리가 일반적으로 자연수라고 부르는 범위의 정수를 저장할 수 있다는 겁니다.

 그럼 그냥 Int를 쓰면 되는 거지, 굳이 UInt를 쓸 필요가 없는 거 아녜요?

꼭 그렇지만은 않습니다. UInt는 마이너스 범위의 정수를 저장할 수 없는 대신, 플러스 범위의 정수에 대해서는 Int보다 두 배 큰 범위까지 저장할 수 있습니다. 8bit의 CPU를 예로 들어보면 UInt는 Int와 동일하게 값을 256개 저장할 수 있지만 마이너스 범위까지 값을 할당할 필요가 없으므로 플러스 범위에 128개를 더 사용할 수 있어서 0 ~ 255까지 저장할 수 있습니다. 그래서 양의 정수 범위만 다루는 데이터에는 UInt가 훨씬 효율적입니다. 나이나 물건의 개수, 참여 인원의 수, 반복 횟수 같은 거 말이죠.

UInt에도 Int처럼 8비트, 16비트, 32비트, 64비트로 구분된 서브 자료형이 있습니다. 각각 UInt8, UInt16, UInt32, UInt64라는 이름으로 정의되어 있죠.

표 3-2 UInt 타입에 따른 값의 범위

자료형	저장할 수 있는 값의 범위	크기
UInt8	0 ~ 255	8bit
UInt16	0 ~ 65,535	16bit
UInt32	0 ~ 4,294,967,295	32bit
UInt64	0 ~ 18,446,744,073,709,551,615	64bit

UInt는 0부터 플러스 범위의 정수를 저장하기 때문에 저장할 수 있는 최소값은 서브 자료형의 종류에 상관없이 모두 0입니다. 그리고 서브 자료형별 최대값은 앞서 우리가 학습했던 Int 서브 자료형의 두 배씩입니다. 아. 실수네요. Int에는 중간에 0이 있으니 정확히는

(Int 서브 자료형의 최대값 × 2) + 1

이어야 합니다. Int8의 최대값은 127이지만 UInt8의 최대값은 254가 아닌 255이니까요. 나머지 서브 자료형 UInt16, UInt32 등의 최대값 역시 마찬가지입니다.

다음은 UInt의 구조체입니다. 실제로 Int 구조체와 거의 비슷한 구조라는 것을 알 수 있습니다.

UInt구조체

```swift
/// A 64-bit unsigned integer value
/// type.
public struct UInt : UnsignedInteger, Comparable, Equatable {

    /// Create an instance initialized to zero.
    public init()

    /// Create an instance initialized to 'value'.
    public init(_ value: UInt)

    /// Creates an integer from its big-endian representation, changing the
    /// byte order if necessary.
    public init(bigEndian value: UInt)

    /// Creates an integer from its little-endian representation, changing the
    /// byte order if necessary.
    public init(littleEndian value: UInt)

    /// Create an instance initialized to 'value'.
    public init(integerLiteral value: UInt)
```

```
    /// Returns the big-endian representation of the integer, changing the
    /// byte order if necessary.
    public var bigEndian: UInt { get }

    /// Returns the little-endian representation of the integer, changing the
    /// byte order if necessary.
    public var littleEndian: UInt { get }

    /// Returns the current integer with the byte order swapped.
    public var byteSwapped: UInt { get }
    public static var max: UInt { get }
    public static var min: UInt { get }
    ..(중략)..
}
```

Double & Float

프로그래밍을 하다 보면 소수점이 포함된 실수 값을 저장해야 하는 경우도 무척 많습니다. 두 장소 사이의 거리나 기온, 환율 또는 키, 몸무게 등 수많은 종류의 데이터가 정수가 아닌 실수 값을 요구하죠. 이때 사용할 수 있는 자료형이 Double 타입과 Float 타입입니다. 둘 다 실수값을 저장할 수 있는 자료형이라는 공통점이 있지만, Double 타입은 64bit 부동소수점 자료형으로서 32bit 부동 소수점 자료형인 Float 타입보다 더 넓은 범위의 소수점 아래 값을 저장할 수 있기 때문에, 특별히 매우 정확해야 하는 부동소수점 값이나 또는 매우 넓은 범위의 실수값을 저장할 때 사용됩니다. 그 이외의 부동소수점 값에는 Float가 사용되구요.

일반적으로 Float 타입이 소수점 아래 7~8자리까지의 값을 정확하게 저장할 수 있는 반면 Double 타입은 소수점 아래 15~16자리의 값에 대한 정확도를 보장하기 때문에 훨씬 더 세밀한 값을 저장하는 데에 유리합니다. 당연히 메모리에서 차지하는 크기도 Double 타입이 더 크고 말이죠.

재미있는 것은 스위프트에서 Float 타입의 서브 자료형으로 사용되는 Float32와 Float64입니다. 이 둘은 실제로 존재하는 객체가 아니라 타입알리어스(typealias)에 의해 정의된 타입들입니다. 여기에서 타입알리어스란 타입을 가리키는 표현만 달리하는 것을 의미합니다.

```
/// A 32-bit floating point type
typealias Float32 = Float

/// A 64-bit floating point type
typealias Float64 = Double
```

두 타입을 알리어스로 정의하고 있는 구문을 살펴보면 정의된 Float32는 Float이지만, Float64는 Double입니다. 32bit 실수는 Float로 처리하고, 64bit 실수는 Double로 처리한다는 의미로 해석할 수 있습니다.

Bool

Bool은 true/false 두 가지 종류의 값만 가질 수 있는 자료형으로서 주로 논리값을 저장하기 위해 사용됩니다. 참/거짓, 성공/실패, 스위치가 켜져 있는 상태(On/Off) 등 두 가지 상태만 존재하는 데이터에 사용되며, 조건문의 결과를 표현하는 데에도 많이 사용됩니다. 나중에 배우게 되겠지만 조건문은 조건식의 참/거짓 판단 결과에 따라 조건절의 실행 여부가 결정되는 구문입니다. 아래는 Bool 타입으로 정의된 변수와 상수를 보여주고 있습니다.

```
// Bool 타입 저장 변수
var close = true

// Bool 타입 저장 상수
let success = true
let fail = false
```

String

String 타입은 Int와 더불어 프로그래밍에서 가장 많이 사용되는 자료형으로, "ABC", "가나다", "Computer", "안녕하세요"처럼 문자열을 저장할 때 사용됩니다. 기존의 오브젝티브-C를 사용했던 분들이라면 NSString이라는 객체에 익숙할 텐데요, NSString 객체는 오브젝티브-C 언어용 String 타입이라고 생각하면 됩니다. 파운데이션 프레임워크에서 문자열을 쉽게 다루기 위해서 제공하는 클래스이죠. 프레임워크 레벨에서 제공하는 객체이니만큼 import Foundation이라는 구문을 통해 프레임워크를 반입한 다음에야 사용할 수 있습니다. 하지만 String 타입은 스위프트 언어에서 제공되는 기본 자료형이므로 프레임워크 반입 없이도 사용할 수 있습니다.

스위프트는 String 타입 데이터의 값을 표현할 때 큰따옴표를 사용합니다. 다음 예제를 봅시다. 스위프트에서 String 타입을 이용하여 문자열을 표현하는 구문입니다.

```
// String 타입 저장 변수
var projectname = "iOS study"

// String 타입 저장 상수
let language = "swift"
```

스위프트의 String과 오브젝티브-C의 NSString은 서로 호환되기 때문에 NSString을 String으로, 또는 String을 NSString으로 변환할 수 있습니다. 따라서 오브젝티브-C에서 NSString으로 정의된 값을 스위프트에서 사용하려면 String 타입으로 변환하면 됩니다.

아, 물론 스위프트에서도 NSString을 사용할 수도 있습니다. import Foundation이라는 구문을 사용하여 파운데이션 프레임워크만 반입하면 말이죠. NSString과 String 사이의 타입 변환 과정은 오류가 발생할 가능성이 전혀 없는 완전 변환입니다.

Character

앞서 소개한 String은 여러 글자로 이루어진 문자열을 저장할 수 있는 일종의 집단 자료형이지만, Character는 한 개의 문자를 저장할 수 있는 단일 자료형입니다. String 타입에 저장된 문자열을 하나씩 분해하면 Character 타입이 됩니다.

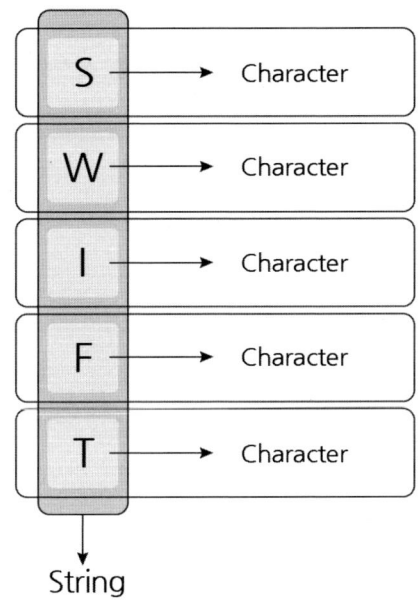

그림 3-11 String과 Character의 관계

스위프트는 Character 타입의 데이터 값을 표현할 때도 String 타입과 마찬가지로 큰따옴표를 사용합니다.

```
// Character 타입 저장 변수
var firstLetter : Character = "s"

// Character 타입 저장 상수
let lastLetter : Character = "t"
```

그런데 여기서, 변수 firstLetter와 상수 lastLetter의 선언 뒤에 생소한 표현 하나가 추가되어 있는 것을 볼 수 있습니다. :Character라는 표현 말인데요, 이것은 무엇을 의미할까요? 그 의문을 풀기 위해서는 타입 추론과 타입 어노테이션에 대해 알아야 합니다.

3.3.2 타입 추론과 타입 어노테이션

우선 다음 예제를 봅시다.

```
// 선언과 초기화를 동시에
var day = 7

// 선언과 초기화를 분리
var year : Int // 선언
year = 1999 // 초기화
```

이 예제처럼 스위프트에서 변수는 선언과 초기화를 동시에 할 수도 있지만, 선언만 먼저 해 놓은 다음 필요한 시점에서 초기화를 하는 것으로 분리하여 작성할 수도 있습니다. 그런데 선언과 초기화를 분리한 year 변수를 보면, 선언할 때 콜론(:)과 함께 Int 자료형을 명시해 놓은 것이 눈에 띕니다. 왜 이런 것이 추가되었을까요? 쓸모없는 부분일지도 모르니 한번 빼 보도록 합시다.

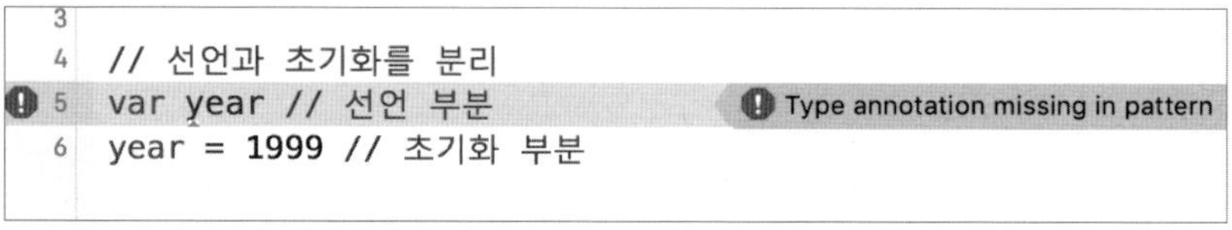

```
3
4   // 선언과 초기화를 분리
5   var year // 선언 부분           ❗ Type annotation missing in pattern
6   year = 1999 // 초기화 부분
```

그림 3-12 자료형을 제거했을 때의 오류 표시

아이쿠야. 주어진 구문에서 ':Int' 부분을 제거하니 오류가 발생합니다. 오류 내용을 확인하기 위해 줄 번호 앞의 빨간 느낌표를 클릭해보면, 타입 어노테이션이 빠져 있다고 설명하는 오류 메시지가 표시됩니다. 타입 어노테이션이 뭘까요?

타입 어노테이션(Type annotation)이란, 변수나 상수를 선언할 때 그 타입을 명시적으로 선언해 줌으로써 어떤 타입의 값이 저장될 것인지를 컴파일러에 직접 알려주는 문법입니다. 변수나 상수명 뒤에 콜론(:)을 붙이고, 이어서 저장될 값의 타입을 작성해주면 됩니다. 다음은 타입 어노테이션을 사용한 예입니다.

```
var year : Int // 명시적인 Int 타입
```

```
var name : String // 명시적인 String 타입
var firstChr : Character // 명시적인 Character 타입
var distance : Double // 명시적인 Double 타입
var pi : Float // 명시적인 Float 타입
var flag : Bool // 명시적인 Bool 타입
```

그런데 뭔가 이상하다고 느낀 것 없으세요? 지금까지는 변수나 상수를 선언할 때 타입을 명시해 준 적이 없었잖아요. 그냥 값만 넣어 초기화해줬을 뿐이죠. 어떻게 된 걸까요?

이 궁금증을 해소하기 위해 우리는 먼저 타입 추론에 대해 학습해 볼 필요가 있습니다. 1장에서 배운 스위프트의 특성 중에 **설계에 의한 안전성(Safety by design)**이라는 항목이 있었습니다. 아키텍처적인 안전성을 담보하기 위해 스위프트가 여러 장치를 도입했다는 것이 핵심 내용이었죠. 그 중의 하나가 바로 타입 추론 기능입니다.

타입 추론은 변수나 상수를 초기화할 때 입력된 값을 분석하여 변수에 적절한 타입을 컴파일러가 스스로 추론하는 기능입니다. 초기값으로 "Hello, World"가 입력되었다면 '아, 이 변수의 타입은 String 타입이겠군!' 이라고 추론하고, 1999가 입력되었다면 '아, 이 변수는 정수로 초기화되었으니 Int 타입이로구나' 라고 판단하는 것 등이 이에 해당합니다. 이 덕분에 우리는 변수나 상수에 명시적으로 타입을 지정해 주지 않아도 되었던 겁니다. 왠만한 값들은 타입 추론 기능에 의해 적절한 타입이 지정될 테니까요.

다시 타입 어노테이션으로 돌아가서, 다음 코드를 봅시다. 타입 어노테이션을 사용하여 변수와 상수에 타입을 지정하는 예입니다.

```
01: // 타입을 명시한 변수 선언
02: var name : String = "홍길동"
03: var year : Int = 1999
04:
05: // 타입을 명시한 상수 선언
06: let firstName : String = "마"
07: let birthYear : Int = 1980
```

주어진 구문은 모두 네 개의 변수와 상수가 선언되어 있습니다. 2행에서는 name 변수를 선언하고, String으로 타입 어노테이션을 명시하여 "홍길동"이라는 값으로 초기화하였습니다. 3행에서는 year라는 변수를 명시적으로 Int타입으로 선언하고 있군요. 6, 7행에서도 마찬가지입니다. String과 Int타입으로 타입 어노테이션을 선언한 후에 초기값을 할당하고 있습니다. 이같은 타입 어노테이션을 통해 컴파일러는 추론 없이 각각의 변수나 상수 타입을 정확히 인지할 수 있습니다.

그러나 앞에서 사용한 것처럼, 타입 어노테이션이라는 문법이 있다고 해서 매번 타입을 명시해 줄 필요는 없습니다. 보통의 경우에는 스위프트에 내장된 타입 추론기가 변수의 초기값을 이용하여 타입이 무엇인지 추론해내기 때문입니다. 가령, 앞의 소스 코드에서 타입 어노테이션을 제거해도 결과는 같습니다.

```
01: // 타입을 명시하지 않은 변수 선언
02: var name = "홍길동"
03: var year = 1999
04:
05: // 타입을 명시하지 않은 상수 선언
06: let firstName = "마"
07: let birthYear = 1980
```

그렇다면 타입 어노테이션을 써야 할지 말아야 할지 고민이 될 때는 어떻게 해야 할까요? 결론부터 말하자면, 반드시 타입 어노테이션을 사용해야 하는 다음 두 가지 경우를 제외하면 타입을 명시적으로 선언하지 않아도 됩니다.

첫 번째] 선언과 초기화를 분리할 경우

타입 추론은 변수나 상수의 선언 시 입력된 초기값을 이용하여 가장 적절한 타입을 추론해 내는 과정입니다. 스위프트에서 변수와 상수는 선언하는 시점에서 타입이 결정되어야 하는데, 선언과 동시에 값을 초기화하면 자동으로 타입을 결정할 수 있어 타입 어노테이션이 필요 없습니다. 하지만 선언과 초기화가 동시에 이루어지지 않는다면, 예를 들어 선언과 초기화가 아래와 같이 분리된 구문으로 작성될 경우 타입 추론을 위한 충분한 데이터가 없어 적절한 타입을 추론할 수 없게 됩니다. 따라서 이런 경우는 타입 어노테이션을 사용하여 타입을 직접 지정해 주어야 합니다.

```
// 선언 + 타입 어노테이션
var year : Int

// 초기화
year = 1999
```

변수는 그렇다 치더라도, 상수는 선언과 초기화를 분리할 수 없으니 타입 어노테이션이 필요 없는 것 아니냐고 생각하는 분들을 위해 부연 설명드리자면 반드시 그런 것만은 아닙니다. 일반적으로는 상수를 선언할 때 반드시 초기화를 함께 해주어야 하지만, 클래스나 구조체에서 멤버로 선언된 상수는 선언과 초기화가 동시에 이루어지지 않더라도 오류가 발생하지 않습니다. 단, 초기화 블록 내에서 상수의 값을 결정해 주어야 하지만요. 자세한 것은 이후 클래스나 구조체를 설명하는 과정에서 다시 다룰 예정입니다.

두 번째] 타입 추론으로 얻어지는 타입이 아닌, 다른 타입을 직접 지정할 필요가 있을 때

두 번째 경우는 타입 추론으로 얻어지는 타입이 우리가 원하는 타입이 아닐 때입니다. 이때에는 타입 어노테이션을 사용하여 원하는 타입을 직접 지정해 주어야 합니다. 물론 원하는 타입을 지정한다고 해서 모든 타입을 마음대로 지정할 수 있는 것은 아닙니다. 주로 Int 타입 대신 Double이나 Float 타입을, String 대신 Character 타입을, Double 대신 Float를 지정하는 경우가 대부분입니다. 다음 예제를 봅시다.

```
// Int 타입으로 정의
var temper1 = 3
// Float 타입으로 정의
var temper2 : Float = 3
```

temper1과 temper2 모두 동일하게 3을 대입했으나 하나는 타입 추론을, 다른 하나는 타입 어노테이션을 이용하여 변수의 타입을 결정하고 있습니다. 컴파일러는 이 둘을 어떻게 처리하는지 확인해봅시다.

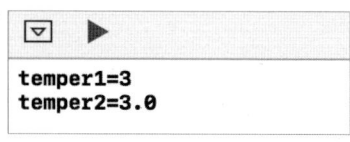

그림 3-13 타입 추론과 타입 어노테이션의 결과는 다르게 나올 수 있다

그림 3-13은 앞의 예제를 플레이그라운드에서 실행한 결과입니다. temper1 변수는 입력값 3에 가장 적합한 자료형인 Int로 결정되어 3이 그대로 저장되었습니다. 타입 추론이 적용된 결과죠. 그러나 타입 어노테이션을 사용하여 Float 타입을 명시적으로 정의한 temper2 변수는 입력받은 3이 정수임에도 불구하고 Float 타입에 맞추어 실수 3.0으로 변환되어 저장되었습니다.

한 가지 예를 더 봅시다. "A"라는 값을 변수에 저장한다고 가정하겠습니다. 자바 같은 언어에서는 문자열에는 큰따옴표를, 문자에는 작은따옴표를 사용하기 때문에 A가 문자열이라면 "A"로, 문자라면 'A'로 표시합니다. 이를 통해 컴파일러는 문자열과 문자를 명확하게 구분할 수 있습니다.

하지만 스위프트에서는 문자열과 문자에 모두 큰따옴표를 사용합니다. 여러 글자로 이루어진 값이라면 문자열이라는 것을 금세 파악할 수 있겠지만, 한 글자인 경우에는 값만 봐서는 문자열인지 문자인지 구분하기 어렵습니다. 보통 이럴 때 컴파일러가 취할 수 있는 합리적인 판단은 더 넓은 범위의 타입으로 추론하는 것입니다. 문자열과 문자의 관계에서는 문자열이 이에 해당하죠. 따라서 타입 어노테이션 없이 변수나 상수에 한 글자 문자를 대입하면 컴파일러는 문자열로 추론하고, 해당 변수를 String 타입으로 정의합니다.

```
var stringValue = "문자열"    // 여러 글자이므로 확실한 String
var charValue = "문"          // String? Character?
```

입력된 값을 문자열이 아닌 문자로 인식시키고 변수의 타입을 Character 타입으로 정의하기 위해서는 다음처럼 변수에 타입 어노테이션을 명시해 주어야 합니다.

```
var stringValue = "문자열" // String 타입
var charValue : Character = "문" // Character 타입
```

동일한 값이라도 마찬가지입니다. 타입 어노테이션을 작성한 것과 작성하지 않은 것은 엄연히 다른 결과를 나타냅니다. 아래 두 변수는 동일한 "C"라는 값으로 초기화되지만 타입 어노테이션이 명시된 변수는 Character 타입으로 선언되는 반면 타입 어노테이션이 생략된 변수는 String 타입으로 선언됩니다.

```
var cValue : Character = "C" // Character
var sValue = "C" // String
```

이처럼, 타입 추론을 통해 정의될 변수의 타입이 적절하지 않을 때가 타입 어노테이션을 사용해야 하는 경우 두 번째입니다.

앞의 두 가지 경우를 제외한 나머지는 타입 어노테이션을 생략하고 타입 추론에 의존하면 됩니다. 물론 가독성을 위해서, 혹은 타입 추론을 믿지 못한다는 이유로 타입 어노테이션을 무조건 사용하려는 분들도 있습니다. 이건 각자 나름의 코딩 스타일입니다. 알아서 하세요. ^^;

3.3.3 타입이 다른 변수끼리의 결합

프로그래밍 과정에서는 서로 다른 타입의 변수나 상수를 결합해야 하는 경우가 종종 발생합니다. 하지만 스위프트에서 서로 다른 타입의 변수나 상수끼리의 결합 연산은 허용되지 않습니다. 변수의 타입을 변경해서 결합해 보려고 해도, 한 번 타입이 정해지고 나면 다른 타입으로 변경할 수도 없죠. 타입이 서로 다른 변수, 예를 들어 문자열과 숫자를 결합하려면 어떻게 해야 할까요?

```
var stmt = "꼼꼼한 재은씨의 키는"
var height = 185

var heightStmt = stmt + String(height)
```

[실행결과]

"꼼꼼한 재은씨의 키는 185"

앞의 예제에서 stmt와 height는 각각 String과 Int 타입입니다. 타입 추론에 따른 결과죠. 우리가 원하는 것은 이 두 개의 변수를 합하여 "꼼꼼한 재은씨의 키는 185"라는 문자열을 만들어내는 것이지만, 서로 타입이 다르기 때문에 두 변수 간의 결합은 불가능합니다. stmt를 Int 타입으로 바꾸거나 height를 String 타입으로 바꿀 수도 없습니다. 일단 타입이 정해진 변수와 상수는 다른 타입으로 변경할 수 없으니까요. 어떤 언어는 숫자와 문자열이 결합할 때 친절하게도 숫자를 알아서 문자열로 변경해주기도 한다지만, 타입에서만큼은 엄격한 스위프트는 그렇게 친절하지 않습니다.

변수의 값을 다른 타입으로 변경해야 할 필요가 있다면, 바꾸고자 하는 타입의 새로운 객체를 명시적으로 생성해야 합니다. 이때의 객체는 보통 변수나 상수를 의미합니다. 다행히 스위프트의 기본 자료형 객체들은 다른 타입의 값을 자신의 타입에 맞게 변환하여 새로운 객체를 만드는 방법을 제공합니다. String의 경우 String( )라는 형식으로 이를 지원하죠. 괄호 안에 원하는 정수값을 넣으면 문자열이 만들어지는 방식입니다(나중에 배우겠지만, 이것을 생성자, 혹은 초기화 메소드라고 합니다). 185라는 정수 또는 이 값을 담은 변수를 넣어 String(185)라는 구문을 작성하면 "185"라는 문자열을 만들어 낼 수 있습니다. 이제 문자열 "185"가 만들어졌으니 이를 stmt 변수와 결합하면 우리가 원하는 문자열을 만들어 낼 수 있게 됩니다.

요약하자면, 다음과 같은 형식을 사용하여 정수값을 문자열로 만들 수 있습니다.

```
String(문자열로 바꾸고 싶은 정수값 또는 변수)
```

정확하게 짚고 넘어갑시다. 정수값이나 기존의 변수를 문자열 타입으로 바꾸는 것이 아니라, **새로운 문자열 인스턴스를 만드는 것**입니다. 기존의 변수에는 아무런 영향이 없이, 새로 생성하는 것이라는 점에 주의해야 합니다.

문자열을 정수형이나 실수형으로 바꿀 때에도 이와 비슷한 방식이 적용됩니다. 문자열을 정수형으로 바꾸려면 다음과 같이 Int( ) 구문을 사용하면 됩니다. 앞의 문자열 방식처럼 새로운 정수 인스턴스가 만들어지죠.

```
Int(<정수로 바꾸고 싶은 문자열>)
```

문자열을 정수로 변환할 때에는 문자열 자체가 정수로 변환 가능한 값이어야 합니다. "123", "100" 등과 같이 숫자로 구성된 문자열이어야 한다는 뜻입니다. "홍길동"처럼 일반 문자열이나 혹은 "강남1980"처럼 정수로 변환할 수 없는 문자열이 섞여 있다면 정상적으로 변환할 수 없습니다. 이런 경우를 스위프트가 어떻게 처리하는지는 뒤의 옵셔널 편에서 다시 다룰 예정입니다.

문자열 템플릿

앞에서는 타입이 서로 다른 변수들 사이의 결합을 이야기했었는데요, 사실 다른 타입의 변수를 문자열로 결합하는 것만 생각한다면 문자열 템플릿을 사용하여 쉽게 처리할 수 있습니다. 문자열 템플릿은 변수나 상수의 값을 문자열 속에 포함시키는 방법으로, 정수나 실수 등 문자열이 아닌 값도 변환 과정 없이 사용할 수 있도록 스위프트가 제공하는 기능입니다. C와 오브젝티브-C에서 변수나 상수의 값을 문자열 속에 포함하기 쉽도록 지원하는 문자열 포맷과 유사한 개념이기도 하죠.

문자열 템플릿을 사용하는 방식은 매우 간단합니다. 문자열에서 원하는 위치에 백슬래시(\)를 입력하고, 포함하려는 값이 들어 있는 변수나 상수를 괄호로 감싸면 끝입니다. 다음과 같이 말이죠.

```swift
// 상수와 변수를 정의
let name = "꼼꼼한 재은씨"
let year = 2014
let month = 10
let day = 1

// 문자열 템플릿을 사용한 문자열 결합
let profile = "\(name)는 \(year)년 \(month)월 \(day)일에 출간되었습니다."
print(profile)
```

[실행 결과]

꼼꼼한 재은씨는 **2014**년 **10**월 **1**일에 출간되었습니다.

위 예에서 문자열 템플릿에 사용된 상수들 중 하나를 제외한 나머지는 모두 Int 타입입니다. 하지만 문자열 템플릿에서는 이들 값의 타입을 구분해서 새로운 객체로 만들어 줄 필요가 없습니다. 알아서 값이 문자열 속에 포함되니까요. 단지 단순히 백슬래시와 함께 괄호를 작성하고, 그 안에 원하는 변수나 상수를 집어넣으면 끝입니다. 간단하죠?

문자열 템플릿의 기능은 이뿐만이 아닙니다. 문자열 템플릿을 이용하면 괄호 내부에서 값을 연산할 수도 있습니다.

```swift
// 상수 정의
let apple = 3
let banana = 2
let orange = 4

// 출력할 구문을 문자열 템플릿으로 구성
let desc = "과일은 총 \(apple+banana+orange)개입니다"
print(desc)
```

[실행 결과]

과일은 총 **9**개입니다

문자열 템플릿에 반드시 변수나 상수를 사용해야 하는 것은 아닙니다. 리터럴로 구성된 단순 연산이나 간단한 표현식도 처리할 수 있습니다. 일례로, 다음과 같이 숫자의 합을 구하는 식을 문자열 템플릿에 사용하면 바로 계산하여 결과를 출력할 수 있습니다.

```
let result = "1부터 5까지의 숫자의 합은 \(1 + 2 + 3 + 4 + 5)입니다."
print(result)
```

[실행결과]

1부터 5까지의 숫자의 합은 15입니다.

문자열 템플릿은 사용이 무척 편리할 뿐만 아니라 실제로 앱을 제작하는 과정에서도 매우 자주 사용하는 기능입니다. 잘 익혀 두도록 합시다.

3.3.4 스위프트 4에서의 문자열 처리

스위프트 4에서는 새로운 쿼우팅 문법이 추가되었습니다. 이른바 **트리플 쿼우팅(Triple Quoting)**, 또는 **멀티 라인 문자열(Multi-line String)**이라고 불리는 것으로, 연속한 세 개의 따옴표를 이용하여 여러 줄에 걸친 긴 문자열을 손쉽게 작성하는 문법이죠. 이 문법은 파이썬을 알고 있는 사람이라면 '오, 베꼈네?' 라는 생각이 들 만큼 파이썬과 닮아 있지만, 사용 방식은 약간 까다로운 부분도 있습니다. 이 문법과 관련하여 스위프트에서 문자열과 쿼우팅을 처리하는 방식에 대해 다시 한번 정리해 보겠습니다.

▮ 쿼우팅(Quoting)이란?

쿼우팅이란 문자열을 따옴표로 묶어 표시하는 방법으로, 프로그래밍 코드뿐만 아니라 쉘 커맨드에서도 사용됩니다. 프로그래밍과 전혀 관계없는 일반적인 글에서 대화나 인용 등을 구분하기 위해 사용되기도 하죠.

프로그래밍 코드에서 쿼우팅은 대부분 문자열을 정의하거나 표현하는 용도로 사용됩니다. 예를 들어 다음과 같은 구문에서 쿼우팅은 "Hello"라는 문자열을 정의하는 역할을 합니다. 실행 결과로 message 변수에는 "Hello"라는 문자열이 대입되죠.

```
var message = "Hello"
```

만약 쿼우팅이 누락된 채로 그냥 문자열이 작성된다면 어떻게 될까요? "Hello World"를 둘러싼 따옴표를 제거한 다음 구문과 같이 말입니다.

```
var message = Hello
```

이 때에는 Hello라는 단어에 대해 스위프트 컴파일러가 의미적인 해석을 시도합니다. 우선은 이 문자열이 예약어이거나 키워드로 등록된 것인지 판단하죠. 예약어나 키워드가 아니라면 다음 단계로 넘어가 함수나 클래스, 구조체나 열거형 등 객체 타입으로 정의된 이름인지를 확인합니다. 이도 아니라면 마지막 단계로, 변수나 상수로 정의된 단어인지 확인합니다.

위 구문에서 "Hello"는 아무런 의미도 갖지 않은, 단순히 쿼우팅이 누락된 문자열에 불과합니다. 따라서 컴파일러는 오류를 발생시키게 되죠. 하지만 쿼우팅이 제거된 문자열이 객체 타입이나 변수의 이름과 일치한다면 예상치 못한 문제가 발생할 수도 있습니다. 다음 구문을 봅시다.

```
let Hello = "Hi, I'am winny"
var message = "Hello"

print(message)
// Hello
```

Hello라는 이름의 문자열을 옵셔널로 선언하고, 여기에 "Hi, I'm winny"라는 문자열을 대입했습니다. 이어서 message라는 변수에 "Hello"라는 문자열을 대입했죠. 마지막으로 message 변수의 값을 출력하면 결과는 "Hello"가 출력됩니다. 여기까지는 정상적인 구문 실행에 해당합니다. 이번에는 쿼우팅이 누락된 결과를 살펴봅시다.

```
let Hello = "Hi, I'm winny"
var message = Hello

print(message)
// Hi, I'm winny
```

모든 구문이 동일한 상태에서 message 변수에 대입될 문자열의 쿼우팅만 빠졌습니다. 하지만 앞에서 쿼우팅이 누락되었을 때의 예제처럼 오류가 발생하는 것이 아니라, 뭔가 다른 결과가 출력됩니다. "Hi, I'm winny"라는 값이 출력되는 것이죠. 이는 맨 첫 줄에서 Hello 상수에 대입된 문자열입니다.

message 변수의 값을 출력했는데 Hello 상수의 값이 출력된 것은, 쿼우팅의 누락에 따라 컴파일러는 Hello라는 문자열에 대해 의미적인 해석을 시도하기 때문입니다. 마침 그 이름으로 정의된 상수가 있다보니 컴파일러는 "Hello!"라는 문자열이 아니라 Hello 변수로 이해해 버린 것이죠. 그 결과로 Hello 상수에 저장된 값이 message 변수에 대입되었고, 결국 "Hi, I'm winny"라는 값이 출력된 겁니다.

쿼우팅이 빠진 상황을 간단히 묘사해 보면 다음과 같습니다.

A : 아 글쎄, 걔가 나더러 그러는거야, "저리 가!"

(B가 저리로 간다)

A: 너 어디 가?

B : 니가 저리 가라며.

A : 아니, 걔가 나한테 "저리 가"라고 그랬다고.

(B가 저리로 간다)

A: 너 또 왜 가?

B : 니가 저리 가라며.

A : 아 진짜, 너한테 가라는 게 아니라 걔가 그렇게 말한 거라고!

(다시 멀어져 가는 B의 등 뒤로 공허한 A의 외침만 울려퍼진다)

말하자면 프로그래밍에서 **쿼우팅**이란, 문자열에 불필요하게 의미를 부여하지 말고 주어진 그대로 이해해 달라는 뜻으로 해석할 수 있습니다.

스위프트에서의 기본 쿼우팅 처리

이번에는 스위프트에서 사용하는 기본 쿼우팅에 대해 살펴 보겠습니다. 스위프트는 문자열을 처리할 때 큰따옴표를 사용하는데, 이를 가리켜 **더블 쿼우팅(Double Quoting)***이라고 합니다. 특이하게도 스위프트에서는 하나의 값으로 이루어진 문자(Character) 타입을 처리할 때에도 더블 쿼우팅으로 처리하는데, 이는 문자와 문자열 타입을 각각 싱글 쿼우팅(Single Quoting)과 더블 쿼우팅으로 구분해서 처리하는 자바와 차이점 중 하나입니다.

```
// 스위프트에서
"Swift" // String
"S" // Character 또는 String

// 자바에서
"Java" // String
'J' // Character
```

전술한 것처럼 스위프트는 문자와 문자열을 모두 더블 쿼우팅으로 처리하기 때문에, 위 예에서 작성된 "S"처럼 한 문자만 입력된 경우 컴파일러는 값의 타입을 정확하게 구분할 수 없습니다. "S"라는 값은 보기에 따라서 문자일 수도 있지만, 아직 하나의 값만 입력된 문자열일 수도 있기 때문입니다(이건 저라도 모르겠네요. 미아리라도 가야 알 수 있을라나).

이같은 상황에서 스위프트의 타입 추론기는 아키텍처의 안정성을 위해, 두 가지 원칙에 따라 값의 타입을 결정합니다.

---

* 앞서는 '더블 쿼우팅'을 큰따옴표라고 표현했으나, 실무에서는 '더블 쿼우팅'이라는 표현을 더 많이 사용하므로 여기서는 이 표현을 그대로 사용하겠습니다. 같은 맥락에서 작은따옴표도 '싱글 쿼우팅'이라는 용어로 대체하여 사용합니다.

제 1 원칙] 주어진 값이 타입 A와 타입 B에 동시에 속하는 경우, 더 넓은 범위의 타입으로 결정한다.

제 2 원칙] 더 작은 범위의 타입으로 정의하려면 반드시 타입 어노테이션을 통해 명시적으로 선언하도록 한다.

1과 2 원칙에 따라, 명시적으로 타입이 선언되어 있지 않을 경우 타입 추론기는 상대적으로 대응 범위가 넓은 문자열 타입을 선택해 버립니다. 문자 타입으로 선언하려면 반드시 타입 어노테이션을 붙여주어야 하죠. 다음 구문은 타입 어노테이션과 더블 쿼우팅을 사용하여 String과 Character 타입을 선언하는 예시입니다.

```
let name = "Swift"          // 여러 글자로 이루어져 있으므로 String 타입으로 처리
let headerLetter01 = "S"    // 타입 어노테이션이 없으므로 String 타입으로 처리
let headerLetter02: Character = "S"  // 타입 어노테이션이 선언되었으므로 Character 타입으로 처리
```

스위프트에서 여러 줄의 문자열을 처리하는 방법

간혹 문자열을 여러 줄로 나누어 작성해야 할 때가 있습니다. 시(詩)처럼 행간의 구분이 필요한 문자열이거나, SQL 쿼리처럼 가독성 있게 작성해야 하는 경우가 그렇습니다. 하지만 스위프트에서는 문자열 쿼우팅 내부에서 줄바꿈하는 것을 허용하지 않기 때문에, 다음과 같이 작성하면 컴파일 오류가 발생합니다.

```
let poem = "계절이 지나가는 하늘에는
가을로 가득 차 있습니다.
나는 아무 걱정도 없이 가슴 속의 별들을
다 헬 듯 합니다"
// X 컴파일 오류 발생!!
```

이렇게 긴 문자열을 여러 줄에 나누어 작성하기 위해서는 '+' 연산자를 이용해야 합니다. 이 연산자는 숫자에 사용하면 값을 더해주지만 문자열과 문자열 사이에서 사용하면 양쪽 문자열을 이어주는 역할을 하기 때문입니다. 다음은 + 연산자를 통해 긴 문자열을 나눈 모습입니다.

```
let poem = "계절이 지나가는 하늘에는 "
    + "가을로 가득 차 있습니다. "
    + "나는 아무 걱정도 없이 가슴 속의 별들을 "
    + "다 헬 듯 합니다"
```

그런데 이렇게 작성된 문자열을 실제로 출력해 보면 생각처럼 잘 되지는 않습니다. 실제 출력된 결과를 살펴 보면 다음과 같은 식으로 한 줄로 쭉 이어져서 출력되죠.

실행결과

계절이 지나가는 하늘에는 가을로 가득 차 있습니다. 나는 아무 걱정도 없이 가슴 속의 별들을 다 헬 듯 합니다

이는 위 문자열이 코드 상에서만 줄바꿈되었을 뿐 실제 문자열 내부에서는 줄바꿈 처리가 되지 않았기 때문에 발생하는 이슈입니다. 이를 해결하기 위해서는 다시 문자열 내부에서 줄바꿈 처리를 할 필요가 있죠. 그런데 스위프트에서 문자열 내부에서 직접 줄바꿈을 적용하는 것은 허용되지 않으므로, 대신 '\n'을 줄바꿈할 위치에 직접 넣어주어야 합니다. 이것은 줄바꿈을 의미하는 특수 문자로, **리턴 피드(Return Feed)**라고 불리는 녀석입니다. 리턴 피드를 추가한 코드의 모습은 다음과 같습니다.

```
let poem = "계절이 지나가는 하늘에는 \n"
    + "가을로 가득 차 있습니다. \n"
    + "나는 아무 걱정도 없이 가슴 속의 별들을 \n"
    + "다 헬 듯 합니다"
```

이제 이것을 출력하면 원하는 대로 줄바꿈 처리된 문자열이 출력됩니다.

> **실행결과**
>
> 계절이 지나가는 하늘에는
>
> 가을로 가득 차 있습니다.
>
> 나는 아무 걱정도 없이 가슴 속의 별들을
>
> 다 헬 듯 합니다

그런데 이 방식은 중간에 특수 문자가 사용되어 복잡할 뿐만 아니라, 실제 출력되는 결과와 조금씩 차이가 있기 때문에 썩 좋은 방식이라고 하기는 어렵습니다. 무엇보다도 한 번에 문자열의 구조를 알기 어렵다는 것이 가장 큰 단점이죠. 이 때문에 스위프트는 문자열 처리 면에서 확장성의 한계가 있다는 지적을 받아왔습니다. 이 문제를 해결하기 위해 스위프트는 최근의 새 버전에서 새로운 문자열 쿼우팅 방식을 선보였는데, 이것이 바로 **멀티라인 스트링(Multi-line String)**, 다른 말로 **트리플 쿼우팅(Triple Quoting)**입니다.

멀티 라인 스트링(Multi-line String)

멀티 라인 스트링은 스위프트 4.0에서 새롭게 도입된 문법으로, 큰따옴표 세 개를 연속으로 붙여서 쿼우팅 영역의 시작과 끝을 정의하고(""" ~ """) 그 내부에서 자유롭게 작성된 문자열을 그대로 실제 내용으로 처리하는 방식입니다. 큰따옴표 세 개를 이용하여 쿼우팅한다는 특징 때문에 **트리플 쿼우팅(Triple-Quoting)** *이라고 불리기도 하죠. 이와 비슷한 문법으로 파이썬의 트리플 쿼우팅이나, HTML의 〈pre〉 태그 등이 있습니다.

멀티 라인 스트링으로 작성된 문자열은 띄어쓰기나 줄바꿈 등이 작성된 그대로 반영되기 때문에, 문자열에 형식을 부여하기 위해 복잡한 코드를 처리할 필요가 없습니다. 단순히 트리플 쿼우팅으로 시작과 끝을 지정한 다음, 범위 내에서 원하는 문자열을 작성하면 됩니다.

---

*실제로 이와 거의 동일한 문법 형식이 파이썬에도 존재하는데, 여기서는 트리플 쿼우팅이라는 명칭을 사용합니다.

멀티 라인 스트링을 사용할 때에는 몇 가지 주의할 점이 있는데, 주로 다음과 같습니다.

1) 시작 쿼우팅 다음에는 반드시 줄바꿈후 값을 작성해야 한다. 쿼우팅이 시작된 라인에서는 쿼우팅 이후 어떤 값도 들어가서는 안 된다.

2) 멀티라인 스트링의 입력을 끝낼 때에는 반드시 줄바꿈 후 쿼우팅 처리해야 한다. 쿼우팅을 종료하는 라인에서는 쿼우팅 앞에 어떤 값도 들어갈 수 없다.

3) 멀티라인 쿼우팅 내부에 특수문자(\n, \t 등)이 들어가면 문자 그대로 출력된다.

무슨 말인지 잘 모르겠죠? 다음을 봅시다.

```
let poem = """
계절이 지나가는 하늘에는
가을로 가득 차 있습니다.
나는 아무 걱정도 없이 가슴 속의 별들을
다 헬 듯 합니다
"""
```

위 구문은 앞에서 \n을 이용하여 줄바꿈 처리했던 것을 멀티 라인 쿼우팅 방식으로 변경한 것입니다. 쿼우팅의 시작과 끝이 """ ~ """로 처리되어 있고, 각 줄 끝에 붙었던 리턴 피드가 사라진 것을 볼 수 있죠. 이때, 만약 입력할 문자열이 짧더라도 다음과 같이 작성해서는 안 됩니다.

```
let poem = """계절이 지나가는 하늘에는 ~ 다 헬 듯 합니다"""
```

또한 다음과 같이 작성해서도 안 됩니다.

```
let poem = """계절이 지나가는 하늘에는
가을로 가득 차 있습니다.
나는 아무 걱정도 없이 가슴 속의 별들을
다 헬 듯 합니다"""
```

반드시 트리플 쿼우팅이 시작된 후에는 줄바꿈해서 입력을 시작해야 하며, 종료할 때에도 줄바꿈하여 쿼우팅을 닫아주어야 합니다. 종종 실수로 시작 쿼우팅 뒤나 종료 쿼우팅 앞에 공백을 넣을 경우도 있을텐데요, 공백 문자도 값이 입력된 것으로 간주하므로, 컴파일 오류가 발생하게 됩니다. 따라서, 단 한 줄의 문장이라 하더라도 멀티 라인 쿼우팅을 사용할 때에는 다음과 같이 작성해야 합니다. ('⏎'는 코딩 시 엔터키를 통해 줄바꿈하라는 뜻으로, 입력 내용과는 무관합니다.)

```
let poem = """⏎
계절이 지나가는 하늘에는 ~ 다 헬 듯 합니다⏎
"""
```

물론 시작 쿼우팅 앞쪽이나 종료 쿼우팅 뒤쪽은 일반 코딩 영역이므로, 위와 같이 작성해도 됩니다. 필요에 따라서는 다음과 같이 종료 쿼우팅 뒤에 주석을 붙여도 아무 문제 없습니다.

```
let poem = """⏎
계절이 지나가는 하늘에는 ~ 다 헬 듯 합니다⏎
""" // 윤동주 - 서시
```

이상의 내용을 그림으로 정리해 보면 다음과 같습니다.

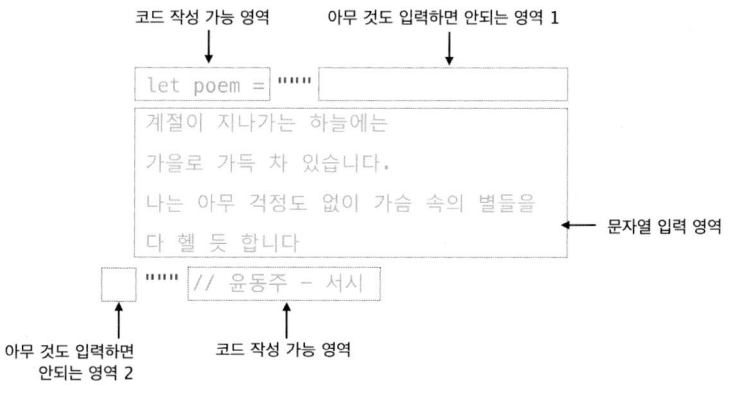

그림 3-14 멀티 라인 문자열 문법 사용 방법

3.4 연산자

스위프트뿐만 아니라 다른 어떤 프로그래밍 언어를 공부하든지 연산자를 모르면 프로그래밍을 거의 할 수 없습니다. 그래서 가장 처음에 배우게 되는 것 중의 하나가 바로 연산자입니다. 연산자 기호나 쓰임새는 대부분 프로그래밍 언어에서 크게 다르지 않습니다. 물론 연산자의 종류나 특징도 모두 비슷하죠. 그런 만큼 어느 정도 프로그래밍에 경험이 있는 분들이라면 이번 절을 가볍게 넘겨도 좋습니다. 다만, 스위프트에서는 범위 연산자처럼 C, C++, 자바 등 다른 대중적인 프로그래밍 언어에는 없는 새로운 연산자도 있으니 이 부분은 꼭 학습하고 넘어가기 바랍니다.

3.4.1 산술 연산자

산술 연산자는 말 그대로 사칙 연산에 대한 연산자들입니다. 스위프트에서는 다른 프로그래밍 언어에서 제공하는 것과 거의 동일하게 다음 산술 연산자 6개를 지원합니다.

표 3-3 산술 연산자의 종류

구분	연산자	사용 예	의미
단항 연산자	-	-a	값의 부호를 변경
이항 연산자	+	a + b	두 개의 값을 더함
	-	a - b	연산자 앞의 값에서 뒤의 값을 뺌
	*	a * b	두 개의 값을 곱함
	/	a / b	연산자 앞의 값을 뒤의 값으로 나눔
	%	a % b	연산자 앞의 값을 뒤의 값으로 나눈 나머지

산술 연산자는 항의 개수에 따라 단항 연산자와 이항 연산자, 그리고 여기서 다루지는 않았지만 삼항 연산자 등으로 나누어집니다. 단항 연산자는 항을 하나만 필요로 하는 것을 말하며 이항 연산자는 두 개의 항을 필요로 하는 것을 말합니다. 위 표에서 단항 연산자와 이항 연산자에 모두 - 연산자가 포함되어 있는데, 이 둘은 서로 다른 연산자입니다. 단항 연산자의 -는 양수를 음수로, 음수를 양수로 바꿔 주는 용도로 사용되지만 이항 연산자의 -는 연산자 양쪽의 값의 차이를 계산하는 용도로 사용됩니다. 단항 연산자는 수학 용어로 바꾸자면 '부호'에 해당한다고 볼 수 있

습니다. 산술 연산자들 대부분은 초중고 과정에서 많이 다루는 사칙 연산을 기본으로 하기 때문에 이해하기 어렵지 않을 겁니다. 다음은 플레이그라운드를 통해 확인해본 산술 연산자의 사용 모습입니다.

```
MyPlayground

// 산술연산자 테스트
let a = 10                10
let b = 2                 2

// 단항 연산자
-a                        -10
-b                        -2

// 이항 연산자
a + b                     12
a - b                     8
a * b                     20
a / b                     5
a % b                     0
```

그림 3-15 산술 연산자를 사용하는 모습

화면의 오른쪽 회색 영역에 표시된 값들이 연산의 결과입니다. 여담이지만 플레이그라운드는 따로 결과를 출력하지 않아도 스택에 저장된 결과값을 확인할 수 있어서 참 편리합니다.

연산자를 사용할 때 주의해야 할 부분이 있습니다. 이항 연산자는 양쪽에 피연산자를 두는 경우가 대부분인데, 이때 피연산자와 연산자 사이의 공백은 양쪽에 동일하게 적용되어야 합니다. 가령, 앞쪽 피연산자와 연산자 사이를 공백을 주었다면 뒤쪽 피연산자와의 사이도 역시 공백을 주어야 합니다. 앞쪽 피연산자와 연산자 사이를 공백없이 작성했다면 뒤쪽 피연산자도 마찬가지입니다. 이같이 연산자 양쪽의 공백을 일치시켜주지 않을 경우 오류가 발생할 수 있으므로 아래 그림을 참고하여 연산자 사용 시 주의하기 바랍니다.

```
2 + 3 // = 5 (O)
2+4   // = 6 (O)
2 +3  // (X)
```

그림 3-16 연산자와 공백의 관계

3.4.2 비교 연산자

방금 살펴본 산술 연산자는 연산 결과가 항상 다양한 값으로 나타납니다. 하지만 이번에 학습할 비교 연산자는 연산의 결과가 항상 true 또는 false 두 가지 중 하나로만 나타난다는 특성을 가지고 있습니다. 그런데 true와 false는 각각 참, 거짓을 의미하는 Bool 타입의 값이라는 것을 기억하시죠? 결국 비교 연산자의 연산 결과는 항상 Bool 타입의 값으로 표시됩니다. 연산 결과가 항상 Bool 타입인 것은 다음 순서로 배울 논리 연산자도 마찬가지입니다. 비교 연산자의 종류를 살펴봅시다.

표 3-4 비교 연산자

연산자	사용 예	의미
<	a < b	a가 b보다 작으면 true, 그렇지 않으면 false
>	a > b	a가 b보다 크면 true, 그렇지 않으면 false
<=	a <== b	a가 b보다 작거나 같으면 true, 그렇지 않으면 false
>=	a >= b	a가 b보다 크거나 같으면 true, 그렇지 않으면 false
==	a == b	a가 b와 같으면 true, 같지 않으면 false(수학에서의 =와 같음)
!=	a != b	a가 b와 같지 않으면 true, 같으면 false

비교 연산자는 일반적인 비교 구문에도 쓰이지만, 대부분은 다음에 배우게 될 논리 연산자와 함께 조건문과 분기문, 그리고 반복문을 작성할 때 사용됩니다.

3.4.3 논리 연산자

논리 연산자는 연산 결과를 true나 false로 표시한다는 점에서 비교 연산자와 동일하지만, 값의 크기를 비교하는 비교 연산자와는 달리 주어진 값의 논리 비교(true 또는 false)를 통해 연산을 수행합니다. 이를 위해 논리 연산자의 연산 대상인 피연산자들은 모두 true 또는 false 값을 가지는 Bool 타입이어야 합니다. 연산자의 종류부터 확인해 봅시다.

표 3-5 논리 연산자

연산자	사용 예	의미
! (NOT)	!a	a가 true이면 false, false이면 true 반환
&& (AND)	a && b	a와 b 모두 true일 때 true, 둘 중 하나라도 false이면 false 반환
|| (OR)	a || b	a 또는 b 둘 중 하나라도 true라면 true, 둘 다 false일 때 false 반환

이미 논리 연산자를 익숙하게 사용하고 있는 독자라면 모르겠지만 그렇지 않고서 이것만 봐서는 알기 어려울 것 같습니다. 예제를 먼저 살펴봅시다.

```
// && 연산자 테스트
true  && true  // = true
false && false // = false
true  && false // = false
false && true  // = false

// || 연산자 테스트
true  || true  // = true
false || false // = false
true  || false // = true
false || true  // = true
```

각 항이 true 또는 false일 때, 논리 연산자의 연산 결과가 어떻게 나타나는지를 보여주는 예제입니다. 각 연산자와 양쪽 항에 따라 어떤 결과가 만들어지는지 확인하기 바랍니다.

그런데 예제에서는 알아보기 쉽게 true/false를 직접 피연산자로 대입하여 결과를 출력해 보았지만, 실제 프로그래밍할 때 이와 같은 모습으로 사용하는 경우는 전혀 없다고 해도 과언이 아닙니다. 실무 프로그래밍에서는 논리 연산자를 비교 연산자나 산술 연산자와 함께 사용하는 경우가 대부분입니다. 논리 연산자를 비교 연산자와 결합하여 어떻게 사용하는지 확인해 봅시다.

```
// Int타입 상수 선언
let a = 10
let b = 5
let c = 2

// 비교 연산자와 함께 사용하는 경우
a > b && b > c  // true && true  = true
a == b && a > b // false && true = false
a == b || a > b // false || true = true

// 비교, 산술 연산자와 함께 사용하는 경우
a - b > b - c && b == 0 // true && false = false
a + b > c || c > 0       // true || true = true
```

주어진 논리값에 대한 논리 연산자의 처리 결과를 정리해보면 다음과 같습니다.

표 3-6 논리 연산자 처리 결과

a	b	a && b	a || b	!a
true	true	true	true	false
true	false	false	true	false
false	true	false	true	true
false	false	false	false	true

지금까지 살펴본 예에서는 피연산자를 최대 두 개씩만 사용하여 논리 연산을 수행했지만, 논리 연산자는 결합법칙이 성립하므로 세 개 이상의 피연산자를 한꺼번에 논리 연산할 수도 있습니다. 이때에는 앞에서부터 두 개씩 차례대로 연산하여 나온 결과를 다시 뒤에 나오는 피연산자와 연산하면 됩니다. 어렵지 않죠?

3.4.4 범위 연산자

범위 연산자(range operator)는 스위프트에서 제공하는 독특한 연산자입니다. 주어진 값으로 특별한 연산을 수행하는 것이 아니라 주어진 값 사이의 범위를 일정한 정수 간격으로 표현하는 연산자로서, 닫힌 범위 연산자와 반 닫힌 범위 연산자 두 가지 종류가 있습니다.

닫힌 범위 연산자(Closed range operator)

닫힌 범위 연산자는 주어진 피연산자 a, b를 포함하는 범위를 나타내는 연산자입니다. 닫힌 범위 연산자를 나타내는 기호는 주어진 두 개의 피연산자 사이를 세 개의 점으로 표현하는 것으로서 1부터 5까지의 범위를 1과 5를 포함해서 나타내고자 할 경우 다음과 같이 표현합니다.

```
1 ... 5
```

이렇게 표시했을 때의 범위 연산자가 나타내는 값은 1, 2, 3, 4, 5입니다. 점 세 개로 표현되는 범위 연산자는 양쪽 피연산자를 모두 포함한 범위 안에 있는 모든 정수값을 순서대로 표현합니다.

반 닫힌 범위 연산자(Half-closed range operator)

반 닫힌 범위 연산자에서 '반'이란 반대(anti)가 아닌 절반을 이야기합니다. 해석하자면 절반만 닫힌 연산자라는 뜻으로, 연산자의 양쪽 경계 중에서 왼쪽 경계는 포함하되 오른쪽 경계는 포함하지 않는 연산자입니다. 반 닫힌 연산자는 다음과 같이 점 두 개와 비교 연산자 '<'를 사용하여 표현합니다.

```
1 ..< 5
```

이렇게 표시했을 때의 범위 연산자가 나타내는 값은 1, 2, 3, 4까지이며 앞서 설명한 대로 5는 포함하지 않습니다. 반 닫힌 범위 연산자를 사용하여 5까지 나타내려면 오른쪽 피연산자를 6으로 설정해야 합니다.

반 닫힌 범위 연산자는 반대 방향으로 사용할 수 없습니다. 다시 말해 포함하지 않는 방향은 항상 오른쪽뿐이라는 거죠. 이것을 억지로 연산자의 방향을 바꾸어 사용하면 오류가 발생합니다.

```
1 >.. 5   //(X)
```

이는 위와 같은 왼쪽 범위의 반 닫힌 범위 연산자 형식이 스위프트에 정의되어 있지 않기 때문입니다.

범위 연산자의 왼쪽과 오른쪽 값도 마찬가지입니다. 범위 연산자의 왼쪽에는 작은 숫자를, 오른쪽에는 그보다 큰 숫자를 배치해야 합니다. 항상 왼쪽에서 오른쪽으로 연산이 실행되기 때문입니다. 만약 억지로 왼쪽에 큰 숫자를, 오른쪽에 상대적으로 작은 숫자를 배치하면 다음과 같은 에러가 발생하면서 실행이 종료됩니다.

fatal error: Can't form Range with upperBound < lowerBound

이 오류는 컴파일 오류가 아니라 런타임 오류입니다. 다시 말해 실행해 보기 전에는 발생하지 않기 때문에 작성 시 주의가 필요합니다.

범위 연산자의 활용

닫힌 범위 연산자는 양쪽 값 모두를 포함하는 특성 때문에 for~in 구문에서 일정 횟수만큼 반복할 때 사용되는 경우가 많습니다. 반면에, 반 닫힌 연산자는 마지막 값을 범위에 포함하지 않는 특성이 배열의 인덱스와 일치하기 때문에 배열을 순회할 때 많이 사용됩니다. 이 부분은 배열을 학습할 때 다시 한 번 설명하겠습니다.

아직 for 키워드를 사용한 반복문을 배우지는 않았지만, for~in 구문은 주어진 범위를 반복하는 구문이라는 것만 생각하고 플레이그라운드를 통하여 두 범위 연산자의 처리 결과를 확인해봅시다. 작성해 볼 구문은 다음과 같습니다.

```
let a = 1
let b = 5


// 닫힌 범위 연산자
for row in a...b {
    row
}
```

```
// 반 닫힌 범위 연산자
for row in a..<b {
    row
}
```

먼저 닫힌 범위 연산자의 결과입니다. 참고로, 다음 결과 화면에서 보이는 그래프 창은 플레이그라운드에서 반복문을 실행하였을 때 반복 횟수에 따른 결과값을 효과적으로 보여주기 위해 자동으로 생성되는 그래프입니다.

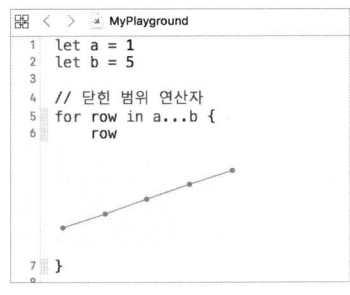

그림 3-17 닫힌 범위 연산자와 for~in 구문

그래프에 표시된 내용은 for~in 구문의 반복에 따른 값의 변화입니다. 닫힌 범위 연산자를 사용하였으므로 반복문 안의 내용은 총 5회 반복되며 그때마다의 값이 세로축에 나타납니다. 축에 정확한 값이 표시되어 있지는 않지만 차례차례 값이 늘어나는 것이 보이죠?

다음으로 반 닫힌 범위 연산자의 처리 결과입니다.

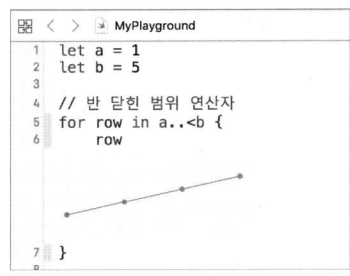

그림 3-18 반 닫힌 범위 연산자와 for~in 구문

1부터 5까지의 반 닫힌 연산자는 마지막 5를 제외한 범위 내의 정수 1, 2, 3, 4를 표현합니다. 따라서 for~in 구문의 반복 횟수는 모두 4회이며, 반복마다 값을 받아오는 변수인 row를 확인해 보면 위 그래프와 같이 닫힌 범위 연산자의 결과보다 하나 작은 값의 변화를 보여줍니다.

3.4.5 대입 연산자

대입 연산자(assignment operator)는 값을 변수에 대입하고자 할 때 사용하는 연산자입니다. 프로그래밍에서 대입의 기본은 왼쪽의 객체에 오른쪽의 값을 대입하는 것이지만, 그런 목적이라면 대입 연산자는 하나만 있어도 충분합니다. 나머지 대입 연산자들이 존재하는 것은, 여러 행에 걸쳐서 써야 하거나 복잡하게 써서 읽기 어려운 소스를 간결하게 하기 위한 목적이 있습니다.

참고

수학과 프로그래밍에서의 '=' 기호 의미

대입 연산자 '='는 수학 기호에서 사용되는 '='와 의미가 다릅니다. 수학 기호에서의 '='는 연산자 양쪽의 값이 같다는 의미이지만, 프로그래밍에서의 '='는 값을 대입하라는 의미이지, 같다는 의미로 사용되지 않습니다. 대신 이 연산자를 두 번 반복한 '=='가 양쪽의 값이 같다는 의미로 사용됩니다.

스위프트에서 사용되는 대입 연산자의 종류는 다음과 같습니다.

표 3-7 대입 연산자

대입연산자	사용 예시	의미
=	a = 1	변수 a에 1을 대입
+=	a += 1	a = a + 1
-=	a -= 3	a = a - 1
*=	a *= 3	a = a * 3
/=	a /= 3	a = a / 3
%=	a %= 3	a = a % 3
<<=	a <<= 3	a = a << 3
>>=	a >>= 3	a = a >> 3
&=	a &= b	a = a & b
^=	a ^= b	a = a ^ b
|=	a |= b	a = a | b

이 장을 마치며

이상으로 스위프트의 기본 문법에 대해 알아보았습니다. 스위프트에서 자료형을 정의할 때 지원되는 기능인 타입 자동 추론은 분명 편리하지만, 때로는 원하는 결과를 얻을 수 없는 경우도 생기므로 무조건적으로 의존하기보다는 분명한 목적을 가지고 사용하는 것이 좋습니다.

변수와 상수의 경우 다른 언어에서는 엄격하게 다루지 않는 부분입니다. 변하지 않을 값을 변수로 정의해도 아무런 문제가 없죠. 하지만 스위프트에서는 최적화를 위해 변수와 상수를 엄격하게 구분합니다. 전술했듯이, 둘 사이의 구분이 모호하다면 일단 모두 변수로 정의한 다음 Xcode의 안내에 따라 상수로 수정하는 것이 좋습니다.

연산자는 의미를 함축적으로 담고 있는 경우가 많으므로 정확하게 의미를 파악할 수 있어야 합니다. 특히 범위 연산자의 경우 명확하게 특성을 파악하지 않으면 반복 횟수와 범위를 잘못 지정하게 되므로 주의해야 합니다.

이번 장에서 학습한 여러 가지 기본 개념들을 정확하게 숙지한 다음, 다음 장으로 넘어가도록 합시다. 잘 이해되지 않았다면 직접 작성해 보면서 익혀보기 바랍니다.

흐름 제어 구문 :
코드의 활용성을 높여주는 도구들

CHAPTER 04

일반적으로 프로그래밍 과정에서 작성하는 소스 코드를 **구문(Statement)**이라고 합니다. 하나의 앱을 만들기 위해 여러분들이 작성해야 할 코드는 적게는 수십 줄부터 많게는 수만 줄에 이르는데, 대부분이 구문으로 이루어집니다.

구문은 크게 **단순 구문**과 **흐름 제어 구문** 두 가지로 나눌 수 있습니다. 단순 구문은 식이나 값 표현, 각종 객체의 선언이나 정의 등에 사용되는 구문입니다. 앞서 살펴본 변수나 상수 선언, 연산 처리 등은 모두 단순 구문에 속하며, 이후에 배우게 될 함수나 구조체, 클래스 및 열거형 등을 정의하는 구문 역시 단순 구문입니다.

흐름 제어 구문은 말 그대로 프로그램 실행 과정에서 실행 흐름을 능동적으로 제어하기 위한 목적으로 사용되는 구문을 말합니다. 흐름 제어 구문은 원래 순차적으로 실행되어야 할 일부 실행 과정을 건너뛰거나 되돌아오도록 흐름을 제어하며 경우에 따라서는 반복적으로 실행되도록 제어하기도 합니다. 이번 장에서는 흐름 제어 구문에 대해 집중적으로 학습하게 됩니다.

스위프트는 일반적으로 통용되는 흐름 제어 구문 대부분을 제공하는데, 성격에 따라 다음 세 가지 종류로 나눌 수 있습니다.

- **반복문**(Loop Statements)
- **조건문**(Conditional Statements)
- **제어 전달문**(Control Transfer Statements)

반복문은 주어진 조건에 따라 특정 코드 블록을 반복적으로 실행하고, 조건문은 특정 조건이 성립할 경우 지정된 코드 블록이 실행되도록 제어합니다. 제어 전달문은 특정 지점의 코드로 실행 제어를 옮겨줌으로써 코드가 실행되는 순서를 제어할 수 있는 방법을 제공합니다. 각각의 구문에 관해서는 이어지는 페이지에서 자세히 알아볼 예정입니다.

단순 구문과 흐름 제어 구문 모두 선택적으로 세미콜론을 사용하여 구문의 끝을 표시해 줄 수 있습니다. 여기에서 선택적이란 말의 의미는 모든 구문의 끝에 반드시 세미콜론을 붙여야 하는 것은 아니라는 뜻입니다. 이는 구문의 끝에 반드시 세미콜론을 붙여야 하는 C, C++, 자바 등의 언어와 대조되는 스위프트의 특성입니다.

하지만 스위프트라고 해서 모든 경우에 세미콜론을 생략할 수 있는 것은 아닙니다. 컴파일러가 해석하기 어려운 구문에는 세미콜론이 필요합니다. 대표적으로 여러 줄로 작성해야 할 코드를 한 줄로 작성하는 경우가 이에 해당합니다.

```
// 여러 줄로 작성한 코드
var i = 0
i = i + 1
print("result = \(i)")
```

여러 줄로 작성된 위 예제에서는 세미콜론이 필요 없지만, 이 구문을 다음과 같이 한 줄로 작성한다면 각 구문들 사이에는 세미콜론을 붙여 구분해 주어야 합니다.

```
// 한 줄로 작성한 코드
var i = 0 ; i = i + 1 ; print("result = \(i)")
```

흐름 제어 구문에서는 코드 블록을 지정해야 하는 경우가 많습니다. 대부분의 언어에서 코드 블록은 { }로 구성되는데 이 블록은 여러 줄에 걸쳐 작성된 코드를 블록 단위로 묶어주는 역할을 합니다. 스위프트에서도 흐름 제어 구문 대부분은 { }를 사용하여 적용할 코드 범위를 지정합니다.

각각의 흐름 제어 구문은 비슷한 성격의 기능을 하는 여러 구문들로 다시 나누어지기도 합니다. 가령 반복문만 하더라도 for 문과 while 문이 있죠. 이들은 비슷한 기능을 하기 때문에 문법을 학습하는 초기에는 어떤 것을 써야 하는지 헷갈리기도 합니다. 하지만 각 구문들이 완전히 동일한 기능을 하는 것은 아니며, 각자 나름의 특성을 가지고 있기 때문에 그 특성을 제대로 이해하고 적절한 곳에 적절한 구문을 사용할 수 있도록 노력해야 합니다.

물론 당장 이번 장을 마치기 전까지 그 정도의 이해도를 갖추어야 하는 것은 아니니 걱정하지 않아도 됩니다. 지금 당장은 충분히 이해하지 못했을지라도 계속해서 코드를 작성하고 앱을 만들어 나가다 보면 어느샌가 적절한 흐름 제어 구문을 찾아서 적용하고 있는 여러분 스스로의 모습을 볼 수 있을 테니까요.

4.1 반복문

반복문은 주어진 조건에 의해 특정 코드 블록을 반복적으로 실행할 수 있게 해주는 구문입니다. 프로그래밍에서 코드 블록의 반복을 **루프(Loop)**라고 부르고 반복되는 횟수를 루프 횟수라고 부르는데, 스위프트에서 제공하는 반복문은 루프 횟수가 정해져 있는지를 기준으로 두 가지 방식으로 나눌 수 있습니다.

- For 반복문
- While 반복문

For 반복문은 in 키워드와 함께 사용되어 정해진 횟수만큼 주어진 코드 블록을 반복해서 실행합니다. for ~ in {…} 형식으로 사용되죠. 스위프트 2.0 버전까지는 C 스타일의 for 구문(초깃값, 조건식, 증감값으로 처리되는)도 사용할 수 있었지만, 3.0 버전 이후로 이 스타일의 구문은 더 이상 지원되지 않습니다. 이제 스위프트에서 for 반복문은 for~in 구문뿐입니다.

정해진 횟수만큼만 반복하는 For 반복문과 달리, While 반복문은 주어진 조건이 false가 될 때까지 계속해서 구문을 반복 실행하는 특성이 있습니다. 미리 반복 횟수를 정하지 않아도 된다는 장점이 있기 때문에 반복 횟수를 예측하기 어려운 조건의 반복문에서 주로 사용됩니다.

While 반복문은 while 구문과 repeat~while 구문으로 나누어지는데, while 구문은 매번 루프를 시작할 때 조건식을 평가하여 루프를 돌지 말지 결정하지만 repeat~while 구문은 루프를 완료할 때마다 조건을 평가하여 다음 루프 실행 여부를 결정합니다. 즉 일단 주어진 코드 블록을 실행한 다음에 다시 한 번 루프를 실행할지 말지를 조건식을 통해 평가한다는 겁니다. 이처럼 조건식을 평가하는 시점의 차이 때문에 두 구문은 실행 결과에도 약간의 차이가 생기는데, 예를 들어 주어진 조건이 처음부터 거짓일 때 while 구문은 한 번도 실행되지 않고 그대로 종료하지만, repeat~while은 조건이 거짓이라도 최소 한 번은 실행됩니다.

정리해보면, For 반복문은 **횟수에 의한 반복**이며 While 반복문은 **조건에 의한 반복**이라고 할 수 있습니다.

반복문 내에서 흐름을 제어하고자 할 때에는 break 구문과 continue 구문이 사용됩니다. 이 구문들은 제어 전달문으로서, 적절한 시점에 사용되어 코드 블록의 실행 흐름을 옮겨주는 역할을 합니다.

4.1.1 for~in 구문

스위프트에서 일정 횟수만큼 특정 구문을 반복하고자 할 때에는 for~in 구문을 사용합니다. 먼저 구문의 형식부터 살펴봅시다.

```
for <루프 상수> in <순회 대상> {
    <실행할 구문>
}
```

기본적으로 이 구문을 실행하기 위해서는 세 개의 항목이 필요합니다. **루프 상수**와 **순회 대상**, 그리고 **실행할 구문**이죠. for~in 구문에서 가장 중요한 것은 순회 대상입니다. 순회 대상은 주로 순번을 가지는 집단 자료형이나 또는 범위를 가지는 데이터 등이 사용되는데, 이 대상의 길이나 포함하고 있는 아이템의 개수만큼 구문이 반복 수행됩니다. 순회 대상으로 사용할 수 있는 데이터 타입에는 다음과 같은 것들이 있습니다.

- 배열(Array)
- 딕셔너리(Dictionary)
- 집합(Set)
- 범위 데이터
- 문자열(String)

이 중에서 배열이나 딕셔너리 그리고 집합은 아직 학습하기 전이지만, 범위 데이터나 문자열은 앞에서 배운 내용입니다. 범위 데이터는 범위 연산자에 의해 규칙적인 간격으로 나열된 정수들의 모음이며, String은 Character 타입의 데이터들이 모여 이루는 집단적 성격의 데이터입니다. 아직 배우지 않은 배열과 딕셔너리, 그리고 집합에 대해 간략하게 설명하자면, 단일 데이터가 아닌 유사한 속성의 데이터 여러 개가 모여서 하나의 덩어리를 이루는 집단 자료형(Collective Types)이라고 보면 됩니다. 여러 데이터를 포함하고 있다는 의미에서 **컨테이너 타입**이라고 불리기도 합니다. 집단 자료형은 다음 장에서 자세히 다루게 됩니다.

for ~ in 구문을 이루는 두 번째 요소인 루프 상수는 구문이 반복될 때마다 순회 대상이 포함하고 있는 개별 아이템들을 차례로 넘겨받아 임의로 저장하고, 실행 블록 내에서 사용할 수 있도록 해주는 역할을 합니다. 이 객체는 루프 구문이 순회할 때마다 자동으로 재선언되므로 let 키워드를 사용하여 직접 선언할 필요가 없다는 점도 유의해야 할 부분입니다.

for ~ in 구문을 이루는 마지막 요소인 실행 구문은 { } 사이에 작성됩니다. 중괄호 { }로 둘러싸인 영역을 보통 **코드 블록(Code Block)**이라고 부르는데, 다른 구문과 영역을 나누는 용도로 사용됩니다. 일종의 울타리라는 거죠. 여기서는 for 루프에 의해 반복 실행될 구문의 범위를 표시하는 역할을 합니다. 다시 말해, for~in 구문의 { } 블록 내에 작성된 구문만 반복해서 실행된다는 뜻입니다.

전체적인 for 반복문의 실행 구조는 피스톨(Pistol)이라고도 불리는 권총의 장전 구조와 흡사합니다. 권총의 탄창에는 여러 발의 탄환이 들어가는데, 이렇게 탄환이 채워진 탄창은 권총에 장전되어 연속해서 발사됩니다. 탄창에 채워진 탄환이 모두 소비될 때까지 말이죠. 이때 탄창은 for 반복문에서의 순회 대상에 해당합니다. 순회 대상은 내부에 여러 개의 아이템을 순서대로 장착하고 있거든요. 탄창에 들어간 탄환의 수만큼 연속해서 방아쇠를 당길 수 있는 것처럼 for~in 구문에서는 순회 대상이 포함하고 있는 아이템의 개수만큼 실행 구문이 반복됩니다.

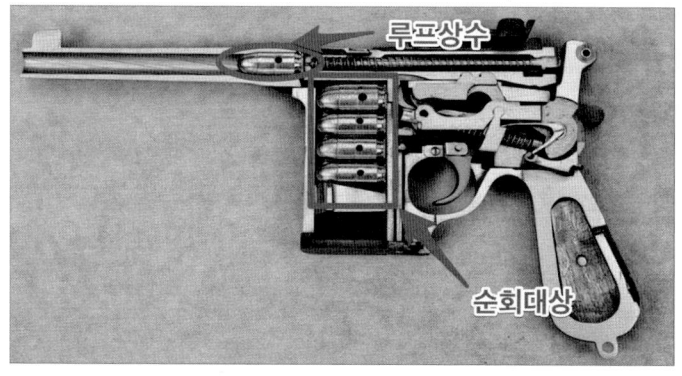

그림 4-1 권총의 장전 구조와 for 반복문의 실행 구조

권총에서 방아쇠를 당기거나 장전하면 탄창에 있는 탄환이 약실로 이동하는데, 이때 약실로 이동한 탄환이 루프 상수에 해당합니다. 순회 대상이 포함하는 아이템을 차례로 넘겨받는 거죠. 장전이 끝나면 방아쇠를 당겨 탄환을 발사하는 것처럼 { } 블록 내 구문이 실행됩니다. 탄환이 발사되고 나면 다음 탄환이 다시 약실로 이동하듯이 순회 대상에 있는 다음 아이템도 루프 상수로 넘겨집니다. 모든 준비가 끝나면 다시 실행되죠. 이렇게 순회 대상에 포함된 모든 아이템이 소진되면 비로소 반복문의 실행이 완료됩니다.

실제 구문을 보면서 이해의 폭을 넓혀 봅시다. 다음은 범위 연산자를 순회 대상으로 사용하여 for~in 구문을 작성한 예제입니다.

```
for row in 1...5 {
    print(row)
}
```

닫힌 범위 연산자로 작성된 범위 데이터 1...5는 [1, 2, 3, 4, 5]까지의 데이터를 순서대로 생성합니다. 이 값이 for~in 구문의 순회 대상이 되면 루프 상수인 row에는 최초에 1이 대입되고, 이어서 실행 블록 내의 구문이 실행됩니다. 현재 루프 블록 내의 구문은 단순히 루프 상수를 출력하는 print( ) 함수만 포함되어 있으므로 루프 상수의 값을 콘솔에 출력하고 턴을 마칠 겁니다. 이어서 두 번째 반복이 시작되면 이번에는 루프 상수에 범위 데이터의 두 번째 값인 2가 대입되고, 실행 블록 내의 print( ) 구문이 다시 루프 상수를 출력합니다.

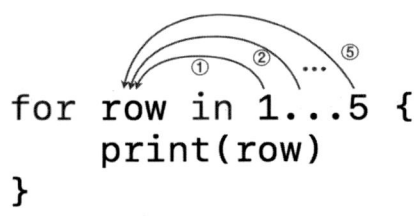

그림 4-2 순회 대상과 루프 상수의 관계

순회 대상은 다섯 개의 아이템으로 이루어져 있으므로 총 다섯 번에 걸쳐 루프 상수의 출력 구문이 반복 실행됩니다. 이같은 과정을 거쳐 예제가 실행된 결과는 다음과 같습니다.

[실행 결과]
```
1
2
3
4
5
```

for 반복문을 통해 좀 더 다양한 형식의 구문을 실행하는 것도 가능합니다. 반복문에서 빠지지 않는 예제가 바로 구구단이죠. 다음은 앞 예제를 응용하여 구구단 2단을 출력하는 예제입니다.

```
for row in 1...9 {
    print("2 X \(row) = \(row * 2)")
}
```

[실행 결과]

```
2 X 1 = 2
2 X 2 = 4
2 X 3 = 6
    .
    .
    .
2 X 9 = 18
```

조금 다른 구문을 작성해 봅시다. 앱이나 웹에서 개인 정보를 입력할 때, 태어난 연도를 선택하라는 화면을 본 적이 다들 있을 겁니다. 보통 1940년 정도부터 현재까지 70~80개 이상의 연도를 출력해야 하는데, 이때에도 for 반복문을 사용하면 쉽게 이 값을 출력할 수 있습니다.

```
for year in 1940 ... 2017 {
    print("\(year) 년도")
}
```

[실행 결과]

1940 년도
1941 년도
1942 년도
    .
    .
2016 년도
2017 년도

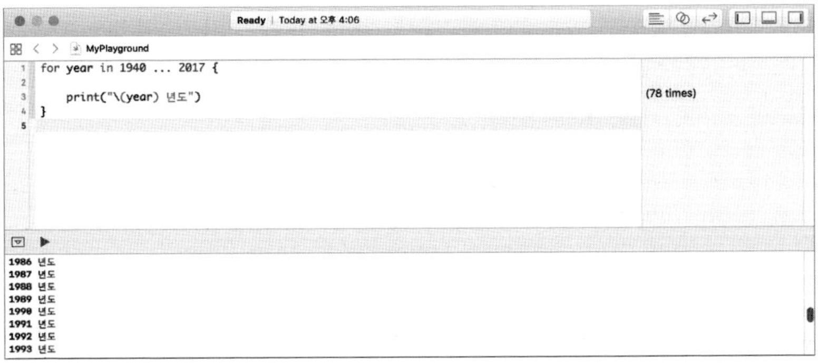

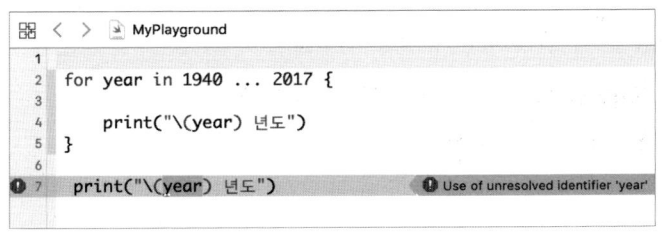

그림 4-3 플레이그라운드를 통해 예제가 실행된 모습

앞선 예제들에서 사용된 루프 상수 'row', 'year' 등은 임의의 다른 상수명으로 변경해도 됩니다. C 기반의 문법을 사용하는 언어에서는 전통적으로 루프 상수에 i, j, k 등의 단일 문자를 사용하는 경향이 짙습니다. 단, 상수이기 때문에 직접 값을 대입할 수는 없으며, 정의된 루프 상수는 for ~ in 구문의 실행 블록 내부에서만 사용할 수 있습니다. 다시 말해 위 예제에서 정의한 year 변수를 for 블록 바깥에서 사용하려고 하면 오류가 발생한다는 뜻입니다. 루프 상수는 오직 for 블록 내에서만 사용할 수 있음을 기억하기 바랍니다.

그림 4-4 루프 상수를 for 블록 바깥에서 사용하려고 할 때

이번에는 for ~ in 구문을 이용하여 문자열의 문자를 순회하는 방법을 알아봅시다. String은 단일 객체로 사용되지만, 그 구조를 들여다보면 Character 타입의 개별 문자들이 모여 이루어진 객체입니다. 이들 개별 문자는 순서를 이룬 채 연결되어 하나의 문자열을 구성하므로 이 역시 순회 대상으로 사용할 수 있습니다. 다만 String 타입 자체는 순회 처리를 지원하지 않으므로 다음과 같이 characters 속성을 사용해야 합니다.

```
var lang = "swift"
for char in lang.characters {
    print("개별 문자는 \(char)입니다")
}
```

[실행 결과]

개별 문자는 s입니다
개별 문자는 w입니다
개별 문자는 i입니다
개별 문자는 f입니다
개별 문자는 t입니다

루프 상수로 사용된 char는 루프 구문 내에서 자동으로 Character 타입으로 선언되어 "swift" 라는 문자열의 각 문자를 받아들이는 역할을 합니다. 루프의 실행 횟수는 문자열의 크기만큼이므로 총 5회 반복됩니다.

루프 상수의 생략

for~in 구문을 사용할 때 루프 상수가 필요하지 않을 수도 있습니다. 순회 대상 자체보다는 단순히 순회 대상의 크기만큼 반복하는 것이 목적인 경우죠. 이때에는 언더바(_)를 사용하여 루프 상수를 생략할 수 있습니다. 다음을 봅시다.

```
let size = 5
let padChar = "0"
var keyword = "3"

for _ in 1...size {
    keyword = padChar + keyword
}
print("\(keyword)")
```

[실행 결과]
000003

size 값만큼 keyword 문자열의 왼쪽에 0을 채워 넣는 구문입니다. 주어진 값이 5까지이므로 1부터 5까지 모두 5회에 걸쳐 루프가 실행되며, 매 실행마다 왼쪽에 0이 추가됩니다. 실행 결과 모두 다섯 개의 0이 추가된 문자열이 만들어졌습니다.

이 구문에서 루프 상수는 굳이 필요하지 않습니다. 따라서 루프 상수가 있어야 할 자리를 언더바로 대신하였습니다. 이렇게 변수나 상수가 들어가야 할 자리를 언더바로 채우는 것은 스위프트에서 다음과 같은 의미를 가집니다.

> "그 위치에 뭔가 변수나 상수가 필요하다는 건 알지만, 우리에겐 필요가 없어요. 그러니 그냥 생략할게요. 실수로 빠트렸다고 생각할까 봐 표시는 해 두었으니 문법이 틀렸다는 오류는 내지 마세요."

for~in 구문의 중첩

for~in 구문은 필요에 따라 중첩하여 사용할 수 있습니다. for~in 구문 내에 또 다른 for~in 구문을 작성하여 사용할 수 있다는 뜻입니다. 이러한 형태를 흔히들 **다중 루프**라고 부르는데, 특히 두 개의 루프 구문이 중첩된 코드를 별도로 **이중 루프**라고 부릅니다. 이 용어들이 정식 명칭은 아니므로 '이렇게 부르지 않으면 잘못된 거예요!'라고 생각하면 안 됩니다. 어디까지나 현업에서 편의상 사용하는 국적 불명의 용어일 따름입니다.

다중 루프를 효과적으로 사용하면 굉장한 시너지 효과를 낼 수 있지만, 반대로 코드의 해석을 난해하게 만드는 주범이 되기도 하므로 주의해서 사용해야 합니다. 대부분의 프로그래밍 책에서 이중 루프를 설명할 때 빠지지 않고 등장하는 구구단 1단부터 9단까지를 작성해 보겠습니다.

```
for i in 1..<10 {
    for j in 1..<10 {
        // 1 X 1 = 1, 1 X 2 = 2 ...
        print("\(i) X \(j) = \(i * j)")
    }
}
```

주석을 제외하면 단 세 줄의 코드로 이루어진 예제입니다. 결과물에 비하면 코드는 무척 단순한데, 이것이 바로 반복문의 힘이라 할 수 있죠. 이 예제는 바깥쪽 루프와 안쪽 루프로 이루어져 있습니다. 바깥쪽 루프는 1부터 9까지 차례로 순회하고, 안쪽 루프 역시 1부터 9까지 차례로 순회합니다. 바깥쪽 루프가 순회할 때마다 루프 상수 i에는 1부터 9까지가 차례로 대입되고, 안쪽 루프가 순회할 때마다 루프 상수 j에도 1부터 9까지의 정수가 차례로 대입됩니다.

바깥쪽 루프에서는 루프가 중첩되면 바깥쪽의 루프가 한 번 실행될 때마다 안쪽의 루프는 매번 모두 반복되기 때문에 전체 반복 횟수는 각 루프 실행 횟수를 곱한 만큼이 됩니다. 위 구구단 예제는 안쪽과 바깥쪽 모두 루프 상수가 1부터 9까지 변하므로 바깥쪽의 루프가 모두 9번 실행되고, 그때마다 안쪽의 루프가 9번씩 실행됩니다. 따라서 전체 실행 횟수는 안쪽과 바깥쪽의 반복 횟수를 곱한 값인 9×9, 즉 81번이 됩니다. 구구단 예제를 실행한 결과는 다음과 같습니다.

[실행 결과]

```
1 X 1 = 1
1 X 2 = 2
1 X 3 = 3
1 X 4 = 4
    .
    .
    .
9 X 8 = 72
9 X 9 = 81
```

두 개의 루프가 중첩되었을 뿐이지만 벌써부터 해석하기 힘들어지는 독자들이 있을 겁니다. 만약 루프가 세 개, 네 개 이상 중첩된다면 코드는 거의 재앙(?)에 가까운 수준이 됩니다. 이 때문에 다중 루프를 사용할 때에는 최대한 간결하고 읽기 좋게 코드를 작성할 수 있도록 각별히 신경 써야 합니다.

4.1.2 while 구문

앞에서 살펴본 for~in 구문은 미리 정의된 실행 횟수만큼만 반복하지만 while 구문은 단순히 주어진 조건식의 결과가 false가 될 때까지 실행 구문을 계속 반복 수행합니다. 다시 말해서 while 구문은 '**조건을 만족하는 동안은 계속 실행**'되는 것으로 이해하면 됩니다.

for~in 구문과 비슷하게 코드를 반복하는 특성이 있기 때문에 종종 어떤 상황에서 무엇을 사용해야 하는지 헷갈리는 분들이 많습니다. for~in 구문은 while 구문으로 쉽게 변경할 수 있지만, 반대로 while 구문이 필요한 상황을 for~in 구문으로 처리하는 것은 쉽지 않기 때문에 while 문을 사용해야 하는 상황만 정확하게 정리해두면 이해하기 좋습니다. while 구문을 사용해야 하는 경우는 다음과 같습니다.

- 실행 횟수가 명확하지 않을 때
- 직접 실행해보기 전까지는 실행 횟수를 결코 알 수 없을 때
- 실행 횟수를 기반으로 할 수 없는 조건일 때

while 구문의 사용 형식은 다음과 같습니다.

```
while <조건식> {
    <실행할 구문>
}
```

while 키워드 다음에는 조건식이 사용되는데, 조건식은 반드시 참(true)이나 거짓(false)을 결과값으로 반환해야 합니다. 그래서 주로 비교 연산자가 사용되는 경우가 많죠. 이 조건식의 값이 true인 동안은 실행 블록 내의 코드가 반복해서 수행되지만, false를 반환하면 그 즉시 반복문의 실행은 종료되고 코드 블록을 빠져나가 바로 다음에 이어지는 구문을 실행하게 됩니다.

```
var n = 2
while n < 1000 {
    n = n * 2
}
print("n = \(n)")
```

[실행 결과]
```
n = 1024
```

이 예제는 초기에 주어진 값 n을 계속해서 2배씩 증가시키다가 1,000보다 커지는 순간 루프를 중지하는 예입니다. 조건문만 본다면 변수 n에 입력될 값을 미리 알 수 없는 상태입니다. 게다가 반복 실행할 기준이 횟수가 아니라 조건입니다. 정확히는 **n의 값이 1000보다 작을 조건**이죠. 그러니 while 구문을 사용하기에 충분합니다. 만약 이 반복 조건을 for~in 구문으로 작성한다면 아마도 생각보다 복잡한 코드가 필요할 겁니다.

위 예제의 실행 과정을 간단하게 표시해 보면 다음과 같습니다.

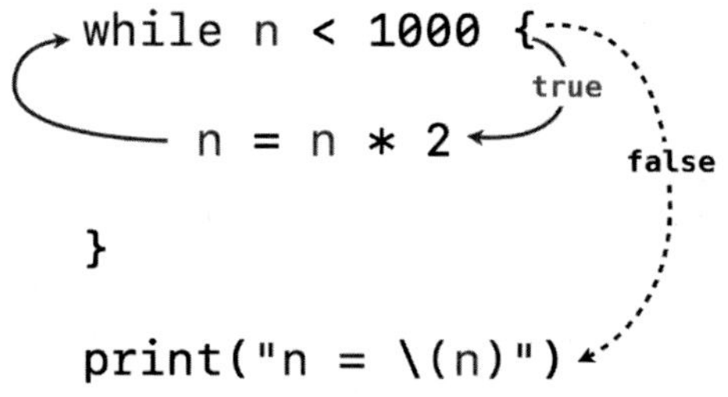

```
  ┌→while n < 1000 {┈┐
  │                  ┊ true
  └── n = n * 2 ←────┤
                    ┊ false
     }              ┊
     print("n = \(n)")←┘
```

그림 4-5 while 구문의 실행 구조

while 구문에 조건식 대신 true 값을 직접 넣으면 한없이 반복 실행되는 무한 루프가 만들어집니다. 코드 블록을 탈출할 수 있도록 break 문을 넣어주지 않는다면 이 프로그램은 프로세스가 종료되지 않는 한 영원히 실행 블록을 반복하게 될 겁니다.

```
while true {
    ...
}
```

대부분 무한 반복되는 코드는 치명적인 문제가 되곤 하지만, 언제나 그런 것은 아닙니다. 터치나 클릭 등 사용자의 액션과 이벤트에 의해 동작하는 모바일 앱은 특성상 사용자의 액션을 기다리는 동안 입력 대기 상태를 유지하는데, 앱이 종료되지 않은 채로 대기 상태를 유지하기 위해 **이벤트 루프**라고 불리는 무한 루프를 만들어 실행합니다. 무한 루프는 이론상 영원히 반복되기 때문에 앱을 종료시키지 않고 유지할 수 있죠. 이때 무한 루프를 만들기 위해 while 구문이 사용됩니다.

참고

이벤트란?

이벤트(Event)는 의미 있는 특정 사건이 발생하는 것을 말합니다. 이를테면 사용자가 버튼을 클릭하는 사건, 사용자가 화면을 위아래로 미는 사건, 특정 영역을 손가락으로 터치하는 사건 등이죠. 이벤트 주도 프로그래밍(Event Driven Programming)이란 용어가 있는데, 이는 시작부터 끝까지 순서대로 수행된 후 프로그램이 종료되도록 프로그래밍하는 기존의 방식과 달리, 특정 상황에서 실행할 구문들을 작성해두고 이를 사용자의 이벤트와 연결하여 프로그래밍하는 방식을 이야기합니다.

4.1.3 repeat~while 구문

repeat~while 반복문은 다른 언어에서 do~while 구문에 해당하는 것으로, 스위프트 2.0 버전부터 새로 추가되었습니다. 정확히는 초기 버전의 스위프트에서 do~while 구문으로 발표되었던 것이 스위프트 2.0 버전에서 repeat~while 구문으로 변경되었죠. 기존에 사용되던 do~while 구문은 스위프트 2.0 버전에서 예외 처리 구문으로 변경되었기 때문에, 그 대신 repeat~while 구문이 제공되기 시작한 겁니다.

```
repeat {
    <실행할 구문>
}
while <조건식>
```

조건식을 먼저 평가하여 실행 블록의 수행 여부를 결정하는 while 구문과 달리 repeat~while 구문은 코드 블록을 일단 실행한 다음에 조건식을 평가하여 반복 여부를 결정합니다. 이에 따라 repeat~while **구문은 실행 블록의 수행을 최소 한 번은 보장**하는 특성을 가지는데, 이것이 while 구문과의 결정적 차이점입니다. while 구문은 조건식을 먼저 평가하여 false가 반환되면 실행 블록을 아예 수행하지 않으니까요. 비교를 위해 다음 구문을 살펴봅시다.

```
var n = 1024
while n < 1000 {
    n = n * 2
}

print("n = \(n)")
```

[실행 결과]

```
n = 1024
```

앞서 학습한 while 구문입니다. 변수 n의 값을 1024로 입력한 다음에 반복문을 실행하면 주어진 조건식에서는 n < 1000 조건을 만족하지 못하므로 false가 됩니다. 따라서 내부의 n = n * 2 구문은 한 번도 실행되지 않은 상태로 반복문이 종료되어 버리고 n의 값은 아무런 변화 없이 처음 입력한 값 그대로가 유지됩니다. 하지만 이를 repeat ~ while 구문으로 처리하면 결과는 다릅니다.

```
var n = 1024

repeat {
    n = n * 2
}
while n < 1000

print("n = \(n)")
```

[실행 결과]
```
n = 2048
```

같은 조건이지만, n의 최종값은 다릅니다. repeat~while 구문은 실행 블록이 한 번 수행된 상태에서 조건식을 평가하므로 비록 조건식의 결과가 false라 할지라도 이미 n = n * 2 구문이 한 번 실행된 상태입니다. 따라서 n에 할당된 값은 2048이 됩니다.

이처럼 repeat~while 구문은 while 구문을 사용해야 하는 조건 중에서 반드시 한 번은 실행할 필요가 있는 조건에 사용됩니다.

4.2 조건문

다른 말로 **분기문(Branch Statements)**이라고도 불리는 조건문은 프로그램에서 하나 또는 그 이상의 조건값에 따라 특정 구문을 실행하도록 프로그램의 흐름을 분기하는 역할을 합니다. 조건문에 사용되는 조건값은 프로그램이 어떻게 분기되고, 어느 부분의 코드가 실행될지를 결정하는 데에 사용됩니다. 실행 방식에 따라 조건문은 몇 가지 종류로 세분화되는데, 스위프트에서 제공하는 조건문은 크게 세 가지입니다.

- if
- guard
- switch

4.2.1 if 구문

하나 또는 그 이상의 조건을 평가하고 결과에 따라 코드 블록의 실행 여부를 결정하는 if 구문은 대부분의 프로그래밍 언어에서 가장 많이 사용되는 구문 중 하나입니다. if 구문은 몇 가지 형태로 바꾸어 사용할 수 있는데, 이들 형태는 모두 코드 블록을 여닫는 중괄호 { }가 사용된다는 공통점을 가집니다. 아래는 if 구문의 가장 기본적인 형태로 하나의 if 조건절을 사용하여 조건식의 평가 결과가 참(true)일 때만 코드 블록 내부의 구문을 실행하고, 거짓(false)이라면 코드 블록을 빠져나가 if 블록 다음에 위치한 코드를 수행합니다.

```
if <조건식> {
    <실행할 구문>
}
```

키워드 if 다음에는 조건식이 사용되는데, 이 조건문은 반드시 Bool 타입의 참(true), 거짓(false)을 판단할 수 있는 형태의 구문이어야 합니다. 과거 C 스타일의 if 구문에서는 참, 거짓 대신 0이나 1도 사용할 수 있었지만 스위프트에서는 이를 허용하지 않습니다. 또한 조건식이 복잡한 경우 소괄호 ( )를 사용하여 조건식을 감싸 주어도 되지만, 강제 사항은 아닙니다. 조건식 다음에는 { } 로 둘러싸인 실행 코드 블록이 작성됩니다. 이 코드 블록 내부에는 주어진 조건이 참일 때 실행할 구문이 들어가는데, 조건문이 참일 때만 실행됩니다. 실제 사용된 예를 보겠습니다.

```swift
var adult = 19
var age = 15

if age < adult {
    print("당신은 미성년자!")
}
```

[실행 결과]

당신은 미성년자!

adult와 age 변수를 선언하고 초기값으로 각각 19와 15를 할당한 다음, 크기를 비교하여 미성년자인지를 판단하는 간단한 예입니다. 예에서 사용된 age < adult이 전체 조건절의 조건식으로, age와 adult 변수의 크기를 비교한 결과를 true/false로 반환하는 역할을 합니다. age 변수에 할당된 정수 15는 adult에 할당된 19보다 작으므로 조건절의 비교 결과는 true, 즉 참입니다. 따라서 코드 블록 내의 print( ) 구문이 실행된 결과 "당신은 미성년자!"라는 문장이 출력됩니다. 만약 age 변수에 19 이상의 정수를 할당한다면 조건절의 비교 결과는 거짓이 되므로 출력 구문은 실행되지 않습니다.

if~else

위의 예에서는 조건식이 true/false 중 어느 하나일 때에만 구문을 실행할 수 있었습니다. 하지만 만약 **조건식이 참일 때에는 A 구문을, 참이 아닐 때에는 B 구문을 실행**하고 싶다면, 어떻게 해야 할까요? 앞에서 배운 것을 활용하면 if 구문을 연달아 두 번 작성하되 조건만 다르게 처리하는 방법을 떠올릴 수 있습니다.

```
var adult = 19
var age = 21

if age < adult {
    print("당신은 미성년자!")
}
if age >= adult {
    print("당신은 성년자!")
}
```

[실행 결과]

당신은 성년자!

하지만 이런 방식은 올바른 구현이 아닐뿐더러 정확한 표현도 아닙니다. 논리적으로 "참이 아님"이 곧 거짓을 뜻하는 것은 아니기 때문입니다. 이런 이유로 두 개의 if 구문에 사용된 조건식이 서로 완벽한 여집합을 이루지 못할 수도 있습니다. 여기서 완벽한 여집합을 이루지 못한다는 것은 두 조건문의 범위를 합쳤을 때 전체 범위가 되지 않거나, 또는 겹치는 범위가 생길 수도 있다는 뜻입니다. 이같은 경우, 두 조건문 중 어느 하나도 실행되지 못하거나 두 조건문이 모두 실행되는 논리적 구멍이 생기기도 합니다.

이런 상황을 방지하고 주어진 요구 사항을 만족시키기 위해 스위프트에서는 else 구문을 제공합니다. else 구문은 { }로 이루어지는 실행 블록을 가지는 구문으로, if 구문과 함께 사용되어 조건식의 결과가 참이 아닐 때에만 해당 블록을 실행합니다. else 구문에는 조건식이 사용되지 않기 때문에 if 조건절 없이 단독으로 사용할 수는 없습니다.

```
if <조건식> {
        <조건이 참일 때 실행할 구문>
} else {
        <조건이 거짓일 때 실행할 구문>
}
```

else 구문에 연결된 코드 블록은 조건식이 참이 아닌 모든 경우에 실행됩니다. 조건식에서 발생 가능한 모든 경우는 수학적으로 참이거나 참이 아닌 경우 둘밖에 있을 수 없으므로 if와 else 둘 중 하나에는 반드시 속하게 됩니다. 다시 말해 if 블록과 else 블록 둘 중의 하나는 반드시 실행된다는 소리죠. 또한 if와 else는 양립할 수 없기 때문에 두 코드 블록이 모두 실행되는 경우는 있을 수 없습니다. 이를 확률 용어로 **이율배반 사건***이라고 부르기도 합니다.

---

*양자역학에서는 이같은 조건이 만족하지 않을 수 있습니다. 양자역학에 따르면 조건식이 참이면서 동시에 거짓인 경우도 있을 수 있기 때문입니다. 하지만 컴퓨터 알고리즘은 기본적으로 대수학을 기반으로 하기 때문에 양립 가능성을 원칙적으로 인정하지 않습니다.

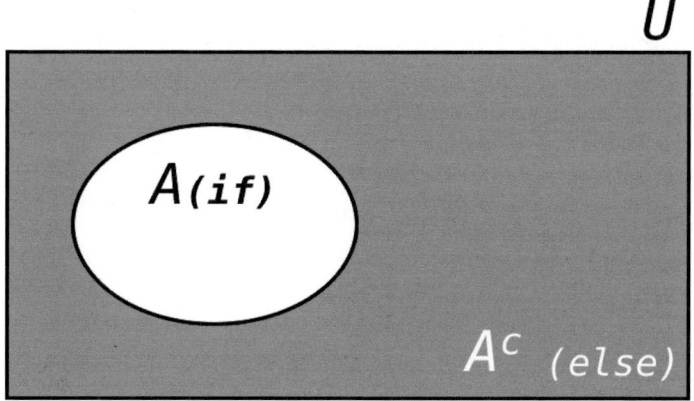

그림 4-6 if~else 의 관계. 서로 완벽한 여집합을 이루며, 서로 겹치거나 부족하지 않음

앞에서 살펴본 예제를 else 구문으로 확장한 예를 살펴보겠습니다.

```
let adult = 19
var age = 21

if age < adult {
    print("당신은 미성년자!")
} else {
    print("당신은 성년자!")
}
```

[실행 결과]

당신은 성년자!

앞에서 작성했던 if 구문에 else 절을 추가했습니다. 미성년자이면서 동시에 성년자인 경우나 미성년자가 아니면서 동시에 성년자도 아닌 경우는 존재할 수 없으므로 논리적으로 모든 조건식의 결과는 if 또는 else 절 중 하나에 걸리게 되죠. 조건문에 사용된 adult와 age의 값에 따라 실행 결과는 반드시 "당신은 미성년자!" 또는 "당신은 성년자!"를 출력합니다.

위 예제에서는 age 변수에 할당된 값이 21이므로 조건식의 평가 결과는 거짓입니다. 따라서 if 조건절은 건너뛰고 else 절이 실행되어 "당신은 성년자!"가 출력됩니다. 플레이그라운드에 예제를 직접 작성해서 실행 결과를 확인하고, age 값을 바꿔가면서 달라지는 결과를 살펴보세요.

if 구문의 중첩

if 구문은 중첩해서 사용할 수 있습니다. 보통 이중, 삼중의 조건을 비교해야 할 때 많이 사용되는데 if 조건절 안에 if 구문뿐만 아니라 else 절까지 중첩할 수 있고, else 절 내에서도 마찬가지입니다. 아래와 같은 분류 기준이 있다고 했을 때, 이를 분류하는 프로그램을 if 조건문으로 작성하면 다음과 같습니다.

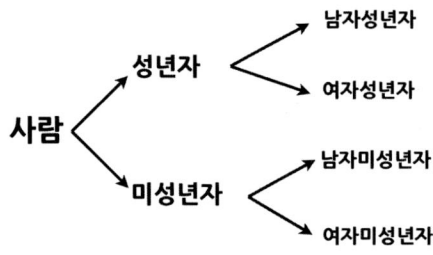

그림 4-7 나이와 성별에 따른 분류 기준

```
var adult = 19
var age = 21
var gender = "M"

if adult > age {
    if gender == "M" {
        print("남자 미성년자입니다")
    } else {
        print("여자 미성년자입니다")
    }
```

```
    } else {
        if gender == "M" {
            print("남자 성년자입니다")
        } else {
            print("여자 성년자입니다")
        }
    }
}
```

중첩된 if 조건절은 여러 개의 조건을 다중으로 비교해야 할 때 사용하면 쉽게 구현할 수 있는 장점이 있지만, 너무 여러 번 중첩되면 코드의 가독성을 해칠 뿐만 아니라 코드 사이의 의존 관계를 심화시키는 주 원인이 되기도 합니다. 이는 결국 코드 수정 시 장애 요소를 만들어 내므로, if 구문을 중첩할 때에는 주의가 필요합니다. 일반적으로 3단계 이상의 중첩 구문은 사용하지 않는 것이 좋습니다.

if~else if

마지막으로 살펴볼 형태는 비교할 조건이 여러 개일 경우입니다. 지금까지 if~else 구문을 사용하여 조건이 참일 때와 거짓일 때 처리하는 방법을 배웠고, 다중 조건일 때에는 조건절을 중첩하여 처리하는 방법도 익혀보았습니다. 하지만 다중 조건이 아니라 단순히 참, 거짓으로만 판단하기 어려운 여러 개의 조건이 있을 때에는 어떻게 해야 할까요?

바로 직전에 우리는 gender 변수의 값을 비교하여 "M"이면 남자로, 그 이외에는 여자로 분류했지만 사실 이 구문은 논란의 여지가 있습니다. 남자도 여자도 아닌 제3의 성을 가진 이들도 있을 수 있기 때문이죠(특히 호주, 인도, 독일 등에서는 제3의 성을 법적으로 보장하기 때문에 모바일 서비스의 회원 정보 입력에서도 제3의 성을 입력할 수 있도록 해주어야 합니다). 이 경우 조건식은 참/참이 아닌 경우가 아니라 남자, 여자 그리고 제3의 성으로 비교할 수 있도록 해 주어야 합니다. 이를 위해 else if 구문이 사용됩니다.

```
if <조건1> {
    <조건1이 참일 때 실행할 구문>
} else if <조건2> {
    <조건2가 참일 때 실행할 구문>
} else {
    <앞의 조건들을 전부 만족하지 않았을 때 실행할 구문>
}
```

else if 구문은 if 절과 함께 사용해야 한다는 점에서 else 절과 비슷하지만 자신만의 조건식을 갖는다는 특성이 있습니다. else if 구문은 조건식이 if 조건절을 만족하지 못한 경우에 호출되어 자신의 조건식을 만족하는지를 체크합니다. 아래는 else if 구문을 추가하여 성별 비교 조건식을 수정한 예제입니다.

```
if gender == "M" {
    print("남자 성년자입니다")
} else if gender == "F" {
    print("여자 성년자입니다")
} else {
    print("남자와 여자 어느 쪽에도 속하지 않습니다")
}
```

이 예제에서 else if 구문은 맨 처음의 if 조건절이 참이 아닌 경우에만 체크됩니다. 즉, gender 변수의 값이 "M"이 아닌 경우에만 else if 절로 실행 흐름이 이어진다는 거죠. 하지만 여기서도 다시 조건식의 값을 체크하여 코드 블록의 실행 여부를 결정합니다. 만약 gender 변수의 값이 "F"였다면 "여자 성년자입니다"라는 메시지가 출력된 후 코드 실행이 종료됩니다. F가 아니라면 else 절로 실행 흐름이 이어져 "남자와 여자 어느 쪽에도 속하지 않습니다"가 출력된 후 코드가 마무리됩니다.

else if 구문은 else와 달리 여러 번 사용할 수 있습니다. 따라서 비교해야 할 값이 여러 개일 때 사용하기 좋습니다. else 구문은 앞에서 진행된 if~else if 구문들의 조건 체크가 모두 끝난 후 어느 것에도 속하지 않았을 때에만 실행되어야 하므로 항상 조건문의 맨 마지막에 위치해야 합니다.

else if 구문을 사용함으로써 조건문이 상당히 간결하게 정리될 수 있습니다. 이를 알아보기 위해 사용자의 웹 브라우저 정보를 입력받아 비교 결과를 출력하는 프로그램을 작성해 봅시다. 브라우저의 종류는 여러 개이므로 각각의 조건을 비교해서 분기해야 합니다. 만약 else if 구문 없이 처리하려면 앞에서 다루었던 것보다 좀 더 복잡한 조건절이 필요합니다. 다음 예를 보시죠.

브라우저명을 입력받아 한글로 변환한 이름을 출력하는 예제

```
01 : var browser = "Safari" // 입력받을 브라우저명
02 : var browserName : String // 브라우저 이름을 저장할 변수
03 :
04 : if (browser == "IE") {
05 :     browserName = "인터넷 익스플로러"
06 : } else {
07 :     if (browser == "FF") {
08 :         browserName = "파이어폭스"
09 :     } else {
10 :         if (browser == "Chrome") {
11 :             browserName = "크롬"
12 :         } else {
13 :             if (browser == "Opera") {
14 :                 browserName = "오페라"
15 :             } else {
16 :                 if (browser == "Safari") {
17 :                     browserName = "사파리"
18 :                 } else {
19 :                     browserName = "알려지지 않은 브라우저"
20 :                 }
21 :             }
22 :         }
23 :     }
24 : }
25 : print("사용하고 계신 브라우저는 \(browserName)입니다")
```

언뜻 보기에 상당히 복잡해 보이는 코드입니다. browser 변수에 입력된 문자열을 비교해서 일치할 경우 browserName 변수에 브라우저의 한글 이름을 입력해 준 다음 최종으로 이를 출력하는 코드죠.

4행에서 browser 변수의 값을 "IE"라는 문자열과 비교합니다. 저장된 문자열은 "Safari"이므로 비교 결과는 거짓입니다. 따라서 5행의 내용은 실행되지 않고 else 블록으로 이동합니다. 블록에 진입하면 7행에서 browser 변수를 "FF" 문자열과 비교하는 if 문을 만나게 되는군요. 이번에도 문자열은 일치하지 않으므로 조건문 결과는 false, 거짓을 나타냅니다. 따라서 8행은 실행되지 않고 아래 else 블록으로 이동하게 됩니다.

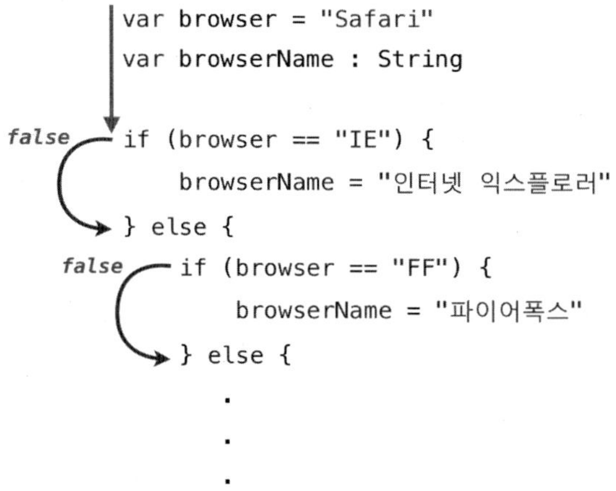

```
var browser = "Safari"
var browserName : String
false   if (browser == "IE") {
            browserName = "인터넷 익스플로러"
        } else {
false       if (browser == "FF") {
                browserName = "파이어폭스"
            } else {
                .
                .
                .
```

그림 4-8 01~09행까지의 실행 흐름

마찬가지로 10, 13행의 조건절도 거짓이므로 16행까지 내려오는데요. 이때 16행의 조건절에서 드디어 browser 변수의 값과 일치하는 문자열인 "Safari"를 만납니다. 이에 따라 17행의 구문이 수행되죠. 조건을 만족했으므로 19행의 구문은 실행되지 않은 채로 browserName에는 "사파리"라는 이름이 저장된 후 if 조건절이 종료됩니다. 가장 마지막에 작성된 print( ) 구문으로 이동한 실행 흐름은 출력 구문의 내용대로 메시지를 출력합니다.

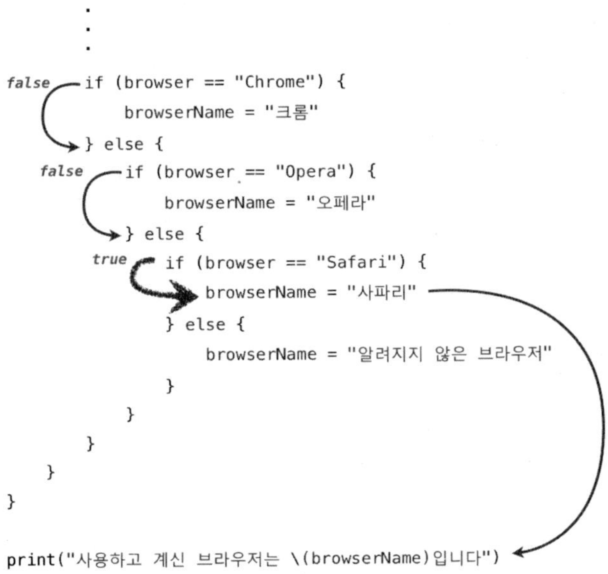

```
            ⋮
            ⋮
    false ┌─if (browser == "Chrome") {
          │      browserName = "크롬"
          └→} else {
    false ┌─if (browser == "Opera") {
          │      browserName = "오페라"
          └→} else {
     true ┌─if (browser == "Safari") {
          └→     browserName = "사파리" ─┐
                } else {                 │
                    browserName = "알려지지 않은 브라우저" │
                }                        │
            }                            │
        }                                │
    }                                    │
}                                        │
print("사용하고 계신 브라우저는 \(browserName)입니다") ←┘
```

그림 4-9

이 모든 코드가 실행된 최종 결과는 다음과 같습니다.

[실행 결과]

사용하고 계신 브라우저는 사파리입니다

위 코드의 처리 과정을 정리해보면 다음과 같습니다.

① 4행에서 browser 변수을 "IE" 문자열과 비교

② 7행에서 browser 변수를 "FF" 문자열과 비교

③ 10행에서 browser 변수를 "Chrome" 문자열과 비교

④ 13행에서 browser 변수를 "Opera" 문자열과 비교

⑤ 16행에서 browser 변수를 "Safari" 문자열과 비교

⑥ 25행에서 구문을 수행, 이후 비교 구문 종료

이처럼, 여러 개의 조건을 비교하려면 if 문 내부에 if 문을 중첩하는 방식으로 처리할 수 있습니다. 그러나 중첩 구문의 설명에서도 지적했듯이 조건이 여러 개일 경우 조건의 개수만큼 if 문이 계속 중첩되어야 해서 보기에도 불편할 뿐만 아니라 코드를 이해하기도 어렵습니다. 필요한 내용을 추가하려면 코드의 흐름을 완전히 이해해야만 하죠. 코드의 유지 보수가 더 어렵다는 이야기입니다.

이와 같은 상황에서 else if를 사용하면 매우 간결한 코드를 작성할 수 있습니다. 한 번씩만 사용할 수 있는 if~else 구문와 달리 else if 구문은 횟수의 제한 없이 조건 비교를 추가할 수 있다는 점에서 매우 활용성이 높죠. 앞서 중첩된 형식으로 작성했던 조건문 예제를 else if 구문을 사용하여 다시 작성해보겠습니다.

```
var browser = "Safari" // 입력받을 브라우저명
var browserName : String // 브라우저 이름을 저장할 변수

if (browser=="IE") {
    browserName = "인터넷 익스플로러"
} else if (browser=="FF") {
    browserName = "파이어폭스"
} else if (browser=="Chrome") {
    browserName = "크롬"
} else if (browser=="Opera") {
    browserName = "오페라"
} else if (browser=="Safari") {
    browserName = "사파리"
} else {
    browserName = "알려지지 않은 브라우저"
}

print("사용하고 계신 브라우저는 \(browserName)입니다")
```

else if를 사용한 위 코드는 앞서 if 구문을 중첩해서 작성한 것과 완전히 같은 내용입니다. 하지만 그보다 훨씬 잘 정리되어 있고 읽기 쉽습니다. 위 코드는 위에서부터 차례대로 비교를 진행하다가 조건에 맞는 부분을 만나면 해당하는 블록 내부의 구문을 수행한 후 전체 if 문을 종료합니다. 이를 그림으로 나타내면 다음과 같습니다.

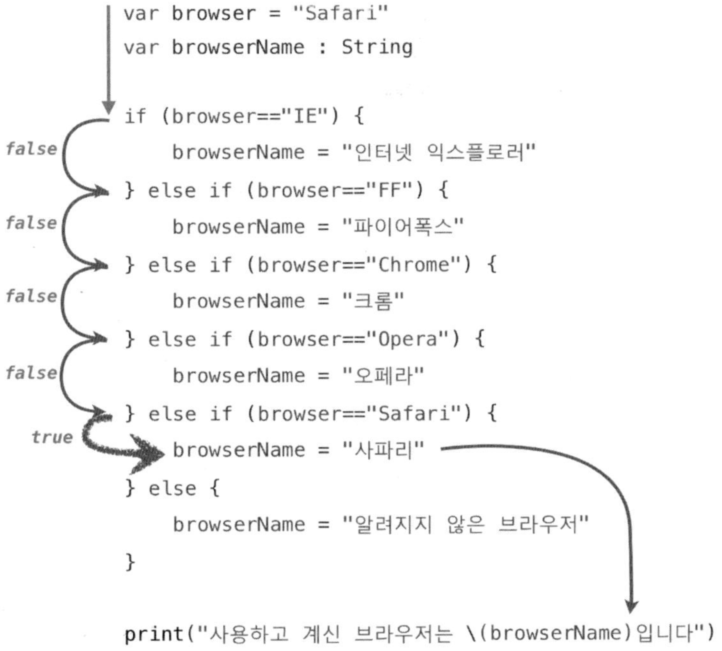

```
var browser = "Safari"
var browserName : String

        if (browser=="IE") {
false       browserName = "인터넷 익스플로러"
        } else if (browser=="FF") {
false       browserName = "파이어폭스"
        } else if (browser=="Chrome") {
false       browserName = "크롬"
        } else if (browser=="Opera") {
false       browserName = "오페라"
        } else if (browser=="Safari") {
true        browserName = "사파리"
        } else {
            browserName = "알려지지 않은 브라우저"
        }

print("사용하고 계신 브라우저는 \(browserName)입니다")
```

그림 4-10

종종 else if 구문 대신 그냥 if 구문을 계속 사용하는 것은 안 되는지 궁금해하는 분들이 있습니다. 다음과 같은 식으로 말이죠.

```
if (browser=="IE") {
  browserName = "인터넷 익스플로러"
}
if (browser=="FF") {
  browserName = "파이어폭스"
}
if (browser=="Chrome") {
  browserName = "크롬"
}
...
```

어떤 경우에는 위 예제처럼 if 구문을 계속 추가한 것과, 이를 else if 구문으로 대체한 것의 결과가 동일하기도 합니다. 이 때문에 else if 구문을 if 구문으로 대체할 수 있지 않느냐는 물음이 생길 수도 있을 법한데요. 중요한 차이가 하나 있습니다. 컴파일러는 if ~ else if 구문은 하나의 조건식으로 인식하는 반면, if ~ if ~ 구문은 서로 별개의 조건문으로 인식하거든요.

따라서 if ~ else if 구문에서는 차례대로 조건식을 비교하다가 일치하는 것이 발견되면 더이상 비교를 진행하지 않고 조건문을 종료하지만, 이것을 if ~ if ~ 구문으로 작성할 경우 이미 일치하는 조건식이 발견되었더라도 이에 아랑곳하지 않고 모든 조건식을 비교한 후 구문을 마칩니다. 컴퓨터 입장에서 보면 불필요한 리소스가 낭비되는 셈이죠. 이는 무척 좋지 않은 코드이므로, 지양해야 합니다. 동시에 일어날 수 없는 이율 배반 사건이라면, 반드시 if ~ else if 구문을 사용하여 리소스를 절약하는 것이 좋습니다.

4.2.2 guard 구문

guard 구문은 if 구문과 마찬가지로 주어진 표현식의 결과가 참인지 거짓인지에 따라 구문의 실행 여부를 결정짓는 방식의 조건문입니다. if 구문과의 차이점은 guard 구문에는 else 블록이 필수이지만, 표현식의 결과가 참일 때 실행되는 블록이 없다는 점입니다.

```
guard <조건식 또는 표현식> else {
    <조건식 또는 표현식의 결과가 false일 때 실행될 코드>
}
```

guard 구문은 주로 후속 코드들이 실행되기 전에 특정 조건을 만족하는지 확인하는 용도로 사용합니다. 다시 말해 특정 조건을 만족하지 않은 채로 후속 코드를 실행하면 심각한 오류가 발생할 경우에, 전체 구문을 **조기 종료(Early Exit)**하기 위한 목적으로 사용되는 것이 guard 구문입니다. 따라서 guard 구문의 else 블록에는 이후의 코드 진행을 막아주는 구문이 반드시 포함되어야 합니다. return 또는 break 구문 등이 이에 해당하죠. guard 구문은 보통 함수나 메소드에서 사용되는데, 이때에는 return 구문이 이같은 조기 종료 처리 역할을 합니다. 다음 예제를 봅시다.

```
func divide(base: Int) {
    let result = 100 / base
    print(result)
}
```

아직 학습하지 않았지만, 위 예제는 함수를 정의하는 구문입니다. 여기서 함수란, 값을 입력받아 정해진 처리를 하도록 정의된 기능 단위를 말합니다. 주어진 예제에서는 divide라는 이름의 함수가 base 변수를 통해 입력받은 정수값으로 100을 나누고, 그 몫을 출력하는 과정을 정의하고 있습니다.

이 함수에서 주의해야 할 부분은 **입력받은 값을 이용하여 100을 나눈다는 점**입니다. 나눗셈에서 주의할 아주 유명한 수학적 전제가 하나 있는데, 바로 어떤 숫자이든지 0으로 나누어서는 안 된다는 겁니다. 이 점은 컴퓨터 연산에서도 마찬가지입니다. 0을 제외한 모든 값은 나눗셈 연산에 사용할 수 있지만, 0으로 나눌 경우에는 오류가 발생합니다. 이를 'Divide By Zero' 오류라고 합니다. 따라서 입력받은 값이 0이 아닐 때에만 함수 내의 코드를 실행하고, 그렇지 않을 경우에는 함수의 실행을 중지해야 합니다. 이런 경우를 제어하기 위해 다음과 같이 guard 구문을 사용합니다.

```
func divide(base: Int) {
    
    guard base != 0 else {
        print("연산할 수 없습니다.")
        return
    }
    
    let result = 100 / base
    print(result)
}
```

함수의 실행을 종료할 때에는 return 구문을 사용합니다. return 구문이 실행되면 이후의 코드가 남아있더라도 더 이상 진행하지 않은 채로 함수가 종료됩니다. 함수의 종료와 함께 반환해야 하는 값이 있다면 그 값을 반환하는 역할도 return 구문의 몫입니다.

divide 함수는 입력받은 인자값이 0이면 guard 구문의 조건을 만족하지 못합니다. 이 때에는 else 블록 내부에 작성된 return 구문이 실행되어 이후의 코드를 실행하지 않은 채로 종료됩니다. 아, 물론 연산을 처리할 수 없다는 메시지는 출력하겠지만요. 이후의 코드는 실행되지 않으므로 0으로 나누는 오류가 발생하지도 않습니다. 만약 인자값이 0이 아니라면 else 블록이 실행되지 않으니 guard 구문 이후의 코드가 실행되어 나누기 연산이 처리될 테고요.

앞에서 if 구문을 충분히 이해했다면 위 예제를 보고 if 구문으로 대신할 수도 있다는 생각을 할 겁니다. 맞습니다. guard 구문은 if 구문으로 대체할 수 있습니다.

```
func divide(base: Int) {

    if base == 0 {
        print("연산을 처리할 수 없습니다.")
        return
    }

    let result = 100 / base
    print(result)
}
```

주의할 점은, guard 구문 대신 if 구문을 사용함으로 인해 조건식이 반대로 바뀐다는 것입니다. guard 구문에서는 나누기 연산을 위해 충족되어야 하는 조건을 사용했다면, if 구문에서는 반대로 연산이 실패할 조건을 사용하여 함수를 종료하도록 처리하고 있음에 유의해서 작성해야 합니다.

이처럼 guard 구문은 언뜻 보기에 if 구문으로 대체가 가능하기 때문에 그다지 필요 없어 보일 수도 있습니다. 하지만 guard 구문은 본래 실행 흐름을 종료하기 위한 목적으로 사용되는 구문이기 때문에, 코드를 중첩해서 사용하지 않아도 된다는 장점이 있습니다. 이 점은 전체 코드를 굉장히 깔끔하고 단순하게 만들어줍니다. guard 구문을 많이 사용해도 코드의 깊이가 깊어지지 않기 때문입니다. 다음은 guard 구문을 이용하여 인자값을 다양한 조건으로 필터링하는 코드를 보여줍니다.

```
func divide(base: Int) {
  guard base != 0 else {
    print("연산할 수 없습니다.")
    return
  }
  guard base > 0 else {
    print("base는 0보다 커야 합니다.")
    return
  }
```

```
    guard base < 100 else {
      print("base는 100보다 작아야 합니다.")
      return
    }
    let result = (100 / base)
    print(result)
  }
```

이런 특성 때문에, 조건을 체크하여 실행 흐름을 종료시킬 때에는 가급적 guard 구문을 사용하는 것이 좋습니다. 조건을 체크하되 다른 실행 흐름을 이어나가고 싶은 경우에만 if~else 구문을 사용하면 됩니다.

4.2.3 #available 구문

앱을 개발하다 보면 기기의 OS 버전별로 구문을 나누어 작성해야 할 때가 종종 있습니다. 사용하고자 하는 기능이 OS 버전에 따라 다르게 제공되거나 하위 버전에서는 지원되지 않는 것이 가장 큰 원인인데요. 이를 보통 현업에서는 'API가 버전을 탄다'라고 표현하기도 합니다. 애플에서 제공하는 코코아 터치 프레임워크의 주요 API들은 대부분 iOS 버전이 업그레이드될 때마다 개량을 거듭해온 것이어서 iOS 버전에 따라 종종 사용이 제한되기 때문에, 특정 API를 사용할 때에는 애플 개발자용 API 문서를 확인해서 사용 가능한 OS 버전과 기기를 체크해야 합니다.

그림 4-11 NSURLRequest 객체의 API를 설명하고 있는 애플 문서

그림 4-11은 아이폰이나 아이패드가 외부에서 URL 데이터를 요청하기 위해 사용하는 NSURLRequest 객체의 API 정보를 나타낸 문서 일부입니다. NSURLRequest는 주로 서버에서 웹 API를 호출하거나 웹 페이지를 읽어오기 위한 목적으로 파운데이션 프레임워크에서 제공하는 객체입니다. 이런 객체를 사용하는 방법을 API라고 하는데, 그림의 문서는 현재 initWithURL이라는 메소드를 사용하는 방법을 설명하고 있습니다. 나열된 여러 항목을 차례로 살펴보면 이 메소드를 스위프트와 오브젝티브-C 각각의 코드로 호출하는 예시 구문과 메소드를 호출할 때 사용해야 할 인자값, 메소드의 반환값 등에 대해 이어서 설명하고 있습니다.

우리가 주목해야 할 부분은 사각형으로 표시한 Availability 항목입니다. 이 항목은 메소드를 사용할 수 있는 OS 버전을 알려주는 역할을 합니다. 위 문서에 따르면 이 메소드는 OS X 운영체제의 버전 10.2 이후로 사용할 수 있군요. 즉, 10.2 버전보다 하위 버전을 사용하는 기기에서는 이 메소드를 사용한 프로그램을 실행할 때 오류가 발생한다는 뜻입니다.

필자가 글을 작성하는 시점을 기준으로 볼 때, 10.2 버전은 상당히 오래된 버전이므로 사용자가 이 버전을 사용하지 않을 가능성이 커서 무시해도 될 정도입니다. 하지만 최신 OS 버전에서만 지원되는 코드를 사용할 때에는 반드시 그보다 하위 버전의 OS를 사용하는 사용자를 고려해야 합니다. 다시 말해, OS 버전별로 구문을 달리 작성해 주어야 한다는 뜻입니다. 이처럼 OS 버전별로 구문을 분리해야 할 때 #available 구문을 사용합니다.

#available 구문은 스위프트 2 버전부터 지원하기 시작한 구문입니다. 그 이전에는 OS 버전을 추출하는 API를 직접 호출하여 OS 버전에 대한 값을 얻고, 이를 조건문에서 비교 처리하는 방식으로 버전별 구문을 분리해야 했습니다. 예를 들면 다음과 같은 식으로 말이죠.

```
import UIKit

if (UIDevice.current().systemVersion.hasPrefix("9")) {
    // iOS 9 버전에서 지원하는 구문
} else if (UIDevice.current().systemVersion.hasPrefix("8")) {
    // iOS 8 버전에서 지원하는 구문
} else if (UIDevice.current().systemVersion.hasPrefix("7")) {
    // iOS 7 버전에서 지원하는 구문
} else {
    // 기타 나머지 버전에서 지원하는 구문
}
```

이 방식에 크게 문제가 있었던 것은 아니지만, 버전을 직접 비교하는 것이 아니라 버전의 문자열을 비교해야 하므로 비교의 한계가 있었던 것 또한 사실입니다. 이 구문을 #available 구문을 사용하여 처리하면 보다 간결하면서 직접적으로 OS 버전별 구문을 분리할 수 있습니다.

#available 구문을 사용하는 형식은 다음과 같습니다.

```
if #available(<플랫폼이름 버전>, <...>, <*>) {
    <해당 버전에서 사용할 수 있는 API 구문>
} else {
    <API를 사용할 수 없는 환경에 대한 처리>
}
```

#available 구문을 사용할 때에는 호출 연산자( )를 통해 플랫폼 이름과 버전 등의 인자값을 입력할 수 있는데, 이때 플랫폼 이름과 버전 사이는 공백으로 구분합니다. #available 구문의 인자값은 가변 인자로 정의되어 있기 때문에 입력 개수의 제한이 없습니다. 따라서 쉼표로만 구분하여 플랫폼 이름과 OS 버전을 계속 나열하면 됩니다. 버전값의 나열이 끝나면 마지막은 *로 마감하여 인자값 입력이 모두 끝났음을 선언하고 괄호를 닫아주면 끝입니다.

이 구문은 실행 중인 기기의 버전을 체크하고 입력된 버전들과 비교하여 true나 false 형태의 결과를 반환하므로, if 구문이나 guard 구문 등 조건식을 사용하는 분기문에 넣어 사용하면 좋습니다. #available 구문을 실제로 적용한 예제를 살펴봅시다.

```
if #available(iOS 9, OSX 10.10, watchOS 1, *) {
    // iOS 9용 API 구문 또는 OS X 10.10용 API 구문, watchOS 1용 API 구문
} else {
    // API를 사용하지 못했을 때에 대한 실패 처리
}
```

#available 구문을 사용할 만한 플랫폼은 현재 다음 네 가지가 거의 전부입니다.

- 아이폰, 아이패드 등 터치 기반 스마트 기기에 사용되는 iOS
- 맥 컴퓨터에 사용되는 OSX
- 애플 시계에 사용되는 watchOS
- 애플 TV에 사용되는 tvOS

#available 구문을 사용할 때에는 이들 플랫폼 값에 이어서 필요한 버전을 입력해주면 됩니다. 이때 플랫폼과 버전은 상수로 인식되므로 문자열 처리를 위해 따옴표를 사용할 필요가 없습니다. 단순히 플랫폼과 버전을 나열하기만 하면 됩니다. 위 예제에서는 iOS 9 버전이나 OS X 10.10, watchOS 1 버전을 지원하는 API를 사용하기 위한 조건문을 작성하였습니다. 최신 버전을 기준으로 작성할 때에는 이를 지원하지 않는 구 버전 사용자를 위한 else 처리도 잊지 말아야 합니다.

실제로 사용하고자 하는 API가 최신 버전의 OS에서만 사용할 수 있는 것인지, 아니면 대부분의 버전에서 사용할 수 있는 것인지 확인하는 것은 매우 중요합니다. 이를 염두에 두지 않고 앱을 개발한다면 그 앱은 많은 사용자 환경에서 제대로 구동될 수 없을 테니까요. 최신 API를 사용할 때에는 항상 #available 구문을 사용해서 코드를 분리하고, 하위 버전 사용자를 위한 처리까지 해 주어야 합니다.

4.2.4 switch 구문

switch 구문은 앞에서 다룬 if와 guard처럼 분기문의 일종이지만, 처리 방식은 앞에서와 다릅니다. switch 구문은 입력받은 값을 조건식 여부가 아니라 패턴으로 비교하고 그 결과를 바탕으로 실행 블록을 결정하는 조건문입니다. 이 구문은 나열된 패턴들을 순서대로 비교하다가 일치하는 첫 번째 패턴의 코드 블록을 실행합니다.

switch 구문을 굳이 사용하지 않고 if~else if 구문만으로도 필요한 코드 작성은 가능하지만, 다양한 가능성이 있는 여러 개의 조건 비교에 효율적으로 대응하기에는 조금 부족한 if 구문의 대안이 switch 구문이라고 할 수 있습니다.

switch 구문의 형태는 다음과 같습니다.

```
switch <비교 대상> {
    case <비교 패턴1> :
        <비교 패턴1이 일치했을 때 실행할 구문>
    case <비교 패턴2>, <비교 패턴3> :
        <비교 패턴2 또는 3이 일치했을 때 실행할 구문>
    default :
        <어느 비교 패턴과도 일치하지 않았을 때 실행할 구문>
}
```

모든 switch 구문은 case 키워드로 시작하는 여러 가능한 패턴을 나열하는 방식으로 구성됩니다. 비교 대상과 비교 패턴이 일치할 경우 그에 해당하는 구문이 실행된 후 나머지 case에 대한 비교 없이 switch 구문을 종료하고, switch 구문 다음에 나오는 실행 블록으로 진행합니다. 만약 비교 패턴 어느 것과도 일치하지 않았다면, 맨 마지막에 작성된 default 구문의 코드가 실행됩니다.

전통적인 C나 자바 등 많은 언어에도 switch 구문이 있고 문법 역시 유사하지만, 실행 방식에서는 결정적인 차이점이 존재합니다. C나 자바에서는 비교 패턴이 일치할 경우 우선 실행 구문을 처리한 다음, 나머지 case에 대한 비교를 계속 진행합니다. 추가로 일치하는 패턴이 있다면 이를 모두 실행하고, 마지막 case를 비교한 후에야 분기문을 종료합니다.

그러나 스위프트의 switch 구문은 일치하는 비교 패턴이 있을 경우 해당 블록의 실행 코드를 처리하고, 더이상의 비교 없이 전체 분기문을 종료합니다. 설사 일치하는 비교 패턴이 여러 개 있더라도 맨 처음 일치하는 case 구문 하나만 실행하죠. 오직 하나의 case 구문만 처리하고 나면 더이상 비교를 진행하지 않습니다. 다른 언어에서 switch 구문의 각 case 키워드 블록마다 추가해야 하는 break 구문을 스위프트에서 생략할 수 있는 것은 이 때문입니다.

```
01 :    let val = 2
02 :
03 :    switch val {
04 :        case 1 :
05 :            print("일치한 값은 1입니다")
06 :        case 2 :
07 :            print("일치한 값은 2입니다")
08 :        case 2 :
09 :            print("일치한 값 2가 더 있습니다")
10 :        default :
11 :            print("어느 패턴과도 일치하지 않았습니다")
12 :    }
```

[실행 결과]

일치한 값은 **2**입니다

위 코드를 실행하면 1행에서 val 변수에 2를 할당하므로 이 값과 일치하는 패턴이 있는지 case 블록마다 비교합니다. 이때 6행에 작성한 case 2가 val 변수와 일치하는 패턴이므로 여기에 연결된 코드 블록을 실행이 실행됩니다. "일치한 값은 2입니다"를 출력하겠죠.

8행에 작성한 case 2 역시 일치하는 패턴입니다. 하지만 이 부분은 실행되지 않은 채로 조건문이 종료됩니다. 이는 일치하는 비교 패턴 하나만 실행한 다음 종료하는 스위프트의 switch 구문 특성 때문입니다. 만약 위 코드를 다른 언어에서 작성했다면 이후로도 계속 패턴 비교를 수행해서 다음과 같은 실행 결과를 출력했을 것입니다.

[다른 언어에서의 실행 결과]

일치한 값은 2입니다
일치한 값 2가 더 있습니다
어느 패턴과도 일치하지 않았습니다

출력 결과를 보고 마지막 default 구문의 내용까지 실행된 것에 의아할 수도 있겠지만, 이는 switch 구문에 break를 사용하지 않고 있기 때문으로 이해해야 합니다. break 구문이 없기 때문에 일치하는 패턴을 발견해도 계속해서 비교를 진행하다가 switch 구문의 가장 아래까지 이어져서 결국 default 구문까지 실행하게 되는 겁니다. 이런 차이 때문에 다른 언어에서 스위프트와 같은 결과를 얻으려면 break 문이 반드시 필요합니다.

타 언어에서 사용되는 switch 구문을 살펴보면 스위프트와의 차이점 몇 가지를 더 발견할 수 있습니다. switch 구문에는 패턴이 일치하는 case 블록을 실행하는 대신, 그다음 case 블록으로 실행 흐름을 전달하는 문법이 있는데, 이를 Fall Through라고 합니다. 특히, 명시해주지 않아도 적용된다는 점에서 **암시적인 Fall Through**라고 합니다. C 계열의 언어에서는 보통 다음과 같은 방식으로 작성되죠.

```
01 : let sampleChar : Character = "a"
02 :
03 : switch sampleChar {
04 :     case "a":
05 :     case "A":
06 :         print("글자는 A 입니다 ")
07 :     default :
08 :         print("일치하는 글자가 없습니다")
09 : }
```

[실행 결과]

글자는 **A** 입니다

암시적인 Fall Through가 적용되면 실행 흐름이 전달된 비교 블록은 패턴 일치 여부에 상관없이 실행 블록을 처리합니다. 따라서 위 예제에서는 4행의 case 문과 일치하지만 6행이 실행됩니다.

그러나 스위프트에서는 이러한 암시적인 Fall Through를 지원하지 않습니다. 물론 case 실행 블록이 비어 있어서도 안 됩니다. 대신 명시적으로 fallthrough 구문을 사용함으로써 같은 결과를 얻을 수 있습니다.

```
let sampleChar : Character = "a"

switch sampleChar {
    case "a":
        fallthrough
    case "A":
        print("글자는 A 입니다 ")
    default :
        print("일치하는 글자가 없습니다")
}
```

[실행 결과]

글자는 **A** 입니다

fallthrough 구문이 사용된 case 블록은 비교 패턴이 일치할 경우 인접한 case 블록으로 실행 흐름을 전달합니다. fallthrough에 의해 실행 흐름을 전달받은 case 블록은 비교 패턴의 일치 여부와 상관없이 작성된 구문을 실행한 후 switch 구문을 종료합니다.

switch 구문의 특성

스위프트에서 switch 구문에 사용된 비교 대상은 반드시 하나의 비교 패턴과 일치해야 합니다. 비교 대상이 비교 패턴 중 어느 것과도 일치하지 않아 분기문 내의 어떤 블록도 실행되지 못하는 경우를 **switch 구문이 실패(fail)했다**고 부르는데, 스위프트는 이같이 실패한 switch 구문을 완전한 비교 패턴을 구성하지 못한 것으로 간주합니다. 완전하게 작성된 switch 구문은 비교 패턴 중 어느 하나라도 반드시 일치해야 합니다.

이에 따라 모든 case 구문에서 일치된 패턴을 찾지 못했을 경우에 대비하여 switch 구문에는 반드시 default 구문을 추가해야 하며, 만약 default를 생략하면 완전하지 않은 구문으로 간주하여 오류가 발생합니다. 단, default 구문을 대신하여 모든 패턴을 매칭시킬 수 있는 구문이 존재하는 경우에 한하여 default 구문을 생략할 수 있습니다. default 구문을 생략할 수 있는 경우는 나중에 다시 살펴보도록 합시다.

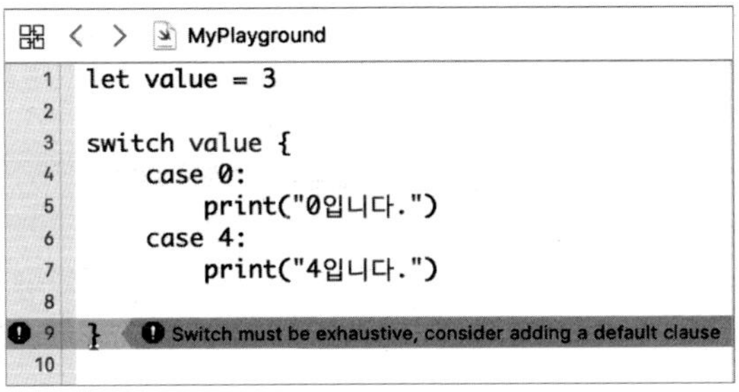

```
MyPlayground
1   let value = 3
2
3   switch value {
4       case 0:
5           print("0입니다.")
6       case 4:
7           print("4입니다.")
8
9   }   ! Switch must be exhaustive, consider adding a default clause
10
```

그림 4-12 default 구문의 누락으로 인한 switch 구문의 오류

case 비교 패턴을 작성할 때, 하나의 case 키워드 다음에 하나 이상의 비교 패턴을 연이어 작성할 수 있습니다. 두 가지 이상의 패턴에 대해 같은 구문을 실행해야 한다면, 하나의 case 키워드로 비교 패턴을 묶어 표현하면 됩니다. 이는 키 입력의 낭비를 줄이고 코드를 보다 간결하게 만드는 데에 효과적입니다.

```
var value = 3

switch value {
    case 0, 1:
        print("0 또는 1입니다")
    case 2, 3:
        print("2 또는 3입니다")
    default :
        print("default입니다")
}
```

[실행 결과]

2 또는 3입니다

case 구문에서 사용되는 비교 패턴으로 단순히 서로 다른 패턴들 외에 튜플이나 특정 타입으로 캐스팅된 객체도 사용할 수 있습니다. 튜플(Tuple)은 다음 장에서 다루는 집단 자료형으로서, 괄호로 묶인 이형 집단 데이터입니다.

switch 구문에서 튜플 내부의 아이템이 비교 대상과 부분적으로 일치할 경우, 스위프트는 case 구문의 비교 패턴 전체가 일치하는 것으로 간주합니다. 이때 일치하지 않는 나머지 부분을 상수나 변수화하여 사용할 수 있습니다. 이해하기 어렵다면 다음 예제를 참고합니다.

```swift
var value = (2,3)

switch value {
    case let (x, 3) :
        print("튜플의 두 번째 값이 3일 때 첫 번째 값은 \(x)입니다.")
    case let (3, y):
        print("튜플의 첫 번째 값이 3일 때 두 번째 값은 \(y)입니다.")
    case let (x, y) :
        print("튜플의 값은 각각 \(x), \(y)입니다")
}
```

[실행 결과]

튜플의 두 번째 값이 **3**일 때 첫 번째 값은 **2**입니다.

이 예제에서 첫 번째 비교 구문에 사용된 튜플 (x, 3)은 비교 대상인 (2, 3)과 부분적으로 일치합니다. 따라서 일치하지 않는 첫 번째 아이템을 변수로 처리하면 switch 구문의 비교 조건을 만족시키게 됩니다. 이렇게 만들어진 변수 x는 우리가 필요로 하는 곳에 사용할 수 있습니다.

그 다음에 이어지는 부분도 마찬가지입니다. 비교 구문의 (3, y)는 비교 대상인 (2, 3)과 역시 첫 번째 아이템이 패턴적으로 일치합니다. 따라서 일치하지 않는 두 번째 아이템을 변수로 처리하면 switch 비교 조건을 만족시킬 수 있습니다. 비록 여기까지 실행되지는 않지만, 조건 자체로는 성립한다는 뜻입니다.

마지막 비교 구문에 사용된 (x, y)는 첫 번째와 두 번째 아이템 모두 변수 처리되어 있습니다. 어이가 없을지도 모르겠지만, 변수로 처리된 부분은 '어떤 값이든 들어올 수 있다'라는 의미입니다. 따라서 (2,3)과 패턴적으로 일치합니다. 이 구문 역시 첫 번째 비교 구문의 일치 때문에 더 이상 실행되지 않지만, 조건 비교상으로는 성립하는 구문입니다.

결국, 위에서 예로 보여준 패턴 비교 구문 세 개는 모두 성립합니다. switch 구문에서 튜플을 다룰 때, 이같은 특성을 잘 이해하면 좋은 구문을 만들어 낼 수 있습니다.

특정 값의 일치 여부를 단순 비교하는 방식 외에 case 구문은 범위 연산자를 사용하여 해당 범위에 속하는 값을 매칭할 수도 있습니다. 특정 값을 범위로 비교하여 처리하는 이 방식은 프로그래밍에서 대단히 효율적입니다.

아래 코드는 글이 작성된 시각을 단순하게 YYYY-MM-DD hh:mm:ss 형식으로 보여주는 대신, 자연스러운 구문으로 전환하여 표현합니다. 경과 시간을 입력받아 1분 이내라면 "방금", 한 시간 이내라면 "조금 전", 하루 이내라면 "얼마 전"으로 표현해주는 분기문을 구성하는데, 이때 case 구문의 값 비교를 위해 switch 구문의 범위 연산자가 사용됩니다.

글이 작성된 시간(초)을 범위에 따라 그룹지어 표현해주는 구문

```
var passtime = 1957

switch passtime {
    case 0..<60 :
        print("방금 작성된 글입니다")
    case 60..<3600 :
        print("조금 전 작성된 글입니다")
    case 3600..<86400 :
        print("얼마 전 작성된 글입니다")
    default :
        print("예전에 작성된 글입니다")
}
```

[실행 결과]

조금 전 작성된 글입니다

범위 연산자를 사용한 패턴 비교 방식은 튜플 형식의 데이터를 비교할 때에도 매우 유용합니다. 정수로 구성된 튜플의 경우 아래와 같이 원소별로 범위 연산자를 이용한 범위를 사용하여 비교할 수 있습니다.

```
var value = (2, 3)

switch value {
    case (0..<2, 3) :
        print("범위 A에 포함되었습니다.")
    case (2..<5, 0..<3) :
        print("범위 B에 포함되었습니다")
    case (2..<5, 3..<5) :
        print("범위 C에 포함되었습니다")
    default :
        print("범위 D에 포함되었습니다")
}
```

[실행 결과]

범위 C에 포함되었습니다

case 블록에서 사용할 수 있는 패턴 비교 방식은 이뿐만이 아닙니다. where 구문을 추가하면 각 case 블록별로 보다 복잡한 패턴까지 확장하여 매칭할 수 있습니다.

좌표축의 값을 받아 문장으로 표현해주는 예
```
var point = (3, -3)

switch point {
    case let (x, y) where x == y :
        print("\(x)과 \(y)은 x==y 선 상에 있습니다")
    case let (x, y) where x == -y :
        print("\(x)과 \(y)은 x==-y 선 상에 있습니다")
```

```
    case let (x, y) :
        print("\(x)과 \(y)은 일반 좌표상에 있습니다")
}
```

[실행 결과]

3과 -3은 x==-y 선 상에 있습니다

비교 대상으로 사용된 point 변수는 switch 구문의 case 블록에서 각각 (x, y)로 할당되고, 이 임시 변수들은 다시 where 구문에서 조건 비교에 사용됩니다. 이를 통해 조건에 맞는 case 블록이 실행됩니다.

4.3 제어 전달문

제어 전달문은 코드의 한 부분에서 다른 부분으로 제어 흐름을 전달하여 코드가 실행되는 순서를 변경해주는 구문입니다. 주로 반복문이나 조건문, 함수 등에서 사용되는 이 구문은 전통적인 C 코드에서도 거의 동일하게 제공되는 만큼 스위프트만의 독자적인 개념은 아닙니다. 프로그래밍 경험이 있다면 쉽게 이해할 수 있는 구문들이죠. 스위프트에서 사용되는 제어 전달문에는 다음 네 가지가 있습니다.

- break
- continue
- fallthrough
- return

이 구문들은 각각의 쓰임에 따라 코드의 흐름을 제어하고, 다른 부분으로 제어를 전달하거나 기능을 종료하기도 합니다. 이 중에서 fallthrough는 앞에서 switch 구문의 흐름을 제어할 때 다룬 구문으로, 일치된 case 블록의 실행을 다음 case 블록으로 전달할 때 사용합니다. 마지막의 return은 함수와 메소드에서 사용되는 구문입니다. 함수와 메소드 내에서 값을 반환하면서 실행을 종료하거나 단순히 코드의 실행을 종료하는 역할을 하죠. return 구문은 뒤에서 함수를 다룰 때 아주 많이 언급될 예정이므로 여기서는 설명을 생략합니다. 이번 절에서 살펴볼 구문은 break와 continue 두 가지입니다.

4.3.1 break

break 구문은 switch 구문에서의 실행 흐름이나 반복 실행 중인 루프를 조건식의 결과에 상관없이 즉각적으로 종료하는 데에 사용됩니다. switch 구문에서는 개별 case 블록에 사용되어 전체 switch 구문의 실행을 종료하는 역할을 하고, 반복문에서는 반복 실행 블록에 사용되어 조건식이 false를 반환하기 전에 미리 반복문을 종료하는 역할을 합니다. 반복문 내에서 break 구문을 사용할 경우 이 구문은 반복문의 전체 실행을 즉시 종료하고 반복문의 마지막에 위치한 닫는 중괄호 다음의 첫 번째 코드 줄로 실행 흐름을 전달합니다. 순회 처리 중인 for~in 구문에서 break 구문이 사용될 경우에도 역시 남은 아이템의 순회를 더 이상 진행하지 않고 반복문을 종료합니다.

```
for row in 0...5 {
    if row > 2 {
        break
    }
    print("\(row) was executed!")
}
```

[실행 결과]
```
0 was executed!
1 was executed!
2 was executed!
```

위 예제에서 출력 구문은 범위 연산자가 생성한 0~5까지의 값만큼 6회에 걸쳐 반복 실행되어야 합니다. 그러나 내부 실행 블록에서는 루프 상수를 비교하여 2보다 큰 값일 경우 break 구문을 실행하도록 조건문이 작성되어 있습니다. 이로 인해 row가 2보다 크지 않은 세 번째 반복까지는 맨 아래 출력 구문이 실행되지만, row가 2보다 커지는 네 번째 반복에서 if 조건에 일치하므로 break 구문이 실행되어 반복문 전체가 종료됩니다. 물론 break가 실행된 네 번째 반복부터 출력 구문은 실행되지 않습니다.

4.3.2 continue

break 구문이 필요에 따라 강제로 실행 흐름을 종료하거나 반복문의 반복을 중단하는 데에 사용되는 구문이라면, continue 구문은 이 구문 아래에 있는 실행 구문들을 건너뛰고 다음 반복을 시작하는 역할을 합니다. continue 구문 이후에 실행할 내용이 남았더라도 실행되지 않는 것은 break 구문과 같지만, break 구문이 반복문을 완전히 종료하는 것과는 달리 continue 구문은 반복문의 조건을 다시 평가하고 그 결과에 따라 다음 반복을 실행합니다. continue 구문 아래에 있는 나머지 구문들을 실행하지 않을 뿐, 전체 반복은 계속 유지되는 것이 break 문과의 결정적 차이라고 할 수 있습니다.

즉, 반복해야 할 횟수가 10회라면 그중 5회를 반복한 후 continue 구문이 실행되더라도 남은 5회는 끝까지 반복하게 되는 거죠. 다음 예제를 살펴보면서 continue 구문의 방식을 자세히 알아봅시다.

```
for row in 0...5 {
    if row < 2 {
        continue
    }
    print("executed data is \(row)")
}
```

[실행 결과]

```
executed data is 2
executed data is 3
executed data is 4
executed data is 5
```

작성된 구문은 범위 연산자가 만든 0에서 5까지의 정수를 대상으로 하여 순회 탐색하는 for ~ in 구문입니다. 이 구문의 내부에는 continue 구문을 포함한 조건문이 작성되어 있는데 그 내용은 다음과 같습니다.

"루프 상수인 row의 값이 2보다 작을 때는 실행을 여기에서 멈추고 다시 루프를 시작할 것"

이에 따라 위 반복문은 다음과 같은 실행 흐름을 보입니다.

① row 상수가 0일 때, 2보다 작으므로 continue에 의해 루프를 다시 시작
② row 상수가 1일 때, 2보다 작으므로 continue에 의해 루프를 다시 시작
③ row 상수가 2일 때, 2보다 작지 않으므로 print 구문을 실행한 후 루프를 다시 시작
④ row 상수가 3일 때, 2보다 작지 않으므로 print 구문을 실행한 후 루프를 다시 시작
⑤ row 상수가 4일 때, 2보다 작지 않으므로 print 구문을 실행한 후 루프를 다시 시작
⑥ row 상수가 5일 때, 2보다 작지 않으므로 print 구문을 실행한 후 루프를 다시 시작
⑦ 반복문 종료

continue가 사용된 반복문은 모두 두 곳에서 루프가 다시 시작되는데, 하나는 continue가 사용된 곳이며, 다른 하나는 실행 구문이 모두 끝나는 곳입니다.

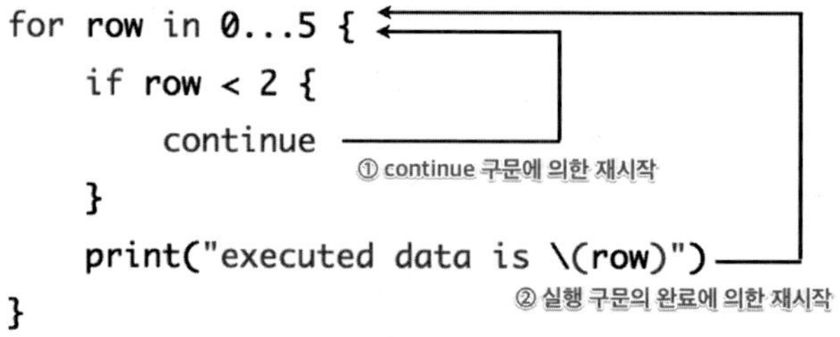

```
for row in 0...5 {
    if row < 2 {
        continue
    }                              ① continue 구문에 의한 재시작
    print("executed data is \(row)")
}                                  ② 실행 구문의 완료에 의한 재시작
```

그림 4-13 continue 구문의 실행 방식

continue 구문의 실행 방식을 이해했나요? 이 구문의 특성을 이용하면 다음과 같이 특정 문자만 필터링하거나 다른 문자로 변경하는 코드를 작성할 수도 있습니다.

```swift
var text = "This is a swift book for Apple's programming language" // 입력될 문장
var result = "" // 결과를 저장할 변수

for char in text.characters {
    if char == " " { // 공백은 _로 변경한다.
        result.append(Character("_"))
        continue
    } else if char == "o" { // 소문자 o는 대문자 O로 변경한다
        result.append(Character("O"))
        continue
    }
    result.append(char)
}
print(result)
```

이 구문은 for~in 구문을 사용하여 입력될 문자열을 순회 탐색합니다. 개별 문자들은 루프 상수 char에 순서대로 할당되면서 내부의 실행 구문에 따라 처리되는데, 내부에는 다시 if~else if 구문이 작성되어 있습니다. if~else if 구문은 입력된 개별 문자들을 비교하여 조건에 따라 다른 문자로 바꾸거나 혹은 그대로 유지하는 역할을 합니다.

text 변수에 입력된 문자열들은 for~in 구문과 내부의 if~else if 구문에 의해 차례로 문자 단위로 분해되어 result 변수에 전달되는데(마치 입자 전송기 같은 느낌이죠?), 이 과정에서 조건에 의해 일부 문자들이 필터링되어 다른 문자로 변경됩니다. 공백 문자는 "_"로 변경되고, 소문자 "o"는 대문자 "O"로 바뀌는 식으로 말이죠. 변경된 문자는 append( ) 메소드를 통해 result 변수의 제일 뒤쪽에 차례로 추가됩니다.

if~else if 구문에서 필터링된 문자가 처리를 거쳐 result 변수에 전달되고 나면 이후의 코드는 더 진행될 필요가 없습니다. 이때 continue 문이 호출되어 루프가 재실행됩니다. for~in 구문의 순회 조건이 다시 평가되면서 다음 차례를 기다리고 있는 문자가 if~else if 구문을 통해 처리될 겁니다.

이렇게 처리된 결과는 다음과 같습니다. 조건에 따라 공백은 "_"로 모두 대체되고, 소문자 "o"는 대문자 "O"로 변경된 문장입니다.

[실행 결과]
```
This_is_a_swift_bOOk_fOr_Apple's_prOgramming_language
```

약간 복잡하지만 실행한 결과는 흥미진진합니다. 이를 응용하여 else~if 구문을 추가하면 원하는 대로 문자열을 변경하는 기능을 만들 수 있습니다. 만약 저라면 이 구문을 확장하여 욕설이나 비방 문자열을 모조리 OOO으로 바꿔버리는 기능을 만들 것 같네요. 여러분의 앱에 커뮤니티 기능이 있다면 꼭 한번 적용해 보면 좋을 겁니다.

4.3.3 구문 레이블과 break, continue

앞에서 살펴본 구문처럼 스위프트에서는 반복문이나 조건문을 중첩하여 사용할 수 있습니다. 즉, 반복문 내에 조건문을 작성하거나 조건문 내에 반복문을 작성하는 경우, 그리고 반복문 내에 반복문을 작성하는 모든 경우를 허용한다는 의미입니다. 이를 이용하면 무척 편리하고 효율적인 코드를 작성할 수 있죠.

하지만 이처럼 중첩된 구문들에서 continue 구문이나 break 구문을 사용하려면 약간의 문제가 생길 수 있습니다. 중첩된 구문 내에서 사용된 break나 continue 구문이 어떤 구문을 멈추거나 다시 시작하게 할지 명확하지 않다는 점입니다. 이 때문에 break 구문이 어떤 구문을 중단시킬지, continue 구문이 어떤 구문에 작용할지 명확하게 표현해줄 필요가 있습니다.

스위프트에서는 반복문이나 조건문 등 특정 구문에 레이블을 붙여 기억할 수 있도록 하고, break나 continue 구문이 사용될 때 이 레이블을 명시해줌으로써 개발자가 원하는 구문 위치에 정확히 흐름 제어가 적용될 수 있도록 하는 문법을 제공합니다. 이를 구문 레이블이라고 합니다.

구문 레이블을 정의하는 형식은 매우 단순합니다. for~in 구문이나 while 구문, switch 구문 등 레이블을 적용할 구문의 앞에 레이블을 추가하고, 구문과 레이블 사이를 콜론으로 구분해주면 됩니다.

```
<레이블 이름> : while <조건식> {
    <실행할 구문>
}
```

구문 앞에 작성된 레이블 이름은 break 문이나 continue 문이 호출하는 대상 블록을 가리킵니다. break 문과 continue 문이 레이블을 사용할 때에는 구문 다음에 레이블의 이름을 작성해주면 됩니다.

```
break    <레이블 이름>
continue <레이블 이름>
```

하나의 코드 내에서 여러 곳에 레이블을 사용하게 될 경우 서로 중복되지 않도록 주의해서 작성해야 합니다. 구문 레이블의 효과를 이해하기 위해 먼저 구문 레이블을 사용하지 않은 중첩 구문의 경우를 이해할 필요가 있습니다.

```
// 1에서 5까지 반복
for i in 1...5 {
    // 1에서 9까지 반복
    for j in 1...9 {
        // j 의 값이 3일 때 break 구문을 실행한다.
        if (j==3) {
            break
        }
        // 구구단을 출력한다.
        print("\(i) X \(j) = \(i * j)")
    }
}
```

for~in 구문이 중첩되어 있어서 복잡해 보이지만 실제로는 간단한 코드이므로 두려워 말고 해석해 봅시다. 위 코드는 1부터 5까지 반복하는 바깥쪽 루프와 1부터 9까지 반복하는 안쪽 루프로 이루어져 있습니다. 안쪽 루프의 내부에는 j의 값이 3이 되면 break 구문을 실행하도록 조건문이 작성되어 있고 이어서 구구단을 출력하는 구문이 작성되어 있습니다. 이처럼 중첩된 루프 내부에 break 문이 있을 때 실행 결과는 어떻게 될까요?

[실행 결과]
```
1 X 1 = 1
1 X 2 = 2
2 X 1 = 2
2 X 2 = 4
3 X 1 = 3
3 X 2 = 6
4 X 1 = 4
4 X 2 = 8
5 X 1 = 5
5 X 2 = 10
```

구문의 실행 결과, i와 j의 값이 각각 1, 3이 되는 순간 break가 실행되어 안쪽 루프 구문이 종료됩니다. 그러나 바깥쪽 루프 구문은 종료되지 않으므로 다시 반복되고, 이에 따라 안쪽 루프도 재실행됩니다. i의 값이 2, j의 값이 3이 되는 순간 또 break가 실행되면서 안쪽 루프 구문은 다시 종료됩니다. 하지만 바깥쪽 루프는 아직 끝나지 않았으므로 또다시 안쪽 루프를 실행하죠. 이같은 상황이 계속 반복되다가 바깥쪽 루프가 다 돌고 나면 그때서야 전체 반복문이 종료됩니다.

이같은 일련의 코드 흐름 결과를 통해 우리는 중첩된 반복문 내에 break 구문이 있을 때는 이 구문을 둘러싼 인접 반복문에만 작용한다는 것을 알 수 있습니다. 즉, 중첩된 반복문 안에서 사용된 break 구문은 외부 반복문에는 영향을 미치지 못합니다.

이는 continue 역시 같습니다. 이 구문으로 다음 반복을 실행할 수 있는 것은 구문에 가장 인접한 반복문까지입니다. 위의 예제에서 만약 한 번의 break로 바깥쪽 루프까지 모두 종료하고 싶다면 다음과 같이 코드를 수정해야 합니다.

```swift
// 실행 여부를 결정할 플래그
var loopFlag = true

// 1에서 5까지 반복
for i in 1...5 {
    // 1에서 9까지 반복
    for j in 1...9 {
        // j 의 값이 3일 때 break 구문을 실행한다.
        if (j==3) {
            loopFlag = false
            break
        }
        // 구구단을 출력한다.
        print("\(i) X \(j) = \(i * j)")
    }
    
    if (loopFlag == false) {
        break
    }
}
```

바깥쪽 반복문을 종료하기 위해 플래그 변수를 정의하고, 안쪽 반복문에서 break가 실행되기 전에 플래그 변수의 값을 변경합니다. 안쪽 루프가 종료되고 바깥쪽 루프로 실행 흐름이 넘어갔을 때 이 플래그 변수를 이용하여 바깥쪽 루프에서도 break 처리를 해 줄 수 있도록 말입니다.

이렇게 작성한 구문은 우리가 원하는 대로 동작하지만, 대신 코드의 흐름이 복잡해진다는 단점이 있습니다. 이를 구문 레이블을 이용한 방식으로 변경할 경우, 훨씬 간결하면서도 원하는 대로 동작하는 구문을 작성할 수 있습니다.

```swift
// 1에서 5까지 반복
outer : for i in 1...5 {
    // 1에서 9까지 반복
    inner : for j in 1...9 {
        // j 의 값이 3일 때 break 구문을 실행한다.
        if (j==3) {
            break outer
        }
        // 구구단을 출력한다.
        print("\(i) X \(j) = \(i * j)")
    }
}
```

바깥쪽 루프에 outer 레이블을, 안쪽 루프에 inner 레이블을 지정해 준 다음, 이를 활용하여 안쪽 루프에서 break outer를 호출하면 바깥쪽 루프까지가 모두 break 구문의 범위로 지정됩니다. 안쪽 루프에서 break 구문을 호출했지만, 앞서와는 달리 바깥쪽 루프까지 한꺼번에 종료되죠. 아래는 실행 결과입니다.

[실행 결과]

```
1 X 1 = 1
1 X 2 = 2
```

결과를 확인해보면 바깥쪽 루프까지 한꺼번에 종료된 것을 알 수 있습니다. 이처럼 구문 레이블을 사용하면 단순한 이중 중첩 루프뿐만 아니라 이보다 복잡한 중첩 루프에서도 break, continue 구문을 적용할 범위를 지정하기 쉬우므로 아주 효율적인 코드를 작성할 수 있습니다.

이 장을 마치며

지금까지 흐름 제어 구문을 살펴보았습니다. 흐름 제어 구문은 스위프트가 일반적인 프로그래밍 언어로서 가지는 기본적인 문법입니다. 하지만 사용하기에 따라서 굉장히 장황하고 난잡한 코드를 몇 줄의 코드만으로 간단하게 구현할 수 있는 특성을 가지고 있는 것이 흐름 제어 구문이기도 합니다. 하지만 동시에, 구조에 대한 고민 없이 사용한다면 그만큼 흐름을 파악하기 힘들게 만드는 양날의 검이기도 합니다.

이어지는 학습 과정에서 흐름 제어 구문은 필수적인 요소입니다. 제대로 이해하지 못하고 넘어간다면 왜 guard 구문을 사용하는지, for 반복문이 처리하고 있는 내용은 무엇인지 등등, 예제 코드를 이해하기 힘들 수도 있습니다. 따라서 눈으로만 학습하는 대신 반복적으로 이번 장의 실습 내용을 학습해 보면서 각각의 구문이 어떤 식으로 실행되는지에 대해 명확하게 익혀보기 바랍니다.

집단 자료형 :
연관된 데이터를 손쉽게 다루기

CHAPTER 05

스위프트는 서로 관련이 있는 데이터끼리 모아서 관리할 수 있도록 집단 자료형(Collective Types)을 제공합니다. 집단 자료형을 사용하면 데이터를 손쉽게 그룹 단위로 묶을 수 있으므로 다량의 데이터를 다룰 때 무척 편리합니다. 현재 스위프트가 제공하는 집단 자료형은 특징과 성격에 따라 다음 네 가지로 나눌 수 있습니다.

- **배열(Array)** 일련번호로 구분되는 순서에 따라 데이터가 정렬된 목록 형태의 자료형
- **집합(Set)** 중복되지 않은 유일 데이터들이 모인 집합 형태의 자료형
- **튜플(Tuple)** 종류에 상관없이 데이터들을 모은 자료형. 수정 및 삭제를 할 수 없음
- **딕셔너리(Dictionary)** 배열과 유사하나 일련번호 대신 키(Key)를 사용하며 키-값으로 연관된 데이터들이 순서 없이 모인 자료형

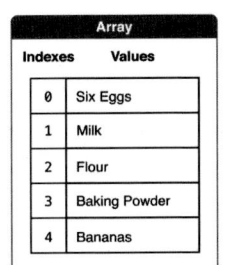 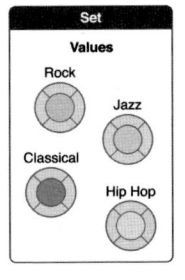 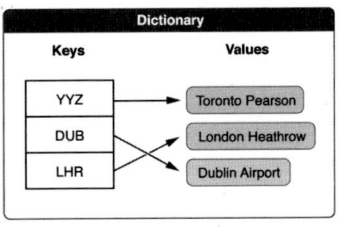

그림 5-1 스위프트의 집단 자료형과 데이터 관계(튜플은 성격이 다르므로 제외)

스위프트에서 배열과 집합, 튜플, 그리고 딕셔너리는 어떤 타입의 데이터라도 모두 저장할 수 있지만, 튜플을 제외한 나머지는 저장되는 모든 데이터의 타입이 동일해야 합니다. 하나의 배열 내에서 정수, 문자, 문자열 등 서로 다른 타입의 데이터를 섞어 저장하는 것은 불가능하다는 의미입니다.

오브젝티브-C를 이용해 앱을 개발해본 사람이라면 파운데이션 프레임워크에서 정의된 NSArray, NSDictionary 등의 유사 객체들을 이용해서 값의 타입에 상관없이 데이터를 저장할 수 있다는 것을 알 테지만, 적어도 스위프트에서의 집단 자료형들은 이러한 유연성에 제한이 있습니다. 따라서 스위프트의 집단 자료형은 저장할 값들이 어떤 타입인지 항상 명확하게 정의한 상태로 선언해야 합니다. 단, 튜플은 예외입니다. 튜플은 어떤 타입의 데이터도 모두 저장할 수 있으며 하나의 튜플 내에서 저장되는 데이터들이 모두 달라도 상관없이 저장할 수 있습니다.

이들 자료형은 자바나 파이썬, C# 등 최근에 주류로 사용되는 언어에서 제공하는 다양하고 쓰임새 넓은 자료구조에 비하면 다소 부족한 감이 있습니다. 하지만 실제 앱을 개발할 때에는 스위프트에서 제공하는 데이터 타입에 비해 더해 파운데이션 프레임워크 레벨에서 제공하는 자료형까지 모두 이용할 수 있으므로 사용 가능한 자료형의 폭이 상당히 넓습니다. 그러니 염려하지 마세요.

참고

파운데이션 프레임워크

사실, 그전까지 앱을 만들 때 사용했던 오브젝티브-C는 ANSI C의 내용을 모두 포함하고 거기에 스몰토크(Smalltalk)의 객체지향 요소 약간을 추가했을 뿐이라서 언어 자체에는 C 언어의 데이터 타입과 기본적인 제어문 이외에는 없다고 봐도 무방합니다. 그럼에도 불구하고 이 언어로 그간 iOS 앱이나 Mac OS X 프로그램을 무리 없이 개발할 수 있었던 것은 부족한 부분을 모두 채워주는 파운데이션 프레임워크(Foundation Framework)가 있었기 때문입니다.

파운데이션 프레임워크 덕분에 iOS 개발자들은 앱을 만들면서 방대한 라이브러리를 이용할 수 있을 뿐만 아니라 다양한 객체와 자료형을 사용할 수 있었습니다. 문자열을 다룰 때 사용하는 NSString이나 숫자를 다룰 때 사용하는 NSNumber, 인코딩된 데이터를 다루기 위한 NSData, 배열을 다루기 위한 NSArray, NSMutableArray 등 대부분의 자료형은 모두 파운데이션 프레임워크가 제공해 주는 것들입니다. 따라서 앱 개발과 파운데이션 프레임워크는 떼려야 뗄 수 없는 관계라고 할 수 있죠.

스위프트에서도 파운데이션 프레임워크를 제한 없이 사용할 수 있습니다. 파운데이션 프레임워크가 스위프트 언어로 모두 이식되었기 때문입니다. 따라서 스위프트 언어 자체가 제공하는 자료형이 부족하게 느껴지더라도 파운데이션 프레임워크를 통해 나머지 부분을 남김없이 채울 수 있습니다.

5.1 배열

배열(Arrays)은 일련의 순서를 가지는 리스트 형식의 값을 저장하는 데에 사용되는 자료형으로, 약간씩의 차이는 있지만 많은 프로그래밍 언어가 공통적으로 제공하는 자료형이기도 합니다. 배열에 입력되는 개별 아이템들은 모두 각각의 순서가 있는데, 이 순서를 일련번호, 즉 인덱스(Index)라고 합니다. 책에서 원하는 내용을 빨리 찾을 수 있도록 제공하는 색인 역시 인덱스라고 부르는데, 같은 역할이라고 생각하면 됩니다. 책의 색인을 통해 원하는 단어가 어느 페이지에 작성되어 있는지 금방 찾을 수 있는 것처럼 배열에서는 인덱스를 사용하여 배열 내 아이템을 읽어올 수 있습니다. 인덱스는 정수로 이루어지며, 0부터 시작하여 아이템이 추가될 때마다 차례대로 증가하는 것이 특징입니다.

배열에서 인덱스는 순서대로 할당되며, 중간에 값을 생략하거나 건너뛰는 경우는 없습니다. 인덱스에 연결된 아이템이 삭제되더라도 인접한 다음 아이템들이 차례대로 앞으로 이동하면서 빈 인덱스를 채워 넣습니다. 배열 처음이나 중간에 있는 아이템이 삭제되어도 실제로 사라지는 인덱스는 가장 마지막 인덱스입니다.

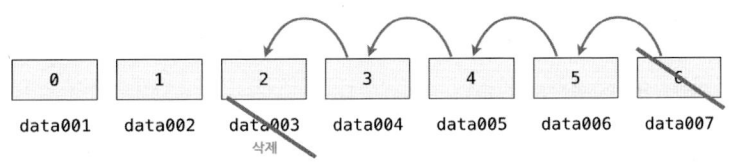

그림 5-2 배열 중간의 아이템이 삭제되었을 때의 인덱스 이동

이런 특성 때문에 인덱스는 배열의 아이템과 생사고락을 같이하는 고유 코드 역할을 할 수 없습니다. 그저 아이템의 순서를 나타내고, 아이템이 있는 위치를 가리키는 역할만 할 뿐입니다. 중복된 인덱스가 없고 배열의 아이템이 바뀌지 않는 이상 인덱스와 아이템 간의 연결이 바뀌지 않지만, 배열 내에서 아이템을 삭제하면 그다음 아이템과 연결되므로 사용 시 주의해야 합니다.

스위프트에서 사용하는 배열 자료형은 몇 가지 특징이 있습니다. 정리해보면 다음과 같습니다.

- 배열에 저장할 아이템의 타입에는 제약이 없지만, 하나의 배열에 저장하는 아이템 타입은 모두 같아야 함
- 선언 시 배열에 저장할 아이템 타입을 명확히 정의해야 함
- 배열의 크기는 동적으로 확장할 수 있음

스위프트에서 배열을 정의하는 방법은 두 가지로, 정적(Static)인 방식과 동적(Dynamic)인 방식으로 나눌 수 있습니다. 정적인 방식은 처음부터 배열을 구성하는 아이템을 포함하여 정의하는 방식입니다. 이 방식은 별도의 배열 선언이 필요 없다는 장점이 있습니다. 정적인 방식으로 배열을 정의할 때에는 대괄호를 사용하며, 다음과 같이 대괄호 내에 차례대로 아이템을 나열하면 이들 아이템을 품은 배열*이 만들어집니다.

[아이템1, 아이템2, 아이템3, ...]

아래는 정적인 방식으로 배열을 선언하고 이를 변수에 대입한 예입니다.

배열의 선언과 값 할당

```
var cities = ["Seoul", "New York", "LA", "Santiago"]
```

"Seoul", "New York", "LA", "Santiago"라는 문자열을 아이템으로 하는 배열을 생성하여 cities 변수에 대입하고 있습니다. 이들 문자열을 배열의 아이템으로 만들기 위해 대괄호 [ ]로 감싼 것을 눈여겨보기 바랍니다. 예에서 정의된 cities는 지금까지 우리가 배웠던 String이나 Int, Double 등이 아니라 배열 타입으로 선언된 변수입니다. 타입 추론에 의해서 말이죠. 특히 배열을 이루는 아이템에 모두 문자열 리터럴이 직접 사용되었기 때문에 cities는 **문자열 아이템을 가지는 배열**이 됩니다.

---

*배열 자료형을 이용하여 실제로 데이터를 저장할 수 있도록 정의한 것을 배열 객체라고 합니다. 이 책에서 우리가 배열이라고 이야기하는 대부분은 이렇게 실제로 데이터를 저장할 수 있는 객체를 의미합니다. 객체의 실질적인 의미는 8장에서 구조체와 클래스, 그리고 객체 지향에 대해 학습하면서 정확하게 배우게 됩니다.

> **참고**
>
> **리터럴(Literal)이란?**
>
> 리터럴은 값 자체를 이야기합니다. 값이 변수나 상수에 담긴 형태가 아니라 그에 저장되는 값 자체를 리터럴이라고 하죠. 아래 예에서 180이라는 값 자체가 리터럴입니다. 다음 예를 보면 리터럴을 이해하기 쉽습니다.
>
> ```
> let size = "180"  // size 변수에 180이라는 리터럴을 대입
> Int(size)  // 변수를 사용하는 예
> Int("180")  // 리터럴을 사용하는 예
> ```

이렇게 생성한 배열의 각 아이템은 인덱스를 사용하여 참조할 수 있습니다. 아래와 같이 배열을 대입한 변수나 상수에 대괄호를 붙이고 원하는 아이템에 해당하는 인덱스를 입력하면 됩니다.

배열의 아이템을 참조하는 방법

```
cities[0] // Seoul
cities[1] // New York
cities[2] // LA
cities[3] // Santiago
```

배열의 인덱스는 항상 0부터 시작하기 때문에 배열에 입력된 아이템 역시 0부터 순서대로 번호를 할당받습니다. 위의 예제에서는 "Seoul", "New York", "LA", "Santiago"의 순으로 추가했으므로 cities 배열은 첫 번째 아이템인 "Seoul"에 인덱스 0을, 두 번째 아이템인 "New Work"에 1을, 세 번째 아이템인 "LA"에 2를, 마지막 아이템인 "Santiago"에 3을 할당합니다. 이어지는 아이템이 더 있으면 점점 숫자가 늘어나겠죠. 배열의 인덱스가 0부터 시작하는 특성으로 인하여 마지막 인덱스는 배열의 크기보다 항상 1만큼 적습니다.

```
0 "Seoul"
1 "New York"
2 "LA"
3 "Santiago"
```

그림 5-3 배열의 인덱스와 저장된 아이템

참고

메모리 스택 확인하기

그림 5-3은 Xcode의 플레이그라운드 툴에서 제공하는 메모리 스택의 결과보기 창 일부입니다. 플레이그라운드에서 코드의 결과는 두 가지 방식으로 확인할 수 있는데, 한 가지가 메모리 스택이며 또 다른 한 가지가 콘솔 영역입니다.

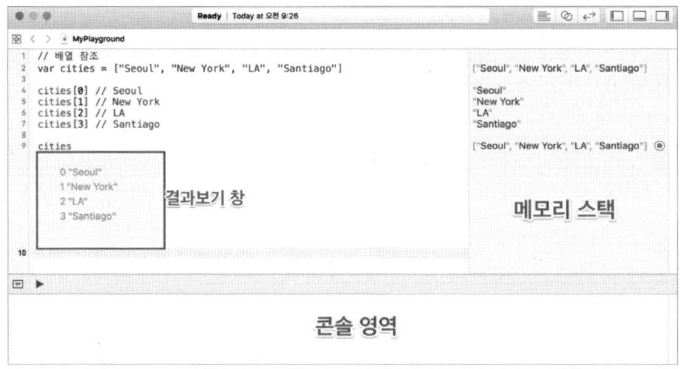

메모리 스택은 현재 메모리에 저장된 값을 눈으로 확인할 수 있도록 데이터 내역을 보여주며, 결과보기 창을 통해서 비주얼적인 요소를 더해서 보여주기도 합니다. 결과보기 창을 확인하려면 메모리 스택의 각 줄 맨 오른쪽에 있는 작은 동그라미 아이콘을 클릭하면 됩니다. 콘솔 영역은 출력 구문을 확인할 때 요긴하게 사용되며, 주로 NSLog(), print() 구문을 이용하여 출력한 메시지가 표시되는 곳입니다. 콘솔 영역을 열면 화면 하단의 왼쪽에 있는 사각형(내부에 역삼각형이 포함되어 있는) 아이콘을 클릭하면 됩니다.

5.1.1 배열 순회 탐색

순서가 있는 데이터를 처음부터 마지막까지 차례대로 읽어 들이는 것을 순회 탐색이라고 합니다. 순회 탐색에는 주로 반복문이 사용되는데, 반복문의 특성상 비교적 간단하게 데이터를 순회할 수 있는 방법을 제공하기 때문입니다. 배열 또한 순서가 있는 데이터이므로 반복문을 사용하여 순회 탐색할 수 있습니다.

배열을 순회 탐색할 때에는 for~in 구문을 많이 사용합니다. 방식은 크게 두 가지로 나눌 수 있는데, 한 가지는 배열의 길이를 직접 다루는 방식이고, 다른 한 가지는 배열의 순회 특성을 이용하는 방식입니다.

배열의 길이를 직접 다루는 방식이란 배열의 길이를 구해서 이 횟수만큼 루프가 반복되도록 직접 구현하는 것을 말합니다. 최소한 한 줄의 코드가 더 필요하지만, 배열 자체에 의존하지 않고 길이만 가져와 사용하는 방식이므로 원하는 만큼 횟수를 늘리거나 줄일 수도 있으며 기타 다양한 작업을 다룰 때 많이 사용됩니다.

반면에 배열의 순회 특성을 이용하는 방식은 for~in 구문에 배열 자체를 넣어서 실행시키는 것을 의미합니다. 반복문에서 알아서 배열을 순서대로 읽어가도록 하는데, 이로 인해 for~in 구문은 배열 데이터에 밀착하여 루프를 실행하기 때문에 루프의 실행 횟수 등을 임의로 조정하기는 어렵습니다.

배열의 길이를 직접 다루어 순회 탐색하려면 배열 내에 아이템이 몇 개 들어있는지를 먼저 알아야 합니다. 몇 번을 반복해서 아이템을 읽어 들여야 배열이 끝나는지 결정하기 위해서입니다. 배열에 들어있는 아이템의 개수를 배열의 길이라고 합니다. 아이템의 개수가 3개면 배열의 길이도 3, 아이템의 개수가 0개면 배열의 길이도 0이 되죠. 스위프트에서는 배열의 길이를 구할 때에는 배열 변수나 상수에 .count 를 붙여주면 됩니다. count 앞의 점도 포함입니다. 이를 이용하여 다음과 같이 구문을 작성하면 배열의 길이를 구할 수 있습니다. 나중에 배우겠지만, .count와 같은 것들을 속성(properties)라고 부릅니다.

```
var cities = ["Seoul", "New York", "LA", "Santiago"]
cities.count // 배열의 길이는 4
```

count 속성을 이용하여 배열의 크기를 얻었다면 이를 상수 length에 할당하고, 0에서 시작한 카운터 변수가 이 크기만큼 커질 때까지 for~in 구문을 반복합니다.

for~in 구문을 이용하여 배열을 순회할 때에는 반 닫힌 범위 연산자를 사용하는 것이 좋습니다. 반 닫힌 범위 연산자는 배열의 순회 탐색에 딱 어울리는 연산자거든요. 이 연산자가 배열의 순회 과정에 어떤 방식으로 사용되는지 다음 예제를 통해 알아봅시다.

```
var cities = ["Seoul", "New York", "LA", "Santiago"]
let length = cities.count // 배열의 길이

for i in 0..<length { // 반 닫힌 범위 연산자를 사용하여 배열을 순회
    print("\(i)번째 배열 원소는 \(cities[i])입니다")
}
```

[실행 결과]

0번째 배열 원소는 **Seoul**입니다
1번째 배열 원소는 **New York**입니다
2번째 배열 원소는 **LA**입니다
3번째 배열 원소는 **Santiago**입니다

for~in 구문과 함께 반 닫힌 범위 연산자를 사용하면 이 연산자의 특성상 배열의 크기 값을 포함하지 않는 범위, 즉 예제의 경우 4를 제외한 0~3까지를 가져옵니다. 이 범위는 0부터 시작하는 배열 인덱스의 특성에 의해 마지막 인덱스 값이 항상 배열의 크기보다 1이 적다는 사실과 일치합니다. 따라서 반 닫힌 연산자를 이용하면 배열의 순회를 훨씬 더 쉽게 처리할 수 있습니다.

참고

배열 크기를 상수에 할당한 이유

예제에서 우리는 배열의 길이를 별도로 정의한 상수 length에 할당하여 사용했습니다. 사실, 코드를 간결하게 하려면 굳이 상수를 정의해서 길이값을 저장할 필요 없이, 아래와 같이 배열의 count 속성을 직접 사용하는 방식을 취할 수도 있습니다.

```
for i in 0..<cities.count {
    ...
}
```

하지만 이 구문은 잠재적으로 문제가 될 소지를 가진 구문입니다. for~in 구문은 루프를 반복할 때마다 매번 조건식을 평가하는데, 이때 배열의 크기를 매번 다시 계산하거든요. 배열의 크기가 얼마 되지 않는다면 모르지만, 어느 정도 이상의 크기가 되는 배열을 반복적으로 읽어오도록 처리하는 것은 전체적으로 실행 속도를 떨어트리는 원인이 됩니다. 따라서 될 수 있으면 한 번만 읽어 별도의 변수나 상수에 크기를 저장해 놓고 사용하는 편이 좋습니다.

두 번째 방법은 이보다 더 간단합니다. 배열의 순회 특성, 즉 **이터레이터(Iterator)**를 이용하는 방식이죠.

앞에서 우리는 for~in 구문에 순번을 가진 범위 데이터를 넣으면 데이터의 크기만큼 반복 실행되는 특성을 학습했습니다. 이 특성은 배열에도 그대로 적용됩니다. 따라서 for~in 구문에 배열 데이터를 직접 넣으면 훨씬 간편하게 배열을 순회할 수 있습니다. for~in 구문이 읽어 들인 배열을 따라 순회하기 시작하면 배열의 아이템들이 차례대로 추출되어 for와 in 사이에 정의된 루프 상수에 할당됩니다(이해가 가지 않는다면 권총의 구조를 떠올려 봅시다). cities 배열의 아이템들은 모두 문자열이므로 루프 상수 역시 문자열 타입으로 선언됩니다.

```
var cities = ["Seoul", "New York", "LA", "Santiago"]

// 배열값의 순회 특성을 사용하여 탐색
for row in cities {
    print("배열 원소는 \(row)입니다")
}
```

[실행 결과]

배열 원소는 **Seoul**입니다
배열 원소는 **New York**입니다
배열 원소는 **LA**입니다
배열 원소는 **Santiago**입니다

순회 특성을 이용하여 배열을 탐색하면 루프 상수에 담기는 값은 현재의 인덱스 값이 아니라 배열 아이템 자체이므로, 몇 번째 아이템인지 인덱스를 바로 알기는 어렵습니다. 이때는 index(of:)를 사용하면 아이템을 통해 인덱스 값을 역으로 찾을 수 있습니다.

```
var cities = ["Seoul", "New York", "LA", "Santiago"]

for row in cities {
    let index = cities.index(of: row) // 배열의 인덱스를 확인하여 index 상수에 대입
    print("\(index!)번째 배열 원소는 \(row)입니다")
}
```

[실행 결과]
0번째 배열 원소는 **Seoul**입니다
1번째 배열 원소는 **New York**입니다
2번째 배열 원소는 **LA**입니다
3번째 배열 원소는 **Santiago**입니다

위 예제에서 사용된 index(of:)는 메소드(Method)라는 것으로, 아직 우리가 배우지 않은 문법입니다. 메소드에 대해서는 나중에 나오는 구조체와 클래스 단원에서 자세히 다루게 됩니다. 지금은 그냥 **배열의 아이템을 넣으면 그 아이템이 배열의 몇 번째 인덱스에 저장되어 있는지 알려주는 역할** 정도로만 생각하기 바랍니다.

5.1.2 배열의 동적 선언과 초기화

앞에서 정적인 방식으로 배열을 정의하고 사용하는 예를 살펴보았지만, 사실 이는 설명하기 쉬운 예일지는 몰라도 실제 프로그래밍 과정에서 그리 쓸모 있는 예는 아닙니다. 배열을 정의할 때 한꺼번에 필요한 아이템을 몽땅 집어넣고 정적으로 정의하여 사용하는 경우보다 선언과 초기화만 해 놓은 후 필요에 따라서 그때그때 동적으로 아이템을 추가하는 경우가 훨씬 많기 때문입니다. 동적으로 배열을 정의하는 방법을 알아봅시다.

값을 할당하지 않은 빈 배열을 선언하고 초기화할 때는 두 가지 형식을 사용할 수 있습니다. 먼저 살펴볼 형식은 다음과 같습니다.

```
Array <아이템 타입> ()
```

스위프트에서 배열을 정의하는 객체는 Array입니다. 구조체로 정의된 이 객체는 실질적인 배열 데이터를 만드는 데 사용될 뿐만 아니라 배열에서 데이터를 효과적으로 다루기 위한 다양한 기능까지 제공해 줍니다.

스위프트에서 배열을 정의할 때에는 반드시 저장할 아이템의 타입도 함께 명시해 주어야 합니다. 컴파일러는 이때 입력받은 아이템 타입을 이용하여 다른 데이터 타입이 입력되었을 경우 잘못 입력되었음을 판단할 뿐만 아니라, 배열 내부의 아이템을 바로 아이템 타입 형태로 사용할 수 있도록 처리해주기도 합니다.

이처럼 사용 시점에서 〈 〉 기호를 사용하여 배열 내부에서 사용할 아이템 타입을 지정하는 문법을 **제네릭(Generic)**이라고 합니다. 문자열 아이템을 저장할 배열이라면 〈String〉으로, 정수 아이템을 저장할 배열이라면 〈Int〉로, 범용 클래스 객체를 저장할 배열이라면 〈AnyObject〉로 작성하면 됩니다. 제네릭은 구조체나 클래스 외부에서 객체 내부에 사용될 타입을 지정할 수 있다는 점에서 동적 프로그래밍 영역으로 간주되기도 하는데, 생산성을 높여주는 문법입니다. 자바나 C# 등에서도 널리 사용되고 있죠.

동적으로 배열을 정의할 때에는 선언과 초기화 과정이 차례로 필요합니다. 선언(Declare)은 **이러이러한 배열을 만들 겁니다**라고 컴파일러에 미리 알려주는 역할을 하고, 초기화(initialization)는 **앞서 선언한 대로 실제로 만들어주세요**라고 요청하는 과정으로, 호텔의 예약 및 체크인 과정에 비유해 볼 수 있습니다.

호텔을 이용하기 위해서는 예약을 하고 실제로 호텔에 투숙할 때 체크인을 하는데요, 여행지 호텔을 예약하면 보통 방 번호까지 예약된다고 생각할지도 모르겠지만 그건 사실 호텔에 미리 알려주는 정도에 불과합니다. 언제 갈 테니 어떤 방으로 준비해주세요. 하는 정도로 말이죠.

이때까지는 몇 호실에 머무르게 될 지 결정되지 않은 상태입니다. 실제로 호텔에 도착해서 체크인을 해야만 비로소 현재 사용 가능한 빈방 중에서 예약한 조건에 맞는 방을 할당받을 수 있습니다.

배열도 이와 유사합니다. 객체지향 프로그래밍에서 배열 구조체는 선언만 되었을 때에는 메모리 공간을 차지하지 않다가 초기화가 진행되면 그때서야 메모리 공간을 할당받습니다. 비로소 데이터를 저장할 수 있는 공간이 생기는 겁니다. 다시 말해, 배열의 선언은 "시스템 OS에 이만이만한 공간을 사용하고 싶습니다."라고 예약하는 과정이고, 초기화는 실제로 사용하기 위해 체크인을 하는 과정인거죠. 실제로 스위프트에서 모든 변수와 상수는 알게 모르게 초기화 과정을 거칩니다.

종종 호텔에 예약하지 않고 그냥 가서 바로 "빈 방 하나 주세요."라고 체크인할 때도 있습니다. 예약과 체크인이 동시에 이루어지는 경우인데, 배열에서도 마찬가지입니다. 선언과 초기화를 동시에 처리할 수 있죠. 실제로 배열을 정의해 봅시다. 다음은 cities 배열을 선언하고 동시에 초기화하는 예입니다.

문자열 배열의 선언 및 초기화

```
var cities = Array<String>()
```

문자열 형식의 배열 객체를 정의한 다음, cities 변수에 대입하고 있습니다. 이렇게 정의한 배열은 문자열을 저장할 수 있는 빈 배열로 초기화되죠. 만약 이 배열을 단순히 선언만 하려면 타입 어노테이션을 사용하여 다음과 같이 작성하면 됩니다.

문자열 배열을 선언

```
var cities : Array<String>
```

이렇게 선언된 배열은 초기화되지 않았으므로 아직 메모리 공간을 할당받지 않은 상태입니다. 따라서 이 배열에는 아무것도 아직 저장할 수 없죠. 배열을 사용하기 위해서는 아래와 같이 초기화 과정을 통해 메모리 공간을 할당받아야 합니다.

> **배열의 초기화**

```
cities = Array()
```

초기화하는 과정은 비교적 단순합니다. 배열을 정의하는 구조체인 Array 뒤에 소괄호 ( )만 붙여주면 됩니다. 그런데 이미 선언과 초기화가 이루어진 배열 변수를 또다시 초기화하면 어떻게 될까요? 이때는 새로운 배열 객체가 다시 만들어져 변수에 할당됩니다. 이 과정에서 기존 배열은 제거되죠.

 초기화할 때 왜 Array<String>( )이 아니라 Array( )로 초기화한 건가요. 초기화할 때는 무조건 아이템 타입을 생략해도 되나요?

선언이 완료된 cities 변수는 이미 타입 어노테이션을 통해서 배열의 저장 타입이 지정되어 있습니다. 필요한 것은 단지 선언된 배열을 초기화하는 구문인 거죠. 그래서 Array( ) 구문만으로 초기화해도 아무런 문제가 없습니다. 물론 확실하게 하려면 Array〈String〉( )으로 초기화해도 됩니다. 조금 더 복잡한 형태가 되겠지만요. cities의 선언부와 초기화 구문을 생략 없이 하나로 합치면 다음과 같습니다. 아이템 타입이 양쪽에 모두 선언된 모습입니다.

```
var cities : Array<String> = Array<String>()
```

어떤가요. 막연한 느낌에도 무엇인가 불필요하게 중복되는 것 같지 않나요? 이런 이유 때문에 타입 어노테이션이 작성되어 있을 경우 초기화 구문에서는 아이템 타입을 생략할 수 있도록 허용되었다고 생각하면 됩니다.

지금까지 알아본 것처럼 스위프트에서 배열은 Array〈아이템 타입〉으로 정의합니다. 이 방식은 다른 프로그래밍 언어와는 다소 형식에서 차이가 있습니다. 일반적으로 프로그래밍 언어에서 배열을 선언할 때에는 자료형 뒤에 [ ] 기호를 붙이는 방법을 많이 사용하거든요. 문자열 타입의 배열은 String[ ], 정수 타입의 배열은 Integer[ ], 실수 타입의 배열은 Double[ ], 그리고 클래스를 저장하는 배열은 MyClass[ ] 이런 식으로 말입니다.

스위프트도 처음 발표되었을 당시의 배열 선언 문법은 이와 같았습니다. 하지만 몇 번의 업그레이드를 거친 후 발표된 스위프트 GM 버전에서는 String[ ]으로 선언하는 배열 문법이 제거되었죠. 대신 이와 유사한 형식으로 배열을 정의하는 구문을 제공키로 했습니다. 이것이 스위프트에서 배열을 정의하는 두 번째 형식입니다.

```
[ 아이템 타입 ]()
```

이 구문은 대괄호 사이에 아이템 타입을 작성하는 형식으로 배열을 정의합니다. 이때에는 앞에서 사용했던 배열 구조체 Array나 아이템 타입을 표현하는 < > 기호가 사용되지 않으며 단순히 대괄호 사이에 아이템 타입을 기재하는 것만으로 배열을 정의할 수 있습니다. 물론 초기화할 때는 초기화 연산자인 ( )를 붙여야 합니다. 이 구문 형식을 사용하여 배열을 정의하는 예입니다.

배열 선언 & 초기화
```
var cities = [String]()
```

이 구문 역시 선언과 초기화를 분리할 수 있습니다. 먼저 배열 변수를 선언할 때에는 다음과 같이 작성합니다.

배열 선언
```
var cities : [String]
```

초기화할 때와 거의 유사한 형태로 타입 어노테이션을 기재하되 괄호만 제외합니다. 이렇게 하면 문자열을 아이템으로 갖는 배열이 선언됩니다. 단, 아직 초기화 전이므로 사용을 위해서는 초기화 과정이 필요합니다. 선언된 배열을 초기화할 때에는 다음 두 가지 형식을 사용할 수 있는데, 이때 두 가지 형식이 의미하는 바는 전혀 다르므로 주의해야 합니다.

배열 초기화 – 첫 번째 방식

```
cities = [String]()
```

배열 초기화 – 두 번째 방식

```
cities = []
```

첫 번째 형식은 선언된 배열 그대로를 초기화하지만, 두 번째 형식은 빈 배열 하나를 새로 만들어서 이것을 변수에 할당합니다. 엄밀하게 말해서 두 번째 방식은 초기화가 아닙니다. 따라서 초기화 연산자인 ( )가 붙지 않을뿐더러 초기화 연산자 ( )를 붙이면 오히려 오류가 발생합니다.

이처럼 배열의 선언과 초기화 스타일은 매우 다양합니다. 필요에 따라서는 다음과 같이 선언과 초기화 표현을 서로 섞어서 사용해도 무방합니다. 어느 방식이 옳다는 것은 없으므로 각자 익숙한 형태를 골라 사용하면 됩니다.

Case 1

```
var cities : [String] // 선언
cities = [String]()   // 초기화
```

Case 2

```
var country : [String] // 선언
country = [] // 초기화
```

Case 3

```
var list : [Int] = [] // 타입 어노테이션 + 초기화
```

Case 4

```
var rows : Array<Float> = [Float]() // 타입 어노테이션 + 제네릭 + 초기화
```

Case 5

```
var tables : [String] = Array() // 타입 어노테이션 + 구방식의 초기화
```

선언된 배열이 실제로 비어 있는지를 체크해야 할 경우가 있습니다. 이때에는 흔히들 배열의 길이 속성인 count의 값이 0이냐 아니냐를 기준으로 하기도 하지만, 그보다는 배열 구조체에서 제공하는 속성인 isEmpty를 사용하는 것이 좋습니다. 이 속성은 배열에 아이템이 없는 텅 빈 상태이면 true를, 그렇지 않으면 false를 반환합니다.

```swift
var list = [String]()

if list.isEmpty {
    print("배열이 비어 있는 상태입니다")
} else {
    print("배열에는 \(list.count)개의 아이템이 저장되어 있습니다")
}
```

[실행 결과]

배열이 비어 있는 상태입니다

이 속성은 읽기 전용(Read-Only)이므로 isEmpty 속성에 true를 대입할 수 없습니다. 설령 강제로 대입한다 해도 이로 인해 배열이 비워지지는 않는다는 것을 알아두기 바랍니다.

5.1.3 배열 아이템 동적 추가

필요에 따라 배열의 아이템을 동적으로 할당하는 방법을 알아봅시다. 배열에 동적으로 아이템을 추가할 때에는 메소드를 사용하는데, 기능에 따라 다양한 메소드가 있지만 대표적인 것으로 아래 세 가지 정도를 사용합니다.

- append(_:)
- insert(_:at:)
- append(contentsOf:)

append(_:) 메소드는 입력된 값을 배열의 맨 뒤에 추가합니다. 일반적으로 배열에서 존재하지 않는 인덱스에 접근하면 오류가 발생하므로 이 메소드는 아이템 추가 전에 먼저 배열의 크기를 +1만큼 확장하여 인덱스 공간을 확보한 후, 인자값을 마지막 인덱스 위치에 추가합니다.

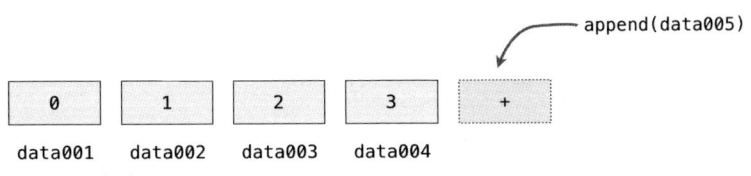

그림 5-4 append(_:)

반면 insert(_:at:) 메소드는 아이템을 배열의 맨 뒤가 아닌 원하는 위치에 직접 추가하고 싶을 때 사용합니다. at: 뒤에 입력되는 정수값은 배열에서 아이템이 추가될 인덱스의 위치를 의미합니다. 이 인덱스에 새로운 값이 추가되면 이를 기준으로 하여 나머지 인덱스들은 하나씩 다음으로 밀려나는 결과를 가져옵니다. 쉽게 말해 끼어들기입니다.

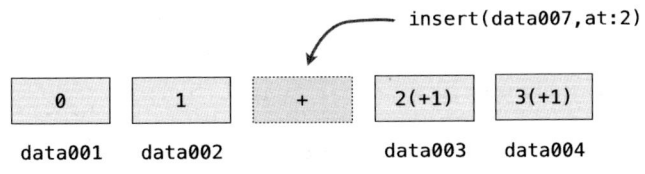

그림 5-5 insert(_:at:)

마지막으로 append(contentsOf:)는 append(_:) 메소드처럼 배열의 맨 마지막에 아이템을 추가하지만, 개별 아이템이 아니라 여러 개의 아이템을 배열에 한꺼번에 추가할 때 사용하는 메소드입니다. 이를 위해 메소드의 인자값은 항상 배열이어야 합니다.

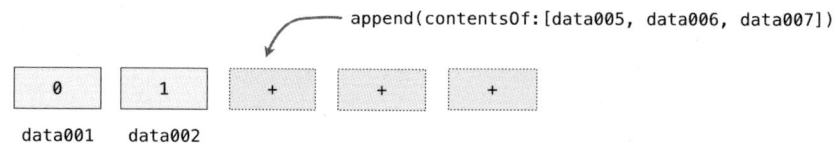

그림 5-6 append(contentsOf:)

이들 메소드를 이용하여 배열 아이템을 동적으로 추가해 봅시다.

문자열을 아이템으로 갖는 배열 선언 및 초기화
```
var cities = [String]() // []

cities.append("Seoul")// ["Seoul"]
cities.append("New York") // ["Seoul","New York"]
cities.insert("Tokyo", at: 1) // ["Seoul","Tokyo","New York"]
cities.append(contentsOf: ["Dubai","Sydney"]) // ["Seoul","Tokyo","New 
                                                  York","Dubai","Sydney"]
```

예제를 통해 아이템이 추가된 배열 cities는 다음과 같은 아이템 및 인덱스 순서로 구성됩니다.

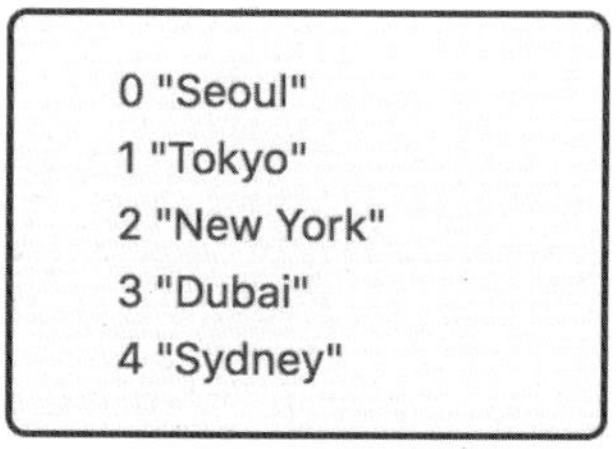

```
0 "Seoul"
1 "Tokyo"
2 "New York"
3 "Dubai"
4 "Sydney"
```

그림 5-7 동적 방식으로 배열에 추가된 아이템 결과

입력된 배열값을 변경하고 싶을 때는 배열의 인덱스를 이용하여 변경할 값을 직접 대입하면 됩니다. 이렇게 인덱스에 직접 할당된 값은 배열의 크기를 늘리지 않고 기존 인덱스에 연결된 아이템을 교체하는 방식으로 수정이 이루어집니다.

```
cities[2] = "Madrid"
```

다음과 같이 인덱스 2에 해당하는 값이 변경된 것을 확인할 수 있습니다.

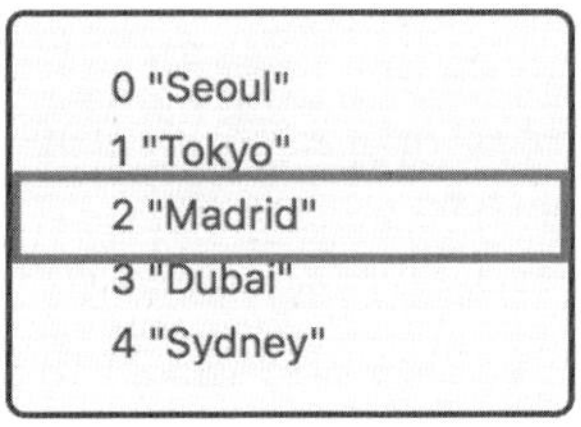

```
0 "Seoul"
1 "Tokyo"
2 "Madrid"
3 "Dubai"
4 "Sydney"
```

그림 5-8 배열 아이템의 수정 결과

그런데 여기에서 궁금증이 생깁니다. 수정할 값을 직접 대입하는 방법으로 기존의 값을 변경할 수 있다면, 처음부터 이렇게 값을 입력할 수는 없을까요? 즉, 아래와 같은 구문을 사용하여 배열에 값을 추가할 수 없을까 하는 의문입니다.

배열을 선언 및 초기화

```
var cities = [String]()
```

배열을 추가

```
cities[0] = "Seoul"
cities[1] = "Tokyo"
cities[2] = "Madrid"
cities[3] = "Dubai"
cities[4] = "Sydney"
```

결론을 이야기하자면 틀렸습니다. 배열의 인덱스를 이용하여 직접 아이템에 접근하는 이 방식으로 기존에 있는 값을 수정할 수는 있지만, 값을 추가할 수는 없습니다.

어떤 경우든지 배열의 인덱스를 직접 이용하여 아이템의 값을 할당하거나 수정하고, 읽어오는 것은 해당 배열에 그 인덱스가 이미 만들어져 있거나 그만큼의 인덱스가 확보된 경우로 제한됩니다. 즉, cities[0] = "Seoul" 구문을 사용하려면 cities 배열에 인덱스 0이 이미 만들어져 있어야 가능하다는 뜻입니다. 마찬가지로 cities[3] = "Dubai"라고 배열에 직접 값을 할당하려면 배열의 3번 인덱스가 만들어져 있고, 그 안에 값이 저장되어 있어야 합니다.

그렇지 않을 경우 배열은 존재하지 않는 인덱스를 참조하려고 시도하고, 그 결과로 오류가 발생합니다. 이른바 **잘못된 인덱스 참조로 인한 오류**입니다. 앞서 우리가 학습했던 아이템 추가 메소드 중 배열의 인덱스를 직접 지정할 수 있는 입력 메소드가 있었죠? insert(_:at:) 메소드 말입니다. 이 메소드 역시 at 매개변수에 현재 존재하지 않는 인덱스 값을 넣으면 잘못된 배열 인덱스 참조로 인한 오류가 발생합니다. 단, 현재 배열에서 마지막 인덱스에 이어지는 다음 인덱스를 참조하는 것은 허용합니다. 내부적으로 배열의 크기를 +1 확장하여 새로운 인덱스를 만들어주기 때문입니다.

배열을 선언 및 초기화
```
var cities = [String]()
```

배열을 추가
```
cities.insert("Seoul", at: 0)
```

배열의 인덱스에 직접 접근하려면 접근할 인덱스 공간이 미리 만들어져 있어야 합니다. 지금까지 우리는 배열을 만들 때 배열에 들어갈 아이템의 개수, 즉 배열의 길이를 그다지 고려하지 않았습니다. 처음에 시작할 때 크기를 0으로 지정한 후 입력 메소드를 사용하여 새로운 아이템을 추가할 때마다 동적으로 크기가 늘어나도록 배열을 사용했죠. 배열의 길이가 늘어나면 그만큼 인덱스도 자동으로 늘어나는 것이 스위프트에서 배열의 특징입니다.

하지만 이렇게 하면 배열의 크기는 언제나 현재 입력된 값의 개수만큼만 생성됩니다. 새로운 아이템을 직접 할당하기 위해 참조해야 할 인덱스는 아직 생성되어 있지 않은 상태죠. 이 때문에 오류가 발생합니다. 이처럼 배열의 크기를 동적으로 변경하는 방식으로 생성한 배열은 새로운 아이템을 추가할 목적으로 인덱스에 직접 접근할 수 없습니다. 다만 코코아 터치 프레임워크를 살펴보면 배열을 생성하는 여러 가지 방법 중에서 초기화할 때 배열의 크기를 지정할 수 있는 구문이 다음과 같이 정의되어 있습니다.

```
extension Array : RangeReplaceableCollection {
    public init(repeating repeatedValue: Element, count: Int)
}
```

아직 구조체와 클래스, 확장체에 대해 배우기 전이지만, 가벼운 마음으로 살펴봅시다. init는 객체를 생성할 때 사용하는 구문, 또는 형식이라는 의미로 사용됩니다. 이때 두 개의 인자값이 사용되는데, 하나는 배열의 크기만큼 생성된 인덱스 각각에 기본값으로 넣어줄 repeatedValue이며 또 다른 하나는 배열의 길이를 정해주는 count입니다. 이를 이용하여 배열을 생성하는 구문은 다음과 같습니다.

```
var cities = Array(repeating: "None", count: 3)
```

Array 구조체는 [ ] 기호로 대체할 수 있으므로, 위 구문을 다음과 같이 바꾸어도 됩니다.

```
var cities = [String](repeating: "None", count: 3)
```

이와 같이 Array(repeating:count:) 구문을 이용하여 배열을 생성하면 지금까지 초기화했던 배열과 달리 배열의 인덱스가 개수만큼 미리 정의되고, 여기에 기본값이 각각 추가된 상태로 배열이 만들어집니다. 다음은 배열의 크기가 3, 배열 아이템에는 "None"이라는 값이 기본값으로 입력된 위 구문의 결과입니다.

```
0 "None"
1 "None"
2 "None"
```

그림 5-9

이런 방식으로 생성된 배열은 입력된 크기만큼의 인덱스를 미리 확보하고 있으므로 필요할 때 배열의 원소에 직접 접근해서 값을 읽거나 할당하고 변경할 수 있습니다. 물론 크기가 "지정"되었을 뿐이지, "고정"된 것은 아닙니다. 어디까지나 배열의 크기가 기본값으로 지정된 것뿐이므로 append(_:)나 insert(_:at:) 메소드를 사용하여 새로운 인덱스와 값을 추가하고 배열의 크기를 늘릴 수 있습니다.

주의할 점이 하나 있습니다. 위와 같은 방법으로 인덱스 범위를 넉넉하게 확보해 놓았다 할지라도, 생성된 배열의 크기를 벗어나는 인덱스에 직접 접근하고자 할 때는 앞에서와 마찬가지로 잘 못된 인덱스 참조 오류가 발생합니다. 그러니 항상 배열은 배열의 길이 내에서 움직이는 것이 매우 중요합니다.

5.1.4 범위 연산자를 이용한 인덱스 참조

배열의 인덱스를 지정해서 개별 아이템을 참조하는 방식 이외에도 범위 연산자를 이용하면 특정 범위의 인덱스에 해당하는 아이템을 모두 참조할 수 있습니다. 주로 일정 범위의 배열 아이템을 한꺼번에 읽어 들일 때 사용하는데, 사용하는 방식은 다음과 같습니다.

> **문자열 아이템을 저장하는 배열 정의**
> ```
> var alphabet = ["a", "b", "c", "d", "e"]
>
> alphabet[0...2] // ["a", "b", "c"]
> alphabet[2...3] // ["c", "d"]
> alphabet[1..<3] // ["b", "c"]
> ```

범위 연산자를 이용하여 배열의 인덱스를 참조하면 범위에 해당하는 모든 인덱스의 아이템을 읽어 오게 되며, 이때의 결과값은 배열로 전달됩니다. [0...2]는 alphabet[0], alphabet[1], alphabet[2]에 해당하는 아이템을 묶어서 결과값으로 전달해 달라는 의미입니다.

범위 연산자를 이용하여 데이터를 읽어 오는 방식은 그리 특별한 것이 아니지만, 범위 연산자를 배열 아이템의 수정에 적용하면 재미있는 결과가 나타납니다. 범위 연산자로 읽어 들인 배열에 새로운 값을 할당하면 할당할 배열 아이템과 범위 연산자로 읽어 들인 배열의 크기가 일치하지 않을 때도 값을 변경할 수 있습니다. 즉, 범위 연산자로 읽어 들인 배열의 크기보다 더 큰 아이템을 할당할 수도 있다는 의미입니다. 다음 구문을 봅시다.

> ```
> ...(중략)...
> alphabet[1...2] = ["1", "2", "3"]
> // alphabet = ["a", "1", "2", "3", "d", "e"]
> ```

범위 연산자에 의해 얻은 인덱스는 1, 2로서 이에 해당하는 아이템은 ["b", "c"]입니다. 여기에 ["1", "2", "3"]을 할당하면 기존 ["b", "c"]는 삭제되고 그 자리를 ["1", "2", "3"]이 대신하게 됩니다. 이로 인해 전체 alphabet 배열의 아이템은 ["a", "1", "2", "3", "d", "e"]가 됩니다. 2개의 아이템이 제거되었지만 새로이 3개의 아이템이 추가되었으므로 전체 배열 길이로 보면 1만큼 커졌습니다.

범위 연산자로 가져온 배열보다 할당될 배열의 크기가 작은 경우는 어떻게 되는지 확인해봅시다.

```
...(중략)...
alphabet[2...4] = ["A"]
// alphabet = ["a", "1", "A", "e"]
```

alphabet[2...4]를 이용하여 가져오는 아이템은 모두 3개로 ["2", "3", "d"] 가 이에 해당합니다. 이 아이템들에 연결되어 있던 범위 인덱스에 ["A"]를 할당하면 기존의 아이템 3개는 모두 제거되고, 대신 ["A"]가 추가됩니다. 그 결과 전체 배열은 ["a", "1", "A", "e"]로 수정되면서 배열의 크기 역시 4로 줄어들게 됩니다. 이처럼 범위 연산자를 사용하여 가져온 배열보다 할당될 배열의 크기가 작은 경우에도 기존의 범위에 속하는 배열 아이템이 모두 제거되고 그 자리를 새로 대입하는 배열이 차지합니다. 할당은 문제없이 진행되는 것을 볼 수 있습니다.

참고

NSArray, NSMutableArray

스위프트에서 제공하는 배열은 Array이지만, iOS용 앱을 만들다 보면 또 다른 배열 객체와 마주하게 됩니다. NSArray와 NSMutableArray가 그것인데요, 이들은 스위프트 언어 자체에서 제공하는 Array와는 달리 파운데이션 프레임워크에서 제공하는 객체입니다. 오브젝티브-C로 앱을 개발하던 시절에는 배열 형식의 데이터를 다룰 때 대부분 NSArray, NSMutableArray를 사용했죠. NSArray는 수정이 필요 없는 배열에, NSMutableArray는 수정이 필요한 배열에 각각 사용합니다.

파운데이션 프레임워크의 배열과 스위프트 배열의 차이는 몇 가지로 정리해볼 수 있습니다. 우선 스위프트에서의 배열은 구조체로 정의되어 있지만, 파운데이션 프레임워크에서 제공하는 배열은 클래스로 정의되어 있습니다. 또 다른 점은 스위프트에서의 Array는 생성할 때 정의된 한 가지 타입의 자료형만 배열에 저장할 수 있지만, 파운데이션 프레임워크의 배열들은 데이터의 타입에 상관없이 저장할 수 있습니다. 그래서 앞으로도 타입이 명확하게 정해지지 않은 불특정형 집합 데이터나 여러 종류의 값이 섞여 있는 집합 데이터를 처리할 때에는 NSArray나 NSMutableArray를 사용해야 합니다.

5.2 집합

집합(Sets)은 같은 타입의 서로 다른 값을 중복 없이 저장하고자 할 때 사용하는 집단 자료형입니다. 집합은 배열과 매우 유사하지만, 배열을 사용하기에는 순서가 그다지 중요하지 않은 데이터들이거나 중복 없이 한 번만 저장되어야 하는 데이터들을 다룰 때 배열 대신 사용할 수 있는 자료형입니다.

집합은 내부적으로 해시(Hash) 연산의 결과값을 이용하여 데이터를 저장하므로 집합에 저장할 데이터 타입은 해시 연산을 할 수 있는 타입이어야 합니다. 다시 말해 집합에 저장할 데이터 타입은 반드시 해시값을 계산하는 방법을 제공해야 한다는 뜻입니다. 해시 연산의 결과로 얻을 수 있는 해시값은 일련의 정수로 구성되며, 대상의 값이 같다면 해시 연산에 의한 결과값도 마찬가지로 일치하는 특성이 있습니다.

스위프트에서 제공하는 모든 기본 타입은 기본적으로 해시 연산을 할 수 있으므로 집합의 아이템으로 사용하기에 문제가 없습니다. 만약 스위프트에서 기본으로 제공하는 타입이 아니라 우리가 임의로 만든 타입을 사용하여 집합의 아이템으로 저장하려면, 스위프트 표준 라이브러리에서 제공하는 Hashable 프로토콜을 구현해야 합니다. 프로토콜을 구현한다는 의미를 지금 이해하기는 어려우므로 단지 hashValue라고 불리는 해시값을 만들어 낼 수 있는 기능을 정의해야 한다는 정도로만 이해하도록 합시다.

참고

해시 연산이란?

해시 연산은 보통 해시 알고리즘(Hash Algorithm)이라 불리는 것으로서, 임의의 입력된 메시지를 고정 길이의 데이터 크기로 변환해주는 알고리즘입니다. 해시 알고리즘을 사용하면 아무리 긴 데이터나 아무리 짧은 길이의 데이터라 할지라도 고정 길이의 데이터로 변환할 수 있습니다.

가장 단순하고 이해하기 쉬운 해시 알고리즘의 예로 나눗셈의 나머지 값을 구하는 % 연산을 들 수 있습니다. 아무리 큰 값의 수라 할지라도 10으로 나눈 나머지를 구하면 0~9까지 중에서 한자리 길이의 값으로 변환될 수 있죠.

그러나 이것은 그리 좋은 해시 알고리즘이 될 수는 없습니다. 해시 연산에서는 서로 다른 값을 연산했을 때 같은 결과값이 나올 가능성이 있으며, 이를 해시 충돌이라고 부릅니다. 이런 해시 충돌의 가능성이 낮을수록 좋은 해시 알고리즘으로 평가받게 되죠. 이를 기준으로 한다면 % 10으로 연산하는 알고리즘은 해시 충돌 가능성이 아주 큰 알고리즘입니다. 해시 연산의 결과값 길이가 길지 않으면서도 해시 충돌 가능성이 낮아야만 좋은 알고리즘이라고 할 수 있습니다. 많이 알려진 해시 알고리즘에는 MD5, SHA1, SHA256 등이 있습니다.

해시 연산은 아무리 긴 메시지라 할지라도 짧은 일정 길이의 데이터로 변환할 수 있다는 특징이 있으며, 입력값이 변경될 경우 해시 연산의 결과값도 달라진다는 특징도 있습니다. 이 때문에 데이터의 무결성 검증이나 메시지 인증 등에 사용되는 경우가 많습니다. 또한, 우리가 사용하는 딕셔너리처럼 해시 연산값을 기준으로 데이터를 정렬하여 저장하는 데에 사용되기도 합니다.

해시 연산값을 이용한 자료 탐색은 현존하는 자료 탐색 기술 중에서 가장 빠른 기술이므로 메모리를 낭비한다는 단점에도 불구하고 많이 사용됩니다. 해시 알고리즘은 연산 처리 과정에서 일정 부분 원본 데이터의 손실이 발생하므로 해시 연산으로 얻은 결과값을 역이용하여 본래의 데이터를 구하는 것은 수학적으로 매우 어려운 일입니다. 이 때문에 복호화가 필요 없는 암호화에 많이 사용되기도 합니다.

5.2.1 집합의 정의

집합을 정의할 때는 초기값을 사용하여 바로 정의하거나 빈 집합을 선언하고 초기화하는 과정을 거쳐 정의할 수 있습니다. 먼저 초기값을 사용하여 집합을 정의하는 방법을 알아봅시다.

초기값을 사용하여 집합을 정의할 때, 값으로 사용되는 데이터 리터럴은 배열과 동일합니다. 다시 말해, 집합을 정의할 때에는 배열 데이터를 사용하여 정의한다는 거죠. 하지만 단순히 배열 데이터를 사용하여 정의하게 되면 컴파일러는 이 데이터들을 집합이 아닌 배열로 인식합니다. 이같은 상황을 방지하고 집합 타입이라는 것을 컴파일러에 직접 알려주기 위해 타입 어노테이션 Set을 기재해야 합니다. Set은 집합을 정의할 때 사용하는 구조체입니다.

집합 정의

```
var genres : Set = ["Classsic", "Rock", "Balad"]
```

위 구문은 음악 장르 데이터들을 집합 타입으로 정의하는 예입니다. 보는 바와 같이 초기값으로 사용된 오른쪽 리터럴은 배열입니다. 따라서 genres 변수에 대한 타입 어노테이션이 없다면 이 데이터는 배열로 선언될 겁니다. 이를 막기 위해 타입 어노테이션 Set을 붙여주고 있습니다.

원래 집합은 배열처럼 저장할 아이템의 타입을 명시해야 하는 것이 원칙입니다. 그러나 지금처럼 초기값이 처음부터 할당되어 타입을 추론할 수 있을 때는 생략해도 무방합니다. 만약 초기값으로 텅 빈 배열을 사용하여 집합을 저장해야 한다면, 타입 어노테이션에서 아이템 타입을 반드시 작성해 주어야 합니다.

```
var g : Set<String> = [ ]
```

저장할 타입이 생략되지 않은 전체 타입 어노테이션을 사용하여 위 구문을 다시 작성하면 다음과 같습니다.

집합 정의

```
var genres : Set<String> = ["Classsic", "Rock", "Balad"]
```

초기값을 사용하지 않은 빈 집합을 정의할 때는 다음과 같은 형식으로 Set 객체를 이용하여 직접 정의할 수 있습니다.

Set <아이템 타입> ()

이 형식에 따라 위 집합의 정의 구문을 수정해보면 다음과 같습니다.

빈 집합을 정의

```
var genres = Set<String>()
```

집합에 아이템을 추가

```
genres.insert("Classic")
genres.insert("Rock")
genres.insert("Balad")
```

배열 리터럴을 초기값으로 이용하여 집합을 정의하였던 앞의 예제와 완전히 동일한 구문입니다. 맨 처음 문자열 타입의 집합 객체를 정의하고 genres 변수에 할당합니다. 빈 문자열 집합이 genres 변수에 할당되고 난 다음에는 집합에서 아이템을 추가할 때 사용되는 insert(_:) 메소드를 사용하여 개별적으로 아이템 세 개를 추가합니다. 이를 통해 집합 genres에는 모두 세 개의 아이템이 추가되며, 집합의 크기는 3이 됩니다.

작성된 집합은 count 속성을 통해 크기를 확인할 수 있습니다. 배열과 마찬가지로 저장된 아이템의 개수가 곧 집합의 크기이지만, 배열은 중복된 데이터를 허용하는 반면 집합은 중복 데이터를 허용하지 않으므로 같은 데이터를 저장했다 하더라도 배열과 집합은 크기가 다를 수 있습니다. count 속성이 0인지 아닌지를 통해 집합이 비어 있는지를 판단할 수도 있으나 isEmpty 속성을 사용하면 보다 명확하게 빈 집합인지를 판단할 수 있습니다.

집합이 비어 있을 때는 count 속성이 0이며, 동시에 isEmpty 속성의 값이 true로 설정됩니다. 집합이 비어 있지 않을 때는 count 속성이 0보다 큰 값으로 변경되고, isEmpty 속성 역시 false로 설정됩니다. 이들 속성은 읽기 전용(Read-Only) 속성이므로 우리가 임의로 설정할 수 없습니다. 혹여 임의로 설정할 수 있다 해도 count 속성을 0으로 설정한다 하여 집합에 저장된 값들이 모두 삭제되지는 않습니다.

```
...(중략)...

// 빈 집합인지 체크
if genres.isEmpty {
    print("집합이 비어있습니다")
} else {
    print("집합에는 현재 \(genres.count) 개의 아이템이 저장되어 있습니다")
}
```

[실행 결과]

집합에는 현재 3 개의 아이템이 저장되어 있습니다

5.2.2 집합 순회 탐색

for~in 구문을 이용하면 집합도 배열처럼 순회 탐색을 할 수 있습니다. 배열처럼 인덱스를 활용하여 순회 탐색을 할 수는 없지만, 순회 속성이 제공되므로 집합 자체를 for~in 구문에 그대로 넣고 순회 처리하는 방식으로 구문을 작성하면 됩니다.

집합을 정의
```
var genres : Set = ["Classic", "Rock", "Balad"]
```

집합을 순회 처리하면서 아이템을 출력
```
for g in genres {
    print("\(g)")
}
```

[실행 결과]
```
Balad
Rock
Classic
```

스위프트에서 집합은 원래 순서가 없지만, sort( ) 메소드를 사용하면 정렬된 결과를 받을 수 있습니다. 물론, 이때도 집합 자체에 순서를 적용하는 것은 아니며 단순히 메소드의 반환값을 정렬하는 것에 지나지 않습니다.

```
...(중략)...
for g in genres.sorted() {
    print("\(g)")
}
```

[실행 결과]
```
Balad
Classic
Rock
```

5.2.3 집합의 동적 추가와 삭제

집합에 아이템을 추가할 때는 조금 전에 사용한 것과 같이 insert(_:) 메소드를 사용합니다. 이 메소드는 함께 전달된 인자값을 집합에 추가하지만, 이미 같은 아이템이 저장되어 있을 때는 아무 처리도 하지 않습니다.

```
var genres : Set = ["Classic", "Rock", "Balad"]

genres.insert("Jazz")
// genres = {"Jazz", "Rock", "Classic", "Balad"}
genres.insert("Rock")
// genres = {"Jazz", "Rock", "Classic", "Balad"}
genres.insert("Rock")
// genres = {"Jazz", "Rock", "Classic", "Balad"}
```

위 예제에서 보는 바와 같이 Rock과 같은 경우는 여러 번 반복해서 추가하고 있지만, 한 번 추가된 아이템은 몇 번 다시 추가하더라도 처음 상태에서 더는 추가되지 않습니다. 이는 집합의 가장 기본적인 특성이기도 합니다.

집합의 아이템을 삭제할 때는 remove(_:) 메소드를 사용합니다. 메소드의 인자값에는 삭제하고자 하는 값이 사용됩니다. 메소드가 호출되면 집합의 내부 저장소를 검색하여 입력된 인자와 일치하는 아이템을 찾고, 있으면 아이템을 삭제하고 삭제된 값을 반환합니다. 그러나 삭제할 값이 집합에 없으면 remove(_:) 메소드는 아무것도 삭제하지 않고 nil을 반환합니다. 따라서 메소드의 반환값을 활용하면 아이템의 삭제 결과를 손쉽게 판단할 수 있어 후속 처리를 하기에 편리합니다.

```
...(중략)...

if let removedItem = genres.remove("Rock") {
    print("아이템 \(removedItem)의 삭제가 완료되었습니다")
} else {
    print("삭제할 값이 집합에 추가되어 있지 않습니다.")
}
```

[실행 결과]

아이템 Rock의 삭제가 완료되었습니다

이 예제는 genres 집합에 저장된 아이템 중 "Rock"을 삭제합니다. 현재 삭제하고자 하는 값과 같은 아이템이 집합에 이미 저장되어 있으므로 삭제할 수 있으며, 삭제 후 "Rock"을 반환합니다. 만약 집합에 추가되지 않은 값을 삭제하려고 했다면 nil이 반환되어 else 구문이 실행되었을 것입니다.

개별 값을 입력하여 원하는 아이템을 삭제할 수 있는 remove(_:) 메소드 외에도 스위프트는 집합의 아이템 전체를 삭제할 수 있는 메소드 removeAll()를 제공합니다. 이 메소드는 인자값 없이 호출되어 해당 집합의 모든 아이템을 일괄 삭제합니다.

```
...(중략)...
genres.removeAll() // genres 집합의 모든 아이템 삭제

if genres.isEmpty {
    print("모든 아이템이 삭제되었습니다")
} else {
    print("아직 \(genres.count)개의 아이템이 남아있습니다")
}
```

[실행 결과]

모든 아이템이 삭제되었습니다

이 외에도 스위프트는 집합에 특정 아이템이 있는지를 쉽게 확인할 수 있는 contains(_:) 메소드를 제공합니다. 이 메소드는 인자값으로 입력된 데이터를 사용하여 해당 집합 내에서 일치하는 아이템이 있는지 검색하여 있으면 true를, 없으면 false를 반환합니다.

```
var genres : Set = ["Classic", "Rock", "Balad"]

if genres.contains("Rock") {
    print("Rock 아이템이 저장되어 있습니다. ")
} else {
    print("Rock 아이템이 저장되어 있지 않습니다.")
}
```

[실행 결과]

Rock 아이템이 저장되어 있습니다.

5.2.4 집합 연산

우리가 지금 다루는 집합 자료형은 수학에서 배웠던 집합의 개념과 거의 동일합니다. 이 때문에 집합 자료형끼리는 집합 연산을 할 수 있습니다. 스위프트에서는 집합끼리의 연산을 쉽게 처리할 수 있도록 여러 가지 메소드를 제공합니다.

기본 집합 연산

기본적인 집합 연산을 먼저 알아봅시다. 집합 연산의 결과값은 집합으로 구성되는데, 다음은 두 개의 집합 a와 b의 연산과 그 결과를 그림자 영역을 이용하여 표현하고 있는 그림입니다.

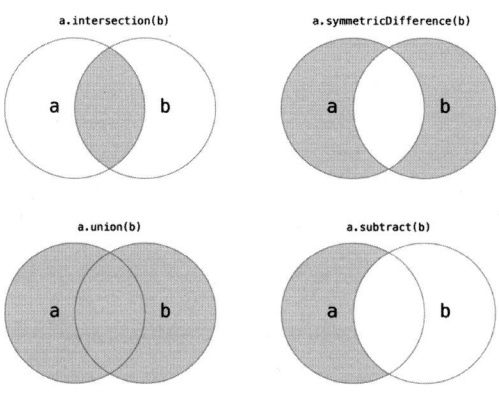

그림 5-10 집합의 4대 연산(출처 : 애플 개발자 문서)

그림에서 표현하고 있는 연산과 각 메소드는 모두 4개입니다. 각각에 대한 설명은 다음과 같습니다.

- intersection(_:)　　양쪽 집합에서 공통되는 아이템만 선택하여 새로운 집합을 만들어주는 메소드입니다. 수학에서 이에 해당하는 연산은 교집합입니다.
- symmetricDifference(_:)　　양쪽 집합 중에서 어느 한쪽에만 있는 아이템을 선택하여 새로운 집합을 만들어주는 메소드입니다. 양쪽 집합 모두에 공통으로 있는 아이템은 제외됩니다.
- union(_:)　　양쪽 집합에 있는 모든 아이템을 선택하여 새로운 집합을 만들어주는 메소드입니다. 양쪽 집합 중 어느 한쪽에만 있거나 양쪽 집합 모두에 공통으로 있는 아이템을 모두 선택하지만, 공통으로 있는 아이템이라고 하여 중복해서 추가되지는 않습니다. 수학에서 이에 해당하는 연산은 합집합입니다.
- subtract(_:)　　한쪽 집합에 있는 모든 아이템에서 다른 쪽 집합에도 속하는 공통 아이템을 제외하고 새로운 집합을 만들어주는 메소드입니다. 주로 한쪽 집합에서 다른 쪽 집합을 빼는 연산으로 처리되며 수학에서 이에 해당하는 연산은 차집합입니다.

이 중에서 마지막 subtract(_:) 메소드를 제외하면 나머지 메소드는 모두 양쪽 집합의 위치가 바뀌더라도 결과값은 동일합니다. 다시 말해 두 개의 집합 중 어느 것을 객체로 사용하고 다른 하나를 인자값으로 사용하더라도 subtract(_:) 메소드를 제외하면 결과에는 차이가 없다는 뜻입니다. 방금 설명한 메소드의 사용법과 그 결과를 예제를 통해 확인해봅시다.

```
var oddDigits : Set = [ 1 , 3 , 5 , 7 , 9] // 홀수 집합
let evenDigits : Set = [ 0 , 2 , 4 , 6 , 8 ] // 짝수 집합
let primeDigits : Set = [ 2 , 3 , 5 , 7 ] // 소수 집합

oddDigits.intersection(evenDigits).sorted()
// [ ]
oddDigits.symmetricDifference(primeDigits).sorted()
// [ 1 , 2 , 9 ]
oddDigits.union(evenDigits).sorted()
// [ 0 , 1 , 2 , 3 , 4 , 5 , 6 , 7 , 8 , 9 ]

oddDigits.subtract(primeDigits)
oddDigits.sorted()
// [ 1 , 9 ]
```

집합의 연산 결과를 확인하기 위해 변수와 상수에 모두 세 개의 집합을 정의하였습니다. 홀수로 구성된 oddDigits 집합, 짝수로 구성된 evenDigits 집합, 그리고 소수로 구성된 primeDigits 집합이 그것입니다.

가장 먼저 호출된 intersection(_:)은 수학적으로 표현하자면 교집합으로, 양쪽 집합에서 공통된 아이템만 골라 새로운 집합으로 반환합니다. oddDigits 집합과 evenDigits 집합은 각각 홀수와 짝수 집합으로서 공통된 아이템이 없으므로 메소드의 실행 결과는 빈 집합이며, 수학적으로는 공집합이 됩니다.

다음으로 호출된 symmetricDifference(_:)는 배타적 합집합으로 양쪽 집합 중에서 어느 한 쪽에만 있어 서로 중복되지 않는 아이템을 모두 선택해서 새로운 집합으로 반환합니다. 이는 두 집합을 하나로 합친 집합에서 교집합을 제외한 결과와 같습니다. oddDigits 집합과 primeDigits 집합은 각각 홀수 집합과 소수 집합이므로 두 집합의 합집합에서 교집합을 제외한 결과는 [1, 2, 9]가 됩니다.

세 번째로 호출된 메소드 union(_:)은 이는 수학에서 합집합과 동일합니다. 예제에서의 연산 대상은 홀수 집합과 짝수 집합이므로 이 메소드의 실행 결과는 1부터 9까지의 홀수와 짝수를 모두 모아놓은 자연수 전체 집합이 됩니다.

마지막으로 호출된 subtract(_:)은 oddDigits 집합에서 primeDigits 집합의 아이템을 제거합니다. 수학적으로 차집합이라고 하죠. 위 메소드에서는 홀수 집합 중에서 소수 집합에 속하는 아이템을 제거해야 하므로 연산의 결과로는 [1, 9]가 됩니다. 그런데 subtract(_:) 메소드는 위의 세 메소드와 달리 실행 결과로 새로운 집합을 만들어 내지 않습니다. 단지 대상 집합에서 아이템을 직접 제거할 뿐이죠. 이는 곧 대상 집합의 내용을 직접 변경한다는 의미입니다. 따라서 이 메소드를 사용할 때 대상이 되는 집합은 반드시 변수로 선언되어야 합니다. oddDigits가 다른 집합과 달리 변수로 선언된 것은 이 때문입니다. 또한 이 메소드는 아무 값도 반환하지 않기 때문에 나머지 메소드처럼 sorted( ) 메소드를 바로 이어서 호출할 수 없습니다. substract(_:) 메소드의 호출 구문이 다른 방식으로 이루어진 것은 이러한 이유입니다.

부분집합과 포함관계 판단 연산

다음으로 살펴볼 연산은 부분집합과 포함관계 판단에 관한 연산입니다. 수학적 관점으로 잠깐 넘어가서 생각해봅시다. 우리가 중고등학교 시절 배운 바에 따르면 **집합 A의 모든 원소가 집합 B에도 있을 때 집합 A는 집합 B의 부분집합**이 됩니다. 기억나죠? 부분집합은 반드시 어느 한쪽이 더 클 때만을 대상으로 하지 않으므로 집합 A와 집합 B가 완전히 같을 때도 여전히 집합 A는 집합 B의 부분집합이라고 할 수 있습니다. 물론 반대의 경우도 성립하죠.

프로그래밍 관점으로 이야기하자면, 집합 A와 집합 B의 아이템이 모두 일치할 때 A == B가 성립하며, 이와 동시에 두 집합은 서로의 부분집합이 될 수 있습니다. 스위프트에서는 집합 자료형에 대해 부분집합 관계를 확인해주는 메소드를 제공하는데, 대표적으로 5개의 메소드가 사용됩니다.

- isSubset(of:) 주어진 집합의 값 전체가 특정 집합에 포함되는지를 판단하여 true, false를 반환합니다. 수학적으로 이야기하자면 하나의 집합이 다른 집합의 부분집합인지 여부를 판단합니다.
- isSuperset(of:) 주어진 집합이 특정 집합의 모든 값을 포함하는지를 판단하여 true, false를 반환합니다. isSubsetOf(_:)와는 반대 상황을 판단하는 것으로, 집합이 다른 집합의 상위집합 역할을 하는가에 대한 판단을 담당하는 메소드라고 할 수 있습니다.
- isStrictSubset(of:)와 isStrictSuperset(of:) 조금 전 설명한 두 메소드처럼 주어진 집합이 특정 집합의 부분집합인지 아니면 상위집합인지를 판단하는 역할을 하지만 두 집합이 서로 같은 경우의 결과값이 다르게 반환됩니다. 두 집합이 서로 일치할 경우 수학적으로는 서로가 서로의 부분집합이자 상위집합이 될 수 있으므로 isSubset(of:), isSuperset(of:) 메소드가 true를 반환하는 반면, isStrictSubset(of:)와 isStrictSuperset(of:) 메소드는 이를 더 엄격하게 판단하여 정확히 부분집합, 또는 상위집합일 때만 true를 반환합니다. 서로 일치하는 집합은 동일한 집합으로 판단하지 부분집합이나 상위집합으로 판단하지 않는다는 뜻입니다.
- isDisjoint(with:) 두 집합 사이의 공통 값을 확인하여 아무런 공통 값이 없을 때 true를, 공통 값이 하나라도 있으면 false를 반환합니다.

아래는 이 메소드들을 활용하여 집합 사이의 포함관계를 판단해본 예제입니다.

```
let A : Set = [1, 3, 5, 7, 9]
let B : Set = [3, 5]
let C : Set = [3, 5]
let D : Set = [2, 4, 6]

B.isSubset(of: A) // true
A.isSuperset(of: B) // true
C.isStrictSubset(of: A) // true
C.isStrictSubset(of: B) // false
A.isDisjoint(with: D) // true
```

상수로 정의된 A와 B, 그리고 C와 D는 각각 정수값을 아이템으로 저장하는 집합들입니다. 집합 B의 아이템 3, 5는 집합 A에도 모두 속해있으므로 집합 B에 대한 isSubset(of:A)의 연산 결과는 true를 반환합니다. 집합 B가 집합 A의 부분집합이라는 것은 뒤집어 생각하면 집합 A가 집합 B의 상위집합이라는 뜻도 되므로 집합 A에 대한 isSuperset(of:B) 역시 true를 반환하죠. 하지만 집합 B와 C는 서로 동일한 집합이므로 isStrictSubset(of:B)의 실행 결과는 false를 나타냅니다. 마지막으로 집합 A와 집합 D는 서로 공통으로 속해있는 아이템들이 전혀 없습니다. 따라서 A.isDisjoint(width:D)의 결과값은 true를 반환합니다.

집합은 배열과 매우 유사한 자료형이지만 순서나 인덱스가 없고 중복된 아이템을 허용하지 않는다는 점에서 차이가 있습니다. 이런 집합의 특징 때문에 특수한 경우에 배열을 대신하기 위한 용도로 사용되죠. 특히, 중복된 값이 있으면 안 되는 데이터 모음을 정의할 때 집합을 사용하면 값의 중복 여부를 직접 처리하지 않아도 되므로 편리합니다. 실수로 값이 중복으로 등록되더라도 집합이라는 자료형 자체가 중복을 제거해주기 때문입니다. 또한, 배열에서 중복된 값들을 걸러내고 싶을 때 직접 중복 확인 구문을 작성하기보다 배열 데이터를 집합 데이터로 변환한 후 다시 배열로 변환하면 훨씬 손쉽게 중복 값들을 제거할 수 있습니다.

```
var A = [ 4, 2, 5, 1, 7, 4, 9, 11, 3, 5, 4 ] // 배열

let B = Set(A) // 집합
A = Array(B) // 중복이 제거된 배열
// [2, 4, 9, 5, 7, 3, 1, 11]
```

위 구문은 집합을 사용해서 배열의 중복 아이템을 제거하는 과정을 보여줍니다. 과정은 매우 간단합니다. 배열 객체를 집합 객체로 만들었다가 다시 배열 객체로 만들어주면 끝입니다. 단순히 집합 객체로 변환하는 과정에서 중복된 아이템이 걸러지면서 단일 아이템을 가진 데이터 모음이 되는 것이죠. 쉽게 말해서 배열 데이터를 집합 속에 한번 담갔다가 건져내기만 하면 중복된 아이템이 모두 씻겨져 나가는 겁니다. 두 줄로 이루어진 이 구문이 불편하다면 아래와 같이 한 줄의 구문으로 줄일 수도 있습니다.

```
A = Array(Set(A))
```

이렇게 집합 구조체 자체가 갖는 특성을 이용하여 중복 데이터를 제거하는 것은, 집합을 전체 순회하면서 중복 값이 또 있는지를 판단하고 삭제하는 구문에 비해 매우 효율적인 방법입니다.

집합의 이같은 특성을 활용하면 다른 문제도 쉽게 해결할 수 있습니다. 한 사람이 한 번씩만 참여할 수 있는 응모 프로그램이 있다고 해 봅시다. 이때 기존의 응모 여부를 체크하여 응모한 적이 없다면 응모를 허용하고, 이미 응모했다면 응모를 차단하는 방법을 사용할 수도 있겠지만, 코드가 복잡해지는 것을 피할 수 없습니다. 하지만 응모 데이터를 집합으로 관리하기만 하면 데이터 타입 자체에서 중복값을 허용하지 않으므로 우리는 사용자의 중복 응모 여부를 고민할 필요 없이 편하게 관리할 수 있습니다. 이런 특성이 필요할 때 집합이 사용됩니다.

5.3 튜플

튜플(Tuple)은 스위프트에서 제공하는 특별한 성격의 집단 자료형으로서, 파이썬에서도 사용되는 자료형입니다. 튜플은 한 가지 타입의 아이템만 저장할 수 있는 배열이나 딕셔너리와는 달리 하나의 튜플에 여러 가지 타입의 아이템을 저장할 수 있지만, 일단 선언되고 나면 상수적 성격을 띠므로 더 이상 값을 추가하거나 삭제하는 등의 변경이 불가능합니다. 즉, 타입과 관계없이 다양하게 저장할 수 있지만 오직 최초에 선언된 상태의 아이템만 사용할 수 있고 수정이나 삭제, 추가 등 변경할 수 없는 것이 튜플의 특징이라고 할 수 있습니다.

튜플은 대괄호를 사용하는 배열이나 집합과 달리 소괄호 ( )를 사용하여 아이템을 정의합니다. 작성 형식은 다음과 같습니다.

```
( <튜플 아이템1>, <튜플 아이템2>, … )
```

튜플은 선언된 후로는 아이템의 변경이 일체 제한되므로 배열이나 집합에서 사용했던 것처럼 값의 동적 추가가 불가능합니다. 이 때문에 별도의 선언을 위한 구문이 없습니다. 튜플을 정의하기 위해서는 위에서 본 튜플 정의 형식처럼 괄호 안에 추가될 아이템들을 나열하기만 하면 됩니다. 튜플로 묶을 아이템들을 나열하고, 그 값들을 괄호로 감싸는 것입니다. 아래 예제는 (String, String, Int, Double, Bool) 다섯 개의 아이템으로 구성된 튜플 상수를 정의하고 있습니다.

```
let tupleValue = ("a", "b", 1, 2.5, true)
```

이렇게 구성된 튜플의 각 아이템은 인덱스 속성을 이용하여 참조할 수 있습니다. 배열의 인덱스와는 여러 부분에서 다르지만, 결정적으로 튜플의 인덱스는 속성으로 제공됩니다. 이 때문에 배열에서 인덱스를 참조하는 방식과 그 표기에서 차이가 있습니다. 배열에서 인덱스를 사용하기 위해 대괄호 내부에 인덱스를 작성한다면, 튜플에서는 점(dot)으로 인덱스를 연결하여 사용합니다.

```
tupleValue.0 // "a"
tupleValue.1 // "b"
tupleValue.2 // 1
tupleValue.3 // 2.5
tupleValue.4 // true
```

튜플 역시 없는 인덱스를 참조하고자 할 때 오류가 발생하며, 인덱스가 0부터 시작한다는 점은 배열의 인덱스와 같습니다. 실제로 아이템이 저장될 때는 각 인덱스에 해당하는 속성값에 개별 아이템들이 저장됩니다. 위에서 작성한 tupleValue에서 아이템이 저장된 형태를 살펴보면 다음과 같습니다.

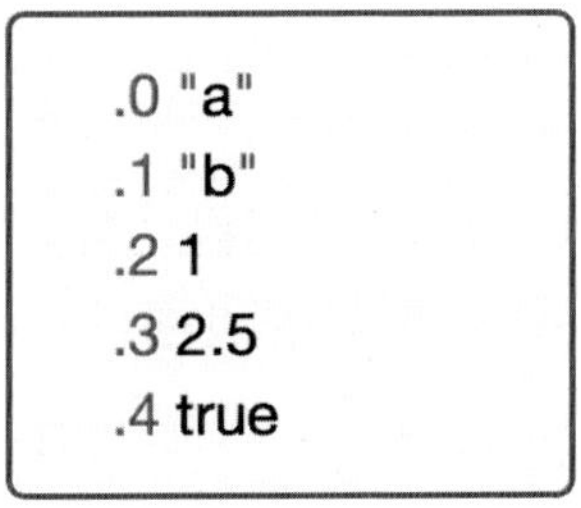

```
.0 "a"
.1 "b"
.2 1
.3 2.5
.4 true
```

그림 5-11

튜플은 별도의 선언 구문이 없지만 타입 어노테이션을 사용하기 위한 타입을 정의할 수는 있습니다. 이때 정의되는 타입 어노테이션의 내용은 튜플의 아이템에 따라 달라집니다.

```
var tpl01 : (Int, Int) = (100, 200)
var tpl02 : (Int, String, Int) = (100, "a", 200)
var tpl03 : (Int, (String, String)) = (100, ("t", "v"))
var tpl04 : (String) = ("sample string")
```

타입 어노테이션을 이용하여 튜플을 선언할 때는 들어갈 아이템의 개수와 순서에 맞게 각각의 타입을 선언해야 합니다. 위의 예제에서는 이에 맞게 tpl01은 두 개의 Int 타입 값을 저장하는 튜플로, tpl02는 Int와 String, 다시 Int 타입을 저장하는 튜플로 정의하였습니다. tpl03은 튜플 내의 아이템으로 튜플을 가진다는 특징이 있습니다. 이 역시 타입 어노테이션에서 튜플 형식을 작성하면 됩니다.

마지막 tpl04는 주의해서 보아야 할 부분입니다. 문자열 하나만 저장하는 튜플로 선언했지만, 실제로 저장된 결과를 확인해 보면 이 변수는 튜플이 아닌 문자열 변수로 선언됩니다. 여기에서 알 수 있는 점은 하나의 아이템만 있는 튜플은 아이템 타입의 일반 자료형이 된다는 사실입니다. tpl04는 "sample string"이라는 값 하나만 아이템으로 가지기 때문에 문자열 타입의 변수로 선언됩니다. 사실 따지고 보면 String 타입의 변수를 선언하면서 변수에 할당될 값 양쪽에 괄호를 둘러놓은 것일 뿐입니다.

앞에서 정의했던 tupleValue에 타입 어노테이션을 적용해봅시다. 모두 다섯 개의 아이템이므로 각각에 맞는 개별 아이템의 타입을 직접 정의해야 합니다.

```
let tupleValue:(String, Character, Int, Float, Bool) = ("a", "b", 1, 2.5, true )
```

그런데 만약 tupleValue에 타입 어노테이션을 지정해주지 않는다면 어떤 일이 벌어질까요?

가장 먼저, 두 번째 인덱스에 매칭되는 "b" 값에 주목해봅시다. 아이템 "b"는 리터럴 그 자체로만 보면 문자열(String)이 될 수도, 문자(Character)가 될 수도 있습니다. 하지만 별도의 타입 어노테이션을 작성하지 않으면 타입 추론 원칙에 의해 상위 타입인 String 형태로 추론됩니다. 네 번째 인덱스에 매칭되는 2.5도 마찬가지입니다. 이 값은 Float에도, Double에도 모두 적용할 수 있으므로 타입 추론을 사용할 경우 상위 타입인 Double로 추론됩니다. 이렇게 되면 튜플에서 원치 않는 타입이 만들어지게 되겠죠. 결국, 튜플에서 타입 어노테이션을 지정하는 것은 원치 않는 타입으로 추론되는 것을 방지하기 위해서라고 할 수 있습니다.

튜플을 인덱스 속성으로만 접근하려면 때로는 불편할 수 있습니다. 가독성이 떨어지는 면도 있죠. 때문에 스위프트에서는 튜플의 아이템을 개별 변수나 상수로 각각 할당받는 바인딩 (Binding) 방식의 구문도 제공합니다.

```swift
let tupleValue:(String, Character, Int, Float, Bool) = ("a", "b", 1, 2.5, true )
let (a,b,c,d,e) = tupleValue

// a → "a"
// b → "b"
// c → 1
// d → 2.5
// e → true
```

아이템이 다섯 개인 튜플 상수 tupleValue를 (a, b, c, d, e)라는 다섯 개의 상수로 이루어진 튜플에 바인딩하는 구문입니다. 이렇게 바인딩된 튜플 (a, b, c, d, e)의 각 상수들은 a, b, c, d, e의 순서대로 개별 아이템을 할당받아 독립적으로 사용할 수 있습니다.

```swift
print(a)
print(b)
print(c + 2)
print(d * 2)
print(e)
```

[실행 결과]
```
a
b
3
5.0
true
```

이처럼 튜플은 바인딩 처리를 통해 개별 아이템에 대응하는 상수나 변수로 각각 할당받을 수 있으며, 배열처럼 인덱스를 사용하지만 배열과는 다르게 속성 형식으로 사용하므로 대괄호 [ ] 대신 점(.)으로 연결하여 사용한다는 점에서 배열과 차이를 보입니다. 또한, 저장된 값을 수정할 수 있는 배열과 달리 튜플은 일단 값이 정해지면 추가, 수정, 삭제가 모두 불가능하다는 차이점도 있습니다.

따라서 프로그램이 실행되는 동안 값이 절대 변하지 않아야 하는 상수 성격이어야 하거나, 값이 바뀔 가능성을 근본적으로 제거하려면 튜플을 사용하는 편이 낫습니다. 서로 다른 타입들을 손쉽게 집단 자료형으로 구성하여 주고받을 때도 튜플의 사용성이 좋습니다. 그 이외에는 대부분 배열이나 파운데이션 프레임워크에서 제공하는 NSMutableArray와 같은 배열 객체를 이용하는 편이 효율적입니다.

사실 튜플은 자료형이라기보다는 연산자로 보는 것이 더 타당하다는 견해도 있습니다. 데이터들을 묶어주는 연산자 말이죠. 튜플은 배열이나 딕셔너리처럼 선언할 수 있는 키워드가 없을뿐더러 튜플로 정의된 변수라 할지라도 제공하는 메소드가 전혀 없습니다. 배열도 딕셔너리도 집합도 모두 다양한 기능을 하는 메소드들을 충분히 지원하는 데 반해 튜플에서 제공하는 것은 인덱스 속성이 유일합니다. 튜플의 크기를 계산할 수 있는 속성이나 데이터를 읽어올 수 있는 메소드, 심지어는 튜플을 순회할 수 있는 순회 특성(SequenceType)도 지원하지 않습니다. 이 때문에 for~in 구문을 사용할 수도 없습니다.

이런 특이한 자료형인 튜플이 진가를 발휘하는 곳은 아무래도 함수나 메소드에서입니다. 함수나 메소드에서 둘 이상의 값을 반환하려면 별도의 자료형 객체를 만들거나 배열 또는 딕셔너리를 만들어 담아야 하는데, 이때 튜플을 이용하면 바로 전달할 수 있어 무척 편리합니다.

결과값으로 튜플을 반환하는 함수

```
func getTupleValue() -> (String, String, Int) {
    return ("t", "v", 100)
}
// 함수가 반환하는 튜플을 튜플 상수로 바인딩
let (a,b,c) = getTupleValue()
```

```
// a ➞ "t"
// b ➞ "v"
// c ➞ 100
```

위 코드는 3개의 값 "t", "v", 100을 튜플로 묶어 반환하는 함수와 사용 예를 보여주고 있습니다. 아직 함수를 배우지 않았지만 잠깐 살펴봅시다. 먼저 작성된 func~부터의 구문은 getTupleValue 라는 이름의 함수를 정의하고, 이 함수는 (String, String, Int) 형식의 튜플을 반환할 것이라고 선언하고 있습니다. 함수의 ->로 연결된 뒤쪽 부분이 함수가 반환할 값의 타입을 표시하는 의미라고 이해하면 됩니다. 이 함수의 { } 블록 내부에서는 return 구문에 이어 실질적으로 값을 반환하고 있는데, "t", "v", 100이 이에 해당합니다. 이 아이템들이 튜플로 묶인 다음 한꺼번에 반환되는 것이죠.

함수의 실행 결과로 반환된 튜플 안의 세 아이템은 let (a,b,c)에 차례로 할당됩니다. 마지막에서 확인할 수 있듯이 a에는 "t"라는 값이, b에는 "v"라는 값이, c에는 100이 할당됩니다. 이제 이 상수 a, b, c에는 모두 값이 할당되었으므로 자유롭게 사용할 수 있습니다. 이 상수들을 사용하여 반환받은 값을 필요한 곳에 사용하면 됩니다

이처럼 튜플로 반환되는 결과값을 튜플 상수로 바인딩하다 보면 굳이 튜플의 아이템을 모두 받을 필요가 없는 경우도 생깁니다. 튜플에서 반환되는 아이템 중 일부만 필요할 때가 그에 해당하는데, 이럴 때 사용하지 않을 튜플 아이템은 변수나 상수를 정의하는 대신 언더바(_)로 대체할 수 있습니다. 그러면 컴파일러는 언더바로 표현된 부분에 해당하는 아이템은 할당하지 않고 패스합니다. 튜플로 반환하는 아이템의 개수와 이를 바인딩하는 튜플 변수의 아이템 개수가 일치하지 않으면 컴파일 오류가 발생하므로, 언더바를 포함한 전체 변수나 상수의 개수는 튜플의 아이템 개수와 일치해야 합니다.

```
...(중략)...

let (a, b, _) = getTupleValue()
// a ➞ "t"
// b ➞ "v"
```

위 예제는 getTupleValue( ) 함수의 결과값으로 반환되는 튜플의 세 아이템 중에서 첫 번째와 두 번째 값만 필요한 경우를 나타낸 것입니다. 세 번째 아이템은 언더바로 대체되었으므로 할당되지 않고 a, b 두 개의 상수에만 튜플의 첫 번째, 두 번째 아이템이 각각 할당됩니다.

함수는 항상 하나의 객체만 반환할 수 있습니다. 이 때문에 튜플 자료형이 제공되지 않는다면 getTupleValue( ) 함수는 세 개의 서로 다른 데이터를 한꺼번에 반환하기 위해 여러 가지 방법을 사용해야 합니다. 간단하게는 배열(세 개의 데이터 타입이 일치하지 않으므로 NSArray를 사용해야 합니다)을 만들어서 데이터를 저장한 다음 반환하든가, 아직 배우지는 않았지만 딕셔너리 하나를 만들어서 거기에 값을 넣을 수도 있겠죠. 좀 더 고민하자면 세 값을 합쳐서 하나의 문자열로 만들되 값 사이에 쉼표와 같은 구분자를 넣어 전달하고, 이를 받는 쪽에서 다시 문자열을 분해하여 사용하는 방법도 있을 겁니다. 하지만 이 과정에서 정수값 100이 String 타입으로 바뀌어버릴 수 있으므로 그다지 추천할 만한 방법은 아닙니다. 무엇보다 함수의 반환 타입이 실제 반환하는 데이터의 형식을 반영하지 못하므로 적절치 못한 방법입니다. 아, 이보다는 조금 복잡하지만 세 개의 반환 타입에 해당하는 자료형을 속성으로 가지는 클래스나 구조체를 만들고 값을 저장하여 반환하는 방법도 있겠군요.

하지만 이 모든 방법은 꽤 번거롭습니다. 어찌 되었던 새로운 자료형을 정의해야 하니까요. 하지만 튜플을 사용하면 반환할 데이터들을 단순히 괄호로 묶는 것만으로 자료형이 만들어지므로 코드가 매우 단순해진다는 이점이 생깁니다. 아이템을 수정하거나 추가, 삭제할 수 없다는 제약에도 불구하고 튜플이 활용되는 이유입니다.

5.4 딕셔너리

마지막으로 살펴볼 딕셔너리(Dictionary)는 마치 사전에서 고유 단어와 그 의미가 연결되어 있는 것처럼, 고유 키(Key)와 그에 대응하는 값(Value)을 연결하여 데이터를 저장하는 자료형입니다. 인덱스 정수 대신 문자열 등의 고유 키를 사용한다는 차이를 제외하면 배열과 아주 흡사한 자료형이라고 할 수 있습니다. 정의하는 형식 역시 매우 유사하죠.

```
[ 키 : 데이터, 키 : 데이터, ... ]
```

딕셔너리를 정의할 때는 배열과 마찬가지로 대괄호를 사용하며, 대괄호 내부에 차례로 데이터들을 작성합니다. 먼저 데이터를 참조하기 위한 키를 작성하고 이어서 여기에 연결될 값을 작성하는 방식인데, 이때 키와 값 사이는 콜론(:)으로 구분해야 합니다. 배열은 각 데이터를 정의할 때 앞에서부터 차례대로 연속된 정수가 할당되어 인덱스를 구성해주므로 인덱스와 데이터 사이를 연결하는 과정이 필요 없었지만, 딕셔너리는 불특정 키가 사용되므로 데이터를 입력할 때 반드시 키와 함께 쌍으로 입력해야 합니다. 이외에 딕셔너리를 사용할 때 주의할 점은 다음과 같습니다.

- 하나의 키는 하나의 데이터에만 연결되어야 합니다.
- 하나의 딕셔너리에서 키는 중복될 수 없습니다. 중복해서 선언하면 아이템 추가가 아니라 수정이 이루어져 기존 키에 연결된 데이터가 제거됩니다.
- 저장할 수 있는 데이터 타입에는 제한이 없지만, 하나의 딕셔너리에 저장하는 데이터 타입은 모두 일치해야 합니다.
- 딕셔너리의 아이템에는 순서가 없지만 키에는 내부적으로 순서가 있으므로 for~in 구문을 이용한 순회 탐색을 할 수 있습니다.
- 딕셔너리에서 사용할 수 있는 키의 타입은 거의 제한이 없으나 해시(Hash) 연산이 가능한 타입이어야 합니다.

딕셔너리에서 키로 사용할 수 있는 타입은 다양합니다. 문자열은 물론 단일 문자(Character)도 키로 사용할 수 있으며 정수나 실수도 키로 사용할 수 있습니다. 흔하지 않지만, 클래스의 인스턴스도 키로 사용할 수 있습니다. 다만, 키에는 제약이 있어서 키로 사용할 데이터 타입이 해시 연산을 지원해야 합니다. 즉 데이터 타입에 해시(Hash) 값을 추출할 수 있는 기능이 포함되어 있어야 한다는 뜻입니다. 집합에서 저장할 수 있는 데이터의 조건과 동일합니다.

딕셔너리가 아이템을 저장할 때는 입력된 키를 그대로 사용하는 것이 아니라 내부적으로 해시 연산을 거친 값으로 변환한 다음 이를 정렬하여 사용합니다. 이는 데이터의 빠른 검색을 위한 장치이지만, 이 때문에 딕셔너리에 사용할 수 있는 키 타입은 해시 연산을 할 수 있는 타입으로 제한됩니다. 스위프트에서 해시 연산을 위해서는 Hashable 프로토콜이 구현되어야 하는데, 문자열 타입은 Hashable 프로토콜이 이미 구현되어 있으므로 대부분의 딕셔너리는 문자열을 키로 사용합니다. 숫자도 사용할 수 있다고 설명했지만 숫자를 사용할 거라면 대부분의 경우 딕셔너리 대신 배열을 사용하면 될 테니까요.

딕셔너리를 실제로 정의해 봅시다. 다음은 국가 코드를 키로 하여 수도 이름을 저장하는 딕셔너리를 정적으로 정의하는 예입니다.

딕셔너리의 정적 선언과 값의 정의
```
var capital = ["KR":"Seoul", "EN":"London", "FR":"Paris"]
```

국가별 코드를 문자열 타입의 키로 사용하고, 수도 이름을 문자열 타입의 데이터로 사용하는 딕셔너리를 정의하고, 이를 capital 변수에 할당하였습니다. 이 딕셔너리는 현재 "KR", "EN", "FR" 등 모두 3개의 아이템이 각각의 키로 연결된 상태입니다. 저장된 상태를 표로 나타내 보면 다음과 같습니다.

표 5-1

키	저장된 값
KR	Seoul
EN	London
FR	Paris

이렇게 정의된 딕셔너리의 아이템 참조는 배열에서 인덱스를 이용하여 아이템을 참조하는 방식과 매우 유사합니다. 딕셔너리가 할당된 변수나 상수 다음에 대괄호를 붙이고, 괄호 내부에 참조할 아이템에 해당하는 키 객체를 넣으면 됩니다. 지금 예에서는 국가 코드 문자열이 되겠군요.

딕셔너리의 참조

```
capital["KR"] // "Seoul"
capital["EN"] // "London"
capital["FR"] // "Paris"
```

플레이그라운드의 메모리 스택 기능을 사용하여 capital 변수가 현재 데이터를 저장하고 있는 형식을 들여다보면 다음과 같습니다.

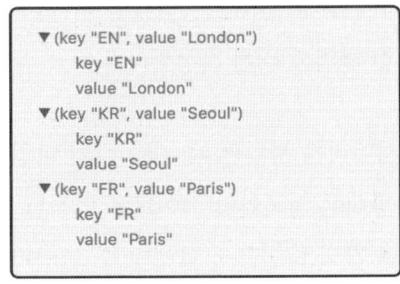

그림 5-12 딕셔너리 내부에 키와 값이 저장된 모습

해시 문자열 처리를 통해 정렬되기 때문에 입력된 순서와는 다릅니다. 하지만 딕셔너리 자체가 순서를 갖지 않는 값이니만큼 문제는 되지 않습니다.

5.4.1 딕셔너리의 선언과 초기화

배열과 마찬가지로, 딕셔너리 역시 처음부터 필요한 모든 데이터를 입력한 상태로 사용하는 경우는 그리 많지 않습니다. 대부분 빈 딕셔너리를 선언하고 초기화한 다음 필요한 시기에 아이템을 추가하는 방식을 사용하죠. 이를 위해 딕셔너리를 선언하고 초기화하는 방법을 알아봅시다.

먼저 아무 초기값도 할당하지 않은 빈 딕셔너리를 선언하고 초기화하는 구문 형식은 다음과 같습니다.

Dictionary <키의 타입, 값의 타입> ()

딕셔너리를 선언할 때에는 Dictionary 구조체가 사용됩니다. 이 객체를 사용하여 선언할 때는 배열에서와 마찬가지로 〈 와 〉 사이에 키로 사용할 타입과 값으로 사용할 타입을 지정해야 합니다. 이를 제네릭(Generic)이라고 부르죠. 다시 한번 설명하자면 제네릭은 자료형 뒤에 〈 〉 기호가 붙고 그사이에 데이터 타입을 명시해주는 구문을 말합니다. 어떤 자료형이나 객체의 타입을 사용할 것인지를 외부에서 객체 내부에 알려주는 역할을 하죠. 딕셔너리의 제네릭에는 키로 사용할 타입을 앞에, 값으로 사용할 타입을 뒤에 작성합니다.

이러한 작성 방식은 앞에서 딕셔너리를 정의할 때 키와 값의 타입을 지정해주지 않았던 것과 차이가 있습니다. 앞에서 정의한 방식은 정적인 방식이므로 입력된 초깃값을 바탕으로 스위프트의 타입 추론 기능이 작동하여 키와 값의 타입을 추론해낼 수 있었지만 지금은 타입을 추론할 아무런 값도 주어져 있지 않은 상태이므로 이처럼 각각의 타입을 직접 지정해야 합니다. 구문의 마지막 부분에는 초기화를 위한 연산자인 ( )가 사용됩니다. 초기화 연산자를 거쳐야만 선언된 딕셔너리가 메모리에서 데이터를 저장할 공간을 할당받을 수 있습니다.

학습한 것을 바탕으로 몇 가지 타입의 딕셔너리를 선언해봅시다.

문자열 키와 정수 값으로 이루어진 딕셔너리
```
Dictionary<String, Int>()
```

문자열 키와 문자열 값으로 이루어진 딕셔너리
```
Dictionary<String, String>()
```

문자열 키와 범용 클래스 값으로 이루어진 딕셔너리
```
Dictionary<String, AnyObject>()
```

문자 키와 문자열 값으로 이루어진 딕셔너리
```
Dictionary<Character, String>()
```

배열의 선언과 초기화 구문을 매우 간결하게 줄일 수 있었던 것처럼 딕셔너리의 선언과 초기화 구문도 간결한 형식으로 정리할 수 있습니다. 배열에서처럼 대괄호를 작성하고, 그 내부에 타입을 선언합니다. 차이점은 딕셔너리에서는 키 타입과 값 타입을 콜론(:)으로 구분해서 작성한다는 점입니다.

```
[ 키로 사용할 타입 : 값으로 사용할 타입 ]( )
```

방금 작성해보았던 여러 가지 타입의 딕셔너리 선언들을 지금의 간결한 형식이 적용된 구문으로 수정해보겠습니다.

```
// 문자열 키와 정수 값으로 이루어진 딕셔너리
[String : Int]()

// 문자열 키와 문자열 값으로 이루어진 딕셔너리
[String : String]()

// 문자열 키와 범용 클래스 값으로 이루어진 딕셔너리
[String : AnyObject]()

// 문자 키와 문자열 값으로 이루어진 딕셔너리
[Character : String]()
```

어떤가요, 길었던 딕셔너리의 초기화 구문이 꽤 짤막해지면서 깔끔해졌죠? 이처럼 간결한 형식을 사용하여 딕셔너리를 정의하면 Dictionary 객체를 직접 사용하는 것보다 훨씬 간결하고 가독성을 높일 수 있습니다. 하지만 어느 방식이 더 낫다고 단적으로 말할 수 없으므로 본인의 스타일에 맞게 작성하길 권장합니다.

이제 앞에서 선언했던 국가별 수도 데이터를 빈 딕셔너리 형식으로 선언하는 예제를 살펴봅시다.

딕셔너리의 선언과 초기화

```
// 방법 1
var capital = Dictionary<String, String>()
// 방법 2
var capital = [String : String]()
```

위 예제는 초기화 연산자에 의해 딕셔너리를 선언함과 동시에 타입을 정의했지만, 타입 어노테이션을 사용하여 다음과 같이 선언과 초기화를 분리할 수도 있습니다.

```
// 타입 어노테이션을 이용한 딕셔너리의 선언
var capital : Dictionary<String, String>
// 딕셔너리의 초기화
capital = Dictionary()
```

물론 이 구문 역시 간결한 선언 형식으로 변경할 수 있습니다.

```
// 타입 어노테이션을 이용한 딕셔너리의 선언
var capital : [String:String]
// 딕셔너리의 초기화
capital = [String:String]()
```

이같은 형식을 이용하여 초기화할 때 주의해야 할 점이 있습니다. 배열에서와는 달리 타입 어노테이션으로 키와 값의 타입이 이미 선언되었다고 하여 초기화 구문에서 함부로 타입 작성을 생략해서는 안 됩니다. 타입이 생략된 초기화 구문은 잘못 해석될 우려가 있기 때문입니다.

선언된 딕셔너리를 초기화하는 방법은 다양합니다. 다음 예제들은 모두 딕셔너리에 대한 초기화 방식들이며 결과는 모두 같습니다.

```
var capital : [String:String]

// 딕셔너리의 초기화
capital = Dictionary<String, String>() // ...①
capital = Dictionary() // ...②
capital = [String:String]() // ...③
capital = [:] // ...④
```

위 예제에서 주의해야 할 부분은 ②번과 ④번입니다. ②번과 ④번의 초기화 구문은 딕셔너리의 타입 지정이 생략되어 있는데, 이는 사전에 타입 어노테이션을 통하여 딕셔너리의 타입이 명시적으로 선언되어 있기 때문입니다. 이외의 초기화 구문에서는 함부로 타입을 생략하면 안 됩니다.

5.4.2 딕셔너리에 동적으로 아이템 추가하기

선언과 초기화까지 완료된 딕셔너리에 동적으로 아이템을 추가해봅시다. 배열은 아이템을 추가할 때 잘못된 인덱스 참조 오류를 피하려고 배열의 크기를 자동으로 확장하는 메소드만 사용했지만, 딕셔너리에는 메소드를 사용해서 추가하는 방법뿐만 아니라 직접 새로운 키와 값을 대입하여 아이템을 추가할 수도 있습니다.

앞의 학습에서 사용했던 capital 변수의 딕셔너리 정의 구문을 제거하고, 새롭게 선언한 다음 키와 값을 직접 대입하여 아이템을 추가해 봅시다.

```
var newCapital = [String:String]()
newCapital["JP"] = "Tokyo"
```

보는 바와 같이 키와 값을 직접 대입하여 아이템을 추가하는 과정은 무척 간단합니다. 딕셔너리 아이템을 참조할 때와 비슷한 형식으로 딕셔너리 변수 뒤에 [ ]를 붙이고, 괄호 안에 키로 사용할 String 타입을 작성한 후 대입 연산자로 원하는 값을 할당하면 됩니다. 이로써 newCapital이라는 딕셔너리 변수는 "JP" => "Tokyo"로 이루어진 키-값 쌍의 아이템 하나를 저장하게 되었습니다.

딕셔너리에서도 배열에서처럼 아이템의 개수가 딕셔너리의 크기를 결정합니다. 정확히는 딕셔너리에 저장된 튜플의 개수이죠. 딕셔너리에 아이템이 저장되었는지는 isEmpty 속성을 통해 확인할 수 있으며 딕셔너리의 크기를 알려주는 count 값이 0일 때 isEmpty 속성의 값은 true로 설정됩니다.

```
…(중략)…
if newCapital.isEmpty {
    print("딕셔너리가 비어 있는 상태입니다")
} else {
    print("딕셔너리의 크기는 현재 \(newCapital.count)입니다")
}
```

[실행 결과]

딕셔너리의 크기는 현재 **1**입니다

이번에는 메소드를 사용하여 동적으로 값을 할당해봅시다. 딕셔너리에 값을 할당하는 데 사용되는 메소드는 updateValue(_:forKey:)입니다. 이 메소드는 키가 있는지에 따라 수행하는 역할이 달라지는데, 기존에 저장된 키가 있으면 연결된 값을 수정하는 역할을 하지만 새로운 키가 입력되면 아이템을 추가하는 역할도 수행합니다. 재미있는 것은 이 메소드를 사용하여 딕셔너리에 저장된 값을 수정하면 수정하기 이전의 값이 결과값으로 반환된다는 점입니다. 따라서 새로운 키와 값을 이 메소드를 사용하여 추가하면 기존에 저장되어 있던 값이 없으므로 nil을 반환합니다. 메소드의 사용 형식은 다음과 같습니다.

<딕셔너리 객체>.updateValue(<저장할 데이터>, forKey:<데이터를 참조 및 저장하는 데 사용할 키>)

아직 함수와 메소드를 배우지 않았으므로 모든 것을 이해할 필요는 없지만, 스위프트에서 함수나 메소드명은 오브젝티브-C처럼 파라미터 사이에 forKey:처럼 나누어 작성하는 특성이 있습니다. 이점을 염두에 두고 위 형식을 살펴본다면 첫 번째 인자값으로 저장할 데이터가 입력되고, 이어지는 forKey 파라미터명 다음에는 이 값을 참조하는 데 사용할 고유 키를 작성해야 하는 것을 알 수 있습니다. 실제 사용되는 예를 봅시다.

```
...(중략)...
newCapital.updateValue("Seoul", forKey: "KR")
// "KR" : "Seoul" 데이터가 추가되고 nil을 리턴함

newCapital.updateValue("London", forKey: "EN")
// "EN" : "London" 데이터가 추가되고 nil을 리턴함

newCapital.updateValue("Sapporo", forKey: "JP")
// "JP" : "Sapporo" 데이터로 수정되고 "Tokyo"를 리턴함
```

딕셔너리 변수 newCapital에 각각 "KR", "EN", "JP"이라는 고유 키로 연결되는 "Seoul", "London", "Sapporo" 값을 업데이트하였습니다. 첫 번째 업데이트 구문에서는 "KR"이라는 키로 값을 업데이트하는데, 이 키는 newCapital 변수에 정의되지 않은 키이므로 값이 새롭게 추가됩니다. 두 번째 업데이트 구문에서는 "EN"이라는 키로 값을 업데이트하는데, 이 키는 이전에 사용된 적이 없는 키이므로 저장된 값도 없습니다. 따라서 두 번째 업데이트 역시 키와 값이 모두 새로 생성되고, 업데이트 이전의 값을 반환하는 이 메소드의 특성상 이전에 저장된 값이 없다는 의미로 nil을 반환합니다.

하지만 세 번째 업데이트 메소드에서는 "JP"라는 키로 값을 저장하는데 앞선 예제에서 이미 사용했던 키입니다. 이에 진정한 의미에서 값의 업데이트가 발생하고, 그 결과로 이전에 저장되어 있었던 "Tokyo"를 반환합니다.

딕셔너리에 저장된 아이템을 제거할 때는 두 가지 방법을 사용할 수 있습니다. 하나는 키에 연결된 값에 직접 nil을 할당하는 방법이고, 또 다른 하나는 명시적으로 removeValue(forKey:) 메소드를 사용하는 것입니다. nil은 "값이 없음"이라는 의미를 나타내는 특수 값입니다. 없는 값을 표현하기 위해 또 다른 값을 사용한다는 것이 좀 모순이긴 하지만, 그렇지 않고서는 값이 없다는 것을 명시적으로 표현할 방법이 없어서 nil이라는 특수 값을 사용합니다(혹 이런 모순을 해결할 수 있는 방법이 있다면 연락 바랍니다. 정말 위대한 발견이 될 수 있을 거예요). 두 가지 방법 모두 딕셔너리로부터 아이템을 제거하는 방법으로 사용됩니다.

딕셔너리의 아이템을 삭제하는 방법을 실습하기 위해, 우선 삭제할 값을 다음과 같이 추가해 봅시다.

```
...(중략)...
newCapital.updateValue("Ottawa", forKey: "CA")
newCapital.updateValue("Beijing", forKey: "CN")
```

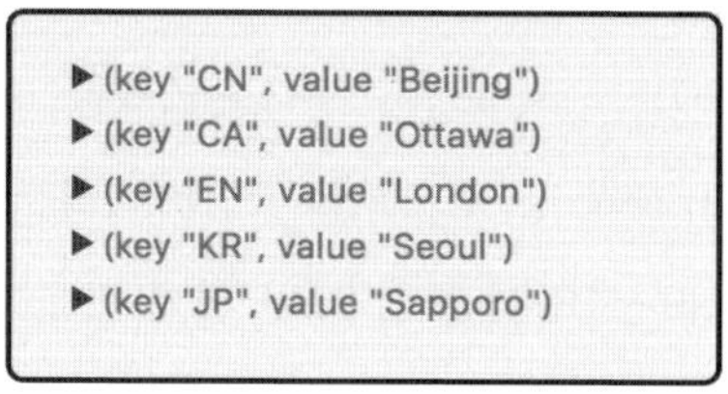

```
▶ (key "CN", value "Beijing")
▶ (key "CA", value "Ottawa")
▶ (key "EN", value "London")
▶ (key "KR", value "Seoul")
▶ (key "JP", value "Sapporo")
```

그림 5-13 값이 추가된 딕셔너리

먼저, nil을 할당하여 값을 삭제하겠습니다.

```
newCapital["CN"] = nil
```

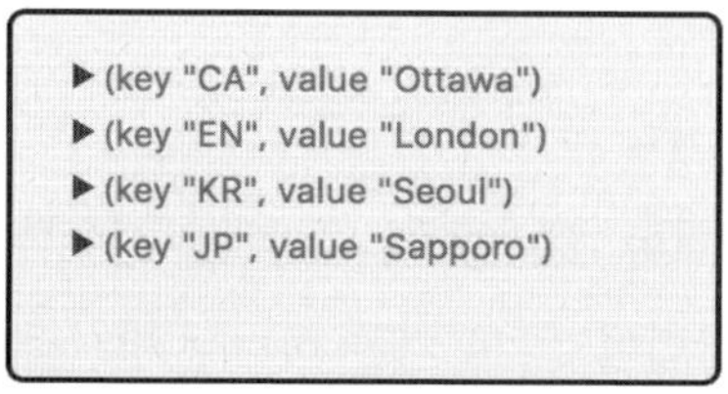

```
▶ (key "CA", value "Ottawa")
▶ (key "EN", value "London")
▶ (key "KR", value "Seoul")
▶ (key "JP", value "Sapporo")
```

그림 5-14 딕셔너리로부터 값이 삭제된 모습

"CN" 키에 해당하는 아이템이 삭제되었습니다. 위 결과에서도 사라졌군요. 이어서 removeValue(forKey:) 메소드를 사용하여 아이템을 삭제하겠습니다. 이 메소드는 삭제할 아이템의 키를 인자값으로 넣어야 합니다.

```
newCapital.removeValue(forKey: "CA")
```

```
▶ (key "EN", value "London")
▶ (key "KR", value "Seoul")
▶ (key "JP", value "Sapporo")
```

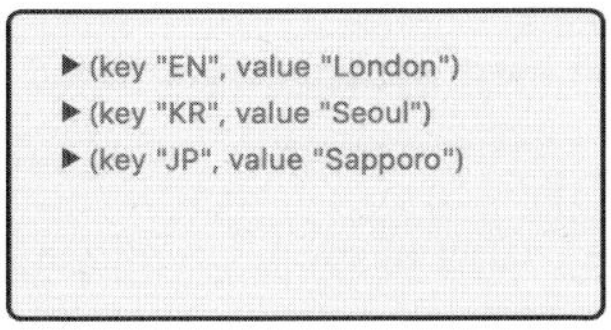

그림 5-15 딕셔너리로부터 값이 삭제된 모습

"CA" 키에 해당하는 아이템까지 삭제되었습니다. 이 메소드는 실행의 결과로 삭제된 아이템의 값을 반환합니다. 이런 특성을 이용하면 다음과 같은 구문을 사용할 수 있습니다.

```
...(중략)...
// "CA"에 해당하는 값을 삭제하고, 반환된 값을 removedValue에 할당한다.
if let removedValue = newCapital.removeValue(forKey:"CA") {
    print("삭제된 값은 \(removedValue)입니다.")
} else {
    print("아무 것도 삭제되지 않았습니다")
}
```

[실행 결과]

삭제된 값은 **Ottawa**입니다.

물론 없는 키를 삭제하고자 할 때는 그 결과값도 당연히 없으므로 nil을 반환합니다. if 조건문을 사용하여 구분하고 있는 이유는 이 때문이죠. 그런데 여기서 한 가지 짚고 넘어가야 할 부분이 있습니다. 바로 배열의 인덱스와 딕셔너리의 키에 대한 접근 차이입니다.

배열은 인덱스를 직접 참조하기 위해 참조할 인덱스가 이미 만들어져 있어야만 한다는 제약조건이 있습니다. 그렇지 않으면 잘못된 인덱스 참조에 의한 오류가 발생하죠. 하지만 딕셔너리는 키 자체가 일련의 순서를 가지고 있지 않습니다(해시 연산에 의한 결과값 역시 연속되는 값은 아닙니다). 게다가 타입은 알 수 있을지언정 실제로 어떤 데이터가 키로 사용될지 미리 알 수 없으므로 기존에 사용된 적이 없던 새로운 키가 입력되면 이 키와 값을 저장하기 위한 튜플을 하나 만들어 저장하면 될 뿐입니다. 새로운 인덱스 공간을 확보하고 크기를 늘릴 필요는 없습니다. 단지 딕셔너리 변수가 초기화되어 있기만 하면 됩니다. 참 편하죠?

그런데 사용하기 편한 이런 특성으로 인해 배열에서는 걱정할 필요 없었던 문제가 딕셔너리에서 생깁니다. 바로 키와 값에 대한 보장이 없다는 점입니다. 배열이야 값을 저장할 때 만들어져 있지 않은 인덱스라면 오류를 발생해버리면 되니 배열에서 인덱스를 호출한다는 것은 곧, 그 안에 저장된 값을 꺼내오기만 하면 된다는 것과 같습니다. 설령 값이 아직 저장되지 않았더라도 초기화될 때 적용한 기본값이라도 저장되어 있을 테니 값이 비어있을 염려는 없는 것이죠.

그러나 딕셔너리는 고유 키에 대한 제약이 덜하다 보니 프로그램이 딕셔너리로부터 키를 호출해서 저장된 값을 불러올 때 없는 키를 호출했을 가능성을 항상 염두에 두어야 합니다. 이 경우를 처리해 줄 수 있어야 안전한 프로그래밍 언어가 됩니다. 그래서 스위프트에서는 딕셔너리로부터 키를 호출해서 저장된 값을 불러올 때, 또는 업데이트 메소드를 실행한 결과를 반환할 때, 오류가 발생할 가능성을 염두에 둔 다음과 같은 특별한 형식으로 값을 반환합니다.

```
Optional("Sapporo")
```

이것이 바로 스위프트가 제공하는 독특하면서도 어려운 개념인 옵셔널(Optional)입니다. 요약하자면 다양한 객체지향 프로그래밍에서 오류 처리를 위해 애용되는 에러 캐치(Error Catch)를 대신할 목적으로 도입한 개념으로서, 아키텍처 차원의 안정성을 제공하기 위한 것입니다. 옵셔널은 6장에서 자세하게 다루므로, 그때 가서 다시 이 내용을 이어 학습하겠습니다.

5.4.3 딕셔너리의 순회 탐색

딕셔너리에 저장된 아이템끼리는 순서가 없지만, 아이템을 튜플 형식으로 저장할 때 내부적으로 키를 바탕으로 한 해시 연산 값을 기준으로 정렬하기 때문에 이 특성을 사용하면 순회 탐색을 할 수 있습니다. 딕셔너리는 인덱스를 사용하지 않으므로 직접 크기를 지정하여 정해진 만큼 순회하는 일반 for 구문이나 반 닫힘 연산자를 이용하는 방식의 for~in 구문을 사용하기는 어렵지만 딕셔너리를 직접 사용하여 탐색하는 방식으로 for~in 구문을 구성하면 됩니다. 다음은 앞에서 작성한 newCapital 딕셔너리를 for~in 구문에 넣어 순회 탐색하는 예제입니다.

```
...(중략)...

// 딕셔너리의 순회 기능을 사용하여 순회 탐색을 실행한다
for row in newCapital {
    // 딕셔너리에서 꺼낸 키-값 한 쌍이 담긴 row 상수를 튜플로 받는다
    let (key, value) = row
    print("현재 데이터는 \(key) : \(value)입니다")
}
```

for~in 구문이 반복되면 딕셔너리에 저장된 아이템이 차례대로 row 상수에 대입됩니다. 딕셔너리는 키와 값으로 이루어진 아이템을 내부에 저장할 때 튜플 타입으로 저장하므로 순회 탐색을 실행하면 차례대로 튜플 타입으로 된 키-값이 row 상수에 할당됩니다. 할당된 row 상수로부터 데이터를 키와 값으로 분리해내기 위해 (key, value)의 개별 변수로 구성된 튜플로 값을 할당하는 구문이 다시 사용되고, 이 과정을 거쳐 키는 key 변수에, 값은 value 변수에 할당됩니다. 이제 우리는 원하는대로 딕셔너리 아이템의 키-값을 호출하여 사용할 수 있게 되었습니다.

위 예제는 다음과 같이 중간 과정을 생략하여 작성할 수 있습니다. 더 짧고 간결하지만, 같은 결과를 나타냅니다.

```
...(중략)...

// 딕셔너리의 순회기능을 사용하여 순회탐색을 실행한다
for (key, value) in newCapital {
    print("현재 데이터는 \(key) : \(value)입니다")
}
```

앞에서는 row 상수에 딕셔너리 키-값 한 쌍을 담은 후 이를 다시 개별 튜플 변수로 변환하는 과정을 거쳐 키와 값으로 분리해내었지만 지금은 이 과정을 한 번에 처리하고 있습니다. 처음부터 개별 튜플 상수 (key, value)를 정의하여 키-값으로 할당받았죠. 여러 줄에 걸쳐 작성하는 것보다 훨씬 직관적이면서 이해하기도 쉽습니다. 여러분이 실제로 앱을 개발하는 과정에서 사용해야 할 코드는 대부분 이렇게 불필요한 중간 과정을 없앤 코드가 될 것이므로 이러한 구문 사용에 익숙해지기 바랍니다. 이제 실행 결과를 확인합시다.

> 현재 데이터는 EN : London입니다
> 현재 데이터는 KR : Seoul입니다
> 현재 데이터는 JP : Sapporo입니다

위 결과에서 눈여겨보아야 할 또 다른 점은 딕셔너리를 순회 탐색하면 입력한 값의 순서대로 탐색 되지 않는다는 점입니다. 예제에서도 JP라는 키와 그에 연결된 데이터를 가장 먼저 입력했지만, 출력 결과는 그렇지 않습니다. 입력한 순서와 다르게 결과가 출력되고 있죠. 기본적으로 딕셔너리는 고유 키에 대한 해시 처리 값을 기준으로 내부 정렬하기 때문에 데이터가 우리가 생각하는 순서대로 저장되지 않을 수 있다는 점에 주의해야 합니다.

이 장을 마치며

지금까지 집단 자료형과 여기에 속하는 배열, 딕셔너리, 집합, 그리고 튜플에 대해 알아보았습니다. 이들 자료형은 다른 데이터를 관리하기 때문에 컨테이너 타입이라고 불리기도 합니다. 실제 앱을 만들 때 상당히 많은 데이터들이 집단 자료형을 이용하여 저장되기 때문에, 이들 자료형의 특성과 속성들을 잘 이해하는 것이 중요합니다. 각 자료형의 특성에 대해 정리하면서 이번 장을 마무리하겠습니다.

- **배열** 순서 있는 데이터들을 저장할 때 사용하며 중복된 값을 저장할 수 있다. 저장된 데이터는 인덱스로 관리된다.
- **집합** 순서 없는 데이터를 저장할 때 사용하며, 중복된 값은 한 번만 저장된다.
- **딕셔너리** 순서 없는 데이터를 키-값 형태로 저장할 때 사용하며, 중복된 값을 저장할 수 있지만 중복된 키를 사용할 수는 없다.
- **튜플** 데이터를 나열해서 소괄호로 묶어 사용하며, 내부적으로 순서가 있지만, 순회 처리를 지원하지는 않는다. 서로 다른 타입의 데이터를 저장할 수 있다.

CHAPTER 06
옵셔널 :
스위프트가 잠재적 오류를 다루는 방법

옵셔널(Optional)은 스위프트에서 도입된 새로운 개념으로서 언어 차원에서 프로그램의 안전성을 높이기 위해 사용하는 개념입니다. 옵셔널의 개념을 한 문장으로 정의하자면 'nil을 사용할 수 있는 타입과 사용할 수 없는 타입을 구분하고, 사용할 수 있는 타입을 가리켜 옵셔널 타입(Optional Type)이라고 부른다'라고 할 수 있습니다.

여기서 말하는 nil이란, **값이 없음**을 의미하는 특수한 값입니다. 정수형의 0이나, 문자열의 ""과는 다른, 말 그대로 순수하게 아무 값도 없다는 것을 의미하죠. 이런 특수성 때문에 nil은 종종 실제 값으로는 처리할 수 없는, 무엇인가 문제가 발생했을 때 이를 의미하기 위해 사용됩니다.

앞에서 잠깐 다룬 딕셔너리를 떠올려 봅시다. 저장된 값을 읽으려면 딕셔너리 변수명 뒤에 대괄호와 함께 키 값을 넣어주어야 하는데, 종종 잘못된 키를 대입할 때가 있습니다. 오타이거나, 혹은 이미 삭제된 키를 사용하는 경우가 대표적이죠. 이같은 상황에서 스위프트는 우리에게 뭔가 '너 지금 잘못했어. 그 키는 지금의 딕셔너리에는 존재하지 않는단 말이야'라고 알려주고 싶어합니다.

하지만 오류를 발생시키는 것은 그리 좋지 않습니다. 겨우 딕셔너리 키에 대한 잘못된 참조 하나 때문에 실행을 중단시키는 것은 매정할 뿐만 아니라, 스위프트는 최대한 안전성을 높이고자 노력하는 언어니까요. 하지만 결과값을 공백을 반환할 수는 없습니다. 그랬다면 사용자가 자신이 실수한 것을 알지 못하고 정말 '그 키에는 공백이 저장되어 있었나보군'이라고 착각하게 될지도 모르니까요. 이런 상황에서 스위프트는 오류도 발생시키지 않고 뭔가 문제가 있었다는 것도 알려주기 위해 nil이라는 값을 반환하는 겁니다.

```
let capital = ["KR": "Seoul", "CN": "Beijing", "JP": "Tokyo"]
capital["ko"] // nil
```

이처럼 스위프트에서는 값을 처리하는 과정에 문제가 있을 경우 많은 부분에서 오류를 발생시키는 대신 결과값을 nil로 반환합니다. 하지만 모든 타입이 nil을 반환할 수 있는 것은 아니며 오직 옵셔널 타입만 nil을 반환할 수 있습니다. 다시 말해, nil을 반환하려면 해당 값이 옵셔널 타입으로 정의되어 있어야 합니다.

여기에서 중요한 것은 "오류가 발생할 가능성"입니다. 경우에 따라서는 오류가 발생하지 않을 수도 있지만, 언젠가 오류가 발생할 수 있는 가능성이 아주 조금이라도 있다면 모두 옵셔널 타입으로 정의해야 합니다. 이해를 돕기 위해 또다른 예를 살펴봅시다. 문자열 "123"을 숫자로 변환해야 한다고 가정해 보겠습니다.

일반적으로 사람의 인식에서는 "그저 큰따옴표만 떼면 되는데?"라고 생각할지도 모르겠지만, 프로그래밍에서 문자열 "123"을 숫자로 바꾸려면 다소 복잡한 변환 과정을 거쳐야 합니다. 다행히 스위프트를 포함하여 많은 프로그래밍 언어에서는 문자열을 숫자로 변환해주는 간편한 방법을 제공합니다. 스위프트에서는 Int 객체의 생성자 옵션에 숫자로 변환할 문자열을 넣어주면 정수로 변환됩니다. 사용 형식은 다음과 같습니다.

Int(바꿀 문자열)

예를 들어, 문자열 "123"을 숫자로 바꾸려면 다음과 같이 작성하면 됩니다. 상수 num은 문자열 "123"이 아니라 정수 123이 대입된 Int 타입의 상수로 정의됩니다.

```
let num = Int("123")
```

다른 값을 넣어도 넣어도 마찬가지입니다. 문자열을 정수로 변환한 값을 얻을 수 있죠. 그런데 만약 "123"이나 "456"처럼 숫자로 바꿀 수 있는 문자열 대신, 아래와 같이 문자열을 인자값으로 넣으면 어떻게 될까요?

```
let num = Int("Swift")
```

휴우, 무척 난감한 상황입니다. 일반 문자열은 숫자로 변환할 수 없기 때문이죠. 따라서 컴파일러는 이럴 때 "죄송합니다. 이 문자열은 숫자로 변환할 수 없겠는데요"하고 난감함을 표현해야 합니다. 개발자가 상황을 이해하고 적절히 대응할 수 있는 구문을 보완할 수 있도록 말입니다.

대부분 프로그래밍 언어에서는 이런 상황을 오류로 처리하거나 혹은 예외사항으로 처리합니다. 오류 처리 구문을 사용할 수 있는 대표적인 언어인 자바는 이럴 때 NumberFormatException( ) 예외를 발생함으로써 개발자가 인지하고 이에 대응하는 코드를 작성할 수 있도록 돕습니다. 비단 자바뿐만 아니라 PHP도 오류 코드를 발생시키고, 자바스크립트 역시 NaN을 반환하여 변환에 실패했음을 알려줍니다.

그러나 스위프트는 조금 다릅니다. 언어의 안정성을 위해 가급적 오류를 발생시키지 않으려고 노력하죠. 오류가 발생하면 프로그램의 실행 흐름이 중단되고 경우에 따라 앱의 동작이 멈추거나 아예 꺼져버릴 수도 있으므로, 언어의 안정성을 위해서는 될 수 있으면 피해야 하는 상황일 수밖에 없습니다. 이런 맥락에서 스위프트는 문자열의 정수 변환이 실패하더라도 실행을 중지시키거나 오류를 발생시키지 않고 억지로 값을 반환하려고 노력합니다. 반환하는 값이 그 무엇이 되든 간에 말입니다.

하지만 아무 값이나 반환할 수는 없습니다. 특히 0을 반환해서는 안 됩니다. 누군가 Int("0")을 호출했을 때 정상적인 처리 결과로 정수 0이 반환된 경우와 구분할 수 없기 때문입니다. 또한 공백을 사용해서도 안 됩니다. 공백은 일반적으로 문자열로 처리되는 경향이 있어, 반환 타입이 일치하지 않을 뿐만 아니라 공백 또한 실패를 의미하는 값은 아니기 때문입니다. 이런 상황에서 개발자들은 실패를 의미하면서도 오류를 던지는 것이 아닌 값이 필요했습니다. 이런 목적에서 정의된 값이 바로 "값이 없음"을 뜻하는 nil입니다.

다른 언어에서 Null이나 null로 표현되기도 하는 nil은 **값이 없다는 것**을 표현하기 위해 사용하는 일종의 특수 값입니다. 이 값은 원래 오브젝티브-C에서 쓰이던 값이었는데, 스위프트로 넘어오면서 의미가 약간 달라졌습니다. 오브젝티브-C에서는 빈 메모리 주소를 가리키는 값이었지만 스위프트에서는 단순히 '값이 없음'을 의미하게 된 것입니다. 스위프트에서는 뭔가 연산 과정에서 정상적으로 값을 처리하지 못하는 상황이 발생했을 때 제대로 된 결과값 대신 nil을 반환합니다. 앞에서 예로 든 문자열을 숫자로 변환하는 과정에서도 잘못된 인자값으로 인해 문자열의 정수 변환이 실패했을 때, '인자값이 잘못되었으므로 이 변환 처리는 실패입니다. 따라서 아무 값도 반환되지 않습니다'라는 의미를 표현하기 위해 nil을 반환합니다.

```
Int("Swift") → nil
```

그런데 스위프트에서는 nil의 사용에 제약을 걸어두었습니다. 바로 일반 자료형은 nil 값을 가질 수 없다는 것이죠. 문자열이나 정수 등은 일반 자료형이기 때문에 '값이 없음'을 뜻하는 nil 값을 저장할 수 없습니다. 만약 일반 자료형에 억지로 nil 값을 대입하려고 하면 다음과 같은 오류가 발생합니다.

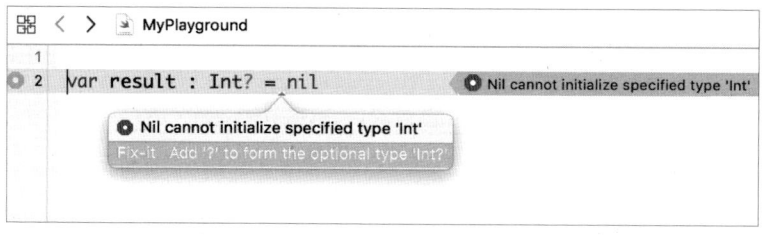

그림 6-1 일반 자료형에 nil을 대입하려고 했을 때의 오류

함수에서 값을 반환할 때에도 마찬가지입니다. 함수는 반환 타입이 정해져 있기 때문에 항상 그 타입에 맞는 값을 반환해야 하는데, 처리 과정이 실패했을 경우에는 nil을 반환하게 됩니다. 하지만 일반 자료형에는 nil 값을 할당할 수 없다는 스위프트의 특성 때문에 nil을 반환하면 오류가 발생합니다.

이때 사용하는 타입이 바로 옵셔널 타입입니다. 옵셔널 타입으로 선언된 자료형은 nil 값을 저장할 수 있거든요. 만약 nil 값을 저장해야 하거나 혹은 함수의 반환값에 nil이 포함될 가능성이 있다면, 다시 말해 오류가 발생할 가능성이 있다면 반환 타입을 반드시 옵셔널 타입으로 설정해야 합니다. 따라서 Int(〈바꿀문자열〉) 구문의 반환 타입은 옵셔널 타입으로 정의됩니다.

사실 옵셔널 타입은 별도로 존재하는 자료형이 아닙니다. 스위프트에서 모든 기본 자료형들은 그에 대응하는 옵셔널 타입이 존재하죠. 다시 말해 정수형에 대응하는 옵셔널 타입과, 문자열에 대응하는 옵셔널 타입이 모두 있다는 뜻입니다. 또한, 클래스나 구조체를 이용하여 만든 객체도 옵셔널 타입으로 바꿀 수 있습니다. 함수를 통해서 반환 가능한 모든 타입들 역시 옵셔널 타입으로 변경할 수 있구요.

어떤 자료형을 사용하는지에 따라 대응하는 옵셔널 타입은 다릅니다. 정수 타입을 옵셔널 타입으로 변경하면 Optional Int 타입이 되고, 문자열을 옵셔널 타입으로 바꾸면 Optional String이 됩니다. Int(〈바꿀문자열〉) 구문의 반환 타입은 Optional Int입니다.

그런데 스위프트에서 옵셔널 타입이 실제로 가질 수 있는 값의 종류는 오직 두 가지 뿐입니다. 하나는 **nil이 아닌 값**, 또다른 하나는 **nil 값**이죠. nil이 아닌 값은 실제 실행 결과에서 오류가 발생하지 않았을 때 반환되며, 실제 실행 과정에서 오류가 발생했을 때에는 nil이 반환됩니다.

헷갈릴지도 모르겠지만 여기에서 말하는 'nil이 아닌 값'은 "ABC" 또는 123 등의 구체적인 값이 아니라 정말 nil이 아닌 값 그 자체입니다. 이것은 반환하려는 실제 값이 옵셔널이라는 객체로 둘러 싸인 상태를 의미합니다. 다시 말해 처리 과정에 문제가 있었다면 nil이 반환되고, 문제가 없어 처리가 성공했다면 옵셔널 객체로 감싸진 결과값이 반환됩니다.

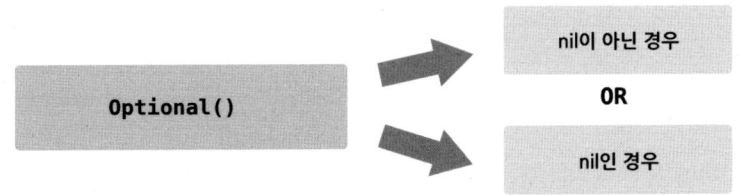

그림 6-2 옵셔널 타입이 가질 수 있는 값의 경우

결국, 옵셔널 타입이란 **반환하고자 하는 값을 옵셔널 객체로 다시 한 번 감싼 형태**를 의미합니다. 하지만 성공했을 때에는 일반 값을 반환하고, 그렇지 않으면 특수하게 처리된 예외나 NaN 값을 반환하는 방식으로 나누어 반환하는 다른 프로그래밍의 반환 방식과는 다릅니다. 스위프트에서는 일단 오류가 발생할 가능성이 있기만 하면, 성공적으로 처리했더라도 일단 옵셔널 타입으로 감싸서 반환하기 때문입니다.

문자열 "123"을 숫자로 변환한 값을 반환하고자 한다면 실제로 변환된 값 123을 직접 반환하는 것이 아니라 옵셔널 타입으로 값을 감싼 Optional(123)을 반환합니다. 만약 숫자로 변환하지 못할 문자열(예를 들어, "안녕하세요"와 같은)이 입력되어 정상적인 변환이 불가능한 상황이라면 Optional("안녕하세요")가 아니라 nil 값을 반환합니다. 이때 Optional(123)과 nil은 모두 옵셔널 타입입니다.

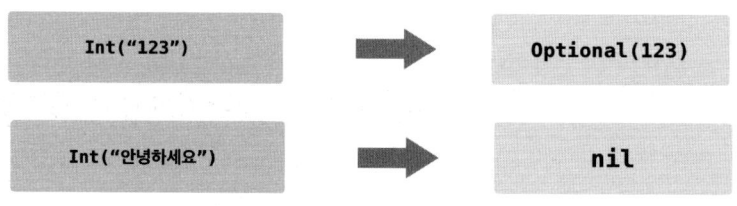

그림 6-3 문자열의 정수 변환 처리 결과

처리가 성공적일 경우, 옵셔널 타입으로 반환된 값을 열어보면 실제 값이 옵셔널 타입으로 둘러싸여 있는 것을 볼 수 있습니다. 이를 **옵셔널 래핑(Optional Wrapping)**이라고 합니다. 이렇게 받은 값은 **옵셔널 언래핑(Optional Unwrapping)**이라고 불리는 특수한 처리 과정을 통해 옵셔널 타입을 해제하고 실제 값을 추출하여 사용해야 합니다. 단, 처리 결과가 실패여서 옵셔널 타입의 값이 nil이라면 옵셔널 타입을 해제해서는 안 됩니다.

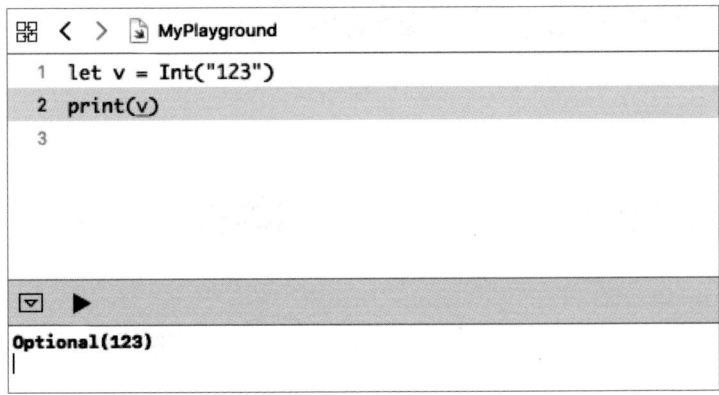

그림 6-4 문자열의 정수 변환 처리 결과

 차라리 모든 값을 옵셔널 타입으로 선언하고 사용하면 안 되나요? 일반 타입과 옵셔널 타입으로 나누어 사용하는 건 헷갈리고 불편할 것 같아서요.

모든 값을 옵셔널 타입으로 선언하는 것은, 일반 자료형에 nil 값을 대입할 수 있도록 허용하는 것과 다를 바가 없습니다. 그런데 모든 값이 nil을 가질 수 있다는 것은 또 다른 문제를 발생시킵니다. 값을 사용할 때마다 일일이 nil인지 아닌지를 체크하여 사용해야 하거든요. 이는 프로그래밍 로직을 복잡하게 만들 뿐만 아니라 처리 과정 또한 어렵게 만듭니다. 그러므로 꼭 필요한 경우에만 제한적으로 옵셔널 타입을 적용하는 것이 좋습니다.

6.1 옵셔널 타입 선언과 정의

일반 자료형을 옵셔널 타입으로 만드는 방법은 단순합니다. 우리가 사용하는 자료형 뒤에 퀘스천 마크(물음표)만 붙이면 됩니다. 'String?'은 Optional String 타입을 의미하고, 'Int?'는 Optional Int 타입을 의미합니다. String 타입에는 nil을 대입할 수 없지만 String? 타입에는 nil을 대입할 수 있습니다. 다음 예제들은 다양한 옵셔널 타입을 보여주고 있습니다.

```swift
// 옵셔널 Int 타입
var optInt : Int?

// 옵셔널 String 타입
var optStr : String?

// 옵셔널 Double 타입
var optDouble : Double?

// 옵셔널 Array 타입
var optArr : [String]?

// 옵셔널 Dictionary 타입
var optDic : Dictionary<String, String>?
var optDic2: [String:String]?

// 옵셔널 Class 타입
var optClass : AnyObject?
```

일반 자료형을 선언만 하고 초기화하지 않으면 아예 아무것도 할당되지 않지만, 옵셔널 타입으로 자료형을 선언하면 자동으로 nil로 초기화됩니다. 물론, 옵셔널 내부에 있는 자료형에 nil 값이 부여된다는 것은 아닙니다. 옵셔널 타입 자체에 nil이 부여된다는 뜻이죠.

옵셔널 타입으로 선언된 변수나 상수에 실제 값을 할당하는 방법은 일반 타입의 그것과 동일합니다. 다음은 옵셔널 타입의 변수와 상수에 값을 할당하는 방법입니다.

| 옵셔널 타입의 변수와 상수에 값을 할당하는 방법 |

```
// 옵셔널 Int 타입
var optInt: Int?
optInt = 3

// 옵셔널 String 타입
var optStr: String?
optStr = "Swift"

// 옵셔널 Array 타입
var optArr: [String]?
optArr = [ "C", "JAVA", "Objective-C", "SmallTalk" ]

// 옵셔널 Dictionary 타입
var optDic: [String : Int]?
optDic = ["국어" : 94, "수학":88, "영어":96]
```

옵셔널 타입의 변수에 값을 할당할 때에는 옵셔널 타입임을 인지할 필요가 거의 없습니다. 일반 변수처럼 값을 할당하면 옵셔널 객체 내부에 값이 대입되기 때문입니다. 즉, 값을 대입할 때에는 옵셔널이 아닌 일반 변수처럼 생각하고 다루어도 무방합니다.

6.2 옵셔널 값 처리

문자열을 숫자로 변환해주는 생성자 Int(문자열) 이야기를 조금 더 해 봅시다. 숫자로 바꿀 수 있는 문자열 "123"이 입력되면 숫자로 변환할 수 있지만, 그럴 수 없는 일반 문자열이 입력되면 잠재적인 오류 가능성이 있다고 설명했습니다. 이 때문에 Int(문자열)은 그냥 정수가 아니라 옵셔널 타입의 정수값을 반환하도록 설계되어 있습니다. Int 구조체의 생성자를 정의하는 구문 일부를 살펴보면 알 수 있죠.

```
extension Int {
    public init?(_ text: String, radix: Int = default)
}
```

Int(문자열) 구문이 반환하는 옵셔널 타입을 분석해보면, "안녕하세요"처럼 숫자로 바꿀 수 없는 문자열이 입력되었을 때 옵셔널 타입에는 nil이 할당된 상태로 반환됩니다. 다른 문자열이 입력되어 변환에 성공하면 Optional(123)이라는 옵셔널 값이 할당됩니다. 어쨌거나 두 경우 모두 옵셔널 타입으로 반환되는 것만은 분명합니다.

이렇게 전달받은 옵셔널 타입의 결과값은 그 자체로는 아무것도 할 수 없습니다. 옵셔널 타입은 애초에 연산을 지원하지 않는 타입이거든요. 따라서 옵셔널 타입과 일반 타입은 서로 연산할 수 없으며 옵셔널 타입끼리의 연산이나 결합도 지원하지 않습니다. 옵셔널 Int 타입과 일반 Int 타입의 연산도, 옵셔널 String과 일반 String 결합도 모두 불가능합니다.

```
// ( X ) : 옵셔널 타입은 결합 연산 또는 더하기 연산이 가능한 데이터 타입이 아님
Int("123") + Int("123")

// ( X ) : Int? 와 Int 는 서로 다른 타입이므로 연산이 불가능함
Int("123") + 30
```

이 옵셔널 값을 사용하는 방법을 알아봅시다. 우리가 결과값으로 전달받은 것은 Optional이라는 객체입니다. 그 내부에 우리가 원하는 값이 들어있겠죠. 이 값을 우리가 원하는 대로 사용하려면 실제 값을 둘러싼 옵셔널 객체를 해제해야 합니다. 옵셔널 객체를 해제하면 일반 타입의 값이 되는데, 이 값이 비로소 우리가 직접 사용할 수 있는 값입니다. 이처럼 옵셔널 객체를 해제하고 내부에 있는 값을 추출하는 과정을 옵셔널 해제라고 합니다. 다른 말로 옵셔널 언래핑(Optional Unwrapping)이라고도 하죠.

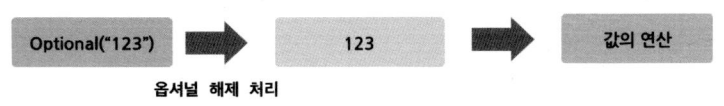

그림 6-5 옵셔널 타입의 값을 연산에 사용할 수 있도록 처리하는 과정

옵셔널 해제 방식은 **명시적 해제**와 **묵시적 해제**로 나누어집니다. 명시적 해제는 다시 **강제적인 해제**와 **비강제적인 해제**로 나눌 수 있고 묵시적 해제는 각각 **컴파일러에 의한 자동 해제**와 **연산자를 사용한 자동 해제**로 나눌 수 있습니다.

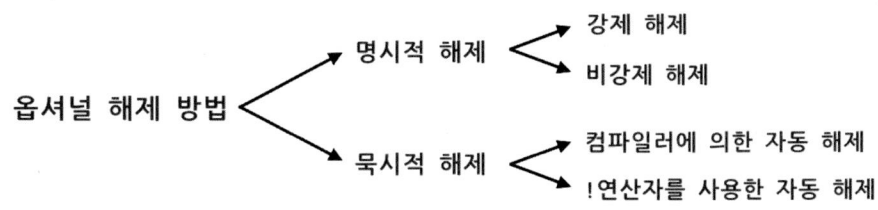

그림 6-6 옵셔널 해제 방식

차례대로 각 해제 방법에 대해 알아보겠습니다. 우선 학습할 것은 명시적 해제, 특히 가장 많이 사용되는 강제 해제입니다. 강제 해제는 옵셔널 값의 nil 여부와 관계없이 옵셔널을 무조건 해제하는 방식으로, 스위프트 공식 문서에서 사용하는 용어로는 Forced Unwrapping입니다. 정확한 의미로는 옵셔널을 벗겨 내는 것이지만, 이 책에서는 편의상 강제 해제라고 부르겠습니다.

6.2.1 옵셔널 강제 해제

옵셔널을 강제 해제하는 방법은 무척 단순합니다. 옵셔널 타입의 값 뒤에 '!' 기호만 붙여주면 되거든요. 정말 단순하죠? 이렇게 처리해 주면 옵셔널 객체가 해제되고, 그 내부에 저장된 값을 을 꺼내 사용할 수 있게 됩니다. 이때 사용된 '!' 기호를 가리켜 옵셔널에 대한 '강제 해제 연산자(Forced-Unwrapping Operator)'라고 합니다.

이와 관련된 다음 예제를 살펴봅시다. 옵셔널 Int 타입으로 선언된 optInt를 강제 해제 연산자를 사용하여 값을 추출하는 구문입니다.

옵셔널 타입의 변수 선언

```
var optInt: Int? = 3

print("옵셔널 자체의 값 : \(optInt)")
print("!로 강제 해제한 값 : \(optInt!)")
```

[실행 결과]

```
옵셔널 자체의 값 : Optional(3)
!로 강제해제한 값 : 3
```

변수 optInt를 Int 타입으로 정의하면서 '?'를 붙여 옵셔널 타입으로 선언했습니다. 옵셔널 타입에 대입된 값은 옵셔널 객체로 감싸 처리되므로, 변수 자체를 출력하면 'Optional(3)'이라는 값이 출력됩니다. 이어서 두 번째 print 구문을 살펴봅시다. optInt 뒤에 ! 연산자를 붙였더니 3이 출력되었습니다. 이는 옵셔널 타입의 값이 ! 연산자 덕분에 해제되었기 때문입니다. 이처럼 옵셔널 타입으로부터 값을 추출하려면 옵셔널 값 뒤에 ! 연산자를 붙이면 됩니다. 앞에서 옵셔널 타입끼리 연산은 불가능하다고 이야기했지만, 강제 해제 연산자를 사용하면 일반 타입으로 해제되므로 연산이 가능합니다.

```
Int("123")! + Int("123")!
// 246

Int("123")! + 30
// 153
```

그런데 뭔가 이상하지 않나요? 옵셔널 타입의 변수나 상수에 ! 연산자만 붙이면 일반 타입처럼 사용할 수 있는 앞서 설명대로라면 그냥 모든 옵셔널 타입에 ! 연산자를 붙여서 사용해버리면 되는 거잖아요. 게다가 옵셔널 변수의 값이 nil일 때도 강제 해제 연산자를 붙일 수는 있는데, 실제로 값이 nil인 옵셔널 변수에 이 연산자를 붙이면 오류가 발생합니다. 이렇게 된다면 굳이 힘들 게 옵셔널 타입을 사용하는 의미가 있을까요?

그래서 옵셔널 변수나 상수를 안전하게 사용하려면 조건이 따릅니다. 강제 해제 연산자를 사용할 때에는 먼저 옵셔널 값이 nil인지 점검해야 합니다. 그리고 옵셔널 값이 nil이 아닐 때만 강제 해제 연산자를 붙여서 값을 추출해야 합니다. 다음 구문을 봅시다.

옵셔널 값의 안전한 해제

```
var str = "123"
var intFromStr = Int(str)

if intFromStr != nil {
    print("값이 변환되었습니다. 변환된 값은 \(intFromStr!)입니다") // ...①
} else {
    print("값 변환에 실패하였습니다") // ...②
}
```

앞서 여러 차례 설명한 바와 같이 Int(문자열) 생성자는 옵셔널 정수값을 반환합니다. 따라서 위 예제에서 Int(문자열)의 결과를 대입받는 intFromStr 상수 역시 옵셔널 타입으로 정의됩니다. 옵셔널은 값이 없는 nil이거나 정상적인 값을 옵셔널 객체로 둘러싼 두 가지 경우만 존재하므로 옵셔널 값이 nil인지를 if 조건절로 점검해야 합니다. 그리고 그에 맞는 조건절 블록 내에서만 강제 해제 연산자를 사용해야 합니다. 이것이 오류 없이 안전하게 옵셔널 타입을 해제하여 사용할 수 있는 방법입니다.

위 예제에서 Int(문자열) 생성자의 변환 대상이 되는 문자열 "123"은 숫자로 변환할 수 있는 문자열이므로 intFromStr은 nil이 아닙니다. 정확히는 Optional(123)이죠. 따라서 if 조건절이 참이 되면서 ①의 내용이 실행되므로 실행 결과는 다음과 같습니다.

[실행 결과]

값이 변환되었습니다. 변환된 값은 123입니다

만약 대입된 값이 숫자로 변환할 수 없는 "Swift" 문자열이라면 어떻게 실행될까요?

옵셔널 값의 안전한 해제

```swift
var str = "Swift"
var intFromStr = Int(str)

if intFromStr != nil {
    print("값이 변환되었습니다. 변환된 값은 \(intFromStr!)입니다") // ...①
} else {
    print("값 변환에 실패하였습니다") // ...②
}
```

입력된 문자열은 숫자로 변환할 수 없는 값이므로 실행 결과는 nil입니다. if 조건절이 거짓이므로 else 블록 영역인 ②가 실행되죠. 따라서 결과는 다음과 같습니다.

[실행 결과]

값 변환에 실패하였습니다

else 블록에서 ! 연산자를 사용하면 nil에 대한 옵셔널 강제 해제가 실행되어 오류가 발생합니다. 따라서 ! 연산자는 확실히 옵셔널의 값이 nil이 아닌 조건에서만 사용해야 합니다.

위 구문에서 주의 깊게 살펴보아야 할 부분이 있습니다. if에서 nil 값을 비교하는 데 사용된 조건절입니다.

```
intFromStr != nil
```

이 조건절에서 intFromStr와 비교연산자 != 사이에 의도적인 공백이 있음을 알아야 합니다. 이 공백은 단순히 가독성을 높이기 위한 추가된 것이 아닙니다. 일반적으로 연산자 앞에 공백이 있을 필요는 없습니다. 일부는 가독성을 위해 공백을 집어넣기도 하지만 그것은 습관일 뿐, 컴파일러의 규칙상 반드시 그래야 하는 것은 아닙니다.

그런데 이번처럼 옵셔널 타입의 nil 점검을 위한 != 연산자를 사용할 때는 반드시 앞에 공백을 두어야 합니다. 문법의 오류를 방지하기 위한 목적이죠. intFromStr 변수처럼 옵셔널 타입의 값을 비교 연산자와 함께 사용하면서 공백을 두지 않으면 컴파일러는 이 구문을 다음 두 가지로 해석할 수 있습니다.

```
intFromStr!=nil
```

해석 ① (intFromStr)!=(nil) → 원래 의도한 대로 intFromStr 변수와 nil의 비교

해석 ② (intFromStr!)=nil → intFromStr 변수의 옵셔널 강제 해제 + nil 값의 할당

결국, 해석의 차이가 발생할 수 있으므로 구문이 모호해지는 결과를 가져옵니다. 컴파일러는 이를 확실하게 해석하지 못하므로 구문 분석 오류가 발생하게 됩니다. 이러한 상황을 방지하기 위해 옵셔널 타입이 비교 대상이라면 부등 비교 연산자(!=)를 사용할 때 공백을 두어야 합니다. '아버지가방에들어가십니다'가 생각나는, 의외로 띄어쓰기가 중요해지는 이야기라고 할 수 있겠습니다.

6.2.2 옵셔널 바인딩

앞에서 우리는 nil 체크 조건절을 사용하여 안전하게 옵셔널 타입을 해제할 수 있었습니다. 이 예제는 동일한 기능을 하는 비강제적인 해제 구문으로 바꾸어 작성이 가능합니다. 이는 if 구문 내에서 조건식 대신 옵셔널 값을 일반 변수나 상수에 할당하는 구문을 사용하는 방식으로, **옵셔널 바인딩**(Optional Binding)이라고 합니다.

옵셔널 바인딩은 **조건문 내에서 일반 상수에 옵셔널 값을 대입하는 방식**으로 이루어집니다. 반드시 조건문에서 사용해야만 하며, 상수에 옵셔널 값을 대입한 결과는 true/false로 리턴됩니다. 우리가 배운 대표적인 조건절인 if를 사용하여 옵셔널 바인딩하는 예제를 살펴봅시다.

if 조건문 내에서의 옵셔널 바인딩 처리

```
var str = "Swift"
if let intFromStr = Int(str) {
    print("값이 변환되었습니다. 변환된 값은 \(intFromStr)입니다")
} else {
    print("값 변환에 실패하였습니다")
}
```

앞의 구문과 매우 비슷하지만, intFromStr가 상수로 선언되었다는 점과 이 상수가 옵셔널이 아닌 일반 타입이라는 점이 다릅니다. 강제 해제 연산자를 사용하지 않아도 옵셔널 값이 일반 변수나 상수에 할당되면서 자연스럽게 옵셔널 타입이 해제되지만, 값이 nil이더라도 값의 할당이 실패하여 결과값이 false로 반환될 뿐이므로 오류는 발생하지 않습니다. 단지 else 블록이 실행될 뿐이죠. 또다른 구문 하나를 봅시다.

```
func intStr(str: String) {

    guard let intFromStr = Int(str) else {
        print("값 변환에 실패하였습니다")
        return
    }

    print("값이 변환되었습니다. 변환된 값은 \(intFromStr)입니다")
}
```

위 구문은 guard 구문을 이용하여 옵셔널 바인딩을 구현한 예제입니다. guard 구문은 특성상 함수나 메소드에만 사용할 수 있기 때문에 intStr( ) 함수를 정의하고 그 안에 guard 구문을 작성하였습니다. 실제로 앱을 만드는 과정 거의 대부분은 함수로 이루어지기 때문에, guard 구문을 사용할 여지는 많습니다.

guard 구문을 사용하더라도 옵셔널 바인딩 방식은 동일합니다. 상수를 선언하고, 여기에 옵셔널 값을 대입하는 것이 전부죠. 하지만 사용 용법상 if 구문 내에서 옵셔널 바인딩을 사용하는 것과 구분해야 할 필요는 있습니다. if 구문을 사용한 옵셔널 바인딩은 단순히 옵셔널 값의 처리 결과에 따라 서로 다른 피드백을 주고 싶을 때 사용합니다. 하지만 guard 구문은 조건에 맞지 않으면 무조건 함수의 실행을 종료시키는 특성이 있기 때문에, 실행 흐름상 옵셔널 값이 해제되지 않으면 더 이상 진행이 불가능할 정도로 큰일이 생길 때에만 사용하는 것이 좋습니다. 참고로, 옵셔널 타입이긴 하지만 절대 nil 값이 들어가지 않을 것이라는 보장이 있을 때에는 강제 해제 연산자를 사용하여 옵셔널 타입을 처리하는 것이 효율적입니다.

옵셔널과 관련하여, 앞 장에서 학습했던 딕셔너리에 값을 입력하고 사용하는 예제를 다시 살펴봅시다.

딕셔너리의 선언

```
var capital = ["KR" : "Seoul", "EN" : "London", "FR" : "Paris"]

print(capital["KR"])
print(capital["KR"]!)
```

[실행 결과]

```
Optional("Seoul")
Seoul
```

딕셔너리에 키로 접근하면 그 결과값은 옵셔널 타입으로 반환됩니다. 값을 출력한 결과를 확인하면 금세 알 수 있죠. 옵셔널 타입 대신 일반 타입의 값을 얻으려면 capital["KR"] 뒤에 ! 연산자를 붙여야 합니다. 그렇지 않으면 옵셔널 타입이 그대로 반환되어 예제에서 보는 것과 같이 Optional("Seoul")이 반환됩니다. 그런데 딕셔너리는 왜 옵셔널 타입의 값을 반환하는 것일까요?

딕셔너리에 키로 사용될 수 있는 값은 Hashable 프로토콜이 구현된 모든 자료형이라고 설명했습니다. 정해진 숫자 0, 1, 2, 3…만 차례대로 들어갈 수 있는 배열과 달리 딕셔너리는 미리 정해진 키 값만 사용되는 것이 아니라 무작위로 키가 사용될 수도 있습니다. 키 사용에 대한 제한이 거의 없는 거나 마찬가지이므로 키가 있는지를 점검하기도 어렵습니다.

이 때문에, 딕셔너리에서 값을 읽을 때에는 존재하지 않는 키를 사용할 가능성이 있습니다. 이 경우 딕셔너리는 주어진 키에 값이 비어있거나 입력된 키가 아예 없다는 것을 표현하기 위해 nil을 반환해야 합니다. 이 때문에 딕셔너리는 기본적으로 옵셔널 타입으로 정의된 값을 반환하게 됩니다.

사실 위 코드 역시 잘 구성된 코드는 아닙니다. nil 여부를 체크하지 않고 ! 연산자를 사용하여 바로 강제 해제를 실행한 것 때문이죠. 이를 그대로 실행하면 오류가 발생할 수 있으므로 다음과 같이 보완하는 것이 좋습니다.

```
if (capital["KR"] != nil) {
    print(capital["KR"]!)
}

// 또는

if let val = capital["KR"] {
    print(val)
}
```

옵셔널 타입에서 ! 연산자를 사용할 때는 반드시 nil 점검을 해 주어야 오류를 미연에 방지할 수 있다는 점, 잊지 말아 주세요.

6.2.3 컴파일러에 의한 옵셔널 자동 해제

옵셔널 타입의 값을 사용하려면 항상 ! 연산자를 사용하여 옵셔널을 **강제 해제(Forced-unwrapping)** 하든가, 아니면 옵셔널 바인딩을 통해 일반 자료형으로 바꾸어 주어야 합니다. 이렇게 해야 옵셔널 객체로 감싸진 값을 꺼낼 수 있죠. 하지만 명시적으로 강제 해제를 하지 않아도 컴파일러에서 자동으로 옵셔널을 해제해 주는 경우가 있습니다. 다음 예제를 봅시다.

```swift
let optInt = Int("123")

if ((optInt!) == 123) {
    print("optInt == 123")
} else {
    print("optInt != 123")
}
```

문자열을 숫자로 변환한 옵셔널 상수의 값이 nil이 아니면 ! 연산자를 사용하여 옵셔널 값을 강제 해제하고 이 값을 정수 123과 비교하는 예제입니다. 그 결과는 다음과 같습니다.

[실행 결과]
```
optInt == 123
```

이번에는 강제 해제하지 않은 옵셔널 타입과 정수 123을 비교해봅시다.

```swift
if (optInt == 123) {
    print("optInt == 123")
} else {
    print("optInt != 123")
}
```

강제 해제하지 않은 옵셔널 값은 Optional(123)이므로 정수값 123과 다릅니다. 따라서 위 예제에서는 else 영역이 실행되어야 합니다. 하지만 실제로 실행한 결과는 그렇지 않습니다.

[실행 결과]
```
optInt == 123
```

이상한 결과입니다. 해제하지 않은 옵셔널 값 자체로 정수와 비교한 결과는 예상대로라면 일치하지 않는다고 나왔어야 합니다. 그런데 결과는 값이 일치하는 것으로 보여주고 있네요. 어떻게 된 걸까요?

옵셔널 타입으로 감싼 변수나 상수는 그 값을 사용하기 위해 반드시 ! 연산자를 사용하여 옵셔널 객체를 해제해야 합니다. 하지만 굳이 해제하지 않아도 괜찮을 때가 있습니다. 옵셔널 객체의 값을 비교 연산자를 사용하여 비교하는 경우가 그에 해당하는데, 명시적으로 옵셔널 객체를 강제 해제하지 않아도 한쪽이 옵셔널, 다른 한쪽이 일반 타입이라면 자동으로 옵셔널 타입을 해제하여 비교 연산을 수행합니다. 따라서, 아래의 예제에서 모든 결과는 true입니다.

```
let tempInt = Int("123")

tempInt  == 123            // true
tempInt  == Optional(123)  // true
tempInt! == 123            // true
tempInt! == Optional(123)  // true
```

말하자면 비교 연산을 처리할 때는 옵셔널 타입 여부에 구애받지 않고 일반 자료형처럼 값을 비교하면 된다는 것입니다. 이는 옵셔널 타입에 값을 할당할 때도 마찬가지입니다.

옵셔널 값의 할당

```
var optValue01 = Optional(123)   // ...①
var optValue02 : Int? = 123      // ...②
```

원칙적으로 옵셔널 타입의 변수나 상수를 정의할 때는 대입할 값을 Optional( ) 객체로 감싼 ①의 방식으로 처리해야 합니다. 하지만 ②처럼 감싸지지 않은 순수 리터럴을 직접 대입할 수도 있습니다. 주의할 점은 타입 어노테이션 없이 직접 대입하면 단순히 일반 Int 타입의 변수로 선언되므로 타입 어노테이션을 추가하여 Int 타입이면서 동시에 옵셔널 타입이라는 것을 명시해 주어야 한다는 것입니다. 그러면 값 123은 대입될 대상이 옵셔널 타입이라는 것을 인지하고, 그것에 맞게 Optional(123)으로 변환됩니다.

6.2.4 옵셔널의 묵시적 해제

옵셔널 타입을 해제하는 방법 중에는 **묵시적 해제**(Implicitly Unwrapped Optional)라는 개념이 존재합니다. 이것은 비록 옵셔널 타입이긴 하지만 값을 사용할 때에는 자동으로 옵셔널이 해제되기 때문에 굳이 ! 연산자를 사용하여 해제할 필요가 없는 아주 편리한 구문입니다. 컴파일러가 알아서 옵셔널을 해제해 준다는 점에서 방금 다루어 본 자동 해제와 유사하지만, 자동 해제가 비교 연산이나 값의 할당 등 일부 구문에 한정되는 것과 달리 묵시적 해제는 옵셔널 변수를 사용하는 모든 경우에 적용할 수 있으며, 옵셔널 변수의 타입을 선언할 때 묵시적 해제를 미리 선언해 주어야 한다는 차이점이 있습니다.

옵셔널의 묵시적 해제 구문은(이하 **묵시적 옵셔널**) 일반 옵셔널 타입의 변수 선언 구문과 매우 유사합니다. ? 연산자 대신 ! 연산자만 붙여주면 그뿐입니다. 먼저 일반 옵셔널 변수를 선언하는 구문을 봅시다.

[명시적 옵셔널 선언]
```
var str: String? = "Swift Optional"
print(str)
```

[실행 결과]
```
Optional("Swift Optional")
```

문자열 변수 str을 옵셔널 타입으로 선언하고, 여기에 "Swift Optional"이라는 문자열을 대입했습니다. 이를 출력해 보면 대입된 문자열이 옵셔널 객체로 감싸진 것을 확인할 수 있습니다. 이제 이 구문을 묵시적 옵셔널로 바꾸어 봅시다. 딱히 큰 수정이 필요하지는 않습니다. 단지 ? 연산자를 제거하고 ! 연산자로 그 자리를 대체하기만 하면 됩니다. 하지만 결과는 사뭇 다르죠.

묵시적 옵셔널 선언

```
var str: String! = "Swift Optional"
print(str)
```

[실행 결과]

```
Swift Optional
```

타입 어노테이션 뒤에 붙은 연산자 하나만 바꾸었을 뿐인데 결과는 전혀 달라졌습니다. 출력된 구문에서 옵셔널 객체가 사라졌네요. 컴파일러에 의해 옵셔널 객체가 자동으로 해제된 겁니다. 혹시 str 변수가 일반 타입인 것은 아닐까요? 혹시 모르니 nil 값을 대입해 봅시다.

```
var str: String! = nil
```

nil을 대입해도 아무 문제가 없습니다. 이는 곧 str이 옵셔널 타입으로 정의되어 있음을 의미합니다.

이처럼 ! 연산자를 붙여 변수를 정의하면 옵셔널 타입이 됩니다. 하지만 일반적으로 옵셔널 타입을 사용할 때 필요한 강제 해제 연산자나 옵셔널 바인딩 과정 없이, 일반 변수처럼 다루어도 됩니다. 이는 묵시적 해제 선언이 이루어졌기 때문입니다.

묵시적 옵셔널을 사용하면 옵셔널 타입 변수의 연산도 간단하게 처리할 수 있습니다.

```
var value01: Int? = 10
value01 + 5 // 오류

var value02: Int! = 10
value02 + 5 // 15
```

일반적으로 옵셔널 타입과 일반 타입을 직접 연산하는 것은 오류이지만, 묵시적 해제를 선언한 옵셔널 타입은 다릅니다. 직접 일반 타입과 연산해도 문제가 되지 않죠. 이처럼 묵시적 해제를 선언한 옵셔널은 일반 타입처럼 사용할 수 있기 때문에 굉장히 편리하게 사용할 수 있습니다.

하지만 무조건 모든 경우에 묵시적 옵셔널을 사용할 수 있는 것은 아닙니다. 옵셔널의 묵시적 해제 선언에서 염두에 두어야 할 것 한 가지가 있는데, 바로 **변수의 값이 nil이 될 가능성이 있다면 묵시적 옵셔널 해제를 사용하지 않아야 한다**는 것입니다.

의아하죠? 변수가 nil이 될 가능성이 있을 때 사용하는 것이 옵셔널 타입인데 변수가 nil이 될 가능성이 있다면 사용하지 말라니 말입니다. 그렇다면 도대체 언제 사용하는 것일까요?

묵시적 옵셔널 해제를 사용하는 경우는 한 가지로 정의할 수 있습니다. 바로,

> "형식상 옵셔널로 정의해야 하지만, 실제로 사용할 때에는 절대 nil 값이 대입될 가능성이 없는 변수일 때"

입니다. 다음 구문을 봅시다.

```
var value: Int! = Int("123")
```

이 구문은 Int(문자열)이 반환하는 값이 옵셔널 타입이기 때문에 어쩔 수 없이 value 변수를 옵셔널 타입으로 선언해야 합니다. 하지만 Int("123")은 누가 봐도 제대로 정수로 변환될 것이 확실합니다. 이런 확실한 값에 굳이 옵셔널 처리를 해 줄 필요는 사실 거의 없죠. 이때 위와 같이 value 변수를 묵시적 옵셔널로 선언한다면 옵셔널 타입 여부에 신경 쓰지 않고 일반 변수처럼 편하게 사용할 수 있습니다. 하지만 이 경우가 묵시적 옵셔널을 사용해야 하는 이유로 납득하기는 조금 어렵습니다. Int("123")! 처럼 대입하는 값 쪽에 강제 해제 연산자를 붙여주면 처음부터 value를 일반 변수로 만들어줄 수 있기 때문입니다.

실제로 묵시적 옵셔널이 정말 유용하게 사용되는 경우는 클래스 또는 구조체 내에서입니다. 주로 멤버 변수를 정의할 때 선언과 초기화를 분리시켜야 하는 경우에 해당하죠. 아직 클래스를 배우기 전이므로 이해하기 어려울 겁니다. 지금은 그냥 클래스에서는 묵시적 옵셔널 해제가 많이 사용되는구나 하는 정도로만 알고 있으면 될 것 같습니다.

많은 사람이 옵셔널 개념의 도입 여부에 대해 의문을 표시합니다. 필요할 때만 값의 여부를 점검하여 정상적으로 값이 있을 때 처리할 수 있도록 코딩하면 될 것을 뭐하러 까다롭고 번거로운 옵

셔널 개념을 도입했는가에 대해 말입니다. 그러나 옵셔널의 강점은 안전성뿐만 아니라 안전성을 담보하는 과정에서 표현되는 코드의 간결성에 있습니다.

다음은 애플에서 스위프트 언어를 발표할 때 제시했던 코드로, nil 값을 점검하면서 사용하는 오브젝티브-C 코드와 이를 옵셔널을 사용하여 간결하게 표현한 스위프트 코드를 함께 보여주고 있습니다. 이 같은 문법을 **옵셔널 체인(Optional Chain)**이라고 하는데, 스위프트의 옵셔널 개념이 코드를 얼마나 간결하게 만들어줄 수 있는지 보여주는 대표적인 예라고 할 수 있습니다. 옵셔널 체인에 대한 문법은 클래스에 대해 학습하는 과정에서 자세히 다루겠습니다.

오브젝티브-C 코드

```
if (myDelegate != nil) {
    if ([myDelegate respondsToSelector:@selector(scrollViewDidScroll:)]) {
        [myDelegate scrollViewDidScroll:myScrollView];
    }
}
```

스위프트 코드

```
myDelegate?.scrollViewDidScroll?(myScrollView)
```

CHAPTER

07

함수 :
함수가 갑입니다

함수(Function)는 대부분의 프로그래밍 언어에서 지원하는 개념으로, 프로그램의 실행 과정 중에서 독립적으로 처리될 수 있는 부분을 분리하여 구조화한 객체를 의미합니다. 즉, 외부에 의존하는 부분 없이 툭 떼어 분리할 수 있는 실행 단위를 일종의 캡슐처럼 포장해놓은 것이죠. 이렇게 독립적으로 작성된 함수는 간단한 방식으로 여러 번 호출하여 사용할 수 있어서 같은 코드를 반복해서 작성할 필요가 없습니다.

스위프트에서도 함수를 이용하여 한번 작성된 코드를 여러 곳에서 호출하여 사용할 수 있습니다. 특히 스위프트는 함수형 프로그래밍 패러다임을 채택하고 있는 언어이므로 함수형 프로그래밍의 특성을 이해하는 것은 매우 중요합니다.

7.1 함수의 기본 개념

일반적으로 함수를 표현할 때에는 다음과 같은 모습으로 표현하는 경우가 많습니다. 함수의 성격과 특징을 가장 잘 나타내는 모습이기 때문일 겁니다.

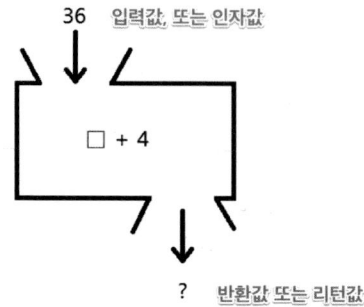

그림 7-1 함수의 모식도

함수는 그림 7-1처럼 입력값을 받아 내부 처리 과정(그림에서는 입력값에 4를 더하는 처리)을 거친 후 그 결과값을 내어놓는 형태를 기본으로 합니다. 입력값을 **인자값** 혹은 **파라미터**라고 하고, 내어놓는 결과값을 **반환값** 혹은 **리턴값**이라고 합니다.

함수의 인자값은 하나도 없을 수도 있고, 하나 이상일 수도 있습니다. 특별한 경우에는 인자값의 개수가 제한되지 않는 형태를 가지기도 합니다.

함수의 반환값은 특정 값을 반환하는 형태와 반환하는 값이 없는 형태 두 가지로 나눌 수 있습니다. 다만 특정 값을 반환하더라도 그 값의 갯수는 일반적으로 하나입니다. 만약 둘 이상의 값을 반환해야 할 필요가 있다면 반환할 값들을 집단 자료형 하나에 담아 반환해야 합니다. 즉, 실질적으로 반환하는 값이 여러 개더라도, 반환하는 단위는 하나라는 거죠.

함수는 **일반 함수**와 **사용자 정의 함수**로 나눌 수 있습니다. 일반 함수는 프로그래밍 언어나 프레임워크 수준에서 제공하는 함수로 **기본적인 데이터의 처리나 연산 등을 수행하기 위한 목적**으로 사용됩니다. 대표적으로 출력에 사용하는 함수인 print( )를 들 수 있습니다.

하지만 실제로 애플리케이션을 개발하다 보면 언어나 프레임워크가 제공하는 함수만으로는 충분하지 않은 경우가 많습니다. 이때에는 우리가 원하는 기능을 실행해 줄 함수를 직접 만들어 사용해야 하는데, 이를 사용자 정의 함수라고 부릅니다. 이때 말하는 정의란 옳고 그름의 Justice

매개변수가 없는 함수를 작성할 때는 함수명 뒤의 매개변수 영역을 표시하는 괄호 내부를 비워 두면 됩니다. 일부 언어에서는 매개변수를 사용하지 않는 함수의 경우 매개변수 영역을 비워두는 대신 void라는 키워드를 명시적으로 작성할 것을 강제하기도 하지만, 스위프트에서는 그냥 빈칸으로 두면 됩니다. 하지만 매개변수가 없더라도 괄호는 생략할 수 없습니다.

매개변수의 이름과 타입까지 작성이 완료되었으면 이제 이 함수의 반환 타입을 작성해 줄 차례입니다. 반환 타입이라는 것은 함수가 실행된 결과로 어떤 값을 내놓을 것이냐 하는 겁니다. 함수의 기본은 인자값을 입력받아 내부적으로 처리하고, 그 결과를 외부로 다시 반환하는 과정에 있습니다. 따라서 반환값이라는 요소는 함수 내부에서 생성된 값을 외부로 전달하는 역할을 합니다. 이를 **함수가 값을 반환한다**고 표현하죠. 실무에서는 **함수가 값을 리턴한다**라는 표현을 더 많이 사용하기도 합니다.

함수의 반환 타입을 표시할 때에는 '->' 기호와 함께 사용합니다. 이 기호 다음에 작성된 자료형이 함수가 반환하는 값의 타입인 겁니다. 함수의 반환 타입으로 사용될 수 있는 자료형에는 제약이 없습니다. String이나 Int, Double, Bool 등 기본 자료형은 물론이거니와 AnyObject, UITableCell 등과 같은 클래스 객체도 사용할 수 있으며, 사용자가 정의한 커스텀 클래스도 가능합니다. 구조체 역시 사용할 수 있고요. 하지만 반환 타입이 지정되면 반드시 그 타입에 맞는 값을 반환해야 합니다. 반환 타입을 문자열로 정의했는데 실제로 반환하는 값이 정수라거나, 일반 정수를 반환 타입으로 정의했는데 실수를 반환해서는 안 됩니다. 또한 nil을 반환하려면 함수의 반환 타입이 반드시 옵셔널 타입으로 정의되어 있어야 합니다.

함수의 성격에 따라서는 반환값이 전혀 없는 함수를 작성할 수도 있습니다. 이런 경우를 "아무 값도 반환하지 않는다." 또는 "void 타입을 반환한다."고 표현합니다. 반환 타입을 생략할 수 없도록 설계된 언어에서는 반환 타입을 void로 작성하도록 강제하기도 하지만, 스위프트에서는 다음과 같이 반환 타입을 생략함으로써 반환값이 없음을 표현할 수 있습니다.

```
func 함수명 (매개변수1: 타입, 매개변수2: 타입, ...) {
    실행 내용
}
```

> **참고**
>
> **이름 지을 땐 웬만하면 숫자를 자제합시다.**
>
> 예전에 필자가 어떤 회사의 내부 시스템 리뉴얼을 진행할 때의 이야기입니다(리뉴얼은 '개편'이라는 뜻으로, 기존에 있던 시스템을 업그레이드하거나 바꿀 때 사용하는 현장 용어입니다). 리뉴얼을 위한 미팅에서 데이터를 저장하고 있는 데이터베이스의 명세서를 받아보고는 이내 당황해 버렸는데, 데이터베이스에서 수백 개 되는 테이블의 이름이 모조리 의미를 쉽게 짐작하기 어려운 숫자와 코드로 이루어져 있었기 때문입니다.
>
> 물론 최초 개발 당시에는 테이블에 저장하는 데이터의 성격에 따라 분류하려는 의도였겠지만, 이후 데이터베이스의 내용을 정리한 문서 관리가 제대로 되지 않고, 담당자까지 교체되면서 복잡한 코드로 이루어진 테이블명들은 개발자들에게 마치 다빈치 코드 같은 존재가 되어 버렸습니다. 실제로 운영을 담당하고 있던 기존 개발자들도 주로 사용하는 몇 개의 테이블명만 표로 정리해서 출력하여 참조하고 있더군요. 매번 데이터베이스를 다루어야 할 때마다 테이블을 찾기가 정말 힘들었던 기억이 새록새록합니다.
>
> 이런 의미에서 회사가 여러분을 해고하지 못하도록 하려면 변수명이나 함수명을 모두 숫자나 코드로 작성하면 됩니다. 후임자가 와서 코드를 보고 나면 바로 도망칠 테니까요. 유지보수해야 하는 여러분들에게도 악몽과 같다는 건 함정. 단, 개발이 끝날 때까지는 들키지 말아야 할 겁니다. 개발 도중에 들키면 일찍 집에 가는 수가 있어요.

함수명을 작성하고 나면 다음으로 해야 할 것은 함수의 인자값 개수와 형태를 정의하기 위해 소괄호로 영역을 표시해 주는 것입니다. 이 공간에는 함수가 호출될 때 전달되는 입력값을 대입 받기 위한 변수의 이름과 타입이 정의되는데, 이를 **매개변수**라고 합니다. 영어로는 **파라미터(Parameter)**라고도 부르죠. 오브젝티브-C에서 콜론(:) 다음에 매개변수명이 작성되던 것과 달리 스위프트에서는 괄호 내부에 쉼표(,)로 구분된 매개변수가 차례로 정의됩니다. 함수의 인자값이 필요 없는 경우라면 매개변수를 생략할 수 있으며, 이때 함수를 정의하는 형식은 다음과 같이 변경됩니다. 위의 함수 정의 구문과 비교해 보세요.

```
func 함수명( ) -> 반환 타입 {
    실행 내용
    return 반환값
}
```

함수의 이름에 사용할 수 있는 문자들은 영어나 숫자, 한자, 바이너리 이미지 등으로 다양하지만, 첫 글자는 반드시 영어 또는 언더바(_)로 시작해야 합니다. 언더바 이외의 특수문자나 숫자로 시작할 경우 컴파일러에 의해 오류가 발생합니다. 대신 두 번째 글자부터는 이런 제약이 없으므로 영어, 숫자, 일부 특수문자를 충분히 활용할 수 있습니다. 단, 숫자나 특수 문자 등을 너무 남발하면 함수의 핵심인 재사용성과 생산성 측면에서 불편함이 야기될 수 있으므로 주의해야 합니다.

```
func s0110() {
    print("사당역 5번출구")
}
```

이 함수는 스위프트에서 함수명에 적용되는 규칙을 정확하게 지키고 있어 아무런 문제가 없습니다. 하지만 실제로 사용하기에 적절하지는 않습니다. 여러 개의 숫자로 이루어져 있어 쉽게 헷갈릴 수 있기 때문입니다. 무엇보다 함수를 작성한 사람 이외에는 함수의 기능과 함수명을 연관 짓기 어렵다는 것이 치명적인 단점입니다. 이 함수 하나만 사용한다면 외워서 사용할 수도 있겠지만, 이같은 함수들이 백 개쯤 된다고 생각해보세요. 그건 악몽입니다.

이름에 특수문자가 포함되어 있는 함수도 마찬가지입니다. 앞에서 이미지를 사용한 변수명의 불편함에 대해 잠깐 이야기한 적이 있는데요, 비슷한 이유로 함수명에 특수문자가 포함되면 충분히 불편합니다. 함수를 호출할 때마다 특수문자를 입력하는 복잡한 과정을 거쳐야 하기 때문입니다.

숫자도 마찬가지입니다. 숫자를 너무 남발하면 함수의 이름을 외우기가 쉽지 않습니다. 과자 포장지 뒤에 있는 바코드 숫자 외우고 계신 분 있나요? 아마 없을 겁니다. 너무 외우기 어려우니까요. 그러므로 함수에서 숫자나 특수기호는 꼭 필요할 때 의미를 구분하는 용도로 적당한 선만큼만 사용하는 것이 좋습니다.

가 아니라 Definition을 의미합니다. 이번 장에서 배울 대부분의 내용은 이같은 사용자 정의 함수에 관련된 것들입니다.

기본적으로 함수는 의존성 없이 독립적으로 실행 가능한 코드를 모듈 단위로 분리해 놓은 것에 불과하므로, 함수를 사용하지 않고 함수 내부의 실행 코드만 가져다 전체 코드에 넣고 사용해도 됩니다. 다시 말해 프로그래밍에서 함수가 필수 요소는 아니라는 겁니다. 그럼에도 함수가 중요한 의미를 가지는 것은 다음과 같은 이점들 때문이라고 할 수 있습니다.

- 동일한 코드가 여러 곳에서 사용될 때 이를 함수화하면 재작성할 필요 없이 함수 호출만으로 처리할 수 있습니다.
- 전체 프로세스를 하나의 소스 코드에서 연속적으로 작성하는 것보다 기능 단위로 함수화하면 가독성이 좋아지고, 코드와 로직을 이해하기 쉽습니다.
- 비즈니스 로직을 변경해야 할 때 함수 내부만 수정하면 되므로 유지보수가 용이합니다.

7.1.1 사용자 정의 함수

사용자 정의 함수를 만드는 방법을 알아봅시다. 스위프트에서 함수를 정의하는 형식은 다음과 같습니다.

```
func 함수이름(매개변수1: 타입, 매개변수2: 타입, ...) -> 반환타입 {
    실행내용
    return 반환값
}
```

스위프트에서는 함수를 정의할 때 func 키워드를 사용합니다. 함수를 선언할 때 키워드를 사용하지 않는 언어들도 많지만 스위프트는 명시적으로 func 키워드를 사용하여 함수를 선언해야 합니다. func 키워드 다음에는 함수의 이름을 작성하는데, 이때 [+, -, *, /] 같은 연산자와 예약어는 사용할 수 없습니다.

함수 내부에 작성된 구문이 모두 실행되고 나면 처리 결과값을 반환하는데, 이때 사용하는 키워드가 return입니다. 함수는 값을 반환하고 나면 실행이 종료되므로 사실상 return 구문이 함수의 종료 구문이라고 생각해도 됩니다. 만약 return 아래에도 구문이 이어진다면, 특별히 처리하지 않는 한 해당 구문은 실행되지 않습니다. 실행 흐름이 return 구문을 만나는 순간 함수를 종료할 테니까요.

이제 함수를 실제로 정의하는 모습을 살펴봅시다. 아래 ①②③④의 함수 정의는 각각의 경우에 대한 예를 나타냅니다. 작성 형식을 잘 익혀두기 바랍니다. 앞으로 매우 자주 사용될 형태이기 때문입니다.

```swift
// ① 매개변수와 반환값이 모두 없는 함수
func printHello() {
    print("안녕하세요")
}


// ② 매개변수가 없지만 반환값은 있는 함수
func sayHello() -> String {
    let returnValue = "안녕하세요"
    return returnValue
}


// ③ 매개변수는 있으나 반환값이 없는 함수
func printHelloWithName(name: String) {
    print("\(name)님, 안녕하세요")
}


// ④ 매개변수와 반환값이 모두 있는 함수
func sayHelloWithName(name: String) -> String {
    let returnValue = "\(name)님, 안녕하세요"
    return returnValue
}
```

return 키워드에 의해 반환되는 값은 함수의 정의 부분에서 사용된 반환 타입과 일치해야 합니다. 가령 ④번 함수에서 반환값으로 사용된 returnValue의 타입은 함수의 정의 부분에 작성된 반환 타입인 String이어야 한다는 거죠.

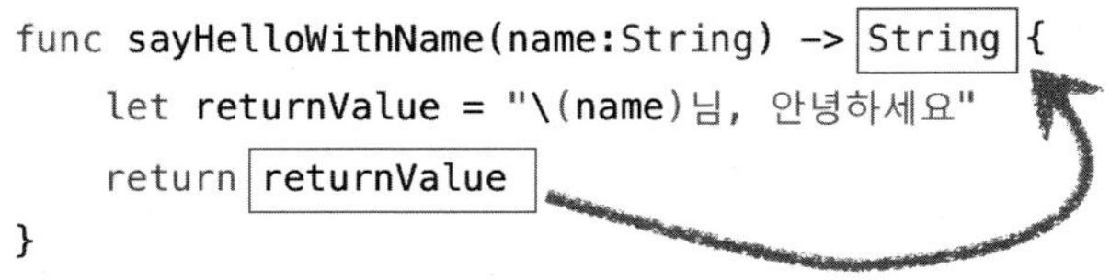

```
func sayHelloWithName(name:String) -> String {
    let returnValue = "\(name)님, 안녕하세요"
    return returnValue
}
```

그림 7-2 함수의 반환 타입과 실제 반환값의 타입은 서로 일치해야 함

반환값이 없는 함수일 경우에도 return 키워드를 사용하는 것을 종종 볼 수 있는데, 이때의 return은 함수의 실행을 명시적으로 종료할 목적으로 사용됩니다. 아래 함수는 옵셔널 바인딩이 실패했을 경우 return 구문을 호출하여 실행을 종료합니다.

```
func hello(name: String?) {
    guard let _name = name else {
        return
    }
    
    print("\(_name)님, 안녕하세요")
}
```

7.1.2 함수의 호출

함수를 정의하는 방법을 학습했으니 이제 정의한 함수를 사용하여 실행하는 방법을 배워봅시다. 함수를 실행하는 것을 **함수를 호출한다**라고 표현하는데, 기본적으로 함수를 호출할 때는 함수의 이름에 괄호를 붙이면 됩니다. 그러면 그 함수가 실행되죠. 앞에서 정의된 ①번 함수를 호출하는 구문을 살펴보겠습니다.

```
printHello()
// "안녕하세요"
```

그냥 보기에는 함수를 정의한 구문에서 func 키워드와 뒤의 중괄호 블록 부분만 뗀 것에 지나지 않는 것처럼 보일 겁니다. 하지만 이때 함수의 이름 다음에 붙은 괄호는 함수를 정의할 때 사용된 괄호와는 의미가 다릅니다. 함수를 정의할 때 사용한 괄호는 매개변수를 선언하기 위한 영역을 표시하는 기호였다면 지금 사용된 괄호는 **함수를 호출하는 연산자**이기 때문입니다.

그림 7-3 함수의 이름과 함수 호출 연산자

매개변수가 없는 함수는 그냥 빈 괄호만 붙여서 호출하면 되지만, 매개변수를 가지고 있는 함수는 호출할 때 괄호 안에 인자값을 넣어서 호출해야 합니다. 이때 인자값은 앞에서 정의된 매개변수 타입과 일치해야 합니다. 매개변수의 타입이 정수라면 인자값도 정수여야 하고, 매개변수의 타입이 문자열이라면 인자값도 문자열이어야 한다는 뜻입니다.

```
let inputName = "홍길동"
printHelloWithName(name: inputName)
// "홍길동님, 안녕하세요"
```

앞에서 ③번 함수로 정의된 printHelloWithName을 호출하는 구문입니다. 이 함수에는 문자열 타입의 매개변수가 정의되어 있으므로, 호출 시 문자열을 인자값으로 넣어주어야 합니다. 위 예제에서는 문자열 상수를 인자값으로 사용하여 호출하고 있네요. 타입만 일치한다면 변수든 상수든 인자값으로 사용하는 데에 아무런 제한이 없습니다. 간혹 불필요한 코드를 줄이기 위해 인자값으로 변수나 상수 대신 실제 값 자체를 바로 넣어주기도 합니다. 이렇게 넣어주는 실제 값을 **리터럴(Literal)**이라고 합니다. 사용 예는 다음과 같습니다.

```
printHelloWithName(name: "홍길동")
```

그런데 다른 언어로 프로그래밍해본 경험이 있는 독자라면, 호출 구문에서 인자값을 입력하는 방법이 뭔가 특이하다는 것을 알 수 있을 겁니다. 인자값 앞에 넣어주고 있는 레이블 말입니다. 호출 과정에서 이 레이블이 하는 역할을 확인하기 위해 이 부분을 빼고 함수를 호출해 봅시다.

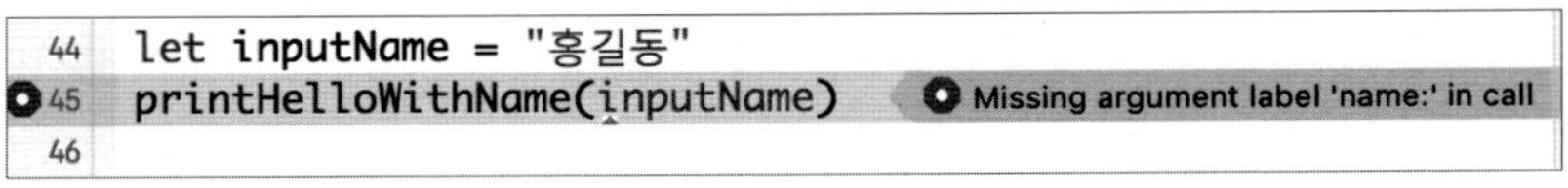

```
44  let inputName = "홍길동"
45  printHelloWithName(inputName)    ⊙ Missing argument label 'name:' in call
46
```

그림 7-4 인자 레이블을 생략한 함수 호출

이런, 레이블을 뺀 호출 구문에서 오류가 발생하면서 name:이라는 레이블이 누락되었다는 메시지가 표시됩니다. 이건 무슨 의미일까요?

오류의 의미를 이해하기 위해서는 인자 레이블의 개념에 대해 먼저 알아야 합니다. 인자 레이블은 함수의 호출 시 인자값을 구분하기 위해 사용되는 레이블입니다. 위 오류 메시지에서 나온 name:이 인자 레이블에 해당하죠. 스위프트에서 인자값이 있는 함수를 호출할 때에는 인자값 앞에 기본적으로 인자 레이블을 붙여서 호출해 주어야 합니다. 만약 인자 레이블 없이 인자값을 호출하면 컴파일 오류가 발생합니다.

일반적으로 스위프트에서 인자 레이블은 매개변수명과 동일합니다. 다시 말해 함수를 정의할 때 사용했던 매개변수명을 함수 호출 시에도 붙여주어야 한다는 뜻입니다. 위 함수에서 name은 매개변수이자 동시에 인자 레이블입니다. 함수를 호출할 때 name:레이블을 생략하면 오류가 발생하는 이유죠.

설명이 좀 어렵군요. 매개변수가 있는 다른 함수의 예를 살펴봅시다.

```swift
// 입력된 (값 X 횟수) 만큼 카운트 변수의 값을 증가
func incrementBy(amount: Int, numberOfTimes: Int) {
    var count = 0
    count = amount * numberOfTimes
}
```

incrementBy 함수는 두 개의 매개변수, amount와 numberOfTimes를 가집니다. 기본적으로 스위프트는 amount와 numberOfTimes를 매개변수명이자 동시에 인자 레이블로 간주하기 때문에, 이 함수를 호출할 때에는 다음과 같이 인자값 앞에 amount, numberOfTimes 레이블을 붙여 주어야 합니다.

```swift
incrementBy(amount: 5, numberOfTimes: 2)
```

함수를 호출할 때 이처럼 인자 레이블을 붙여주는 것은 인자값의 목적을 확실하게 드러내 줄 뿐만 아니라, 비슷하지만 서로 다른 의미로 사용되는 함수를 구분하기 위해서입니다. 적어도 스위프트 공식 문서에서는 그렇게 설명하고 있군요.

이러한 것들은 타 언어에서 찾아보기 힘든 독특한 문법입니다. 그리고 이 문법에 대해 스위프트 표준 문서에서는 인자값의 목적을 분명하게 전달할 수 있다는 등의 편리함과 이점을 열심히 설명합니다. 하지만 이런 설명에 대해 필자의 생각은 흠..글쎄요.

인자 레이블 사용이 가져다주는 결과는 냉정하게 말해 편리함과 명료함보다는 불편함이 더 큽니다. 함수를 호출할 때 이름이 길어질 뿐만 아니라 결과적으로 코딩량을 늘리게 되기 때문입니다. 편리함과 명료함의 측면에서도 마찬가지입니다. 애플의 설명대로라면 자바에서 메소드를 호출할 때 사람들이 자주 인자값 입력을 헷갈려 해야 하는데(자바에서는 인자 레이블을 사용하지 않으므로), 실제로는 그렇지 않거든요. 오히려 다른 언어의 함수 호출 형식에 익숙해져 있는 사람들에게는 스위프트의 이같은 문법이 실수하기 딱 좋은 문법입니다.

선택적이긴 하지만, 스위프트처럼 함수를 호출할 때 인자 레이블을 넣어 작성할 수 있는 언어가 하나 더 있습니다. 바로 파이썬입니다. 파이썬은 필요에 의해 함수 호출 시 인자값 앞에 매개변

수명을 붙일 수 있는 문법을 지원하는데, 사실 외견상은 유사하지만 실제 문법적 의미는 스위프트의 그것과 전혀 다릅니다.

파이썬에서 인자값 앞에 레이블을 붙이는 이유는 인자값의 순서를 지키지 않고 입력하기 위함입니다. 함수를 정의할 때 작성한 매개변수명을 인자값 앞에 구분자로 붙여줌으로써, 함수에서 매개변수를 정의한 순서대로 인자값을 입력하지 않더라도 파이썬이 이를 이해할 수 있거든요. 그래서 이같은 방식은 주로 인자값의 수가 많아서 차례대로 입력하기 어려울 때 사용됩니다.

게다가, 파이썬 함수 호출 구문은 기본적으로 레이블 없이 인자값만 순서대로 넣어주는 문법을 우선 지원합니다. 레이블을 붙이지 않으면 오류가 발생하고, 인자값의 입력 순서를 변경할 수도 없는 스위프트와는 관점이 전혀 다르죠.

```
# 파이썬 함수의 정의
def upload(appId, osType, user, passwd) :
    print(infile, appId, osType, user, passwd)
    return

# 함수의 호출
upload('1001', 'ios', 'abc', '1234') # 매개변수 없는 기본 호출
upload(osType='ios', passwd='1234', appId='1001', user='abc') # 매개변수를 사용한 호출
```

스위프트가 이런 문법을 채택한 배경은 사실 오브젝티브-C 언어 때문입니다. 오브젝티브-C가 사용하고 있는 문법 스타일과 호환성을 가지려고 시도한 노력에 따른 결과죠. 딱히 인자 레이블을 사용하는 방식이 더 낫기 때문이 아니라, 오브젝티브-C의 문법에 맞추어 작성된 코코아 프레임워크 및 코코아 터치 프레임워크를 최대한 변경하지 않고 자연스럽게 호환하여 사용할 수 있도록 하기 위한 배려의 성격이 더 큽니다.

무슨 말인지 이해하기 위해, 스위프트 이전의 언어인 오브젝티브-C에 대해 잠깐 알아봅시다. 오브젝티브-C에서는 함수보다 **메소드**라는 것을 더 많이 사용하는데, 스위프트의 함수와 거의 같은 문법입니다. 다른 점이라면 호출 시 인자값을 전달하기 위해 괄호 대신 콜론(:)을 사용한다는 것 정도라고 할 수 있죠. 조금 전 우리가 살펴본 incrementBy를 예로 들어 보겠습니다.

먼저 매개변수가 없는 경우입니다. 오브젝티브-C에서 매개변수가 없는 메소드는 다음과 같이 정의하고, 호출할 때에는 대괄호([ ])로 감싸 호출합니다.

```
// 정의
- (void) incrementBy {
}
// 호출
[대상 객체 incrementBy]
```

이 메소드의 이름은 'incrementBy'입니다. 만약 이 메소드에 매개변수를 추가한다면 함수를 정의할 때에는 다음과 같이 메소드명 다음에 괄호 대신 콜론을 붙여서 매개변수의 이름과 타입을 정의하고, 호출할 때에는 콜론 다음에 인자값을 넣어줍니다.

```
// 정의
- (void) incrementBy:(NSInteger) amount {
}
// 호출
[incrementBy:3]
```

오브젝티브-C에서는 매개변수가 추가되면 메소드 이름도 영향을 받습니다. 이 메소드의 이름은 이제 'incrementBy:'가 되었습니다. 뭐가 달라진 거냐고 의문을 가질 수도 있을 텐데요, 메소드 이름 뒤에 붙은 콜론이 오타가 아니라는 사실에 유의하기 바랍니다. 오브젝티브-C에서 매개변수가 있는 메소드의 이름에는 콜론이 추가됩니다.

- incrementBy 매개변수를 갖지 않는 메소드의 이름
- incrementBy: 하나의 매개변수를 갖는 메소드의 이름

그런데 오브젝티브-C에서는 인자값을 넣어 호출할 때 괄호를 사용하지 않습니다. 인자값 하나는 그렇다 치더라도, 이 메소드가 두 번째 인자값까지 입력받아야 할 경우에는 인자값을 어떻게 구분할까요? 여기부터 이제 문법이 독특해지기 시작합니다. 오브젝티브-C에서는 두 번째 인자

값부터는 인자 레이블을 사용하여 구분하거든요. 이를 위한 레이블명을 함수를 정의할 때 미리 추가한 다음, 호출할 때 인자값 앞에 붙여주는 거죠.

```
// 정의
- (void) incrementBy:(NSInteger) amount numberOfTimes:(NSInteger) times {
}

// 호출
[incrementBy:3 numberOfTimes:2]
```

이 메소드의 매개변수는 두 개입니다. amount와 times죠. 그리고 첫 번째 매개변수와 두 번째 매개변수 사이에 추가되어 있는 numberOfTimes 부분이 바로 인자 레이블입니다. 메소드를 호출할 때에는 이 값을 사용하여 두 번째 인자값을 구분해주죠. 인자 레이블의 역할은 생각보다 중요해서, 인자 레이블에 오타가 있을 경우 메소드를 호출할 수 없습니다. 또한 같은 이름의 메소드라 할지라도 중간의 인자 레이블이 다르게 작성되어 있다면 오브젝티브-C는 서로 다른 메소드로 인식합니다. 가령 아래의 두 메소드는 서로 다른 메소드입니다.

- (void) incrementBy:(NSInteger) amount numberOfTimes:(NSInteger) times
- (void) incrementBy:(NSInteger) amount numbers:(NSInteger) times

이처럼, 함수를 정확하게 구별하기 위해서는 반드시 인자 레이블이 필요하기 때문에, 오브젝티브-C에서는 인자 레이블을 함수를 식별할 수 있는 중요한 요소로 간주하여 메소드명에 포함합니다. 위의 예제에서도 numberOfTimes:는 메소드명에 포함되어 전체 메소드명은 incrementBy:numberOfTimes:가 되죠. 이것이 오브젝티브-C에서 매개변수가 추가될 때마다 메소드명이 바뀌는 이유입니다. 매개변수가 추가될 때마다 구분을 위해 인자 레이블도 함께 추가해 주기 위해서죠. 이때 콜론까지 메소드명에 포함되는 것에 주의해야 합니다.

오브젝티브-C에서 첫 번째 매개변수명 앞에 인자 레이블이 없는 이유도 인자 레이블의 역할을 떠올려보면 쉽게 이해할 수 있습니다. 인자 레이블은 괄호가 없는 오브젝티브-C의 함수 호출 구문에서 인자값을 구분하기 위해 사용되는데, 첫 번째 인자값은 함수의 이름 뒤에 작성되므로 굳이 구분할 필요가 없기 때문입니다.

이해를 돕기 위해, incrementBy:numberOfTimes: 메소드의 구조를 역할에 따라 분해해 보았습니다.

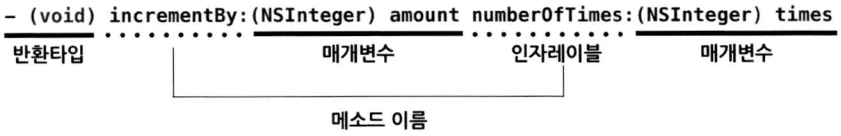

그림 7-5 오브젝티브-C에서 메소드의 구조

오브젝티브-C에서는 메소드를 정의할 때 두 번째 매개변수부터는 인자 레이블을 인자값 앞에 붙여주는 방식을 취합니다. 괄호를 사용하지 않으므로 인자값을 쉼표(,)로 구분할 수 없어서죠. 이 인자 레이블은 메소드명에 포함되어 함께 사용됩니다. 따라서 매개변수의 개수가 늘어날 경우 메소드명도 점점 길어지게 됩니다. 메소드의 이름 변화를 살펴보면 이같은 특성을 쉽게 알 수 있습니다.

- **매개변수가 없을 때**　incrementBy
- **매개변수가 하나일 때**　incrementBy:
- **매개변수가 두 개일 때**　incrementBy:numberOfTimes:

문제는 사용해야 할 코코아 프레임워크 및 코코아 터치 프레임워크가 오브젝티브-C 기반으로 작성되었다는 데에 있습니다. 이들 프레임워크의 API를 사용하려면 인자 레이블을 사용하는 문법으로 작성된 메소드를 사용해야 한다는 거죠.

이런 방식의 API 호출은 오브젝티브-C 이외의 문법에서는 거의 사용되지 않지만, 그렇다고 해서 API의 형식을 마음대로 변경해버릴 수도 없습니다. 스위프트에서도 코코아 프레임워크 및 코코아 터치 프레임워크를 사용해야 하는데, 인자 레이블을 사용하지 않는 형식으로 변경하면 기존 오브젝티브-C로 만든 코드에 대한 호환성이 떨어지기 때문입니다. 그래서 스위프트에서도 오브젝티브-C 메소드 호출 방식의 API를 수정 없이 그대로 사용하기 위해 최대한 형식을 맞춘 결과, 지금과 같은 독특한 문법이 만들어지게 되었습니다.

이제 다시 스위프트 문법으로 돌아가 함수의 호출 구문을 다시 살펴봅시다. 조금 전 배운 스위프트 함수 호출의 특성을 고려한다면 다음과 같이 인자 레이블을 붙여서 호출해야 정상적으로 실행될 겁니다.

```
incrementBy(amount: 5, numberOfTimes: 2)
```

그런데 오브젝티브-C와 다른 점 하나가 눈에 띕니다. 오브젝티브-C에서는 메소드를 호출할 때 첫 번째 인자값 앞에는 인자 레이블을 붙이지 않거든요.

사실 스위프트에서 지금의 인자 레이블의 개념은 여러 번 문법 개선을 거친 결과입니다. 처음 스위프트 언어가 발표되었을 때 스위프트에서는 다음과 같은 규칙을 세웠습니다.

함수에는 선택적으로 인자 레이블을 지정할 수 있다. 함수를 호출할 때에는 인자 레이블을 지정한 함수만 인자 레이블을 붙여 주면 된다. 단, 메소드에서는 호출 시 반드시 인자 레이블을 사용해야 한다.

최초의 스위프트에서는 함수를 정의할 때 인자 레이블을 굳이 지정할 필요가 없었습니다. 필요에 의해 지정한 경우에 한해서만 호출할 때 붙여주면 되죠. 하지만 함수와 유사한 성격의 메소드에서는 달라서, 반드시 인자 레이블을 사용해서 호출해야 했습니다. 이유는 하나입니다. 호환성을 유지해야 하는 오브젝티브-C의 메소드가 모두 인자 레이블을 사용하고 있었기 때문입니다. 이런 식으로 스위프트는 오브젝티브-C의 메소드와 호환성을 유지했습니다.

그런데 코코아 터치 프레임워크에서 사용되는 대부분의 API들이 오브젝티브-C 문법에 맞춘 인자 레이블을 사용하고 있기는 하지만, 첫 번째 인자값 앞에는 인자 레이블을 생략하는 것이 일반적인 방식이었습니다. 이에 따라 스위프트로서도 뭔가 대응이 필요했습니다. 그래서 메소드에 인자 레이블을 생략할 수 있도록 하는 문법을 추가했습니다. 이 문법 덕분에 오브젝티브-C와 큰 차이 없이 API를 호출할 수 있었죠. 이 시기의 코코아 터치 프레임워크는 오브젝티브-C 문법의 그것과 거의 다르지 않았기 때문에 개발자들은 오브젝티브-C 문법으로 사용하던 코코아 터치 프레임워크의 API를 별다른 안내 문서 없이 Xcode의 도움만으로 스위프트로 바꾸어 사용하는 것이 가능했습니다.

그러나 시간이 조금 지난 후, 다음과 같은 생각이 대두되었습니다. "어차피 API를 호출할 때 첫 번째 인자 레이블을 생략해줄 거라면, 애써 예외 문법을 적용해서 작성하느니 그냥 처음부터 생략할 수 있도록 해주면 안 될까?"

게다가, 함수와 메소드가 거의 동일한 성격임에도 굳이 인자 레이블에 대한 문법 차이가 있다는 것 또한 비판의 대상이 되었습니다. 결국 함수의 호출 구문에서도 인자 레이블이 필수가 되었습니다. 인자 레이블 개념을 버릴 수는 없었으니까요. 이에 따라 함수 호출 문법은 다음과 같이 변경됩니다.

함수와 메소드를 호출할 때에는 모든 인자값 앞에 인자 레이블을 붙여주어야 한다. 단 첫 번째 인자값에 한해 생략이 가능하다.

덕분에 오브젝티브-C와 상당히 유사한 형태의 호환성을 문법 수준에서 유지할 수 있게 되었습니다. 하지만 문법 자체가 예외성을 가지고 있다는 것은 좋은 구조가 아니었기 때문에, 이번에는 이에 대한 비판이 제기되었습니다. "왜 첫 번째 인자값만 예외 규정을 적용하는 건데? 스위프트가 코코아 터치 프레임워크만을 위한 언어는 아니잖아"

결국 스위프트는 함수의 호출 구문에서 첫 번째 인자값에 부여하던 예외를 문법적으로 제거함으로써, 다시 처음의 구조로 회귀하게 됩니다. 스위프트 3의 발표와 함께 벌어진 일이죠. 이제 스위프트에서 함수와 메소드를 호출할 때에는 기본적으로 모든 인자 레이블을 함께 호출해야 합니다. 첫 번째 인자 레이블도 예외는 아닙니다.

이같은 원론적 회귀는 스위프트 언어가 갖는 주 목적의 변화와 무관하지 않습니다. 최초에 발표된 스위프트가 언어 자체의 특성에 초점을 맞추었다면 그다음의 스위프트는 코코아 터치 프레임워크를 사용하기 위한 역할로서의 언어에 초점을 맞추었습니다. 이에 따라 코코아 터치 프레임워크에 적용하기 좋은 형태로 문법이 변화된 겁니다. 하지만 이후 스위프트가 오픈소스로 공개됨에 따라, 코코아 터치 프레임워크만을 위한 문법 예외 사항을 유지하는 것이 비일관적이라는 지적이 이어집니다. 이에 따라 일관성 있는 규칙을 적용하기 위해 다시 초기의 문법으로 회귀하게 된 것입니다.

스위프트에서 함수의 인자 레이블은 단순히 호출 구문에 국한되지 않고, 함수를 식별하는 데에도 사용됩니다. 오브젝티브-C와 유사한 맥락이죠. 스위프트에서 매개변수가 없는 함수의 이름은 다른 일반 언어에서의 함수 이름 형식과 크게 다르지 않지만, 매개변수가 있는 함수 이름은 다음과 같이 맨 앞의 함수 이름 부분과 이어지는 인자 레이블의 조합으로 이루어집니다. 예를 들어 func incrementBy(amount:Int, numberOfTimes:Int) 함수의 이름은 아래 강조 표시된 부분들의 합으로 구성되죠.

func **incrementBy(amount:**Int,**numberOfTimes:**Int**)**

이 함수의 이름은 incrementBy(amount:numberOfTimes:)입니다. 난해하죠? 매개변수가 없는 함수가 단순히 incrementBy( )인 것과 달리 매개변수가 있는 함수는 괄호 안에 매개변수명과 콜론이 차례로 나열되는 특성을 가집니다. 몇 가지 예를 더 살펴보면서 함수 이름 규칙에 익숙해져 봅시다.

표 7-1 함수 이름 규칙

함수 정의	함수명
func incrementBy( )	incrementBy( )
func incrementBy(amount:Int)	incrementBy(amount:)
func incrementBy(amount:Int, numberOfTimes:Int)	incrementBy(amount:numberOfTimes:)
func printHello( )	printHello( )
func printHello(name:String)	printHello(name:)

우리는 방금 함수의 이름을 정의하는 방법에 대해 배웠습니다. 그런데 사실, 우리가 배운 것은 함수의 이름보다는 식별자(Signature)로 보는 것이 더 타당합니다. 다시 말해, 함수의 정의 구문에서 func 키워드 뒤에 들어가는 것이 함수명이고, 여기에 인자 레이블을 포함한 것을 함수의 식별자로 본다는 거죠.

이는 스위프트에서 다음과 같은 호출 구문이 성립하는 것을 보면 알 수 있습니다.

```
func times(x: Int, y: Int) -> Int {
    return (x * y)
}

times(x: 5, y: 10) // 함수의 이름만으로 호출한 구문
times(x:y:)(5, 10) // 함수의 식별자를 사용하여 호출한 구문
```

이 구문은 x와 y 두 개의 매개변수를 가지는 함수 times를 호출할 수 있는 두 가지 방법을 보여주고 있습니다. 함수명 뒤에 ( )를 붙이고 여기에 인자 레이블과 인자값을 넣어 호출해주는 방법 하나, 그리고 함수 식별자 뒤에 ( )를 붙이고 인자 레이블 없이 호출하는 방법 하나입니다.

스위프트에서 함수를 호출하는 방법은 **함수명 + 괄호 + 인자값**이므로, 인자 레이블까지를 전체 함수의 이름으로 본다면 항상 times(x:y:)(5, 10) 형식으로 호출하는 것이 맞습니다. 하지만 실제로는 times만으로도 함수를 호출할 수 있습니다. 그러니 times는 함수의 이름으로, times(x:y:)는 함수의 식별자로 보는 것이 조금 더 적절합니다. 물론 함수의 이름이나 함수의 식별자 모두 호출 시에 사용할 수 있구요.

여기서 주의해야 할 점이 있습니다. 지금은 매개변수명이 곧 함수 식별자의 일부가 되는 것처럼 보이지만, 실제로는 인자 레이블 역할을 하는 매개변수만 함수 식별자에 포함된다는 점입니다. 어차피 인자 레이블이 곧 매개변수명이지 않냐고 생각할 수도 있지만, 스위프트에서는 인자 레이블 역할을 하지 않는 매개변수가 등장하기도 하고, 인자 레이블과 매개변수가 분리되기도 합니다. 또한 인자 레이블의 변경 때문에 함수의 식별자가 달라지기도 합니다. 정리하자면 함수의 식별자에 포함되는 것은 인자 레이블일 뿐, 결코 매개변수가 아님을 확실하게 인지해야 합니다.

다만 이 책에서는 함수를 언급할 때 '이름'과 '식별자'라는 단어는 구분하지 않고 그냥 이름으로 사용하겠습니다. 여러분은 그냥 times도, times(x:y:)도 모두 함수의 이름이라고 이해하면 될 것 같습니다.

7.1.3 함수의 반환값과 튜플

함수는 반드시 하나의 값만을 반환해야 합니다. 여러 개의 값을 반환해야 한다면, 이 값들을 집단 자료형에 담아 반환해야 합니다. 이때 사용할 수 있는 집단 자료형에는 딕셔너리나 배열, 튜플, 또는 구조체나 클래스가 있습니다. 앞에서 이미 배운 딕셔너리나 배열, 튜플은 물론이거니와 나중에 배우게 될 구조체와 클래스 역시 내부에 여러 개의 변수를 담을 수 있는 객체이므로 함수의 반환값으로 사용할 수 있습니다. 이 중, 활용도가 꽤 높으면서도 다른 자료형과 차이가 있는 튜플을 사용하는 예를 살펴보겠습니다.

튜플을 사용하여 값을 반환할 때는 함수의 반환 타입을 튜플 형태로 정의해야 합니다. 튜플에는 여러 종류의 자료형이 다양하게 섞여 정의될 수 있으므로 이를 빠짐없이 표시해야 하죠. 아래 예는 (Int, String)의 조합으로 구성된 튜플을 반환하는 함수에 대한 선언 예입니다.

```swift
func getIndvInfo() -> (Int, String) {
    let height = 180
    let name = "꼼꼼한 재은씨"
    
    return (height, name)
}
```

(Int, String)으로 구성된 튜플을 반환하기 위해, 함수 선언 시 '-> (Int, String)'으로 반환 타입을 정의하였습니다. 이때 함수가 반환하는 (height, name) 튜플은 선언된 타입과 일치합니다.

세 개 이상의 값으로 구성된 튜플을 반환하는 경우 역시 마찬가지입니다.

```swift
func getUserInfo() -> (Int, Character, String) {
    // 데이터 타입이 String으로 추론되는 것을 방지하기 위해 타입 어노테이션 선언
    let gender: Character = "M"
    let height = 180
    let name = "꼼꼼한 재은씨"
```

```
        return (height, gender, name)
}
```

튜플에 대하여 학습할 때 잠깐 언급했었지만, 튜플을 반환하는 변수를 받아 사용하는 방법을 다시 한번 확인해 보겠습니다. 튜플을 반환하는 함수의 반환값을 대입 받은 변수나 상수는 튜플의 인덱스를 이용하여 튜플 내부의 요소를 사용할 수 있습니다.

```
var uInfo = getUserInfo()
uInfo.0 // 180
uInfo.1 // "M"
uInfo.2 // "꼼꼼한 재은씨"
```

인덱스를 사용하는 대신 가독성과 편리성을 위해 튜플 요소 각각을 변수로 직접 받을 수도 있습니다.

```
var (a,b,c) = getUserInfo()
a // 180
b // "M"
c // "꼼꼼한 재은씨"
```

일부 필요하지 않은 튜플 항목은 앞에서 배운 대로 언더바를 이용하면 변수 할당 없이 건너뛸 수 있습니다.

```
var (height, _, name) = getUserInfo()
```

실행 결과로 반환되는 튜플의 각 아이템을 함수 정의 구문을 통해 변수에 미리 할당해 둘 수도 있습니다. 반환값 타입을 설정할 때 튜플 항목 하나하나에 미리 변수를 정의해 놓는 겁니다. 이렇게 정의해 두면 함수를 실행할 때 결과값을 바인딩하지 않아도 특정 변수명으로 바인딩된 튜플 인자를 사용할 수 있습니다.

```swift
func getUserInfo() -> (h: Int, g: Character, n: String) {
    // 데이터 타입이 String으로 추론되는 것을 방지하기 위해 타입 어노테이션 선언
    let gender: Character = "M"
    let height = 180
    let name = "꼼꼼한 재은씨"
    
    return (height, gender, name)
}
```

앞에서 정의했던 getUserInfo() 함수에서 튜플 반환값을 정의하는 부분에 변수를 할당해 주었습니다. 기존에는 타입명만 작성되어 있던 부분입니다. 이렇게 튜플 인자 타입 앞에 각각의 변수를 붙여 주면 함수의 결과값을 받은 변수에도 이들이 자동으로 바인딩됩니다.

```swift
var result = getUserInfo()

result.h // 180
result.g // "M"
result.n // "꼼꼼한 재은씨"
```

함수가 여러 개의 값을 반환할 때 이를 간단하게 묶기 위해 사용하는 것이 튜플이지만, 특정 튜플 타입이 여러 곳에서 사용될 경우에는 **타입 알리어스**를 통해 새로운 축약형 타입을 정의하는 것이 좋습니다. 타입 알리어스는 이름이 길거나 사용하기 복잡한 타입 표현을 새로운 타입명으로 정의해주는 문법으로, typealias 키워드를 사용하여 정의합니다. 타입 알리어스를 사용하면 길고 복잡한 형태의 타입 표현도 짧게 줄일 수 있어 전체적으로 소스 코드가 간결해지는 효과를 가져올 수 있습니다.

```
typealias <새로운 타입 이름> = <타입 표현>
```

사용 방법은 간단합니다. typealias 키워드 다음에 새로운 타입 이름을 작성하고, 여기에 축약할 타입 표현을 대입해 주기만 하면 됩니다. 타입 알리어스를 정의하고 나면 컴파일러는 새로운

타입 이름을 타입 표현과 동일하게 간주합니다. 단, 타입 알리어스는 어디까지나 타입에 대한 새로운 표현을 정의하는 역할을 하기 때문에 타입이 아닌 구체적인 값을 상수처럼 사용할 수는 없습니다.

```
typealias infoResult = (Int, Character, String)

func getUserInfo() -> infoResult {
    let gender: Character = "M"
    let height = 180
    let name = "꼼꼼한 재은씨"

    return (height, gender, name)
}
```

(Int, Character, String) 형태로 정의된 튜플을 infoResult라는 새로운 타입 이름으로 정의했습니다. 이후로 infoResult라는 단어는 (Int, Character, String) 튜플과 동일한 것으로 취급됩니다.

```
let info = getUserInfo()

info.0 // 180
info.1 // "M"
info.2 // "꼼꼼한 재은씨"
```

타입 알리어스를 이용한 반환 타입을 사용한 함수에 대한 결과값입니다. 타입 알리어스를 적용하기 전과 달라진 것이 아무것도 없죠? 네, 맞습니다. 타입 알리어스를 적용했다고 해서 함수를 사용하는 부분에서 달라지는 것은 아무것도 없습니다. 단순히 함수를 정의하는 부분에만 약간의 변경이 있을 뿐이죠.

타입 알리어스를 이용하여 축약 표현을 만들 때 변수가 바인딩된 튜플을 정의할 수도 있습니다. 조금 전 함수의 반환값을 정의할 때 사용했던 것과 같은 방식입니다.

```
typealias infoResult = (h: Int, g: Character, n: String)

...(중략 : 함수의 정의 구문)...

let info = getUserInfo()

info.h // 180
info.g // "M"
info.n // "꼼꼼한 재은씨"
```

함수에 튜플을 활용하는 예를 몇 가지 케이스별로 살펴보았습니다. 튜플이라는 타입의 단조로움과는 달리 튜플을 활용하는 방법이 상당히 많은 것을 잘 알았을 겁니다. 이처럼 함수에 튜플을 활용하면 코드를 쉽게 처리할 수 있어 활용도가 무척 높습니다. 잘 익혀 두었다가 적절한 상황에서 활용하시기 바랍니다.

7.2 매개변수

함수의 매개변수에 대해서 조금 더 자세히 알아봅시다. 스위프트는 기본적인 매개변수의 호출 방법이 다른 언어와 다르기도 하지만, 그 이외에도 특별한 기능들을 적지 않게 가지고 있습니다. 다양한 용법과 사용 사례를 예제를 통해 살펴보도록 하겠습니다.

7.2.1 내부 매개변수명, 외부 매개변수명

스위프트에서는 함수를 정의할 때 매개변수를 용도에 따라 두 가지로 분리할 수 있습니다. 내부 매개변수와 외부 매개변수가 그것이죠. 외부 매개변수는 함수를 호출할 때 인자값에 대한 레이블 역할을 하며, 동시에 함수의 식별자 일부로 사용되기도 합니다. 반면 내부 매개변수는 입력된 인자값을 함수 내부에서 참조하기 위해 사용하는 변수입니다. 함수의 범위 내에서는 내부 매개변수를 일반 변수처럼 사용하여 인자값을 얼마든지 참조할 수 있죠. 사실 정확하게 말하자면 변수가 아니라 상수입니다. 자세한 것은 조금 후에 다시 설명하겠습니다.

그림 7-6 내부 매개변수와 외부 매개변수

별도로 외부 매개변수를 나누지 않을 경우 일반 매개변수가 인자 레이블 역할까지 겸하지만, 외부 매개변수를 명시적으로 정의하면 이때부터는 외부 매개변수가 인자 레이블이 됩니다. 함수를 호출할 때나 함수의 이름을 식별할 때 모두 외부 매개변수를 사용해야 한다는 거죠. 외부 매개변수를 지정하는 방법은 다음과 같습니다.

```
func 함수 이름(<외부 매개변수명> <내부 매개변수명>: <타입>, <외부 매개변수명> <내부 매개변수명>: <타입>..) {
    // 함수의 내용이 작성되는 곳
}
```

간단합니다. 함수를 정의할 때 내부 매개변수명 앞에 외부 매개변수명을 넣어주기만 하면 됩니다. 실제 사용 예를 살펴봅시다.

```
func printHello(name: String, msg: String) {
    print("\(name)님, \(msg)")
}
```

외부 매개변수를 사용하지 않은 일반 함수입니다. 이 함수에는 name과 msg라는 두 개의 매개변수가 정의되어 있죠. 매개변수가 나누어져 있지 않을 때에는 그냥 매개변수명을 인자 레이블로 사용하면 되므로 호출 구문에는 name, msg를 인자 레이블로 붙여주어야 합니다.

```
printHello(name:"홍길동", msg:"안녕하세요")
```

이제 변화를 주어, 외부 매개변수를 지정해 보겠습니다.

```swift
func printHello(to name: String, welcomeMessage msg: String) {
    print("\(name)님, \(msg)")
}
```

이 함수는 여전히 name과 msg라는 두 개의 매개변수를 사용합니다. 하지만 외부 매개변수인 to, welcomeMessage가 추가되면서 name과 msg는 내부 매개변수가 되었습니다. 외부 매개변수가 정의되어 있지 않을 때에는 함수를 호출할 때 이 매개변수를 사용해야 하지만, 지금은 각각의 매개변수 앞에 외부 매개변수가 추가된 상태이므로 이를 사용하여 호출해야 합니다. 이 함수를 호출하는 구문을 봅시다.

```swift
printHello(to: "홍길동", welcomeMessage: "안녕하세요")
```

이전과는 호출 형식이 달라졌습니다. 매개변수명 name 대신 to를, msg 대신 welcomeMessage라는 외부 매개변수명을 넣어주고 있죠. 물론 이 to와 welcomeMessage라는 매개변수명은 어디까지나 외부에서 호출할 때 사용하는 이름에 지나지 않습니다. 함수 내부에서 인자값을 받아 사용할 때는 내부 매개변수명인 name, msg가 그대로 사용됩니다.

외부 매개변수를 따로 지정할 경우에는 함수의 이름 변화에도 주의해야 합니다. 기존 매개변수명이 아닌, 따로 지정된 외부 매개변수명이 함수 이름에 사용되기 때문이죠. 다음은 외부 매개변수의 지정 여부에 따른 함수명으로, 굵게 표시된 부분이 함수명에 포함되는 부분입니다.

```swift
func printHello(name: String, msg: String) {
    print("\(name)님, \(msg)")
}
```

`함수명` **printHello(name:msg:)**

```
func printHello(to name: String, msg: String) {
    print("\(name)님, \(msg)")
}
```

`함수명` **printHello(to:msg:)**

```
func printHello(to name: String, welcomeMessage msg: String) {
    print("\(name)님, \(msg)")
}
```

`함수명` **printHello(to:welcomeMessage:)**

외부 매개변수의 사용을 달가워하지 않는 사람들을 위해 함수의 호출 시 매개변수를 생략할 수 있는 옵션도 있습니다. 함수 정의 구문에서 외부 매개변수 자리에 언더바를 넣어주면 함수를 호출할 때 매개변수를 사용하지 않아도 됩니다.

```
func printHello(_ name: String, _ msg: String) {
    print("\(name)님, \(msg)")
}
```

함수의 외부 매개변수명이 들어갈 자리에 대신 언더바(_)를 사용했습니다. 스위프트에서 언더바는 대부분 '**문법은 적용하되 사용하지 않는다, 생략하겠다**'라는 의미로 많이 사용됩니다. 튜플의 각 아이템을 받는 개별 변수를 선언할 때도 굳이 받고싶지 않은 아이템의 경우 언더바로 변수를 대체했던 기억이 날 겁니다. 그와 유사합니다. 외부 매개변수명 자리에 언더바를 사용하면 '**내부 매개변수와 외부 매개변수를 분리하지만 외부 매개변수명을 사용하지는 않겠다**'라는 뜻이 되어 매개변수를 생략하고 호출할 수 있습니다. 호출 구문을 봅시다.

```
printHello("홍길동", "안녕하세요")
```

인자값 앞에 붙던 매개변수명이 사라지고 다른 언어에서처럼 단순히 인자값만을 이용해서 호출할 수 있게 되었습니다. 이제는 함수 호출 시 매개변수명을 붙이려고 하면 오히려 오류가 발생합니다.

매개변수가 여러 개일 때에는 일부만 매개변수를 생략할 수도 있습니다. 앞이나 뒤, 중간 등 어느 위치의 매개변수라도 언더바를 넣어 정의해주기만 하면 해당 부분의 매개변수를 생략하고 호출할 수 있는 함수가 만들어집니다.

```
func printHello(to name: String, _ msg: String) {
    print("\(name)님, \(msg)")
}
```
`호출 구문` **printHello(to: "홍길동", "안녕하세요")**

```
func printHello(_ name: String, welcomeMessage msg: String) {
    print("\(name)님, \(msg)")
}
```
`호출 구문` **printHello("홍길동", welcomeMessage: "안녕하세요")**

매개변수의 일부를 생략하는 예제 중에서 두 번째 예제를 눈여겨볼 필요가 있습니다. 맨 앞의 매개변수를 생략한 이 구조는 코코아 터치 프레임워크에서 굉장히 많이 사용되는 방식입니다.

매개변수가 생략될 경우, 함수의 이름에도 변화가 생깁니다. 외부 매개변수가 사용될 자리에 대신 언더바가 들어갔으므로, 함수명 역시 외부 매개변수 자리에 언더바를 넣어 표시해 주어야 합니다.

```
func printHello(_ name: String, _ msg: String) { ... }
```
`함수명` **printHello(_:_:)**

```
func printHello(to name: String, _ msg: String) { ... }
```
`함수명` **printHello(to:_:)**

```
func printHello(_ name: String, welcomeMessage msg: String) { ... }
```
`함수명` **printHello(_:welcomeMessage:)**

스위프트 언어의 특징이라 할 수 있는 외부 매개변수명은 매개변수명이 내부와 외부에서 바라보는 의미가 달라 외부와 내부로 구분하여 사용할 필요가 있을 때, 혹은 내부 매개변수명을 외부로 공개하기를 원치 않을 때 사용됩니다. 또 내부 매개변수명이 너무 길어서 호출 과정이 불편해질 때도 사용됩니다. 하지만 가장 큰 목적은 뭐니뭐니해도 오브젝티브-C와의 호환성 때문이라고 할 수 있습니다.

7.2.2 가변 인자

일반적으로 함수는 미리 정의된 형식과 개수에 맞는 인자값만 처리하지만, 때에 따라서는 가변적인 개수의 인자값을 입력받아야 할 때도 있습니다. 스위프트 역시 인자값의 입력 개수를 제한하지 않도록 하는 함수 정의 형식을 제공하는데, 이를 위해서는 함수를 정의할 때 매개변수명 다음에 '...' 연산자를 추가하면 됩니다. (생략한다는 뜻이 아닙니다. 적어도 지금 여기에서는 말이죠)

```
func 함수 이름(매개변수명 : 매개변수 타입 ...)
```

이렇게 정의된 매개변수는 가변 인자로 인식되어 개수를 제한하지 않고 인자값을 입력받으며, 입력된 인자값을 배열로 처리합니다. 함수의 실행 블록 내에서 for~in 구문을 사용하면 입력된 모든 인자값을 순서대로 읽어 들일 수 있죠. 다음 예제를 보면서 가변 인자값의 사용방법을 익혀봅시다. 개수의 제한 없이 점수를 입력받아 평균값을 산출하는 함수입니다.

입력된 값들의 평균값을 계산하는 함수

```swift
func avg(score: Int...) -> Double {
    var total = 0 // 점수 합계
    for r in score { // 배열로 입력된 값들을 순회 탐색하면서 점수를 합산
        total += r
    }
    return (Double(total) / Double(score.count)) // 평균값을 구해서 반환
}

print(avg(score: 10,20,30,40))
```

[실행 결과]
```
25.0
```

매개변수 score는 가변 인자로 설정된 Int 타입입니다. 여기에 저장된 값은 배열로 처리됩니다. 따라서 for~in 구문에 넣고 순회 탐색을 처리하면 입력된 전체 인자값을 읽어 들일 수 있죠. 이 값들을 순회하면서 점수 합계(total)에 더하고, 최종적으로 더한 값을 score 배열의 크기로 나누어 평균을 구합니다. 이때 total 변수와 배열의 크기는 모두 정수이므로 형변환 없이 그대로 계산하면 정수값으로 계산됩니다. 이를 방지하기 위해 Double 타입의 실수로 형변환을 해준 다음 평균을 구하는 연산을 수행하는 것이 위 예제의 내용입니다.

이처럼 가변 인자값은 입력 개수를 특정할 수 없는 형태의 매개변수에서 사용됩니다. 빈번하게 사용되는 것은 아니지만, 가변 인자가 아니면 같은 결과를 얻기 위해 꽤 복잡한 과정을 거쳐야 할 수도 있으므로 반드시 기억해두도록 합니다.

7.2.3 기본값을 갖는 매개변수

함수의 매개변수에는 유용한 기능이 있는데, 바로 기본값을 지정할 수 있다는 것입니다. 스위프트는 함수를 호출할 때 반드시 직접 입력받아야 하는 값이 아니라면 인자값을 생략할 수 있도록, 함수 정의 시 매개변수에 기본값을 지정할 수 있는 문법을 제공합니다. 이렇게 작성된 매개변수는 호출 시 인자값을 생략할 수 있습니다. 작성하는 형식은 다음과 같습니다.

```
func 함수 이름(매개변수: 매개변수 타입 = 기본값) {
    실행할 내용
}
```

함수를 정의할 때 매개변수의 이름과 매개변수 타입 다음에 대입 연산자인 =를 추가하고, 이어서 기본값을 작성합니다. 이렇게 기본값이 입력된 매개변수는 인자값을 생략할 수 있습니다. 매개변수에 기본값이 지정된 함수의 예를 봅시다. 메시지를 입력받아 출력하는 함수입니다.

```swift
// 기본값이 지정된 함수
func echo(message: String, newline: Bool = true) {
    if newline == true {
        print(message, true)
    } else {
        print(message, false)
    }
}
```

작성된 echo 함수는 첫 번째 인자값으로 출력할 메시지를 입력받고, 두 번째 인자값으로 줄 바꿈 처리 여부를 결정합니다. 두 번째 인자값이 false이면 줄 바꿈 하지 않고, true일 때만 줄 바꿈 처리를 하는 것이죠. 그런데 대부분 특별한 경우가 아니라면 기본적으로 내용이 출력되고 난 다음 줄 바꿈 처리가 되기를 기대합니다.

이 때문에 줄 바꿈 여부에 대한 두 번째 인자값은 매번 똑같은 값을 넣어주어야 하는, 거추장스러운 인자값입니다. 이런 경우 두 번째 인자값에 기본값을 할당해주면 일반적인 출력 구문을 원할 때 단순히 출력할 메시지만 입력해주면 되고, 굳이 줄 바꿈을 하지 않고자 할 경우에만 두 번째 인자값에 false를 할당해주면 됩니다. 호출하는 구문을 확인해봅시다. 줄 바꿈 되도록 메시지를 출력하는 다음 두 개의 구문은 같은 결과를 나타냅니다.

```swift
echo(message: "안녕하세요")
echo(message: "안녕하세요", newline: true)
```

작성된 두 구문 중 첫 번째 구문은 두 번째 인자값이 생략된 호출입니다. 값이 생략되어 있으므로 기본값 true가 두 번째 매개변수에 할당됩니다. 반면 두 번째 구문은 두 번째 인자값이 명시적으로 포함된 호출입니다. 입력된 인자값인 true가 매개변수에 직접 할당되죠. 결국, 두 구문은 입력된 인자값이 내부적으로 동일하므로 실행 결과 역시 같습니다. 하지만 다음 구문의 결과는 다릅니다.

```swift
echo(message: "안녕하세요", newline: false)
```

이 구문은 줄 바꿈을 하지 않기 위한 호출 구문입니다. 두 번째 인자값에 명시적으로 false를 할당해주었으므로 줄 바꿈 처리가 되지 않겠죠. 이 경우에는 두 번째 인자값을 생략하면 원하는 결과를 얻을 수 없습니다.

사실 매개변수에 기본값을 제공하도록 함수를 정의하면 함수는 두 가지 형식으로 모두 생성된다고 생각하는 편이 좋습니다. 인자값을 입력받지 않는 매개변수는 없는 것이나 마찬가지이니까요. 따라서 두 번째 매개변수에 기본값을 작성한 위 echo 함수는 다음과 같은 두 가지 형식으로 생성됩니다.

```
echo(message: String)
echo(message: String, newline: Bool)
```

7.2.4 매개변수의 수정

고백할 것이 있습니다. 지금까지 함수를 설명하면서 매개변수라는 단어를 여러 번 사용했는데요, 이 단어에는 약간의 문제가 있습니다. 변수는 원래 마음대로 값을 수정할 수 있어야 하지만, 매개변수에 입력된 인자값을 함수 내에서 수정하려고 하면 오류가 발생하거든요. 이것은 스위프트에서 함수의 인자값이 변수가 아니라 상수로 정의되었기 때문으로, 정확한 표현은 매개상수라고 해야 맞습니다. 아래 예제를 봅시다.

```
// 입력받은 값을 +1 하여 리턴해주는 함수
func incrementBy(base: Int) -> Int {
    base += 1
    return base
}
```

이 함수는 입력받은 인자값을 base라는 정수 타입의 매개변수에 할당하고, 이 값을 += 1 연산 처리하여 반환합니다. += 1 연산은 앞에서 배운 바와 같이 그 자신의 값에 1을 더한 다음 그 자신에게 다시 할당하는 연산입니다. 여기서 보여주고자 하는 것은 입력된 인자값에 대한 변경이 일어난다는 점입니다. 이 함수를 호출하여 실행하면 다음과 같은 오류가 발생합니다.

Left side of mutating operator isn't mutable : 'base' is a 'let' constant

오류 메시지를 해석해보면 "base는 '상수'로 정의되었으므로 왼쪽 수정 연산자가 값을 변경할 수 없다."는 뜻입니다. 이처럼 함수의 인자값은 함수 내부에서 변수가 아니라 상수임에 주의해야 합니다. 인자값에 값을 새로 할당하거나 수정하는 구문을 작성해서는 안 된다는 거죠. 이는 변수를 함수의 인자값으로 대입해 준 경우도 마찬가지입니다. 인자값으로 전달된 값이 변수더라도 실제로는 값의 복사를 통해 상수가 새로 정의된 다음 전달됩니다. 변수 자체가 전달되는 것이 아니라 값만 전달된다는 겁니다. 그것도 원본이 아니라 복사된 값으로 말입니다.

결론적으로 함수에 입력된 인자값은 함수 내부에서 항상 상수로 정의됩니다. 인자값을 변경할 수는 없습니다.

이런 이유로 필자도 명칭에 대한 고민을 많이 했습니다. 정확히는 '매개상수'라고 표현해야 하니까요. 하지만 거의 모든 언어에서 매개변수라는 말은 많이 사용하지만, 매개상수라는 말은 거의 사용하지 않습니다. 실제로도 대부분 언어에서 함수의 매개변수는 기본적으로 변수로 정의되지 상수로 정의되지는 않습니다. 자바만 해도 그렇습니다. 매개변수를 상수로 정의하려면 명시적으로 매개변수 앞에 final이라는 키워드를 붙여야 합니다.

이런 사실들을 종합해보면 상수로서의 특성을 정확히 표현하기 위해 스위프트에서는 '매개상수'라는 단어를 사용해야 합니다. 하지만 매개상수라는 단어를 사용하는 곳이 거의 없다 보니 의미상 약간의 오류가 있더라도 일반적으로 많이 사용하고 익숙한 '매개변수'라는 단어를 사용하기로 했습니다. 전적으로 제 판단입니다. 스위프트에서 매개변수라고 일컫는 것은 특별한 언급이 없는 한 상수로 받아들이면 됩니다. 영어로는 어떻게 표현하냐고요? 영어에서는 매개변수라는 표현이 단순히 Parameter로 사용됩니다. 여기에 변수나 상수의 구분은 없습니다(그냥 영어로 '파라미터'라고 쓸까봅니다. 현업에서도 파라미터라고들 하는데…).

그런데 뜬금없이 지금 시점에서 이런 고백을 왜 했을까요? 그것은 상수로 정의되는 함수의 인자값이라 할지라도 내부에서 인자값을 수정하는 방법이 있다는 것을 설명하기 위해서입니다. 방법은 단순합니다. 기본적으로 매개변수와 동일한 이름으로 변수를 정의하고 매개변수의 값을 대입해 주면 됩니다. 다음 구문을 봅시다.

```swift
func incrementBy(base: Int) -> Int{
    var base = base
    base += 1
    return base
}
```

앞에서 오류가 발생했던 함수에 굵게 표시된 구문 하나를 추가했습니다. 매개변수의 이름과 동일한 변수 base를 정의하고, 여기에 매개변수를 대입하는 구문이죠. 이렇게 동일한 이름의 변수를 작성해서 값을 대입하고 나면, 이후로 base라는 이름의 호출은 모두 매개변수 base가 아니라 변수 base를 가리키게 됩니다. 여기에는 값을 수정하는 기존 구문을 그대로 사용해도 아무런 문제가 없습니다. 그저 변수의 값을 변경하는 것일 뿐이니까요. 다른 예제를 하나 더 봅시다.

```swift
func descAge(name: String, _ paramAge: Int) -> String {
    var name = name
    var paramAge = paramAge
    
    // 입력된 값을 변경합니다.
    name = name + "씨"
    paramAge += 1
    return "\(name)의 내년 나이는 \(paramAge)세입니다 "
}
```

앞의 예제와 비슷하지만 이번에는 매개변수가 두 개입니다. 이 경우에도 크게 다른 점은 없습니다. 각각의 매개변수에 대해 변수화하는 구문을 추가해주면 되기 때문입니다. 위 예제에서는 매개변수명과 동일한 이름으로 변수를 정의하여 사용하지만, 사실 이 방식이라면 다른 변수명으로 정의하더라도 큰 상관은 없습니다. 같은 이름의 변수를 정의할 수 있다는 것이 필자에게는 더 특이하군요.

7.2.5 InOut 매개변수

크리스토퍼 놀런 감독의 영화 『인터스텔라』를 보면 블랙홀 속에 빠진 주인공이 4차원 공간에서 자신의 딸 머피의 방을 들여다보는 체험을 하는 장면이 나옵니다. 이때의 주인공은 그 방에 자신과 똑같은, 하지만 과거의 자신이 존재하는 것을 목격하지만, 아무리 애를 써도 과거 자신의 행동을 말릴 수도, 아무런 메시지를 전달할 수도 없다는 것을 깨닫고 방법을 찾기 시작하죠.

스위프트에서의 함수는 영화의 주인공이 맞닥트리는 4차원 공간과 비슷합니다. 함수 내부에서 발생하는 사건은 함수 외부에 영향을 미칠 수 없습니다. 함수 내부에도, 외부에도 동일한 인자값이 존재하고 있지만 함수 내부에서 변경된 인자값은 4차원 공간 바깥에 있는 주인공의 과거 존재처럼 함수 외부의 인자값에는 아무런 영향도 끼칠 수 없습니다. 단순히 같은 값을 가지고 있을 뿐, 둘은 단절된 서로 다른 객체이기 때문입니다.

```
var cnt = 30

func autoIncrement(value: Int) -> Int {
    var value = value
    value += 1
    
    return value
}

print(autoIncrement(value: cnt)) // 함수 내부의 value 변수값 : 31
print(cnt) // 외부에서 정의된 cnt 변수값 : 30
```

위 예제에서 함수 autoIncrement(value:)는 입력된 인자값을 1만큼 증가시킨 다음 반환합니다. 이때 인자값 자체를 수정할 수 있도록 매개변수 value는 내부적으로 변수로 치환됩니다. 30이 할당된 cnt 변수를 인자값으로 입력하여 함수를 실행하면 내부에서 변경된 value 변수의 값은 31이 됩니다. 하지만 인자값으로 사용된 cnt 변수 자체의 값은 아무런 변화가 없어서, 여전히 30입니다. 이는 외부에서 입력한 인자값이 직접 함수 내부로 전달되는 것이 아니라 그 값이 복사된 다음 전달되기 때문입니다. 다시 말해, 인자값으로 전달된 cnt와 매개변수 value는 서로 다른 변수입니다.

하지만 중력(Gravity)을 통해 4차원 공간 안쪽에서 바깥쪽으로 영향을 줄 수 있었던 주인공처럼, 함수에서도 내부에서 수정된 인자값이 외부까지 영향을 미칠 수 있는 방법이 존재합니다. 물론 반환값을 이용하지 않고 말입니다. 이를 위해 사용되는 키워드가 inout입니다. 이 키워드를 이용하면 스위프트에서는 함수 내부에서 수정된 인자값을 함수 외부까지 전달할 수 있습니다. 아이구, 이런 중력 같은 녀석.

```
func foo(paramCount: inout Int) -> Int {
    paramCount += 1
    return paramCount
}
```

이번 예제는 함수의 정의 형식에서 매개변수 부분만 살짝 바꾸어 본 것입니다. 타입 표현이 들어가던 자리에 대신 inout 키워드를 넣고, 타입 표현은 그 뒤쪽으로 밀어내었죠. inout 키워드가 붙은 매개변수는 인자값이 전달될 때 새로운 내부 상수를 만들어 복사하는 대신 인자값 자체를 함수 내부로 전달합니다. 함수 내부에서 사용하는 매개변수명이 외부의 변수명과 다를지라도 마찬가지입니다. inout 키워드가 붙은 매개변수는 인자값으로 사용된 변수와 동일한 객체입니다. 단순히 값만 똑같은 복사 짝퉁 변수와는 다르죠.

사실 inout 키워드의 정확한 의미는 값 자체를 전달하는 것이 아니라 값이 저장된 메모리 주소를 전달한다는 의미입니다. 인자값에 할당된 데이터가 저장되어 있는 메모리 주소를 함수에 전달하는 것이죠. C를 해본 분들이라면 "어? 포인터인데."라고 생각하실지도 모르겠네요. 맞습니다. C에서의 포인터와 유사합니다. 이 때문에 inout 키워드가 사용된 함수는 호출 시 주의가 필요합니다. 인자값을 전달할 때 값이 아닌 주소를 전달해야 하거든요. 따라서 inout 매개변수에 들어갈 인자값에는 주소 추출 연산자 &를 붙여주어야 정상적으로 전달할 수 있습니다. 이 연산자는 변수나 상수 앞에 붙여서 값이 저장된 메모리 주소를 읽어오는 역할을 합니다.

```
var count = 30
print(foo(paramCount: &count)) // 함수 내부의 paramCount 변수값 : 31
print(count) // 외부에서 정의된 count 변수값 : 31
```

함수를 호출하는 구문입니다. 변수 count가 인자값으로 사용된 부분에 주소 추출 연산자인 & 연산자가 붙어 있죠. 함수를 호출할 때 인자값으로 사용된 변수 앞에 &를 붙이면 값이 아닌 주소가 전달되며, 이 주소를 읽어 들이기 위해 함수에서는 매개변수에 inout 키워드가 추가된다고 보면 됩니다. 함수는 전달받은 메모리 주소를 통해 외부의 변수에 직접 접근할 수 있고, 값을 변경하면 그 결과가 외부 변수에도 바로 반영됩니다. 이처럼 주소를 전달하는 것을 프로그래밍 용어로 '**참조(Reference)에 의한 전달**'이라고 하며, 기존처럼 값을 복사하여 전달하는 것을 '**값에 의한 전달**'이라고 합니다. 이 두 가지 개념에 대해 조금 더 자세히 알아봅시다.

값에 의한 전달과 참조에 의한 전달

값에 의한 전달은 인자값을 전달하면 내부적으로 값의 복사가 이루어져서 복사된 값을 이용하여 구문을 실행하는 것을 이야기합니다. 지금까지 우리가 대부분 사용해왔던 방식이죠. 이 방식은 내부적으로 복사를 통해 생성된 새로운 변수나 상수를 이용하여 함수의 기능을 실행하므로 인자값의 수정이 발생하더라도 원본 데이터에는 영향을 미치지 않습니다.

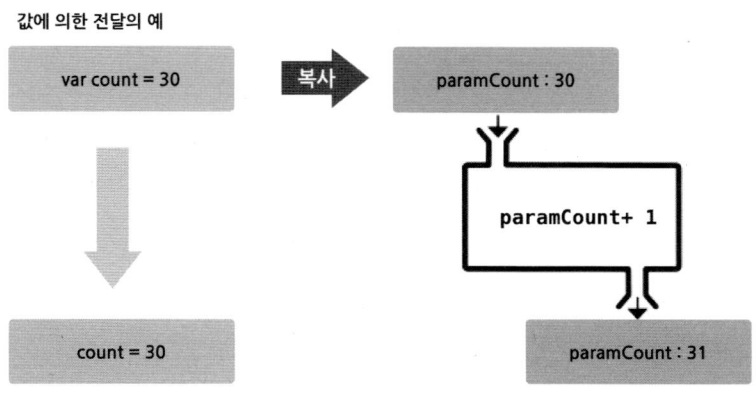

그림 7-7 값에 의한 전달의 예

우리가 많이 사용하는 String, Int, Double, Float, Bool 등 기본 자료형들 대부분이 이처럼 값에 의한 전달 방식으로 인자값을 전달합니다. 원본 값은 그대로 둔 채 복사된 새로운 값이 전달되는 것이죠. 따라서 우리는 인자값을 내부에서 수정하더라도 외부 값의 변경을 고려할 필요가 없습니다. 값이 전달되는 순간 내부 인자값과 외부 인자값은 서로 상관없는 남남이 되기 때문입니다.

반면 참조에 의한 전달은 내부적으로 복사가 이루어지는 대신 값이 저장된 주소가 전달됩니다. 인자값을 저장하고 있는 객체 자체가 전달된다고 할 수 있죠. 이 방식은 외부의 인자값을 직접 참조하므로 함수 내부에서 인자값이 수정되면 그 결과가 외부 인자값 원본에도 고스란히 반영됩니다.

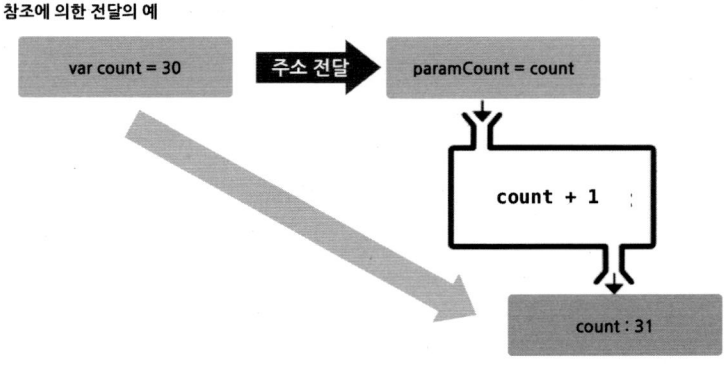

그림 7-8 참조에 의한 전달의 예

이처럼 주소를 직접 전달하는 '**참조에 의한 전달**'은 함수에서 inout 키워드를 사용했을 때 적용되지만, 예외적으로 클래스(Class)로 구현된 인스턴스는 inout 키워드를 사용하지 않아도 항상 참조에 의해 전달됩니다. 따라서 함수의 인자값으로 전달한 클래스 인스턴스는 함수 내부에서 값이 수정되면 원본 객체에도 영향을 미치므로 주의해야 합니다.

inout 키워드가 붙은 매개변수에 인자값을 입력할 때는 인자값 객체의 종류에 주의해야 합니다. 함수 내부에서 원본 객체에 직접 값을 수정할 수 있어야 하므로 상수는 전달 대상이 될 수 없습니다. 같은 이유에서 리터럴 역시 전달 대상이 될 수 없습니다. 오직 변수만 인자값으로 사용할 수 있습니다.

```
// 상수는 inout 매개변수에 인자값으로 전달할 수 없음
let count1 = 30
foo(paramCount: &count1) // ( X )

// 리터럴은 inout 매개변수에 인자값으로 전달할 수 없음
foo(paramCount: &30) // ( X )

// 변수는 inout 매개변수에 인자값으로 전달할 수 있음
var value = 30
foo(paramCount: &value) // ( O ) : 31
```

매개변수와 관련된 것은 아니지만, 참조에 의한 전달 방식이 적용되는 경우가 한 가지 더 있습니다. 변수의 범위 특성을 이용하는 것으로, 일반적으로 상위 범위에서 정의된 변수는 하위 범위에서도 사용할 수 있다는 특성을 가집니다. 이 점을 이용하여 함수 외부에서 정의된 변수를 함수 내부에서 가져다 사용하면 inout 키워드를 사용하지 않고도 외부의 변수를 내부에서 바로 참조할 수 있을 뿐만 아니라 함수 내부에서 값을 변경하면 함수 외부에도 그대로 반영됩니다. 자세한 내용은 이어지는 변수의 생존 범위와 생명 주기에서 확인해보시기 바랍니다.

7.2.6 변수의 생존 범위와 생명 주기

일반적으로 유기물이 존재하기 위해서는 일정한 환경이 갖추어져야 합니다. 기본적으로 산소가 있는 환경이어야 하고, 20~25% 정도의 농도가 갖추어져야 합니다. 너무 덥거나 너무 추운 지역에서도 유기물이 존재할 수 없습니다. 식물의 경우는 특정 기후를 벗어나서는 살 수 없으며 동물 역시 생존할 수 있는 조건이 까다롭습니다. 일반적으로 동물이나 식물은 태어난 장소와 종에 따라 생존 가능한 환경이 모두 다른데, 물에서 태어난 어류는 물에서만 살 수 있는 반면 육지에서 태어난 포유류는 대부분 육지에서만 살 수 있습니다(아, 물론 고래 등 일부 녀석들은 제외합시다. 육지에서 태어난 게 아니니까요. 그 녀석들은 포유류 주제에 왜 바다에서 살고 있는지 원…).

프로그래밍에서 변수나 상수도 이와 마찬가지입니다. 정의된 위치에 따라 사용할 수 있고, 생존할 수 있는 일정 영역을 부여받습니다. 말하자면 '**여기서 태어났으니 넌 이 영역에서만 살아라**'하는 겁니다. 이를 **변수의 생존 범위**, 또는 **스코프(Scope)**라고 합니다.

영역을 기준으로 변수를 구분해 보면 크게 전역 변수와 지역 변수로 나눌 수 있습니다. 전역 변수는 다른 말로 **글로벌(Global) 변수**라고도 하는데, 프로그램의 최상위 레벨에서 작성된 변수를 의미합니다. 이 변수는 일반적으로 프로그램 내 모든 위치에서 참조할 수 있으며, 특별한 경우를 제외하면 프로그램이 종료되기 전까지는 삭제되지 않습니다.

반면 로컬(Local) 변수라고도 하는 지역 변수는 특정 범위 내에서만 참조하거나 사용할 수 있는 변수를 의미합니다. 조건절이나 함수 구문 등 특정 실행 블록 내부에서 선언된 변수는 모두 지역 변수이며 선언된 블록 범위 안에서만 이 변수를 참조할 수 있습니다. 지역 변수는 선언된 블록이 실행되면서 생겨났다가 실행 블록이 끝나면 제거됩니다. 이를 **변수의 생명 주기(Life Cycle)**라고 합니다.

변수가 존재하려면 변수의 범위와 생명 주기 모두가 적합해야 합니다. 생존 범위를 벗어난 변수는 존재할 수 없으며 생명 주기가 끝난 변수 역시 존재할 수 없습니다. 다음 예제는 do 실행 블록 내에서 선언된 변수가 생존할 수 있는 범위를 보여줍니다.

```
do {
    do {
        var ccnt = 3
        ccnt += 1
        print(ccnt) // ① : 결과값 4
    }

    ccnt += 1
    print(ccnt) // ② : 오류 - "Use of unresolved identifier 'ccnt'"
}
```

do 블록은 일반적으로 do~catch 구문 형식으로 사용되지만, 단독으로 사용되었을 때에는 단순히 실행 블록을 구분하는 역할을 합니다. do 블록은 중첩해서 사용할 수 있는데, 이때 내부에 중첩된 do 블록을 기준으로 실행 블록은 단계화됩니다. 내부에 더 많이 중첩되어 있을수록 더 하위 블록입니다.

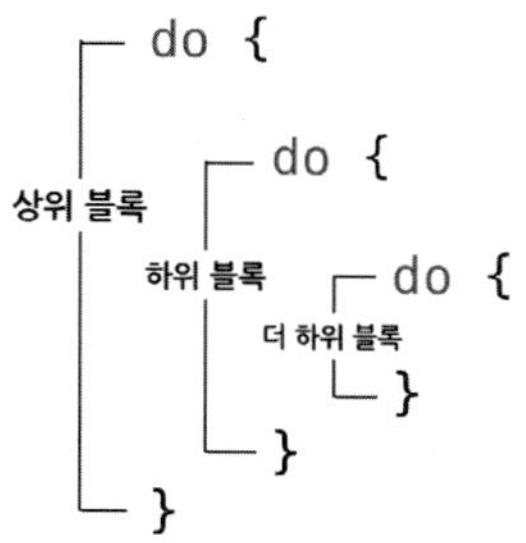

```
            ┌ do {
            │      ┌ do {
       상위 블록   │      ┌ do {
            │  하위 블록  │  더 하위 블록
            │      │      │   }
            │      │   }
            │   }
            └ }
```

그림 7-9 do 블록과 상위 블록, 하위 블록, 더 하위 블록

위 예제에서 작성된 ①과 ②는 각각 ccnt라는 변수의 값을 출력하도록 작성된 동일한 구문입니다. ①은 ccnt가 선언된 블록에 작성되어 있고, ②는 그보다 상위 블록에서 작성되어 있다는 차이뿐입니다. 하지만 실행 결과는 전혀 다릅니다. ① 구문은 문제없이 실행되지만 ② 구문은 실행 대신 Unresolved identifier 오류가 발생합니다.

이 오류는 선언되지 않은 변수를 호출했을 때 발생합니다. 그런데 이상합니다. 우리는 ccnt 변수를 선언했는데, 컴파일러가 못 읽고 있는 거잖아요. 왜 그럴까요?

해답은 스코프, 즉 변수의 범위에 있습니다. 프로그래밍에서 변수는 자신이 존재할 수 있는 범위를 가집니다. 물고기가 물을 벗어나서는 살 수가 없듯, 자신의 범위를 벗어난 변수는 소멸되거나 아예 존재하지 않는 변수가 되기도 합니다. 이같은 범위는 블록에 의해 만들어지는데, if 구문이나 guard 구문, for~in 구문, 그리고 지금 배우고 있는 함수 등 중괄호 {}를 이용하여 실행 블록을 갖는 모든 구문들이 블록을 만들어내는 대상입니다. 우리가 지금 사용하는 do {} 블록도 마찬가지입니다.

조건절 실행 블록 내에서 특정 변수를 정의했다면 이 변수는 조건절 실행 블록 내에서만 사용할 수 있습니다. 조건절을 벗어나면 메모리에서 해제될 뿐만 아니라 아예 존재하지 않는 변수가 되어 컴파일러가 인식하지 못합니다.

ccnt 변수 역시 마찬가지입니다. 우리가 do {} 블록을 이용하여 정의한 영역에서 선언된 이 변수는 자신이 선언된 블록 내에서만 존재할 수 있습니다.

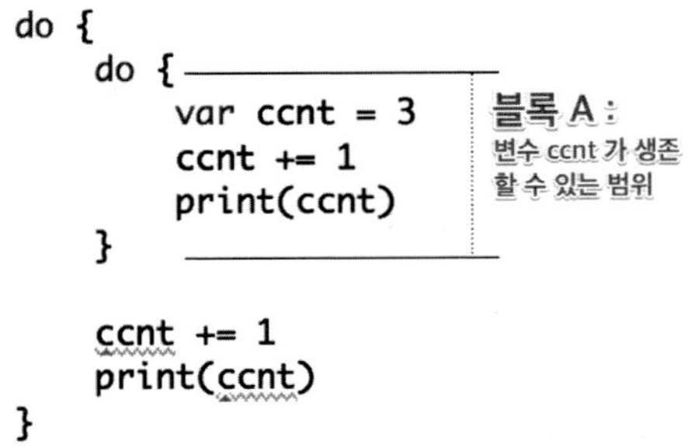

```
do {
    do {
        var ccnt = 3
        ccnt += 1
        print(ccnt)
    }
    ccnt += 1
    print(ccnt)
}
```

블록 A :
변수 ccnt 가 생존
할 수 있는 범위

그림 7-10 변수 ccnt가 생존할 수 있는 범위

위 그림에 따르면, ccnt 변수가 생존할 수 있는 범위는 중첩된 do 블록이 닫히는 지점까지인 블록 A입니다. 블록 A를 벗어나면 변수 ccnt는 더는 존재하지도 않고, 접근할 수도 없습니다. 이것이 변수의 범위입니다. 만약 블록 A를 벗어나서도 이 변수를 사용하려면 변수가 선언된 위치를 다음과 같이 상위 블록으로 옮겨야 합니다.

```
do {
    var ccnt = 0 // <- 옮긴 위치
    do {
        ccnt = 3
        print(ccnt) // ① : 결과값 3
    }
    
    ccnt += 1
    print(ccnt) // ② : 결과값 4
}
```

이제 위 예제는 정상적으로 실행됩니다. ccnt는 더 넓은 범위의 블록에서 정의되었으며, 이보다 상위 블록에서는 이 변수를 호출하지 않습니다. 하위 블록에서는 상위 블록의 변수를 얼마든지 가져다 사용할 수 있기 때문에 아무 문제가 생기지 않습니다.

이때 변수를 선언한 후 초기화 과정을 생략하면 안 됩니다. 하위 do 구문 내에서 어차피 값이 할당될 텐데 굳이 초기화를 해야 하나 하고 생각할 수도 있겠지만, 변수가 생성된 블록이 아닌 다른 블록에서 사용하려면 반드시 초기화되어 있어야 합니다. 선언된 블록보다 하위 블록에서 변수를 사용하는 과정을 단순히 하나의 코드 내에서 변수를 사용하는 것으로 여길 수도 있겠으나, 자세히 들여다보면 하나의 블록에서 다른 블록으로 참조에 의한 전달 과정이 일어나는 것입니다. 이를 위해 변수의 주소값이 필요하죠. 만약 변수가 초기화되지 않았다면 메모리를 할당받지 못한 상태이므로 주소값도 존재하지 않습니다. 따라서 오류가 발생합니다.

함수는 실행 블록을 가지고 있는 객체입니다. 때문에 앞서 설명한 변수의 범위가 그대로 적용됩니다. 함수 내에서 선언된 변수는 함수의 실행 블록 안에서만 존재하므로 이 변수에 직접 접근할 수 있는 조건 또한 함수의 실행 블록 내로 제한됩니다. 함수의 실행 블록 내부에 하위 블록이 존재하면 이 하위 블록 역시 함수의 실행 블록 내에 있으므로 변수에 접근할 수 있지만, 함수를 벗어난 블록에서는 변수에 접근할 수 없습니다.

함수 선언 시 정의된 매개변수는 함수의 실행 블록 내에서 사용할 수 있는 지역 상수로 추가됩니다. 만약 var 키워드를 이용하여 변수로 정의하였다면 실행 블록 내에서 값을 수정할 수 있는 지역 변수로 추가되겠죠. 매개변수 역시 함수의 실행 블록 내에서 선언된 값이므로 함수의 실행 블록을 벗어나면 사용할 수 없습니다.

전역 변수는 이와 반대입니다. 전역 변수는 최상위 블록에서 선언된 변수이므로 그보다 하위 블록인 함수 내부에서도 얼마든지 접근할 수 있습니다. 다음 예제는 전역 변수로 선언된 값을 함수 내부에서 접근하는 예입니다.

```
var count = 30

func foo() -> Int {
    count += 1
    return count
}
foo() // 31
```

인자값을 받지 않는 foo( ) 함수가 정의되었습니다. 이 함수는 내부에서 count 변수를 1만큼 증가하는 처리를 하고 있죠. count 변수는 상위 블록인 전역 범위에서 선언된 변수입니다. 상위 블록에서 정의된 변수가 하위 블록에서 사용될 때는 값이 참조 방식으로 전달되기 때문에 블록 내부에서 값을 변경하면 외부에도 그대로 적용됩니다. 따라서 함수 내에서는 전역 변수의 값에 접근할 수도 있고, 수정할 수도 있습니다.

이번에는 전역 변수와 지역 변수가 겹칠 때는 어떤 현상이 발생하는지 알아봅시다. 다음은 조금 전의 foo 함수 내부에 전역 변수와 이름 및 타입이 동일한 매개변수를 정의한 예제입니다.

```
var count = 30

func foo(count: Int) -> Int {
    var count = count
    count += 1
    return count
}

print(foo(count: count)) // 함수 내부의 count 변수값 : 31
print(count) // 외부에서 정의된 count 변수값 : 30
```

함수 외부에서 count 변수는 전역 범위로 선언되어 있습니다. 그리고 함수 내부에서도 count가 매개변수로, 그리고 지역 변수로 선언되어 있습니다. foo 함수는 내부적으로 인자값을 1 증가시킨 다음 반환하는 역할을 하죠. 이 함수의 출력 결과는 예상할 수 있는 것처럼 31입니다. 30이라는 값이 입력되어 1만큼 증가한 다음 반환되었으므로 당연한 결과입니다. 그런데 전역 변수 count를 출력해보면 값이 일치하지 않습니다. 값이 바뀌지 않은 그대로이죠.

이것으로 보아 스위프트에서 함수의 외부와 내부에 각각 같은 이름의 변수가 존재하면 내부에서 선언된 변수는 외부와 상관없이 새롭게 생성된다는 것을 알 수 있습니다. 그렇지 않다면 외부 변수의 값도 함께 변경되었을 테니까요. 실제로 함수의 외부 영역과 내부 영역에 같은 이름의 변수가 정의되어 존재한다면 두 변수는 동일한 변수가 아닙니다. 위의 예에서 내부 영역에 정의된 count 변수는 **지역 변수(Local Variable)**로서, 외부에서 정의된 count 변수와는 엄연히 다른 객체입니다. 또한, 외부와 내부에서 같은 이름의 변수가 선언되면 변수 사용의 우선순위에 따라 외부 변수가 아닌 내부 변수를 사용하게 됩니다. 이는 블록 내에서 적용되는 변수 우선순위의 규칙과 관련됩니다.

함수처럼 블록 내부에서 변수나 상수가 사용될 경우 컴파일러는 이 변수가 정의된 위치를 다음의 순서에 따라 검색합니다.

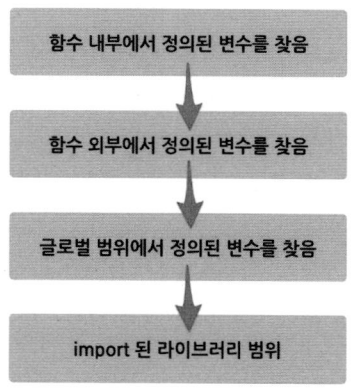

그림 7-11 블록별 변수의 검색 순서

가장 먼저 함수 내부에서 이 변수가 정의되어 있는지 검색하여 정의되어 있다면 이 변수의 값을 읽어오고, 없으면 상위 범위인 함수 외부로 이동합니다. 함수 외부 범위에서 이 변수가 정의되어 있는지 검색하고 있다면 이 변수를 사용하지만 여기에도 없다면 그보다 상위 블록으로 검색 범위를 확장합니다. 이번에도 변수가 발견되지 않으면 글로벌 범위까지 검색 범위를 넓혀보고, 만약 여기에서도 검색되지 않는 변수라면 import된 라이브러리 범위까지 확장하여 변수를 검색합니다. 이처럼 검색 범위를 넓혀 최상위 범위까지 검색했음에도 정의된 변수를 찾을 수 없을 경우 컴파일러는 최종적으로 존재하지 않는 변수라는 오류를 발생시킵니다.

이처럼 여러 블록이 중첩된 상태일 때는 변수의 범위를 고려하면서 필요한 변수를 선언해야 합니다. 가급적 변수의 범위는 작을수록 좋다는 것이 일반적인 프로그래밍 원리이지만, 프로그래밍에 익숙해지기 전까지는 내부 블록 범위에서만 사용해야 하는 변수가 아니라면 상위 범위에 정의해놓은 다음에 코드를 시작하는 것도 좋은 방법입니다.

7.3 일급 객체로서의 함수

스위프트는 객체지향 언어이자 동시에 함수형 언어입니다. 함수형 언어를 학습하게 되면 반드시 **일급 객체**(First-Class Object)라는 용어를 접하게 되는데요, 이것은 크리스토퍼 스트래치(Christopher Strachey)라는 영국의 컴퓨터 과학자가 1960년대에 처음 사용한 개념으로서, 프로그램 언어 안에서 특정 종류의 객체가 일급의 지위를 가지는가에 대한 의미입니다.

7.3.1 일급 함수의 특성

객체가 다음의 조건을 만족하는 경우 이 객체를 일급 객체로 간주합니다.

① 객체가 런타임에도 생성이 가능해야 한다.
② 인자값으로 객체를 전달할 수 있어야 한다.
③ 반환값으로 객체를 사용할 수 있어야 한다.
④ 변수나 데이터 구조 안에 저장할 수 있어야 한다.
⑤ 할당에 사용된 이름과 관계없이 고유한 구별이 가능해야 한다.

함수가 이런 조건을 만족하면 이를 **일급 함수**(First-Class Function)라고 하고 그 언어를 함수형 언어로 분류합니다. 즉, 함수형 언어에서는 함수가 일급 객체로 대우받는다는 뜻입니다.

함수가 일급 객체로 대우받는다면 런타임에도 함수의 생성이 가능하고, 매개변수나 반환값으로 함수를 전달할 수 있으며, 함수를 변수나 데이터 구조 안에 저장할 수 있을 뿐만 아니라 함수의 이름과 관계없이 고유한 구별이 가능합니다. 이것들이 일급 객체가 되기 위한 조건이기 때문입니다. 일급 함수가 쉽게 와 닿지 않는다면, 자바에서 클래스의 특성을 떠올려보시기 바랍니다. 자바에서는 클래스가 일급의 지위를 가지니까요.

지금부터 일급 함수의 특성에 대해 단계적으로 하나씩 살펴봅시다.

일급 함수의 특성 ① – 변수나 상수에 함수를 대입할 수 있음

일급 함수의 특성 중에서 처음으로 알아볼 특성은 변수나 상수에 함수를 대입할 수 있다는 것입니다. 변수나 상수에 함수를 대입한다는 것은 말 그대로 함수 자체를 변수에 집어넣는다는 뜻입니다. 이렇게 함수가 대입된 변수나 상수는 함수처럼 실행할 수도 있고, 인자값을 입력받을 수도 있습니다. 반환값도 가질 수 있죠. 이것만으로는 이해가 가지 않는 분들이 많을 테니 우선 다음 예제를 봅시다.

```
// 정수를 입력받는 함수
func foo(base: Int) -> String {
    return "결과값은 \(base + 1)입니다"
}

let fn1 = foo(base: 5)
// "결과값은 6입니다"
```

예제에 정의된 foo 함수는 정수를 입력받아 문자열로 반환합니다(참고로 이 함수의 식별자는 foo(base:)입니다. 아 그냥 참고로요). 마지막 행에서는 이 함수에 5라는 인자값을 넣어 실행하고 그 결과를 상수 fn1에 할당하고 있습니다. 이런 구문은 대부분 프로그래밍 언어에서 아주 자연스럽게 사용되고 있죠. 변수나 상수에 함수를 대입할 수 있다고 설명했을 때 이런 구문을 떠올리는 분들이 많습니다. 하지만 이 구문은 함수의 결과값을 fn1이라는 상수에 할당하는 단순한 대입 연산에 지나지 않습니다.

일급 함수에서 말하는 '**변수나 상수에 함수를 대입한다.**'라는 의미는 이것과 다릅니다. 함수의 결과값을 대입하는 것이 아니라 함수 자체를 대입하는 것이니까요. 잠깐 언급했듯이 함수 자체를 변수에 할당하면 변수도 함수처럼 인자값을 받아 실행이 가능하고, 값을 반환할 수도 있습니다. 함수를 대입한 변수가 함수처럼 실행된다는 것은 우리가 학습한 함수 호출 형식이 확장됨을 의미합니다.

지금까지 우리는 함수를 호출할 때 함수의 이름 다음에 함수 호출 연산자를 붙여야 했습니다. 그러나 일급 함수의 특성에 따라 우리는 굳이 함수의 이름이 아니더라도 함수가 할당된 변수라면 그 변수에 함수 호출 연산자 ( )를 붙여서 함수를 호출할 수 있습니다. 다음 예를 봅시다.

```swift
let fn2 = foo // fn2 상수에 foo 함수가 할당됨
fn2(5) // "결과값은 6입니다"
```

상수 fn2에 foo 함수를 대입하고 있습니다. 함수 자체가 대입되었으므로 이제 fn2는 foo와 이름만 다를 뿐 같은 인자값, 같은 기능, 같은 반환값을 가지는 함수가 됩니다. 따라서 fn2에 함수 호출 연산자인 ( )와 인자값 5를 넣어 호출할 수도 있고 그 결과값을 받을 수도 있습니다. fn2는 함수니까요.

변수나 상수에 함수를 대입할 때에는 함수가 실행되는 것이 아니라 함수라는 객체 자체만 대입됩니다. 다음 예제를 봅시다.

```swift
func foo(base: Int) -> String {
    print("함수 foo가 실행됩니다")
    return "결과값은 \(base + 1)입니다"
}
```

앞서 작성했던 함수 foo에서 내부에 출력 구문을 추가하였습니다. 이 함수가 실행되면 "함수 foo가 실행됩니다"라는 구문이 출력되도록 말이죠. 우선 이 함수의 결과값을 상수에 할당해보겠습니다.

```swift
let fn3 = foo(base: 5)
```

[실행 결과]

"함수 foo가 실행됩니다"

함수의 결과값을 fn3에 대입하는 과정에서 함수가 실행되었습니다. 함수 내부에 작성해둔 출력 구문이 플레이그라운드의 콘솔에 찍히는 것을 보면 알 수 있죠. 이처럼 함수의 결과값을 대입할 때는 함수가 실행됩니다. 하지만 함수 자체를 대입하는 구문은 다릅니다. 함수 자체를 대입하는 구문을 살펴봅시다.

```
let fn4 = foo
// 출력결과 없음

fn4(7)
```

[실행 결과]

```
"함수 foo가 실행됩니다"
```

상수 fn4에 foo 함수를 대입하는 과정에서는 아무런 값도 출력되지 않습니다. foo 함수가 실행되지 않았다는 뜻이죠. 함수를 할당받은 상수 fn4가 인자값 7을 넣어 함수를 실행하면 그때서야 메시지가 출력됩니다. 이번에는 foo 함수가 실행되었다는 것을 알 수 있습니다.

이처럼 단순히 함수를 변수나 상수에 대입하는 과정에서는 함수가 실행되지 않습니다. 함수 객체 자체만 전달되기 때문입니다. 함수가 대입된 변수나 상수를 함수처럼 호출하면 그때 비로소 함수가 실행됩니다. 이것이 함수 결과값을 대입하는 것과 함수 자체를 대입하는 것의 차이점이라고 할 수 있습니다.

함수를 대입하기 위해 알아야 할 것이 하나 더 있습니다. 바로 **타입(Types)**입니다. 변수에 함수를 대입하면 그 변수는 일반적인 문자열, 정수, 배열 또는 딕셔너리와는 전혀 다른 타입이 됩니다. 이 타입을 **함수 타입(Function Types)**이라고 하죠. 함수 타입은 함수의 형태에 따라 셀 수 없을 만큼 많고 다양한 구조를 가집니다. 복잡하게 이해하면 어렵지만, 간단하게 생각하면 됩니다. 변수에 정수를 대입하면 Int 타입이, 문자열을 대입하면 String 타입이 되는 것처럼, 변수에 함수를 대입하면 함수 타입이 되는 겁니다.

함수 타입은 일반적으로 함수의 형태를 축약한 형태로 사용하는데, 이때 함수의 이름이나 실행 내용 등은 함수 타입에서는 아무런 의미가 없으므로 생략할 수 있습니다. 함수 타입에서 필요한 것은 단지 어떤 값을 입력받는지와 어떤 값을 반환하는지 뿐입니다. 이를 함수 타입에서는 다음과 같은 형식으로 나타냅니다.

```
(인자 타입1, 인자 타입2, …)  ->  반환 타입
```

우선 인자 타입을 나열하고, 이를 괄호로 에워쌉니다. 반환 타입은 함수의 그것과 동일하게 ->로 구분하며, 이어서 타입을 작성합니다. 단 아무 값도 반환하지 않는 함수일 경우, 정의 구문에서는 반환 타입을 생략할 수 있지만 함수 타입에서는 'Void'라고 명시해 주어야 합니다. 함수 타입을 정의하는 형식이 낯설다면, 함수의 정의 구문에서 다음과 같은 항목을 모두 제거하고, 동그라미 표시된 부분만 남겨둔다고 생각하면 이해하기 쉽습니다.

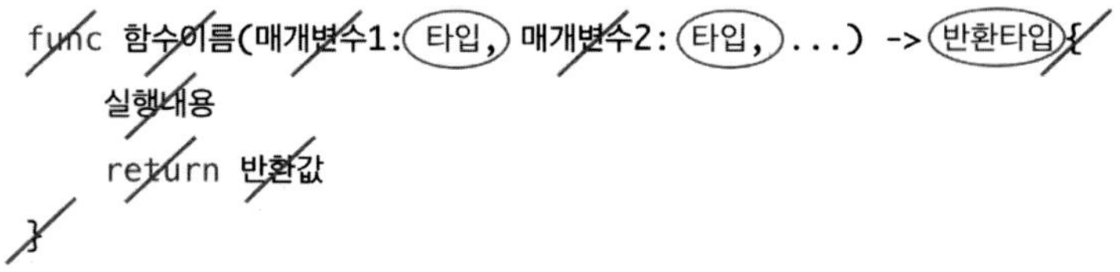

~~func~~ ~~함수이름~~(~~매개변수1:~~ (타입), ~~매개변수2:~~ (타입), ...) -> (반환타입) ~~{~~
  ~~실행내용~~
  ~~return~~ ~~반환값~~
~~}~~

그림 7-12 함수의 정의와 함수 타입의 구성 관계

실제 함수를 보면서 함수 타입에 대한 내용을 자세히 익혀 봅시다.

```
func boo(age: Int) -> String {
    return "\(age)"
}
```

정수 인수를 받고 문자열 타입을 반환하는 boo(age:) 함수입니다. 이 함수를 함수 타입 형태로 표현하면 다음과 같습니다.

```
(Int) -> String
```

앞서 설명한 것처럼 함수명과 매개변수명, 그리고 실행 내용에 해당하는 부분은 모두 생략된 형태입니다. 남아 있는 것은 Int 타입의 인자를 입력받는 것과 그 결과로 String 타입을 반환한다

는 것 두 가지죠. 만약 이 함수를 상수에 할당한다면 이 상수의 타입 어노테이션을 포함한 할당 구문은 다음과 같습니다.

```
let fn: (Int) -> String = boo
```

이번에는 두 개의 인자값을 받는 함수의 타입을 작성해봅시다.

```
func boo(age: Int, name: String) -> String {

    return "\(name)의 나이는 \(age)세 입니다"
}
```

age라는 정수 값과 name이라는 문자열 값을 인자값으로 받는 boo 함수가 다시 작성되었습니다. 이 함수를 함수 타입으로 작성하면 다음과 같습니다.

```
(Int, String) -> String
```

이 함수를 상수 s에 할당해 봅시다.

```
let s: (Int, String) -> String = boo
```

그런데, 우리가 지금 대입 구문에 사용한 boo라는 이름은 우리가 알고 있는 정확한 함수 식별자가 아닙니다. 정확한 식별자는 boo(age:name:)죠. 그래서 위 구문은 다음과 같이 함수 식별자를 대입해주는 구문으로 바꾸어 작성할 수도 있습니다.

```
let s: (Int, String) -> String = boo(age:name:)
```

boo와 boo(age:name:) 두 가지 모두 함수를 대입하는 구문에 사용해도 아무런 문제가 없습니다. 물론 둘 중에서 정확한 표현을 선택하라면 boo(age:name:)을 선택해야겠지만요. 그러면 boo는 뭘까요? 함수의 이름도 아닌 것이 왜 함수의 대입 구문에 사용해도 아무런 문제가 없는 것일까요?

이를 설명하려면 함수의 이름과 함수의 식별자를 구분하는 이야기를 다시 꺼내야 합니다. 앞에서 함수의 이름에 대해 배울 때, 인자 레이블까지 포함된 전체 이름을 함수의 식별자라고 부르고 함수의 이름과는 구분하는 것이 좋겠다고 설명한 적 있는데요, 기억하나요? 바로 지금과 같은 경우 때문입니다. 만약 boo(age:name:)가 함수의 정확한 이름이라면, boo만으로도 함수 대입이 가능한 위의 케이스를 설명할 방법이 없기 때문이죠. 이를 설명하기 위해서는 boo는 함수의 이름, boo(age:name:)은 함수의 식별자로 나누어 생각해 주어야 합니다. 물론 함수의 대입 구문을 작성할 때에는 함수의 이름이나 함수의 식별자 어느 것을 사용해도 됩니다.

- boo – 함수의 이름
- boo(age:name:) – 함수의 식별자

정확하게는 boo는 매개변수를 제외한 함수의 이름이 boo인 모든 함수를 대변하고, boo(age:name:)은 함수의 이름이 boo이면서 매개변수가 각각 age, name인 함수를 가리킵니다. 따라서 함수의 이름은 조금 더 범용적으로 사용할 수 있는 여지가 있지만, 이로 인해 문제를 일으키기도 합니다. 주로 함수 타입에 대한 타입 어노테이션을 누락하는 경우인데요, 다음 예제를 살펴봅시다.

```
func boo(age: Int) -> String {
    return "\(age)"
}

func boo(age: Int, name: String) -> String {
    return "\(name)의 나이는 \(age)세 입니다"
}

let t = boo // (X)
```

앞에서 등장한 두 함수를 같은 자리에서 정의했습니다. 그리고 t 상수에 boo 함수를 대입하죠. 그러면 이때의 boo 함수는 위쪽일까요, 아래쪽일까요? 두 함수 모두 함수의 이름은 boo이지만, 뒤의 매개변수 차이 때문에 서로 다른 식별값을 가집니다. 따라서 boo로 대입하려면 둘 중 어느 함수를 가리키는 것인지 정확하게 판단할 수 없으므로 오류가 발생합니다. 이 오류를 방지하기 위해서는 대입 구문을 다음 두 가지 중 하나의 형태로 바꾸어 주어야 합니다.

```
// 해결 방법 1) 타입 어노테이션을 통해 입력받을 함수의 타입을 지정
let t1: (Int, String) -> String = boo

// 해결 방법 2) 함수의 식별값을 통해 입력받을 정확한 함수를 지정
let t2 = boo(age:name:)
```

타입 어노테이션을 사용하는 경우에는 입력받을 값의 타입이 명확하기 때문에, boo가 가리키는 함수가 다소 불확실하더라도 컴파일러가 찾아서 대입할 수 있습니다. 마찬가지로 식별값을 통해 지정하는 경우도 정확한 함수를 찾아 대입할 수 있기 때문에 문제가 되지 않습니다. 가령, 다음과 같이 타입 어노테이션을 적절히 사용하면, 같은 함수 이름을 사용하여 대입하더라도 서로 다른 결과를 가져오기도 합니다.

```
let fn01: (Int) -> String = boo // boo(age:)
let fn02: (Int, String) -> String = boo // boo(age:name:)
```

두 상수 fn01, fn02는 모두 boo라는 함수 이름으로 함수를 할당받고 있습니다. 하지만 타입 어노테이션의 차이로 인해, 각각 다른 함수가 대입됩니다. 먼저 fn01에 대입된 함수는 boo(age:)입니다. 타입 어노테이션이 가리키는 형식이 인자값이 하나인 함수이기 때문이죠. 반면에 fn02에 대입된 함수는 boo(age:name:)입니다. 타입 어노테이션이 Int, String 두 개의 인자값을 가진 함수를 가리키고 있기 때문입니다. 이처럼 동일한 함수 이름을 사용하여 대입하더라도 타입 어노테이션에 의해 대입되는 함수가 달라지기도 하므로 주의해야 합니다.

타입 어노테이션과 함수 이름의 조합으로 대입 구문을 구성하면 안 되는 경우도 있습니다. 동일한 함수 타입을 사용하지만 매개변수명이 서로 다른 함수의 경우가 이에 해당합니다.

```
func boo(age: Int, name: String) -> String {
    return "\(name)의 나이는 \(age)세 입니다"
}

func boo(height: Int, nick: String) -> String {
    return "\(nick)의 키는 \(height)입니다"
}
```

```
let fn03: (Int, String) -> String = boo
let fn04: (Int, String) -> String = boo
```

정의된 두 개의 함수는 각각 boo(age:name:)과 boo(height:nick:)입니다. 매개변수를 포함한 식별자명은 다르지만 함수의 이름은 boo로 동일하며, 인자값과 반환값에 따른 함수 타입 또한 (Int, String) -> String으로 동일합니다. 따라서 fn03, fn04에 대입하는 함수는 타입 어노테이션만으로 함수를 특정하기가 어렵습니다. 이같은 부정확성에 따라 컴파일러는 오류를 발생시킵니다. 오류 없이 이같은 상황을 피하려면, 함수의 이름이 아니라 함수의 식별자를 사용해서 다음과 같이 정확하게 구분해 주어야 합니다.

```
let fn03: (Int, String) -> String = boo(age:name:)
let fn04: (Int, String) -> String = boo(height:nick:)
```

함수의 식별자를 이용하는 경우 정확한 함수 지정이 가능하므로 굳이 타입 어노테이션을 붙일 필요는 없습니다. 따라서 타입 어노테이션을 생략하고 보다 간결하게 작성할 수도 있죠.

```
let fn03 = boo(age:name:)
let fn04 = boo(height:nick:)
```

다시 함수 타입으로 돌아가 봅시다. 몇 가지 특별한 형태의 함수 타입에 대해 살펴보겠습니다. 먼저 튜플을 반환값으로 반환하는 함수의 타입은 다음과 같습니다. 반환 타입을 단순히 튜플 형태로 변경만 해주면 되죠.

```
func foo(age: Int, name: String) -> (String, Int) {
    return (name, age)
}
```

[함수 타입]

```
(Int, String) -> (String, Int)
```

인자값이 없거나 반환값이 없는 함수의 타입은 다음과 같이 빈 괄호를 사용하여 표현합니다.

인자값이 없는 경우

```
func foo() -> String {
    return "Empty Values"
}
```

[인자값이 없는 경우의 함수 타입]

```
() -> String
```

반환값이 없는 경우

```
func boo(base: Int) {
    print ("param = \(base)")
}
```

[반환값이 없는 경우의 함수 타입]

```
(Int) -> ()
```

인자값, 반환값 모두 없는 경우

```
func too() {
    print ("empty values")
}
```

[인자값 반환값 모두 없는 경우의 함수 타입]

```
() -> ()
```

함수 타입을 표시할 때 반환값이 없는 경우에는 빈 괄호 대신 'Void'를 사용하여 명시적으로 "값이 없음"을 표시하기도 합니다. Void는 빈 튜플을 나타내는 값으로, 타입 알리어스로 정의된 단어입니다. 클래스나 구조체 등의 객체가 아닌 키워드임에 주의해야 합니다.

```
public typealias Void = ()
```

위 코드가 Void 키워드를 선언하는 스위프트 내부 코드입니다. typealias 키워드와 함께 선언된 Void에 빈 튜플을 의미하는 "( )"이 대입되어 있죠. 이렇게 선언된 키워드 Void는 빈 괄호를 대신하여 사용할 수 있습니다.

Void를 적용해보면 함수 타입은 다음과 같이 표현됩니다.

```
Int -> ()       ➡ (Int) -> Void
() -> ()        ➡ () -> Void
```

Void 키워드는 본래 빈 인자값의 표현에도 사용할 수 있었으나, 4.0 버전부터는 반환 타입에만 사용할 수 있도록 제한되었습니다. 따라서 위의 두 번째 예제에서 인자 타입 ( )는 그대로 ( )로 사용되고 있음을 이해하기 바랍니다. 또한 Void 키워드의 첫 글자는 대문자입니다. 스위프트에서는 대소문자를 구분하므로 C에 익숙한 분들이 void라고 작성하면 바로 오류입니다.

그러면 이렇게 새로 학습한 함수 타입을 직접 사용해보아야겠죠? 그래야 오래오래 머리에 남을 테니 말입니다. 그래서 다음 절에서는 함수 타입을 충분히 사용할 수 있는 주제를 준비했습니다. 바로 일급 함수의 두 번째 특성, 함수의 반환 타입으로 함수를 사용하는 방법에 대해서입니다.

일급함수의 특성 ② – 함수의 반환 타입으로 함수를 사용할 수 있음

일급 함수의 특성 중에서 두 번째로 학습할 부분은 함수의 반환 타입으로 함수를 사용할 수 있다는 특성입니다. 일급 객체로 대우받는 함수는 실행 결과로 정수, 실수, 문자열 등의 기본 자료형이나 클래스, 구조체 등의 객체를 반환할 수 있을 뿐만 아니라 함수 자체를 반환할 수도 있습니다. 함수가 함수를 반환한다는 의미를 알기 위해 다음 예제를 봅시다.

```
func desc() -> String {
    return "this is desc()"
}

func pass() -> () -> String {
    return desc
}

let p = pass()
p() // "this is desc()"
```

얼핏 보면 이해하기 힘든 구문일 수도 있으니 차근차근 살펴봅시다. 먼저 가장 위에 작성된 것은 desc 함수입니다. 같은 이름으로 여러 번 등장하고 있는 이 함수는 인자값 없이 문자열을 반환하는 함수 형식으로 정의되어 있습니다. 그 다음으로 작성된 것은 pass 함수입니다. 이 함수의 내부 블록을 살펴보면 다른 실행 구문 없이 desc라는 함수 자체를 반환하는 구문뿐입니다.

여기서 pass 함수의 반환 타입은 함수 타입인 ( ) -> String으로 정의됩니다. 이는 pass 함수가 desc 함수를 반환하기 때문으로, ( ) -> String은 desc 함수의 타입 표현에 해당합니다. desc 함수는 인자값 없이 문자열만 반환하고 있기 때문에 이를 함수 타입으로 표현하면 ( ) -> String 형식이 됩니다. 이 함수 타입의 표현이 pass 함수의 반환 타입으로 사용되고 있는 겁니다.

이어서 상수 p는 pass 함수의 실행 결과값을 할당받고 있습니다. 만약 pass 함수 자체를 할당받았다면 상수 p에 할당된 것은 pass 함수였겠지만, pass 함수의 실행 결과는 desc 함수이므로 상수 p에는 desc 함수가 할당됩니다. 이제 p 상수는 desc 함수나 마찬가지입니다. p에 함수 호출 연산자를 붙여 실행하면 desc 함수를 실행하는 것이 되죠. 이러한 과정을 거쳐 p( )의 실행 결과는 "this is desc( )"가 됩니다.

함수의 반환값이 함수일 경우, 아무래도 함수의 형식이 복잡해질 가능성이 큽니다. 가독성도 매우 떨어지죠. 이를 방지하기 위해 최근의 문법에서는 반드시 인자값 부분에 괄호를 통해 감싸주도록 강제하지만, 점점 더 복잡한 형태의 함수 타입을 사용할수록 형식을 분석하기 어려워질 겁니다. 하지만 걱정할 필요는 없습니다. 읽는 요령이 있으니까요.

위와 같은 함수의 선언 형식을 읽을 때는 가장 왼쪽에 있는 화살표를 찾으면 됩니다. 그리고 이 화살표를 기준으로 왼쪽과 오른쪽을 나누는 거죠. 화살표를 기준으로 왼쪽은 함수의 인자값입니다. 오른쪽은 함수의 반환값이고요. 이것을 적용해보면 위 함수는 다음과 같이 구분할 수 있습니다.

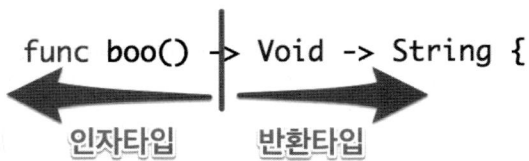

그림 7-13 함수의 반환 타입 표현을 해석하는 방법 1단계

-> 기호를 기준으로 구분해본 형식입니다. 오른쪽의 반환 타입은 함수 타입으로 작성되어 있군요. 함수를 반환한다는 것을 쉽게 파악할 수 있습니다. 반환 타입에는 -> 기호가 있으므로 이를 다시 구분할 수 있습니다.

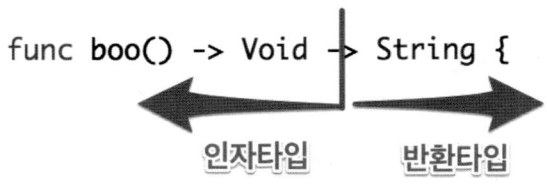

그림 7-14 함수의 반환 타입 표현을 해석하는 방법 2단계

이를 이용하면 아무리 복잡한 형태의 함수 반환 형식이라 할지라도 모두 구분할 수 있습니다. 이어서 함수의 반환 타입으로 함수를 사용하는 조금 복잡한 예제를 살펴보겠습니다.

```
func plus(a: Int, b: Int) -> Int {
    return a + b
}
```

```
func minus(a: Int, b: Int) -> Int {
    return a - b
}

func times(a: Int, b: Int) -> Int {
    return a * b
}

func divide(a: Int, b: Int) -> Int {
    guard b != 0 else {
        return 0
    }
    return a / b
}

func calc(_ operand: String) -> (Int, Int) -> Int {
    
    switch operand {
    case "+" :
        return plus
    case "-" :
        return minus
    case "*" :
        return times
    case "/" :
        return divide
    default :
        return plus
    }
}
```

하나하나의 함수는 주석이 필요 없을 만큼 단순한 기능입니다. 각각 덧셈, 뺄셈, 곱셈, 나눗셈 연산을 수행하여 그 결과를 반환하는 함수들이죠. 나눗셈에서만 예외로 나눌 값이 0인 경우를 대비하여 guard 구문이 추가된 것을 제외하면 모든 함수의 구성이 거의 같습니다.

마지막으로 작성된 calc는 조금 다릅니다. 이 함수는 사칙연산의 연산자를 문자열 형식으로 입력받습니다. 이 인자값을 기준으로 switch 구문에서 각 인자값에 대응하는 함수를 반환하는 것이 calc 함수가 처리하는 내용입니다. 반환하는 함수의 인자값과 반환값은 모두 일치하며 이들 함수의 타입 표현식은 (Int, Int) -> Int입니다. 함수 calc에 인자값으로 연산자를 입력하면 그에 해당하는 함수를 반환받을 수 있죠. 외부 매개변수를 언더바로 처리함으로써 함수 호출 시 인자 레이블을 생략할 수 있도록 해 놓은 것도 눈여겨볼 부분입니다. 함수를 실행해보겠습니다.

```
let c = calc("+")
c(3,4) // plus(3,4) = 7
```

"+" 문자열을 인자값으로 하여 함수를 실행한 결과, switch 구문의 패턴 비교에 의해 plus 함수가 반환됩니다. 이 함수가 상수 c에 할당되었으므로 이를 함수 호출 연산자로 실행하면 plus 함수가 실행됩니다. 결과값은 7이죠. 위 호출 구문 형식에 익숙해지면, 다음과 같이 하나의 구문으로 통합해서 작성할 수 있게 됩니다. 형식은 어색할지 모르겠지만, 같은 구문입니다.

```
calc("+")(3,4)
```

하지만 이런 식으로 구문을 작성하면 매우 가독성이 떨어집니다. 특별히 줄여서 표현해야 할 이유가 없다면 가독성을 위해 가급적 단계적으로 표현하는 것이 좋습니다. 나머지도 차례로 호출해봅시다.

```
let c2 = calc("-")
c2(3,4) // minus(3,4) = -1

let c3 = calc("*")
c3(3,4) // times(3,4) = 12
```

```
let c4 = calc("/")
c4(3,4) // divide(3,4) = 0
```

이처럼 함수의 실행 결과로 다른 함수를 반환할 수 있는 것이 일급 함수의 특성입니다. 이 특성은 중첩 함수(Nested Functions)를 학습할 때 다시 다룹니다.

일급함수의 특성 ③ – 함수의 인자값으로 함수를 사용할 수 있음

일급 함수는 반환값으로 함수를 사용할 수 있을 뿐만 아니라 다른 함수의 인자값으로 함수를 전달할 수 있는 특성도 있습니다. 일급 함수를 다루는 타 언어 중에서 특히 널리 알려진 언어로 자바스크립트가 있는데, 이 언어를 이용하여 웹 프로그래밍에서 Ajax 구현을 해보면 반드시 다루게 되는 개념으로 **콜백 함수(Callback Function)**가 있습니다. 콜백 함수는 특정 구문의 실행이 끝나면 시스템이 호출하도록 처리된 함수로서, 일반적으로 Ajax 통신을 위한 구문을 작성할 때 콜백 함수를 등록합니다. 콜백 함수 등록이란, 실행하고자 하는 구문을 담은 함수를 인자값으로 넣는 것을 의미하죠. 이때 사용되는 개념이 바로 일급 함수의 특성인 '**함수를 인자값으로 사용할 수 있다**'입니다. 스위프트에서 함수를 인자값으로 넘기는 방법을 알아봅시다.

함수를 인자값으로 전달할 때 그 함수는 하나의 타입이 됩니다. 따라서 함수를 입력받는 인자값은 함수 타입으로 정의되어야 합니다. 이 점을 제외하면 인자값으로 함수를 전달하는 방식에는 특별한 것이 없습니다. 다음은 함수를 인자값으로 전달하는 예제입니다.

```
func incr(param: Int) -> Int {
    return param + 1
}

func broker(base: Int, function fn: (Int) -> Int) -> Int {
    return fn(base)
}

broker(base: 3, function: incr) // 4
```

incr(param:)은 정수값을 입력받아 +1을 처리한 값을 반환하는 함수입니다. 뒤이어 정의된 broker(base:function:)은 인자로 받은 함수를 실행하는 함수죠. broker(base:function:)은 두 번째 매개변수에 대한 인자값에 어떤 함수가 들어오는지 상관하지 않습니다. 단지 정수를 입력받고 정수를 반환하는 타입의 함수이기만 하면 됩니다. 그렇게 매개변수 타입이 정의되어 있기 때문입니다. 정의된 타입에 맞는 함수가 입력되면, 그게 어떤 함수이든 간에 그냥 실행하고 그 결과를 반환해 버립니다. 그러니 broker(base:function:) 함수의 정의 구문만으로는 어떤 연산이 실행될지 짐작하기 어렵습니다. 실질적인 연산은 인자값으로 받는 함수에 달려 있기 때문입니다. 보통 이런 식으로 중개 역할을 하는 함수를 **브로커(Broker)**라고 합니다.

마지막 행에서 broker(base:function:) 함수는 정수 3과 incr(param:) 함수를 인자값으로 하여 호출됩니다. 내부적으로 실행될 함수가 incr(param:)인 것이 파악된 지금에서야 비로소 broker(base:function:)가 처리할 내용을 짐작할 수 있게 되는 거죠. 이처럼 함수를 인자로 사용하면 실행 전까지 어떤 구문이 수행될지 컴파일러가 미리 알 수 없으므로 컴파일 시점에서 디버깅할 수 없는 단점이 있습니다. 하지만 잘 활용하면 동적으로 정의되는 훌륭한 함수를 만들 수 있기 때문에 개발자들이 흔히 매직 코드(Magic Code)*라고 부르는 마법 같은 코드를 작성할 때 자주 응용됩니다.

---

*매직 코드란, 수 줄 또는 수십 줄의 구문을 작성해야 처리할 수 있는 로직을 불과 한 두 줄의 짧은 구문만으로 구현하는 것을 의미하는 은어입니다. 모든 코드를 항상 매직 코드로 작성하기란 불가능하지만, 특정 목적에서는 종종 매우 훌륭한 매직 코드가 공개되기도 합니다.

이번에는 콜백 함수를 사용하는 예를 살펴봅시다.

```swift
func successThrough()  {
    print("연산 처리가 성공했습니다.")
}

func failThrough() {
    print("처리 과정에 오류가 발생하였습니다")
}

func divide(base: Int, success sCallBack: () -> Void, fail fCallBack:
                                            () -> Void) -> Int {
    guard base != 0 else {
        fCallBack() // 실패 함수를 실행한다.
        return 0
    }
    
    defer {
        sCallBack() // 성공 함수를 실행한다.
    }
    return 100 / base
}

divide(base: 30, success: successThrough, fail: failThrough)
```

[실행 결과]

연산 처리가 성공했습니다.

위의 예제는 함수 인자를 사용하여 콜백(Callback)을 처리하고 있습니다. 이 함수는 첫 번째 인자로 받은 정수를 사용하여 100을 나누고, 그 몫을 정수 형태로 반환하는 역할을 합니다. 두 번째 인자는 내부 연산 과정이 성공적으로 완료되었을 때 실행할 함수이며, 세 번째 인자는 내부 연산 과정이 실패했을 때 실행할 함수입니다. divide(base:success:fail:) 함수는 내부 연산이 성공하거나 실패했을 때 값을 반환하는 것 이외에는 아무것도 하지 않습니다. 단순히 인자값으로 입력받은 함수를 실행할 뿐입니다.

이런 식의 구문을 작성하면 함수가 성공, 또는 실패했을 때의 처리 과정을 외부에서 제어할 수 있습니다. 즉, 함수의 내부 코드를 수정하지 않고도 외부에서 함수 내부의 실행 과정에 간섭할 수 있다는 뜻입니다. 완전히 실행 흐름을 꺾지는 못하지만, 그 실행 흐름에 합류하여 추가 기능을 수행하는 것 정도는 충분히 가능합니다.

첫 번째 입력값이 0이면 divide(base:success:fail:) 함수는 내부 연산을 실행할 수 없습니다. Divide By Zero 오류가 발생하기 때문입니다. 이 때문에 guard 구문을 사용하여 입력값이 0이 되는 경우를 방지해 주어야 합니다.

```
guard base != 0 else {
    fCallBack()
    return 0
}
```

만약 입력된 base가 0이라면 조건 실패로 인해 else 구문의 내용이 실행됩니다. fCallBack은 함수처럼 보이지만 실제로는 매개변수입니다. 여기에 함수가 대입되었을 뿐이죠. else 구문은 외부에서 전달된 실패 처리 함수를 fCallBack 매개변수를 통하여 실행한 다음 0을 반환하면서 함수를 종료합니다. 이 때문에 실제로 함수가 실행되기 전에는 실패 처리 내용을 알 수 없습니다. 오로지 'fCallBack 매개변수에 대입된 함수를 실행한다'라는 구문만 있을 뿐입니다.

마찬가지로, 입력된 base의 값이 0이 아닐 경우 나누기 연산이 실행됩니다. 연산이 성공했을 때에는 sCallBack 매개변수에 대입된 함수가 실행되는데, 이때 값을 반환하는 return 구문과 성공 함수를 실행하는 과정 사이에 발생할 수 있는 미묘한 타이밍 차이를 해결하기 위해 defer 구문이 사용됩니다.

```
defer {
    sCallBack() // 성공 함수를 실행한다.
}
```

defer 블록은 함수나 메소드에서 코드의 흐름과 상관없이 가장 마지막에 실행되는 블록입니다. 지연 블록이라고 부르기도 하는 이 블록에 작성된 구문은 작성된 위치에 상관없이 항상 함수의 종료 직전에 실행되기 때문에, 종료 시점에 맞추어 처리해야 할 구문이 있다면 우리는 어디에 작성해야 할지 고민하지 않고 defer 블록에 넣어두기만 하면 됩니다. 실제로 이 블록은 함수에서 사용된 각종 리소스의 처리나 해제, 연결 종료 등의 구문을 처리하는 용도로 유용하게 사용됩니다. defer 블록은 다음과 같은 특성을 가지고 있습니다.

1. defer 블록은 작성된 위치와 순서에 상관없이 함수가 종료되기 직전에 실행된다.
2. defer 블록을 읽기 전에 함수의 실행이 종료될 경우 defer 블록은 실행되지 않는다.
3. 하나의 함수나 메소드 내에서 defer 블록을 여러 번 사용할 수 있다. 이때에는 가장 마지막에 작성된 defer 블록부터 역순으로 실행된다.
4. defer 블록을 중첩해서 사용할 수 있다. 이때에는 바깥쪽 defer 블록부터 실행되며 가장 안쪽에 있는 defer 블록은 가장 마지막에 실행된다.

defer는 주로 함수가 연산을 처리하는 과정에 영향을 끼치지 않으면서 실행해야 할 다른 내용이 있을 때 사용하거나, 함수를 종료하기 직전에 정리해야 하는 변수나 상수값들을 처리하는 용도로 사용됩니다. 다시 말해, 함수를 종료하기 전에 처리해야 하는 변수나 상수들 중에서 처리 시점이 모두 달라서 적절한 처리 시점을 잡기 어려울 때 defer 구문을 통해 처리하면 된다는 뜻입니다.

계속해서 그 다음 구문을 살펴봅시다.

```
divide(base: 30, success: successThrough, fail: failThrough)
```

divide(base:success:fail:) 함수를 호출하는 부분입니다. 첫 번째 인자값으로 30을, 두 번째 세 번째 인자값으로 각각 successThrough 함수와 failThrough 함수를 입력해주는데, 함수 연산이 성공하면 successThrough 함수를, 실패하면 failThrough 함수를 실행해달라는 의미입니다. 그 결과로 successThrough 함수에서 작성된 출력 구문이 실행되었습니다.

함수를 인자로 넘기는 가장 큰 목적은 함수 내부의 코드를 건드리지 않고도 외부에서 실행 흐름을 추가하기 위함입니다. 원래대로라면 실행 구문들이 들어가야 하겠지만, 구문 자체를 인자로 넣을 수는 없으므로 구문을 집약한 함수가 인자값으로 사용되는 것입니다. 함수 외부에서 함수 내부에 실행 구문을 추가할 수 있다는 것은, 함수를 그만큼 재활용할 수 있다는 장점이 되기도 합니다.

위 함수가 성공/실패 함수를 인자값으로 받지 않는다고 가정하고, 만약 이 함수의 연산을 두 군데에서 호출해야 하는데 호출하는 지점마다 함수의 연산 성공/실패 시 처리해야 하는 내용이 다르다면 어떻게 해야 할까요? 아마도 그때마다 함수를 새로 작성해야 할 겁니다. 성공/실패 처리 구문 차이 때문에 거의 같은 연산을 처리하는 함수가 중복으로 작성되어야 하죠.

하지만 이처럼 호출하는 지점마다 다르게 적용되어야 하는 부분을 함수 인자값으로 받도록 처리하면 함수를 공통으로 사용할 수 있는 범위가 넓어집니다. 공통 코드를 사용하고, 각자 다르게 적용되어야 할 부분만 함수 인자를 통하여 제어하면 되기 때문입니다. 결국, 함수의 재사용성이 높아지는 셈입니다.

그런데 인자값으로 사용하기 위해 매번 새로운 성공/실패 함수를 작성해야 하는 것도 번거로운 작업입니다. 특히 재사용하지 않는 코드를 굳이 함수로 작성해야 한다는 것은 매우 비능률적인 일에 틀림없습니다. 이런 문제를 해결하고자 많은 함수형 언어에서는 익명 함수를 지원합니다. 익명 함수는 쉽게 생각해서 일회용 함수라고 생각하면 됩니다. 함수의 형태를 가지지만 이름이 부여되지 않으며, 일회용이기 때문에 여러 가지 간편한 작성 형식을 따른다는 특성이 있습니다.

스위프트에서도 익명 함수를 지원합니다. 이를 **클로저(Closure)**라고 부르죠. 우리는 클로저를 이용하여 익명 함수 형태의 코드 블록을 작성합니다. 클로저에 대해서는 뒤에서 자세히 다루게 되므로 여기에서는 위 예제의 호출 부분을 익명 함수를 이용한 코드로 변경하는 내용만 살펴보고 넘어가도록 합시다.

```
divide(base: 30,
    success: {
        () -> Void in
        print("연산 처리가 성공했습니다")
    },
```

```
    fail: {
        () -> Void in
        print("처리 과정에 오류가 발생하였습니다")
    }
)
```

복잡해 보이지만, 생각보다 단순합니다. 기존에 함수 이름이 입력되었던 부분에 함수 본문이 작성된 것에 지나지 않습니다. 복잡해 보이는 이유는 클로저의 형태로 작성되었기 때문입니다. 자세한 것은 클로저를 학습한 다음에야 제대로 이해할 수 있으므로 단순히 익명 함수의 형태로 코드를 작성할 수 있다는 것만 이해하고 넘어가면 됩니다.

지금까지 우리는 함수를 인자로 넘기는 방법에 대해 학습했습니다. 함수 내부의 코드를 외부에서 간섭할 수 있다는 점은 분명 큰 장점입니다. 하지만 이 장점은 함수 자체를 넘기지는 못해도 다른 방법으로 함수를 전달하는 방법들을 제공하는 다른 언어들을 생각해본다면 장점이 되기엔 부족합니다. 함수 자체를 인자로 넘길 수 있다는 특성은 어떤 장점이 있을까요?

이는 자바(Java)의 예를 살펴보면 알 수 있습니다. 가장 대중적인 프로그래밍 언어를 논할 때 언제나 수위에 거론되는 자바는 일급 함수를 다루지 않으므로 함수나 메소드를 직접 전달하지 못합니다. 이 때문에 Invoke라는 번거로운 방식을 채택했죠. Invoke는 입력된 문자열을 기준으로 선언된 메소드들을 비교합니다. 그리고 비교 결과를 바탕으로 하여 찾고자 하는 메소드를 읽어내어 실행합니다. 이 과정은 모두 동적으로 실행되죠. 하지만 이 방식은 무척 번거롭습니다. 내부적으로 함수나 메소드의 객체가 직접 전달되는 것이 아니라 검색을 통해 해당하는 메소드를 찾아야 하기 때문입니다.

만약 함수 자체를 넘길 수 있는 일급 함수의 특성을 갖추고 있다면 직접 함수나 메소드의 객체를 전달할 수 있습니다. 메소드를 검색하는 과정이 불필요하죠. 또한, 함수를 주고받을 수 있으므로 기존 함수를 데코레이션하는 문법을 구현할 수도 있습니다. 이는 파이썬에서 주로 사용되는 데코레이터가 좋은 예입니다.

7.3.2 함수의 중첩

스위프트에서 함수는 중첩하여 작성할 수 있습니다. 함수 내에 다른 함수를 작성해서 사용할 수 있다는 것입니다. 이렇게 작성된 함수를 **중첩 함수**(Nested Function)라고 합니다. 중첩 함수를 부분별로 나누어 보면 함수 내에 작성된 함수는 **내부 함수**(Inner Function), 내부 함수를 포함하는 바깥쪽 함수는 **외부 함수**(Outer Function)로 구분할 수 있습니다.

함수 내에 작성할 수 있는 내부 함수의 수에는 제한이 없습니다. 외부 함수 내에 여러 개의 내부 함수를 정의할 수도 있고, 외부 함수 내에 작성된 내부 함수에 또 다른 내부 함수를 작성할 수도 있습니다. 구조가 복잡해지고 유지보수가 힘들어질지언정, 중첩 함수의 수에는 제한이 없습니다.

함수를 중첩해서 정의하면 내부 함수는 외부 함수가 실행되는 순간 생성되고, 종료되는 순간 소멸합니다. 외부 함수는 프로그램이 실행될 때 생성되고 프로그램이 종료될 때 소멸하지만, 내부 함수는 외부 함수의 실행과 종료 사이에서 생겼다가 사라집니다. 즉, 외부 함수가 종료되면 내부 함수도 더는 존재하지 않는 것이죠. **이것이 내부 함수의 생명 주기(Life Cycle)입니다.**

내부 함수는 일반적으로 외부 함수를 거치지 않으면 접근할 수 없습니다. 이 때문에 내부 함수는 외부의 코드로부터 차단되는 결과를 가져옵니다. 이를 함수의 은닉성이라고 합니다. 중첩된 함수를 구현하면 함수의 은닉성을 높일 수 있습니다.

중첩된 함수를 작성하는 요령은 간단합니다. 외부 함수 내에 새로운 함수를 작성하기만 하면 됩니다. 내부 함수를 정의하기 위한 별도의 키워드나 구문은 필요치 않습니다. 중첩된 함수를 작성한 예제를 보겠습니다.

```swift
// 외부 함수
func outer(base: Int) -> String {
    // 내부 함수
    func inner(inc: Int) -> String {
        return "\(inc)를 반환합니다"
    }
    let result = inner(inc: base + 1)
    return result
}
outer(base: 3)
// "4를 반환합니다"
```

outer는 Int 타입의 값을 인자로 받아 문자열을 반환하는 함수입니다. 이 함수의 내부에는 inner라는 이름의 함수가 작성되어 있는데, 이 함수는 외부에서 참조할 수 없으며 오로지 outer 함수 내부에서만 참조할 수 있습니다. 직접 인자값을 전달할 수도 없죠. 말하자면 inner 함수는 외부로부터 은닉되어 있습니다.

내부 함수의 생명 주기를 알아봅시다. 일반적으로 함수는 자신을 참조하는 곳이 있으면 생성되었다가 참조하는 곳이 사라지면 제거되는 생명 주기를 가집니다. 다시 말해 함수의 생명 주기는 참조 카운트와 관련되어 있습니다. 함수는 참조 카운트가 0에서 1이 되는 순간 생성되어 1 이상인 동안 유지되다가, 0이 되면 소멸하는 과정을 반복합니다. 내부 함수의 경우에는 어떨까요?

내부 함수를 참조할 수 있는 곳은 그 함수를 선언해준 외부 함수 이외에는 없습니다. 나머지 외부 범위로부터 내부 함수는 은닉되기 때문이죠. 따라서 이러한 경우 내부 함수의 생명 주기는 전적으로 외부 함수에 의존합니다. 외부 함수가 실행되면서 내부 함수에 대한 참조가 발생하면 생성되고, 외부 함수가 종료되면서 내부 함수에 대한 참조도 종료되면 내부 함수는 소멸합니다.

중첩 함수는 앞에서 설명한 일급 함수의 특성과 맞물려 다양한 효과를 기대할 수 있습니다. 단순히 중첩 함수를 작성하여 외부 함수에서 내부 함수를 호출하는 용도로 사용하는 것이 아니라 다음과 같은 형식으로 내부 함수를 반환값으로 제공할 수도 있습니다.

```swift
// 외부 함수
func outer(param: Int) -> (Int) -> String {
    
    // 내부 함수
    func inner(inc: Int) -> String {
        return "\(inc)를 리턴합니다"
    }
    
    return inner
}

let fn1 = outer(param: 3) // outer()가 실행되고, 그 결과로 inner가 대입됩니다.
let fn2 = fn1(30) // inner(inc: 30)과 동일합니다.
```

위 예제에서는 함수 outer가 실행 결과로 inner를 반환합니다. 이 값을 할당받은 상수 fn1는 내부 함수 inner와 동일한 함수이므로, 함수 호출 연산자를 통해 인자값을 입력하고 호출하면 inner 함수를 호출한 것과 같은 결과를 얻을 수 있습니다. 실제로도 inner 함수가 실행된 것이라고 볼 수 있습니다. 여기까지는 단순히 앞의 일급 함수 특성에 대한 설명에 지나지 않습니다. 이제 이 예제가 갖는 의미에 대해 해석해봅시다.

위 예제에서 주의 깊게 보아야 할 것은 은닉성이 있는 내부 함수 inner를 외부 함수의 실행 결과로 반환함으로써 내부 함수를 외부에서도 접근할 수 있는 길이 열렸다는 점입니다. 이제까지 내부에서 정의된 함수 inner는 오로지 외부 함수인 outer를 통해서만 접근할 수 있었습니다. 이로 인해 완벽한 은닉성이 제공되었죠. 하지만 내부 함수를 이렇게 반환하면 outer 함수의 실행 결과는 내부 함수 inner 그 자체가 됩니다. 이를 할당받은 상수 fn1에는 내부 함수가 대입되므로 fn1을 사용하여 얼마든지 inner를 호출할 수 있습니다.

inner 함수의 생명 주기에 대해서도 주의할 필요가 있습니다. 본래 inner는 외부 함수인 outer가 실행 종료되면 소멸하도록 설계되어 있습니다. 따라서 원래대로라면 다음 구문이 실행되었을 때 inner는 소멸해야 합니다.

```
let fn1 = outer(param: 3) // outer()가 실행되고, 그 결과로 inner가 대입됩니다.
```

그런데 그다음 줄을 살펴보면 inner 함수가 소멸하지 않고 fn1에 할당된 채로 생명을 유지하다가 (30)이라는 함수 호출 연산자 구문을 만나 실행되는 것을 확인할 수 있습니다. 즉, 외부 함수에서 내부 함수를 반환하게 되면 외부 함수가 종료되더라도 내부 함수의 생명이 유지되는 것입니다.

실제로 중첩된 외부 함수 outer는 let fn1 = outer(param: 3) 구문의 실행 종료와 함께 제거됩니다. 더는 자신을 참조하는 곳이 없기 때문이죠. 만약 outer 함수 내부에 지역 변수가 정의되어 있다면 함수의 종료 시 함께 제거됩니다. 지역 변수는 자신을 선언한 블록의 실행 종료와 운명을 함께하기 때문입니다. 하지만 내부 함수인 inner는 결과값으로 반환되어 상수 fn1에 참조되었으므로 참조 카운트가 존재합니다. 이로 인해 외부 함수의 종료에도 아랑곳하지 않고 생명을 유지할 수 있습니다. 정리하자면, 내부 함수 inner는 혼자만 살아남은 겁니다.

그렇다면 만약 내부 함수에 외부 함수의 지역 상수, 또는 지역 변수가 참조되면 어떤 일이 벌어질까요? 해답을 얻기 위해 다음 예제를 살펴봅시다.

```
func basic(param: Int) -> (Int)->Int {
    let value = param + 20

    func append(add: Int) -> Int {
        return value + add
    }

    return append
}

let result = basic(param: 10) // ①
result(10) // ②
// 40
```

basic 함수는 정수를 인자값으로 받고 내부에 중첩된 함수 append를 반환하는 형식으로 정의되어 있습니다. 내부 함수 append는 외부 함수 basic이 받은 인자값에 20을 더한 값을 자신의 인자값과 더하여 반환합니다. 두 함수는 모두 상수 value를 참조하는데, 이는 basic 함수에 정의된 지역 상수입니다. ①에서 구문이 실행되면 basic 함수가 실행되고, 그 결과로 내부 함수인 append가 반환됩니다. basic 함수는 실행이 모두 끝났으므로 종료되지만 반환된 내부 함수 append는 상수 result가 참조하고 있는 까닭에 소멸하지 않고 계속 남아있다가 ②에서 실행됩니다.

이 과정에서 value 상수에 주목해봅시다. 일반적으로 함수 내에서 정의된 값들은 그 함수가 종료되기 직전까지만 존재하므로, value 상수는 ①의 실행이 종료되기 직전까지만 존재해야 합니다. 즉, ①의 실행이 완료될 때 함께 제거될 것이라는 뜻이죠. 따라서 ② 구문이 실행되는 시점에서는 value 상수가 더는 존재하지 않으며, append 함수의 내부 블록에서는 결과적으로 존재하지 않는 상수를 참조하고 있는 모양이 됩니다. 오류가 발생할 것이라고 쉽게 예상할 수 있습니다. 하지만 실제로 실행해 보면 예상과 달리 이 코드는 문제없이 동작하며, ②는 40이라는 결과를 반환합니다. 어떻게 된 일일까요?

이러한 현상에 대한 원인은 바로 클로저(Closure) 때문입니다. 더 정확히는 '**append 함수가 클로저를 갖기 때문**'입니다. 클로저를 설명하자면 다음과 같습니다.

① 클로저는 두 가지로 이루어진 객체입니다. 하나는 내부 함수이며, 또 다른 하나는 내부 함수가 만들어진 주변 환경입니다.
② 클로저는 외부 함수 내에서 내부 함수를 반환하고, 내부 함수가 외부 함수의 지역 변수나 상수를 참조할 때 만들어집니다.

어렵죠? 클로저를 조금 더 간단하게 요약한다면 다음과 같습니다.

"클로저란 내부 함수와 내부 함수에 영향을 미치는 주변 환경(Context)을 모두 포함한 객체이다."

주변 환경이라는 것은 내부 함수에서 참조하는 모든 외부 변수나 상수의 값, 그리고 내부 함수에서 참조하는 다른 객체까지를 말합니다. 이를 문맥(Context)이라고 합니다. 즉 클로저란 내부 함수와 이 함수를 둘러싼 주변 객체들의 값을 함께 의미하는 것이라고 할 수 있습니다.

어떤가요, 여전히 어렵나요? 잘못 이해할 소지가 있어서 그림으로 표현하지는 않으려 했는데, 아무래도 그림으로 표현해야 이해하기가 조금은 수월할 듯하군요.

```
func basic(param : Int ) -> (Int) -> Int {
    let value = param + 20

    func append(add : Int) -> Int {     ── 클로저의 범위(Closures)
        return value + add
    }

    return append
}
```

그림 7-15 클로저의 범위

그림에서 보듯이 클로저란, '내부 함수 + 함수의 주변 환경'입니다. 조금은 이해하기 수월해졌죠? 그런데 이 그림에서는 주의할 부분이 있습니다. 이해를 돕기 위해 클로저의 범위라고 표시해두었지만, 사실 저 그림은 정확한 클로저의 설명이 아닙니다. 왜냐하면 클로저에서 저장하는 주변 환경은 변수나 객체 자체가 아니라 이들의 값이기 때문입니다. 이를 위해 클로저가 만들어지려면 함수가 위와 같이 정의되는 것만으로는 충분치 않고, 실제로 basic 함수가 호출되어야 합니다. 즉, 다음 구문이 실행되어야 클로저가 만들어질 수 있다는 거죠.

```
let result = basic(param: 10) // ①
```

이 구문이 실행될 때 생성되는 클로저는 표시된 그림에서 보는 것처럼 주변 환경을 포함하지만, 위 그림과 같은 형태로 포함하는 것은 아닙니다. 포함하는 것은 어디까지나 주변 환경의 객체 자체가 아니라 값이라는 거죠. 따라서 상수 result에 저장되는 클로저는 다음과 같은 형태로 생성됩니다.

```
func append(add: Int) -> Int {
    return 30 + add
}
```

내부 함수를 둘러싼 주변 환경 객체가 값으로 바뀌어 저장됩니다. 이 때문에 기존에 value라는 객체 자체가 사용되던 append 함수의 코드가 basic(param: 10)의 실행으로 얻게 된 값인 30으로 바뀐 것이죠. 이 역시도 완전히 정확한 표현은 아닙니다만, 그래도 어느 정도 클로저의 성격을 표현해준 것이라고 할 수 있습니다.

이러한 클로저의 특성 때문에 같은 정의를 갖는 함수가 서로 다른 환경을 저장하는 결과가 생겨납니다. 위 예제의 호출 구문을 달리하면 서로 다른 환경을 저장하는 클로저들이 만들어지죠.

```
let result1 = basic(param: 10)
let result2 = basic(param: 5)
```

이때, result1과 result2에 저장된 클로저를 정의 구문으로 나타내면 다음과 같습니다.

```
// result1에 할당된 클로저 정의
func append(add: Int) -> Int {
    return 30 + add
}

// result2에 할당된 클로저 정의
func append(add: Int) -> Int {
    return 25 + add
}
```

이처럼 외부 함수에서 정의된 객체가 만약 내부 함수에서도 참조되고 있고, 이 내부 함수가 반환되어 참조가 유지되고 있는 상태라면 클로저에 의해 내부 함수 주변의 지역 변수나 상수도 함께 저장됩니다. 정확히는 지역 변수의 값이 '저장'되는 것이라 할 수 있죠. 이를 "값이 캡처(Capture)되었다."라고 표현합니다. 값의 캡처는 문맥에 포함된 변수나 상수의 타입이 기본 자료형이나 구조체 자료형일 때 발생하는데, 이러한 캡처 기능은 클로저의 고유 기능 중 하나입니다.

여기에서 배운 클로저의 개념은 많은 함수형 언어에서 공통으로 사용하는 개념입니다. 주변 환경의 객체가 아닌 값 자체를 하드 코딩된 형태로 저장하거나, 주변 환경으로 포함하는 범위까지 대부분의 클로저 개념은 거의 같다고 볼 수 있습니다. 클로저를 제공하는 대표 언어로는 자바스크립트와 파이썬을 들 수 있습니다. 자바스크립트나 파이썬에서의 클로저 개념도 함께 학습해보세요. 클로저를 충분히 이해하는 데에 큰 도움이 될 것입니다.

7.4 클로저

조금 전까지 학습한 클로저는 많은 함수형 언어에서 공통으로 가지는 소프트웨어 아키텍처적인 개념이었다면, 이제부터 학습해야 할 클로저는 유사하지만 조금 다른 의미의 객체입니다. 실제로 스위프트에서 클로저(Closure)라고 객체를 지칭하는 거의 대부분은 지금부터 학습할 개념의 클로저를 의미합니다.

스위프트에서 클로저는 일회용 함수를 작성할 수 있는 구문입니다. 일회용 함수란 한 번만 사용할 구문들의 집합이면서, 그 형식은 함수로 작성되어야 하는 제약조건이 있을 때 만들어 사용할 수 있는 함수를 이야기합니다. 전통적인 명령형 언어에서는 모든 함수에 이름이 부여되어야 하지만 일회용 함수는 한 번만 사용하면 되므로 굳이 함수의 이름을 작성할 필요 없이 생략된다는 점에서 **익명(Anonymous) 함수**라고 부르기도 합니다. 현존하는 많은 프로그래밍 언어에서 다양한 방식으로 일회용 함수를 제공하는데, 대표적인 예는 다음과 같습니다.

표 7-1

언어	일회용 함수
오브젝티브-C	블록(Block)
자바스크립트	익명(Anonymous) 함수
자바	람다(Lambda) 함수
파이썬	람다(Lambda) 함수
Lisp	람다(Lambda) 함수
스위프트	클로저(Closure)

위 표현들 중에서 블록(Block)과 클로저(Closure)를 제외하면 모두 비슷한 표현들입니다. 프로그래밍 언어에서는 람다(Lambda)를 익명 형식이라고 해석하는 경우도 있고, 축약형이라고 해석하는 경우도 있기 때문입니다. 그러니 혹시라도 익명 함수와 람다 함수는 다르다고 생각하지는 맙시다.

스위프트에서 제공하는 클로저는 앞 절에서 학습했던 클로저의 개념과 동떨어진 개념은 아닙니다. 앞에서 학습했던 클로저의 개념을 모두 포함합니다. 따라서 클로저는 자신이 정의되었던 문맥(Context)으로부터, 모든 상수와 변수의 값을 캡처하거나 레퍼런스를 저장하는 익명 함수라고 할 수 있습니다. 사실 스위프트에서 익명 함수를 클로저라고 부르게 된 것도, 이러한 함수형 언어에서의 클로저 개념을 사용하고 있기 때문이라고 할 수 있습니다.

스위프트에서 클로저라고 부르는 객체는 대부분 다음 세 가지 경우 중 하나에 해당합니다.

1. **전역 함수**   이름이 있으며, 주변 환경에서 캡처할 어떤 값도 없는 클로저
2. **중첩 함수**   이름이 있으며 자신을 둘러싼 함수로부터 값을 캡처할 수 있는 클로저
3. **클로저 표현식**   이름이 없으며 주변 환경으로부터 값을 캡처할 수 있는 경량 문법으로 작성된 클로저입니다.

이들 중 전역 함수와 중첩 함수는 앞에서 차례로 알아보았습니다. 이번 절에서 주로 다룰 개념은 클로저 표현식임을 알아두기 바랍니다.

7.4.1 클로저 표현식

클로저 표현식은 함수와 달리 생략되는 부분이 많습니다. 우선, 함수를 선언하는 func 키워드를 생략하며, 함수의 이름 또한 생략합니다. 클로저 표현식은 일반 함수의 선언 형식에서 func 키워드와 함수명을 제외한 나머지 부분만 작성하는 경량 문법을 사용합니다.

```
{ (매개변수) -> 반환 타입 in
    실행할 구문
}
```

클로저 표현식은 중괄호 형태의 블록으로 시작되고, 닫는 블록으로 구문을 완료합니다. 클로저 표현식의 블록 내부에서 가장 먼저 작성하는 것은 함수의 인자 타입과 반환 타입에 대한 정의입니다. 이 부분은 함수 타입으로 표현할 수 있습니다.

이때 일반적인 함수 정의라면 반환 타입이 표현된 다음에는 실행 블록의 시작을 나타내는 중괄호가 와야 하지만, 클로저 표현식에서는 시작 부분에서 이미 중괄호가 선언된 상태이므로 중괄호 대신 in 키워드를 사용하여 실행 블록의 시작을 표현합니다. in 키워드 다음부터 클로저 표현식의 실행 블록이 작성되는 것이죠.

클로저 표현식의 실행 블록 작성이 모두 끝나면 중괄호로 닫으면 됩니다. 이는 실행 블록의 완성과 더불어 클로저 표현식 전체의 완성을 의미합니다. 실제로 사용되는 형식을 알아봅시다.

```
{ () -> () in
    print("클로저가 실행됩니다")
}
```

위 예제에서 작성하는 함수는 인자값과 반환값이 없는 함수입니다. 반환값이 없을 때는 일반 함수처럼 반환값 타입을 생략하는 것이 아니라, 함수 타입을 표현하는 것처럼 빈 괄호를 사용하여 반환값이 없음을 명시적으로 표현해야 합니다. 이는 클로저 표현식의 모호성을 제거하기 위한 규칙입니다.

클로저 표현식에서 반환 타입이 있지만 생략된 경우와, 반환값이 아예 없어서 작성되지 않은 경우를 컴파일러가 구분할 때 모호한 기준이 생길 수 있습니다. 이와 같은 경우를 방지하기 위해 반환값이 없는 경우 이를 명시적으로 표현해줄 수 있도록 한 것입니다. 빈 괄호로 작성된 반환 타입은 다음과 같이 타입 알리어스로 작성된 문자열 Void를 이용해서 표현할 수도 있습니다.

```
{ () -> Void in
    print("클로저가 실행됩니다")
}
```

위 예에서는 줄 바꿈 되어 있으나 이는 여러분에게 클로저 표현식의 구문을 명료하게 제시하기 위한 것으로, 실제로 클로저 표현식을 사용할 때는 한 줄에서 작성하여도 무방합니다.

작성된 클로저 표현식은 그 자체로 함수라고 할 수 있습니다. 클로저 표현식은 대부분 인자값으로 함수를 넘겨주어야 할 때 사용하지만, 직접 실행해볼 수도 있습니다. 이를 위한 두 가지 방법이 제공되는데, 첫 번째 방법은 일급 함수로서의 특성을 활용하여 상수나 변수에 클로저 표현식을 할당한 다음 실행하는 방법입니다.

```
let f = { () -> Void in
    print("클로저가 실행됩니다")
}
f()
```

[실행 결과]

클로저가 실행됩니다

위 구문은 실제로 함수의 인자값으로 전달된 클로저 표현식이 함수 내에서 실행되는 방식입니다. 상수 f에 클로저 표현식으로 작성된 함수 전체가 할당되고, 이 상수에 함수 호출 연산자를 추가함으로써 클로저 표현식이 실행됩니다. 이번에는 클로저를 직접 실행하는 두 번째 방법을 알아봅시다.

```
({ () -> Void in
    print("클로저가 실행됩니다")
})()
```

[실행 결과]

클로저가 실행됩니다

두 번째 방법은 클로저 표현식을 할당받을 상수 f마저 생략하고 싶을 때 작성하는 구문입니다. 클로저 표현식 전체를 소괄호로 감싸고, 여기에 함수 호출 연산자를 붙이면 클로저 표현식이 실행됩니다. 클로저 표현식 전체를 소괄호로 감싸지 않으면 컴파일러에서는 이 구문을 클로저 표현식의 정의가 아니라 그 실행값을 변수나 상수에 할당하려는 의도로 해석하여 오류를 발생시키므로 주의해야 합니다.

이번에는 매개변수가 있는 형태의 클로저 표현식을 알아봅시다. 매개변수가 있는 클로저 표현식도 표현 자체는 크게 다르지 않습니다. 함수를 선언할 때처럼 매개변수와 함수의 이름만 적절히 작성하면 됩니다.

```
let c = { (s1: Int, s2: String) -> Void in
    print("s1:\(s1), s2:\(s2)")
}
c(1, "closure")
```

[실행 결과]
```
s1:1, s2:closure
```

앞에서 작성한 클로저 표현식 구문에 매개변수 정의만 추가된 모습입니다. 이 클로저 표현식은 정수와 문자열 두 개의 인자를 각각 s1, s2라는 매개변수로 받습니다. 이 매개변수는 클로저의 실행 블록 내부에서 상수로 선언되므로 실행 구문의 범위 내에서 사용할 수 있습니다. 위 예제는 다음과 같이 보다 간결하게 작성할 수 있습니다.

```
({ (s1: Int, s2: String) -> Void in
    print("s1:\(s1), s2:\(s2)")
})(1, "closure")
```

상수 c에 할당하는 과정이 생략되어 전체적으로는 더 간결해졌지만, 아무래도 조금은 읽기 어려워진 모습이죠? 이처럼, 프로그래밍 언어는 문법을 간결하게 작성하면 할수록 가독성이 떨어지는 결과를 가져오는데, 클로저의 경우 이러한 특성이 매우 두드러지므로 작성 시 간결성과 가독성의 비율을 항상 고려할 필요가 있습니다.

사실 위 클로저를 호출할 때 매개변수명을 붙일 필요는 없습니다. 클로저를 직접 호출해야 하는 경우가 그리 많지 않기도 하거니와, 직접 호출 시에도 매개변수명을 따로 붙이지 않아도 되기 때문입니다. 하지만 공식적으로 결정된 문법은 아니므로 주의하기 바랍니다.

7.4.2 클로저 표현식과 경량 문법

클로저 표현식은 주로 인자값으로 사용되는 객체인 만큼, 간결성을 극대화하기 위해 생략할 수 있는 구문들로 이루어져 있습니다. 필요에 따라 여러 부분을 생략할 수 있죠. 배열의 정렬 메소드 예제를 통해 실제로 클로저 표현식에 적용되는 경량 문법에 대해 조금 더 알아봅시다.

학습을 위해 배열 하나를 작성하겠습니다. 이 배열은 정수로 이루어졌지만, 순서대로 정렬되어 있지는 않습니다.

```
var value = [1, 9, 5, 7, 3, 2]
```

이 배열은 정렬 함수인 sort(by:)를 이용하여 큰 순서나 작은 순서대로, 또는 임의의 순서대로 정렬할 수 있습니다. 정렬 기준을 잡기 위해서는 특정 형식을 따르는 함수를 정의하여 인자값으로 넣어주어야 합니다. 형식이라고 해도 두 개의 인자값을 입력받고 크기를 비교하여 Bool 타입으로 반환하는 것이 전부입니다.

기본적으로 정렬은 두 값의 비교를 반복하는 알고리즘입니다. 두 값을 비교하여 작은 값을 앞으로, 큰 값을 뒤로 배치하는 과정을 무수히 반복하죠. 수차례 실행한 결과, 순서를 바꿀 값들이 더 이상 나타나지 않을 때가 정렬이 완료되는 시점입니다. 즉, 정렬의 기준은 두 개의 값을 비교하고, 어느 것이 더 큰지만 판단할 수 있으면 충분합니다. 인자값으로 사용하는 정렬 기준 함수가 위의 형식을 따르는 것은 이 때문입니다.

정렬 기준 함수는 순서대로 인자값을 받아 첫 번째 인자값이 두 번째 인자값보다 앞쪽에 와야 한다고 판단되면 true를, 이외에는 false를 반환함으로써 비교 결과를 전달합니다. 이때 반드시 크기를 비교할 필요는 없습니다. 내부적으로 임의의 비교 기준을 정하여 이 기준에 따라 큰 값과 작은 값을 구분해도 됩니다. 물론 결과는 반드시 일관된 기준에 따라 Bool 값을 반환해야 하죠.

이 기준만 충족된다면 내부적으로 어떤 기준을 통해 크기를 비교하는 것인지는 상관없습니다.

정렬 기준이 되는 함수를 작성하고, 이를 sort(by:) 메소드의 인자로 넣어 배열을 정렬해보겠습니다.

```
func order(s1: Int, s2: Int) -> Bool {
    if s1 > s2 {
        return true
    } else {
        return false
    }
}
value.sort(by: order)
// [9, 7, 5, 3, 2, 1]
```

작성된 함수 order는 입력된 두 인자값을 크기 비교하여 첫 번째 인자값이 크면 true를, 이외에는 false를 반환합니다. true가 반환되면 sort 메소드는 배열에서 두 인자값의 위치를 변경하지 않습니다. 반대로 결과값이 false라면 두 인자값의 위치를 변경합니다. 이 기준에 따라 정렬이 실행된 결과 가장 큰 9가 앞으로, 가장 작은 1이 뒤로 배치되는 내림차순 정렬이 완성되었습니다.

이제 함수 order를 클로저 표현식으로 바꾸어 작성해 보겠습니다.

```
{
    (s1: Int, s2: Int) -> Bool in
    if s1 > s2 {
        return true
    } else {
        return false
    }
}
```

Int 타입의 인자값 두 개를 입력받고, 반환값으로 Bool 타입을 반환하는 클로저 표현식으로서, 입력받은 인자값은 s1과 s2를 비교하여 s1이 더 크다면 true를, 이외의 경우에는 false를 반환하는 역할을 합니다. 이 클로저 표현식은 sort 메소드의 인자값으로 바로 사용할 수 있습니다.

```
value.sort(by: {
    (s1: Int, s2: Int) -> Bool in
    if s1 > s2 {
        return true
    } else {
        return false
    }
})
// [9, 7, 5, 3, 2, 1]
```

이 클로저 표현식은 여러 형태로 간결화할 수 있습니다. 각 요소를 점검하면서 보다 간결한 형태의 표현식으로 바꾸어봅시다. 먼저 여러분이 이해하기 쉽도록 위 예제에서 여러 줄에 걸쳐 작성한 실행 구문은 다음과 같이 간단하게 요약할 수 있습니다. 이는 앞서 작성된 구문과 같은 내용입니다.

```
{ (s1: Int, s2: Int) -> Bool in
    return s1 > s2
}
```

만약 필자라면 이 코드를 인자값으로 사용할 때는 두 줄로도 나누지 않고 한 줄로 표현할 것 같네요.

```
value.sort(by: {(s1: Int, s2: Int) -> Bool in return s1 > s2 })
```

이번에는 스위프트에서 제공하는 문법을 활용하여 클로저 표현식 자체를 간결하게 줄여봅시다. 클로저 표현식은 반환값의 타입을 생략할 수 있습니다. 반환 타입을 생략하면 컴파일러는 클로저 표현식의 구문을 해석하여 반환값을 찾고, 이 값의 타입을 추론하여 클로저의 반환 타입을 정의합니다.

```
{ (s1: Int, s2: Int) in
    return s1 > s2
}
```

"-> Bool"이라는 반환값 표현이 생략된 형태입니다. 설명한 것처럼 반환값이 생략되면 컴파일러가 구문 내의 반환값을 찾아 해당하는 타입으로 정의하죠. 위 구문에서는 반환 구문이 s1 > s2인데, 이는 비교 구문입니다. 따라서 그 결과는 true 또는 false가 됩니다. 이 과정을 거쳐서 위 클로저 표현식의 반환값 타입이 Bool이라는 것을 컴파일러가 추론하게 됩니다.

위 예제가 sort 메소드의 인자값으로 사용되었을 때의 모습입니다.

```
value.sort(by: { (s1: Int, s2: Int) in return s1 > s2 })
// [9, 7, 5, 3, 2, 1]
```

이 정도만으로도 충분히 간결하지만, 아직 줄일 수 있는 여지가 있습니다. 매개변수 표현 부분이죠. 클로저 표현식에서 생략할 수 있는 또 하나의 부분이 바로 매개변수의 타입 정의 부분입니다. 생략된 매개변수의 타입은 역시 컴파일러가 실제로 대입되는 값을 기반으로 추론해냅니다.

```
{ s1, s2 in return s1 > s2 }
```

매개변수의 타입 어노테이션이 생략되면서 매개변수를 감싸고 있던 괄호도 함께 생략되었습니다. 이제 이 클로저 표현식은 두 부분으로만 구성되는데, 키워드 in을 기준으로 하여 매개변수 정의와 실행 구문으로 나뉘죠. 이 표현식 역시 위에서 작성했던 클로저 표현식과 완전히 같은 내용입니다. 인자값과 반환값의 타입 어노테이션 대신 컴파일러의 타입 추론을 사용한다는 부분만 다르죠.

이 표현식을 sort 메소드의 인자값으로 넣어봅시다.

```
value.sort(by: { s1, s2 in return s1 > s2 })
```

점점 최종적으로 도달해야 할 클로저 표현식에 가까워지고 있습니다. 이제는 매개변수마저 생략해봅시다. 매개변수가 생략되면 매개변수명 대신 $0, $1, $2..와 같은 이름으로 할당된 내부 상수를 이용할 수 있습니다. 이 값은 입력받은 인자값의 순서대로 매칭됩니다. 첫 번째 인자값이 $0에, 두 번째 인자값이 $1에 할당되는 방식이죠. 즉, s1 대신 $0, s2 대신 $1이 사용됩니다.

매개변수가 생략되면 남는 것은 실행 구문입니다. 이 때문에 in 키워드로 기존처럼 실행 구문과 클로저 선언 부분을 분리할 필요가 없어지므로 in 키워드 역시 생략할 수 있습니다. 결국 남는 것은 다음과 같습니다.

```
{ return $0 > $1 }
```

이것은 입력받은 인자값을 순서대로 비교하여 결과값을 반환하게 만들죠. 그러나 어차피 Bool 값을 반환할 것을 컴파일러가 알고 있으며(sort 메소드의 인자값 타입을 통해서), 비교 연산자의 결과가 if 구문과 같은 조건문에서 사용되지 않은 점 역시 컴파일러가 반환 타입을 추론할 수 있는 단서입니다. 따라서 return 구문까지 생략되죠. 남은 구문만을 정리해보면, 결국 다음과 같은 형식의 클로저 표현식이 인자로 사용되는 결과를 얻게 됩니다.

```
value.sort(by: { $0 > $1 })
```

앞에서부터 차근차근 구문을 생략해 나가지 않았다면 일견 당황스러울 정도로 짧아진 클로저 표현식입니다. 하지만 생략해 나간 순서대로 해석해보면 그리 난해한 구문도 아닙니다. 생략된 부분이 많을 따름이지 구문 자체는 너무도 명확한 표현식이기 때문입니다.

사실, sort 메소드에서는 클로저 표현식보다 더 간결하게 표현할 수 있는 방법도 있습니다. 이를 연산자 함수(Operator Functions)라고 부르는데, 연산자만을 사용하여 의미하는 바를 정확히 나타낼 수 있을 때 사용됩니다. 이를 이용하여 최종적으로 sort 메소드를 정리해보면 다음과 같습니다.

```
value.sort(by: >)
```

이건 뭐 더는 할 말이 없군요. 정말 간결함의 끝짱이죠? 부등 비교 연산자는 원래 두 개의 인자가 필요하고, 이를 첫 번째 인자와 두 번째 인자로 해석한다면 비교 연산자 하나만으로 함수처럼 표현할 수 있기 때문에 이같은 표현이 가능합니다.

7.4.3 트레일링 클로저(Trailing Closure)

클로저를 다른 함수의 인자값으로 전달할 때에는 자칫 가독성을 해치는 복잡한 구문이 만들어질 수 있습니다. 여러 줄로 작성된 클로저 코드가 소괄호 내에 들어가면 아무리 깔끔하게 작성한다 하더라도 전체 코드를 알아보기가 쉽지 않은 것이 사실이죠. 앞에서 잠깐 다루었던 클로저 관련 예제들이 이를 증명합니다.

```
value.sort(by: {(s1, s2) in
    return s1 > s2
})
```

배열을 정렬해주는 sort(by:) 메소드는 사용자가 원하는 특별한 정렬 순서가 있을 때 이를 클로저로 정의하여 인자값으로 입력할 수 있도록 지원하는데, 이를 위한 클로저 형식을 따라 코딩하다 보면 금세 위와 같이 알아보기 어려운 코드가 탄생하곤 합니다. 문제는 스위프트 코드 내에서 이같이 클로저를 인자값으로 주고 받아야 할 일이 많다는 데에 있죠. 그래서 스위프트는 인자값으로 클로저를 전달하는 특수한 상황에서 문법을 변형할 수 있도록 지원하고 있는데, 바로 트레일링 클로저 문법입니다. 우리 말로 바꿔보자면 '클로저 꼬리' 정도 되겠네요.

트레일링 클로저(Trailing Closure)는 함수의 마지막 인자값이 클로저일 때, 이를 인자값 형식으로 작성하는 대신 함수의 뒤에 꼬리처럼 붙일 수 있는 문법을 의미합니다. 이때 인자 레이블은 생략됩니다. 주의할 점은 이같은 문법이 함수의 마지막 인자값에만 적용된다는 겁니다. 클로저를 인자값으로 받더라도 마지막 인자값이 아니라면 적용할 수 없습니다. 만약 인자값이 하나라면, 이는 첫번째 인자값이지만 동시에 마지막 인자값이므로 트레일링 클로저 문법을 사용할 수 있고요. 실제로 적용한 예를 살펴봅시다.

```
value.sort() { (s1, s2) in
    return s1 > s2
}
```

외견상 크게 달라진 점은 없어 보입니다. 하지만 자세히 살펴 보면 인자값으로 사용되던 클로저가 통째로 바깥으로 빼내어진 다음, sort( ) 메소드의 뒤쪽에 달라붙은 것을 알 수 있습니다. 마치 꼬리처럼 말입니다. 간단한 변화지만, 이로 인해 얻을 수 있는 점은 명확합니다. 코딩 과정에서 sort( ) 함수를 열고 닫는 범위가 줄어든다는 것이죠.

일반적으로 중괄호 블록이든 함수이든 열고 닫는 범위가 넓어지면 코딩할 때 생각해야 할 부분이 많아지게 마련입니다. 코드를 작성하는 동안 계속 'sort( ) 메소드를 닫아줘야 하는데..닫아줘야 하는데..' 하고 생각하고 있어야 하기 때문입니다. 이는 생각보다 코딩 작업을 지치게 만드는 요인이 됩니다. 또 하나의 문제는 괄호 누락 등의 실수가 발생했을 때 이를 찾아내기가 쉽지 않다는 점입니다. 블록이 중첩되어 있기 때문에, 어느 단계에서 블록 닫기가 누락되었는지 일일이 확인하고 찾아서 처리해 주어야 합니다.

하지만 트레일링 클로저를 사용하면 함수와 메소드의 괄호를 일단 닫은 다음에 별도의 블록으로 클로저를 붙여주면 되므로 사소한 실수가 줄어들 수 있습니다. 게다가 트레일링 클로저를 붙인 코드의 형태는 함수 정의 구문이나 if 구문과 비슷하기까지 하므로 훨씬 익숙하다는 장점도 있습니다. 이런 점들로 인해, 스위프트에서 함수의 마지막 인자값이 클로저일 때에는 트레일링 클로저 문법을 사용하는 것이 일반화되어 있습니다.

인자값이 하나일 경우, 트레일링 클로저 문법은 조금 더 변화 가능한 여지가 있습니다. 다음 구문을 봅시다.

```
value.sort { (s1, s2) in
    return s1 > s2
}
```

이번에는 sort 메소드 뒤의 괄호가 아예 사라졌습니다. 더 필요한 인자값도 없거니와, 트레일링 클로저 문법 덕분에 호출 구문이라는 점을 명확히 할 수 있으므로 굳이 괄호를 써야 할 필요성이 없거든요. 그래서 인자값이 하나일 때에는 마지막 인자값 뿐만 아니라 인자값을 넣어주기 위한 괄호 부분도 생략이 가능합니다.

만약 인자값이 여러 개라면, 무작정 괄호를 생략해서는 안됩니다. 다음 예를 봅시다.

```
func divide(base: Int, success s: () -> Void) -> Int {
  defer {
    s() // 성공 함수를 실행한다.
  }
  return 100 / base
}
```

앞에서 사용했던 divide 함수의 변형입니다. 이 함수는 현재 두 개의 인자값을 입력받는데, 첫 번째는 Int 타입의 값이고, 두번째는 연산 성공시 실행할 함수 또는 클로저입니다. 마지막 인자값에 클로저를 넣을 수 있으므로 위 함수는 트레일링 클로저를 사용할 수 있는 조건이 충족됩니다. 이때 트레일링 클로저 문법을 사용하여 divide 함수를 호출하는 구문은 다음과 같습니다.

```
divide(base: 100) { () in
  print("연산이 성공했습니다.")
}
```

divide 함수는 첫번째 인자값으로 Int 타입의 정수를 입력받아야 하므로, 괄호를 완전히 생략할 수는 없습니다. 대신 두번째 인자값에 대한 레이블인 "success:"는 생략 가능하므로, 일견 "base:"라는 인자 레이블을 하나만 가지는 함수처럼 보이기도 합니다. 어쨌거나 중요한 것은 인자값이 하나 이상이라면 괄호를 생략할 수 없다는 점입니다. 오로지 마지막 인자값만 이같이 생략할 수 있다는 점 알아두기 바랍니다.

마지막 인자값들이 모두 클로저라면 트레일링 클로저를 연이어 사용할 수 있지 않나요?

'마지막 인자값이 클로저일 때'라는 사용 조건 때문에 연이어 두 개의 클로저 인자값이 사용될 경우 트레일링 클로저도 연이어 적용할 수 있지 않을까 기대해 볼 수도 있을 것 같습니다. 하지만 그렇지 않습니다. 가령 divide 함수를 다음과 같이 변경했다고 가정해 봅시다.

```swift
func divide(base: Int, success s: () -> Void, fail f: () -> Void) -> Int {
    guard base != 0 else {
        f() // 실패 함수를 실행한다.
        return 0
    }
    
    defer {
        s() // 성공 함수를 실행한다.
    }
    return 100 / base
}
```

divide 함수에 함수 타입의 매개변수를 하나 더 추가하였습니다. 실패했을 때 실행될 구문이죠. 덕분에 이 구조의 함수에서 마지막 두 개의 인자값은 모두 함수 타입이지만, 트레일링 클로저 문법은 마지막 인자값에만 적용할 수 있기 때문에 함수 호출시 두번째 인자값인 success 부분은 다음과 같이 클로저를 직접 인자값으로 넣어 주어야 합니다.

```swift
divide(base: 100, success: { () in
    print("연산이 성공했습니다.")
}) { () in
    print("연산에 실패했습니다")
}
```

혹시라도 아래와 같이 생각하는 사람이 있다면, 이는 허용되지 않으므로 주의하기 바랍니다.

```
divide(base: 100) { () in
    print("연산에 성공했습니다.")
} { () in
    print("연산에 실패했습니다")
}
```

7.4.4 @escaping과 @autoescape

클로저를 함수나 메소드의 인자값으로 사용할 때에는 용도에 따라 @escaping과 @autoclosure 속성을 부여할 수 있습니다. 이들 속성의 의미와 역할에 대해 알아봅시다.

@escaping

@escaping 속성은 인자값으로 전달된 클로저를 저장해 두었다가, 나중에 다른 곳에서도 실행할 수 있도록 허용해주는 속성입니다. 무슨 말인지 모르겠죠? 우선 다음 예제를 봅시다.

```
func callback(fn: () -> Void) {
    fn()
}

callback {
    print("Closure가 실행되었습니다.")
}
// "Closure가 실행되었습니다."
```

정의된 함수 callback(fn:)은 매개변수를 통해 전달된 클로저를 함수 내부에서 실행하는 역할을 합니다. 이미 앞에서 여러 번 다루어 본 적 있는 코드이고, 실제로 작성해보아도 아무 문제없이 실행되죠. 이번에는 이 코드를 다음과 같이 바꿔 보겠습니다.

```
func callback(fn: () -> Void) {
  let f = fn // 클로저를 상수 f에 대입
  f() // 대입된 클로저를 실행
}
```

바뀐 내용은 그리 많지 않습니다. 전달된 클로저를 우선 변수에 대입한 후에 실행하도록 과정을 추가했을 뿐이죠. 그런데 이를 실행하면 다음과 같은 오류가 출력됩니다.

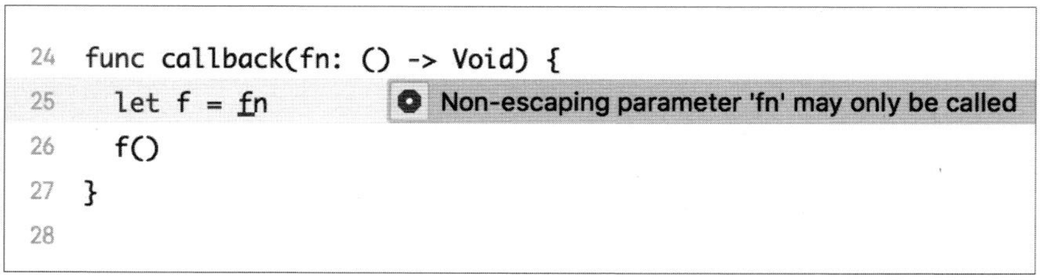

```
24  func callback(fn: () -> Void) {
25    let f = fn        ● Non-escaping parameter 'fn' may only be called
26    f()
27  }
28
```

그림 7-16 Non-escaping parameter 오류

오류의 내용은 Non-escaping 파라미터인 'fn'은 오직 직접 호출하는 것만 가능하다는 의미입니다. 클로저를 변수에 대입할 수 없고 바로 호출만 할 수 있다니, 어찌된 일일까요? 이를 이해하기 위해서는 인자값으로 전달되는 클로저의 특성을 알아야 합니다.

스위프트에서 함수의 인자값으로 전달된 클로저는 기본적으로 **탈출불가(non-escape)**의 성격을 가집니다. 이는 해당 클로저를 1. 함수 내에서 2. 직접 실행을 위해서만 사용해야 하는 것을 의미하며, 이 때문에 함수 내부라 할지라도 변수나 상수에 대입할 수 없습니다. 변수나 상수에 대입하는 것을 허용한다면 내부 함수를 통한 캡처(Capture) 기능을 이용하여 클로저가 함수 바깥으로 탈출할 수 있기 때문입니다. 여기서 말하는 탈출이란, 함수 내부 범위를 벗어나서 실행되는 것을 의미합니다.

또한 동일한 의미에서, 인자값으로 전달된 클로저는 중첩된 내부 함수에서 사용할 수도 없습니다. 내부 함수에서 사용할 수 있도록 허용할 경우, 이 역시 컨텍스트(Context)의 캡처를 통해 탈출될 수 있기 때문입니다. 따라서 다음의 예제를 실행하면 오류가 발생합니다.

```swift
func callback(fn: () -> Void) {
  func innerCallback() {
    fn()
  }
}
```

하지만 코드를 작성하다 보면 클로저를 변수나 상수에 대입하거나 중첩 함수 내부에서 사용해야 할 경우도 있는데요, 이때 사용되는 것이 @escaping 속성입니다. 처음에 설명한 것처럼 이 속성을 클로저에 붙여주면, 해당 클로저는 탈출이 가능한 인자값으로 설정됩니다. 앞서 살펴봤던 제약 조건들이 모두 제거되는 것이죠. 확인을 위해, 조금 전에 정의한 callback(fn:) 함수의 매개변수 타입에 @escape 속성을 추가해 봅시다. 이때 @escaping 속성이 붙는 위치에 주의해야 합니다. 이 속성은 인자값에 설정되는 값이므로, 함수 타입 앞에 넣어주어야 합니다.

```swift
func callback(fn: @escaping () -> Void) {
  let f = fn // 클로저를 상수 f에 대입
  f() // 대입된 클로저를 실행
}

callback {
  print("Closure가 실행되었습니다.")
}
// "Closure가 실행되었습니다."
```

이제 입력된 클로저는 변수나 상수에 정상적으로 할당될 뿐만 아니라, 중첩된 내부 함수에 사용할 수 있으며, 함수 바깥으로 전달할 수도 있습니다. 말 그대로 탈출 가능한 클로저가 된 것이죠.

그렇다면 인자값으로 전달되는 클로저의 기본 속성이 탈출불가하도록 설정된 이유는 무엇일까요?

클로저의 기본 속성을 탈출불가(non-escape)하게 관리함으로써 얻어지는 가장 큰 이점은 컴파일러가 코드를 최적화하는 과정에서의 성능향상입니다. 해당 클로저가 탈출할 수 없다는 것은 컴파일러가 더 이상 메모리 관리상의 지저분한 일들에 관여할 필요없다는 뜻이기 때문입니다.

또한, 탈출불가 클로저 내에서는 self키워드를 사용할 수 있습니다. 왜냐하면 이 클로저는 해당 함수가 끝나서 리턴되기 전에 호출될 것이 명확하기 때문입니다. 따라서 클로저 내에서 self에 대한 약한 참조(weak reference)를 사용해야할 필요가 없습니다.

@autoclosure

@autoclosure 속성은 인자값으로 전달된 일반 구문이나 함수 등을 클로저로 래핑(Wrapping)하는 역할을 합니다. 쉽게 말해 이 속성이 붙어 있을 경우, 일반 구문을 인자값으로 넣더라도 컴파일러가 알아서 클로저로 만들어서 사용하다는 거죠.

이 속성을 적용하면 인자값을 '{ }' 형태가 아니라 '( )' 형태로 사용할 수 있다는 장점이 있습니다. 인자값을 직접 클로저 형식으로 넣어줄 필요가 없기 때문입니다. 이는 코드를 조금 더 이해하기 쉬운 형태로 만들어줍니다. 다음을 봅시다.

```swift
// 함수 정의
func condition(stmt: () -> Bool) {
  if stmt() == true {
    print("결과가 참입니다.")
  } else {
    print("결과가 거짓입니다")
  }
}
```

함수 condition(stmt:)는 참/거짓을 반환하는 클로저를 인자값으로 전달받고 그 결과값을 문장으로 출력해 주는 역할을 합니다. 현재까지는 이 함수를 실행하고자 하는 경우, 다음의 두 가지 방법을 사용할 수 있었습니다.

```
// 실행 방법 1 : 일반 구문
condition(stmt: {
    4 > 2
})

// 실행 방법 2 : 클로저 구문
condition {
    4 > 2
}
```

 뭐죠, 이 단순한 구문은? 클로저를 넣어야 하는데 왜 달랑 저런 조건식만 들어가 있는 겁니까.

위 구문이 낯설다면 이는 아직 클로저의 경량화 문법에 충분히 익숙하지 않아서일 가능성이 큽니다. 다음과 같이 순서대로 경량화하는 과정을 함께 보여준다면 아마 이해가 쉬울 것 같군요.

```
// STEP 1 : 경량화되지 않은 클로저 전체 구문
condition { () -> Bool in
    return (4 > 2)
}

// STEP 2 : 클로저 타입 선언 생략
condition {
    return (4 > 2)
}

// STEP 3 : 클로저 반환구문 생략
condition {
    4 > 2
}
```

이제 어떤 과정을 거쳐서 저 간단한 조건식이 클로저를 대신하게 되었는지 이해가 가죠? 자, 다시 원래의 @autoclosure 이야기로 돌아가 봅시다. 작성된 실행 방법 1, 2에서 실제 전달하고 싶은 것은 '4 > 2' 구문입니다. 하지만 일반 실행 구문이나 트레일링 클로저 어느 것을 적용하더라도, 원하는 구문을 '{ }' 형태로 감싸 클로저 형태로 만든 다음에 인자값으로 전달해야 합니다. 인자값의 입력 타입이 반드시 클로저이어야 하기 때문이죠. 하지만 @autoclosure 속성을 붙이면 이같은 제약이 사라지고, 구문만 인자값으로 전달해줄 수 있게 됩니다.

```swift
func condition(stmt: @autoclosure () -> Bool) {
    if stmt() == true {
        print("결과가 참입니다.")
    } else {
        print("결과가 거짓입니다")
    }
}
```

매개변수에 @autoclosure 속성을 적용했습니다. 적용하는 위치는 @escaping과 동일하게 함수 타입 정의 앞이어야 합니다. 이렇게 속성을 적용하고 나면 함수 condition(stmt:)는 다음과 같은 방식으로 호출할 수 있게 됩니다. 아니, 반드시 다음과 같이 호출해야 합니다. @autoclosure 속성의 영향으로, 더이상 일반 클로저를 인자값으로 사용할 수 없기 때문입니다. 같은 이유로, 클로저일 때 사용할 수 있는 트레일링 클로저 구문도 @autoclosure 속성이 붙고 나면 더이상 사용할 수 없습니다.

```swift
// 실행 방법
condition(stmt: ( 4 > 2 ))
```

핵심은 하나입니다. 클로저가 아니라 그 안에 들어가는 내용만 인자값으로 넣어줄 뿐이죠. 이렇게 전달된 인자값은 컴파일러가 자동으로 클로저 형태로 감싸 처리해주게 됩니다. 이 속성에 대한 설명 중에서 인자값을 '{ }' 형태가 아니라 '( )' 형태로 사용할 수 있도록 해 준다는 것은 바로 이같은 의미입니다. 하지만 인자값으로 클로저를 넣는 것보다 훨씬 자연스럽고 익숙한 구문으로 사용할 수 있죠.

@autoclosure 속성과 관련하여 알아두어야 할 개념이 하나 있습니다. 바로 '지연된 실행'입니다. 다음 구문을 봅시다.

```swift
// 빈 배열 정의
var arrs = [String]()

func addVars(fn: @autoclosure () -> Void) {
    // 배열 요소를 3개까지 추가하여 초기화
    arrs = Array(repeating: "", count: 3)
    // 인자값으로 전달된 클로저 실행
    fn()
}

// 구문 1: 아래 구문은 오류가 발생한다
arrs.insert("KR", at: 1)
```

문자열을 요소로 가지는 빈 배열 arrs를 정의하였습니다. 아직 초기화만 되어 있을 뿐 내용은 모두 비어 있는 상태로, addVars(fn:) 함수 내부에서는 이 배열의 사이즈를 3으로 확장하고 빈 값들로 초기화합니다. 즉, addVars(fn:) 함수가 실행되기 전까지 이 함수의 인덱스는 0까지밖에 없다는 겁니다. 이 때문에 맨 마지막에 작성된 arrs.insert(at:) 메소드는 오류가 발생하게 됩니다. 마지막 구문의 내용은 arrs 배열의 두번째 인덱스 위치에 "KR" 값을 입력하는 것인데, 아직 배열의 인덱스가 그만큼 확장되어 있지 않기 때문입니다.

이제 이 아래에 다음과 같은 구문을 추가해 봅시다. 동일한 구문이지만, 이를 함수 addVars(fn:)의 인자값으로 넣겠습니다.

```swift
// 구문 2 : 아래 구문은 오류가 발생하지 않는다.
addVars(fn: arrs.insert("KR", at: 1))
```

신기하게도, 이 구문은 오류가 발생하지 않습니다. 이것이 바로 **지연된 실행**입니다. 원래 구문은 작성하는 순간에 실행되는 것이 맞지만, 함수 내에 작성된 구문은 함수가 실행되기 전까지는 실행되지 않습니다. @autoclosure 속성이 부여된 인자값은 보기엔 일반 구문 형태이지만 컴파일러에 의해 클로저, 즉 함수로 감싸지기 때문에 위와 같이 작성해도 addVars(fn:) 함수 실행 전까지는 실행되지 않으며, 해당 구문이 실행될 때에는 이미 배열의 인덱스가 확장된 후이므로 오류도 발생하지 않는 겁니다.

정리해 봅시다. @autoclosure 속성이 인자값에 부여되면 해당 인자값은 컴파일러에 의해 클로저로 자동 래핑됩니다. 이 때문에 함수를 실행할 때에는 '{ }' 형식의 클로저가 아니라 '( )' 형식의 일반값을 인자값으로 사용해야 합니다. 또한 인자값은 코드에 작성된 시점이 아니라 해당 클로저가 실행되는 시점에 맞추어 실행됩니다. 이를 지연된 실행이라 부르며, @autoclosure 속성이 가지는 주요한 특징 중의 하나라고 할 수 있습니다.

이 장을 마치며

이상으로 함수의 기본적인 과정을 모두 학습해 보았습니다. 함수의 문법은 매우 다양하고, 때로는 형식을 파괴하는 듯한 모습으로 우리를 당황케도 하지만 전체적으로 매우 중요한 개념 중의 하나입니다. 당장 다음 장에서 배우게 될 클래스와 구조체에서도 반복적으로 함수가 사용되는데, 특히 클래스나 구조체 내부에 정의된 함수를 **메소드(Method)**라고 합니다. 클래스와 구조체의 핵심을 이루는 아주 중요한 개념이죠. 메소드는 기본적으로 함수의 문법을 바탕으로 하고 있기 때문에, 이번 장에서 배운 함수의 다양한 특성을 확실하게 익혀 놓아야 합니다. 또한 경량 함수로 사용되는 클로저 문법은 이 책의 후반부 중요한 포인트마다 쉼없이 계속 등장하므로 반복적으로 작성하는 훈련을 통해 클로저 문법을 자연스럽게 다룰 수 있어야 합니다.

CHAPTER 08
구조체와 클래스 : 객체지향 스위프트

필자가 좋아하는 미드 중에 "프린지(Fringe)"라는 드라마가 있습니다. 현대 과학으로 설명하기 힘든 불가사의한 사건들을 천재 과학자의 도움으로 해결해 나가는 이야기인데요, 이 이야기의 말미에 이르면 지금까지 여러 에피소드에서 등장했던 다양한 기술이나 괴물들이 모두 한꺼번에 쏟아져 나오는 장면이 있습니다. 후일담에 이르면, 팬 서비스 차원에서 종합 선물 세트를 만들어 준 것이라고 하더군요.

이번 장에서 배울 구조체와 클래스는 이 드라마의 마지막 장면을 연상시킵니다. 지금까지 배웠던 변수나 상수, 그리고 함수가 모두 총동원되어 만들어지는 객체이거든요. 스위프트 문법의 종합 선물 세트라고 할 만한 녀석들입니다. 스위프트가 함수를 가장 중요한 '갑(甲)'으로 대우하고 있긴 하지만, 이는 언어 차원에서 그렇게 대우한다는 것일 뿐 iOS를 개발할 때의 역할을 보면 단연코 구조체와 클래스가 핵심 객체입니다.

여러분들이 앞에서 배웠던 정수형, 실수형, 문자열, 배열, 딕셔너리 등 기본 자료형은 모두 구조체를 사용하여 정의되었습니다. 그리고 앞으로 배울 코코아 터치 프레임워크는 90% 이상이 모두 클래스로 이루어져 있고요. 어떤가요, 이들 객체의 역할과 중요도를 짐작할 수 있겠죠?

개념적으로 구조체와 클래스는 하나의 큰 코드 블록입니다. 이 안에 변수나 상수를 넣어 값을 저장할 수도 있고, 함수를 넣어서 기능을 정의할 수도 있습니다. 값을 저장할 수는 없지만 특정 기능을 실행할 수 있는 함수와, 값을 저장할 수 있지만 혼자서 특정 기능을 실행할 수는 없는 변수 상수의 특성을 모두 모아놓았다고 이해하면 편리합니다. 이런 특성 때문에 클래스와 구조체는 다른 종류의 객체에 의존하지 않고도 자체적으로 값을 저장하거나 함수적인 기능을 구현할 수 있습니다.

독자적인 프로세스 수행 능력 덕분에 매우 강력한 사용성을 지니는 이들 객체는 스위프트가 언어적으로 유연성을 가질 수 있게 해주는 근간을 이룹니다. 여기서 말하는 **유연성**이란 코드를 떼어서 다른 곳으로 옮기거나 새로운 코드를 추가하기가 쉽다는 뜻으로, **의존성**의 반대 개념입니다. 의존성이 강한 코드는 분리할 때 떼어 내어야 하는 부분이 많아서 힘들거든요. 병원에 입원해 본 경험이 있는 분들이라면 링거줄이나 심박 측정기를 주렁주렁 매달고 이동하기가 얼마나 번거로운지 알 겁니다. 링거줄을 빼고 나면 얼마나 후련한지도 말이죠.

구조체와 클래스 내에서 정의된 변수와 상수, 그리고 함수는 부르는 명칭이 일반의 그것과는 다릅니다. 똑같은 변수와 상수라도 구조체와 클래스 내부에서 정의되면 **프로퍼티(Properties)** 라는 이름을 가집니다. 속성 변수 또는 상수라고 불리기도 하죠. 함수도 마찬가지입니다. 구조체와 클래스 내부에서 정의된 함수는 **펑션(Function)** 이 아니라 **메소드(Method)** 라고 불립니다. 이는 변수와 상수, 함수가 구조체나 클래스 안에 들어가면서 특별한 성격을 갖기 때문입니다.

프로퍼티와 메소드를 합해서 **구조체나 클래스의 멤버(Member)** 라고 표현하는데, 이는 프로퍼티와 메소드가 구조체나 클래스를 이루는 핵심 요소이기 때문입니다. 이 장 전반에 걸쳐 멤버 속성, 멤버 변수, 멤버 메소드 등 다양한 용어가 사용되는데, 이는 모두 이 멤버라는 표현과 결합된 프로퍼티나 메소드를 의미하는 것으로 생각하면 됩니다.

스위프트는 기본적으로 객체지향 언어입니다. 필요한 기능을 객체로 구현하여 사용한다는 것이 객체지향 언어의 핵심인데, 이때 객체를 만들어내는 주요 대상이 바로 구조체와 클래스입니다. 구조체와 클래스는 스위프트가 객체지향이기 위한 근간을 이루는 매우 중요한 핵심 객체일 뿐만 아니라 iOS에서 실행되는 애플리케이션을 만들 때에도 중심 역할을 하는 중요한 개념입니다.

구조체 VS 클래스

스위프트에서 구조체와 클래스는 여러 가지 면에서 매우 유사한 성격을 띠고 있습니다. 이들 객체의 공통점을 정리해 보면 다음과 같습니다.

- **프로퍼티** 변수나 상수를 사용하여 값을 저장하는 프로퍼티를 정의할 수 있다.
- **메소드** 함수를 사용하여 기능을 제공하는 메소드를 정의할 수 있다.
- **서브스크립트** 속성값에 접근할 수 있는 방법을 제공하는 서브스크립트를 정의할 수 있다.
- **초기화 블록** 객체를 원하는 초기 상태로 설정해주는 초기화 블록을 정의할 수 있다.
- **확장** 객체에 함수적 기능을 추가하는 확장(extends) 구문을 사용할 수 있다.
- **프로토콜** 특정 형식의 함수적 표준을 제공하기 위한 프로토콜을 구현할 수 있다.

하지만 두 객체가 서로 완전히 같다면 굳이 구조체와 클래스를 구분할 필요가 없을 겁니다. 클래스와 구조체는 몇 가지 면에서 결정적인 차이가 있는데, 클래스의 기능 범위가 구조체보다 더 큽니다. 구조체는 할 수 없지만, 클래스는 할 수 있는 기능에는 다음과 같은 것들이 있습니다.

- **상속** 클래스의 특성을 다른 클래스에게 물려줄 수 있다.
- **타입 캐스팅** 실행 시 컴파일러가 클래스 인스턴스의 타입을 미리 파악하고 검사할 수 있다.
- **소멸화 구문** 인스턴스가 소멸되기 직전에 처리해야 할 구문을 미리 등록해 놓을 수 있다.
- **참조에 의한 전달** 클래스 인스턴스가 전달될 때에는 참조 형식으로 제공되며, 이때 참조가 가능한 개수는 제약이 없다.

공통점과 차이점을 설명하는 과정에서 등장한 몇 가지 개념들이 있습니다. 객체지향 프로그래밍 경험자라면 익숙한 것들이겠지만 그렇지 않다면 '이게 무슨 뜬구름 잡는 소리?'하는 생각이 들 것 같군요. 이것들에 대해서는 구조체와 클래스에 대한 설명의 마지막에서 상세히 알아보겠습니다. 우선은 이런 개념들이 있구나, 하는 정도로만 해석하고 넘어갑시다. 나중에 구조체와 클래스에 대한 학습을 마치고 나면 다시 여기로 돌아와 읽어보기 바랍니다. 여러 가지 개념들이 이해될 테니까요.

8.1 구조체와 클래스의 기본 개념

8.1.1 정의 구문

구조체와 클래스는 정의하는 구문 형식이 매우 비슷합니다. 구조체는 struct 키워드를 사용하여 정의하고, 클래스는 class 키워드를 사용하여 정의하는 정도의 차이만 있을 뿐입니다. 둘 다 자신의 타입을 드러내는 키워드 struct/class 다음에 객체의 이름을 선언하고, 이어서 객체의 내용을 정의합니다. 객체의 내용을 정의하는 부분은 중괄호로 둘러싸 주어야 하죠.

■ 구조체의 정의 형식

```
struct 구조체_이름 {
    // 구조체 정의 내용이 들어갈 부분
}
```

■ 클래스의 정의 형식

```
class 클래스_이름 {
    // 클래스 정의 내용이 들어갈 부분
}
```

다음은 실제로 구조체와 클래스를 정의하는 예제입니다. 예제에서 구조체와 클래스 내부에는 들어갈 프로퍼티와 메소드에 대해서는 아직 배우기 전이라 비워두었지만, 실제로는 이 내부에 숱한 구문이 작성됩니다.

구조체의 정의 예시

```
struct Resolution {
    // 여기에 구조체의 내용이 작성됩니다.
}
```

> 클래스의 정의 예시

```
class VideoMode {
    // 여기에 클래스의 내용이 작성됩니다.
}
```

객체의 이름을 작성할 때에는 표준 스위프트 객체 코딩 형식에 따라 구조체 이름과 클래스 이름의 첫 글자는 대문자로, 나머지 글자는 소문자로 작성하는 것이 원칙입니다. 두 개 이상의 복합 단어로 이루어지는 경우 단어별로 끊어 첫 글자는 대문자로, 나머지 글자는 소문자로 작성하는 것을 반복하되, 이미 축약된 약어는 전부 대문자로 작성해도 됩니다.

이러한 표기법을 **카멜(Camel) 표기법**이라고 합니다. 대문자와 소문자들이 배열된 모습이 마치 낙타 등의 혹을 연상시킨다고 하여 부르는 이름이죠. 스위프트에서 구조체나 클래스, 열거형, 프로토콜 등 객체는 대문자로 시작하는 카멜 표기법을 사용하는 것을 원칙으로 합니다. 이와는 대조적으로, 객체 내에서 프로퍼티나 메소드를 선언할 때는 소문자로 시작하는 카멜 표기법을 사용합니다. 전체 소스 코드의 통일성을 위해 될 수 있으면 언더바(_)로 단어를 연결하는 방식은 사용하지 않는 편이 좋습니다. 정리하자면 다음과 같습니다.

① 구조체와 클래스 이름의 첫 글자는 대문자로, 나머지 글자는 소문자로 작성한다.
② 2개 이상의 복합 단어는 단어별로 끊어 첫 글자는 대문자로, 나머지는 소문자로 작성한다.
③ 이미 축약된 약어는 모두 대문자로 작성 가능하다(ex. JSON, NS, HTTP 등)
④ 프로퍼티나 메소드를 선언할 때는 소문자로 시작한다
⑤ 언더바로 단어를 연결하는 방식은 지양한다

> 참고
>
> **객체 이름의 중요성**
>
> 위와 같이 객체의 이름을 정의할 때 준수하는 규칙을 네이밍 룰(Naming Ruile)이라고 부릅니다. 잘못 작성한다고 오류가 나는 것도 아니고, 그저 별거 아닌 것 같겠지만 실제로 네이밍 룰은 실무 경험을 보여주는 중요한 근거로 사용되기 때문에 신경 써야 할 부분입니다. 오프라인 현장에서 강의 실습을 진행할 때, 클래스 작성을 해 보라고 하면 소문자만으로 작성한다든가 대문자만으로 작성하는 등 임의로 작성하는 것을 볼 때가 있습니다. 마음속으로는 "저러면 안 되는데…, 실습이라도 저러면 안 되는데…."하고 있습니다. 네이밍 룰은 잘 지켜 주어야 합니다. 실무에서는 절대적이라고 할 만큼 중요합니다. 네이밍 룰은 몸에 배는 일종의 습관이므로 한순간 고쳐지지 않음에 주의하세요.

다음은 방금 설명한 구조체와 클래스 명명 규칙에 따른 예를 보여줍니다.

```swift
// 첫 글자는 대문자로 시작
struct Integer {...}
struct String {...}
class Object {...}
class Controller {...}

// 2단어 이상을 이루어진 복합 단어일 때는 단어마다 대소문자를 번갈아 표기
struct SingedInteger {...} // Singed + Integer
class ViewController {...} // View + Controller

// 약어로 이루어진 부분은 모두 대문자로 표기해도 됨
class NSNumber {...} // NS : 파운데이션 프레임워크를 나타내는 약어 접두어
class UIView {...} // UI : UIKit 프레임워크를 나타내는 약어 접두어
struct JSONDictionay {...} // JSON은 JavaScript Object Notation을 나타내는 약어
```

8.1.2 메소드와 프로퍼티

구조체와 클래스에서는 변수나 상수를 정의하여 내부적인 값을 저장할 수 있습니다. 이렇게 구조체와 클래스 내부에서 정의된 변수나 상수를 **프로퍼티(Property)**, 또는 **속성**이라고 합니다. 또한 함수를 정의하여 특정 기능을 정의할 수도 있는데, 이를 **메소드(Method)**라고 합니다. 이들은 구조체나 클래스 내부에 정의된다는 것만 차이가 있을 뿐, 일반 변수/상수/함수를 정의하는 것과 문법적으로 동일합니다. 구조체와 클래스를 정의하고 여기에 프로퍼티와 메소드를 추가해 봅시다.

프로퍼티와 메소드가 정의된 구조체와 클래스 (코드 출처 : The Swift Programming Language, Apple.,co.ltd)

```swift
struct Resolution {
    var width = 0
    var height = 0
    
    func desc() -> String {
        return "Resolution 구조체"
    }
}

class VideoMode {
    var interlaced = false
    var frameRate = 0.0
    var name : String?
    
    func desc() -> String {
        return "VideoMode 클래스"
    }
}
```

위 코드는 Resolution이라는 이름의 구조체와 VideoMode라는 이름의 클래스를 선언하는 예제입니다. Resolution 구조체는 픽셀 기반 디스플레이의 해상도 정보를 관리하기 위한 목적이라고 생각하면 될 듯하고, VideoMode 클래스는 비디오 디스플레이에서 표현되는 비디오에 대한 정보를 관리하기 위한 목적이라고 생각하면 됩니다.

먼저 Resolution 구조체를 살펴봅시다. 이 구조체에는 width와 height라는 두 개의 저장 프로퍼티가 있습니다. 저장 프로퍼티란 특정 값을 저장하기 위해 클래스나 구조체 내부에 정의된 변수나 상수를 말합니다. 이들 두 프로퍼티는 선언될 때 초기값으로 0이 대입되었으므로 타입 추론 규칙에 의해 Int 타입의 데이터 형식으로 추론됩니다.

반면 VideoMode 클래스는 세 개의 저장 프로퍼티가 정의되어 있고, 이들은 모두 기본 자료형으로 초기화되어 있습니다. interlaced는 초기값 false에 의하여 Bool 타입으로 정의되면서 'interlaced되지 않은 비디오 모드'라는 의미를 가지게 되고, frameRate는 0.0이 초기값이므로 Double 타입으로, 비디오 모드의 이름을 표현하는 name 프로퍼티는 옵셔널 문자열로 정의됩니다. name 프로퍼티는 초기값이 할당되지 않았는데, 옵셔널 타입 프로퍼티에 초기값이 할당되지 않으면 자동으로 nil이라는 기본값으로 초기화됩니다. 이때의 의미는 'name 프로퍼티에 값이 존재하지 않음'으로 해석됩니다.

구조체와 클래스에는 desc라는 이름의 메소드가 하나씩 작성되어 있습니다. 이 메소드의 역할은 각각의 객체에 대해 설명하는 문자열을 반환하는 것입니다. 예제에서 확인할 수 있는 것처럼 메소드는 함수의 형태를 띠고 있으며 몇 가지 차이점을 제외하면 함수와 거의 같습니다. 메소드는 단지 클래스나 구조체 내부에서 작성된 함수인 셈입니다.

8.1.3 인스턴스

구조체와 클래스를 사용하는 방법을 알아봅시다. 우리가 정의한 구조체나 클래스를 그대로 사용해서 값을 저장하거나 메소드를 실행할 수는 없습니다. 이들 자체는 단순히 객체의 정의일 뿐, 실제로 값을 저장하고 메소드를 호출하는 데에 필요한 메모리 공간을 할당받지 못했기 때문입니다. 설계도를 바탕으로 땅을 준비하고 여기에 건물을 지어 사람들이 거주할 수 있게 하듯, 프로그래밍에서도 실질적인 값을 저장하고 사용하려면 메모리 공간을 할당받은 객체가 필요합니다.

구조체나 클래스는 실행할 수 있는 객체가 아니라, 값을 담을 수 있는 실질적인 그릇을 만들어내기 위한 일종의 틀로 생각해야 합니다. 즉 **원형(Origin)**이라는 겁니다. 우리는 원형으로서의 구조체나 클래스를 정의하지만, 여기에 직접 값을 담을 수 있는 것이 아니라 이 원형을 바탕으로 실제로 값을 담을 그릇을 찍어내야만 값을 담을 수 있습니다. 틀 역할을 하는 클래스나 구조체를 정의하고 이를 바탕으로 실질적으로 값을 담을 여러 개의 그릇을 만들어내는 것, 이것이 객체지향 프로그래밍의 원리입니다.

이때 원형 틀을 이용하여 찍어낸 그릇을 **인스턴스(Instance)**라고 합니다. 컴퓨터답게 이야기를 해 보자면 타입의 설계도를 사용하여 메모리 공간을 할당받은 것이 인스턴스입니다. 우리가 실질적인 값을 담을 수 있는 것은 바로 이 인스턴스입니다. 구조체를 바탕으로 찍어내면 구조체의 인스턴스가 되고, 클래스를 바탕으로 찍어내면 클래스의 인스턴스가 됩니다.

더 구체적으로 Resolution 구조체를 바탕으로 찍어낸 인스턴스는 "Resolution 구조체의 인스턴스"라고 부르고 VideoMode 클래스를 바탕으로 찍어낸 인스턴스를 "VideoMode 클래스의 인스턴스"라고 합니다. 우리가 클래스나 구조체를 실제로 사용하려면 이처럼 인스턴스를 만들고, 이 인스턴스를 이용하여 값을 저장하거나 처리해야 합니다.

구조체와 클래스의 인스턴스를 생성하는 방식은 거의 같습니다. 다음은 앞에서 정의한 구조체와 클래스를 이용하여 인스턴스를 만드는 과정입니다.

```
// Resolution 구조체에 대한 인스턴스를 생성하고 상수 insRes에 할당
let insRes = Resolution()

// VideoMode 클래스에 대한 인스턴스를 생성하고 상수 insVMode에 할당
let insVMode = VideoMode()
```

위 예제에서는 구조체와 클래스 각각의 인스턴스를 생성하고 있습니다. 객체가 초기화되면서 인스턴스가 생성되고, 이 값을 변수나 상수에 할당하면 이제 원하는 곳에서 사용할 수 있게 됩니다. 이 구문을 인스턴스 생성 구문이라고 합니다. 인스턴스를 생성하는 가장 단순한 형태는 Resolution( )이나 VideoMode( )처럼 구조체나 클래스의 이름 뒤에 빈 괄호를 덧붙이는 것입니다. 함수를 배울 때 사용했던 함수 호출 연산자와 모양은 같지만, 의미는 조금 다릅니다. 클래스나 구조체를 호출하는 것이 아니라 클래스나 구조체를 초기화하여 인스턴스를 생성하는 역할을 하기 때문입니다. 둘 다 괄호를 사용하는 연산자이지만, 함수의 이름 다음에 오면 함수 호출 연산자 역할을 하고, 클래스나 구조체 이름 다음에 오면 인스턴스 생성 연산자가 됩니다.

객체지향 언어에 따라 인스턴스를 생성하는 구문이 다소 차이는 있지만, 크게 보면 스위프트의 인스턴스 생성 구문은 파이썬과 같습니다. 또한, 자바에서의 인스턴스 생성 구문과도 크게 다르지 않아서 new 키워드만 제거한 형태라고 볼 수 있습니다. 스위프트에서도 new는 예약어로 분류되어 있지만, 인스턴스를 생성할 때는 사용되지 않으므로 자바 개발 경험자들은 주의가 필요합니다.

위 예제에서 선언된 프로퍼티는 오직 인스턴스를 통해서만 접근할 수 있습니다. 인스턴스가 생성되지 않은 상태에서는 프로퍼티도 존재하지 않는 것이나 마찬가지입니다. 이 때문에 구조체나 클래스의 이름을 통해서는 프로퍼티에 접근할 수 없죠. 프로퍼티에 접근하려면 반드시 인스턴스를 먼저 생성해야 합니다. 프로퍼티에 접근할 때는 점 문법(Dot Syntax)을 이용하여 인스턴스의 하위 객체에 접근할 수 있습니다. 점(.)을 이용하여 프로퍼티에 접근할 때는 인스턴스 이름 바로 다음에 점으로 구분하여 프로퍼티의 이름을 작성합니다. 이때 점 앞이나 뒤에는 공백이 없어야 합니다.

〈인스턴스 이름〉.〈프로퍼티 이름〉

점 구문을 이용하여 인스턴스의 속성에 접근해 보겠습니다.

```
let width = insRes.width
print("insRes 인스턴스의 width 값은 \(width)입니다")
```

[실행 결과]

```
insRes 인스턴스의 width 값은 0입니다
```

Resolution 구조체에 선언된 width 속성을 참조하려면 인스턴스가 필요합니다. 생성된 인스턴스 insRes와 속성 width를 점 구문으로 연결하면 insRes이 되는데, 이를 이용하면 속성의 값을 읽어올 수 있습니다. insRes.width 프로퍼티는 구조체 내에서 대입된 값으로 초기화되며, 이후 값을 수정하지 않았으므로 출력 결과는 0입니다. 위 예에서 만약 insRes.width 대신 Resolution.width로 접근하면 해당 프로퍼티를 찾을 수 없다는 오류가 발생합니다.

만약 객체에 정의된 프로퍼티가 서브 프로퍼티를 가지고 있는 객체라면 다음과 같이 계속 점 구문을 이용하여 단계적으로 접근할 수 있습니다.

> 〈인스턴스 이름〉.〈프로퍼티 이름〉.〈프로퍼티의 서브 프로퍼티 이름〉

이에 대한 예를 살펴보기 위해 앞에서 작성했던 VideoMode 클래스를 조금 수정해보겠습니다.

```
class VideoMode {
    var interlaced = false
    var frameRate = 0.0
    var name: String?

    var res = Resolution()

    …(중략)…
}

// VideoMode 클래스에 대한 인스턴스를 생성하고 상수에 할당
let vMode = VideoMode()

print("vMode 인스턴스의 width 값은 \(vMode.res.width)입니다")
```

[실행 결과]

```
vMode 인스턴스의 width 값은 0입니다
```

추가된 프로퍼티 res은 VideoMode 클래스의 프로퍼티이자 동시에 Resolution 구조체의 인스턴스입니다. 따라서 res 프로퍼티 하위에는 width 프로퍼티가 존재합니다. Resolution 구조체에서 정의된 속성이죠. 개념적으로는 vMode → resolution → width로, width 프로퍼티에 접근하려면 다음과 같이 단계적으로 접근해야 합니다.

그림 8-1 서브 프로퍼티에 대한 단계적 접근

이렇게 단계적으로 접근할 때 점을 찍어가면서 객체를 구분해 주어야 합니다. 주어진 예제에서는 서브 프로퍼티인 width에 접근하기 위해 vMode.res.width 형식으로 순차적으로 접근하고 있는 것을 볼 수 있습니다.

점 구문은 프로퍼티에 값을 대입할 때에도 사용됩니다.

```
// 점 구문을 이용하여 인스턴스의 프로퍼티에 값을 할당
vMode.name = "Sample"
vMode.res.width = 1280

print("\(vMode.name!) 인스턴스의 width 값은 \(vMode.res.width)입니다")
```

[실행 결과]

```
Sample 인스턴스의 width 값은 1280입니다
```

점 구문을 사용하여 프로퍼티의 하위 프로퍼티까지 직접 참조할 수 있는 것과 마찬가지로, 프로퍼티의 하위 프로퍼티에 값을 할당할 때도 위와 같이 점 구문을 연속으로 연결하여 값을 할당할 수 있습니다. 이러한 방식을 사슬이 계속 연결되는 방식과 비슷하다 하여 **체인(Chain)**이라고 하는데, 만약 체인 방식의 연속된 접근이 지원되지 않는다면 우리는 다음과 같이 단계적인 할당 과정을 거쳐서 하위 프로퍼티에 접근해야 합니다.

먼저 vMode.res를 변수에 대입하고,

```
var res = vMode.res
```

이어서 변수의 프로퍼티에 접근하여 값을 대입하는 거죠.

```
res.width = 1280
```

코코아 터치 프레임워크에서는 이보다 더 많은 단계의 서브 프로퍼티들이 다량으로 정의되어 있는데, 만약 체인 방식의 접근법이 지원되지 않는다면 단계만큼의 대입 과정을 매번 거쳐야 합니다. 가령 iOS 화면의 특정 객체 사이즈를 변경하려면 view.frame.size.width에 접근하기 위해 최소한 세 번의 할당 과정을 거쳐야 하죠. 다행히도, 이렇게 여러 줄에 걸쳐 참조해야 할 프로퍼티를 스위프트에서는 체인 방식으로 연결하여 한 번에 참조할 수 있다는 것은 생산성 향상에 무진장 많은 도움을 줍니다.

참고로 오브젝티브-C에서는 이처럼 체인 형식으로 연달아 하위 속성에 접근할 수 있는 구문을 지원하지 않습니다. 오브젝티브-C에서는 프로퍼티가 하위 프로퍼티를 가지고 있을 때 여기에 값을 할당하려면, 방금 예제처럼 상위 프로퍼티를 변수나 상수에 할당하여 타입을 확실하게 지정한 다음에 하위 프로퍼티를 다시 참조해야 합니다. 이같은 번거로운 대입 과정을 반복해야 비로소 원하는 서브 프로퍼티에 도달하여 값을 대입할 수 있습니다. 하지만 스위프트에서는 연속된 프로퍼티의 타입을 컴파일러가 모두 체크하고 있으므로 개별적인 할당 과정 없이도 연속적인 참조가 가능합니다.

8.1.4 초기화

구조체나 클래스 이름 뒤에 빈 괄호를 붙이면 기본적인 인스턴스가 만들어진다고 처음에 설명한 바 있습니다. 필요에 따라서는 빈 괄호가 아니라 인자값을 넣어주기도 하는데, 이때 입력되는 인자값들은 대부분 객체의 프로퍼티를 **초기화(Initialize)** 하기 위해 반드시 필요한 값들입니다.

스위프트에서 옵셔널 타입으로 선언되지 않은 모든 프로퍼티는 명시적으로 초기화해 주어야 합니다. 초기화되지 않은 프로퍼티가 있을 경우 컴파일러는 이를 컴파일 오류로 처리합니다. 앱이 빌드되지 못하게 되는거죠. 여기서 명시적인 초기화란 다음 두 가지 경우 중 어느 하나를 의미합니다.

1. 프로퍼티를 선언하면서 동시에 초기값을 지정하는 경우
2. 초기화 메소드 내에서 프로퍼티의 초기값을 지정하는 경우

이것이 의미하는 바는 단순합니다. 클래스나 구조체의 모든 프로퍼티는 적어도 인스턴스가 생성되는 시점까지는 반드시 초기화되어야 한다는 것입니다. 가장 좋은 것은 선언과 동시에 초기값을 지정하는 것이지만, 그럴 수 없다면 적어도 인스턴스 생성 과정, 즉 초기화 메소드 내에서는 초기값을 입력받아야 합니다. 둘 다 가능하지 않다면 옵셔널 타입으로 선언하는 수 밖에 없습니다. 옵셔널 타입으로 선언된 프로퍼티는 초기값이 지정되지 않을 경우 자동으로 nil로 초기화되기 때문에 컴파일 오류를 피할 수 있습니다.

구조체는 모든 프로퍼티의 값을 인자값으로 입력받아 초기화하는 기본 초기화 구문을 자동으로 제공합니다. 프로퍼티를 보통 멤버 변수라고 부르는 까닭에, 이 초기화 구문을 **멤버와이즈 초기화 구문(Memberwise Initializer)**라고 부르기도 합니다. 아래 구문을 봅시다.

```
// width와 height를 매개변수로 하여 Resolution 인스턴스를 생성
let defaultRes = Resolution(width: 1024, height: 768)
```

앞에서 구조체로 정의한 Resolution의 멤버와이즈 초기화 구문입니다. 이 구문은 Resolution 구조체가 가지고 있는 두 개의 프로퍼티 width와 height를 초기화하기 위한 인자값을 입력받아, 내부적으로 프로퍼티를 초기화합니다. 이에 따라 defaultRes 객체의 width 속성과 height 속성을 출력해 보면 다음과 같습니다.

```
print("width:\(defaultRes.width), height:\(defaultRes.height)")
```

[실행 결과]

```
width:1024, height:768
```

처음에 Resolution 구조체를 정의할 때 width와 height 프로퍼티에 설정된 초기값은 0이었습니다. 하지만 멤버와이즈 초기화 구문을 이용하여 인스턴스를 생성한 위 구문에서 프로퍼티의 값은 각각 1024와 768로 바뀌었습니다. 정확하게는 바뀐 것이 아니라 초기화된 것이죠. 입력한 인자값이 프로퍼티의 초기값으로 설정된 결과입니다.

이처럼 멤버 와이즈 초기화 구문은 인스턴스를 생성하는 형식을 정의할 뿐만 아니라, 입력된 인자값을 이용하여 프로퍼티를 초기화하는 과정까지 알아서 처리합니다. 이같은 메커니즘은 구조체를 작성했을 때 스위프트 아키텍처가 기본으로 제공하는 기능이기 때문에 우리가 건드릴 필요가 없습니다.

사실 멤버와이즈 초기화 구문 외에도 구조체의 인스턴스를 생성할 때 사용할 수 있는 초기화 구문은 하나가 더 있습니다. 최초에 Resolution 인스턴스를 만들 때 사용했던, 빈 괄호 형식입니다. 이 초기화 구문은 아무 인자값도 입력받지 않으며, 따라서 어떤 프로퍼티도 초기화하지 않습니다. 단순히 구조체의 인스턴스를 생성하는 역할만 할 뿐입니다. 따라서 이 형식의 초기화 구문을 사용하려면, 객체의 모든 프로퍼티는 선언과 동시에 초기값이 지정되어 있어야 합니다.

정리해봅시다. 우리가 정의한 Resolution 구조체의 인스턴스를 생성할 때 사용할 수 있는 초기화 구문은 모두 두 개입니다. 인자값을 하나도 받지 않는 기본 초기화 구문과, 모든 프로퍼티의 초기값을 입력받는 멤버와이즈 초기화 구문이죠.

- Resolution( ) // 기본 초기화 구문. 내부적으로 프로퍼티를 초기화하지 않음
- Resolution(width: Int, height: Int) // 모든 프로퍼티의 초기값을 입력받는 멤버와이즈 초기화 구문. 내부적으로 모든 프로퍼티를 초기화함

 width나 height 하나만 입력받는 초기화 구문은 제공되지 않나요?

네, 이런 구문은 제공되지 않습니다. 스위프트 아키텍처가 구조체에서 자동으로 제공하는 초기화 구문은 앞에서 설명한 두 가지뿐입니다. 하지만 자동으로 제공되지 않는다뿐이지, 우리가 필요한 초기화 구문의 형태와 내용을 직접 정의하여 사용할 수도 있으므로, 걱정하지 않아도 됩니다. 초기화 구문을 정의하는 방법은 뒤에 가서 배우게 됩니다.

다시 이야기로 돌아가, 이번에는 클래스의 초기화 구문에 대해 이야기해 봅시다. 구조체와는 달리 클래스는 멤버와이즈 형식의 초기화 구문이 제공되지 않습니다. 클래스에서 제공되는 것은 빈 괄호 형태의 기본 초기화 구문뿐입니다. 이마저도 모든 프로퍼티가 선언과 동시에 초기화되어 있을 때에만 사용할 수 있습니다. 만약 초기화되지 않은 프로퍼티가 있다면 기본 초기화 구문

은 사용할 수 없으며, 이 때에는 직접 초기화 구문을 정의해서 내부에서 해당 프로퍼티를 초기화 주어야 합니다.

물론 모든 프로퍼티의 초기값을 지정했다면 별도의 초기화 구문을 정의할 필요는 없습니다. 일부 프로퍼티의 초기값이 지정되지 않았을 경우에만 초기화 구문을 정의하고, 이 구문 내에서 프로퍼티가 초기화될 수 있도록 직접 처리해 주면 된다는 겁니다.

지금은 아직 위 설명이 어려울 수도 있으므로, 완전히 이해되기 전까지는 우리가 작성하는 클래스의 프로퍼티와 초기화 구문에 대해 가급적 다음의 두 가지 원칙을 지키는 것이 좋습니다.

1) 모든 프로퍼티는 정의할 때 초기값을 주던가, 아니면 옵셔널 타입으로 선언한다.
2) 인스턴스를 생성할 때에는 클래스명 뒤에 ( )를 붙여준다.

프로퍼티와 초기화 구문에 대한 명확한 이해가 생긴다면, 위 두 가지 원칙을 지키지 않더라도 어떻게 대응하면 되는지 자연스럽게 알 수 있을 겁니다. 그 때가 되면 초기값을 지정하지 않은 프로퍼티를 생성해도 되고, 인스턴스를 생성할 때 다양한 인자값을 입력받는 형식의 초기화 구문을 정의해도 됩니다. 하지만 그 전까지는 위 두 가지 원칙을 지켜, 클래스를 정의하고 사용할 때 헷갈리지 않도록 합시다.

여기서 잠깐, 용어 정리가 있겠습니다. 인자값을 입력받기 위해 작성하는 구문을 초기화 구문이라고 부르는 까닭에, 우리는 종종 인스턴스를 생성하는 과정을 **초기화한다**라고 표현하기도 합니다. 사실 인스턴스를 생성하는 시점에서 프로퍼티의 값들이 모두 초기화되기 때문에 완전히 틀린 표현은 아닙니다. 저 역시도 **인스턴스를 생성한다**라는 표현만큼이나 **인스턴스를 초기화한다**라는 표현도 익숙해서, 앞으로 종종 사용하게 될 겁니다. 실무 현장에서도 많이 사용하는 단어이니 낯설어하지 않았으면 좋겠군요.

8.1.5 구조체의 값 전달 방식 : 복사에 의한 전달

구조체와 클래스의 결정적 차이 중의 하나가 바로 값을 전달하는 방식입니다. 구조체는 인스턴스를 생성한 후 이를 변수나 상수에 할당하거나 함수의 인자값으로 전달할 때 값을 복사하여 전달하는 방식을 사용합니다. 이를 **값 타입(Value Type)**, 또는 **복사에 의한 전달**이라고 합니다. 우리는 앞에서 함수의 인자값에 대해 학습할 때, 스위프트에서 제공하는 정수, 문자열, 배열 또는 딕셔너리 등 기본 자료형들은 모두 복사를 통해 값이 전달된다고 배운 바 있는데, 이는 이들 자료형이 구조체로 구현되었기 때문입니다.

스위프트에서 모든 구조체는 값 타입입니다. 아직 배우지 않았지만 열거형 역시 값 타입입니다. 이 말은 우리가 생성하는 모든 구조체 인스턴스들이 상수나 변수에 할당될 때 복사된다는 뜻입니다. 물론, 구조체로 정의된 인스턴스들이 함수의 인자값으로 사용될 때도 마찬가지입니다.

구조체 인스턴스를 변수에 대입하면 기존의 인스턴스가 그대로 대입되는 것이 아니라 이를 복사한 새로운 값이 대입됩니다. 따라서 변수에 대입된 인스턴스와 기존의 인스턴스는 서로 독립적입니다. 인스턴스를 할당한 후에 기존 인스턴스나 할당된 쪽의 인스턴스에 무언가 변경이 발생하더라도 서로에게 전혀 영향을 미치지 않습니다. 양쪽은 값의 복사가 끝난 순간부터 아무 연관도 없는 독립된 인스턴스들이기 때문입니다. 예제를 통해 확인해 봅시다.

```
let hd = Resolution(width: 1920, height:1080)
var cinema = hd
```

Resolution 구조체는 해상도 데이터를 처리하기 위한 구조체로 정의되어 있습니다(뭐, 실제로 그렇다는 건 아니고요, 그냥 의미를 해석하자면 그런 겁니다). 여기에 고화질 해상도 데이터를 만들 목적으로 width와 height 프로퍼티가 각각 1920픽셀, 1080픽셀로 초기화된 인스턴스를 만들고 이를 hd 상수에 할당하였습니다. 이어서 다음 행에서는 cinema라는 변수를 선언하고 여기에 다시 hd 상수를 할당했습니다.

Resolution은 구조체이므로 hd를 cinema에 대입하는 시점에서 기존 인스턴스의 복사본이 하나 더 만들어진 다음, 이 복사본이 cinema 변수에 대입됩니다. hd와 cinema는 같은 width와 height 값을 가지고 있지만 값만 같을 뿐 실제로는 별개인 인스턴스가 대입되어 있습니다.

이제 cinema 변수에 할당된 인스턴스의 프로퍼티를 변경해봅시다. 영화는 와이드 스크린에서 상영되어야 하므로 19:8의 가로세로 비율이 적절할 겁니다. 이에 맞는 값을 넣어 보겠습니다.

```
cinema.width = 2048
print("cinema 인스턴스의 width 값은 \(cinema.width)입니다")
```

[실행 결과]
```
cinema 인스턴스의 width 값은 2048입니다
```

cinema의 width 프로퍼티에 2048을 대입하여 값을 변경하였습니다. 출력 결과를 통해 cinema의 값이 정상으로 변경되었음을 알 수 있네요. 이번에는 hd 변수에 저장된 width 프로퍼티의 값을 출력해 봅시다.

```
print("hd 인스턴스의 width 값은 \(hd.width)입니다")
```

[실행 결과]
```
hd 인스턴스의 width 값은 1920입니다
```

원래의 값이 바뀌지 않은 그대로입니다. 우리가 hd 인스턴스를 cinema에 할당해주는 시점에 새로운 복사본이 만들어지면서 hd에 저장되어 있던 값들은 모두 새로운 cinema 인스턴스로 복사되었고, 이후로 두 인스턴스는 완전히 분리되었습니다. 이 때문에 hd에 저장된 인스턴스는 cinema 인스턴스의 값 변화에 영향을 받지 않은 채로 기존값을 유지하게 되었죠.

cinema 인스턴스에서 발생하는 값의 변경은 hd 인스턴스에 아무런 영향을 미치지 못하고, 마찬가지로 hd 인스턴스에 변경이 발생하더라도 cinema 인스턴스에는 아무런 영향을 미치지 않습니다. 단순히 값의 변경뿐만 아니라 값이 소멸해도 마찬가지입니다. 둘은 서로 다른 길을 걷고 있는 분리된 인스턴스들이기 때문입니다. 값이 복사되어 전달될 때 나타나는 현상은 이와 같은 특성을 가집니다.

복사된 전체 값이 할당되는 구조체의 특성은 인스턴스를 상수에 할당할 것인지 변수에 할당할 것인지에도 영향을 미칩니다. 구조체 인스턴스가 상수에 할당되면 프로퍼티 값을 변경할 수 없습니다. 값을 변경할 수 있으려면 인스턴스를 변수에 할당해야 하죠. 이는 인스턴스가 변수나 상수에 할당될 때 구조체 인스턴스에 정의된 프로퍼티 전체값이 그대로 복사되는 구조여서 할당된 이후에 프로퍼티 값이 변경되면 저장된 값 자체가 변경되는 것으로 인식하기 때문입니다. 그래서 저장된 값 자체를 변경할 수 있는 것은 변수뿐입니다. 실제로 위의 예제에서 변수 cinema에 할당된 구조체 인스턴스의 프로퍼티는 값을 변경할 수 있었지만, 상수 hd에 할당된 구조체 인스턴스의 프로퍼티를 변경하려고 하면 다음과 같은 오류가 발생합니다.

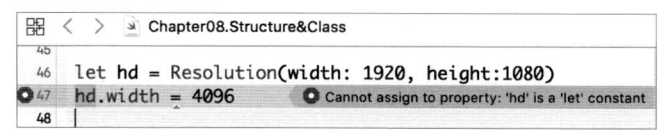

그림 8-2 상수에 할당된 구조체 인스턴스의 프로퍼티 값을 변경하려 했을 때

8.1.6 클래스의 값 전달 방식 : 참조에 의한 전달

이어서 클래스의 값 전달 방식을 알아봅시다. 값의 복사에 의해 전달되는 구조체와는 달리, 클래스는 메모리 주소 참조에 의한 전달 방식을 사용합니다. 이를 참조 타입(Reference Type)이라고 합니다. 참조 타입은 변수나 상수에 할당될 때, 또는 함수의 인자값으로 전달될 때 값의 복사가 이루어지지 않습니다. 대신, 현재 존재하는 인스턴스에 대한 참조가 전달됩니다.

여기서 말하는 참조란, 인스턴스가 저장된 메모리 주소 정보가 전달된다는 뜻입니다. 물건을 건네줄 때 같은 물건 하나를 더 만들어서 '자, 여기 있어.'하고 건네는 복사에 의한 전달 방식과는 달리, 사서함이나 보관함에 전달할 물건을 넣어두고 '보관함 XXX번에 물건 놔뒀으니까 꺼내서 가져가' 하는 방식이 바로 참조에 의한 전달 방식이라고 할 수 있습니다.

주고받는 값 자체는 메모리 주소이지만, 이 주소에 저장된 인스턴스를 꺼내오기 위해서 우리는 아무것도 하지 않아도 됩니다. 참조값이 아닌 실제 인스턴스를 건네받은 것처럼 생각하고 이를 사용하기만 하면 되죠. 이것은 스위프트 내부적으로 참조에 대한 객체를 직접 불러오기 때문입니다. 그래서 우리는 실제로 주고받는 값이 참조일 뿐이라는 것을 거의 체감할 수 없습니다.

이와 유사한 개념으로 C에서의 포인터를 들 수 있습니다. C에서는 클래스가 존재하지 않으며 주고받는 자료형 대부분은 구조체로 작성됩니다. 구조체로 작성된 자료형을 직접 전달하는 대신 포인터 형식으로 메모리 주소값만 전달할 수도 있죠. 이때 포인터 형식으로 할당받은 변수는 변수의 이름 앞에 *를 붙여 포인터 타입이라는 것을 표시합니다. 이 변수를 사용할 때는 두 가지 형식으로 나누어지는데, 변수명 앞에 *를 붙여서 사용하면 주소값에 들어있는 객체를 가리키지만 *를 떼고 사용하면 주소값 자체를 가리키게 됩니다.

스위프트에서는 이와 같이 포인터를 사용하여 객체와 메모리 주소를 구분하는 대신, 클래스 타입일 경우 항상 메모리 주소를 사용하여 객체 자체를 전달합니다. 따라서 우리는 주고받는 타입이 클래스일 때는 '주소값을 전달해야 한다!'라는 고민을 하지 않아도 됩니다. 그런 고민 없이 단순히 값을 넘긴다고 생각해도 되는 거죠. 예제를 통해 확인해봅시다.

```
let video = VideoMode()
video.name = "Original Video Instance"

print("video 인스턴스의 name 값은 \(video.name!)입니다.")
// video 인스턴스의 name 값은 Original Video Instance입니다.
```

VideoMode 클래스를 초기화하여 인스턴스를 생성하고 video 상수에 할당하였습니다. 그런 다음 인스턴스의 name 프로퍼티에 "Original Video Instance"라는 값을 입력해주었죠. 결과값을 출력해보면 제대로 값이 설정되었음을 알 수 있습니다. 이제 이 인스턴스 변수를 다른 상수에 할당해 보겠습니다.

```
let dvd = video
dvd.name = "DVD Video Instance"

print("video 인스턴스의 name 값은 \(video.name!)입니다.")
// video 인스턴스의 name 값은 DVD Video Instance입니다.
```

video 상수를 dvd 상수에 다시 할당하고, dvd 상수의 name 프로퍼티에 이번에는 "DVD Video Instance"라는 값을 입력해 주었습니다. 그런 다음, 다시 한번 video 상수의 속성값을 출력합니다. 그 결과 우리가 변경하지 않았던 video 상수의 프로퍼티에서도 값이 변경되었음을 확인할 수 있습니다.

이제 이 인스턴스의 값을 함수의 인자값으로 넣어 다시 수정해 보겠습니다.

```
func changeName(v: VideoMode) {
    v.name = "Function Video Instance"
}

changeName(v: video)
print("video 인스턴스의 name 값은 \(video.name!)입니다.")
// video 인스턴스의 name 값은 Function Video Instance입니다.
```

changeName 함수를 정의하고, 이 함수를 호출하면서 인자값으로 video 인스턴스 변수를 전달하였습니다. 이 함수는 전달받은 VideoMode 타입의 매개변수 v의 name 프로퍼티의 값을 변경하는 기능을 합니다. 코드 설명에 들어가기에 앞서, 뭔가 신기한 게 하나 있죠? 함수의 인자값 타입 말입니다.

```
func changeName(v: VideoMode) {
```

우리가 지금까지 사용한 인자값 타입은 대부분 Int, String, Bool 혹은 [String] 등 기본적인 자료형이 전부였습니다. 이를 원시 타입(primitive type)이라고 부르죠. 하지만 클래스나 구조체를 통해 앞으로는 임의의 자료형을 만들어 사용할 수 있습니다. 이번 장의 처음에 정의한 클래스와 구조체인 VideoMode와 Resolution은 모두 새로운 자료형으로 사용 가능한 객체들입니다. 앞으로는 이같이 클래스나 구조체를 사용하여 새로운 자료형을 정의하는 일이 점점 늘어날 겁니다. 그리고 이어지는 다음 장을 학습하고 나면 자료형을 정의할 수 있는 객체가 구조체나 클래스뿐이 아니라는 사실도 깨닫게 될 겁니다.

다시 원래의 이야기로 돌아갑시다. 함수 changeName(v:)를 실행하고 난 후에 다시 video 인스턴스의 프로퍼티 값을 출력하는 구문을 실행해보면 이번에도 역시 값이 바뀌었음을 알 수 있습니다. 함수의 매개변수에 inout 키워드를 붙여주지 않았지만, 전달한 값이 클래스 타입이기 때문에 원본 인스턴스의 참조가 전달된 거죠. 따라서 함수 내부에서 매개변수 v의 프로퍼티를 수정하는 것은 곧 video 인스턴스를 직접 수정하는 것과 같습니다.

이처럼 클래스는 참조 타입이어서 한 곳에서 수정할 경우 다른 곳에도 적용되는 특징과 함께, 하나의 클래스 인스턴스를 여러 변수나 상수, 또는 함수의 인자값에서 동시에 참조할 수 있다는 특성도 가지고 있습니다. 여러 곳에 할당되면 그 개수만큼 하나의 클래스 인스턴스를 참조하는 곳이 늘어나는 것이죠. 위의 예만 하더라도 VideoMode( ) 인스턴스 하나에 대해 video 상수, dvd 상수, v 매개변수 등 세 곳에서 동시에 참조하고 있습니다. 반면, 구조체는 값의 할당이 곧 복사이므로 하나의 인스턴스는 오로지 하나의 변수/상수만이 참조할 수 있습니다.

이 때문에 클래스에서는 메모리에 대한 이슈 문제가 부각됩니다. 적절한 메모리 해제 시점을 계산해야 하기 때문입니다. 언제나 단일 참조가 보장되는 구조체 인스턴스는 인스턴스가 할당된 변수나 상수의 사용이 끝나면 곧바로 메모리에서 해제해도 되지만, 클래스 인스턴스는 여러 곳에서 동시에 참조가 가능하므로 한 곳에서의 참조가 완료되었다고 해도 마음대로 메모리에서 해제할 수 없습니다. 다른 곳에서 해당 인스턴스를 계속 참조하고 있을 가능성이 있으니까요. 이에 주의하지 않고 메모리에서 그냥 막 인스턴스를 해제해버리면 아직 인스턴스를 참조하고 있는 변수나 상수, 함수의 인자값 등은 잘못된 메모리 참조로 인한 오류가 발생합니다.

오류를 방지하려면 클래스 인스턴스를 참조하는 곳을 계속 검사하고, 참조하는 곳들이 모두 제거되면 더는 해당 인스턴스를 사용하지 않는다고 판단하여 메모리에서 해제해야 합니다. 오브젝티브-C의 초기 버전에서는 이같은 처리를 개발자가 직접 해 주어야 했지만, 이로 인해 여러 가지 문제가 생겨나다 보니 스위프트에서는 이러한 역할을 담당하는 객체를 도입하였습니다. 이름하여 ARC입니다. ARC는 Auto Reference Counter의 약자로서 '지금 클래스 인스턴스를 참조하는 곳이 모두 몇 군데인지 자동으로 카운트해주는 객체'라고 할 수 있습니다.

이 객체는 인스턴스를 모니터링하면서 변수나 상수, 함수의 인자값으로 할당되면 카운트를 1 증가시키고 해당 변수나 상수들이 종료되면 카운트를 1 감소시키는 작업을 계속하면서 인스턴스의 참조 수를 계산하는데, 이 과정에서 인스턴스의 참조 카운트가 0이 되면 메모리 해제 대상으로 간주하여 적절히 메모리에서 해제합니다.

클래스가 참조 타입이기 때문에 추가로 이해해야 하는 개념이 하나 더 있습니다. 바로 비교의 개념인데요. 클래스 인스턴스에서 단순한 값 비교는 불가능합니다. 대신 두 대상이 같은 메모리 공간을 참조하는 인스턴스인지 아닌지에 대한 비교를 해야 하죠. 이를 위해 클래스 인스턴스의 비교 연산자는 일반 비교 연산자와는 약간 다른, 다음 연산자를 사용합니다.

- 동일 인스턴스인지 비교할 때 : ===
- 동일 인스턴스가 아닌지 비교할 때 : !==

이들 연산자를 이용하면 서로 다른 상수나 변수가 참조하는 인스턴스가 같은 인스턴스인지 아닌지를 판단할 수 있습니다. 다음 예제를 봅시다.

```
if (video === dvd) {
    print("video와 dvd는 동일한 VideoMode 인스턴스를 참조하고 있군요.")
} else {
    print("video와 dvd는 서로 다른 VideoMode 인스턴스를 참조하고 있군요.")
}
```

[실행 결과]

video와 dvd는 동일한 VideoMode 인스턴스를 참조하고 있군요.

video 상수와 dvd 상수가 동일한 클래스 인스턴스를 참조하고 있는지 비교하는 예제입니다. VideoMode 클래스의 인스턴스가 생성된 다음 video 상수에 참조되었고, 이 값이 다시 dvd에 참조되었으므로 두 상수는 동일한 클래스 인스턴스를 참조합니다. 따라서 === 연산자의 결과는 true이죠. 만약 다음과 같은 방식으로 인스턴스가 참조되었다면 두 상수는 서로 다른 인스턴스를 참조합니다.

```
let vs = VideoMode()
let ds = VideoMode()

if (vs === ds) {
    print("vs와 ds는 동일한 VideoMode 인스턴스를 참조하고 있습니다.")
} else {
    print("vs와 ds는 서로 다른 VideoMode 인스턴스를 참조하고 있습니다.")
}
```

[실행 결과]

vs와 ds는 서로 다른 VideoMode 인스턴스를 참조하고 있습니다.

상수 ds에 참조 할당된 인스턴스는 vs에 참조 할당된 인스턴스가 아닌, 새롭게 생성된 인스턴스입니다. 동일한 타입의 인스턴스이지만 같은 메모리 주소를 참조하는 것은 아니므로 비교 연산의 결과가 false로 처리되는 것이죠. 이처럼 클래스 인스턴스의 비교 구문을 사용할 때는 값의 비교가 아닌 메모리 주소의 일치 여부, 즉 객체의 동일성 여부에 근거하게 된다는 점을 주의해야 합니다.

클래스와 구조체는 주로 우리가 프로그램을 작성하는 과정에서 원하는 대로 데이터 형식을 정의하기 위해 사용합니다. 단순히 배열이나 딕셔너리, 집합 등의 데이터 형식만으로는 원하는 타입을 만들기 어려울 때 클래스나 구조체의 형식을 이용하여 원하는 타입으로 작성하게 되죠. 그런데 지금까지 알아본 것처럼 구조체는 값 자체가 복사 전달되는 타입이고, 클래스는 참조 정보가 전달되는 타입입니다. 어떤 경우에 구조체를 사용하고, 어떤 경우에 클래스를 사용해야 할까요?

일반적인 지침에 따르면 다음 조건에 하나 이상 해당하는 경우라면 구조체를 사용하는 것이 좋습니다.

1. 서로 연관된 몇 개의 기본 데이터 타입들을 캡슐화하여 묶는 것이 목적일 때
2. 캡슐화된 데이터에 상속이 필요하지 않을 때
3. 캡슐화된 데이터를 전달하거나 할당하는 과정에서 참조 방식보다는 값이 복사되는 것이 합리적일 때
4. 캡슐화된 원본 데이터를 보존해야 할 때

여기에 해당하지 않는 경우에는 일반적으로 구조체보다는 클래스를 정의하여 사용하는 것이 좋습니다. 상수나 변수에 할당할 때도 값의 복사가 발생하지 않기 때문에 여러 곳에 할당하더라도 메모리의 낭비가 없으며, 인스턴스가 늘어나지 않으므로 코딩상에서도 혼란이 적습니다. 이것이 여러분이 앞으로 접하게 될 대부분의 객체들이 구조체가 아닌 클래스로 작성되는 이유입니다.

8.2 프로퍼티

클래스와 구조체를 구성하는 요소 중 하나인 **프로퍼티(Property)**에 대해 자세히 알아봅시다. 우리말로 번역하면 '속성'이 되는 프로퍼티는 값을 저장하기 위한 목적으로 클래스와 구조체 내에서 정의된 변수나 상수라고 설명한 바 있습니다. 사실 이는 프로퍼티 역할의 일부에 불과합니다. 클래스나 구조체에서 프로퍼티가 하는 정확한 역할은 값을 제공하는 것입니다.

값을 제공하는 것과 값을 저장하는 것 사이에 차이가 없다고 생각하는 분들이 있을 것 같습니다. 하지만 굳이 저장이 아니라 제공에 그 목적이 있다고 설명한 것은, 프로퍼티 중 일부는 값을 저장하지는 않지만 값을 제공하는 특성을 가지기 때문입니다. 언뜻 봐서는 이해가 되지 않을 수 있겠지만, 실제로 그러합니다. 따라서 프로퍼티의 역할을 단순히 **값을 저장하는 데에 있다**라고 정의해 버리면 안 되는 겁니다.

방금 잠깐 설명한 것처럼, 프로퍼티는 값에 대한 저장 여부를 기준으로 두 가지 종류로 나눌 수 있습니다. 이를 **저장 프로퍼티**와 **연산 프로퍼티**라고 합니다. 두 프로퍼티의 차이는 다음과 같습니다.

- **저장 프로퍼티**
  - 입력된 값을 저장하거나 저장된 값을 제공하는 역할
  - 상수 및 변수를 사용해서 정의 가능
  - 클래스와 구조체에서는 사용이 가능하지만, 열거형에서는 사용할 수 없음

- **연산 프로퍼티**
  - 특정 연산을 통해 값을 만들어 제공하는 역할
  - 변수만 사용해서 정의 가능
  - 클래스, 구조체, 열거형 모두에서 사용 가능

저장 프로퍼티와 연산 프로퍼티는 대체로 클래스나 구조체를 바탕으로 만들어진 개별 인스턴스에 소속되어 값을 저장하거나 연산 처리하는 역할을 합니다. 따라서 프로퍼티를 사용하려면 인스턴스가 필요합니다. 인스턴스를 생성한 다음 이 인스턴스를 통해서 프로퍼티를 참조하거나 값을 할당해야 하죠. 이렇게 인스턴스에 소속되는 프로퍼티를 **인스턴스 프로퍼티**라고 합니다.

예외적으로 일부 프로퍼티는 클래스와 구조체 자체에 소속되어 값을 가지기도 합니다. 이런 프로퍼티들을 **타입 프로퍼티(Type Properties)**라고 합니다. 타입 프로퍼티는 인스턴스를 생성하지 않아도 사용할 수 있습니다.

그림 8-3 프로퍼티의 분류

프로퍼티를 작성할 때에는 위치가 중요합니다. 클래스 정의 구문 내부에 작성되어야 하지만, 메소드 내부에 작성되면 안 되기 때문입니다. 메소드 내에서도 변수나 상수를 사용하여 값을 저장할 수 있는데, 이것은 프로퍼티가 아니라 지역 변수에 불과합니다. 따라서 프로퍼티는 클래스의 내부에, 그리고 메소드의 외부에 정의해야 합니다.

부가적으로 스위프트에서는 프로퍼티 값을 모니터링하기 위해 **프로퍼티 옵저버**(Property Observer)를 정의하여, 사용자가 정의한 특정 액션과 반응하도록 처리할 수 있습니다. 프로퍼티 옵저버는 우리가 직접 정의한 저장 프로퍼티에 추가할 수 있으며 슈퍼 클래스로부터 상속받은 서브 클래스에서도 추가할 수 있습니다.

8.2.1 저장 프로퍼티

저장 프로퍼티(Stored Property)는 클래스 내에서 선언된 변수나 상수를 부르는 이름입니다. 속성이라는 우리 말로 사용되는 경우도 자주 있는데 변수일 경우 속성 변수, 상수일 경우 속성 상수라고 구분하기도 합니다.

일반 변수나 상수를 선언할 때 초기값을 할당할 수 있는 것처럼 저장 프로퍼티를 선언할 때에도 초기값을 할당할 수 있습니다. 하지만 반드시 선언하는 시점에서 초기값을 할당해야 하는 것은 아닙니다. 초기화 구문에서 초기값을 설정해도 됩니다. 구조체의 멤버 와이즈 구문이 이같은 역할을 하죠.

하지만 클래스에서 프로퍼티를 선언할 때 초기값을 함께 할당해 주지 않으면 신경 써야 할 것들이 있어 주의가 필요합니다. 우선 프로퍼티 선언 시 초기값이 할당되지 않은 저장 프로퍼티는 반드시 옵셔널 타입으로 선언해 주어야 합니다. 스위프트에서는 클래스의 프로퍼티에 값이 비어 있으면 인스턴스를 생성할 때 무조건 nil 값으로 초기화하기 때문입니다. 물론 초기값을 처음부터 할당해 준다면 옵셔널 타입으로 선언할 필요가 없습니다.

옵셔널 타입으로 프로퍼티를 선언할 때에는 일반 옵셔널 타입과 묵시적 옵셔널 해제 타입 중에서 선택해서 정의할 수 있습니다. 묵시적 옵셔널 타입 해제 구문은 앞에서 잠깐 다룬 적이 있는 타입으로, 값을 사용할 시점에서는 절대 nil이 되지 않지만, 선언할 때에는 초기값을 할당해줄 수 없어서 옵셔널로 선언해야 하는 저장 프로퍼티에 사용됩니다. 묵시적 옵셔널 타입으로 지정해두면 이 값을 사용할 때 옵셔널 해제 처리할 필요 없이 일반 변수처럼 쓸 수 있기 때문에 편리합니다.

저장 프로퍼티를 선언할 때 초기값을 주지 않으면서도 옵셔널 타입으로 선언하지 않을 수 있는 방법이 하나 있습니다. 바로 초기화 구문에서 프로퍼티의 값을 초기화해주는 겁니다. 어차피 클래스의 프로퍼티는 인스턴스를 생성할 때 초기화되기 때문에, 프로퍼티의 초기값은 인스턴스를 생성하기 전까지만 할당해 줄 수 있으면 문제가 되지 않습니다. 따라서 초기화 구문 내에서 프로퍼티의 값을 할당해 줄 수 있으면 이 프로퍼티의 타입은 옵셔널로 선언하지 않아도 됩니다.

반면 구조체는 이같은 초기값으로부터 자유로워서, 초기값을 할당하지 않고 선언만 하더라도 프로퍼티의 타입을 옵셔널로 지정해 주지 않아도 됩니다. 멤버와이즈 초기화 구문이 제공되기 때문입니다. 멤버와이즈 초기화 구문은 인스턴스 생성 시 인자값을 받아 프로퍼티의 값을 초기화 시켜주는 역할을 한다고 설명했었죠? 이런 멤버와이즈 구문이 프로퍼티 값의 초기화를 보장해주기 때문에 옵셔널 타입으로 지정하지 않아도 되는 겁니다.

실제로 작성된 저장 프로퍼티를 보면서 이야기를 나누어 봅시다.

```
class User {
    var name: String
}
```

User 클래스에 name 프로퍼티를 선언했습니다. 일반 타입의 문자열로 선언된 이 프로퍼티에는 값이 할당되어 있지 않으므로, 스위프트의 컴파일러는 다음과 같은 오류를 발생시킵니다. 내용인즉, 초기화 구문을 정의하고 저장 프로퍼티를 초기화해달라는 거죠.

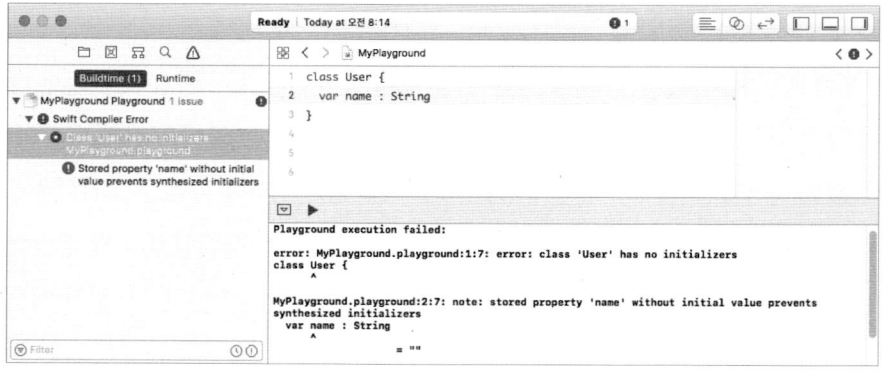

그림 8-4 일반 타입으로 정의된 저장 프로퍼티에 초기값을 할당하지 않았을 때 발생하는 오류

이를 해결하기 위해서는 다음 세 가지 해결책 중 하나를 선택하여 적용해 주어야 합니다. 이들 해결책은 모두 조금 전에 배운 내용을 바탕으로 하는 것들입니다. 위의 내용과 잘 비교해 보시기 바랍니다.

첫 번째 해결책 초기화 구문을 작성하고, 그 안에서 초기값을 할당해 줍니다.

```swift
class User {
    var name: String

    init() {
        self.name = ""
    }
}
```

init( )은 앞에서 잠깐 배운 초기화 구문입니다. 형태가 메소드와 같아서 초기화 메소드라고 불리지만, 일반적인 메소드와 달리 직접 호출되기보다는 인스턴스가 생성될 때 간접적으로 호출되는 경우가 대부분입니다. init 메소드 내부에 작성된 구문은 인스턴스가 생성될 때 실행됩니다.

초기화 구문 내부에서 멤버 변수로 정의된 name을 참조할 때 앞에 self 키워드를 붙여준 것에 주목합시다. 클래스에서 선언된 프로퍼티나 메소드는 self 키워드를 붙여서 구분합니다. 이 키워드를 반드시 붙여주어야 하는 몇 가지 경우를 제외하면 대부분의 경우에서 선택적으로 사용되긴 하지만, 그래도 학생이 소속 학교의 배지를 달고 다니듯이 멤버 변수나 메소드 앞에는 self를 붙여서 구분해 주는 것이 좋습니다. 자세한 것은 뒤에서 다시 다루겠습니다.

두 번째 해결책 프로퍼티를 옵셔널 타입으로 바꿔 줍니다.

```swift
class User {
  var name: String?
}
```
(또는)
```swift
class User {
  var name: String!
}
```

옵셔널 타입으로 프로퍼티를 선언할 경우, 초기화하지 않았더라도 시스템이 자동으로 초기화해주므로 문제가 생기지 않습니다. 옵셔널 타입으로 프로퍼티를 선언할 때에는 두 가지 방법 중 하나를 사용할 수 있는데, 기본 옵셔널 타입과 묵시적 옵셔널 해제 타입이 그것입니다. 프로퍼티 값이 nil이 되지 않을 자신이 있다면 묵시적 옵셔널 해제 타입을 사용하는 것이 편리합니다.

세 번째 해결책 프로퍼티에 초기값을 할당해 줍니다.

```
class User {
    var name: String = ""
}
```

너무 당연한 건가요? 맞습니다. 하지만 애초에 초기값을 할당해주지 않아서 이 모든 일이 벌어진 것이니, 처음부터 빈 초기값을 입력해주면 많은 문제로부터 벗어날 수 있습니다.

저장 프로퍼티의 분류

저장 프로퍼티는 다음 두 가지로 나눌 수 있습니다.

- var 키워드로 정의되는 변수형 저장 프로퍼티(멤버 변수라고 부름)
- let 키워드로 정의되는 상수형 저장 프로퍼티(멤버 상수라고 부름)

이들 프로퍼티는 변수나 상수의 성격을 그대로 물려받아, 값의 수정 여부에 영향을 미칩니다. var 키워드로 정의한 멤버 변수는 값을 얼마든지 수정할 수 있는 반면, let 키워드로 정의한 멤버 상수는 최초에 할당된 값이 변경 없이 그대로 유지됩니다.

다음 예제는 구조체 내부에 상수와 변수로 된 프로퍼티를 정의해서 고정 길이 범위의 정수들과 가변 길이 범위의 정수들을 만들어 냅니다. FixedLengthRange 구조체에는 시작값을 의미하는 startValue 프로퍼티와 범위값을 의미하는 length 프로퍼티가 정의되어 있습니다. 이때 startValue 프로퍼티는 어디서부터 시작할지를 나타내는 속성으로, 변수로 작성했기 때문에 필요할 때마다 값을 바꿀 수 있습니다. 반면 length 프로퍼티로 정의된 범위값은 상수로 작성되어 있습니다. 인스턴스를 생성할 때 입력한 인자값 3이 초기값으로 입력된 후 바뀌지 않고 그대로 유지되는 거죠.

이들 프로퍼티의 변수와 상수 관계에 따라 이 구조체는 언제나 주어진 시작값으로부터 세 개의 정수만을 만들어 냅니다. 0부터 시작하면 0, 1, 2가 될 것이고, 5부터 시작하면 5, 6, 7이 되는 식입니다.

반면 FlexibleLengthRange 구조체는 시작값 프로퍼티(startValue)를 상수로 작성했으므로 시작값은 처음 인스턴스를 생성할 때 초기화한 값으로 고정됩니다. 하지만 값의 범위는 변수이므로 원하는 만큼 범위를 늘리거나 줄일 수 있습니다.

구조체에서 저장 프로퍼티

```
// 고정 길이 범위 구조체
struct FixedLengthRange {
    var startValue: Int // 시작값
    let length: Int // 값의 범위
}

// 가변 길이 범위 구조체
struct FlexibleLengthRange {
    let startValue: Int // 시작값
    var length: Int // 값의 범위
}

// 아래 구조체 인스턴스는 정수값 0,1,2를 의미합니다.
var rangeOfFiexedIntegers = FixedLengthRange(startValue: 0, length: 3)

// 아래처럼 시작값을 변경하면 객체 인스턴스는 정수값 4,5,6을 의미하게 됩니다.
rangeOfFiexedIntegers.startValue = 4

// 아래 구조체 인스턴스는 정수값 0,1,2를 의미합니다.
var rangeOfFlexibleIntegers = FlexibleLengthRange(startValue: 0, length: 3)

// 아래처럼 범위값을 변경하면 객체 인스턴스는 정수값 0,1,2,3,4를 의미하게 됩니다.
rangeOfFlexibleIntegers.length = 5
```

주의해야 할 점은 구조체 인스턴스를 상수에 할당할 경우입니다. 인스턴스를 변수에 할당하면 구조체 내에서 변수로 정의한 저장 프로퍼티는 개발자가 원할 때 얼마든지 값을 수정할 수 있습니다.

```
// 변수에 할당된 구조체 인스턴스라면
var variablesOfInstance = FixedLengthRange(startValue: 3, length: 4)
// 아래와 같이 저장 프로퍼티를 수정할 수 있음
variablesOfInstance.startValue = 0 // (O)
```

하지만 인스턴스를 상수에 할당하면 비록 구조체 내에서 저장 프로퍼티를 변수로 정의했더라도 값을 변경할 수 없습니다.

```
// 반면, 상수에 할당된 구조체 인스턴스라면
let constantsOfInstance = FixedLengthRange(startValue: 3, length: 4)
// 아래와 같이 저장 프로퍼티를 수정하려고 하면 오류가 발생함
constantsOfInstance.startValue = 0 // (X)
```

구조체 인스턴스와 저장 프로퍼티에서 변수 및 상수에 따른 변경 가능 여부를 정리하면 다음과 같습니다.

표 8-1 구조체 프로퍼티의 값 변경 가능 여부

		저장 프로퍼티	
		변수	상수
인스턴스	변수	값 변경 가능	값 변경 불가
	상수	값 변경 불가	값 변경 불가

반면 클래스는 이러한 주의점이 적용되지 않아서, 클래스 인스턴스를 상수에 할당하더라도 클래스 내에서 변수로 선언한 저장 프로퍼티는 얼마든지 값을 수정할 수 있습니다. 이러한 차이는 구조체와 클래스의 값 전달 방식의 차이에서 비롯됩니다. 구조체는 값에 의한 전달 방식으로 인스턴스가 변수나 상수에 할당되고, 클래스는 참조에 의한 전달 방식으로 인스턴스의 레퍼런스가

변수나 상수에 할당되기 때문입니다. 따라서 구조체는 저장 프로퍼티의 값이 바뀌면 상수에 할당된 인스턴스 전체가 변경되고, 클래스는 저장 프로퍼티의 값이 바뀌더라도 상수에 할당된 인스턴스의 레퍼런스는 변경되지 않습니다.

지연 저장 프로퍼티

일반적으로 저장 프로퍼티는 클래스 인스턴스가 처음 생성될 때 함께 초기화되지만, 저장 프로퍼티 정의 앞에 lazy라는 키워드가 붙으면 예외입니다. 키워드에서 짐작할 수 있듯이, 이 키워드는 저장 프로퍼티의 초기화를 지연시킵니다. 클래스 인스턴스가 생성되어 모든 저장 프로퍼티가 만들어지더라도 lazy 키워드가 붙은 프로퍼티는 선언만 될 뿐 초기화되지 않고 계속 대기하고 있다가 프로퍼티가 호출되는 순간에 초기화됩니다. 만약 이 프로퍼티에 클래스나 구조체 인스턴스가 대입된다면, 프로퍼티가 호출되기 전까지는 해당 인스턴스는 초기화되지 않습니다. 이처럼 호출되기 전에는 선언만 된 상태로 대기하다가 실제로 호출되는 시점에서 초기화가 이루어지는 저장 프로퍼티를 **지연 저장 프로퍼티**라고 합니다.

```swift
class OnCreate {
    init() {
        print("OnCreate!!")
    }
}

class LazyTest {
    
    var base = 0
    lazy var late = OnCreate()
    
    init() {
        print("Lazy Test")
    }
}
```

테스트를 위해 두 개의 클래스를 준비했습니다. 하나는 OnCreate라는 이름의 클래스로서 딱히 하는 일은 없습니다. 다만, 인스턴스가 만들어질 때 "OnCreate!!"라는 문자열을 출력해줌으로써 이 클래스의 인스턴스가 생성되었다는 것을 알게 해 주었습니다. init( ) {..}라고 선언된 메소드는 클래스의 초기화 구문입니다. 인스턴스가 생성될 때 실행할 내용을 담은 블록이라고 생각하면 됩니다. 자세한 건 뒤에서 다루도록 합시다.

이어서 선언한 LazyTest 클래스 내부에는 late라는 저장 프로퍼티를 선언하면서 여기에 lazy 키워드를 붙여 지연 저장 프로퍼티로 만들었습니다. 이 프로퍼티의 초기값은 OnCreate 클래스의 인스턴스입니다. 따라서 프로퍼티가 초기화될 때 OnCreate 클래스의 인스턴스가 만들어질 겁니다. LazyTest 클래스 역시 초기화될 때 "Lazy Test"라는 구문을 출력합니다.

두 개의 클래스가 정의되었다면 이제 호출해볼 차례입니다. 먼저 LazyTest 클래스를 인스턴스로 만들어보겠습니다.

```
let lz = LazyTest()
// "Lazy Test"
```

LazyTest 클래스의 인스턴스가 생성되었습니다. 인스턴스가 생성되면 내부에 정의된 초기화 블록도 함께 실행되면서 앞서 우리가 작성해 둔 출력 구문이 표시됩니다. 하지만 아직 OnCreate 클래스의 출력 구문은 보이지 않습니다. late 프로퍼티가 초기화되지 않았다는 뜻입니다. 이제 late 프로퍼티를 호출해 봅시다.

```
lz.late
// "OnCreate!!"
```

late 프로퍼티를 호출하자 이제서야 "OnCreate!!" 구문이 출력됩니다. 이로 미루어 지연 저장 프로퍼티에 대입된 인스턴스는 프로퍼티가 처음 호출되는 시점에서 생성된다는 것을 알 수 있습니다. 만약 호출되지 않는다면 끝까지 인스턴스는 만들어지지 않겠죠. 지연 프로퍼티는 처음으로 호출이 발생할 때 값을 평가하여 초기화되며, 이후 두 번째 호출부터는 처음 초기화된 값을 그대로 사용할 뿐 다시 초기화되지는 않습니다.

클로저를 이용한 저장 프로퍼티 초기화

저장 프로퍼티 중의 일부는 연산이나 로직 처리를 통해 얻어진 값을 이용하여 초기화해야 하는 경우가 있습니다. 스위프트에서는 이와 같은 경우 클로저를 사용하여 필요한 로직을 실행한 다음, 반환되는 값을 이용하여 저장 프로퍼티를 초기화할 수 있도록 지원합니다. 이렇게 정의된 프로퍼티는 로직을 통해 값을 구한다는 점에서 나중에 배울 연산 프로퍼티와 유사하지만 참조될 때마다 매번 값이 재평가되는 연산 프로퍼티와 달리 최초 한 번만 값이 평가된다는 차이를 가집니다.

클로저를 이용하여 저장 프로퍼티를 초기화할 때에는 상수와 변수 모두를 사용할 수 있습니다. 구문의 형식은 다음과 같습니다.

```
let/var 프로퍼티명: 타입 = {
    정의 내용
    return 반환값
}()
```

이렇게 정의된 클로저 구문은 클래스나 구조체의 인스턴스가 생성될 때 함께 실행되어 초기값을 반환하고, 이후로는 해당 인스턴스 내에서 재실행되지 않습니다. 저장 프로퍼티의 값 역시 몇 번을 다시 참조하더라도 재평가되지 않습니다. 비슷한 구문 형식이지만 연산 프로퍼티가 참조될 때마다 매번 재평가된 값을 반환하는 것과 결정적으로 다른 부분이라고 할 수 있죠.

이 구문을 실제로 적용하여 구현한 예제를 보겠습니다.

```swift
class PropertyInit {

    // 저장 프로퍼티 - 인스턴스 생성 시 최초 한 번만 실행
    var value01: String! = {
        print("value01 execute")
        return "value01"
    }()
```

```
        // 저장 프로퍼티 - 인스턴스 생성 시 최초 한 번만 실행
    let value02: String! = {
        print("value02 execute")
        return "value02"
    }()
}
```

변수를 사용한 저장 프로퍼티와 상수를 사용한 저장 프로퍼티 value01, value02를 각각 정의하였습니다. 이들 값은 클로저 구문을 이용하여 초기화하고 있죠. 클로저 구문 내에는 출력 구문을 추가하여, 클로저가 실행될 때마다 로그를 통해 확인할 수 있도록 하였습니다. 클래스 PropertyInit의 인스턴스를 생성해 봅시다.

```
let s = PropertyInit()
```

[실행 결과]
```
value01 execute
value02 execute
```

단순히 클래스의 인스턴스를 생성했을 뿐인데, 실행 결과에 두 개의 메시지가 출력된 것을 볼 수 있습니다. 각각 value01과 value02 프로퍼티의 초기값을 대신하는 클로저 구문입니다. 이는 저장 프로퍼티의 값이 평가되는 시점이 인스턴스를 생성하는 시점이기 때문입니다. 이어서 이들 프로퍼티를 참조해 봅시다.

```
s.value01
s.value02

// 실행 결과 없음
```

저장 프로퍼티를 단순히 참조만 하면 아무런 새로운 로그도 출력되지 않습니다. 이는 저장 프로퍼티에 정의된 클로저 구문이 더 이상 재실행되지 않기 때문입니다.

그런데 만약 클로저 구문을 실행하여 결과값을 저장 프로퍼티에 대입하고 싶지만, 처음부터 클로저를 실행하는 저장 프로퍼티의 특성이 부담스러울 경우에는 어떻게 하면 될까요? 한 번만 실행하려면 단순히 클로저를 사용하여 저장 프로퍼티를 초기화해주면 될 것 같은데, 저장 프로퍼티는 클래스 인스턴스가 생성될 때 자동으로 값을 평가하기 때문에 자칫 클로저를 잘못 구현하면 메모리 자원의 낭비로 이어질 수도 있습니다. 이때에는 앞에서 배운 lazy 구문을 사용하면 됩니다.

lazy 구문은 기본적으로 저장 프로퍼티에 사용되는 구문입니다. 하지만 값이 처음부터 초기화되는 다른 저장 프로퍼티와는 달리 실제로 참조되는 시점에서 초기화된다는 차이점을 가지고 있죠. 구문을 사용하되, 클로저를 통해 초기화하도록 구성하면 클래스 인스턴스가 생성될 때 무조건 실행되는 것이 아니라 실제로 값을 참조하는 시점에 실행되고, 처음 한 번만 실행된 후에는 다시 값을 평가하지 않는 특성을 지닌 저장 프로퍼티를 정의할 수 있습니다. 정의하는 구문의 형식은 다음과 같습니다.

```
lazy var 프로퍼티명 : 타입 = {
    정의 내용
    return 반환값
}()
```

PropertyInit 클래스에 이 구문을 적용하여 프로퍼티를 추가하고 실제로 동작하는 결과를 확인해 봅시다.

```
class PropertyInit {
    …(중략)…

    // 프로퍼티 참조 시에 최초 한 번만 실행
    lazy var value03: String! = {
        print("value03 execute")
        return "value03"
    }()
}
```

PropertyInit 클래스에 value03 프로퍼티를 추가하였습니다. 클로저를 이용하여 초기화하였고, 선언 앞에 lazy 키워드를 붙여 지연 저장 프로퍼티로 정의하였습니다. 이제 다시 클래스의 인스턴스를 생성하고, 추가된 프로퍼티를 참조하겠습니다.

```
let s1 = PropertyInit()
```

[실행 결과]
```
value01 execute
value02 execute
```

새로운 인스턴스 s1을 생성하였습니다. 인스턴스 생성과 동시에 실행되어 로그 메시지가 출력되는 value01, value02의 클로저와는 달리 value03의 클로저는 아직 조용합니다. 클로저가 실행되지 않은 거죠. 이제 value03을 참조할 차례입니다.

```
s1.value03
```

[실행 결과]
```
value03 execute
```

콘솔 영역에 value03에 대한 로그 메시지가 출력되었습니다. value03에 정의된 초기화 클로저가 실행된 거죠. 이어서 한 번 더 value03을 참조해 보겠습니다.

```
s1.value03

//실행결과 없음
```

value03 프로퍼티에 대한 첫 번째 참조에 이어, 두 번째 참조에서는 아무런 메시지도 출력되지 않습니다. 클로저가 실행되지 않았다는 뜻이죠. 저장 프로퍼티의 특성상 최초에 값이 평가되고 나면 이후로는 값이 재평가되지 않기 때문에 클로저 역시 실행되지 않습니다. 이처럼 lazy 키워드를 붙여서 정의한 저장 프로퍼티를 클로저 구문으로 초기화하면 최초 한 번만 로직이 실행되는 데다 실제로 참조되는 시점에 맞추어 초기화되기 때문에 메모리 낭비를 줄일 수 있어 여러 용도로 활용됩니다. 특히 네트워크 소켓 관련 개발을 할 때에는 서버와의 소켓 통신 채널을 최초한 번만 연결해 둔 다음 이를 재사용하여 통신하는 경우가 대부분이기 때문에, lazy 프로퍼티를 클로저로 초기화하여 연결 객체를 저장하는 이같은 방식이 매우 효율적입니다.

8.2.2 연산 프로퍼티

클래스와 구조체에서는 저장 프로퍼티 외에도 연산 프로퍼티를 정의하여 사용할 수 있습니다. **연산 프로퍼티(computed property)**는 필요한 값을 제공한다는 점에서 저장 프로퍼티와 같지만, 실제 값을 저장했다가 반환하지는 않고 대신 다른 프로퍼티의 값을 연산 처리하여 간접적으로 값을 제공합니다. 이때 프로퍼티의 값을 참조하기 위해 내부적으로 사용하는 구문이 get 구문입니다. 함수와 비슷해서 내부적으로 return 키워드를 사용하여 값을 반환하는데, 여기서 반환되는 값이 프로퍼티가 제공하는 값이 됩니다.

또한, 연산 프로퍼티는 선택적으로 set 구문을 추가할 수도 있습니다. 이는 연산 프로퍼티에 값을 할당하거나 변경하고자 할 때 실행되는 구문입니다. 물론 연산 프로퍼티 자체가 값을 저장하지는 않으므로 이때 할당되는 값은 연산의 중요한 요소로 사용됩니다. 선택적이라는 조건이 붙은 만큼 set 구문은 필요에 따라 연산 프로퍼티에서 생략할 수 있습니다. set 구문이 생략되면 외부에서 연산 프로퍼티에 값을 할당할 수 없으며, 내부적인 연산 처리를 통해 값을 제공받는 읽기 전용 프로퍼티가 만들어집니다. 하지만 get 구문은 연산 프로퍼티에서 필수 요소입니다. get 구문이 생략된다면 연산 프로퍼티가 값을 반환하는 기능 자체를 갖지 못하기 때문입니다.

연산 프로퍼티의 정의 형식은 저장 프로퍼티의 정의 형식과 많이 다릅니다. 오히려 함수와 일부 비슷한 모습입니다. 연산 프로퍼티를 정의할 때에는 다음과 같이 프로퍼티 이름과 타입에 이어서 중괄호로 된 실행 블록을 덧붙입니다. 실행 블록 내부에는 get 구문과 set 구문을 작성하죠. 경우에 따라 set 구문은 생략할 수 있습니다. 연산 프로퍼티는 항상 클래스나 구조체, 또는 열거형 내부에서만 사용할 수 있습니다.

```
class/struct/enum 객체명 {
    ...
    var 프로퍼티명 : 타입 {
        get {
            필요한 연산 과정
            return 반환값
        }
        set(매개변수명) {
            필요한 연산구문
        }
    }
}
```

연산 프로퍼티는 다른 프로퍼티에 의존적이거나, 혹은 특정 연산을 통해 얻을 수 있는 값을 정의할 때 사용됩니다. 대표적인 것으로 개인 정보 중에서 나이가 이에 속합니다. 나이는 출생 연도에 의존적이며, 현재 연도를 기준으로 계산해야 하므로 매년 그 값이 달라집니다. 따라서 현재 연도에서 출생 연도를 빼는 연산을 통해 값을 얻어야 문제가 없습니다.

연산 프로퍼티 사용 예 : 나이 계산

```
import Foundation

struct UserInfo {
    // 저장 프로퍼티 : 태어난 연도
    var birth: Int!
    
    // 연산 프로퍼티 : 올해가 몇년도인지 계산
    var thisYear: Int! {
        get {
            let df = DateFormatter()
            df.dateFormat = "yyyy"
            return Int(df.string(from: Date()))
        }
```

```
    }
    
    // 연산 프로퍼티 : 올해 - 태어난 연도 + 1
    var age: Int {
        get {
            return (self.thisYear - self.birth) + 1
        }
    }
}

let info = UserInfo(birth: 1980)
print(info.age)
```

[실행 결과]

37

이번에는 조금 더 복잡한 예제를 다루어 봅시다. 특정 사각형에 대한 정보를 저장하는 구조체에서 연산 프로퍼티를 사용하여 사각형의 중심 좌표를 구하는 예제입니다.

연산 프로퍼티 사용 예 : 사각형의 중심 좌표 계산

```
struct Rect {
    // 사각형이 위치한 기준 좌표(좌측 상단 기준)
    var originX: Double = 0.0, originY: Double = 0.0
    
    // 가로 세로 길이
    var sizeWidth: Double = 0.0, sizeHeight: Double = 0.0
    
    // 사각형의 X 좌표 중심
    var centerX: Double {
        get {
            return self.originX + (sizeWidth / 2)
        }
```

```
            set(newCenterX) {
                originX = newCenterX - (sizeWidth / 2)
            }
        }
        
        // 사각형의 Y 좌표 중심
        var centerY: Double {
            get {
                return self.originY + (self.sizeHeight / 2)
            }
            set(newCenterY) {
                self.originY = newCenterY - (self.sizeHeight / 2)
            }
        }
}

var square = Rect(originX: 0.0, originY: 0.0, sizeWidth: 10.0, sizeHeight: 10.0);
print("square.centerX = \(square.centerX), square.centerY = \(square.centerY)")
```

[실행 결과]

```
square.centerX = 5.0, square.centerY = 5.0
```

이 예제에서 사각형을 의미하는 구조체 Rect는 다음과 같이 네 개의 저장 프로퍼티와 두 개의 연산 프로퍼티를 가집니다.

저장 프로퍼티	
프로퍼티명	의미
originX	사각형의 x축 기준 좌표
originY	사각형의 y축 기준 좌표
sizeWidth	사각형의 가로 길이
sizeHeight	사각형의 세로 길이
연산 프로퍼티	
프로퍼티명	의미
centerX	사각형의 x 중심 좌표
centerY	사각형의 y 중심 좌표

사각형의 기준 좌표 x, y와 가로세로 길이는 모두 저장 프로퍼티로 정의됩니다. 그런데 사각형의 중심 좌표를 저장 프로퍼티로 정의하기는 좀 곤란합니다. 이 값은 도형의 기준 좌표 x, y와 가로세로 길이의 관계에서 얻어지는 의존적인 속성이기 때문입니다. 다시 말해 기준 좌표가 변경되거나 가로세로 길이가 변경되면 그에 따라 중심 좌표가 변경됩니다. 만약 중심 좌푯값을 직접 입력받으면 기준 좌표나 가로세로 길이 값으로부터 연산한 중심 좌표 결과와 일치하지 않을 수 있습니다. 이 때문에 중심 좌표는 연산 프로퍼티로 설정되었습니다.

연산 프로퍼티를 사용하지 않고 프로퍼티의 값 하나하나를 받아 직접 계산해도 사각형의 중심 좌표를 구할 수는 있습니다. 연산 프로퍼티 내부에 정의된 구문을 클래스 바깥으로 옮겨가 각각의 프로퍼티를 이용하여 구하면 됩니다. 하지만 매번 중심 좌표를 구해야 한다면 같은 코드가 계속 사용되어야 할 겁니다. 많이 불편한 것이 사실이죠. 그 대신 연산 프로퍼티에 연산 구문을 정의해 놓으면 이 클래스를 사용하는 내내 중심 좌표를 구하기 위해 반복적으로 코드를 작성해야 하는 일은 없어질 테니 효율적입니다.

위 코드만으로도 충분하지만, 조금만 욕심을 내 봅시다. 위에서 살펴본 구조체를 객체지향 구조로 만들면 어떨까요? Rect 구조체는 네 개의 저장 프로퍼티를 담고 있지만 사실 이 프로퍼티들은 서로 연관성이 있는 두 개씩의 프로퍼티로 이루어져 있습니다. 이 연관성을 기준으로 두 개의 구조체를 정의하겠습니다.

```swift
struct Position {
    var x: Double = 0.0
    var y: Double = 0.0
}

struct Size {
    var width: Double = 0.0
    var height: Double = 0.0
}
```

좌표는 X와 Y 값이 항상 함께 있어야 의미가 있고, 크기 역시 가로와 세로가 함께 있는 것이 좋습니다. 이 때문에 X와 Y를 하나로 묶어 좌표 구조체 Position을 정의하고, 가로와 세로 길이 역시 Size 구조체로 정의하였습니다. 두 개의 구조체를 사용하면 사각형 Rect 구조체 모습도 다음과 같이 변경됩니다.

```swift
struct Rect {
  // 사각형이 위치한 기준 좌표 (좌측 상단 기준)
  var origin = Position()
  // 가로 세로 길이
  var size = Size()
  // 사각형의 X 좌표 중심
  var center: Position {
    get {
      let centerX = self.origin.x + (self.size.width / 2)
      let centerY = self.origin.y + (self.size.height / 2)
      return Position(x: centerX, y: centerY)
    }
    set(newCenter) {
      self.origin.x = newCenter.x - (size.width / 2)
      self.origin.y = newCenter.y - (size.height / 2)
    }
  }
}
```

```
let p = Position(x: 0.0, y: 0.0);
let s = Size(width: 10.0, height: 10.0)

var square = Rect(origin: p, size: s)
print("square.centerX = \(square.center.x), square.centerY = \(square.center.y)")
```

[실행 결과]

```
square.centerX = 5.0, square.centerY = 5.0
```

연산 프로퍼티의 set 구문은 활용하기에 따라 다른 저장 프로퍼티의 값을 변경하는 데도 사용할 수 있습니다. 예를 들어 중심 좌표는 원래 위치 좌표나 가로세로 길이에 영향을 받아 결정되는 의존 속성이지만, 생각을 전환해 보면 중심 좌표를 옮김으로써 기준 좌표의 위치가 이동할 수도 있는 겁니다. 안 그렇습니까? 그리고 우리는 이미 이같은 내용을 center 프로퍼티의 set 구문에 정의해 놓았습니다. 입력된 인자값을 사용하여 기준 좌표 프로퍼티의 값을 변경하고 있는 구문이 눈에 띄네요.

center 프로퍼티의 set 구문을 살펴봅시다. 우리가 연산 프로퍼티에 값을 할당하면 여기에 정의된 구문이 실행됩니다. 프로퍼티에 할당된 값은 set 다음에 오는 괄호의 인자값으로 전달되는데, 이때 인자값의 참조를 위해 매개변수가 사용됩니다. 앞의 예제를 본다면 newCenter가 매개변수의 이름인 거죠. 만약 매개변수명이 생략된다면 'newValue'라는 기본 인자명이 사용됩니다.

그런데 매개변수만 있고 타입은 없는 것이 좀 독특합니다. 이는 연산 프로퍼티에 할당할 수 있는 값의 타입이 앞에서 이미 정의되어 있기 때문입니다. 어차피 입력할 수 있는 타입은 연산 프로퍼티의 타입으로 정해져 있기 때문에, 매개변수에는 타입을 생략할 수 있는 거죠.

중심 좌표의 값을 변경해 봅시다. 일반 프로퍼티에 값을 대입하는 것처럼 바꿀 중심 좌표를 적절한 타입으로 조직해서 넣어주기만 하면 됩니다.

```
square.center = Position(x: 20.0, y: 20.0)
print("square.x = \(square.origin.x), square.y = \(square.origin.y)")
```

연산 프로퍼티 center에 값을 할당하고 있습니다. Position(x: 20.0, y: 20.0)은 Position 구조체로 정의된 인스턴스입니다. 중심 좌표를 (20, 20)으로 하는 값을 가지는 좌표 구조체죠. 이 값을 할당하면 해당 인스턴스를 인자값으로 하는 set 구문이 실행됩니다. 실행 결과는 다음과 같습니다. origin 프로퍼티의 x, y 서브 프로퍼티값이 모두 바뀐 것을 알 수 있죠.

[실행 결과]
```
square.x = 15.0, square.y = 15.0
```

이러한 경우가 때로는 방지되어야 할 때도 있습니다. 또 다른 대표적인 연산 프로퍼티의 예가 바로 배열의 크기를 알려주는 count인데, count 프로퍼티는 실제로 배열에 들어간 아이템의 개수와 같아야 합니다. 그런데 만약 임의로 count 값을 늘리면 어떻게 될까요? 위에서 학습한 대로라면 count 프로퍼티의 값 할당에 의해 배열에 아이템이 추가되어야 할 겁니다. 하지만 배열에 어떤 아이템을 넣어야 하는지도 알 수 없고, 임의로 아무 아이템이나 넣는 것도 곤란합니다. 빈 공백이나 nil을 포함해서 말이죠. 따라서 우리는 배열의 count 프로퍼티는 사용자가 임의로 수정할 수 없도록 제약을 가해야 합니다.

이를 위해서는 set 구문만 제거하면 됩니다. set 구문이 정의되어 있지 않으면 프로퍼티를 통해 값을 읽기만 할 뿐 할당은 할 수 없습니다. 이처럼 읽기만 가능하고 쓰기는 불가능한 프로퍼티를 read-only 프로퍼티, 또는 get-only 프로퍼티라고 하고 우리말로 **읽기 전용 프로퍼티**라고 합니다.

```
// 읽기 전용 (Read-Only) 속성으로 정의된 center 프로퍼티
var center: Position {
    get {
        let centerX = self.origin.x + (self.size.width / 2)
        let centerY = self.origin.y + (self.size.height / 2)
        return Position(x: centerX, y: centerY)
    }
}
```

같은 구문 다른 문법

위와 같이 읽기 전용으로 설정된 연산 프로퍼티는 다음처럼 get 블록의 구분을 생략할 수도 있습니다.

```
var center: Position {
    let centerX = self.origin.x + (self.size.width / 2)
    let centerY = self.origin.y + (self.size.height / 2)
    return Position(x: centerX, y: centerY)
}
```

메소드에 대해 아직 배우지는 않았지만, 연산 프로퍼티는 사실 메소드 형식으로도 표현할 수 있습니다. 실제로 연산 프로퍼티 문법을 제공하지 않는 언어에서는 대부분 연산 프로퍼티의 기능을 메소드로 대신하기도 합니다. 자바에서는 이를 get 메소드, set 메소드라 하여 다른 일반 함수적 기능을 가진 메소드와 구분하죠. 연산 프로퍼티의 get 구문이 get 메소드, set 구문이 set 메소드로 대체되는 것이라고 보면 됩니다. 오브젝티브-C 역시도 연산 프로퍼티와 유사한 기능 구현을 목적으로 일부 타입의 프로퍼티에 대하여 get, set 메소드를 자동으로 만들어 주기도 합니다. 다음은 연산 프로퍼티 대신 메소드를 사용하여 같은 코드를 표현한 모습입니다.

```
struct Rect {

    …(중략)…

    func getCenter() -> Position {
        let centerX = self.origin.x + (self.size.width / 2)
        let centerY = self.origin.y + (self.size.height / 2)
        return Position(x: centerX, y: centerY)
    }
    mutating func setCenter(newCenter : Position) {
        self.origin.x = newCenter.x - (size.width / 2)
        self.origin.y = newCenter.y - (size.height / 2)
    }
}
```

실제 구현 코드 내용은 연산 프로퍼티와 완전히 같습니다. 단지 연산 프로퍼티에서 get, set 타입으로 정의되던 형식이 각각 getCenter, setCenter 메소드로 바뀌었을 뿐이죠. setCenter 메소드 앞에 mutating 키워드가 붙은 것은 일반적으로 구조체는 메소드 내에서 프로퍼티를 수정할 수 없는 제약이 있는데, 이 제약을 풀고 메소드 내에서 멤버 변수를 수정하기 위해서입니다.

참고로 연산 프로퍼티의 get, set 구문은 C#에서 빌려온 개념입니다. get, set 구문과 연산 프로퍼티에 대한 폭넓은 설명이 필요하다면 C#의 프로퍼티에 대해 학습해보기 바랍니다.

8.2.3 프로퍼티 옵저버

왕년에 스타크래프트 좀 해본 분이면 대부분 프로토스 종족의 옵저버를 본 적 있을 겁니다. 소리 없이 떠서는 여기저기 다른 기지를 돌아다니며 상태의 변화를 관찰하는 유닛이죠. 옵저버를 상대방의 기지 위에 띄워 놓으면 굳이 그곳까지 병력을 진출시키지 않아도 어떤 일을 하고 있는지, 어떤 변화가 발생하는지 속속들이 다 알 수 있어 무척 유리한 고지를 점할 수 있습니다.

프로퍼티 옵저버(Property Observer)는 스위프트 프로그래밍에서 이와 비슷한 역할을 하는 구문입니다. 특정 프로퍼티를 계속 관찰하고 있다가 프로퍼티의 값이 변경되면 이를 알아차리고 반응하죠. 프로퍼티 옵저버는 우리가 프로퍼티의 값을 직접 변경하거나 시스템에 의해 자동으로 변경하는 경우에 상관없이 일단 프로퍼티의 값이 설정되면 무조건 호출됩니다. 심지어 프로퍼티에 현재와 동일한 값이 재할당되더라도 어김없이 호출됩니다. 저장 프로퍼티에 값을 대입하는 구문이 수행되거나 연산 프로퍼티에서 set 구문이 실행되는 모든 경우에 프로퍼티 옵저버가 호출된다고 생각하면 됩니다.

프로퍼티 옵저버에는 두 가지 종류가 있습니다. willSet과 didSet이죠. 둘의 특성에 대해서는 아래를 참고하면 됩니다.

- **willSet** 프로퍼티의 값이 변경되기 직전에 호출되는 옵저버
- **didSet** 프로퍼티의 값이 변경된 직후에 호출되는 옵저버

willSet 옵저버를 구현해 둔 프로퍼티에 값을 대입하면 그 값이 프로퍼티에 대입되기 직전에 willSet 옵저버가 실행됩니다. 이때 프로퍼티에 대입되는 값이 옵저버의 실행 블록에 매개상수 형식으로 함께 전달됩니다. 프로퍼티의 값이 변경되기 전에 처리해야 할 뭔가가 있다면 이 값을 이용하여 처리하면 됩니다.

단, 전달된 값은 참조할 수는 있지만, 수정할 수는 없습니다. 어쨌거나 상수 형태로 전달하는 값이니까요. 이 값을 편리하게 다루기 위해 willSet 구현 블록 내에서 사용할 이름을 부여할 수 있는데, 이는 선택사항이므로 반드시 부여해야 하는 것은 아닙니다. 매개상수에 이름을 부여하지 않을 때는 매개상수 이름과 괄호를 모두 생략해 주면 됩니다.

물론 이름을 생략한다고 해서 값이 전달되지 않는 것은 아닙니다. 이 값은 여전히 매개상수 형태로 전달되지만 시스템이 사용하는 기본 상수명인 **newValue**라는 이름으로 전달되므로 이 상수를 사용해서 필요한 작업을 처리할 수 있습니다. 종종 willSet 구문에서 newValue라는 상수가 사용되는 것을 보고 '어? 이 상수는 정의한 적이 없는데 어디서 나타난 거죠?' 하고 당황해하는 분들이 있는데, 시스템에서 만들어서 제공하는 상수라는 점을 기억해 두기 바랍니다.

willSet 옵저버의 정의 구문은 아래와 같습니다.

```
var <프로퍼티명> : <타입> [ = <초기값> ] {
    willSet [ (<인자명>) ] {
        <프로퍼티 값이 변경되기 전에 실행할 내용>
    }
}
```

문법 형식에서 대괄호 [ ]에 둘러싸여서 표시되는 부분은 생략이 가능한 부분이라는 것을 의미합니다. 실제로 옵저버 구문을 작성할 때 대괄호는 표시하지 않습니다.

didSet 옵저버도 willSet과 비슷한 특성을 가집니다. 이 옵저버는 프로퍼티에 값이 할당된 직후에 호출되는데, 새로 할당된 값이 아닌 기존에 저장되어 있던 값이 매개상수 형태로 전달됩니다. 이 값을 didSet 구현 블록 내에서 사용하기 위한 이름을 부여할 수 있지만, 생략하더라도 oldValue라는 이름으로 자동 전달되기 때문에 값을 사용하는 데는 아무런 문제가 없습니다.

didSet 구문에서 새로 할당된 값이 필요할 때에는 어떻게 해야 하나요?

새로 할당된 값이 필요할 경우에는 프로퍼티 자체를 그냥 참조하면 됩니다. 새로운 값은 이미 프로퍼티에 저장되어 있는 상태이니까요. 다시 강조하지만 didSet 옵저버가 호출되는 시점은 이미 프로퍼티에 새로운 값이 대입된 후라는 것을 잊지 마세요.

표 8-2

	예전 값	새로운 값
willSet	프로퍼티를 참조	newValue를 참조
didSet	oldValue를 참조	프로퍼티를 참조

didSet 옵저버를 정의하는 구문은 다음과 같습니다.

```
var <프로퍼티명> : <타입> [ = <초기값> ] {
    didSet [ (<인자명>) ] {
        <프로퍼티 값이 변경된 후에 실행할 내용>
    }
}
```

항상 willSet 옵저버와 didSet 옵저버를 함께 구현해야 하는 것은 아닙니다. 어느 한쪽 옵저버만 필요한 경우에는 나머지 하나는 구현할 필요 없이, 사용해야 할 옵저버만 선택적으로 구현하면 됩니다.

저장 프로퍼티에 willSet과 didSet를 구현한 예

```
struct Job {
    var income: Int = 0 {
        willSet(newIncome) {
            print("이번 달 월급은 \(newIncome)원입니다. ")
        }
```

```
        didSet {
            if income > oldValue {
                print("월급이 \(income - oldValue)원 증가하셨네요. 소득세가 상향조정될 예정입니다.")
            } else {
                print("저런, 월급이 삭감되었군요. 그래도 소득세는 깎아드리지 않아요. 알죠?")
            }
        }
    }
}
```

직장인의 마음을 다소 아프게 만드는 예제로군요. 필자가 작성한 코드임에도 마음이 찡하네요. 직장인들의 월급을 항상 매의 눈으로 주시하고 있다가 월급이 오르기 무섭게 추가된 소득세를 챙겨가는 국세청을 프로퍼티 옵저버로 표현하고 있다고나 할까요?

위 예제에서는 직업을 저장하는 Job 구조체에 월급을 뜻하는 income 프로퍼티가 선언되어 있습니다. 직업에는 월급 속성도 있어야 하니까요. 이 프로퍼티의 초기값은 0으로 할당되어 있지만, Job 구조체를 초기화할 때 인자값을 넣어주면 그 값으로 초기화됩니다. income 프로퍼티에는 willSet과 didSet 옵저버가 각각 구현되어 있는데, willSet은 프로퍼티에 할당될 새로운 값을 매개상수인 newIncome으로 전달받습니다. 이는 willSet 구현 블록 내부에서 새로 할당되는 값을 사용할 때 newIncome이라는 이름으로 사용할 수 있게 하고자 우리가 직접 정의한 매개상수입니다. 이렇게 정의된 willSet 구문에서는 매개상수를 이용하여 메시지를 출력합니다.

이와는 달리 didSet 구문에서는 매개상수 선언을 생략했습니다. 매개상수를 선언하기 위한 괄호도 생략되었죠. 이 경우 oldValue라는 기본 이름을 사용하면 바뀌기 전의 income 프로퍼티 값을 읽어올 수 있습니다. 이미 값의 할당이 끝난 직후에 호출되는 구문이므로 현재의 income 프로퍼티에는 새로운 값이 할당되어 있습니다. 즉 income에는 새로운 값이, oldValue에는 바뀌기 전 값이 저장된 상태입니다. 이 두 개의 변수와 상수를 이용하면 바뀌기 전과 바뀐 후를 직접 비교할 수 있습니다. 두 값을 비교하여 월급이 올랐다면 소득세를 인상하고, 월급이 오르지 않고 유지되거나 삭감되었다면 소득세를 기존대로 유지한다는 문장이 각각 출력됩니다.

우선 월급의 초기값을 백만 원으로 입력해서 Job 인스턴스를 생성하겠습니다.

```
var job = Job(income: 1000000)
```

월급이 백만 원인 Job 인스턴스가 생성되어 job 변수에 할당되었습니다. 상수가 아닌 변수에 할당한 것은 조금 후 income 프로퍼티의 속성을 변경하기 위해서입니다. 월급을 올려봅시다.

```
job.income = 2000000
```

[실행 결과]

이번 달 월급은 2000000원입니다.
월급이 1000000원 증가하셨네요. 소득세가 상향조정될 예정입니다.

두 개의 메시지가 출력됩니다. 첫 번째 메시지는 willSet 구문에서 출력된 것이고, 두 번째 메시지는 didSet 구문에서 출력된 것입니다. 아래 그림은 프로퍼티의 값 변화 과정과 프로퍼티 옵저버의 실행을 순서대로 나타내고 있습니다.

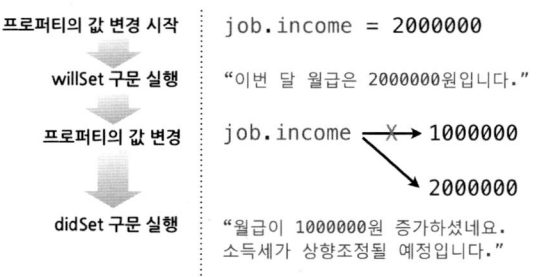

그림 8-5 프로퍼티의 값 변화와 프로퍼티 옵저버의 실행 과정

이번에는 월급을 삭감해 봅니다. 이백만 원으로 올랐던 월급을 다시 백오십만 원으로 내리는 겁니다. 눈물이 앞을 가리네요ㅜ.ㅜ

```
job.income = 1500000
```

[실행 결과]

이번 달 월급은 1500000원입니다.

저런. 월급이 삭감되었군요. 그래도 소득세는 깎아드리지 않아요. 알죠?

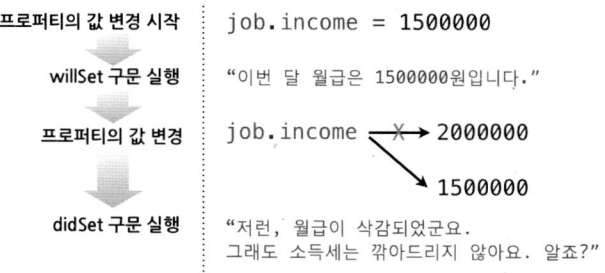

그림 8-6 프로퍼티의 값 변화와 프로퍼티 옵저버의 실행 과정

willSet과 마찬가지로 두 개의 메시지가 출력됩니다. 첫 번째 메시지는 willSet 구문에서 출력된 것이고, 두 번째 메시지는 didSet 구문에서 출력된 것이죠. 이처럼 프로퍼티 옵저버는 프로퍼티에 구현해 두면 그 뒤로는 신경 쓰지 않아도 알아서 동작하므로 값의 변화를 주시하고 있어야 할 때, 혹은 값의 변화에 따른 처리가 필요할 때 요긴하게 사용되는 기능입니다.

8.2.4 타입 프로퍼티

앞에서 학습해 본 저장 프로퍼티나 연산 프로퍼티는 클래스 또는 구조체 인스턴스를 생성한 후 이 인스턴스를 통해서만 참조할 수 있는 프로퍼티였습니다. 이는 이들 프로퍼티가 인스턴스에 관련된 값을 저장하고 다루므로 인스턴스 프로퍼티(Instance Property)라고 부릅니다. 하지만 경우에 따라서는 인스턴스에 관련된 값이 아니라 클래스나 구조체, 또는 열거형과 같은 객체 자체에 관련된 값을 다루어야 할 때도 있는데, 이때는 인스턴스를 생성하지 않고 클래스나 구조체 자체에 값을 저장하게 되며 이를 타입 프로퍼티(Type Property)라고 부릅니다.

타입 프로퍼티는 클래스나 구조체의 인스턴스에 속하는 값이 아니라 클래스나 구조체 자체에 속하는 값이므로 인스턴스를 생성하지 않고 클래스나 구조체 자체에 저장하게 되며, 저장된 값은 모든 인스턴스가 공통으로 사용할 수 있습니다. 인스턴스 프로퍼티는 개별 인스턴스마다 다른 값을 저장할 수 있어서 하나의 인스턴스에서 변경한 프로퍼티의 값은 그 인스턴스 내에서만 유지될 뿐 나머지 인스턴스에 영향을 미치지 않지만, 타입 프로퍼티는 인스턴스가 아무리 많더라도 모든 인스턴스가 하나의 값을 공용으로 사용합니다.

이 값은 복사된 것이 아니라 실제로 하나의 값이므로 하나의 인스턴스에서 타입 프로퍼티의 값을 변경하면 나머지 인스턴스들이 일괄적으로 변경된 값을 적용받습니다. 이런 특성 때문에 타입 프로퍼티는 특정 클래스나 구조체, 그리고 열거형에서 모든 인스턴스들이 공유해야 하는 값을 정의할 때 유용합니다.

타입 프로퍼티를 선언하고 사용하는 방식을 알아봅시다.

타입 프로퍼티의 모델이 되는 C나 오브젝티브-C에서 동일한 역할을 하는 global static 상수와 변수는 전역 범위를 가집니다. 그러나 스위프트에서 타입 프로퍼티는 클래스나 구조체, 열거형 객체 내에 선언하는 것이므로 선언된 객체 내에서만 접근 가능한 범위를 가집니다.

타입 프로퍼티를 선언하는 요령은 클래스와 구조체 모두에서 같습니다. 일반적으로 클래스나 구조체의 정의 블록 내에서 타입 프로퍼티로 사용할 프로퍼티 앞에 static 키워드만 추가해주면 됩니다. 이 키워드는 구조체나 클래스에 관계없이 저장 프로퍼티와 연산 프로퍼티에 모두 사용할 수 있습니다. 타입 프로퍼티를 정의하는 또 다른 키워드인 class는 클래스에서 연산 프로퍼티에만 붙일 수 있는 키워드입니다. 구조체이거나 저장 프로퍼티일 경우에는 사용할 수 없죠. 이 키워드를 사용하여 타입 프로퍼티를 선언하면 상속받은 하위 클래스에서 재정의(Override)할 수 있는 타입 프로퍼티가 됩니다. 상속에 대한 자세한 개념은 나중에 다시 다룹니다.

클래스 내에서

```
static let/var 프로퍼티명 = 초기값
```

또는

```
class let/var 프로퍼티명 : 타입 {
    get {
        return 반환값
    }
    set {
    }
}
```

변수나 상수 어느 것이든 타입 프로퍼티로 사용할 수 있지만, 이를 이용하여 정의한 저장 프로퍼티를 타입 프로퍼티로 선언할 때는 초기값을 반드시 할당해야 합니다. 타입 프로퍼티는 인스턴스와 상관없기 때문에 인스턴스 생성 과정에서 초기값을 할당할 수 없기 때문입니다. 실제로 타입 프로퍼티를 선언한 예를 봅시다.

```
struct Foo {
    // 타입 저장 프로퍼티
    static var sFoo = "구조체 타입 프로퍼티값"

    // 타입 연산 프로퍼티
    static var cFoo: Int {
        return 1
    }
}

class Boo {
    // 타입 저장 프로퍼티
    static var sFoo = "클래스 타입 프로퍼티값"
```

```
    // 타입 연산 프로퍼티
    static var cFoo: Int {
        return 10
    }

    // 재정의가 가능한 타입 연산 프로퍼티
    class var oFoo: Int {
        return 100
    }
}
```

앞의 예제에서는 구조체 Foo와 클래스 Boo 각각에 타입 프로퍼티가 선언되어 있습니다. Foo 구조체에는 저장 프로퍼티와 연산 프로퍼티가 각각 타입 프로퍼티로 선언되어 있고, Boo 클래스에는 저장 프로퍼티 하나와 연산 프로퍼티 두 개가 타입 프로퍼티로 선언되어 있는데, 연산 프로퍼티 두 개 중 하나는 static 키워드를 사용하여, 나머지 하나는 class 키워드를 사용하여 타입 프로퍼티로 정의합니다. class 키워드를 사용하여 정의한 oFoo는 Boo 클래스를 상속받는 하위 클래스에서 재정의할 수 있는 타입 프로퍼티라는 점이 cFoo와 다른 점입니다.

이렇게 선언된 타입 프로퍼티들은 별도의 인스턴스 생성 없이 사용 가능합니다. 클래스나 구조체 자체에 점 구문을 이용하여 타입 프로퍼티를 참조하면 됩니다.

```
print(Foo.sFoo)
// "구조체 타입 프로퍼티값"

Foo.sFoo = "새로운 값"
print(Foo.sFoo)
// "새로운 값"

print(Boo.sFoo)
// "클래스 타입 프로퍼티값"

print(Boo.cFoo)
// 10
```

타입 프로퍼티는 인스턴스에 속하지 않는 값이므로 만약 인스턴스를 생성한 다음 점 구문을 이용하여 타입 프로퍼티를 읽으려고 하면 선언되지 않은 프로퍼티라는 오류가 발생합니다. 타입 프로퍼티는 반드시 클래스나 구조체, 또는 열거형 자체와 함께 사용해야 합니다.

8.3 메소드

메소드(Method)는 일종의 함수로서, 클래스나 구조체, 열거형과 같은 객체 내에서 함수가 선언될 경우 이를 메소드라고 통칭합니다. 즉, 메소드는 특정 타입의 객체 내부에서 사용하는 함수라고 할 수 있습니다. 함수와 메소드의 차이점은 구현 목적이 가지는 독립성과 연관성에 있습니다. 함수는 독립적인 기능을 구현하기 위해 만들어지는 것이지만, 메소드는 하나의 객체 내에 정의된 다른 메소드들과 서로 협력하여 함수적인 기능을 수행합니다.

메소드는 크게 **인스턴스 메소드(Instance Method)**와 **타입 메소드(Type Method)**로 구분되는데, 객체의 인스턴스를 생성해야 사용할 수 있는 메소드가 인스턴스 메소드, 객체의 인스턴스를 생성하지 않아도 사용할 수 있는 메소드가 타입 메소드입니다. 다시 말해 인스턴스 메소드는 주어진 객체의 인스턴스와 함께 특수한 임무나 함수적인 기능을 수행하도록 캡슐화된 메소드이고, 타입 메소드는 객체 타입 자체에 관련된 메소드인 셈입니다.

앞에서 객체와 인스턴스의 관계에 대해 설명하면서 객체는 원형 또는 일종의 틀이며 인스턴스는 그 틀을 이용하여 만들어낸 실질적이고 구체적인 것이라고 설명했습니다. 두 가지 종류의 메소드도 여기에서 크게 벗어나지 않습니다. 원형이나 틀에 관련된 메소드가 타입 메소드, 틀을 이용하여 만들어 낸 구체적이고 실질적인 것에 관련된 메소드가 인스턴스 메소드라고 생각하면 됩니다.

당연히 인스턴스 메소드는 객체 타입 자체로는 호출할 수 없고, 반드시 인스턴스를 생성한 후에야 호출할 수 있다는 점에서 객체 타입 상태에서도 호출할 수 있는 타입 메소드와 구분됩니다. 타입 메소드는 오브젝티브-C에서의 **클래스 메소드(Class Method)**와 유사합니다.

클래스의 메소드와 구조체의 메소드는 크게 다르지 않습니다. 수정 여부에 대한 몇 가지 항목을 제외하면 단순히 클래스 내에서 정의되었거나 구조체 내에서 정의되었다는 점만 다를 뿐, 나머지 특징은 모두 비슷합니다.

8.3.1 인스턴스 메소드

인스턴스 메소드(Instance Method)는 클래스, 구조체 또는 열거형과 같은 객체 타입이 만들어내는 인스턴스에 소속된 함수입니다. 인스턴스 메소드는 인스턴스 프로퍼티에 접근하거나 수정하는 방법을 제공하거나 인스턴스의 생성 목적에 따른 함수적 관계성을 제공하는 등 객체의 인스턴스에 대한 기능적 측면을 제공합니다. 인스턴스 메소드는 객체 타입 내부에 선언된다는 점을 제외하고는 일반 함수와 선언하는 형식이 완전히 동일합니다.

인스턴스 메소드는 같은 객체 내에서 정의된 다른 인스턴스 메소드나 인스턴스 프로퍼티에 접근할 수 있도록 권한이 부여되며, 해당 메소드가 속한 인스턴스를 통해서만 호출될 수 있습니다. 인스턴스 없이 독립적으로 호출될 수 없다는 뜻입니다. 따라서 인스턴스 메소드는 구조체나 클래스, 열거형 등의 객체 타입을 인스턴스화 한 후, 이 인스턴스를 통하여 호출하게 됩니다.

구조체와 클래스에 인스턴스 메소드를 정의해 봅시다.

인스턴스 메소드 선언

```
struct Resolution {
    var width = 0
    var height = 0

    // 구조체의 요약된 설명을 리턴해주는 인스턴스 메소드
    func desc() -> String {
        let desc = "이 해상도는 가로 \(self.width) X \(self.height) 로 구성됩니다."
        return desc
    }
}

class VideoMode {
    var resolution = Resolution()
    var interlaced = false
    var frameRate = 0.0
    var name: String?
```

```
    // 클래스의 요약된 설명을 리턴해주는 인스턴스 메소드
    func desc() -> String {
        if self.name != nil {
            let desc = "이 \(self.name!) 비디오 모드는 \(self.frameRate)의 프레임 비율로 표시됩니다."
            return desc
        } else {
            let desc = "이 비디오 모드는 \(self.frameRate)의 프레임 비율로 표시됩니다."
            return desc
        }
    }
}
```

위 예제에서는 Resolution 구조체와 VideoMode 클래스 양쪽에 desc( ) 함수가 추가되었습니다. 이 desc( ) 함수가 구조체와 클래스의 멤버인 **메소드(Method)**입니다. 더 정확하게는 인스턴스 메소드죠. 메소드의 선언 형식은 일반 함수와 같지만, 다음 세 가지 항목에서 인스턴스 메소드는 일반 함수와 차이가 있습니다.

1. 구조체와 클래스의 인스턴스에 소속된다는 점
2. 메소드 내에서 정의된 변수와 상수뿐만 아니라 클래스 범위에서 정의된 프로퍼티도 모두 참조할 수 있다는 점
3. self 키워드를 사용할 수 있다는 점

예제 구문을 하나씩 살펴봅시다. 구조체 Resolution에서 선언된 desc( ) 메소드는 내부 프로퍼티 width, height를 이용하여 구조체를 요약하는 설명 문장을 만든 다음 이를 반환하는 역할을 합니다. 그런데 width와 height 프로퍼티를 읽어올 때 프로퍼티 이름 앞에 뭔가가 붙어있죠? 이처럼 인스턴스 메소드 내에서 프로퍼티를 읽어올 경우 다음 형식으로 참조해야 합니다.

self.프로퍼티명

프로퍼티 앞에 붙은 self 키워드는 클래스나 구조체 자신을 가리킵니다. 정확히는 클래스나 구조체의 인스턴스 자신을 가리킨다고 할 수 있죠. self 키워드와 프로퍼티 이름을 구분해주는 점(.)은 일종의 소속 연산자로서 '~의'라는 소속의 의미를 나타냅니다. 이를 종합해보면 self.width라는 것은 '클래스나 구조체 자신의 인스턴스에 속한 width 프로퍼티'라는 의미가 됩니다. 즉, 클래스나 구조체의 멤버로 선언된 width라는 뜻이죠.

원래대로라면 width는 인스턴스 프로퍼티이므로 다음과 같이 인스턴스를 통해서만 값에 접근할 수 있습니다.

```
var res = Resolution()
res.width
```

하지만 인스턴스는 클래스 외부에서 접근할 수 있을 뿐, 클래스 내부에서는 어느 인스턴스에 할당된 것인지에 대한 정보를 정확히 알 수가 없습니다. 막말로 어떤 변수에 인스턴스를 할당했는지 클래스 내부의 요소들이 알게 뭡니까? 이 때문에 인스턴스 이름 대신 self라는 키워드를 사용하여 자기 자신의 인스턴스라는 것을 표현하는 겁니다.

프로퍼티에 반드시 self 키워드를 붙이지 않더라도, 똑똑한 우리의 스위프트 컴파일러는 이 변수가 프로퍼티라는 것을 대부분의 경우에서 잘 인식하고, 사용하는 데 문제가 없도록 처리합니다. 이 때문에 self 키워드를 생략하고 사용하는 경우도 많습니다. 하지만 반드시 self 키워드를 붙여주어야 할 때가 있는데, 메소드 내부에 프로퍼티와 동일한 이름을 가진 변수나 상수가 선언되었을 때입니다.

이렇게 되면 이름만으로는 프로퍼티와 일반 변수를 구분할 수 없기 때문에 다른 구분 요소가 필요합니다. 이때 둘 사이를 구분해 주는 것이 바로 self 키워드입니다. 일반 변수에는 self 키워드를 붙일 수 없기 때문에 self 키워드가 붙은 변수는 프로퍼티로, 붙지 않은 변수는 일반 변수로 판단하는 거죠. 다시 말해 **프로퍼티와 일반 변수의 이름이 충돌할 경우에는 프로퍼티 앞에 반드시 self 키워드를 붙여 주어야 한다**는 의미입니다. 다음 예제는 self 키워드를 사용하여 프로퍼티와 일반 변수를 구분하는 예를 보여주고 있습니다.

```
struct Resolution {
    var width = 0
    var height = 0
    
    func judge() -> Bool {
        let width = 30
        return self.width == width
    } // false
}
```

위 예제에서 추가된 judge 메소드는 self 키워드의 설명을 돕기 위해 임시로 추가한 것입니다. 이어지는 예제에서는 더 이상 사용하지 않을 메소드이므로 이후의 소스 코드에서 jugde 메소드가 보이지 않는다고 하여 혼동하지 말기 바랍니다.

judge 메소드가 하는 역할은 단순합니다. 지역 상수인 width를 선언하고, 여기에 30이라는 값을 할당했습니다. 그리고 self.width와 width 값을 비교하여 그 결과를 반환하고 있죠. 구조체의 멤버로 width 변수가 정의되어 있고, judge 메소드 내부에서 다시 width가 정의되어 있습니다. 그리고 마지막 줄에서 self.width와 width 값을 비교하고 있죠.

결과는 false입니다. 즉, self.width와 width는 서로 다른 객체라는 것을 알 수 있습니다. 이때 만약 멤버 프로퍼티 앞에 self를 붙이지 않는다면 judge 메소드 내에서 멤버 프로퍼티인 width는 사용할 수 없습니다. 이미 메소드 내부에서 width가 선언되었고, 컴파일러는 변수나 상수를 검색하는 기본 규칙에 따라 내부에서 선언된 width를 우선순위로 사용하기 때문입니다. 이러한 상황을 방지하기 위해 self 키워드가 사용됩니다.

self 키워드는 변수나 상수의 입장에서 보면 클래스나 구조체의 한 축을 이루는 당당한 멤버라는 것을 나타냅니다. 프로퍼티들은 자신이 지역 변수로 오해받을 위험에 처하면 지역 변수가 아닌 멤버 변수라는 것을 알리기 위해 self 키워드를 사용합니다.

다시 원래의 이야기로 돌아가, VideoMode 클래스의 메소드를 확인해봅시다. VideoMode 클래스에서 정의된 desc( )는 self.name, self.frameRate를 이용하여 문자열 템플릿을 구성한 후 값을 반환합니다. 이 과정에서 self.name은 옵셔널 타입이므로 값이 있으면 강제 해제 연산자를 사용하여 옵셔널을 해제한 다음에 내부에 저장된 값을 사용하고, 값이 없으면 else 구문으로 분기된 별도의 반환값을 출력하도록 나누어집니다.

또 다른 예제를 하나 더 봅시다. 다음 예제에서는 Counter라는 이름의 간단한 클래스를 정의하고 있습니다. 이 클래스는 특정 동작이 발생한 횟수를 카운트하는 데 사용되는 객체입니다.

```swift
class Counter {
    // 카운트를 저장할 프로퍼티
    var count = 0

    // 카운트를 1 증가
    func increment() {
        self.count += 1
    }
    // 입력된 값만큼 카운트를 증가
    func incrementBy(amount: Int) {
        self.count += amount
    }
    // 카운트를 0으로 초기화
    func reset() {
        self.count = 0
    }
}
```

Counter 클래스에는 세 개의 인스턴스 메소드와 하나의 변수 프로퍼티가 정의되어 있습니다. count 프로퍼티는 현재 카운터 값을 저장하기 위한 목적으로 사용됩니다. 나머지 각 메소드의 역할은 샘플 코드 내에 작성된 주석을 참고하기 바랍니다.

인스턴스 메소드를 호출할 때는 인스턴스 프로퍼티를 참조할 때와 마찬가지로 **점 구문(dot syntax)**을 사용하여 호출합니다. 인스턴스를 할당한 상수 또는 변수와 메소드 사이에 점을 사용하여 연결하면 됩니다.

```
// Counter 클래스의 인스턴스를 생성합니다. 초기 카운터 값은 0입니다.
let counter = Counter()

// 카운터 값을 증가시킵니다. 이제 카운터 값은 1입니다.
counter.increment()

// 카운터 값을 5만큼 증가시킵니다. 이제 카운터 값은 6입니다.
counter.incrementBy(amount: 5)

// 카운터 값을 초기화시킵니다. 이제 카운터 값은 0입니다.
counter.reset()
```

인자값이 있는 메소드를 호출할 때에는 함수와 동일한 규칙이 적용됩니다. 즉, 호출 시 인자값 앞에 인자 레이블을 붙여주어야 합니다. 외부 매개변수가 따로 지정되어 있지 않다면 매개변수명을 그대로 인자 레이블로 사용하고, 외부 매개변수를 지정한 경우에는 이것을 인자 레이블로 사용합니다. 인자 레이블을 사용하고 싶지 않다면 외부 매개변수명 자리에 언더바(_)를 붙이면 됩니다. 이처럼 메소드가 함수와 동일한 표현 방식을 사용할 수 있는 것은 객체 타입에 속해있다는 점을 제외하면 단순히 함수이기 때문입니다.

주의해야 할 점이 하나 있습니다. 구조체나 열거형의 인스턴스 메소드 내부에서 프로퍼티의 값을 수정할 때는 반드시 메소드의 앞에 'mutating'이라는 키워드를 추가해야 합니다. 이 키워드가 추가되지 않은 상태에서 프로퍼티의 값을 변경하고자 하면 오류가 발생합니다. 내부 프로퍼티의 값을 수정할 때는 반드시 mutating 키워드를 사용하여 내부 프로퍼티 값을 수정하는 메소드라는 것을 컴파일러에 알려주어야 합니다. 또 하나, 구조체나 열거형 인스턴스를 상수로 할당받으면 mutating 메소드를 호출할 수 없습니다. 내부의 값을 전혀 변경할 수 없는 상수에 값 타입의 객체가 할당되면 일체 프로퍼티 값을 수정할 수 없기 때문이죠. 아래 예제는 프로퍼티를 수정하기 위해 mutating 키워드를 사용하는 구조체의 예를 보여주고 있습니다.

```swift
struct Point {
    var x = 0.0, y = 0.0
    mutating func moveByX(x deltaX: Double, y deltaY: Double) {
        self.x += deltaX
        self.y += deltaY
    }
}
var point = Point(x: 10.5, y: 12.0)
point.moveByX(x: 3.0, y: 4.5)
print("이제 새로운 좌표는 (\(point.x), \(point.y))입니다")
```

[실행 결과]

이제 새로운 좌표는 (13.5, 16.5)입니다

이와는 달리 클래스의 인스턴스 메소드에서는 프로퍼티를 수정할 때 별도의 키워드를 필요로 하지 않습니다. 클래스에 정의된 모든 인스턴스 메소드는 인스턴스 내의 프로퍼티를 원하는 대로 수정할 수 있습니다.

```swift
class Location {
    var x = 0.0, y = 0.0
    
    func moveByX(x deltaX: Double, y deltaY: Double) {
        self.x += deltaX
        self.y += deltaY
    }
}
var loc = Location( )
loc.x = 10.5
loc.y = 12.0
loc.moveByX(x: 3.0, y: 4.5)

print("이제 새로운 좌표는 (\(loc.x), \(loc.y))입니다")
```

[실행 결과]

이제 새로운 좌표는 (13.5, 16.5)입니다

8.3.2 타입 메소드

앞에서 설명한 인스턴스 메소드는 특정 타입의 인스턴스에 의해 호출되는 메소드로서, 반드시 인스턴스를 통해서만 호출할 수 있습니다. 인스턴스를 생성하지 않고는 호출할 수 없죠. 이와는 다르게 인스턴스를 생성하지 않고도 객체 타입 자체에서 호출할 수 있는 메소드가 있습니다. 이를 **타입 메소드**(Type Method)라고 부릅니다. 앞에서 프로퍼티 과정을 학습할 때 타입 프로퍼티를 배웠는데요. 이 특성을 메소드로 옮긴 것이 타입 메소드입니다. 인스턴스를 생성하지 않고도 클래스나 구조체 자체에서 값을 참조할 수 있는 것이 타입 프로퍼티였다면 인스턴스를 생성하지 않고 클래스나 구조체 자체에서 호출할 수 있는 메소드가 바로 타입 메소드입니다.

앞서 타입 프로퍼티를 선언할 때 클래스, 구조체, 열거형 타입에서는 프로퍼티 선언 앞에 static을 붙여주되 클래스 타입에서 선언된 연산 프로퍼티 일부에는 class 키워드를 사용할 수 있었던 것을 기억할 겁니다. 타입 메소드도 동일합니다. 구조체나 열거형, 클래스 모두 타입 메소드를 선언할 때는 static 키워드를 사용합니다. 반면 하위 클래스에서 재정의 가능한 타입 메소드를 선언할 때는 class 키워드를 사용합니다. 물론 이 키워드는 클래스 타입에서만 사용할 수 있죠.

이렇게 선언된 타입 메소드를 호출할 때는 인스턴스 메소드와 마찬가지로 점 구문을 이용합니다. 차이점은 인스턴스 메소드는 객체 타입의 인스턴스에 대해 호출하는 것이지만 타입 메소드는 객체 자체에 대해 호출한다는 것입니다. 다음은 타입 메소드를 선언하고 호출하는 예제입니다.

```
class Foo {
    // 타입 메소드 선언
    class func fooTypeMethod() {
        // 타입 메소드의 구현 내용이 여기에 들어갑니다.
    }
}
```

```
let f = Foo()
f.fooTypeMethod() // 오류
Foo.fooTypeMethod()
```

타입 메소드를 사용할 때는 주의해야 할 부분이 있습니다. 인스턴스 메소드는 메소드의 동작 범위가 인스턴스 내부로 제한되기 때문에 두 개의 인스턴스를 생성하여 메소드를 실행하면 메소드에 의해 값이 변하더라도 해당 인스턴스에만 국한되어 값이 변하고 나머지 인스턴스에는 영향을 미치지 않습니다. 그러나 타입 메소드는 객체 타입 전체에 영향을 미칩니다. 즉, 타입 메소드를 사용하여 객체의 값을 변경하면 해당 객체 타입을 사용하는 모든 곳에서 변경된 값이 적용된다는 뜻입니다. 타입 메소드를 선언하고 사용할 때는 반드시 이러한 영향 범위를 고려하여 사용하여야 합니다.

또한, 타입 메소드에서는 인스턴스 프로퍼티를 참조할 수 없습니다. 타입 메소드 자체에 인스턴스가 존재하지 않기 때문입니다. 따라서 타입 메소드에서 사용할 수 있는 프로퍼티는 오직 타입 프로퍼티뿐입니다.

8.4 상속

이번에는 클래스만을 위한 이야기를 해봅시다. 클래스가 구조체와 구분되는 특성 중의 하나로 '상속(Inheritance)'이라는 것을 들 수 있습니다. 이는 말 그대로 하나의 클래스가 다른 클래스에게 무엇인가를 물려줄 수 있다는 것인데요, 일반적으로 사회에서 사용하는 상속의 의미와 유사합니다.

사회에서 상속을 이야기할 때는 보통 부모님으로부터 자식이 물려받는 무엇인가를 의미하는 경우가 많습니다. 이때 물려주는 것은 재산이나 물건 등 눈에 보이는 것일 수도 있고, 운동 능력이나 학습 능력 등 기능에 관련된 것일 수도 있죠. 물려받는 쪽은 보통 자식이고, 물려주는 쪽은 부모가 대부분입니다. 이러한 상속 관계는 클래스에도 그대로 적용됩니다. 결국 다음과 같은 관계가 성립한다고 볼 수 있습니다.

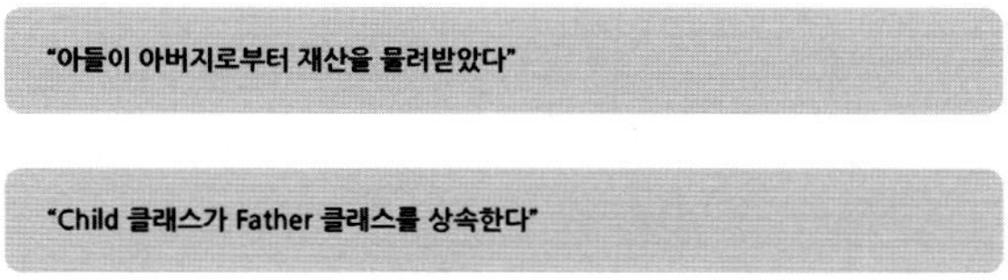

"아들이 아버지로부터 재산을 물려받았다"

"Child 클래스가 Father 클래스를 상속한다"

그림 8-7 일반 사회 현상에서의 상속과 프로그래밍에서의 상속

이 관계를 통해 객체지향에서 상속을 정의하자면 다음과 같습니다.

'한 클래스가 다른 클래스에서 정의된 프로퍼티나 메소드를 물려받아 사용하는 것'

상속을 사용하면 이미 만들어진 다른 클래스의 기능이나 프로퍼티를 직접 구현하지 않고도 사용할 수 있으며, 다만 추가로 필요한 기능이나 프로퍼티만 정의하여 사용하면 됩니다. 이때 기능이나 프로퍼티를 물려주는 클래스와 이를 상속받는 클래스 사이에서는 다음과 같은 관계가 성립합니다.

- 프로퍼티와 메소드를 물려준 클래스는 부모 클래스 = 상위 클래스 = 슈퍼 클래스 = 기본 클래스
- 프로퍼티와 메소드를 물려받은 클래스는 자식 클래스 = 하위 클래스 = 서브 클래스 = 파생 클래스

클래스를 상속하는 과정에 대한 다음 예제를 살펴봅시다. 우선 어떤 클래스도 상속받지 않는 클래스를 정의합니다. 이 클래스를 **기본 클래스**라고 부릅니다.

```
class A {
    var name = "Class A"
    
    var description: String {
        return "This class name is \(self.name)"
    }
    
    func foo() {
        print("\(self.name)'s method foo is called")
    }
}
```

우리가 정의한 기본 클래스 "A"에는 name이라는 이름의 저장 프로퍼티가 정의되어 있고, 초기 값으로 "Class A"가 할당되어 있습니다. 이 값은 읽기 전용으로 설정된 연산 프로퍼티 description와 메소드 foo에서 사용됩니다

이제 인스턴스를 만들기 위해 클래스를 초기화합니다.

```
let a = A()

a.name         // "Class A"
a.description  // "This class name is Class A"
a.foo()
```

[실행 결과]

```
Class A's method foo is called
```

상수 a에는 클래스 A로부터 만들어진 인스턴스가 할당되었습니다. 이 상수를 이용하면 클래스 A에 정의된 각종 인스턴스 프로퍼티를 참조하거나 인스턴스 메소드를 호출할 수 있습니다.

8.4.1 서브클래싱

클래스 A를 상속받아 새로운 클래스를 정의해 보겠습니다. 이러한 과정을 **서브클래싱(Subclassing)**이라고 합니다. 즉, 서브클래싱이란 기존에 있는 클래스를 기반으로 하여 새로운 클래스를 작성하는 과정을 의미합니다. 여기서 상속은 서브클래싱을 가능하게 하는 기초 역할을 담당합니다. 서브클래싱을 위한 문법 구조는 다음과 같습니다.

```
class <클래스 이름> : <부모 클래스> {
    // 추가로 구현할 내용
}
```

서브클래싱 문법은 클래스를 정의할 때 콜론으로 구분하여 왼쪽에 작성하고자 하는 클래스, 오른쪽에는 상속받고자 하는 클래스의 이름을 각각 나열하는 것입니다. 이때 주의할 점은 스위프트에서는 단일 상속만 지원된다는 점입니다. 다중 상속이 지원되는 C++와는 달리 스위프트의 클래스는 하나의 클래스만 상속받을 수 있습니다. 이는 다중 상속에서 발생하는 메소드나 프로퍼티의 중첩 및 충돌을 방지하기 위함입니다.

가끔 코코아 터치 프레임워크의 클래스 정의 구문을 보면 콜론 다음에 나열된 여러 개의 클래스를 보게 될 때도 있는데, 이는 대부분 가장 첫 번째만 상속일 뿐 나머지는 '구현(Implements)'이라고 하는 또 다른 기능입니다. 프로토콜에 대해 설명할 때 학습하게 되므로 궁금증은 잠시 미뤄둡시다. 어쨌거나 여러 개의 클래스를 상속받는 것처럼 보일지라도 실제로 상속받는 것은 첫 번째에 작성된 클래스뿐이라는 점, 알아두세요.

```
@available(iOS 2.0, *)
class UIViewController : UIResponder, NSCoding, UIAppearanceContainer, UITraitEnvironment, UIContentContainer {
```
구현 (Implements)

그림 8-8 상속과 구현

앞에서 작성한 클래스 A를 사용하여 클래스 B를 서브클래싱하겠습니다.

```
class B: A {
    
    var prop = "Class B"
    
    func boo() -> String {
        return "Class B prop = \(self.prop)"
    }
}

let b = B()
b.prop // "Class B"
b.boo() // Class B prop = Class B
```

서브클래싱을 통해 클래스 A의 자식 클래스가 된 클래스 B에는 현재 prop 프로퍼티와 boo 메소드가 선언되어 있습니다. 기본적으로 클래스 B의 인스턴스는 자신의 클래스에서 선언된 프로퍼티와 메소드를 자유롭게 이용할 수 있습니다. 계속해서 다음 구문을 봅시다.

```
b.name // "Class A"
b.foo( ) // "Class A's method foo is called"

b.name = "Class C"
b.foo( ) // "Class C's method foo is called"
```

클래스 B에는 분명 name 프로퍼티와 foo 메소드가 정의되어 있지 않음에도 불구하고, 인스턴스 b는 이들을 사용하고 있습니다. 심지어 프로퍼티에 값을 대입하기도 하죠. 이는 클래스 B가 A를 상속받음으로써 모든 프로퍼티와 메소드를 물려받았기 때문입니다. 정리해 보자면 서브클래싱 과정을 통해 프로퍼티와 메소드를 상속받은 클래스 B의 현재 상태는 다음과 같습니다.

```
class B {
    var name = "Class A"
    var prop = "Class B"
    
    var description: String {
        return "This class name is \(self.name)"
    }
    
    func foo() {
        print("\(self.name)'s method foo is called")
    }
    func boo() -> String {
        return "Class B prop = \(self.prop)"
    }
}
```

이 중에서 name, description 프로퍼티와 foo 메소드는 직접 정의한 것이 아닙니다. 클래스 A로부터 물려받은 것이죠. 이처럼 상속을 이용하면 기능을 직접 구현하지 않고도 이미 만들어둔 기존 클래스를 통해 손쉽게 기능을 확장할 수 있습니다. 참고로 이때의 클래스 A를 B의 부모 클래스, 또는 슈퍼 클래스라고 하고, 클래스 B를 A의 자식 클래스, 또는 서브 클래스라고 합니다.

상속에 대한 문법적인 예제를 살펴보았으므로 이제는 개념적인 예제를 살펴보도록 합시다. 자동차나 자전거, 또는 오토바이 등에 대한 클래스를 만든다고 할 때, 이들을 공통적인 개념으로 묶을 수 있습니다. 바로 '탈 것(Vehicle), 또는 교통수단'이라는 개념이죠. 따라서 기본 클래스로 '탈 것'에 대한 객체를 구현하여 여기에 기본 속성과 기능을 부여하게 되면 자전거나 자동차 등 구체적인 객체를 만들려면 탈 것에 대한 객체를 바탕으로 서브클래싱하여 필요한 속성이나 기능을 덧붙이기만 하면 됩니다. 다음은 '탈 것'에 대한 기본 클래스 정의입니다.

```swift
class Vehicle {
    var currentSpeed = 0.0

    var description: String {
        return "시간당 \(self.currentSpeed)의 속도로 이동하고 있습니다"
    }

    func makeNoise() {
        // 임의의 교통수단 자체는 경적을 울리는 기능이 필요없습니다.
    }
}
```

위와 같이 정의된 기본 클래스 Vehicle에는 현재 하나의 저장 프로퍼티와 하나의 연산 프로퍼티, 그리고 하나의 메소드가 선언되어 있습니다. 저장 프로퍼티인 currentSpeed는 현재의 속도를 저장하며, 이 값은 읽기 전용 연산 프로퍼티인 description에서 사용됩니다. Vehicle 클래스에서 정의된 makeNoise 메소드는 Vehicle 클래스의 인스턴스에서는 아무 역할도 하지 않고 있지만, 나중에 이 클래스의 서브 클래스에서는 적절히 변형되어 사용될 것입니다.

기본 클래스 Vehicle을 간단하게 인스턴스로 만들어봅시다.

```
let baseVehicle = Vehicle()
baseVehicle.description // "시간당 0.0의 속도로 이동하고 있습니다"
```

이처럼 Vehicle 클래스는 임의의 교통수단을 상정하고, 이 객체가 승객을 태우고 특정 속도로 이동하는 공통적인 특성을 정의합니다. 하지만 기본 클래스로 정의된 Vehicle 클래스는 그 자체로 사용되는 경우가 그리 많지 않습니다. 자동차나 오토바이, 자전거 등 구체적인 교통수단이 아니라 단순히 추상화된 것이기 때문입니다. 기본 클래스를 유용하게 사용하려면 교통수단의 특정 종류를 서브클래싱하여 구체적이고 개별적인 특성들을 재정의한 다음 사용해야 합니다.

```
class Bicycle: Vehicle {
    var hasBasket = false
}
```

기본 클래스 Vehicle을 부모 클래스로 하는 Bicycle 클래스를 작성한 예제입니다. Bicycle은 이름에서도 알 수 있듯이 자전거를 의미하는 클래스입니다. 이 클래스는 부모 클래스인 Vehicle 클래스의 모든 프로퍼티와 메소드를 상속받았을 뿐만 아니라 여기에 더해서 hasBasket이라는 속성을 추가했습니다. 이 프로퍼티는 자전거에 부착되는 바구니 여부를 의미합니다.

hasBasket 프로퍼티의 자전거 객체의 바구니 장착 여부에 따라 값이 달라집니다. 바구니를 단 자전거이면 true로, 바구니를 달지 않은 자전거이면 false로 설정되죠. 기본값으로는 false를 설정하였습니다. 이 클래스를 그대로 인스턴스로 만들면 기본값에 따라 바구니가 없는 자전거 객체가 만들어집니다. 인스턴스가 생성된 후에 hasBasket 프로퍼티의 값을 변경하여 바구니를 장착할 수 있습니다.

```
let bicycle = Bicycle()
bicycle.hasBasket = true
```

Bicycle 클래스의 인스턴스를 생성하여 bicycle 상수에 할당합니다. 이어서 hasBasket 프로퍼티에 true 값을 할당하고 있네요. 이것으로 자전거 객체에 바구니를 장착한 자전거가 만들어졌습니다. bicycle 인스턴스는 부모 클래스인 Vehicle에서 정의한 프로퍼티의 값도 수정할 수 있습니다.

```
// 자전거 객체의 현재 속도를 설정
bicycle.currentSpeed = 20.0

print("자전거: \(bicycle.description)")
// "자전거: 시간당 20.0의 속도로 이동하고 있습니다"
```

부모 클래스 Vehicle에 정의된 currentSpeed와 description 프로퍼티입니다. currentSpeed에 20.0을 할당하여 현재 속도를 설정하면, 이로 인해 연산 프로퍼티인 description의 값도 변경됩니다.

기본 클래스 Vehicle뿐만 아니라 자식 클래스인 Bicycle 역시 다른 클래스의 부모 클래스가 될 수 있습니다. Bicycle을 부모 클래스로 하여 새로운 클래스를 서브클래싱할 수도 있다는 이야기입니다. Bicycle을 기반으로 서브클래싱된 새로운 자식 클래스는 Bicycle의 프로퍼티나 메소드를 상속받을 뿐만 아니라 Bicycle 클래스의 부모 클래스인 Vehicle 클래스의 프로퍼티나 메소드까지 모두 상속받습니다.

```
class Tandem: Bicycle {
    var passengers = 0
}
```

Bicycle 클래스를 상속받아 새로운 Tandem 클래스를 정의하였습니다. Tandem은 2인용 자전거를 나타내는 단어입니다. 한 사람이 탈 수 있던 자전거에서 두 사람 이상이 탈 수 있는 자전거로 기능이 확장된 것으로 볼 수 있겠네요. 이와 더불어 기존에는 필요 없던 프로퍼티가 하나 추가되었습니다. 바로 탑승자 수죠. Tandem 객체에는 탑승자가 한 명일 수도, 두 명일 수도 있으므로 이 값을 표현하기 위한 프로퍼티 passengers가 선언되어 있습니다.

```
let tandem = Tandem()

tandem.hasBasket = true
tandem.passengers = 2
tandem.currentSpeed = 14.0
```

```
print("Tandem : \(tandem.description)")
// "Tandem : 시간당 14.0의 속도로 이동하고 있습니다"
```

위의 예제에서 사용한 것처럼 Tandem 클래스는 Bicycle 클래스의 메소드와 프로퍼티뿐만 아니라 그 부모 클래스인 Vehicle의 메소드와 프로퍼티까지 모두 상속받았습니다. 이 때문에 예제에서처럼 모든 프로퍼티를 사용할 수 있는 것이죠. Bicycle 클래스를 상속받은 Tandem의 프로퍼티와 메소드를 모두 표현하면 다음과 같습니다.

```
class Tandem {
    var currentSpeed = 0.0
    var hasBasket = false
    var passengers = 0
    
    var description: String {
        return "시간당 \(self.currentSpeed)의 속도로 이동하고 있습니다"
    }
    
    func makeNoise() {
    }
}
```

이러한 메소드와 프로퍼티들의 일부는 Bicycle로부터, 일부는 Vehicle로부터, 그리고 나머지는 Tandem에서 직접 정의한 것들입니다. 이 관계를 표현하면 다음과 같습니다.

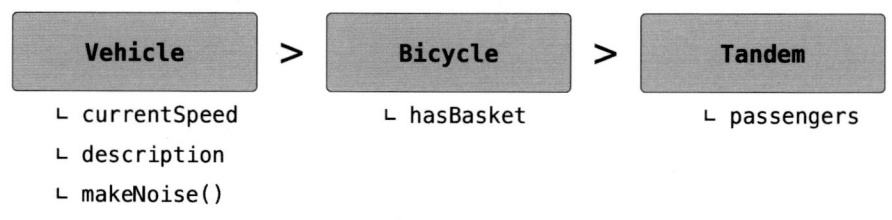

그림 8-9 Vehicle, Bicycle, Tandem의 상속 관계

8.4.2 오버라이딩

자식 클래스는 일반적으로 부모 클래스로부터 상속받은 프로퍼티나 메소드를 그대로 사용하지만, 필요에 의해 이를 다시 구현하거나 재정의하여 사용하기도 합니다. 자식 클래스에서 재정의된 메소드나 프로퍼티는 부모 클래스로부터 물려받은 내용을 덮어쓰게 되는데, 이 과정을 **오버라이딩(Overriding)**이라고 합니다. 우리말로는 재정의라고 번역되기도 합니다(필자는 재정의라는 말보다는 '덮어쓰기'라는 표현을 더 좋아합니다. 훨씬 더 직관적이니까요).

오버라이딩한 내용은 자기 자신 또는 자신을 서브클래싱한 하위 클래스에만 적용됩니다. 즉, 자식 클래스에서 프로퍼티나 메소드의 내용을 변경한다고 해서 변경된 내용이 부모 클래스에까지 적용되지는 않는다는 뜻입니다. 만약 특정 클래스에서 메소드를 오버라이딩했다면 이 클래스를 상속받는 하위 클래스들은 모두 수정된 메소드를 상속받지만, 부모 클래스나 부모 클래스를 상속받은 다른 클래스는 기존 메소드를 그대로 사용합니다.

스위프트에서는 오버라이딩하려는 메소드나 프로퍼티의 선언 앞에 override 키워드를 붙여야 합니다. 이는 개발자가 기존에 존재하는 메소드나 프로퍼티를 의도치 않게 덮어쓰는 실수를 방지하기 위한 수단입니다. 만약 상위 클래스에서 이미 정의된 기존 메소드나 프로퍼티를 오버라이딩하면서 override 키워드를 붙이지 않았다면 컴파일러는 잘못된 선언으로 간주하고 오류를 발생시킵니다. 이러한 override 키워드의 사용 조건 덕분에 스위프트 개발자들은 마음 놓고 하위 클래스에서 프로퍼티와 메소드를 추가할 수 있습니다.

override 키워드가 붙으면 컴파일러는 이 프로퍼티 또는 메소드가 상위 클래스에서 정의된 것인지를 검사합니다. 여기에서 부모 클래스라고 하지 않고 굳이 상위 클래스라고 표현한 것은, 직접적인 부모 클래스뿐만 아니라 부모 클래스의 부모 클래스, 또 그 위의 부모 클래스 등 아무것도 상속받지 않은 기본 클래스가 나타날 때까지 클래스의 계층을 따라 계속해서 탐색하기 때문입니다. 이렇게 탐색을 거듭하는 도중에 상위 클래스에서 정의된 내역이 확인되면 정상적으로 오버라이딩 절차를 진행합니다. 프로퍼티와 메소드 전체를 상속한 후 오버라이딩된 메소드나 프로퍼티를 덮어쓰게 되는 것이죠.

하지만 만약 상위 클래스 전체를 탐색했음에도 정의된 내역을 발견하지 못한다면 override 키워드가 붙은 선언이 잘못되었음을 오류로 알려줍니다. 즉, 이 선언은 오버라이딩이 아닌 거죠.

오버라이딩이 아님에도 override 키워드를 붙이는 경우에도 마찬가지로 오류가 발생합니다. 결국, override 키워드는 부모 클래스나 그 이상의 상위 클래스에서 반드시 선언되어 있고, 이를 재정의할 때만 붙일 수 있는 키워드라고 할 수 있습니다.

프로퍼티를 오버라이딩할 때는 상위 클래스에서 저장 프로퍼티였건, 연산 프로퍼티였건 관계없이 연산 프로퍼티의 형태로 오버라이딩해야 합니다. 저장 프로퍼티를 저장 프로퍼티로 오버라이딩하거나 연산 프로퍼티를 저장 프로퍼티로 오버라이딩하는 것은 허용되지 않습니다. 저장 프로퍼티를 저장 프로퍼티로 오버라이딩하는 것은 아무런 의미가 없으며(오버라이딩 대신 값만 다시 할당하는 것으로 충분하니까요.) 연산 프로퍼티를 저장 프로퍼티로 오버라이딩하는 것은 연산 프로퍼티 자체를 오버라이딩하는 것으로도 충분히 가능합니다.

또한, 본래 저장 프로퍼티는 읽고 쓰기가 모두 허용되는 만큼, 연산 프로퍼티로 오버라이딩할 경우 get, set 구문을 모두 제공해야 합니다. 저장 프로퍼티를 읽기 전용 연산 프로퍼티로 오버라이딩할 수는 없습니다. 같은 맥락에서 get, set이 모두 제공되던 연산 프로퍼티를 오버라이딩할 때도 역시 get, set 구문을 모두 제공해야 합니다. 또한 읽기 전용으로 정의되었던 연산 프로퍼티를 읽기-쓰기가 가능한 형태로 바꾸는 것도 가능합니다. 조금 복잡하죠? 그래서 다음과 같이 정리해보았습니다.

- **프로퍼티 오버라이딩 시 허용되는 것**
    ① 저장 프로퍼티를 get, set 구문이 모두 있는 연산 프로퍼티로 오버라이딩하는 것
    ② get, set 구문이 모두 제공되는 연산 프로퍼티를 get, set 구문이 모두 제공되는 연산 프로퍼티로 오버라이딩하는 것
    ③ get 구문만 제공되는 연산 프로퍼티를 get, set 구문이 모두 제공되는 연산 프로퍼티로 오버라이딩하는 것
    ④ get 구문만 제공되는 연산 프로퍼티를 get 구문만 제공되는 연산 프로퍼티로 오버라이딩하는 것

- **프로퍼티 오버라이딩 시 허용되지 않는 것**
    ① 저장 프로퍼티를 저장 프로퍼티로 오버라이딩하는 것
    ② get, set 구문과 관계없이 연산 프로퍼티를 저장 프로퍼티로 오버라이딩하는 것
    ③ 저장 프로퍼티를 get 구문만 제공되는 연산 프로퍼티(=읽기 전용)로 오버라이딩하는 것
    ④ get, set 구문을 모두 제공하는 연산 프로퍼티를 get 구문만 제공되는 연산 프로퍼티로 오버라이딩하는 것

위 사항들은 일견 복잡해 보이지만, 원칙은 단순합니다. 프로퍼티 오버라이딩은 상위 클래스의 기능을 하위 클래스가 확장, 또는 변경하는 방식으로 진행되어야지, 제한하는 방식으로 진행되어서는 안된다는 것입니다. 이 한 가지만 기억하면 위 사항들을 일일이 암기하지 않더라도 모두 이해할 수 있습니다. 이제 이 내용들을 바탕으로 프로퍼티의 오버라이딩 예제를 학습해봅시다.

```swift
class Car: Vehicle {
    var gear = 0
    var engineLevel = 0
    
    override var currentSpeed: Double {
        get {
            return Double(self.engineLevel * 50)
        }
        set {
            // 아무것도 하지 않음
        }
    }
    override var description: String {
        get {
          return "Car : engineLevel=\(self.engineLevel), so currentSpeed=\(self.currentSpeed)"
        }
        set {
            print("New Value is \(newValue)")
        }
    }
}
```

기본 클래스 Vehicle을 상속받는 새로운 클래스 Car를 정의하였습니다. 이 클래스에서는 자동차의 엔진 등급을 뜻하는 저장 프로퍼티 engineLevel를 선언하고, 기본값을 0으로 할당하였습니다. 이어서 두 개의 프로퍼티를 오버라이딩하고 있는데, 각각 currentSpeed와 description 입니다. currentSpeed는 부모 클래스에서 저장 프로퍼티로 정의되었던 것을 오버라이딩하여 연산 프로퍼티의 형태로 바꾸고 있습니다.

자동차의 엔진 등급이 올라가면 속도가 올라간다고 가정하여 엔진 등급에 50을 곱한 값을 반환하고 있죠. 이어지는 set 구문에서는 아무 일도 하지 않지만, 그렇다고 set 구문을 제거해서는 안 됩니다. currentSpeed가 원래 저장 프로퍼티였으므로 오버라이딩할 때도 읽고 쓰기가 모두 가능하게 만들어 주어야 합니다. 이 때문에 set 구문은 아무런 일을 하지 않아도 반드시 있어야 합니다.

이어서 description 프로퍼티를 봅시다. 부모 클래스에서는 읽기 전용 프로퍼티로 설정되어 있었는데, 이를 오버라이딩하면서 읽고 쓰기가 모두 가능한 프로퍼티로 변경하였습니다. 이로써 description 프로퍼티에 값을 할당하면 set 구문이 실행되면서, 내부에 작성된 출력 구문이 실행됩니다.

```
let c = Car( )

c.engineLevel = 5
c.currentSpeed // 250
c.description = "New Class Car"


print(c.description)
```

[실행 결과]
```
New Value is New Class Car
Car : engineLevel=5, so currentSpeed=250.0
```

오버라이딩 처리된 프로퍼티를 담고 있는 Car 클래스의 인스턴스를 이용하여 프로퍼티에 값을 할당하고, 이를 출력해보고 있습니다. 그 결과를 통해 프로퍼티에서 반환하는 값이나 내용이 바뀐 것을 알 수 있습니다.

상속받은 프로퍼티를 오버라이딩하는 과정에서 우리는 필요에 따라 프로퍼티 옵저버를 붙일 수 있습니다. 부모 클래스에서 프로퍼티가 상수로 선언되었거나 읽기 전용 프로퍼티로 선언되지만 않았다면 우리는 프로퍼티를 오버라이딩할 때 프로퍼티 옵저버 구문을 추가하면 됩니다. 이때 오버라이드되는 프로퍼티도 역시 읽기/쓰기용으로 선언되어야 합니다.

기본 클래스에 정의된 currentSpeed 프로퍼티를 오버라이딩하는 다음 예제는 자동 기어 차량에 대한 객체 속성을 정의합니다. 자동 기어 차량은 사용자가 직접 기어 수를 조정하는 대신 현재 속도에 따라 자동으로 기어 단수가 결정되어야 합니다. 이를 위해 현재 속도가 변할 때 그에 따라 기어 수도 함께 변경될 수 있도록 currentSpeed 속성에 didSet 옵저버를 추가하고 있습니다.

```swift
class AutomaticCar: Car {
    override var currentSpeed: Double {
        didSet {
            self.gear = Int(currentSpeed / 10.0) + 1
        }
    }
}
```

메소드 오버라이딩은 조금 까다롭습니다. 오버라이딩 대상이 되는 메소드의 매개변수 개수나 타입, 그리고 반환 타입은 변경할 수 없습니다. 상위 클래스에서 정의된 메소드의 반환 타입이 String이었다면 오버라이딩된 메소드 역시 반환 타입을 String으로 유지해야 합니다. 상위 클래스에서 메소드의 매개변수가 String, Int 두 개였다면 오버라이딩 된 메소드에서도 매개변수는 여전히 String, Int 두 개여야 하죠. 물론 순서도 변경해서는 안 됩니다. 메소드 오버라이딩을 통해 변경할 수 있는 것은 오로지 내부 구문들뿐입니다. 매개변수 타입이나 반환 타입은 반드시 그대로 유지해야 합니다.

```swift
class Bike: Vehicle {
    override func makeNoise() {
        print("빠라빠라빠라밤")
    }
}

let bk = Bike()
bk.makeNoise()
```

[실행 결과]

빠라빠라빠라밤

클래스 Bike는 Vehicle 클래스를 상속받아 작성한 새로운 클래스입니다. 기본 클래스에서는 아무것도 하지 않던 빈 메소드인 makeNoise를 오버라이딩하여 오토바이의 경적을 만들어 주고 있습니다. 오버라이딩 된 메소드 makeNoise는 오버라이딩되기 전의 메소드와 매개변수 타입, 반환 타입이 모두 같은 상태에서 내부적으로 실행되는 구문만 변경되었습니다.

메소드의 경우에 오버라이딩의 제약 조건으로 매개변수 타입이나 반환 타입을 그대로 유지해야 하는 것은 사실 스위프트가 메소드 오버로딩(Overloading)을 지원하기 때문입니다. 오버로딩이란 '적재(積載)'라고 해석되는데, 차곡차곡 쌓는다는 뜻입니다. 하나의 메소드 이름으로 여러 가지 메소드를 만들어 쌓는 것이죠.

이때 기준이 되는 것이 매개변수의 타입과 종류입니다. 즉, 같은 이름의 메소드라도 정의된 매개변수의 타입이 다르면 서로 다른 메소드로 처리하는 것이 오버로딩이라고 할 수 있습니다. 앞서 작성된 makeNoise의 예를 살펴보면 이 메소드는 다음과 같이 하나의 이름으로 된 여러 개의 메소드로 정의될 수 있습니다. 물론 이들 메소드는 컴파일러에 의해 서로 다른 메소드로 처리됩니다.

- func makeNoise( )
- func makeNoise(param : Int)
- func makeNoise(param : String)
- func makeNoise(param : Double) -> String
- func makeNoise(param : Double, append: String)
- func makeNoise(param : Double, appendix : String)

스위프트에서 메소드는 이름뿐만 아니라 매개변수의 개수와 타입을 기준으로 하여 유일성 여부를 구분합니다. 따라서 이름이 같고 매개변수의 개수까지 일치하더라도 타입이 다르면 서로 다른 메소드로 간주합니다. 게다가 매개변수명까지 메소드의 정의에 포함되므로 매개변수의 개수,

타입이 모두 일치하여도 매개변수명이 다르면 새로운 메소드를 정의한 것이 됩니다.

이처럼 같은 메소드 이름이지만 매개변수의 변화만으로 새로운 메소드를 만들어 적재할 수 있도록 지원하는 문법이 바로 **오버로딩(Overloading)**입니다. 오버라이딩하는 대상 메소드의 매개변수 타입이 달라지거나 매개변수의 개수가 달라지면 오버로딩 문법에 의해 새로운 메소드로 인식하므로 이는 오버라이딩 대상에 포함되지 않습니다. 이 경우 오히려 override 키워드를 붙이지 않아야 합니다.

참고

오버라이딩과 오버로딩 구분

오버라이딩과 오버로딩은 필자에게 종종 헷갈리는 문법 용어입니다. 오버라이딩이 오버로딩 같기도 하고, 오버로딩이 오버라이딩 같기도 해서 언제나 용어의 선택을 주저하게 만들죠. 독자 여러분들도 이처럼 두 용어의 유사성 때문에 헷갈릴 수 있을 텐데요. 필자는 이런 식으로 구분합니다. 앞서 오버라이딩를 '덮어쓰기'라는 개념으로 정의하는 것이 좀 더 직관적이라고 설명한 바 있는데, 덮어쓰기의 영어 표현인 오버라이팅(Overwriting)이 오버라이딩과 발음이 비슷한 데에 착안하여 '오버라이딩은 덮어쓰기용 문법이구나'라고 생각하죠. 오버라이딩이 명확히 정립되면 자연히 나머지 하나의 개념이 오버로딩이므로 구분하기 쉽습니다.

오버라이딩된 메소드나 프로퍼티는 해당 클래스를 상속받는 모든 자식 클래스에 적용됩니다. 적용된 자식 클래스를 다시 서브클래싱했을 때도 마찬가지죠. 하지만 부모 클래스는 오버라이딩 영향을 받지 않습니다. 물론 부모 클래스를 상속받은 다른 형제뻘 클래스들에게도 역시 오버라이딩 된 메소드나 프로퍼티는 적용되지 않습니다.

두 개의 클래스를 작성해보겠습니다. 하나는 프로퍼티를 오버라이딩한 Car 클래스를 상속받고, 또 다른 하나는 기본 클래스인 Vehicle을 상속받습니다. 두 가지 클래스를 각각 서브클래싱한 결과가 어떻게 다른지 확인해보겠습니다.

```
class HybridCar: Car {
    // 아무 것도 추가로 선언하지 않음
}
```

```
class KickBoard: Vehicle {
    // 아무 것도 추가로 선언하지 않음
}

let h = HybridCar()
h.description
// "Car : engineLevel=0, so currentSpeed=0.0"

let k = KickBoard()
k.description
// "시간당 0.0의 속도로 이동하고 있습니다"
```

두 개의 클래스 모두 최종적인 상위 클래스는 Vehicle이지만, 하나는 오버라이딩된 클래스를 부모 클래스로 선택하였고, 또 다른 하나는 오버라이딩되지 않은 클래스를 부모 클래스로 선택하였습니다. 둘 모두에 description 프로퍼티가 공통으로 존재하지만, 프로퍼티가 담고 있는 값은 다름을 알 수 있습니다.

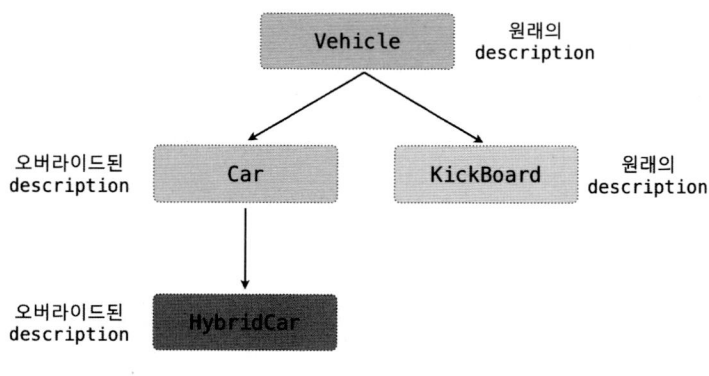

그림 8-10 HybridCar 클래스와 KickBoard 클래스의 서로 다른 상속 구조

그런데 프로퍼티나 메소드를 오버라이딩하면 더는 본래의 값이나 기능을 사용할 수 없는 것일까요? 아닙니다. 스위프트에서는 상속받은 부모 클래스의 인스턴스를 참조할 수 있도록 super라

는 객체를 제공하는데, 이 객체를 이용하여 점 구문을 함께 사용하면 부모 클래스의 프로퍼티나 메소드를 호출할 수 있습니다. 오버라이딩은 어디까지나 현재의 자신 클래스부터 적용되는 것이므로 부모 클래스의 프로퍼티나 메소드에는 본래의 값과 기능이 그대로 정의되어 있죠, 이를 통해 우리는 오버라이딩 되기 전 본래의 프로퍼티나 메소드를 사용할 수 있습니다.

예를 들어, someMethod( )라는 이름의 오버라이딩된 메소드는 부모 클래스 레벨에서 정의된 someMethod( )를 super.someMethod( )라는 표현으로 호출할 수 있습니다. 같은 방식으로 someProperty라는 이름으로 오버라이딩된 프로퍼티는 super.someProperty라는 이름으로 부모 클래스의 프로퍼티를 참조할 수 있죠. 부모 클래스의 프로퍼티나 메소드를 참조할 때는 자신의 인스턴스를 self 객체를 이용하여 참조하는 것처럼 self 대신 super 객체를 사용하기만 하면 됩니다.

마지막으로 오버라이딩을 막는 방법에 대해서 알아봅시다. 메소드 오버라이딩은 상위 클래스의 프로퍼티나 메소드를 수정할 수 있다는 점에서 매우 강력한 생산성을 가집니다. 하지만 상위 클래스 입장에서는 프로퍼티나 메소드가 하위 클래스에서 오버라이딩되는 것이 달갑지 않은 경우도 있습니다.

예를 들어, 상위 클래스에서 중요한 인증 코드를 처리하는 메소드를 작성했다고 합시다. 이 메소드는 그 결과로 인증의 성공/실패 여부를 true/false로 반환하지만, 내부는 매우 복잡한 알고리즘을 이용하여 구현하고 있습니다. 알고리즘을 알아도 인증의 핵심이 되는 키(Key) 파일이 없다면 인증되지 못하도록 말입니다. 하지만 메소드 오버라이딩을 사용한다면 이 메소드의 보안성은 크게 떨어질 겁니다. 클래스를 상속받고 이 메소드를 오버라이드하여 내부의 인증 키 검사 없이 단순히 인증에 성공했다는 true 값만 반환해주면 될 테니까요. 이런 경우를 생각하면 오버라이딩이 반드시 좋은 것만은 아닙니다. 양날의 검이라고 할 수 있죠.

스위프트에서는 이처럼 상위 클래스에서 정의한 메소드나 프로퍼티가 하위 클래스에서 오버라이딩되는 것을 차단할 수 있도록 final 키워드를 제공합니다. 만약 정의한 메소드나 프로퍼티가 하위 클래스에서 오버라이딩되는 것을 원치 않는다면 프로퍼티나 메소드를 정의하는 var, func 등의 키워드 앞에 final 키워드를 붙이면 됩니다. 이렇게 final 키워드가 붙은 프로퍼티나 메소드는 상수적인 성격이 되므로 더는 하위 클래스에서 오버라이드할 수 없습니다.

```
class Vehicle {
    final var currentSpeed = 0.0
    final var description: String {
        get {
            return "시간당 \(self.currentSpeed)의 속도로 이동하고 있습니다"
        }
    }
    final func makeNoise( ) {
    }
}
```

우리가 지금까지 기본 클래스로 사용했던 Vehicle의 모든 프로퍼티와 메소드에 final 키워드를 붙인 모습입니다. 이제 기본 클래스를 상속받는 모든 클래스들은 새로운 프로퍼티와 메소드를 추가만 할 수 있을 뿐, 오버라이딩할 수는 없습니다. 오버라이딩하려고 시도하면 컴파일러는 다음과 같이 오버라이드할 수 없다는 오류를 표시합니다.

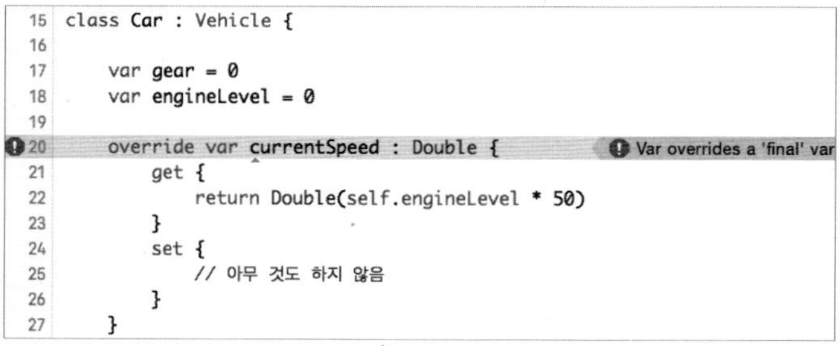

```
15  class Car : Vehicle {
16
17      var gear = 0
18      var engineLevel = 0
19
20      override var currentSpeed : Double {        ⊕ Var overrides a 'final' var
21          get {
22              return Double(self.engineLevel * 50)
23          }
24          set {
25              // 아무 것도 하지 않음
26          }
27      }
```

그림 8-11 오버라이딩 실패 오류

final 키워드는 프로퍼티나 메소드가 아니라 클래스 자체에 붙일 수도 있습니다. final 키워드가 붙은 클래스는 상속 자체가 차단되어, 어떤 클래스도 이 클래스를 서브클래싱할 수 없게 됩니다. 단지 인스턴스로 만들어 사용할 수만 있게 제한되죠.

```
final class Vehicle {

}
```

final 키워드는 주로 이 클래스에 대하여 더는 수정하거나 기능을 변경하기를 원하지 않을 때 사용됩니다. 앞에서 예로 든 보안 인증용 메소드를 클래스 레벨로 확장했다고 가정해 봅시다. 이 클래스가 아무리 튼튼하게 보안을 잘 구현했다고 하더라도 이 클래스를 상속받은 하위 클래스가 우회 인증을 제공하는 기능을 추가해 버린다면, 애써 만들어 놓은 보안 인증 기능은 무용지물이 되어버릴 겁니다. 이처럼 하위에서 상속받아 기능을 수정하면 안 되는 클래스가 있다면 반드시 final로 선언하여 상속을 제한해야 합니다.

이외에도 자기 자신이 만든 라이브러리가 너무나 완벽하다고 생각하여 더는 어느 누구도 이 클래스의 기능을 확장하도록 허용하고 싶지 않은 일부 개발자들이 라이브러리를 배포하기 전에 final 키워드를 붙이는 경우도 간혹 있습니다.

상속은 객체지향 프로그래밍에서 매우 큰 비중을 차지하는 중요한 개념입니다. 상속 기능 덕분에 우리는 새로운 객체를 만들 때 반복적으로 코드를 작성하는 일을 덜 수 있을 뿐만 아니라 한 번 정의해둔 객체를 여러 곳에서 사용할 수 있습니다. 이로 인해 재사용성이 높아지고 전반적으로 코드를 효율적으로 사용할 수 있죠.

또한, 공통으로 사용해야 하는 상위 클래스라 할지라도 오버라이딩을 통해 일부의 내용을 수정해서 사용할 수 있다는 점은 반드시 상위 클래스가 모든 기능을 완벽하게 갖출 필요가 없다는 것을 의미합니다. 상위 클래스를 작성할 때 고민과 부담을 덜 수 있죠. 앞으로 우리가 배우게 될 코코아 터치 프레임워크의 수많은 클래스 대부분이 상속을 통해 기능을 물려받고, 이를 확장해서 사용하고 있습니다.

8.5 타입 캐스팅

부모 클래스로부터 상속된 자식 클래스는 자기 자신의 타입이기도 하면서, 동시에 부모 클래스의 타입이기도 합니다. 이는 부모 클래스의 특성들을 물려받았기 때문으로, 메소드를 오버라이딩했더라도 컴파일러가 클래스의 형태에서 중요하게 여기는 메소드의 이름, 매개변수 타입, 그리고 반환 타입이 바뀌지 않는 한 클래스 형식이 달라진 것은 아닙니다. 이 때문에 자식 클래스는 본래의 타입 대신 부모 클래스 타입으로 선언하여 사용할 수 있습니다.

```
class Vehicle {
    var currentSpeend = 0.0

    func accelerate() {
        self.currentSpeend += 1
    }
}

class Car: Vehicle {
    var gear: Int {
        return Int(self.currentSpeend / 20) + 1
    }

    func wiper() {
        // 창을 닦습니다
    }
}

let trans: Vehicle = Car()
```

마지막 구문에서 상수로 선언된 trans는 Car 클래스의 인스턴스를 할당받지만 Vehicle 타입으로 선언되었습니다. Car 클래스는 Vehicle 클래스를 상속받은 자식 클래스이며, 따라서 Vehicle 클래스에 정의된 모든 프로퍼티와 메소드를 물려받았습니다. Vehicle 클래스 타입에 구현되어 있어야 하는 프로퍼티와 메소드가 상속을 통해 모두 구현되어 있으므로 Car 클래스는 형식상 Vehicle 타입으로 간주할 수 있죠. 이 때문에 Car 클래스로 된 인스턴스를 Vehicle 타입의 상수에 할당할 수 있습니다.

반대로 Vehicle 인스턴스를 Car 클래스 타입 변수나 상수에 할당할 수는 없습니다. Car 타입이 되기 위해 가져야 할 요소들 중에서 gear 프로퍼티나 wiper( ) 메소드가 Vehicle 클래스에는 정의되어 있지 않기 때문이죠.

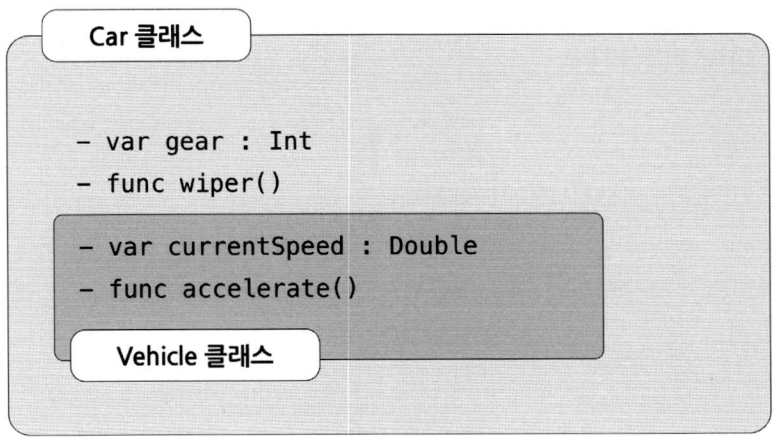

그림 8-12 Car 클래스와 Vehicle 클래스의 포함관계

따라서 상속 관계에 있는 클래스일 경우 부모 클래스 또는 상위 클래스 타입의 변수나 상수에 인스턴스를 할당하는 것은 허용되지만, 그 반대는 일반적으로 성립하지 않습니다.

```
let car: Car = Vehicle() // Error!
```

상속을 거듭해갈수록 하위 클래스는 상위 클래스보다 점차 구체화되어가며, 상대적으로 상위 클래스는 하위 클래스보다 추상화되어 갑니다. 추상화된 상위 객체는 구체화된 하위 객체의 타입이 가져야 하는 조건을 만족시키기에는 부족한 부분이 많죠. 이런 이유로 위와 같은 반대 관계는 성립하지 않습니다.

설령 기능에 아무런 차이가 없다고 해도 마찬가지입니다. 다음의 예에서 Car 클래스는 Vehicle 클래스를 상속받는 것 이외에는 아무것도 추가되지 않아 실질적인 내용이 거의 동일합니다. 하지만 그래도 하위 클래스 타입에 상위 클래스 인스턴스를 할당할 수는 없습니다.

```
class Car: Vehicle {
    // 아무 내용도 작성하지 않음
}

let car: Car = Vehicle() // Error!
```

이처럼 클래스의 인스턴스를 할당하기 위해서는 해당 변수나 상수가 적어도 인스턴스의 타입과 같거나 또는 그보다 상위 클래스 타입이어야만 합니다.

자식 클래스가 단순히 바로 위의 부모 클래스 타입으로만 선언될 수 있는 것은 아닙니다. 부모 클래스의 부모 클래스, 즉 상위 클래스에 해당하는 타입은 모두 사용할 수 있습니다.

```
class SUV: Car {
    var fourWheel = false
}

let jeep: Vehicle = SUV()
```

Car 클래스를 상속받는 SUV 클래스를 정의했습니다. 내부적으로 사륜구동 여부에 대한 프로퍼티만 추가되어 있죠. 이 클래스를 바탕으로 한 인스턴스를 예제에서처럼 Vehicle 클래스 타입에 할당하는 것은 가능합니다. 물론 Car 클래스 타입에 할당하는 것도 가능하고요. 상위 클래스 타입으로 선언하면 할수록 사용할 수 있는 메소드와 프로퍼티, 초기화 구문의 범위는 점점 줄어들겠지만, 이 변수에 할당할 수 있는 객체의 종류는 늘어날 겁니다. Vehicle 클래스를 상속받은 모든 클래스의 인스턴스를 할당받을 수 있을 테니까요.

하지만 이처럼 상속 관계에 있는 상위 클래스 타입으로 선언해서 사용하는 이유는 무엇일까요? 사용할 수 있는 프로퍼티나 메소드의 범위가 줄어드는 것을 감수하면서까지 굳이 상위 타입으로 선언해서 사용할 필요가 없어 보이기도 하는데요, 꼭 그렇지만은 않습니다. 이를테면 함수나 메소드의 인자값을 정의할 때 하위 클래스 타입으로 선언하는 것보다 상위 클래스 타입으로 선언하면 인자값으로 사용할 수 있는 객체의 범위가 훨씬 넓어집니다. 다음 예제를 봅시다.

```
func move(param: SUV) {
    param.accelerate()
}
```

인자값으로 입력된 객체를 가속해주는 함수라고 해 보겠습니다. 이 함수는 SUV 타입의 인스턴스를 인자값으로 입력받아 accelerate( ) 메소드를 실행합니다. SUV 타입은 구체화된 클래스 형태이므로 SUV 클래스이거나 적어도 이 클래스를 상속받은 하위 클래스의 인스턴스만 인자값으로 사용할 수 있습니다.

하지만 실질적으로 사용하는 메소드는 Vehicle 클래스에서 정의된 accelerate( )뿐입니다. 인자값으로 받은 인스턴스에 추가 메소드나 프로퍼티가 무엇이 있든 컴파일러는 상관이 없는 것이죠. 그럴 때는 다음과 같이 인자값 타입을 바꾸어 주면 훨씬 넓은 범위의 객체를 인자값으로 받을 수 있습니다.

```
func move(param: Vehicle) {
    param.accelerate()
}
```

먼저 정의한 move( ) 메소드가 SUV 클래스의 인스턴스만 인자값으로 받을 수 있었던 반면, 이제는 Vehicle 클래스나 이를 상속받은 모든 클래스의 인스턴스를 인자값으로 사용할 수 있게 된 것입니다. 이처럼 함수나 메소드의 인자값으로 상위 클래스 타입을 선언하게 되면 훨씬 적은 제약으로 객체를 사용할 수 있습니다.

배열이나 딕셔너리도 마찬가지입니다. 이들 집단 자료형은 고정된 하나의 타입만 입력받을 수 있습니다. 다음처럼 정의했다면 SUV 타입의 인스턴스만 배열에 추가할 수 있습니다.

```
var list = [SUV]()
list.append(SUV())
```

하지만 만약 그 대신 상위 클래스인 Vehicle을 아이템 타입으로 사용한다면 Vehicle 클래스, Car 클래스, SUV 클래스 모두를 저장할 수 있습니다.

```
var list = [Vehicle]()

list.append(Vehicle())
list.append(Car())
list.append(SUV())
```

이처럼 하위 클래스 타입 대신 상위 클래스를 타입으로 선언하여 사용하면 주어진 조건을 만족하면서도 훨씬 다양한 객체를 활용할 수 있습니다. 이것이 상위 클래스 타입으로 선언하여 사용하는 이유입니다.

8.5.1 타입 비교 연산

스위프트는 타입 비교 연산자 is를 지원합니다. 변수나 상수 또는 인스턴스에 이 연산자를 사용하면 할당된 값을 비교하는 것이 아니라 타입이 일치하는지 여부를 비교하고 그 결과를 Bool 형태로 돌려줍니다. 이 연산자는 일반 비교 연산자 == 처럼 연산자의 좌우 양쪽에 놓인 두 개의 대상의 타입을 비교하는데, 왼쪽에는 인스턴스 또는 인스턴스가 할당된 변수/상수가, 오른쪽에는 비교할 타입이 위치하는 것이 일반적입니다.

인스턴스(또는 변수, 상수) is 비교대상 타입

이 연산자는 다음과 같은 연산 법칙을 따릅니다.

1. 연산자 왼쪽 인스턴스의 타입이 연산자 오른쪽 비교대상 타입과 일치할 경우 – true
2. 연산자 왼쪽 인스턴스의 타입이 연산자 오른쪽 비교대상 타입의 하위 클래스일 경우 – true
3. 그 외 – false

아래는 타입 비교 연산자를 사용하여 타입을 비교하는 간단한 연산의 예입니다.

```
SUV() is SUV // true(일치함)
```

SUV 클래스를 이용하여 생성한 인스턴스는 SUV 타입이므로 이를 다시 SUV 타입과 비교하는 연산의 결과는 당연히 true 입니다. 이때 중요한 것은 왼쪽은 인스턴스여야 하고, 오른쪽은 타입이어야 한다는 겁니다. 잊지 마세요.

```
SUV() is SUV // true(일치함)
SUV() is Car // true(일치함)
SUV() is Vehicle // true(일치함)

Car() is Vehicle // true(일치함)
Car() is SUV // false(일치하지 않음))
```

SUV 인스턴스는 부모 클래스에 해당하는 Car, Vehicle 타입과 비교하면 모두 true로 반환하지만, Car 인스턴스는 조금 다릅니다. 부모 클래스인 Vehicle과 비교했을 때는 true이지만, 자신을 상속받은 자식 클래스 SUV 타입과 비교했을 때는 false가 반환되어 타입이 일치하지 않는다는 것을 알 수 있습니다. 인스턴스를 할당받을 수 있는 타입이라면 비교 결과가 true로, 할당받을 수 없는 타입이면 비교 결과가 false로 반환됩니다.

타입을 비교 연산할 때 연산자 왼쪽에 인스턴스가 아니라 인스턴스가 할당된 변수가 사용될 경우 다소 주의해야 합니다. 변수가 선언된 타입을 기준으로 비교하는 것이 아니라 변수에 할당된 실제 인스턴스를 기준으로 타입을 비교하기 때문입니다.

```
let myCar: Vehicle = SUV()

if myCar is SUV {
    print("myCar는 SUV 타입입니다.")
} else {
    print("myCar는 SUV 타입이 아닙니다")
}
```

[실행 결과]

```
myCar는 SUV 타입입니다.
```

위 예제에서 myCar에 대입된 실제 인스턴스는 SUV 타입이지만 타입 어노테이션을 통해 Vehicle 타입의 인스턴스로 선언되었습니다. 부모 클래스를 자식 클래스에 할당할 수 없는 것처럼 상위 타입의 인스턴스를 하위 타입과 is 비교하면 이 연산의 결과는 false가 반환되어야 합니다. 하지만 출력된 결과를 보면 연산의 비교 결과는 true임을 알 수 있습니다.

이는 타입 비교 연산자가 양쪽을 비교할 때 주어진 변수의 선언 타입이 아니라 그 안에 대입된 실제 값의 타입을 비교하기 때문입니다. 즉 위의 예제는 Vehicle 인스턴스를 SUV 타입과 비교한 것이 아니라 Vehicle의 탈을 뒤집어쓴 SUV 인스턴스를 SUV 타입과 비교한 결과가 되는 겁니다. 연산 결과가 true인 것은 이같은 특성 때문입니다.

```
let newCar: Vehicle = Car()

if newCar is SUV {
    print("newCar는 SUV 타입입니다.")
} else {
    print("newCar는 SUV 타입이 아닙니다")
}
```

[실행 결과]
```
newCar는 SUV 타입이 아닙니다
```

앞서의 예제와 동일하게 newCar 상수는 Vehicle로 선언되었지만, 할당된 실제 인스턴스는 Car 인스턴스입니다. 비교한 결과는 false가 되어 else 구문에 작성된 문장이 실행됩니다. 타입 비교 연산자에 사용된 상수는 Vehicle 타입으로 선언되었더라도 여기에 실제로 할당된 값이 Car 인스턴스이므로 앞서와 다른 결과가 발생한 것입니다.

이처럼 타입 비교 연산자를 이용하여 타입을 비교할 때는 할당된 변수가 선언된 타입이 아니라 실제로 할당된 값의 타입이 비교된다는 것에 주의해야 합니다.

8.5.2 타입 캐스팅 연산

상위 클래스 타입으로 선언된 상수에 인스턴스를 할당하는 다음 구문을 봅시다.

```
let someCar: Vehicle = SUV()
```

주어진 구문에서 someCar 상수는 실제로는 SUV 클래스의 인스턴스가 할당되어 있지만, 컴파일러는 이 상수를 Vehicle 타입으로 간주합니다. 타입 어노테이션이 실제 대입된 값의 타입보다 우선하기 때문이죠. 그래서 Vehicle 클래스에 선언되지 않은 프로퍼티나 메소드를 사용할 수는 없습니다. someCar 상수를 이용하여 SUV() 클래스에 선언된 프로퍼티를 사용하고 싶거나, SUV 타입을 인자값으로 받는 함수에 사용하려면 어떻게 해야 할까요?

스위프트에서는 이같은 경우를 위해 제한적으로 타입을 변환할 수 있는 기능을 제공합니다. 이를 타입 캐스팅이라고 합니다. **형변환(形變換)**이라고 해석할 수 있는 타입 캐스팅은, 다시 말해 특정 타입으로 선언된 값을 다른 타입으로 변환하는 것을 일컫습니다.

하지만, 다른 타입으로 변환할 수 있다고 하여 관계없는 모든 타입으로 변환이 가능한 것은 아닙니다. 허용되는 범위 내에서만 타입을 변환할 수 있죠. 일반적으로 타입 캐스팅은 상속 관계에 있는 타입들 사이에서 허용됩니다. 범용 클래스나 범용 타입에 대해서 타입 캐스팅이 일부 가능한 경우도 있지만, 이에 대해서는 잠시 후에 따로 살펴보겠습니다.

타입 캐스팅은 캐스팅 전 타입과 캐스팅 후 타입의 상위/하위 관계에 따라 **업 캐스팅(Up Casting)**과 **다운 캐스팅(Down Casting)**으로 나누어집니다. 둘을 구분하는 요령은 다음과 같습니다.

- 업 캐스팅(Up Casting)
  - 하위 클래스 타입을 상위 클래스 타입으로 변환할 때
  - 캐스팅하기 전 타입이 하위 클래스, 캐스팅한 후 타입이 상위 클래스일 때
  - 캐스팅한 결과, 캐스팅하기 전 타입보다 추상화될 때
  - 일반적으로 캐스팅 과정에서 오류가 발생할 가능성이 없음

- 다운 캐스팅(Down Casting)
  - 상위 클래스 타입을 하위 클래스 타입으로 캐스팅할 때
  - 캐스팅하기 전 타입이 상위 클래스, 캐스팅한 후 타입이 하위 클래스
  - 캐스팅한 결과, 캐스팅하기 전 타입보다 구체화될 때
  - 캐스팅 과정에서 오류가 발생할 가능성이 있음
  - 오류에 대한 처리 방식에 따라 옵셔널 캐스팅과 강제 캐스팅으로 나누어짐

말 그대로 업 캐스팅은 하위 클래스 타입을 상위 클래스 타입으로 캐스팅하는 것을 말합니다. 캐스팅한 결과는 캐스팅하기 전보다 상위 클래스 타입으로 변환되며, 이를 가리켜 추상화되었다고 말합니다. 자식 클래스를 부모 클래스 타입으로 변환하는 만큼 실패할 가능성이 없는 안전한 캐스팅이므로 오류가 발생하지 않습니다.

반면에 다운 캐스팅은 상위 클래스 타입의 객체를 하위 클래스 타입으로 캐스팅하는 것을 의미합니다. 실제로 우리가 다루는 대다수의 캐스팅이 상위 클래스 타입을 하위 클래스 타입으로 변환하는 다운 캐스팅에 해당하며, 부모 클래스 타입을 자식 클래스 타입으로 변환하는 것이므로 오류가 발생할 가능성을 잠재적으로 가지고 있습니다.

다운 캐스팅 과정에서 오류가 발생하면 nil이 반환됩니다. 이같은 결과값을 고려하여 다운 캐스팅은 옵셔널 타입을 반환하는 옵셔널 캐스팅과, 반드시 캐스팅에 성공한다는 전제하에 일반 타입으로 반환하는 강제 캐스팅으로 나누어집니다.

타입 캐스팅을 위한 연산자는 as입니다. 캐스팅할 객체 뒤에 연산자를 붙여 주고, 이어서 변환할 대상 타입을 작성하면 끝입니다. 하지만 업 캐스팅을 수행할 때는 단순히 as 연산자만 사용하면 되는 반면, 다운 캐스팅을 수행할 때는 as? 또는 as!를 상황에 맞게 사용해야 합니다. 이 둘은 각각 as 연산자에 옵셔널 타입을 의미하는 ?를 추가한 옵셔널 캐스팅과 강제 해재 연산자인 !를 추가한 강제 캐스팅입니다. 옵셔널 캐스팅을 사용하면 캐스팅 결과가 성공이더라도 옵셔널 타입으로 변환되지만 강제 캐스팅을 실행하면 성공했을 때는 일반 타입으로, 실패했을 때는 런타임 오류가 발생합니다.

■ 업 캐스팅

```
객체 as  변환할 타입
```

■ 다운 캐스팅

```
객체 as?  변환할 타입(결과는 옵셔널 타입)
객체 as!  변환할 타입(결과는 일반 타입)
```

실제로 타입 캐스팅의 예를 살펴봅시다. 먼저 업 캐스팅의 사용 예입니다.

```
let anyCar: Car = SUV()
let anyVehicle = anyCar as Vehicle
```

anyCar 상수는 SUV 인스턴스가 할당되었지만 Car 타입으로 선언되었습니다. 컴파일러는 이 상수를 Car 타입으로 인식하겠죠. 이를 as 연산자를 사용하여 Vehicle 타입으로 캐스팅하여 anyVehicle 상수에 할당합니다. Car 타입을 그보다 상위 클래스인 Vehicle 타입으로 캐스팅하므로 업 캐스팅에 해당하며, 따라서 오류가 발생하지 않습니다. anyVehicle 상수는 캐스팅 결과에 따라 Vehicle 타입으로 선언되며 따라서 anyCar에서 사용할 수 있었던 gear 프로퍼티나 wiper( ) 메소드는 사용할 수 없습니다. 다시 말해 추상화되는 겁니다.

다음으로 다운 캐스팅의 사용 예를 살펴보겠습니다.

```
let anySUV = anyCar as? SUV
if anySUV != nil {
    print("\(anySUV!) 캐스팅이 성공하였습니다")
}
```

[실행 결과]

SUV 캐스팅이 성공하였습니다

앞에서 Car 타입으로 선언된 상수 anyCar를 SUV 타입으로 캐스팅하였습니다. anyCar 상수가 본래 선언되었던 Car 클래스보다 캐스팅하고자 하는 SUV 클래스가 하위이므로 다운 캐스팅에 해당합니다. 따라서 오류 가능성이 있으므로 옵셔널 캐스팅을 위한 as? 연산자를 사용하였습니다. anyCar에 할당된 본래 값이 SUV 인스턴스이므로 예시 구문에서의 다운 캐스팅은 성공적으로 실행되며 그 결과로 옵셔널 형태인 SUV? 타입이 반환됩니다. 그 이후로는 옵셔널 타입에 대한 해제 과정을 거쳐 일반 타입으로 변환하게 되죠.

필자는 위 구문을 다음과 같이 한줄로 축약해서 사용하기 좋아합니다.

```
if let anySUV = anyCar as? SUV {
    print("\(anySUV) 캐스팅이 성공하였습니다")
}
```

하지만 만약 다운 캐스팅이 반드시 성공할 것이라는 확신이 있다면 다음과 같이 강제 캐스팅 구문을 사용해도 무방합니다.

```
let anySUV = anyCar as! SUV
print("\(anySUV) 캐스팅이 성공하였습니다")
```

타입 캐스팅은 앱 제작 과정에서 굉장히 자주 사용되는 구문입니다. 파운데이션 프레임워크를 사용하다 보면 메소드의 반환 타입이 상위 클래스 타입으로 추상화된 경우가 많은데, 추상화된 객체를 반환받아 우리가 사용해야 할 적합한 형태로 바꾸기 위해 이러한 타입 캐스팅, 그중에서도 다운 캐스팅을 사용합니다. 이때 타입 캐스팅을 어려움 없이 사용하려면 타입 캐스팅을 실행하는 방법과 더불어 왜 타입 캐스팅이 필요한가에 대한 충분한 이해가 필요합니다.

8.5.3 Any, AnyObject

타입 캐스팅을 수행할 때 일반적으로 상속 관계에 있는 클래스들끼리만 캐스팅할 수 있습니다. 상속 관계에 있지 않은 클래스 간에는 타입 캐스팅할 수 없으므로 억지로 캐스팅하려 하면 오류가 발생합니다. 하지만 상속 관계에 있지 않아도 타입 캐스팅할 수 있는 예외가 있는데, 바로 Any와 AnyObject 타입을 사용할 때입니다.

Any와 AnyObject는 무엇이든 다 받아들일 수 있는 일종의 범용 타입입니다. 아주아주 관대한 타입들이죠. 그중에서도 AnyObject는 클래스의 일종으로, 모든 종류의 클래스 타입을 저장할 수 있는 범용 타입의 클래스입니다. 오브젝티브-C 경험이 있는 분들이라면 id 타입을 떠올리면 됩니다. 클래스 중에서 가장 추상화된 클래스이며, 상속 관계가 직접 성립하는 것은 아니지만 가장 상위 클래스라고 할 수 있습니다. 스위프트에서 사용되는 모든 클래스의 아버지라고 불릴 만한 클래스입니다. 따라서 모든 클래스의 인스턴스는 AnyObject 클래스 타입으로 선언된 변수나 상수에 할당할 수 있습니다.

```
var allCar: AnyObject = Car()
allCar = SUV()
```

또한, 모든 클래스의 인스턴스는 AnyObject 타입으로 선언된 함수나 메소드의 인자값으로 사용될 수도 있으며, AnyObject 타입을 반환하는 함수나 메소드는 모든 종류의 클래스를 반환할 수 있다는 의미로 해석되기도 합니다.

```
func move(_ param: AnyObject) -> AnyObject {
    return param
}
move(Car())
move(Vehicle())
```

고정된 하나의 타입만을 저장할 수 있는 배열이나 딕셔너리, 집합에서도 AnyObject 타입을 사용할 수 있는데, 이는 모든 클래스를 저장할 수 있다는 뜻입니다.

```
var list = [AnyObject]()
list.append(Vehicle())
list.append(Car())
list.append(SUV())
```

AnyObject 타입으로 선언된 값은 타입 캐스팅을 통해 구체적인 타입으로 변환할 수 있습니다. AnyObject는 클래스 특성상 항상 다운 캐스팅만 수행되는데, 상속 관계가 성립하지 않아도 예외로 타입 캐스팅할 수 있지만 실제로 저장된 인스턴스 타입과 관계없는 타입으로 캐스팅하고자 하면 오류가 발생하므로 주의해야 합니다.

```
let obj: AnyObject = SUV()

if let suv = obj as? SUV {
    print("\(suv) 캐스팅이 성공하였습니다")
}
```

[실행 결과]

SUV 캐스팅이 성공하였습니다

결론적으로 AnyObject라는 것은 "어쨌거나 클래스이기만 하면 된다"라는 의미로 해석할 수 있습니다. 실제로 모든 클래스는 AnyObject의 타입에 포함되기 때문이죠. 단, 조금 전에도 밝혔듯이 클래스일 때만 AnyObject 타입으로 정의할 수 있습니다. 구조체이거나 열거형은 허용하지 않습니다.

Any 객체 역시 AnyObject와 비슷한 범용 객체이지만, 클래스에 국한되지 않고 스위프트에서 제공하는 모든 타입을 허용하는 특성이 있습니다. 즉 클래스만 허용하는 AnyObject에 비해 Any는 클래스뿐만 아니라 원시 자료형, 구조체, 열거형, 심지어는 함수까지 허용됩니다. 즉, 어떤 변수의 타입이 Any로 선언되었다면 이 변수에는 종류에 상관없이 모든 타입의 객체를 저장할 수 있는 겁니다.

```
var value: Any = "Sample String"
value = 3
value = false
value = [1,3,5,7,9]
value = {
    print("함수가 실행됩니다")
}
```

value에 차례차례 대입되고 있는 값들은 매우 다양합니다. 정수, 논리형, 배열에 이어 익명 함수까지 대입되고 있죠. 이 모든 대입이 오류 없이 처리됩니다. 언뜻 보아서는 타입을 중시하는 스위프트에서 사용되기 어려운 코드이지만, 이 모든 것을 가능하게 하는 범용 타입인 Any 타입으로 선언된 변수이기에 가능한 일입니다. 같은 의미에서 함수나 메소드의 인자값 또는 반환값이 Any 타입이라면 이는 객체의 종류에 상관없이 입력받을 수 있거나 모든 종류의 객체를 반환할 수 있습니다.

```
func name(_ param: Any) {
  print("\(param)")
}
name(3) // Int
name(false) // Bool
name([1,3,5,7,9]) // Array
name {
  print(">>>")
} //(Function)
```

배열이나 딕셔너리, 집합에서의 Any도 마찬가지입니다. Any 타입으로 집단 자료형을 정의하면 사실상 이 자료형에 모든 종류의 객체를 구분 없이 저장할 수 있습니다.

```
var rows = [Any]()
rows.append(3)
rows.append(false)
rows.append([1,3,5,7,9])
rows.append {
  print(">>>")
}
```

사실 Any 타입은 단순히 듣기에는 제법 매력적으로 보일 수도 있겠지만, 실제로 사용해보면 꽤 불편한 점이 많습니다. Any 타입은 매우 극단적으로 추상화된 타입이어서, Any 타입에 할당된 객체가 사용할 수 있는 프로퍼티나 메소드는 아예 제공되지 않습니다. Any라는 타입으로 정의하면 모든 값을 제한 없이 할당받을 수 있지만, 그 값을 이용하여서 할 수 있는 것은 거의 없어지는 셈입니다.

여기에 더하여 Any 타입의 남용은 스위프트에서 사용되는 정적인 타입들을 모두 동적인 타입으로 바꾸어버리는 결과를 가져옵니다. 즉, Any 타입을 사용하면 실제로 값이 할당되는 시점에 타입이 정해집니다. 동적인 타입은 코드를 작성하기에 편리하다는 장점이 있지만, 실행해보기 전에는 값의 타입을 알기 어려우므로 컴파일러가 오류를 잡아내지 못합니다. 모든 오류가 런타임 오류로 발생하는 결과를 낳게 되죠. 이는 결국 전체적인 앱 개발의 생산성을 저하하는 결과를 낳게 되므로 사용에 주의해야 합니다.

8.6 초기화 구문

구조체나 클래스는 모두 정의된 내용을 그대로 사용할 수는 없습니다. 항상 인스턴스를 생성해서 메모리 공간을 할당받은 다음에 사용해야 하죠. 이를 **초기화**라고 합니다.

초기화 과정에서 가장 중요한 것은 저장 프로퍼티입니다. 모든 저장 프로퍼티는 인스턴스 생성 과정에서 초기화되어야 하며, 이를 위해서는 반드시 초기값이 지정되어 있어야 합니다. 모든 저장 프로퍼티에 초기값이 지정되어 있다면 기본 초기화 구문을 사용하여 인스턴스를 생성할 수 있는데, 우리가 지금까지 익히 사용해 왔던 다음 구문이 모두 기본 초기화 구문을 사용하여 인스턴스를 생성한 것입니다.

```
Resolution()
Video()
Location()
SUV()
Car()
Vehicle()
```

기본 초기화 구문은 인스턴스를 생성하는 본연의 기능 외에 프로퍼티와 관련하여 내부적으로 아무 것도 처리하지 않습니다. 모든 저장 프로퍼티의 초기값이 이미 지정되어 있기 때문이죠. 하지만 아래의 초기화 구문을 봅시다.

```
Point(x: 10.5, y: 12.0)
```

앞서 예제에서 다루어 보았던 Point 구조체의 초기화 구문입니다. 이 초기화 구문은 인스턴스를 생성하는 기능 외에도, 구조체 내부에 정의된 x, y 프로퍼티의 초기값을 입력받은 인자값으로 초기화하는 역할까지 담당합니다. 구조체 내부에 선언된 모든 저장 프로퍼티를 일괄로 외부의 값으로 초기화할 수 있는 이 구문을 멤버와이즈 초기화 구문이라고 하죠.

그런데 x, y 두 프로퍼티 중 아래와 같이 일부 프로퍼티만 인자값으로 초기화하고 싶을 때에는 어떻게 해야 할까요? 나머지 프로퍼티는 내부에 정의된 초기값을 그대로 사용하고 말입니다.

```
Point(x: 10.5)
```

이런 형식의 초기화 구문은 구조체에서 제공되지 않습니다. 미리 약속된 형태가 아니기 때문입니다. 따라서 일부 프로퍼티만 외부값으로 초기화하려면 원하는 매개변수 형태를 가진 초기화 구문을 직접 정의하여 사용해야 합니다.

클래스의 경우도 마찬가지입니다. 멤버와이즈 초기화 구문은 구조체에서만 제공되는 기능이므로, 클래스의 경우에는 멤버와이즈 초기화 구문이 제공되지 않습니다. 따라서 멤버와이즈 초기화 구문을 사용하려면, 즉 다시 말해 외부에서 프로퍼티의 초기값을 지정해 주고 싶다면 형식과 내용을 직접 정의해서 사용해야 합니다.

이처럼, 기본 구문 이외의 형식으로 원하는 인자값을 전달하여 저장 프로퍼티를 초기화하려면 반드시 구조체나 클래스 내부에 그에 맞는 형태와 할 일을 미리 정의해 두어야 합니다. 이때 사용되는 것이 바로 초기화 메소드입니다. 초기화 메소드는 형태나 문법은 다를지라도 다른 객체지향 언어에서도 찾아볼 수 있는 개념으로, 인스턴스가 생성될 때의 형식과 할 일을 정의한다고 하여 **생성자(Constructor)**라고 부르기도 합니다.

8.6.1 init 초기화 메소드

우선 초기화 메소드의 형식을 살펴봅시다.

```
init(<매개변수> : <타입>, <매개변수> : <타입> , …) {
    1. 매개변수의 초기화
    2. 인스턴스 생성 시 기타 처리할 내용
}
```

그냥 보기에도 일반 메소드와 매우 비슷한 것을 알 수 있습니다. 그래서 초기화 구문 대신에 초기화 메소드라는 용어를 사용하기도 하죠. 스위프트에서 초기화 메소드는 다소 특수한 메소드의 일종이기 때문에, 몇 가지 특성을 가집니다. 대표적인 특성으로 다음과 같은 것들이 있습니다.

1. 초기화 메소드의 이름은 init으로 통일된다.

모든 초기화 메소드의 이름은 반드시 init이어야 합니다. 만일 다른 이름이 사용되거나 대소문자가 바뀌면 컴파일러가 초기화 메소드로 인식하지 못합니다.

2. 매개변수의 개수, 이름, 타입은 임의로 정의할 수 있다.

메소드의 이름을 init으로 지정했다면 나머지 매개변수의 이름과 타입, 개수는 임의로 정의할 수 있습니다. 단, 메소드에 정의된 매개변수의 순서와 형식에 따라 인스턴스 생성 과정에서 넣어야 하는 인자값의 순서와 형식이 결정됩니다.

3. 매개변수의 이름과 개수, 타입이 서로 다른 여러 개의 초기화 메소드를 정의할 수 있다.

초기화 메소드의 이름은 모두 init으로 통일되어야 하지만, 이 역시 메소드의 일종이므로 오버로딩할 수 있습니다. 오버로딩된 메소드는 스위프트에서 서로 다른 메소드로 간주되기 때문에, 이같은 특성을 이용하면 다양한 형식을 갖는 초기화 메소드를 정의할 수 있습니다.

4. 정의된 초기화 메소드는 직접 호출되기도 하지만, 대부분 인스턴스 생성 시 간접적으로 호출된다.

우리가 정의한 메소드는 어쨌거나 메소드이므로 다른 일반 메소드처럼 직접 호출할 수 있습니다. 하지만 대부분은 인스턴스 생성 구문을 통해 간접적으로 호출됩니다. 초기화 구문이 여러 개 정의되어 있을 경우, 인스턴스 생성 구문과 매개변수 형식이 일치하는 초기화 메소드가 호출됩니다. 만약 인스턴스 생성 구문의 형식과 일치하는 초기화 메소드가 정의되지 않았다면, 오류가 발생합니다.

이외의 부분에서 초기화 메소드는 일반 메소드의 특성을 다수 따르는데, 우선 매개변수는 인스턴스 생성 시 인자 레이블로 사용됩니다. 또한 인자 레이블을 지정할 수 있을 뿐만 아니라 언더바를 이용해서 생략할 수도 있습니다. 일반 메소드와 동일한 문법이죠. 다음 예를 보면서 구조체와 클래스에서 초기화 메소드가 어떻게 정의되며, 정의된 초기화 메소드는 어떤 식으로 호출되는지를 알아봅시다.

```
struct Resolution {
    var width = 0
    var height = 0
    
    // 초기화 메소드 : Width를 인자값으로 받음
    init(width: Int) {
        self.width = width
    }
}

class VideoMode {
    
    var resolution = Resolution(width: 2048)
    var interlaced = false
    var frameRate = 0.0
    var name: String?
    
    // 초기화 메소드 : interlaced, frameRate 두 개의 인자값을 받음
    init(interlaced: Bool, frameRate: Double) {
        self.interlaced = interlaced
        self.frameRate = frameRate
    }
}
```

Resolution 구조체와 VideoMode 클래스를 다시 정의해 보았습니다. Resolution 구조체에 정의된 저장 프로퍼티는 모두 두 개이지만, 이 중 일부인 width 프로퍼티의 초기값만 입력받는 형태의 초기화 메소드가 정의되었습니다. VideoMode 클래스도 마찬가지입니다. 정의된 네 개의 저장 프로퍼티 중에서 Bool 타입의 interlaced 매개변수와 Double 타입의 frameRate 매개변수만 동시에 입력받는 초기화 메소드가 정의되었습니다.

이제 각각의 인스턴스를 생성해 봅시다.

```
// Resolution 구조체에 대한 인스턴스를 생성
let resolution = Resolution.init(width: 4096)

// VideoMode 클래스에 대한 인스턴스를 생성
let videoMode = VideoMode.init(interlaced: true, frameRate: 40.0)
```

오브젝티브-C를 경험해 본 사람에게는 익숙한 사실이지만, 구조체나 클래스의 인스턴스를 생성할 때에는 init 메소드를 호출해 주는 것이 원칙입니다. 따라서 위 구문을 실행하면 Resolution과 VideoMode의 인스턴스가 생성됩니다.

한편, 호출 시 init 메소드는 생략할 수 있습니다. 우리가 익히 알고 있는 인스턴스 생성 구문은 init 메소드가 생략된 형태입니다. 위 예제에서 메소드명을 생략하고 호출해 봅시다.

```
// Resolution 구조체에 대한 인스턴스를 생성
let resolution = Resolution(width: 4096)

// VideoMode 클래스에 대한 인스턴스를 생성
let videoMode = VideoMode(interlaced: true, frameRate: 40.0)
```

초기화 메소드 부분을 생략하고 났더니 우리에게 익숙한 형태가 만들어졌습니다. 지금까지 우리가 인스턴스를 생성할 때 사용하던 구문입니다. 하지만 내부적으로는 여전히 초기화 메소드를 호출하고 있으므로, 초기화 메소드 내에 작성된 구문도 동일하게 실행됩니다.

결국 인스턴스 생성 구문은 단지 생략되어 있을 뿐 init 초기화 메소드를 호출하는 것이기 때문에, 초기화 메소드에 정의된 매개변수 및 인자값 타입과 일치하는 형식으로만 사용할 수 있습니다. Resolution 구조체의 초기화 메소드에는 width 매개변수가 정의되어 있으므로 인스턴스를 생성할 때에도 width 매개변수의 인자값을 넣어주어야 합니다. VideoMode 클래스의 초기화 메소드는 두 개의 매개변수를 가지고 있으므로 인스턴스 생성 시에도 두 개의 인자값을 넣어주어야 하는 것이죠.

위 예제에서는 각각 하나의 초기화 메소드만을 정의했지만, 저장 프로퍼티가 다수인 클래스에서는 다양한 초기화 메소드가 필요할 때도 있습니다. 이런 경우 매개변수의 개수와 타입, 이름이 서로 다른 여러 개의 init 메소드를 정의하여 사용합니다. 아래 예제는 init 초기화 메소드의 오버로딩과 그에 대한 사용예를 보여주고 있습니다.

```swift
class VideoMode {
    var resolution = Resolution(width: 4096)
    var interlaced = false
    var frameRate = 0.0
    var name: String?

    // 초기화될 때 name 인자값만 받는 init 구문
    init(name: String) {
        self.name = name
    }
    // 초기화될 때 interlaced 인자값만 받는 init 구문
    init(interlaced: Bool) {
        self.interlaced = interlaced
    }
    // 초기화될 때 interlace, frameRate 두 개의 인자값을 받는 init 구문
    init(interlaced: Bool, frameRate: Double) {
        self.interlaced = interlaced
        self.frameRate = frameRate
    }
    // 초기화될 때 interlace, frameRate, name 세 개의 인자값을 받는 init 구문
    init(interlaced: Bool, frameRate: Double, name: String) {
        self.interlaced = interlaced
        self.frameRate = frameRate
        self.name = name
    }
}
```

```
// VideoMode 클래스에 대한 인스턴스를 생성하고 상수에 할당
let nameVideoMode = VideoMode(name: "홍길동")
let simpleVideoMode = VideoMode(interlaced: true)
let doubleVideoMode = VideoMode(interlaced: true, frameRate: 40.0)
let tripleVideoMode = VideoMode(interlaced: true, frameRate: 40.0, name: "홍길동")
```

객체의 인스턴스에 대해 처음 학습할 때 우리는 기본 초기화 구문을 사용할 수 있었던 것을 기억할 겁니다. 모든 저장 프로퍼티가 초기화되어 있을 때, 구조체와 클래스는 빈 인자값 형식의 초기화 구문을 제공합니다. 하지만 init 메소드가 작성되고 나면, 작성된 init 메소드가 어떤 인자값 형식을 갖는가에 상관없이 그 객체의 기본 초기화 구문은 더는 제공되지 않습니다. 아래 예제를 봅시다.

```
class VideoMode {
    
    var resolution = Resolution(width: 4096)
    var interlaced = false
    var frameRate = 0.0
    var name: String?
    
    // 초기화될 때 name 인자값만 받는 init 구문
    init(name: String) {
        self.name = name
    }
}

// VideoMode 클래스에 대한 인스턴스를 생성하고 상수에 할당
let defaultVideoMode = VideoMode() // Error!
let nameVideoMode    = VideoMode(name: "홍길동") // ( O )
```

init 메소드를 추가한 후, 예전처럼 기본 초기화 구문을 이용해서 객체를 생성하려고 하면 오류가 발생합니다. 더이상 이 구문을 제공하지 않는다는 뜻입니다.

기본 초기화 구문은 말하자면 수입이 없는 기초 생활 수급자에게 제공되는 생계 급여같은 겁니다. 클래스를 정의했다면 이 클래스를 사용하기 위해 인스턴스를 생성해야 하는데, 초기화 메소드가 없을 경우 인스턴스를 생성할 수 없습니다. 그래서 국가에서 생계 급여를 제공하듯 기본 초기화 구문을 제공하는 겁니다.

생계 급여가 결코 넉넉한 편이 아니듯이, 기본 초기화 구문 역시 다양하게 많은 기능을 하지는 않습니다. 단순히 인스턴스를 생성할 수 있도록 해 줄 뿐입니다.

그나마도 개인에게 수입이 생기면 더이상 생계 급여가 지급되지 않는 것처럼, init 메소드를 정의하고 나면 더이상 기본 초기화 구문도 제공되지 않습니다. init 메소드를 정의했으니 앞으로는 그걸로 인스턴스를 생성하라는 거죠. 따라서 예전처럼 기본 초기화 구문을 사용하려면 직접 init( ) 메소드를 정의해 주어야 합니다.

```
class VideoMode {

    var resolution = Resolution(width: 4096)
    var interlaced = false
    var frameRate = 0.0
    var name: String?

    // 기본 초기화 구문
    init() {
    }

    // 초기화될 때 name 인자값을 받는 init 구문
    init(name: String) {
        self.name = name
    }
}

// VideoMode 클래스에 대한 인스턴스를 생성하고 상수에 할당
let defaultVideoMode = VideoMode() // ( ❶ )
let nameVideoMode = VideoMode(name: "홍길동") // ( ❷ )
```

그런데 init 역시 메소드이므로, 매개변수에 기본값을 지정할 수 있습니다. 기본값이 지정된 메소드에서는 인자값을 생략할 수 있으며, 이때 생략된 인자값 대신 기본값이 인자값으로 사용됩니다. 이 특성을 이용하여 init 메소드를 정의하면 자동으로 기본 초기화 메소드를 정의할 수 있습니다. 아래는 실제로 필자가 클래스를 작성할 때 즐겨 쓰는 방법입니다.

```
class VideoMode {

    var name: String?

    // 초기화될 때 name 인자값을 받는 init 구문
    init(name: String = "") {
        self.name = name
    }
}

// VideoMode 클래스에 대한 인스턴스를 생성하고 상수에 할당
let defaultVideoMode = VideoMode() // ( ⓞ )
let nameVideoMode = VideoMode(name: "홍길동") // ( ⓞ )
```

위와 같이 인자값이 있는 init 메소드에서 매개변수에 기본값을 지정하면 다음 두 가지 형태의 인스턴스 생성 형식이 만들어집니다. 이를 이용하면 init 메소드를 추가하더라도 여전히 기본 초기화 메소드 형식을 사용할 수 있게 됩니다.

① `VideoMode()`

② `VideoMode(name:)`

init 메소드를 추가하고 나면 더이상 기본 초기화 구문이 제공되지 않는 특성은 구조체의 멤버와이즈 초기화 구문에도 동일하게 적용됩니다. 따라서 구조체에 init 메소드를 추가할 때에는 특히 주의해야 합니다.

8.6.2 초기화 구문의 오버라이딩

클래스에서는 초기화 구문도 일종의 메소드이므로, 자식 클래스에서 오버라이딩할 수 있습니다. 초기화 구문을 오버라이딩할 때는 메소드와 마찬가지로 override 키워드를 붙여야 합니다. 상위 클래스에서 선언된 적이 없는 초기화 형식일 때는 override 키워드를 붙이면 안 됩니다. 반면 기본 초기화 구문 init( )은 부모 클래스에서 명시적으로 선언된 적이 없더라도 이를 상속받은 자식 클래스에서는 반드시 오버라이딩 형식으로 작성해야 합니다.

```
class Base {
}

class ExBase: Base {
    override init() {

    }
}
```

위 예제에서 클래스 ExBase는 기본 클래스로 선언된 Base 클래스를 상속하도록 작성되었습니다. Base 클래스에서는 기본 초기화 구문을 명시적으로 작성하지 않았지만 이 클래스를 상속한 ExBase 클래스에서 기본 초기화 구문을 명시적으로 작성하려고 하면 상위 클래스에서 선언된 구문이므로 오버라이드해야 한다는 오류가 표시됩니다. 즉, 클래스는 별도로 정의하지 않더라도 기본 초기화 구문이 내장되어 있으므로 상속받은 클래스라면 기본 초기화 구문을 작성하더라도 이를 오버라이딩해야 합니다.

메소드와는 달리 초기화 구문에서의 오버라이딩은 예기치 않은 문제를 불러 일으킬 수 있습니다. 초기화 구문을 오버라이딩하면 더 이상 부모 클래스에서 정의한 초기화 구문이 실행되지 않습니다. 만약 부모 클래스의 기본 초기화 구문에서 프로퍼티를 초기화했다면, 자식 클래스에서 기본 초기화 구문을 오버라이딩함으로써 부모 클래스 프로퍼티의 초기화가 누락됩니다. 프로퍼티가 초기화되지 못하는 상황은 오류를 발생시키므로, 이런 상황을 방지하고자 초기화 구문을 오버라이딩할 경우 부모 클래스에서 정의된 초기화 구문을 내부적으로 호출해야 하는데, 오버라이딩된 초기화 구문 내부에 super.init 구문을 작성하면 됩니다.

```swift
class Base {
    var baseValue: Double
    init(inputValue: Double) {
        self.baseValue = inputValue
    }
}
class ExBase: Base {
    override init(inputValue: Double) {
        super.init(inputValue: 10.5)
    }
}
```

기본 클래스 Base에서 정의된 초기화 구문 init(inputValue:)의 내부에는 실행 구문이 작성되어 있습니다. 초기화 과정에서 입력받은 인자값을 baseValue 프로퍼티에 할당하는 구문이죠. 자식 클래스인 ExBase에서 초기화 구문을 오버라이딩하면 해당 초기화 구문은 새롭게 작성되므로 ExBase 클래스를 초기화할 때 baseValue에 대한 값 할당이 이루어지지 않습니다.

baseValue 프로퍼티는 옵셔널 타입이 아닌 일반 타입이므로 반드시 초기값이 있어야 하지만 초기화 구문의 오버라이딩으로 인해 초기값 할당 구문이 누락되면 오류가 발생합니다. 이러한 오류를 방지하기 위해 오버라이딩된 초기화 구문에서 부모 클래스의 초기화 구문을 직접 호출해 주게 됩니다.

초기화 구문 델리게이션

만약 ExBase를 상속받은 자식 클래스가 init(inputValue:) 구문을 다시 오버라이드하면 이때도 마찬가지로 super.init(inputValue:)를 호출하여 부모 클래스의 초기화 구문을 호출해야 합니다. 호출된 부모 클래스의 초기화 구문은 다시 상위의 초기화 구문을 호출하고, 상위의 초기화 구문은 다시 그 상위의 초기화 구문을 호출합니다. 이처럼 상위 초기화 구문의 호출이 연속으로 이어지면 최상위에 있는 초기화 구문까지 호출이 이어지면서, 모든 초기화 구문이 누락되는 일 없이 실행됩니다.

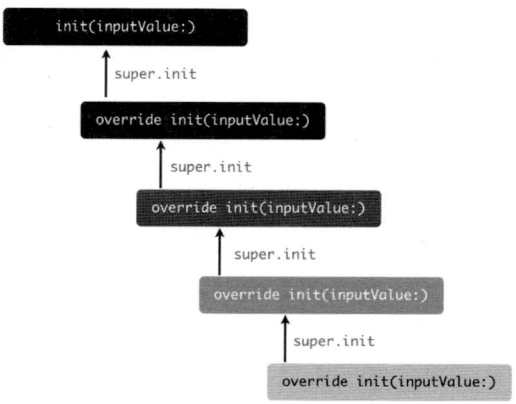

그림 8-13 초기화 구문 델리게이션

이처럼 연쇄적으로 오버라이딩된 자식 클래스의 초기화 구문에서 부모 클래스의 초기화 구문에 대한 호출이 발생하는 것을 **초기화 구문 델리게이션(Initializer Delegation)**이라고 합니다. 기본 초기화 구문을 제외한 나머지 초기화 구문을 오버라이딩할 때는 반드시 부모 클래스의 초기화 구문을 호출함으로써 델리게이션 처리를 해 주어야 합니다. 기본 초기화 구문의 경우는 주어진 상황별로 조금씩 다릅니다.

부모 클래스에 기본 초기화 구문만 정의되어 있거나 기본 초기화 구문이 아예 명시적으로 정의되어 있지 않은 상태에서 자식 클래스가 오버라이딩할 때에는 super.init( ) 구문을 호출해주지 않아도 자동으로 부모 클래스의 초기화 구문이 호출됩니다. 이때 초기화 구문의 호출은 자식 클래스부터 역순으로 이루어집니다.

```swift
class Base {
    var baseValue: Double
    
    init() {
        self.baseValue = 0.0
        print("Base Init")
    }
}
```

```swift
class ExBase: Base {
    override init() {
        print("ExBase Init")
    }
}

let ex = ExBase()
```

[실행 결과]
```
ExBase Init
Base Init
```

부모 클래스에 기본 초기화 구문 외에 다른 형식의 초기화 구문이 추가되어 있다면, 자식 클래스에서 기본 초기화 구문을 오버라이딩할 때 명시적으로 부모 클래스의 기본 초기화 구문을 호출해야 합니다.

```swift
class Base {
    var baseValue: Double

    init() {
        self.baseValue = 0.0
        print("Base Init")
    }

    init(baseValue: Double) {
        self.baseValue = baseValue
    }
}

class ExBase: Base {
    override init() {
        super.init()
        print("ExBase Init")
    }
}
```

8.7 옵셔널 체인

8.7.1 옵셔널 타입의 문제점

클래스나 구조체에 옵셔널 타입이 설정되었을 때에 대해 이야기해봅시다. 스위프트에서 제공하는 옵셔널 타입은 nil이 할당될 수 있는 값을 말합니다. nil은 초기에 값 할당이 일어나지 않았을 때 대입되지만, 값을 처리하는 과정에서 오류가 발생했을 때 대입되는 값이기도 합니다.

옵셔널 타입은 항상 nil 여부를 검사하여 정상적인 값이 저장된 것을 확인한 후에 사용하는 것이 안전하므로 if 구문을 통해 옵셔널 타입을 처리하는 경우가 많습니다. 여기에서 옵셔널에 대한 이슈가 발생하는데, if 구문을 통해 값의 안전성 여부를 검사해야 한다는 것입니다. 코드가 길어지기 때문이죠. 어차피 if 구문을 통해 값의 정상 여부를 검사해야 안전하게 사용할 수 있는 것이라면 굳이 옵셔널 타입을 사용할 필요도 없다는 것이 옵셔널을 다루어본 많은 사람들의 의견입니다.

문제는 클래스나 구조체가 옵셔널 타입과 관련되었을 때 발생합니다. 클래스나 구조체 등의 객체는 내부적으로 프로퍼티나 메소드를 소유하는데, 이때 클래스나 구조체의 인스턴스가 옵셔널 타입으로 선언될 경우 프로퍼티와 메소드를 호출하기 위해서는 매번 if 구문을 통해 옵셔널 인스턴스의 정상값 여부를 검사해야 합니다. 다음 코드를 봅시다.

```
struct Human {
    var name: String?
    var man: Bool = true
}

var boy: Human? = Human(name: "홍길동", man: true)
```

인간을 나타내는 Human 구조체를 정의하고, 이름을 저장할 name 프로퍼티, 남성 여부를 저장할 man 프로퍼티를 각각 추가하였습니다. 이어서 이 구조체를 인스턴스로 생성하여 변수에 할당하되 옵셔널 타입의 변수 boy에 할당하고 있습니다.

일단 옵셔널 타입으로 선언된 이상, 변수 boy를 사용하려면 옵셔널 타입에 대한 안전성 검사가 필요합니다. boy 인스턴스로부터 name 프로퍼티를 참조하려면 이 역시 옵셔널 타입이므로 다시 안전성 검사가 필요합니다. 다음과 같은 구문을 통해 name 프로퍼티를 참조해야 하죠.

```
if boy != nil {
    if boy!.name != nil {
        print("이름은 \(boy!.name!)입니다")
    }
}
```

또는 옵셔널 비강제 해제 구문을 사용하여 다음과 같이 작성할 수도 있습니다.

```
if let b = boy {
    if let name = b.name {
        print("이름은 \(name)입니다")
    }
}
```

어느 방식이든 안정성을 담보하려면 if 구문의 처리를 피할 수 없습니다. 만약 Human 구조체를 다른 구조체나 클래스가 프로퍼티로 사용하되, 이를 옵셔널 타입으로 설정한다면 name 프로퍼티를 참조하기 위한 코드는 훨씬 더 복잡해집니다.

```
struct Company {
    var ceo: Human?
    var companyName: String?
}
var startup: Company? = Company(ceo: Human(name: "니대표", man: false),
                        companyName: "루비페이퍼")
```

Human 타입의 구조체 인스턴스를 옵셔널 타입으로 할당받는 ceo 프로퍼티와, 마찬가지로 옵셔널 타입이지만 문자열을 입력받는 companyName 프로퍼티가 선언된 Company 구조체입니다. 이 구조체 역시 옵셔널 타입으로 변수 startup에 할당되었습니다. 이제 변수 startup을 이용하여 ceo 프로퍼티의 내부 프로퍼티인 name을 참조하기 위한 머나먼 여정(?)을 떠나봅시다.

가장 먼저 해야 할 일은 startup의 옵셔널 타입을 해제하는 것입니다.

```
if let company = startup {

}
```

startup에 정상 값이 할당되어 있다면 위 구문의 실행 결과로 Company라는 상수에는 옵셔널이 해제된 Company 타입의 인스턴스가 들어있게 됩니다. 다음으로 이 Company를 사용하여 ceo 프로퍼티의 옵셔널을 해제해야 합니다.

```
if let company = startup {
    if let ceo = company.ceo {

    }
}
```

마지막으로 ceo 프로퍼티의 하위 프로퍼티인 name 역시 옵셔널 타입이므로 해제 과정을 거쳐야 회사의 대표이사 이름을 참조해낼 수 있습니다.

```
if let company = startup {
    if let ceo = company.ceo {
        if let name = ceo.name {
            print("대표이사의 이름은 \(name)입니다")
        }
    }
}
```

이러한 과정을 피하고 코드를 더욱 간결하게 작성하기 위해 강제 해제 연산자 !를 사용하여 if 구문 없이 인스턴스의 옵셔널 타입을 해제할 수도 있지만, 이것은 언제든 발생할 가능성이 있는 런타임 오류라는 위험요소를 내포하고 있으므로 추천할 만한 방법은 아닙니다. 강제 해제 연산자를 사용하는 어느 중간 과정이 하나라도 nil을 포함하고 있다면 여지없이 런타임 오류가 발생하기 때문입니다.

```
if let name = startup!.ceo!.name {
    print("대표이사의 이름은 \(name)입니다")
}
```

여러분이 앱을 만들기 위해 학습하게 될 코코아 터치 프레임워크에서는 이처럼 옵셔널 타입을 중첩해서 사용해야 하는 경우가 많습니다. 단계적으로 객체를 만들어 다음 단계로 접근해야 하는데, 이때 각 단계별 결과물이 옵셔널 타입인 경우가 대부분이기 때문입니다.

이처럼 옵셔널 타입이 중첩되어 있을 때 매번 if 구문을 중첩해서 작성하는 것은 코드를 작성해야 하는 입장에서 상당한 부담이 됩니다. 작성한 코드를 쉽게 파악하기도 어려울뿐더러 실제로 구현해야 하는 논리 흐름에 집중하기보다는 객체의 오류 가능성을 차단하고자 몇 배나 되는 코드를 작성해야 하는 것도 문제죠. 이러한 옵셔널의 치명적인 단점을 극복하고 복잡한 코드를 간단하게 줄여주는 방법으로 도입된 것이 바로 옵셔널 체인입니다.

8.7.2 옵셔널 체인

옵셔널 체인(Optional Chain)은 옵셔널 타입으로 정의된 값이 하위 프로퍼티나 메소드를 가지고 있을 때, 이 요소들을 if 구문을 쓰지 않고도 간결하게 사용할 수 있는 코드를 작성하기 위해 도입되었습니다. 옵셔널 체인의 기본 패러다임은 오브젝티브-C의 특성 중 하나로부터 비롯되는데, 그것은 바로 오브젝티브-C 언어에서 nil인 객체에 메시지를 보내도 아무런 오류가 발생하지 않는다는 점입니다.

여기에서 말하는 메시지는 일반 객체지향 언어에서의 메소드를 의미합니다. 오브젝티브-C가 스몰토크 언어 기반이므로 메소드를 호출하는 것 대신 메시지를 보내는 것으로 처리될 뿐입니다.

객체지향식으로 이야기하자면, 오브젝티브-C에서는 nil인 객체의 메소드나 프로퍼티를 호출하더라도 오류가 발생하지 않습니다. 단순히 아무 일도 일어나지 않을 따름이죠. 일반적으로 자바나 C# 등과 같은 객체지향 언어에서 존재하지 않는 객체의 메소드나 프로퍼티를 호출하면 NullPointException이 발생하는 것과 대조적입니다.

이처럼 옵셔널 체인은 객체가 nil인 상황에서 안전성 검사를 하지 않고 메소드나 프로퍼티를 호출하더라도 오류가 발생하지 않을 수 있는 문법을 옵셔널 스타일을 이용하여 구현합니다. 옵셔널 타입을 정의할 때 ? 연산자를 사용했었는데, 옵셔널 타입을 참조할 때도 이 연산자를 사용합니다. 그다음에 이어서 필요한 프로퍼티나 메소드를 참조하는 거죠. 이를테면 앞의 예제에서 옵셔널 타입으로 선언된 startup 변수 하위의 ceo 프로퍼티를 참조하려면 다음과 같이 호출하는 방식입니다.

```
startup?.ceo
```

만약 startup이 옵셔널 타입이 아니라 단순한 Company 타입이었다면 우리는 ceo 프로퍼티를 참조하기 위해 startup.ceo로 호출했을 겁니다. 옵셔널 체인은 이 기본 형태의 구문에서 옵셔널 타입의 객체 바로 뒤에 ? 연산자만 붙여준 형태라고 할 수 있습니다. 이렇게 작성된 옵셔널 체인 구문에 의해 startup이 정상적으로 Company 인스턴스를 저장하고 있다면 그 인스턴스의 ceo 객체가 반환되겠지만, 설령 startup 변수에 nil 값이 할당되어 있더라도 잘못된 참조에 의한 오류는 발생하지 않습니다. 그저 아무 일도 일어나지 않을 따름이죠.

조금 더 이야기를 발전시켜 봅시다. 앞에서 구현해 본 것처럼 ceo 프로퍼티의 하위 프로퍼티인 name을 참조하고자 하면 앞에서 작성된 구문을 계속 이어서 작성해 나가면 됩니다. 여기서 ceo 프로퍼티 역시 옵셔널 타입으로 선언되어 있으므로 뒤에 ? 연산자를 붙여주면 되죠. 결국 name 프로퍼티를 참조하려면 다음과 같은 형태가 됩니다

```
startup?.ceo?.name
```

여러 개의 객체가 계층적으로 선언되어 객체의 프로퍼티가 하위 프로퍼티를 가지고 있고, 그 아래에 다시 하위 프로퍼티가 있을 때, 각 프로퍼티들이 옵셔널로 선언되어 있다 하더라도 이렇게

옵셔널 연산자를 이용하여 옵셔널 속성을 연결해서 처리할 수 있습니다. 이처럼 한 번 옵셔널 연산자로 처리된 구문에 계속해서 옵셔널 연산자를 붙여 코드를 작성해 나갈 수 있다는 의미에서 옵셔널 체인(Optional Chain)이라는 명칭이 사용되었습니다.

앞에서 작성했던 여러 번의 중첩된 if 구문을 옵셔널 체인을 이용하여 작성해보면 다음과 같습니다.

```
if let name = startup?.ceo?.name {
    print("대표이사의 이름은 \(name)입니다")
}
```

맨 마지막 값 자체는 옵셔널 체인에 해당하지 않습니다. 옵셔널 체인으로 처리할 수 있는 것은 하위 속성이나 메소드를 호출해야 할 때입니다. 마지막 값은 다시 하위 속성이나 메소드를 호출하는 것이 아니라 직접 사용해야 하는 값이므로 옵셔널에 대한 검사가 필요합니다. 하지만 값을 참조하는 것이 아니라 할당해야 한다면 옵셔널 체인을 이용하여 다음과 같이 간편하게 구문을 작성할 수 있습니다.

```
startup?.ceo?.name = "꼼꼼한 재은씨"
```

이때 만약 startup 변수나 ceo 프로퍼티가 빈 값이라면 아무런 값도 할당되지 않은 채로 구문은 종료됩니다. nil 객체의 프로퍼티에 값을 할당해줄 수는 없기 때문입니다. 하지만 오류는 결코 발생하지 않으므로 안전하게 값을 할당할 수 있습니다.

일반적으로 옵셔널 체인에는 다음과 같은 특징이 있습니다.

① 옵셔널 체인으로 참조된 값은 무조건 옵셔널 타입으로 반환된다.
② 옵셔널 체인 과정에서 옵셔널 타입들이 여러 번 겹쳐 있더라도 중첩되지 않고 한 번만 처리된다.

차례로 이야기해 보겠습니다. 우선 옵셔널 체인으로 참조된 값은 반드시 옵셔널 타입으로 반환됩니다. 옵셔널 체인 구문에서 마지막에 오는 값이 옵셔널 타입이 아닌 일반 값일지라도 옵셔널 체인을 통해 참조했다면 이 값은 옵셔널 타입으로 변경됩니다.

```
print(startup?.ceo?.man)
// Optional(false)
```

Human 구조체에서 일반 타입으로 선언된 man 프로퍼티이지만, 참조한 결과는 옵셔널 타입으로 확인됩니다. 이는 옵셔널 체인을 통해 이 프로퍼티를 참조했기 때문이며 만약 옵셔널 체인을 사용하지 않고 단계적으로 옵셔널 타입을 해제해서 참조했다면 일반 타입의 값으로 반환되었을 겁니다. 옵셔널 체인을 사용하면 반드시 옵셔널 타입으로 반환되는 이유는 옵셔널 체인이라는 구문 자체가 nil을 반환할 가능성을 내포하고 있기 때문입니다.

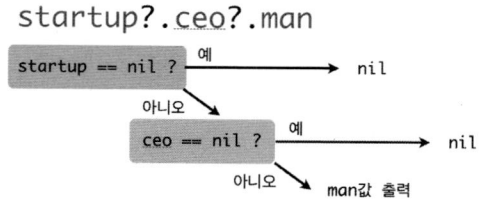

그림 8-14 옵셔널 체인의 흐름

반환 타입은 항상 가능한 모든 타입을 포함할 수 있는 자료형이어야 합니다. 그리고 nil이 반환될 가능성이 있는 모든 객체는 옵셔널 타입으로 반환되어야 하죠. 이같은 기본 룰에 따라 옵셔널 체인의 결과값은 마지막 값의 옵셔널 타입 여부와 관계없이 옵셔널 타입으로 반환됩니다.

옵셔널 체인의 두 번째 특성을 살펴봅시다. 중첩된 참조 구문에서 옵셔널 체인이 여러 번 반복되면 그만큼 옵셔널 타입이 중첩되는 것이 아닐까 생각할 수 있습니다. 예를 들어, 위의 예에서 name 프로퍼티에 값이 할당되어 있을 때 옵셔널 체인을 두 번 사용하면 옵셔널 타입을 다시 옵셔널 타입으로 감싸게 된다는 것이죠.

```
startup?.ceo?.name => Optional(Optional("나대표"))
```

하지만 옵셔널 체인은 이러한 방식으로 동작하지 않습니다. 옵셔널 타입을 몇 번 중첩하더라도 결국 반환할 수 있는 값은 nil 또는 정상값 두 개로 나누어지므로 단순히 하나의 옵셔널 객체로 감싼 값일 뿐입니다.

```
Optional(Optional(Optional(123))) = Optional(123)
```

이 때문에 옵셔널 체인으로 처리된 값은 그 과정에서 몇 번의 옵셔널 체인이 반복되더라도 하나의 옵셔널 객체로만 반환됩니다.

옵셔널 체인은 프로퍼티뿐만 아니라 메소드에서도 사용할 수 있습니다. 메소드에서는 주로 반환값이 구조체나 클래스, 또는 열거형 등으로 구성되어 그 내부에 있는 프로퍼티나 메소드를 사용해야 할 때 옵셔널 체인을 적절히 사용하면 효율적입니다. 다음 예제를 봅시다.

```
struct Company {
    var ceo: Human?
    var companyName: String?
    func getCEO() -> Human? {
        return self.ceo
    }
}
```

앞에서 사용했던 Company 구조체에 getCEO라는 메소드를 추가했습니다. 이 메소드는 Human 타입의 값을 반환하죠. 다만 내부적으로 self.ceo 프로퍼티를 반환하는 만큼 그에 맞는 옵셔널 타입으로 반환하도록 정의되어 있습니다. 이 메소드를 거쳐서 ceo의 name 값을 참조해봅시다.

```
var someCompany: Company? = Company(ceo: Human(name: "팀 쿡", man: true),
                                    companyName: "Apple")

let name = someCompany?.getCEO()?.name
if name != nil {
    print("대표이사의 이름은 \(name!)입니다.")
}
```

메소드의 경우도 프로퍼티와 크게 다르지 않습니다. 사실 메소드 자체를 옵셔널 체인으로 사용하는 것이 아니라 메소드의 결괏값을 옵셔널 체인으로 사용하는 것입니다. 이 때문에 메소드의 괄호 다음에 옵셔널 체인 연산자를 붙이고 있죠. 메소드 자체를 옵셔널 체인 형식으로 사용하는 것은 옵셔널 메소드일 때만 가능합니다. 이것은 이후 프로토콜에서 옵셔널 메소드에 대해 학습할 때 다룹니다.

사실 옵셔널 체인은 옵셔널 강제 해제 구문과 매우 흡사합니다. 외형상 차이점이라면 ? 연산자와 ! 연산자의 차이 정도가 되겠죠.

- **옵셔널 체인 구문** : someCompany?.getCEO( )?.name
- **옵셔널 강제 해제** : someCompany!.getCEO( )!.name

하지만 그 결과는 사뭇 다릅니다. 옵셔널 체인의 결과값은 옵셔널 타입이지만 강제 해제 연산자의 결과값은 일반 타입이라는 차이점 이외에도 옵셔널 체인이 적용된 객체가 nil이라도 오류가 발생하지 않는 데 비해 옵셔널 강제 해제를 사용하면 객체가 nil일 경우 런타임 오류가 발생합니다.

옵셔널 객체가 반드시 nil이 아니라고 확신 할 수 있다면 옵셔널 강제 해제 구문을 통하여 구문을 간단하게 줄여서 사용하겠지만, 그렇지 않더라도 옵셔널 체인 구문을 사용하면 그에 못지 않게 간결한 구문으로 필요한 코드를 작성할 수 있습니다. 옵셔널 체인은 여러분이 실제로 앱을 만들어나가는 과정에서 계속해서 사용하게 될 중요한 문법입니다.

이 장을 마치며

구조체와 클래스에 대해 알아보았습니다. 구조체는 우리가 앞에서 알아본 기본 자료형을 구성하는 객체이며, 클래스는 앞으로 다룰 코코아 터치 프레임워크를 구성하는 객체인 만큼, 이 책 전체를 걸쳐 가장 핵심적인 내용이라고 할 수 있습니다. 스위프트에서 구조체와 클래스는 객체 지향의 기본을 이루기 때문에, 항상 인스턴스를 생성하여 다루어야 한다는 점을 기억해야 하며, 이후로 나타날 많은 구조체와 클래스 객체들을 이해하는 것 역시 중요합니다.

긴 내용을 학습하시느라 수고하셨습니다. 잠시 쉬면서 머리라도 식힌 후에 다음 장으로 넘어가 봅시다.

열거형과 익스텐션 :
코드의 한계를 넓혀주는 문법

CHAPTER 09

열거형과 익스텐션은 스위프트 코드를 더욱 풍요롭게 만들어주는 문법들입니다. 이들을 사용하지 않아도 스위프트 코드를 작성하는 데에 크게 어려움은 없지만, 이들을 사용함으로써 더욱 강력한 코드를 작성할 수 있습니다. 열거형은 문자열이나 정수값 등 직접 입력받아야 할 정보들을 입력 대신 '선택'할 수 있도록 만들어줌으로써 값의 범위를 제한하고, 무작위로 값이 입력되는 것을 방지하여 코드의 안정성을 높여주는 역할을 합니다. 열거형을 사용함으로써 입력값의 오류를 줄일 수 있습니다.

익스텐션은 기존에 작성된 객체를 직접 수정하지 않고도 기능을 추가하는 방법을 제공합니다. 익스텐션을 사용하면 기존에 작성해두었던 라이브러리나 소스 코드의 원본 소스를 직접 건드리거나 변경하지 않고도 기능을 확장할 수 있으므로, 프레임워크에 상당수 의존하는 iOS 개발에서 제약을 줄이고 생산성을 높여주는 강력한 도구라고 할 수 있습니다.

9.1 열거형

열거형(Enumeration)이란 하나의 주제로 연관된 데이터들이 멤버로 구성되어 있는 자료형 객체를 말합니다. 우리는 앞에서 배열이나 집합, 딕셔너리 등의 자료형을 학습하면서 연관된 데이터들이 모인 자료형을 다루어 본 바 있습니다. 하지만 집단 자료형은 아이템이 정의된 것이 아니라 할당된 것이므로 간단한 구문으로 언제든지 삭제하거나 변경할 수 있으며, 할당된 값 자체를 타입으로 사용할 수는 없습니다. 이 때문에 필요한 자료형을 사용하려면 매번 인스턴스를 생성하고, 값을 할당해서 데이터를 구성한 다음에 사용해야 합니다. 또한, 객체를 정의할 때 값이 함께 정의되는 것이 아니므로 객체 정의에 아이템 정보가 포함되지 않습니다. 다시 말해 개별 아이템의 정보를 컴파일러가 미리 인지할 수는 없다는 것이죠.

반면에 열거형에서 데이터들은 열거형 객체를 정의하는 시점에 함께 정의됩니다. 따라서 데이터를 함부로 삭제하거나 변경할 수 없으며, 변경하거나 삭제하려면 객체를 정의하는 구문을 직접 수정해야 합니다. 열거형의 데이터 멤버들은 '정의(Definition)' 개념으로 작성되는 것이므로 타입으로 사용할 수 있을 뿐만 아니라 컴파일러가 미리 인지할 수도 있습니다.

컴파일러가 미리 인지할 수 있고 없고의 차이는 **런타임(Run-Time) 오류**와 **컴파일(Compile) 오류**의 차이로 나타납니다. 즉, 열거형을 이용하여 데이터 타입을 정의하고 사용하면 오타나 실수가 발생했을 때 그 즉시 컴파일러가 오류를 찾아주므로 잘못된 점을 바로 확인하여 수정할 수 있지만, 집단 자료형을 사용하여 데이터 타입을 사용하면 잘못 사용했더라도 실행된 다음에야 오류를 발견할 수 있습니다. 당장은 크게 와 닿지 않겠지만, 컴파일 오류보다 런타임 오류를 잡아내기가 훨씬 더 어렵다는 것을 경험해본다면 열거형을 사용하는 것이 프로그래밍 과정에서 타입 안정성에 도움이 된다는 점을 부정하기는 힘들 겁니다. 변수에 입력될 값들을 몇 가지로 특정할 수 있다면 리터럴로 직접 값을 입력받는 것보다는 열거형 타입으로 각 값에 해당하는 멤버를 정의하고 사용하는 것 역시 이러한 의미에서 추천하는 코딩 습관입니다.

일반적으로 다음의 조건들을 만족하는 경우에는 값을 직접 입력하거나 집단 데이터 타입을 사용하는 것보다 열거형 객체를 정의해서 사용하는 것이 훨씬 좋습니다.

① 원치 않는 값이 잘못 입력되는 것을 막고 싶을 때

② 입력받을 값을 미리 특정할 수 있을 때

③ 제한된 값 중에서만 선택할 수 있도록 강제하고 싶을 때

열거형의 멤버로 정의할 수 있는 데이터 집합은 연속된 값들이 아닌 불연속된 값들의 집합이어야 하며(이런 값을 수학에서는 이산 집합이라고 합니다.) 공통 주제에 연관되는 값들로 이루어져 있어야 합니다. 그리고 종류가 무한히 늘어나지 않고 몇 가지로 수렴되는 값들이어야 합니다. 열거형으로 정의할 수 있는 데이터 집합의 예는 다음과 같습니다. 앞쪽이 주제, 뒤쪽에 나열된 것들이 데이터 멤버라고 생각하면 됩니다.

- **성별** 남, 여, 히즈라(hijra, 제3의 성)
- **국가** 한국, 일본, 미국, 중국, 인도, 호주, 캐나다, 영국, 프랑스
- **지역** 서울, 부산, 강원, 충남, 충북, 경남, 경북, 전남, 전북, 제주
- **직급** 사원, 대리, 과장, 차장, 부장, 이사, 사장
- **색상** 빨강, 노랑, 초록
- **방향** 동, 서, 남, 북

이들 값의 공통점은 무한히 늘어나지 않고, 미리 특정할 수 있는 값들이라는 데 있습니다. 또한, 각 줄마다 공통된 주제로 연관되는 값들로 구성되어 있죠. 방향이라는 주제에 동, 서, 남, 북 이외에 '기린', '낙타' 등과 같은 값이 들어가면 이상할 겁니다. 국가라는 주제에 '자동차' 같은 값이 들어가는 것도 무척이나 생뚱맞겠죠. 이처럼 공통 주제에 연관된 몇 가지 종류의 값만 제한적으로 사용할 수 있도록 정의하는 것이 바로 열거형이라고 할 수 있습니다.

9.1.1 열거형의 정의

스위프트에서 열거형 객체를 정의할 때는 enum 키워드를 사용합니다. 정의하고자 하는 객체가 열거형이라는 것을 컴파일러에 알려주기 위해 가장 먼저 enum 키워드를 작성하고, 이어서 열

거형으로 정의할 객체의 이름을 작성하며, 마지막으로 열거형에 대한 내용을 정의하기 위한 중괄호 블록이 추가됩니다. 중괄호 블록 내에는 데이터 멤버들이 case 키워드와 함께 정의됩니다. 설명한 내용을 문법 형식으로 정리하면 다음과 같습니다.

```
enum 열거형 이름 {
    // 열거형의 멤버 정의
    case 멤버값 1
    case 멤버값 2
    case ...
}
```

스위프트에서 열거형을 정의할 때는 구조체나 클래스를 정의할 때 적용하는 규칙을 그대로 적용합니다. 열거형의 이름은 소문자로 작성하되 첫 글자만 대문자로 작성하는 관례를 따르는 것이죠. 만약 열거형 이름을 두 단어 이상으로 작성하려면 각 단어의 첫 글자를 대문자로 작성하는 카멜 표기법(CamelCasing)이 적절합니다.

열거형 객체가 제공할 값들, 즉 데이터 멤버는 열거형 정의 맨 마지막에 추가된 중괄호 내부에 소문자를 사용하여 차례차례 작성합니다. 보통은 각 멤버마다 case 키워드와 함께 정의하지만, 정의할 멤버가 많을 때는 편의상 한꺼번에 정의하는 방식도 지원합니다. 개별로 멤버를 선언할 때에는 한 줄에 하나씩 case 키워드 다음에 멤버값을 정의하고, 한꺼번에 멤버를 선언할 때는 맨 앞에 case 키워드를 한 번만 사용하되 각 멤버를 쉼표를 이용하여 줄 바꿈 없이 나열하면 됩니다. 다음 예는 north, south, east, west 네 개의 멤버를 가지는 열거형 객체 Direction의 정의를 보여주고 있습니다.

```
enum Direction {
    case north
    case south
    case east, west
}
```

Direction 객체에서 north와 south 멤버는 각 줄마다 case 구문과 함께 선언한 반면, east와 west는 한꺼번에 선언하고 있습니다. 이같이 한꺼번에 여러 개를 선언하는 것과 한 줄에 하나씩 정의하는 것에는 아무런 차이가 없으며, 한꺼번에 선언할 수 있는 멤버의 개수에도 제한은 없습니다. 단, 한 줄에 너무 많은 개수의 멤버를 과도하게 정의하면 가독성을 해칠 수 있으므로 적절히 나누어 작성하는 것이 좋습니다.

이렇게 작성된 멤버들은 아래와 같은 형식으로 사용됩니다. 점(.) 구문을 이용하여 열거형 객체의 이름 뒤에 연결하죠. 이 값들은 이후 변수나 상수, 또는 함수의 인자값으로 사용됩니다.

```
let N = Direction.north
let S = Direction.south
let E = Direction.east
let W = Direction.west
```

> **참고**
>
> **스위프트 3에서의 열거형 대소문자 정책 변화**
>
> 열거형을 정의할 때 객체의 이름과 달리 멤버값이 소문자로 시작하게 된 것은 스위프트 3.0부터의 일입니다. 이전 버전까지는 객체의 이름과 멤버의 이름을 모두 대문자로 시작하는 관례를 따르고 있었죠. 코코아 터치 프레임워크에서 사용하는 열거형도 멤버들은 모두 대문자로 시작하도록 정의되어 있었습니다.
>
> 그러던 것이 스위프트 3의 발표와 함께 표기법이 바뀌었습니다. 이제 열거형에서 객체의 이름을 정의할 때에는 대문자로 시작해서 소문자로 이어지는 카멜 표기법을 따르고, 열거형의 멤버는 소문자로 시작하는 카멜 표기법을 따르게 된 것입니다. 앞에서 살펴본 Direction 열거형에서 객체의 이름인 Direction은 대문자로 시작하고, 멤버인 north, south 등은 소문자로 시작하는 것은 이 때문입니다.
>
> 여러분이 이 책을 읽을 때에는 아직 스위프트 2 버전에서 작성된 코드들이 많이 공개되어 있을 겁니다. 이들 코드에서는 멤버명으로 대문자를 사용하는 것이 기본으로 작성되어 있을 테니, 스위프트 3에 맞게 수정할 때에는 열거형 객체의 멤버명을 반드시 소문자로 변경해 주는 것을 잊지 말아야 합니다.

열거형 객체의 사용

열거형을 정의한다는 것은 새로운 타입의 데이터를 정의하는 것과 같아서, 열거형의 멤버를 사용하여 변수나 상수에 대입하면 그 변수나 상수는 열거형 타입의 값으로 선언됩니다. 아래는 열거형을 이용하여 변수를 정의하는 예시입니다.

```
var directionToHead = Direction.west
```

directionToHead 변수는 Direction 객체에 정의된 멤버 중 하나인 west로 초기화되었습니다. 굳이 타입 어노테이션을 명시하지 않더라도 데이터 타입 추론 메커니즘에 의해 이 변수는 Direction 타입으로 정의됩니다. 하지만 굳이 타입 어노테이션을 붙인다면 다음과 같이 작성해 줄 수 있겠죠.

```
var directionToHead: Direction = Direction.west
```

일단 변수를 열거형 타입으로 정의하고 나면 이 변수에 대입될 수 있는 값은 같은 열거형 타입에 정의된 다른 멤버값뿐입니다. 따라서 변수의 값을 변경할 때에는 열거형 타입명을 생략하고 멤버값만 대입해 주어도 됩니다. 단, 이때 멤버값이 단순한 문자열이 아니라 열거형 타입에 속한 값이라는 것을 알려주기 위해 멤버값 앞에 점(dot)을 반드시 붙여주어야 합니다. 다음은 앞에서 Direction 타입으로 정의된 directionToHead 변수의 값을 변경하는 과정에서 열거형 타입명을 생략하고 멤버값만 사용하는 예를 보여주고 있습니다.

```
directionToHead = .east
```

다시 한 번 말씀드리지만, 이렇게 Direction.east가 아니라 단순히 .east로 작성할 수 있는 것은, directionToHead 변수가 Direction 타입으로 정의되었다는 것을 컴파일러가 알고 있기 때문입니다. 컴파일러가 인지하기 전, 그러니까 상수나 변수를 처음 선언할 때부터 열거형 타입을 생략하고 멤버값만 달랑 작성해 버린다면 컴파일러는 주어진 멤버가 어떤 열거형에 소속된 값인지 찾을 수가 없어 당황하게 됩니다. 따라서 다음의 구문은 컴파일러에 의해 오류로 처리됩니다.

```
var directionToHead = .east
```

그러나 다음과 같이 타입 어노테이션을 함께 사용할 경우에는 이야기가 달라집니다. 타입 어노테이션을 통해 컴파일러는 변수에 할당될 값의 타입이 Direction임을 미리 알 수 있기 때문에, 변수를 선언할 때부터 열거형 타입의 이름을 생략해도 아무 문제가 없습니다.

```
var directionToHead: Direction = .east
```

이제 열거형의 멤버를 사용할 때 언제 열거형 타입명을 생략할 수 있고 언제 생략할 수 없는지 알 수 있겠죠? 다음은 열거형 타입을 생략할 수 있을 때와 생략할 수 없을 때를 정리한 내용입니다.

- 열거형 타입으로 정의된 변수에는 열거형 타입명을 생략하고 멤버값만 대입해도 오류가 발생하지 않는다.
- 변수나 상수의 타입 어노테이션을 명시한 경우, 처음부터 타입명을 생략하고 멤버값만 대입해도 오류가 발생하지 않는다.
- 타입 어노테이션 없이 변수나 상수를 초기화할 때 타입명은 생략할 수 없다.

switch 구문과 열거형

열거형 타입으로 정의된 변수는 switch 구문에서 열거형의 멤버와 비교하는 분기 구문을 사용할 수 있습니다. 형식은 일반 switch 구문과 큰 차이가 없어, switch 키워드 다음에 열거형 타입으로 정의된 변수가 사용되고 이 변수와 비교할 열거형의 각 멤버값이 구문 내부에 case 블록별로 차례로 대입되는 형식입니다.

```
switch 비교 대상 {
    case 열거형.멤버1 :
        // 실행할 구문
    case 열거형.멤버2 :
        // 실행할 구문
    ...
}
```

실제로 열거형 타입으로 정의한 변수를 사용하여 switch 구문을 작성해 봅시다. 앞에서 정의한 변수 directionToHead는 Direction 타입으로 정의되어 있으므로 switch 구문 내에서도 Direction 객체의 멤버들을 case 블록에 나누어 비교해주면 됩니다.

```
var directionToHead = Direction.west

switch directionToHead {
    case Direction.north :
        print("북쪽입니다")
    case Direction.south :
        print("남쪽입니다")
    case Direction.east :
        print("동쪽입니다")
    case Direction.west :
        print("서쪽입니다")
}
```

[실행 결과]

서쪽입니다

간단하죠? 그런데 조금 더 간단하게 줄일 수 있는 방법이 있습니다. 앞에서 배웠던 열거형 생략 표현을 이용하는 겁니다. switch 구문은 앞에서 타입 어노테이션을 사용해서 변수를 선언했을 때와 마찬가지로, switch 키워드 다음에 입력받는 변수를 통해 비교 대상의 타입이 열거형인 것을 추론해 낼 수 있습니다. 이것만 추론해 내고 나면 다음은 간단합니다. 비교 대상이 가질 수 있는 값은 열거형에 정의된 멤버들로 한정되므로, 타입명이 생략되더라도 충분히 찾을 수 있기 때문이죠. 그래서 다음과 같이 타입명이 생략된 간소화 버전의 case 구문 작성이 가능해집니다.

```
var directionToHead = Direction.west

switch directionToHead {
    case .north :
        print("북쪽입니다")
    case .south :
        print("남쪽입니다")
    case .east :
        print("동쪽입니다")
    case .west :
        print("서쪽입니다")
}
```

[실행 결과]

서쪽입니다

어떤가요, 한눈에 보기에도 훨씬 간결해진 것을 알 수 있죠? 실제로도 열거형을 switch 구문에 넣고 비교 처리할 때, 열거형 타입의 이름은 생략하고 멤버만 작성하는 경우가 많습니다. 잊지 말아야 할 점은 굳이 열거형 타입을 명시하지 않더라도 충분히 추론이 가능할 때에만 열거형 타입을 생략해야 한다는 것입니다.

열거형 타입을 switch 구문에서 사용할 때에는 주의할 점이 한 가지 더 있습니다. 열거형에 정의된 멤버를 swtich 구문의 case 블록 비교에 전부 사용하면 default 구문은 생략할 수 있다는 점입니다.

만약 default 구문이 생략된 상태에서 열거형 멤버 중 일부가 누락되면 컴파일러는 switch 구문을 완전하지 않은 것으로 해석하고 오류를 발생시킵니다. 하지만 열거형 타입에 정의된 모든 멤버를 case 구문에서 빠짐없이 비교했을 경우, 모든 비교 구문 중에서 하나는 반드시 해당할 수밖에 없으므로 굳이 default 구문을 작성하지 않아도 됩니다. 사실 default 구문을 작성하더라도 이 구문이 실행될 가능성은 전무할 테죠.

이와는 반대로, switch 구문에서 default 블록을 추가하면, 모든 멤버를 다 비교할 필요가 없으므로 꼭 비교해야 할 일부 멤버만 비교하고 나머지는 default 구문에 맡기면 됩니다.

9.1.2 멤버와 값의 분리

필요한 데이터 집합을 열거형의 멤버로 구성할 때, 데이터만으로도 의미 전달이 쉬울 때도 있지만 데이터를 그대로 멤버로 사용하면 이해하기 힘들 때도 있습니다. 주로 한눈에 구분하기 힘든 숫자들일 때가 이에 해당합니다. 대표적인 것이 HTTP 응답 코드죠. HTTP 응답 코드는 숫자로 이루어져 있지만 각각의 숫자는 다음과 같이 구체적인 의미를 담고 있습니다.

■ **HTTP 응답 코드의 의미**

- 200   정상적인 응답
- 304   캐싱된 데이터 전송
- 404   존재하지 않는 URL 또는 페이지 없음.
- 500   서버 에러

이외에도 HTTP 코드에는 굉장히 많은 값들이 의미를 담고 정의되어 있습니다. 그런데 HTTP 응답 코드를 모두 다 줄줄 외우고 있을 만큼의 전문가가 아닌 다음에야 이런 숫자 코드만 보고 그것이 어떤 내용인지 파악하거나 필요한 코드를 찾아 쓴다는 것은 쉽지 않은 일입니다. 매번 필요한 코드를 찾기 위해 설명을 뒤져야 하죠.

이 코드들을 열거형으로 정의한다고 했을 때도 마찬가지입니다. 각 코드 200, 300, 304, 404, 500 등을 멤버로 정의해서 사용할 순 있겠지만, 매번 필요한 내용에 맞는 코드가 몇 번인지를 찾는 과정이 필요합니다.

이럴 때 멤버와 실질적인 값을 분리하여 멤버는 이해하기 쉬운 문자열 위주로 정의하고, 실질적으로 필요한 HTTP 응답 코드는 멤버에 값을 연계하여 사용한다면 훨씬 편리하고 좋은 자료형이 될 수 있습니다. 이러한 편의성을 지원하기 위해 스위프트에서는 열거형의 멤버에 실질적인 값을 할당할 수 있도록 허용하고 있습니다. 소위 형식과 의미를 분리하는 것이죠.

이에 따라 HTTP 코드를 멤버와 값으로 나누어 정의한 열거형의 모습은 다음과 같습니다.

```
enum HTTPCode: Int {
    case OK = 200
    case NOT_MODIFY = 304
    case INCORRECT_PAGE = 404
    case SERVER_ERROR = 500
}
```

HTTP 코드에서 실제로 제공해야 하는 값은 200, 304와 같은 숫자입니다. 이를 그대로 멤버로 사용하지 않고 알아보기 쉽도록 설명 문자열 형식으로 바꾸어 이를 멤버로 선언하고 있습니다. 실제로 필요한 코드들은 멤버값에 대입하였습니다. 이렇게 멤버에 대입된 값은 필요할 때 꺼낼 수 있습니다.

멤버에 별도의 값을 대입할 때에는 주의해야 할 점이 있습니다. 멤버에 대입할 값의 자료형을 열거형 타입의 선언 뒤에 타입 어노테이션으로 표기해야 한다는 것입니다.

```
enum HTTPCode: Int {..
```

위처럼 표기된 열거형은 멤버가 정수 형태의 값을 할당받는다는 것을 의미합니다. 멤버값은 일반적으로 문자열이므로, 문자열 형식의 멤버에 할당된 값을 읽을 때에는 아래와 같이 rawValue라는 속성을 사용합니다.

```
HTTPCode.OK.rawValue // 200
HTTPCode.NOT_MODIFY.rawValue // 304
HTTPCode.INCORRECT_PAGE.rawValue // 404
HTTPCode.SERVER_ERROR.rawValue // 500
```

열거형 객체의 멤버에 실질적인 값을 할당하는 것은 C와 오브젝티브-C에서도 제공하는 기능입니다. 하지만 이들 언어에서는 각 멤버에 정수값만 정의할 수 있을 뿐만 아니라 우리가 임의로 지정할 수도 없습니다. 단순히 멤버가 정의된 순서대로 0, 1, 2..의 값을 자동으로 할당해 버리기 때문입니다.

이에 비해 스위프트는 문자열, 정수, 실수 기타 다른 자료형까지 모두 멤버에 할당하여 사용할 수 있습니다. 열거형 멤버가 가질 수 있는 값의 범위가 훨씬 넓은 거죠. 물론 C나 오브젝티브-C에서 제공해주는 자동 할당이 편리하게 느껴질 때도 있을 겁니다. 스위프트에서는 이같은 자동 할당 기능도 지원합니다. 열거형 객체에 타입 어노테이션으로 Int를 추가하고, 첫 번째 멤버에 시작할 정수값을 지정하면 됩니다.

```
enum Rank: Int {        // 타입 어노테이션 추가
    case one = 1        // 시작할 정수값 지정
    case two, three, four, five
}

Rank.one.rawValue // 1
Rank.two.rawValue // 2
Rank.three.rawValue // 3
Rank.four.rawValue // 4
Rank.five.rawValue // 5
```

위 예제에서는 시작하는 멤버에만 1의 값을 지정해 주고, 나머지 멤버에는 아무 값도 지정하지 않았습니다. 하지만 열거형은 첫 번째 멤버에 지정된 값을 기준으로 하여 나머지 멤버들에게 차례대로 +1씩 값을 증가시켜가면서 할당합니다. 이에 따라 두 번째 이후의 멤버에는 아무 값도 대입하지 않았음에도 모두 차례대로 값을 가지게 된 것입니다.

위 예제에서는 시작값을 1로 지정했기 때문에 나머지 멤버들의 값은 자연히 2, 3, 4, 5로 설정되었습니다. 만약 첫 번째 멤버를 10으로 지정한다면 나머지 멤버들은 10에서 시작하는 증가값인 11, 12, 13, 14로 설정됩니다. 첫 번째 멤버에 이어서 두 번째 멤버에도 값을 직접 할당한다면

그 이후의 멤버들은 두 번째 값을 기준으로 하여 1씩 증가하는 양상을 보입니다.

```
enum Rank: Int {
    case one = 10
    case two = 20
    case three, four, five
}

Rank.one.rawValue // 10
Rank.two.rawValue // 20
Rank.three.rawValue // 21
Rank.four.rawValue // 22
Rank.five.rawValue // 23
```

이때 열거형 멤버의 저장값을 읽어들이는 rawValue 속성은 열거형 멤버가 값을 저장하고 있을 때에만 사용할 수 있습니다. 만약 열거형의 멤버가 값을 가지지 않고 단순히 멤버만 정의되어 있다면 rawValue 속성을 사용했을 때 컴파일러 오류가 발생하므로 주의해야 합니다.

열거형 객체의 멤버와 값은 선언하는 시점에서 정의되지만, 사용하는 시점에서 멤버에 보조 값을 설정할 수 있는 방법도 있습니다. 이렇게 설정된 값을 **연관 값(Associated Values)**이라고 하는데, 다음과 같은 방식으로 정의됩니다.

```
enum ImageFormat {
    case JPEG
    case PNG(Bool)
    case GIF(Int, Bool)
}

var newImage = ImageFormat.PNG(true)
newImage = .GIF(256, false)
```

이미지 포맷을 정의하는 열거형 ImageFormat은 JPEG, PNG, GIF라는 멤버를 가지지만, PNG는 배경값이 투명한 PNG와 그렇지 않은 PNG 포맷으로 나뉩니다. GIF 역시 사용된 컬러수와 애니메이션 여부에 따라 나눌 수 있습니다. 이러한 특성을 모두 반영하여 이미지 포맷의 멤버를 정의한다면 필요한 멤버의 수가 매우 늘어나게 됩니다. 하지만 멤버를 모두 정의하지 않고 구분해야 할 값을 연관 값으로 처리하면 세 개의 멤버만으로도 다양한 포맷을 처리할 수 있습니다. 연관 값은 세부적으로 구분하기 위한 용도 이외에도 실행 시점에서 값을 저장해야 할 필요가 있을 때 요긴하게 사용됩니다.

열거형은 클래스나 구조체처럼 내부에 연산 프로퍼티와 메소드를 정의할 수 있습니다. 열거형은 구조체나 클래스와는 달리 인스턴스를 만들 수 없지만, 열거형의 멤버를 인스턴스처럼 사용할 수 있으므로 인스턴스 프로퍼티/메소드와 타입 프로퍼티/메소드를 모두 정의할 수 있습니다. 다음은 앞에서 정의한 HTTPCode 열거형에 연산 프로퍼티와 메소드를 추가한 예제입니다.

```
enum HTTPCode: Int {
    case OK = 200
    case NOT_MODIFY = 304
    case INCORRECT_PAGE = 404
    case SERVER_ERROR = 500

    var value: String {
        return "HTTPCode number is \(self.rawValue)"
    }

    func getDescription() -> String {
        switch self {
        case .OK :
            return "응답이 성공했습니다. HTTP 코드는 \(self.rawValue)입니다."
        case .NOT_MODIFY :
            return "변경된 내역이 없습니다. HTTP 코드는 \(self.rawValue)입니다."
        case .INCORRECT_PAGE :
            return "존재하지 않는 페이지입니다. HTTP 코드는 \(self.rawValue)입니다."
        case .SERVER_ERROR :
            return "서버 오류입니다. HTTP 코드는 \(self.rawValue)입니다."
        }
    }
```

```
    static func getName() -> String {
        return "This Enumeration is HTTPCode"
    }
}
```

HTTPCode 열거형 객체에 연산 프로퍼티 value, 메소드 getDescription( ), 타입 메소드 getName( )을 각각 추가하였습니다. 이렇게 작성된 프로퍼티와 메소드는 다음과 같은 방식으로 호출할 수 있습니다.

```
var response = HTTPCode.OK
response = .NOT_MODIFY

response.value // "HTTPCode number is 304"
response.getDescription() // "변경된 내역이 없습니다. HTTP 코드는 304입니다."

HTTPCode.getName() // "This Enumeration is HTTPCode"
```

value와 getDescription( )은 인스턴스 메소드의 성격이므로 열거형 객체의 멤버를 할당받은 변수 response에서 호출하지만, getName( ) 메소드는 타입 메소드이므로 열거형 타입 자체에서 호출합니다. 이와 같은 방식을 사용하여 열거형에 프로퍼티나 메소드를 정의해 두면, 필요할 때 요긴하게 사용할 수 있어 매우 효율적입니다.

9.1.3 열거형의 활용

열거형은 클래스나 구조체와 함께 코코아터치 프레임워크에서 아주 많이 사용되는 객체입니다. 특히 메소드의 호출 옵션이나 스타일을 설정할 때 열거형으로 미리 정의해 둔 멤버들을 속성값으로 사용하는 경우가 많습니다.

다음은 앨범 이미지나 카메라를 다룰 때 사용하는 이미지 피커 컨트롤러에서 소스 타입을 설정할 때 사용하는 열거형 객체입니다.

```
enum UIImagePickerControllerSourceType: Int {
    case photoLibrary
    case camera
    case savedPhotosAlbum
}
```

이미지 피커 컨트롤러에서 이미지를 가져올 수 있는 곳은 몇 군데로 제한됩니다. 포토 라이브러리, 카메라, 그리고 저장 앨범 정도이죠. 이를 열거형 객체에 저장해 놓고, 소스 타입을 지정할 때 이를 이용하는 겁니다.

그림 9-1 이미지 소스를 선택하는 옵션창

만약 이 값을 열거형으로 정의해 놓지 않는다면 어떤 문제가 생길 수 있을까요? 우선 개발자가 소스 타입을 마음대로 입력할 수 있으므로 잘못된 입력이나 오타로 인하여 심각한 오류가 발생할 수 있습니다. 뿐만 아니라 이미지가 저장되는 곳이 아닌 엉뚱한 위치에서 임의의 보안 파일을 읽어 들일 가능성도 배제할 수 없습니다. 한마디로 메소드를 이용한 보안 취약점이 생길 수 있는 것이죠. 이같은 일을 방지하기 위해 iOS는 정해진 곳에서만 이미지 소스를 읽어 들일 수 있도록 소스 타입을 열거형으로 선언하고 이 타입을 속성으로 사용합니다.

위 열거형에서 멤버가 실제로 가지는 값은 0, 1, 2로 극히 단순합니다. 하지만 열거형을 정의하지 않고 0, 1, 2와 같은 정수값을 직접 사용할 경우 3, 4, 5... 등의 임의의 값을 입력할 수 있는 가능성이 충분한 반면, 열거형 타입을 사용하면 0, 1, 2 이외의 값은 전혀 입력할 방법이 없습니다. 보다 안전성을 높일 수 있는 거죠. 이처럼 입력이 필요한 속성은 모두 열거형 타입으로 정의해서 사용하면 사용자의 입력 범위를 줄일 수 있어 실수를 차단할 수 있을 뿐만 아니라 훨씬 안전한 코드를 작성할 수 있다는 장점이 있습니다.

열거형을 활용하는 또다른 예는 알림창입니다. iOS 8 이후로 알림창은 기존의 알림창과 액션 시트가 하나로 통합된 UIAlertController라는 객체를 사용하기 시작했는데, 이 객체에서는 알림창이나 액션 시트의 구분을 preferredStyle 매개변수의 속성값을 통해 제어합니다. 이 매개변수는 UIAlertControllerStyle이라는 열거형 타입값을 입력받아 이 알림창이 액션 시트가 될지 경고창이 될지를 결정합니다.

```
let alert = UIAlertController(title: "알림",
                    message: "액션시트창입니다.",
                    preferredStyle: .actionSheet)
```

또는 이런 값도 사용하죠.

```
let alert = UIAlertController(title: "알림",
                    message: "경고창입니다.",
                    preferredStyle: .alert)
```

이때 만약 다음과 같은 방식으로 창 스타일을 입력받는다면, 아마도 입력 과정에서 오류가 빈번하게 발생할 겁니다.

```
let alert = UIAlertController(title: "알림",
                    message: "알림창 메시지입니다",
                    preferredStyle: "actionSheet")
```

하지만 이를 단순히 문자열로 입력받지 않고 열거형을 정의하여 사용하는 덕분에 사용자의 마구잡이식 입력을 제한할 수 있을 뿐만 아니라 컴파일러가 자동완성으로 입력을 보조할 수도 있는 등의 여러 가지 이점이 생겨나고, 입력해야 할 값이 더욱 분명해질 수 있습니다. 이같이 열거형은 입력해야 할 값을 명확하게 정의하고 여기에서 벗어난 값은 입력되지 않을 수 있도록 차단하여 코드의 안정성을 높이는 역할을 합니다.

따라서 우리는 열거형의 장점을 충분히 이해하고, 코드 작성 시 사용자의 직접 입력을 열거형 선택으로 대체할 수 있을지 검토하여 가능하다면 적극적으로 활용하는 것이 좋습니다. 다루어야 할 객체가 늘어나는 점이 부담일지 모르지만, 구조적으로는 훨씬 더 안정된 코드를 설계할 수 있기 때문입니다.

9.2 익스텐션

'확장 구문'으로 번역될 수 있는 **익스텐션(Extensions)**은 이미 존재하는 클래스나 구조체, 열거형 등의 객체에 새로운 기능을 추가하여 확장해주는 구문입니다. 새로운 객체를 정의하는 것이 아니라 이미 존재하는 객체에 여러 가지 요소를 추가해준다는 점이 특징이지만, 자신의 독립적인 객체를 가지지 않고 다른 객체를 확장해준다는 특징 때문에 확장 구문은 단순히 구문이라고 보기도, 객체의 하나로 보기도 어렵습니다. 하지만 라이브러리나 프레임워크에 포함되어 소스코드에 직접 접근할 수 없는 객체라 할지라도 확장 구문을 이용하면 거의 제약 없이 새로운 기능을 추가할 수 있다는 점에서 익스텐션은 강력한 힘이 있습니다.

익스텐션은 오브젝티브-C에서 제공되는 **카테고리(Category)**와 비슷합니다. 차이점이라면 카테고리는 자체적인 이름을 가지지만 익스텐션은 자체적인 이름을 갖지 않는다는 점 정도죠. 또 하나 더, 카테고리는 클래스에만 적용할 수 있지만, 스위프트의 익스텐션은 클래스뿐만 아니라 구조체나 열거형 등의 객체에 대해서도 기능을 추가할 수 있는 만큼 훨씬 더 강력하다는 점을 들 수 있습니다.

스위프트에서 익스텐션을 통해 구현할 수 있는 것들은 대표적으로 다음과 같습니다.

- 새로운 연산 프로퍼티를 추가할 수 있습니다.
- 새로운 메소드를 정의할 수 있습니다.
- 새로운 초기화 구문을 추가할 수 있습니다.
- 네 기존 객체를 수정하지 않고 프로토콜을 구현할 수 있습니다.

이 중에서 프로토콜 구현 기능은 다음 장에서 다루고 있으므로, 여기서는 첫 번째부터 세 번째 기능까지만 알아보겠습니다.

익스텐션을 사용할 때는 extension 키워드를 사용합니다. 이 키워드 다음에는 확장하고자 하는 기존 객체의 이름을 작성하고, 이어서 중괄호 블록을 덧붙입니다. 중괄호 블록 내부에는 추가할 기능을 구현하면 됩니다.

```
extension <확장할 기존 객체명> {
    // 추가할 기능에 대한 구현 코드를 작성
}
```

이 형태에서 볼 수 있듯이, 익스텐션은 extension 키워드를 사용할 뿐 독립적인 객체를 생성하는 구문이 아닙니다. 이미 정의되어 있는 기존 객체의 기능을 더 추가해주는 것일 뿐입니다. 따라서 익스텐션은 객체가 아니며 또한 타입으로 사용될 수도 없습니다. 이 점에 유의 바랍니다.

9.2.1 익스텐션과 연산 프로퍼티

익스텐션을 이용하면 기존 객체에 프로퍼티를 추가할 수 있습니다. 단, 추가할 수 있는 것은 연산 프로퍼티로 제한됩니다. 저장 프로퍼티는 익스텐션을 통해 추가할 수 없습니다. 대신에 인스턴스 프로퍼티든 타입 프로퍼티든 연산 프로퍼티라면 모두 추가할 수 있습니다.

```
extension Double {
    var km: Double { return self * 1_000.0 }
    var m: Double { return self }
    var cm: Double { return self / 100.0 }
    var mm: Double { return self / 1_000.0 }
    var description : String {
        return "\(self)km는 \(self.km)m, \(self)cm는 \(self.cm)m, \(self)mm는
                \(self.mm)m입니다."
    }
}
```

우리가 스위프트를 갓 학습하기 시작할 무렵 다루었던 자료형 Double의 구조체 확장 구문입니다. 구조체는 익스텐션에 의해 확장될 수 있으며, 우리가 소스 코드를 직접 수정할 수 없는 객체라 할지라도 익스텐션을 통해 주어진 조건 안에서는 얼마든지 필요한 만큼 객체의 기능을 확장할 수 있으므로 기본 자료형인 Double 타입 역시 확장 구문을 사용하여 기능을 추가할 수 있습니다.

위 예제에서는 모두 네 개의 연산 프로퍼티를 추가하고 있는데, 이들 각각은 Double 타입으로 정의된 값에 대해 단위 변환을 처리해주는 역할입니다. 입력된 실수값의 기본 단위를 미터(m)로 잡고, 이 값에 대한 단위별 프로퍼티를 호출하면 그 단위에 맞는 미터값으로 변경해주는 일을 하죠. 이렇게 익스텐션을 사용하여 Double 자료형을 확장하고 나면 이후로는 모든 실수값에서 우리가 추가한 기능들을 사용할 수 있습니다.

```
2.km // 2000m
5.5.cm // 0.055m
125.mm // 0.125m
7.0.description // "7.0km는 7000.0m, 7.0cm는 0.07m, 7.0mm는 0.007m입니다."
```

이런 식으로 자료형의 기능을 확장해놓으면 다음과 같이 각 단위별로 값을 더해야 할 때 매우 편리합니다.

```
let distance = 42.0.km + 195.m
print("마라톤의 총 거리는 \(distance)m입니다.")
// "마라톤의 총 거리는 42195.0m입니다."
```

참고로 연산 프로퍼티를 정의하는 과정에서 숫자에 1_000처럼 언더바가 추가된 부분이 있는데, 이는 단순히 자릿수를 구분해주기 위해 넣은 것으로, 언더바를 사용하지 않고 표기한 것과 아무런 차이가 없습니다.

```
1_000 == 1000 // true
1_00_0 == 100_0 // true
1_0_0_0 == 1000 // true
10_00 == 100_0 // true
```

9.2.2 익스텐션과 메소드

익스텐션을 이용하면 기존 객체에 새로운 인스턴스 메소드나 타입 메소드를 정의할 수 있습니다. 매개변수 타입을 달리하면 서로 다른 메소드가 되는 메소드 오버로딩 특성을 이용해서 새로운 메소드를 정의할 수도 있고, 매개변수명을 변경하여 새로운 메소드를 작성할 수도 있습니다. **하지만 기존 객체에서 사용된 같은 메소드를 익스텐션에서 재정의하는 것은 안 됩니다.** 이는 오버라이딩을 뜻하는 것으로, 어디까지나 클래스 객체에서 상속으로만 할 수 있는 기능이기 때문입니다.

```
extension Int {
    func repeatRun(task: () -> Void) {
        for _ in 0 ..< self {
            task()
        }
    }
}
```

앞에서 다루었던 기본 자료형 Double 구조체의 확장에 이어서 이번에는 Int 구조체를 확장하였습니다. repeatRun(task:)라는 이름으로 메소드를 정의하고 있는데, 이 메소드는 ( ) -> Void 형식의 함수를 인자값으로 입력받아 매개변수 task에 대입합니다. 물론 함수를 인자값으로 사용한다는 것은 그 대신 클로저를 인자값으로 사용할 수 있다는 뜻이기도 합니다.

인자값으로 입력받는 함수는 인자값과 반환값이 없는 형태이기만 하면 됩니다. 입력받은 함수는 Int 자료형에 할당된 값만큼 반복해서 실행하도록 구문이 작성되어 있습니다. 이를 위해 반 닫힌 범위 연산자가 사용된 것을 눈여겨 보기 바랍니다. 이렇게 확장된 Int 구조체를 사용해봅시다.

```swift
let d = 3
d.repeatRun(task: {
    print("반갑습니다!")
})
```

[실행 결과]

```
반갑습니다!
반갑습니다!
반갑습니다!
```

상수 d에 3이라는 정수가 할당되었으므로 repeatRun(task:) 메소드에 인자값으로 입력되는 함수는 모두 3번 반복해서 실행됩니다. 인자값으로 입력된 함수는 단순히 "반갑습니다!" 구문을 출력하는 내용만 작성되어 있으므로 주어진 횟수만큼 해당 문장이 출력됩니다.

위 구문에서는 클로저를 인자값으로 넣어주고 있는데, 클로저가 나온 김에 관련 문법 하나만 복습해 봅시다. 위 구문을 트레일링 클로저(Trailing Closure) 문법을 사용하여 다음과 같이 변경해도 같은 결과를 얻을 수 있습니다.

```swift
d.repeatRun {
    print("반갑습니다!")
}
```

인스턴스 메소드는 익스텐션에서도 mutating 키워드를 사용하여 인스턴스 자신을 수정하도록 허용할 수 있습니다. 구조체나 열거형에서 정의된 메소드가 자기 자신의 인스턴스를 수정하거나 프로퍼티를 변경해야 할 때 mutating 키워드를 사용하는데, 익스텐션이 구조체나 열거형을 확장의 대상으로 삼았을 때가 이에 해당합니다. 이때는 본래의 구조체나 열거형에서 mutating 키워드를 추가하고 프로퍼티나 인스턴스를 수정하듯이 익스텐션에서도 동일하게 처리해주면 됩니다.

```
extension Int {
    mutating func square() {
        self = self * self
    }
}

var value = 3
value.square() // 9
```

Int 구조체에 익스텐션을 이용하여 square( )라는 메소드를 정의하였습니다. 이 메소드는 별도의 반환값 없이 값 자체를 제곱값으로 변경해버리는 역할입니다. value에 3이 할당되었고, 이 값을 제곱값으로 변경하였으므로 메소드의 실행 결과는 9가 됩니다. 이때 주의할 점은 해당 메소드가 인스턴스 자체의 값을 변경하고 있으므로 값을 상수에 할당해서는 안 됩니다. 즉, 다음과 같이 작성하면 오류가 발생합니다.

```
let value = 3
value.square() // X
```

값을 변수에 할당하지 않고 다음과 같이 리터럴에 대해 직접 메소드를 호출하는 경우도 마찬가지입니다. square( ) 메소드의 실행결과 인스턴스의 값 자체를 변경해야 하는데, 이렇게 변경할 곳에 리터럴 3이 들어가는 것은 상수에 값을 할당한 것과 마찬가지입니다. 메모리에 저장된 3이라는 값 자체를 다른 값으로 변경할 수는 없기 때문입니다.

```
3.square() // X
```

익스텐션으로 확장할 수 있는 기능에는 분명 제한적인 부분도 있겠지만, 직접 소스 코드를 수정할 수 없는 라이브러리나 스위프트 언어 기반을 이루는 객체들까지 모두 확장할 수 있다는 점에서 매우 매력적인 기능임에는 분명합니다. 무엇보다 여러분이 한번 작성해 놓은 스위프트 코드들을 라이브러리화한 상태에서 추가해야 할 사항이 생겼을 때 익스텐션을 사용한다면 매우 간단하게 처리할 수 있습니다.

하지만 익스텐션을 남용하면 객체의 정의를 모호하게 만들거나 각 실행 위치에 따라 서로 다른 정의로 구성된 객체를 사용하게 만드는 결과를 가져올 수도 있습니다. 어느 위치에서는 익스텐션의 영향을 받아 추가된 프로퍼티나 메소드들이 제공되는데, 또 다른 위치에서는 익스텐션의 영향을 받지 않아 추가된 프로퍼티나 메소드들을 전혀 사용할 수 없는 경우가 생길 수 있기 때문입니다.

또한, 객체의 정의가 파편화되기 쉬운 까닭에 객체의 정확한 구성을 파악하기 어렵다는 단점도 있습니다. 객체의 구성 요소를 정확하게 파악하려면 관련 객체의 정의 구문에 더하여 익스텐션 정의를 따라가며 기능 정의를 모두 확인해야 하기 때문입니다. 익스텐션이 반드시 한 곳에서만 정의되었다는 보장도 할 수 없으므로 해당 객체의 전체 구조를 보려면 전체 소스 코드를 뒤져서 파편화된 모든 익스텐션들을 모아야만 할 수도 있습니다.

이를 방지하기 위해 익스텐션은 필요한 곳에서는 충분히 사용하되 남용하지 않고, 여기저기에 분산해서 작성하기보다는 전체적인 정의와 구조를 파악할 수 있는 위치에서 작성하는 것이 좋습니다.

9.2.3 익스텐션을 활용한 코드 정리

기존 소스 코드를 건드리지 않고도 원하는 내용을 확장할 수 있다는 특징 때문에, 익스텐션은 주로 라이브러리에 정의된 클래스의 기능을 추가할 때나 오버라이드할 때 사용됩니다. 익스텐션이라는 문법 자체가 오브젝티브-C에서 클래스의 메소드를 추가할 때 사용되었던 카테고리(Category) 기능에 대한 확장판이라는 점에서 이같은 특징을 쉽게 유추할 수 있습니다.

그런데, 스위프트로 작성된 각종 예제들이나 라이브러리의 코드를 살펴보면 익스텐션의 특이한 사용법이 어렵지 않게 발견됩니다. 바로 커스텀 클래스를 작성할 때 익스텐션을 활용하는 것인데요, class 키워드를 사용하여 커스텀 클래스의 기본 코드만 정의하고는 이어서 다시 익스텐션을 사용하여 나머지 코드를 보완하는 경우가 적지 않습니다. 다음을 봅시다.

예제 코드 – 익스텐션으로 보완된 커스텀 클래스 정의 구문

```
import UIKit

public class DataSync {
  public func save(_ value: Any, forKey: String) { … }
  public func load(_ key: String) -> Any { … }
  public func remove(_ key: String) { … }
}

extension DataSync {
  public func stringToDate(_ value: String) -> Date { … }
  public func dateToString(_ value: Data) -> String { … }
}
```

커스텀 클래스인 DataSync를 정의한 다음, 이어서 익스텐션을 이용하여 나머지 메소드를 추가하고 있습니다. 익스텐션의 주 목적을 생각한다면, 이는 쉽게 이해되지 않는 구조입니다. 커스텀 클래스를 작성할 때 굳이 익스텐션을 써야 할 이유는 없을테니까요.

하지만 이것은 사실 익스텐션의 또다른 용법입니다. 오브젝티브-C에서 사용되던 #pragma mark라는 주석의 용도와 닿아 있는 부분이죠. 이상하지 않나요? 객체 확장 문법인 익스텐션과 오브젝티브-C의 주석이 연관되어 있다니 말입니다. 이를 이해하기 위해, 우선 #pragma mark 주석에 대해 먼저 알아보겠습니다.

#pragma mark

#pragma mark는 오브젝티브-C에서 사용하는 특수한 주석입니다. 템플릿 코드에서도 매우 자주 사용되며, 오브젝티브-C 개발자들에게도 많은 사랑을 받고 있죠. 여러분이 오브젝티브-C 기반으로 iOS 프로젝트를 생성하면서 코어 데이터 템플릿을 함께 추가한다면, AppDelegate.m 파일에서 다음과 같은 #pragma mark 주석을 쉽게 찾아볼 수 있을 겁니다.

```
- (void)applicationWillTerminate:(UIApplication *)application {
  // Called when the application is about to terminate. Save dat
      applicationDidEnterBackground:.
  // Saves changes in the application's managed object context b
  [self saveContext];
}

#pragma mark - Core Data stack

@synthesize persistentContainer = _persistentContainer;

- (NSPersistentContainer *)persistentContainer {
    // The persistent container for the application. This implem
        loaded the store for the application to it.
    @synchronized (self) {
        if (_persistentContainer == nil) {
            _persistentContainer = [[NSPersistentContainer alloc
            [_persistentContainer loadPersistentStoresWithComple
                storeDescription, NSError *error) {
```

그림 9-2 AppDelegate.m 파일에 사용된 #pragma mark 주석

#pragma mark 주석의 특징은 '주석 이후에 작성된 코드를 의미적으로 그룹화하여 다른 코드로부터 구분'하는 데에 있습니다. 이때 구분된 의미적 그룹은 Xcode에서 점프 바 혹은 심벌 탐색기를 통해 표시됩니다. 다음 그림은 #pragma mark 코드에 "Core Data stack"이라는 설명을 덧붙인 위 주석이 점프 바에서 어떻게 처리되는지를 보여주고 있습니다.

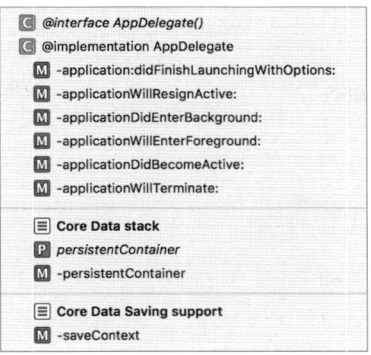

그림 9-3 #pragma mark를 이용한 메소드 그룹화

위 그림에서 우리는 "Core Data stack" 타이틀이 붙은 코드 영역이 다른 영역과 구분되어 있음을 알 수 있습니다. 또다른 영역으로 나뉘어져 있는 "Core Data Saving support" 역시 실제로 파일을 열어보면 AppDelegate.m 파일에 #pragma mark 주석으로 작성되어 있죠.

이들 주석 덕분에 AppDelegate.m 파일은 크게 세 개의 그룹으로 나뉘었습니다. 맨 위의 일반 앱 델리게이트용 코드, 중간의 코어 데이터 스택용 코드(Core Data stack), 맨 아래의 코어 데이터 저장 지원용 코드(Core Data Saving support)가 그것입니다.

#pragma mark의 목적은 여기에 있습니다. 메소드가 많아 자칫 소스 코드가 엉망이 되기 쉬운 상황에서 코드를 간결하게 정리해 주죠. 덕분에 유지 보수도 한결 수월해지기 때문에 오브젝티브-C 개발자들이 매우 즐겨 사용하는 문법입니다.

익스텐션과 #pragma mark

이렇게 훌륭한 기능을 제공함에도 불구하고, #pragma mark 주석은 스위프트에서 지원되지 않습니다. 전역 범위에서 블록별로 개별 메소드를 정의하던 오브젝티브-C와 달리 스위프트에서 메소드 정의는 클래스 정의 블록 내부에 작성되기 때문입니다. (쉽게 말해 스위프트 구조상 #pragma mark 주석을 사용할 수 없다고 생각하면 됩니다.) 이 때문에 스위프트 발표 당시 오브젝티브-C 개발자들이 스위프트 개발진에게 #pragma mark에 대한 지원 여부를 물었습니다. 돌아온 대답은 '익스텐션을 활용하면 된다'였죠.

이게 무슨 뜻일까요? 느닷없이 익스텐션이라니요.

그에 대한 설명은 여기에 있습니다. 익스텐션으로 정의한 메소드는 원래의 객체에 추가되기는 하지만, 그 메소드는 기존의 클래스 정의와 구분되어 점프 바에서 별도의 그룹으로 표시되는 특징이 있습니다. 결과로만 놓고 보면 #pragma mark와 비슷한 역할을 하는 셈이죠. 확인을 위해 스위프트 기반의 iOS 프로젝트 하나를 생성하고, 다음과 같이 코드를 작성해 봅시다.

ViewController.swift
```swift
import UIKit

class ViewController: UIViewController {
    override func viewDidLoad() {
        super.viewDidLoad()
    }
     override func didReceiveMemoryWarning() {
       super.didReceiveMemoryWarning()
    }
    
    func save(_ value: Any, forKey key: String) {
    }
      func load(_ key: String) -> Any? {
        return nil
    }
}
```

작성이 끝났다면, 이제 Xcode의 점프 바에서 맨 마지막 스텝을 열어봅시다. 다음과 같은 목록 트리가 펼쳐질 겁니다.

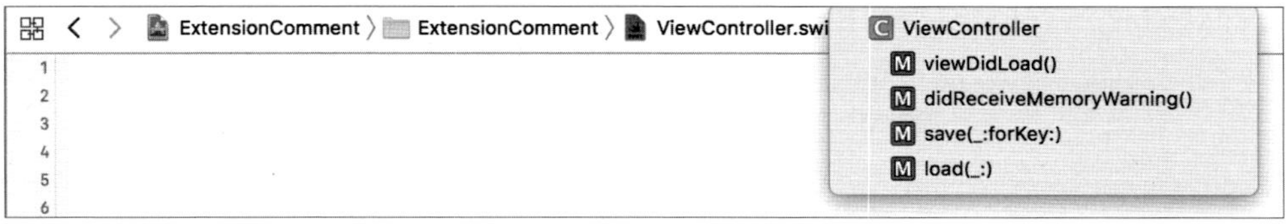

그림 9-4 클래스에 정의된 메소드 목록

뷰 컨트롤러 클래스 아래로, 네 개의 메소드가 차례로 나열되어 있는 것을 확인할 수 있습니다. 다음과 같이 트리 구조를 이루고 있죠.

```
ViewController
  └viewDidLoad()
  └didReceiveMemoryWarning()
  └save(_:forKey:)
  └load(_:)
```

이번에는 익스텐션을 사용하여 일부 메소드를 정의해 보겠습니다. viewDidLoad( ), didREceiveMemoryWarning( ) 메소드는 그대로 두고, 나머지 메소드 두 개를 다음과 같이 익스텐션 구문 내부로 옮겨 정의합니다.

ViewController.swift
```swift
import UIKit
class ViewController: UIViewController {
    override func viewDidLoad() {
        super.viewDidLoad()
    }
    override func didReceiveMemoryWarning() {
        super.didReceiveMemoryWarning()
    }
}
```

```
extension ViewController {
    func save(_ value: Any, forKey key: String) {
    }
    func load(_ key: String) -> Any? {
        return nil
    }
}
```

이제 다시 점프 바를 열어 구조를 확인해 봅시다.

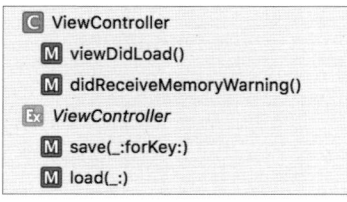

그림 9-5 익스텐션으로 정의한 메소드의 점프 바 출력 형태

하나의 트리로 구성되어 있었던 ViewController의 메소드들이 익스텐션을 기준으로 나누어져, 별도의 트리를 구성하게 되었습니다. 이것이 익스텐션이 코드 정리에 기여하는 역할입니다. 덕분에 우리는 viewDidLoad( ) 및 didReceivieMemoryWarning( ) 메소드와 save(_:forKey:), load(_:) 메소드를 구분하여 표시할 수 있게 되었습니다.

눈치챈 사람이 있을지도 모르겠지만, 필자는 이들 메소드를 나름의 기준으로 나누었습니다. 오버라이드 메소드인지 커스텀 메소드인지의 구분에 따른 것이죠. 먼저 오버라이드 메소드는 기본 클래스 정의에 그대로 두었습니다. 그리고 커스텀으로 추가한 메소드는 익스텐션 블록으로 옮겼습니다. 이를 통해, 원래 해당 클래스에 공식적으로 포함되어 있어야 하는 메소드는 원래의 클래스에, 그리고 비공식적인 메소드는 익스텐션에 각각 나누어 작성되었습니다.

물론 이것은 절대적인 기준이 아닙니다. 여러분 나름대로의 기준으로 코드를 정리할 때 참고하면 될 정도의 예시일 따름이죠. 다만 익스텐션에서는 오버라이드 메소드를 작성하지 못한다는 문법적 제약 사항이 있으므로 이것만 염두에 두고 코드를 분리하면 됩니다.

참고로 익스텐션에 작성할 수 없는 메소드가 또 있습니다. 바로 액션 메소드인데요, @IBAction 어트리뷰트가 붙는 액션 메소드는 익스텐션에 작성할 수 없으므로, 반드시 원래의 클래스에 작성해야 합니다.

그렇다면 익스텐션으로 분리할 수 있는 메소드는 단순히 커스텀 메소드 뿐일까요? 꼭 그렇지는 않습니다. 그리고 여기에 필자가 생각하는 익스텐션의 진정한 활용방법이 있죠. 바로 델리게이트 패턴의 구현 위임입니다.

익스텐션과 델리게이트 패턴

iOS에서 인터페이스를 구현하다 보면 델리게이트 패턴을 많이 사용하게 됩니다. 그런데 델리게이트 패턴 구현에는 프로토콜이 사용되기 때문에, 화면 다수 요소에 델리게이트 패턴을 적용할 경우 클래스 소스 코드는 금세 프로토콜 관련 코드들로 인해 엉망이 되어버리곤 합니다. 다음의 경우를 봅시다.

그림 9-6 여러 가지 델리게이트 패턴들이 복잡하게 얽힌 모습

이 화면은 테이블 뷰와 검색 바, 이미지 피커, 텍스트 바 등에 대한 델리게이트 패턴을 통해 사용자와 상호작용하고 있는데, 이를 코드로 구현하다 보면 다음과 같은 식으로 작성할 수 밖에 없게 됩니다.

```
class UIViewController: UIViewController, UITableViewDataSource, UITableViewDelegate,
UIImagePickerControllerDelegate, UINavigationControllerDelegate, UITextViewDelegate,
UISearchBarDelegate {
    // ...
}
```

하지만 이들 프로토콜을 성격에 맞게 여러 개의 익스텐션으로 나누어 구현하면 다음과 같이 제법 깔끔한 코드를 얻을 수 있습니다.

```
class ViewController: UIViewController {
    // UIViewController에 대한 오버라이드 메소드 및 액션 메소드
    // ...
}
extension ViewController: UITableViewDataSource, UITableViewDelegate {
    // 테이블 뷰 구현을 위한 델리게이트 메소드 구현
    // ...
}
extension ViewController: UIImagePickerControllerDelegate, UINavigationController
Delegate {
    // 이미지 피커를 위한 델리게이트 메소드 구현
    // ...
}
extension ViewController: UITextViewDelegate {
    // 텍스트 뷰를 위한 델리게이트 메소드 구현
    // ...
}
extension ViewController: UISearchBarDelegate {
    // 검색 바를 위한 델리게이트 메소드 구현
    // ...
}
```

어떤가요, 그냥 보기에도 훨씬 깔끔해졌죠? 실제로 여기에 알맞게 메소드를 작성하고 보면 간결성이 훨씬 더 명료하게 드러날 겁니다. 서로 연관된 메소드끼리 모여 있으므로 작업의 연계성도 더 좋아질테고 말이죠.

익스텐션 구문을 이용하여 코드를 그룹화할 때에는 MARK 주석과 함께 사용하는 것이 좋습니다. 이 주석은 스위프트에서 특수 용도로 사용되는 주석 기능 중의 하나로, 여기에 작성된 내용은 점프 바나 심벌 탐색기에서 표시되기 때문에 익스텐션과 비슷하게 코드를 구분하는 데에 유용하게 사용할 수 있습니다.

다음은 MARK 주석이 사용된 모습입니다.

```
// MARK: 테이블 뷰를 위한 프로토콜 델리게이트 구현
extension ViewController: UITableViewDataSource, UITableViewDelegate {
  ... (중략)...
}
```

맨 처음에 주석 표시인 //가 들어가고, 이어서 특수 주석용 키워드인 "MARK:"가 삽입됩니다. 이어서 주석 내용이 들어가면 됩니다. 정리하면 다음과 같습니다.

주석표시	특수 주석 키워드	주석 내용
//	MARK:	주석으로 작성할 내용

MARK 주석을 사용할 때에는 몇 가지 주의할 점이 있습니다. 우선 "MARK"는 모두 대문자로 작성되어야 합니다. 소문자로 일부 작성될 경우 Xcode는 이를 MARK 주석으로 올바르게 인지하지 못합니다.

다음으로, 키워드 "MARK"와 뒤이어 오는 콜론(:) 기호 사이에는 공백이 없어야 합니다. 콜론 앞에 공백이 들어가면 이 역시 MARK 주석으로 인식되지 못합니다. 이상의 두 가지만 준수한다면 문제없이 MARK 주석을 사용할 수 있습니다.

이렇게 작성된 주석은 점프 바에서 다음과 같이 표시됩니다.

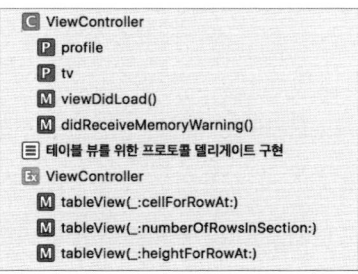

그림 9-7 MARK 주석이 적용된 점프 바

이번에는 MARK 주석의 업그레이드된 사용법을 알아봅시다.

```
// MARK: - 테이블 뷰를 위한 프로토콜 델리게이트 구현
extension ViewController: UITableViewDataSource, UITableViewDelegate {
    … (중략)…
}
```

앞에서 설명한 사용법과의 차이는 주석 설명 앞의 하이픈(-) 여부입니다. 별 것 아닌 것처럼 보이는 이 하이픈은 매우 중요한 역할을 하죠. 점프 바에서 표시된 결과를 봅시다.

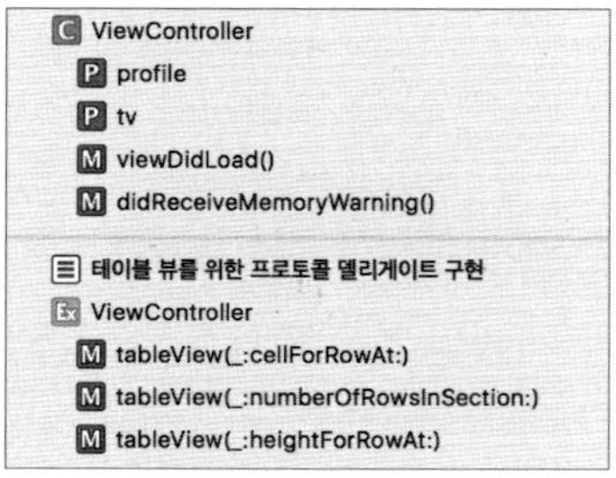

그림 9-8 MARK 주석에 하이픈(-)이 적용된 점프 바

차이를 알 수 있겠나요? 앞서와 달리 주석 위에 구분선 용도로 수평선 하나가 그어진 것 말입니다. 이와 같이, MARK 주석에서 주석 내용 앞에 붙인 하이픈은 점프 바에서 기존의 메소드 및 프로퍼티 목록을 구분해주는 수평선으로 처리됩니다. MARK 주석과 익스텐션의 이같은 조합 특성을 이용하면 #pragma mark와 거의 같은 효과를 낼 수 있죠. 오브젝티브-C의 주석 이야기에 익스텐션이 등장한 이유를 이제 눈치챌 수 있을 듯 싶군요.

실제로 이같은 활용법은 현업 개발자들 사이에서 매우 널리 사용되고 있는 팁으로, 코드를 간결하게 정리하고 유지보수를 쉽게 하는 데에 큰 도움이 됩니다. 아직은 와 닿지 않을 수도 있겠지만, 이 책의 후속편인 기본편에서 델리게이트 패턴을 위해 프로토콜을 여러 개 구현하다보면 코드가 금세 복잡해져서 짜증이 날 수도 있을텐데요, 그때 다시 이 부분의 설명을 들여다본다면 상당 부분 그 취지를 공감할 수 있을 겁니다.

이 장을 마치며

열거형과 익스텍션은 iOS 앱을 만들 때 많이 사용되지만, 대부분의 경우 우리가 직접 무엇인가를 정의하기보다는 정의해 놓은 결과물을 가져다 쓰는 경우가 많습니다. 따라서 문법 구조를 익히는 것도 중요하지만, 정의된 객체의 성격과 용도를 이해하고 활용할 수 있도록 하는 것이 중요합니다. 특히 뒤에서 사용되는 열거형은 태반이 축약된 형태로 사용되기 때문에, 그 사용 방식에 대해서도 익숙해져야 합니다. 익스텐션의 경우에는 우리가 직접 이 문법을 사용해야 할 경우가 그다지 많지 않을 수도 있습니다. 하지만 이 역시 많은 메소드들이 익스텐션을 통해 정의되어 있기 때문에, 기본적인 내용은 반드시 알고 넘어갈 수 있어야 합니다.

CHAPTER 10
프로토콜 : 객체의 설계도

프로토콜(Protocol)은 오브젝티브-C에서도 쓰였던 개념으로, 클래스나 구조체가 어떤 기준을 만족하거나 또는 특수한 목적을 달성하기 위해 구현해야 하는 메소드와 프로퍼티의 목록입니다. 다른 객체지향 언어에서 사용되는 인터페이스와 거의 비슷한 개념이죠.

iOS는 특정 컨트롤에서 발생하는 각종 이벤트를 효율적으로 관리하기 위해 **대리자(delegate)** 를 지정하여 이벤트 처리를 위임하고, 실제로 이벤트가 발생하면 위임된 대리자가 콜백 메소드를 호출해주는 **델리게이트 패턴(Delegate Pattern)** 을 많이 사용하는데, 이 패턴을 구현하기 위해 이용되는 것이 바로 프로토콜입니다.

프로토콜에는 구현해야 할 메소드의 명세가 작성되어 있어서 프로토콜만 보더라도 무엇을 어떻게 호출해야 하는지에 대한 것을 알 수 있습니다. 델리게이트 패턴에서 이벤트에 대한 위임 처리를 하기 위해서는 특정 프로토콜을 구현해야 합니다.

델리게이트 패턴이 프로토콜을 활용하는 아주 좋은 사례이지만, 스위프트에서 프로토콜이 사용되는 영역은 이보다 더 넓습니다. 구조체나 클래스를 구현하는 과정에서도 프로토콜을 사용하여 구현할 메소드의 형식을 공통으로 정의할 수 있으며, 인터페이스의 역할이 대부분 그렇기는 하지만 프로토콜을 구현한 객체의 메소드나 속성을 은닉하고 프로토콜에서 선언된 명세의 내용만 제공하는 기능을 하기도 합니다.

이같은 프로토콜의 역할을 한 마디로 설명하자면 특정 기능이나 속성에 대한 설계도입니다. 프로토콜은 구체적인 내용이 없는 프로퍼티나 메소드의 단순한 선언 형태로 구성되며, 구체적인 내용은 이 프로토콜을 이용하는 객체에서 담당합니다. 사실 어떤 내용을 정의하는지는 프로토콜에서 관심을 갖지 않습니다. 중요한 것은 형식일 뿐이죠.

이때 프로토콜에 선언된 프로퍼티나 메소드의 형식을 프로토콜의 '**명세**'라고 부르고, 이 명세에 맞추어 실질적인 내용을 작성하는 것을 '**프로토콜을 구현(Implement)한다**'라고 합니다. 프로토콜의 구현은 프로토콜을 상속받는 구조체나 클래스에서 담당합니다. 특정 객체가 프로토콜을 구현했다면 컴파일러는 기본적으로 프로토콜에 선언된 기능과 프로퍼티가 모두 작성된 것으로 간주합니다.

내용이 조금 어렵나요? 남자분들이 좋아하는 자동차 이야기를 해 봅시다. 유럽에서 자동차를 생산해서 판매하려면 일정한 환경 기준을 준수해야 합니다. 이 기준을 준수하지 못하면 자동차를 판매할 수 없습니다. 필자가 글을 쓰는 시점에서 이 환경 기준은 유로 6라는 이름으로 제공되고 있습니다.

자동차 판매의 인증을 담당하는 기관에서는 유로 6의 기준을 아래와 같은 구체적 형태로 제시했다고 가정해 봅시다.

> "유로 6를 만족시키기 위해서는 환경물질 저감장치의 도입이 필수인데, 이 장치는 버튼식으로 동작할 수 있어야 하며 환경물질을 기준치의 50% 이내로 줄여줄 수 있어야 한다"

그러면 자동차 회사에서는 이런 기준을 따라 저마다의 방식으로 환경물질 저감장치를 만들어낼 겁니다. 제각기 다른 방식으로 동작하겠지만, 몇 가지는 동일합니다. 버튼식으로 동작한다는 것과, 환경물질을 기준치의 50% 이내로 줄여주어야 한다는 겁니다. 실제로 환경물질 저감장치가 어떤 식으로 동작하는지, 자동차마다 어떤 원리로 환경 유해물질을 기준치 이하로 낮추어주는지에 대해서는 공개할 필요도, 담당 기관이 알 필요가 없습니다. 그건 자동차 회사 내부 문제니까요. 담당자에게 필요한 것은 단지 환경물질 저감장치가 버튼에 의해 동작할 수 있는 상태이고, 이를 통해 환경 유해 물질을 기준치 이하로 낮출 수 있는지 아닌지 뿐입니다(필자가 첫 원고에서 버튼식 환경물질 저감장치를 인용하고 몇 달 후, 폭스바겐에서 디젤 게이트가 터졌더군요. 훗, 이젠 선견지명이라니...

이 이야기에서 '유로 6'라는 기준은 방금 앞에서 설명한 프로토콜에 해당합니다. 버튼식으로 동작하는 환경물질 저감장치는 프로토콜에 선언된 명세라고 할 수 있죠. 자동차 클래스는 다른 기본 클래스를 상속받아서 제작되는 동시에 이 프로토콜을 구현하기 위해 버튼식 환경물질 저감장치라는 메소드를 추가할 수 있습니다.

프로토콜은 부모 클래스의 역할과 혼동하기 쉽습니다. 자바에서는 추상 클래스라는 개념까지 있어 언제 추상 클래스를 사용하고 언제 인터페이스(=자바에서 프로토콜을 부르는 이름)를 사용해야 하는지에 대해 갑론을박이 벌어지기도 합니다. 하지만 부모 클래스를 상속받아 기능을 구현하는 것이 종적인 개념이라면 프로토콜은 횡적인 개념입니다. 프로토콜은 대상 클래스 전체를 책임지지 않으며, 단지 한 부분 또는 몇 가지 기능의 형식만을 담당합니다.

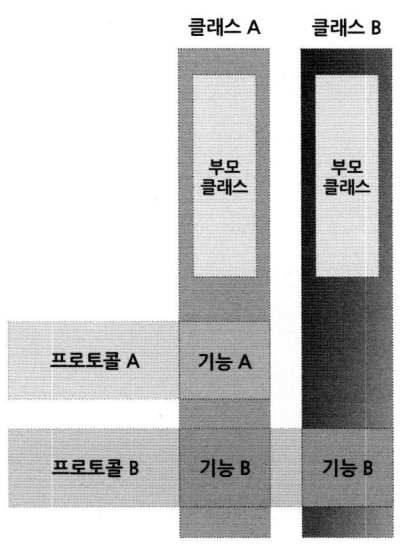

그림 10-1 클래스와 프로토콜의 관계

클래스에서 상속은 대부분 기능을 계속 물려받고 추가적인 것들을 확장하는 것이므로 부모 자식 관계가 성립하는 밀접한 객체들이어야 하지만 프로토콜에는 그와 같은 것이 없습니다. 자동차와 전혀 상관없는 양탄자, 의자, 혹은 컴퓨터에서도 유로 6라는 프로토콜을 갖다 붙일 수 있죠. 조금 더 자세히 알아봅시다.

10.1 프로토콜의 정의

프로토콜을 정의할 때에는 protocol 키워드를 사용합니다. protocol 키워드에 이어 프로토콜의 이름을 정의하고, 중괄호로 된 코드 블록을 작성한 다음 내부에 필요한 속성이나 메소드의 형식을 나열하면 기본적인 프로토콜의 구조가 완성되죠.

```
protocol <프로토콜명> {
    <구현해야 할 프로퍼티 명세 1>
    <구현해야 할 프로퍼티 명세 2>
    <구현해야 할 프로퍼티 명세 3>
    ...
    <구현해야 할 메소드 명세 1>
    <구현해야 할 메소드 명세 2>
    <구현해야 할 메소드 명세 3>
    ...
}
```

이렇게 작성된 프로토콜은 클래스나 구조체를 통해 구현됩니다. 프로토콜을 구현한다는 것은 프로토콜에 선언된 명세에 따라 실질적으로 프로퍼티에 값을 할당하여 선언하거나 메소드의 내용을 작성하는 것을 의미합니다. 스위프트에서 프로토콜을 구현할 수 있는 구현체들은 다음과 같습니다.

① **구조체**(Structure)

② **클래스**(Class)

③ **열거형**(Enumeration)

④ **익스텐션**(Extension)

프로토콜을 구현하기 위해 가장 먼저 해야 할 일은 '이 프로토콜을 구현하겠습니다'라고 선언하는 것입니다. 이를 위해 대상 프로토콜을 선언해야 합니다. 프로토콜을 선언할 때는 구조체나 클래스 등의 정의 구문에서 객체의 이름 다음에 콜론을 추가하고, 그 뒤에 구현할 프로토콜의 이름을 작성하면 됩니다. 이미 다른 프로토콜이 추가되어 있다면 쉼표로 구분하여 뒤쪽으로 나열합니다.

```
struct/class/enum/extention 객체명 : 구현할 프로토콜명 {

}
```

10.1.1 프로토콜 프로퍼티

먼저 프로토콜의 프로퍼티에 대해서 살펴봅시다. 프로토콜에 선언되는 프로퍼티에는 초기값을 할당할 수 없습니다. 연산 프로퍼티인지 저장 프로퍼티인지도 구분하지 않습니다. 프로퍼티의 종류, 이름, 변수/상수 구분, 타입, 읽기 전용인지 읽고 쓰기가 가능한지에 대해서만 정의할 뿐입니다. 실제로 컴파일러에 의미있는 것이 이런 부분이기 때문이죠. 실제로 프로퍼티를 선언한 예를 봅시다.

```
protocol SomePropertyProtocol {
    var name: String { get set }
    var description: String { get }
}
```

인스턴스 프로퍼티 두 개를 SomePropertyProtocol 프로토콜에 선언하고 있습니다. 실제로 내용을 선언한 것이 아니라 이러이러한 종류의 프로퍼티가 선언될 것이라고 설명하는 의미입니다. 프로퍼티의 명세에는 초기값을 할당하는 대신 읽기 전용/읽고 쓰기에 대한 여부를 get과 set 키워드로 표시해야 합니다. 읽기 전용으로 설정할 때는 get만, 읽고 쓰기가 모두 가능한 프로퍼티를 선언하고자 할 때는 get과 set을 모두 작성합니다.

의도하는 프로퍼티가 연산 프로퍼티일 때는 get 키워드만으로 읽기 전용 속성으로 설정하거나 get과 set을 모두 사용하여 읽고 쓸 수 있는 프로퍼티로 설정할 수 있습니다. 그러나 저장 프로퍼티로 사용하려면 반드시 get과 set 키워드를 모두 추가해야 합니다. get 키워드만 선언한 읽기 전용 속성으로는 저장 프로퍼티를 구현할 수 없습니다. 이때 get, set 키워드만 작성하고 실제 구문은 작성하지 않음에 다시 한번 유의 바랍니다.

```
struct RubyMember: SomePropertyProtocol {
    var name = "홍길동"
    var description: String {
        return "Name : \(self.name)"
    }
}
```

앞에서 정의한 SomePropertyProtocol 프로토콜을 구현한 구조체입니다. 구현할 대상 프로토콜을 선언하고, 그에 맞는 프로퍼티 명세를 내부에서 구현하고 있습니다. 프로토콜에서 get set으로 선언된 name 프로퍼티는 저장 프로퍼티로, 읽기 전용으로 선언된 description 프로퍼티는 연산 프로퍼티로 구현하고 있는 것을 볼 수 있습니다. 프로토콜에서 선언된 프로퍼티 중 일부를 누락하면 오류가 발생합니다. 그러나 프로토콜과 상관없이 필요한 프로퍼티를 구현체에서 더 추가하는 것은 아무런 문제가 되지 않습니다. 프로토콜만 제대로 구현된다면 필요한 만큼 여분의 프로퍼티를 추가하여 사용할 수 있습니다.

10.1.2 프로토콜 메소드

프로토콜에 선언되는 메소드도 프로퍼티와 크게 다르지 않습니다. 아래 구문을 살펴봅시다.

```
protocol SomeMethodProtocol {
    func execute(cmd: String)
    func showPort(p: Int) -> String
}
```

프로토콜 SomeMethodProtocol은 두 개의 인스턴스 메소드를 포함하고 있습니다. 두 메소드는 모두 매개변수가 정의되어 있지만, 모든 프로토콜에서 반드시 메소드에 매개변수를 정의해야 하는 것은 아닙니다. 메소드의 반환값 역시 선택 사항으로, 메소드의 성격에 맞게 생략하거나 작성해주면 됩니다. 이처럼 프로토콜에서 메소드를 정의하는 방식은 클래스나 구조체에서 메소드를 정의할 때 사용하는 형태와 동일합니다. 심지어 내부 매개변수와 외부 매개변수를 구분하여 정의할 수도 있죠. 프로토콜의 메소드가 클래스의 메소드와 다른 점은 메소드의 선언 뒤에 중괄호 블록이 없다는 점입니다.

프로토콜에 선언되는 메소드는 메소드 종류, 메소드 이름, 파라미터 타입, 파라미터 이름, 반환 타입까지는 정의할 수 있지만, 실제 실행할 내용을 작성할 수는 없습니다. 따라서 중괄호 블록을 붙이는 것이 허용되지 않습니다. 프로토콜은 구현해야 할 메소드에 대한 형식이자 명세서이며 설계도라는 것을 염두에 두기 바랍니다. 메소드의 실질적인 내용 작성을 담당하는 것은 구현체, 즉 프로토콜을 구현하는 구조체나 클래스, 열거형, 혹은 익스텐션의 역할이라는 것을 잊지 마세요.

```swift
struct RubyService: SomeMethodProtocol {
    func execute(cmd: String) {
        if cmd == "start" {
            print("실행합니다")
        }
    }
    
    func showPort(p: Int) -> String {
        return "Port : \(p)"
    }
}
```

앞에서 정의한 SomeMethodProtocol 프로토콜을 구현하고 있는 구조체입니다. 프로토콜에 정의된 두 개의 메소드를 형식에 맞게 구현하고 있죠. 프로토콜에 선언된 메소드 중에서 일부를 구현하지 않고 누락하면 오류가 발생합니다. 반대로 프로토콜에 정의되어 있지 않더라도 구현체에 임의로 메소드를 추가하는 것은 아무런 문제가 되지 않습니다.

RubyService 구조체에 정의된 매개변수명이 프로토콜에 선언된 메소드의 매개변수명과 동일한 것에 주목합시다. 프로토콜에서 정의된 메소드는 구현체에서도 매개변수명까지 완전히 일치해야 합니다. 아래는 외부 매개변수명이 포함된 프로토콜 메소드와 이를 구현한 예제입니다.

```
protocol NewMethodProtocol {
    mutating func execute(cmd command: String, desc: String)
    func showPort(p: Int, memo desc: String) -> String
}

struct RubyNewService: NewMethodProtocol {
    func execute(cmd command: String, desc: String) {
        if command == "start" {
            print("\(desc)를 실행합니다")
        }
    }
    
    func showPort(p: Int, memo desc: String) -> String {
        return "Port : \(p), Memo : \(desc)"
    }
}
```

일치시켜야 하는 매개변수명은 외부로 드러나는 매개변수명에 국한됩니다. 다시 말해 외부 매개변수명은 프로토콜을 그대로 따라야 하지만 내부 매개변수명은 임의로 바꾸어 사용해도 된다는 뜻입니다. 또한 내부 매개변수명과 외부 매개변수명이 프로토콜에서 통합되어 선언되어 있을 경우 구현체에서는 이를 분리하여 내부와 외부 매개변수명으로 나누고 따로 작성해도 됩니다. 요약하자면, 외부 매개변수명은 프로토콜을 그대로 따라야 하지만 내부 매개변수명은 임의로 변경해도 아무런 문제가 없습니다.

```
struct RubyNewService2: NewMethodProtocol {
    func execute(cmd comm: String, desc d: String) {
        if comm == "start" {
            print("\(d)를 실행합니다")
        }
    }
```

```
    func showPort(p: Int, memo description: String) -> String {
        return "Port : \(p), Memo : \(description)"
    }
}
```

위 구문에서 execute(cmd:desc:) 메소드의 경우 첫 번째 매개변수의 외부 매개변수명은 프로토콜에서나 이를 구현한 구조체에서 모두 cmd로 일치합니다. 하지만 내부 매개변수는 각각 command, comm으로 다르게 정의되어 있죠. 두 번째 매개변수 역시 프로토콜에서는 내부와 외부 매개변수가 하나로 합쳐져 있지만 이를 구현한 구조체에서는 d라는 이름으로 내부 매개변수를 별도로 정의하여 사용하였습니다.

showPort(p:memo:)도 마찬가지입니다. 두 번째 매개변수의 내부 매개변수가 선언할 때에는 desc였지만 구현할 때에는 description으로 바뀌었습니다.

이렇게 내부 매개변수의 경우에는 프로토콜을 그대로 따르지 않고 필요한 대로 변형하여 사용하는 것이 가능합니다. 단, 어떤 경우에도 프로토콜에 정의된 메소드명과 외부 파라미터명은 항상 그대로 따라야 합니다.

프로토콜에서의 mutating, static 사용

스위프트에서는 구조체 내의 메소드가 프로퍼티를 변경하는 경우, 메소드 앞에 반드시 mutating 키워드를 붙여 이 메소드가 프로퍼티 값을 수정하는 메소드임을 표시하도록 강제하고 있습니다. 이때 그 메소드가 만약 프로토콜에서 선언된 메소드라면 mutating 키워드를 붙이기 위해서는 반드시 프로토콜에 mutating 키워드가 추가되어 있어야 합니다.

클래스와 같은 참조 타입은 mutating 키워드를 붙이지 않아도 메소드 내에서 마음대로 프로퍼티를 수정할 수 있지만, 구조체나 열거형은 프로토콜의 메소드에 mutating 키워드가 추가되어 있지 않을 경우 프로퍼티의 값을 변경할 수 없습니다. 프로토콜에 선언되지 않은 mutating 키워드를 임의로 구현할 수 없기 때문입니다. 만약 억지로 mutating 키워드를 붙여서 메소드를 구현하면 컴파일러는 이를 프로토콜을 구현한 것으로 인정하지 않으므로, 구현 대상이 누락되었다는 오류가 발생합니다.

이런 면에서, 프로토콜은 자신을 구현하는 구조체가 마음대로 프로퍼티를 수정하지 못하도록 통제할 수 있는 권한을 가지고 있습니다. mutating 키워드를 허용하지 않으면, 이를 구현하는 구조체는 메소드 내에서 프로퍼티 값을 수정할 수 없기 때문입니다. 일반적으로 프로토콜에서 메소드 선언에 mutating 키워드가 붙지 않는 것은 다음 두 가지 중 하나로 해석할 수 있습니다.

① 구조체나 열거형 등 값 타입의 객체에서 내부 프로퍼티의 값을 변경하기를 원치 않을 때
② 주로 클래스를 대상으로 간주하고 작성된 프로토콜일 때

프로토콜에서 mutating 키워드를 붙일 때에는 메소드를 표시하는 func 키워드 앞에 mutating을 추가하기만 하면 됩니다. 프로토콜 메소드에 mutating 키워드가 있으면 이를 구현하는 구조체나 열거형에서도 mutating 키워드를 사용할 수 있습니다.

```
protocol MService {
    mutating func execute(cmd: String)
    func showPort(p: Int) -> String
}

struct RubyMService: MService {
    var paramCommand: String?

    mutating func execute(cmd: String) {
        self.paramCommand = cmd
        if cmd == "start" {
            print("실행합니다")
        }
    }

    func showPort(p: Int) -> String {
        return "Port : \(p), now command : \(self.paramCommand!)"
    }
}
```

이어서 다음 예제를 봅시다. 마찬가지로 MService 프로토콜을 구현하는 구조체이지만, execute(cmd:) 메소드에 mutating 키워드가 붙어있지 않습니다.

```swift
struct RubyMService2: MService {
    var paramCommand: String?
    
    func execute(cmd: String) {
        if cmd == "start" {
            print("실행합니다")
        }
    }
    
    func showPort(p: Int) -> String {
        return "Port : \(p), now command : \(self.paramCommand!)"
    }
}
```

이 구조체는 프로토콜 메소드에 기재된 mutating 키워드를 사용하지 않았지만, MService 프로토콜을 문제없이 구현하고 있습니다. 구조체에서 mutating 키워드를 붙이지 않은 것은 실제로 구현된 execute(cmd:) 메소드 내에서 프로퍼티를 변경하지 않기 때문으로, 프로토콜 쪽에서 mutating 키워드가 추가되어 있다 할지라도 실제 구현하는 쪽에서 프로퍼티의 변경이 없다면 굳이 붙이지 않고 생략해도 오류는 발생하지 않습니다.

이처럼 프로토콜에서 mutating 처리되지 않은 메소드를 구조체에서 임의로 mutating 처리하는 것은 프로토콜의 구현 명세를 위반하는 오류이지만, 그 반대의 경우는 허용됩니다. 프로토콜에서 mutating 키워드로 선언된 메소드라 하더라도 실제 구현하는 객체에서 필요 없다면 덧붙이지 않아도 되는 것입니다. 이를 정리하면 다음과 같습니다. 이 규칙은 열거형에서 프로토콜을 구현할 때도 동일하게 적용됩니다.

프로토콜	구조체	결과
mutating	mutating	OK
mutating	-	OK
-	mutating	ERROR
-	-	OK

단, 실제로 구조체의 메소드에서
프로퍼티 값 변경이 없을 때에만

그림 10-2 프로토콜과 구조체 사이의 mutating 키워드 필요 관계

클래스의 경우는 조금 다릅니다. 클래스는 참조 타입의 객체이므로 메소드 내부에서 프로퍼티를 수정하더라도 mutating 키워드를 붙일 필요가 없습니다. mutating 키워드가 붙어있는 프로토콜 메소드를 구현할 때도 클래스에서는 프로퍼티의 수정 여부와 관계없이 mutating 키워드를 사용하지 않습니다.

```
class RubyThread: MService {
    var paramCommand: String?
    
    func execute(cmd: String) {
        self.paramCommand = cmd
        
        if cmd == "start" {
            print("실행합니다")
        }
    }
    
    func showPort(p: Int) -> String {
        return "Port : \(p), now command : \(self.paramCommand!)"
    }
}
```

타입 메소드나 타입 프로퍼티도 프로토콜에 정의할 수 있습니다. 프로토콜의 각 선언 앞에 static 키워드를 붙이면 됩니다. 클래스에서 타입 메소드를 선언할 때 사용할 수 있는 또 다른 키워드인 class는 프로토콜에서 사용할 수 없습니다. 프로토콜은 구조체나 열거형, 그리고 클래스에 모두 사용할 수 있는 형식으로 정의되어야 하기 때문입니다.

하지만 프로토콜에서 static 키워드로 선언되었더라도 실제로 클래스에서 구현할 때는 필요에 따라 static이나 class 키워드를 선택하여 사용할 수 있습니다. 물론 구조체나 열거형에서 구현할 때는 선택의 여지 없이 static 키워드를 붙여야 합니다.

```
protocol SomeTypeProperty {
    static var defaultValue: String { get set }
    static func getDefaultValue() -> String
}

struct TypeStruct: SomeTypeProperty {
    static var defaultValue = "default"
    
    static func getDefaultValue() -> String {
        return defaultValue
    }
}

class ValueObject: SomeTypeProperty {
    static var defaultValue = "default"
    class func getDefaultValue() -> String {
        return defaultValue
    }
}
```

프로토콜이 class가 아닌 static 키워드를 사용하는 것에 특별한 이유는 없습니다. 단지 class 키워드가 클래스에 국한된 키워드인 반면 static 키워드는 구조체와 클래스, 그리고 열거형 등의 객체가 공통으로 사용하는 키워드이기 때문입니다. 따라서 클래스에서 프로토콜을 구현할 때 필요에 따라 static 키워드 대신 class 키워드를 사용하는 것은 프로토콜 명세를 올바르게 구현하는 것으로 간주됩니다.

10.1.3 프로토콜과 초기화 메소드

프로토콜에서는 초기화 메소드도 정의할 수 있습니다. 작성 방식은 앞에서 다루어 본 일반 메소드와 거의 비슷하죠. 실행 블록을 작성하지 않고, 단순히 이름과 매개변수명, 그리고 매개변수의 타입만 작성하면 됩니다. 내부 매개변수명을 따로 추가해도 되지만, 구현체에서 강제되는 요소가 아니기 때문에 그다지 의미는 없습니다. 초기화 메소드인 만큼 반환 타입은 없으며 이름은 init로 통일하면 됩니다.

```
protocol SomeInitProtocol {
    init()
    init(cmd: String)
}
```

초기화 메소드가 포함된 프로토콜을 구현할 때 주의할 점이 있습니다. 먼저 외부 매개변수명까지는 완전히 일치해야 합니다. 임의로 변경할 경우 프로토콜을 제대로 구현하지 않은 것으로 간주되죠. 이 점은 일반 메소드의 구현과 동일합니다. 다음으로, 구조체는 모든 프로퍼티의 초기값을 한 번에 설정할 수 있는 멤버와이즈 메소드가 기본으로 제공되지만, 만약 프로토콜에 멤버와이즈 메소드가 선언되었다면 "제길, 망했네."하고 생각하는 게 좋을 겁니다. 프로토콜에 선언된 초기화 메소드는 기본 제공 여부에 상관없이 모두 직접 구현해 주어야 하기 때문입니다. 마지막으로, 클래스에서 초기화 메소드를 구현할 때에는 반드시 required 키워드를 붙여야 합니다. 이상의 주의점을 정리해보면 다음과 같습니다.

① 구현되는 초기화 메소드의 이름과 매개변수명은 프로토콜의 명세에 작성된 것과 완전히 일치해야 함

② 프로토콜 명세에 선언된 초기화 메소드는 그것이 기본 제공되는 초기화 메소드일지라도 직접 구현해야 함

③ 클래스에서 초기화 메소드를 구현할 때는 required 키워드를 붙여야 함

이 기준에 따라 구조체와 클래스에서 SomeInitProtocol을 구현해 보면 다음과 같습니다.

```swift
struct SInit: SomeInitProtocol {
    var cmd: String
    
    init() {
        self.cmd = "start"
    }
    
    init(cmd: String) {
        self.cmd = cmd
    }
}

class CInit: SomeInitProtocol {
    var cmd: String
    
    required init() {
        self.cmd = "start"
    }
    
    required init(cmd: String ) {
        self.cmd = cmd
    }
}
```

구조체 SInit는 원래 매개변수가 없는 초기화 메소드와 모든 프로퍼티를 매개변수로 가지는 멤버와이즈 초기화 메소드를 자동으로 제공하지만, SomeInitProtocol 프로토콜이 두 개의 초기화 메소드를 모두 선언했기 때문에 SInit에서도 두 개의 초기화 메소드를 모두 구현해야 합니다. 클래스 CInit 역시 마찬가지입니다. 두 개의 초기화 구문을 모두 구현해야 하죠. 하지만 구조체와는 달리 클래스에서는 초기화 메소드에 required 키워드까지 추가해야 합니다.

클래스는 상속과 프로토콜 구현이 동시에 가능한 객체입니다. 즉, 부모 클래스로부터 초기화 메소드, 메소드와 프로퍼티 등을 상속받으면서 동시에 프로토콜에 정의된 초기화 메소드, 프로퍼티나 메소드를 구현할 수 있다는 뜻입니다. 이때 부모 클래스로부터 물려받은 초기화 구문과 프로토콜로부터 구현해야 하는 초기화 메소드가 충돌하는 경우가 종종 생깁니다.

상속을 통해 초기화 메소드를 물려받았다 할지라도 구현해야 할 프로토콜 명세에 동일한 초기화 메소드가 선언되어 있다면 이를 다시 구현해야 합니다. 이는 곧 부모 클래스의 관점에서 볼 때 상속받은 초기화 메소드를 오버라이드하는 셈입니다. 이때에는 초기화 메소드에 required 키워드와 override 키워드를 모두 붙여주어야 합니다.

```
// init() 메소드를 가지는 프로토콜
protocol Init {
    init()
}

// init() 메소드를 가지는 부모 클래스
class Parent {
    init() {
    }
}

// 부모클래스의 init() + 프로토콜의 init()
class Child: Parent, Init {
    override required init() {
    }
}
```

단계적으로 살펴봅시다. 위 예제에서 Child 클래스는 Parent 클래스와 Init 프로토콜로부터 동시에 초기화 구문 init( )을 전달받습니다. 먼저 프로토콜 쪽을 봅시다. Child 클래스가 프로토콜을 구현하기 위해서는 required 키워드가 추가된 init( ) 메소드를 작성해야 합니다. 이 과정이 끝나면 클래스 Child는 다음과 같은 형태로 만들어집니다.

```
class Child: Parent, Init {
    required init() {
    
    }
}
```

이제 부모 클래스 쪽을 봅시다. 부모 클래스인 Parent 입장에서 보면 자신이 물려준 init( ) 메소드가 Child 클래스에서 새롭게 정의된 셈입니다. 이는 부모 클래스에 정의된 것과 동일한 형식으로 재정의된 것이므로 override 키워드를 붙여주어야 합니다. 따라서 init( ) 메소드 앞에 override 키워드를 붙여주면 다음과 같은 초기화 메소드가 만들어집니다.

```
class Child: Parent, Init {
    override required init() {
    
    }
}
```

이같은 일련의 구성 과정을 그림으로 나타내면 다음과 같습니다. 부모 클래스와 프로토콜 양쪽에서 물려받는 init( ) 메소드의 구성을 보여주고 있네요.

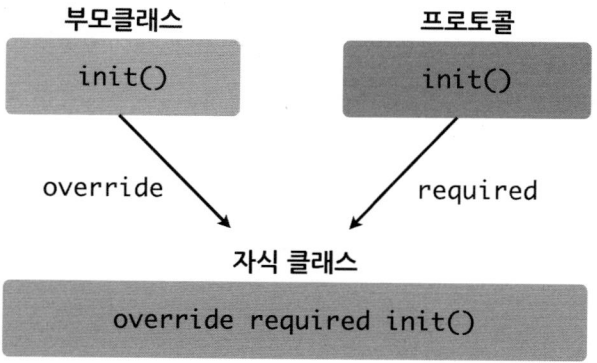

그림 10-3 부모 클래스와 프로토콜 양쪽으로부터 모두 init()을 물려받았을 때 메소드 표현 방법

두 개의 키워드 override와 required를 붙이는 순서는 관계없습니다. 둘 모두를 작성하는 것만 중요합니다. 초기화 메소드뿐만 아니라 경우에 따라서는 메소드나 연산 프로퍼티에서도 똑같은 일이 벌어질 수 있는데, 이때에도 동일한 규칙이 적용됩니다. 부모 클래스와 프로토콜 양쪽에서 같은 내용이 정의되어 있을 때 해당 클래스에서는 구현과 동시에 override 키워드를 붙여야 합니다. 단, 일반 메소드나 연산 프로퍼티에 required 키워드는 붙이지 않습니다. required 키워드는 초기화 메소드에만 붙는다는 점을 명심하세요.

```
protocol Init {
    func getValue()
}

class Parent {
    func getValue() {
    }
}

class Child: Parent, Init {
    override func getValue() {
    }
}
```

단일 상속만 허용되는 클래스의 상속 개념과는 달리, 객체에서 구현할 수 있는 프로토콜의 개수에는 제한이 없습니다. 두 개 이상의 프로토콜을 구현하고자 할 때는 구현할 프로토콜들을 쉼표로 구분하여 나란히 작성해 줍니다. 이때 프로토콜의 선언 순서는 상관없지만, 각 프로토콜에서 구현해야 하는 내용들은 빠짐없이 모두 구현되어야 합니다.

다음은 앞에서 선언한 SomeInitProtocol과 SomeMethodProtocol 프로토콜 모두를 구현하는 구조체의 예입니다.

```swift
struct MultiImplement: NewMethodProtocol, SomeInitProtocol {
    var cmd: String
    
    init() {
        self.cmd = "default"
    }
    
    init(cmd: String) {
        self.cmd = cmd
    }
    
    mutating func execute(cmd: String, desc: String ) {
        self.cmd = cmd
        if cmd == "start" {
            print("시작합니다")
        }
    }
    
    func showPort(p: Int, memo desc : String) -> String {
        return "Port : \(p), Memo : \(desc)"
    }
}
```

클래스는 상속의 개념이 있기 때문에 프로토콜 구현을 선언할 때 주의해야 합니다. 프로토콜을 구현할 클래스가 다른 클래스로부터 상속된 것이라면 먼저 상속에 대한 선언부터 해야 합니다. 부모 클래스가 없는 기본 클래스라면 상관없지만, 부모 클래스가 있다면 반드시 프로토콜 선언보다 앞서 작성되어야 한다는 뜻입니다.

```
class BaseObject {
    var name: String = "홍길동"
}

class MultiImplWithInherit: BaseObject, SomeMethodProtocol, SomeInitProtocol {
    ...
}
```

실제로 코코아 터치 프레임워크에서 제공하는 클래스의 정의를 들여다보면 상속과 프로토콜 구현이 다양하게 선언된 것을 볼 수 있는데, 이들의 첫 번째 위치에 작성된 것은 대부분 상속받는 클래스입니다.

```
@available(iOS 2.0, *)
class UIViewController : UIResponder, NSCoding, UIAppearanceContainer, UITraitEnvironment, UIContentContainer {
                        부모 클래스(Class)           프로토콜 ( Protocol )
```

그림 10-4 부모 클래스와 프로토콜의 선언 순서

10.2 타입으로서의 프로토콜

프로토콜은 그 자체로는 아무런 기능을 구현하고 있지 못하므로 인스턴스를 만들 수 없을뿐더러 프로토콜만으로 할 수 있는 일도 거의 없습니다. 하지만 프로토콜은 특별히 기능을 부여하지 않더라도 코드 내에서 자료형으로 사용하기에는 부족함이 없는 객체입니다. 이 때문에 때로는 타입으로서 중요한 역할을 하기도 합니다. 우리는 다음과 같은 여러 상황에서 프로토콜을 사용할 수 있습니다. 이는 마치 프로토콜을 상위 클래스 타입으로 간주하여 사용하는 것과 유사합니다.

- 상수나 변수, 그리고 프로퍼티의 타입으로 사용할 수 있음
- 함수, 메소드 또는 초기화 구문에서 매개변수 타입이나 반환 타입으로 프로토콜을 사용할 수 있음
- 배열이나 사전, 혹은 다른 컨테이너의 타입으로 사용할 수 있음

특정 프로토콜을 구현한 구조체나 클래스들이 있을 때, 우리는 이들의 인스턴스를 각각의 타입이 아니라 프로토콜 타입으로 정의된 변수나 상수에 할당할 수 있습니다. 이렇게 프로토콜 타입으로 정의된 변수나 상수에 할당된 객체는 프로토콜 이외에 구현체에서 추가한 프로퍼티나 메소드들을 컴파일러로부터 은닉해줍니다. 다음 예제를 봅시다.

```swift
protocol Wheel {
    func spin()
    func hold()
}
```

Wheel이라는 프로토콜을 선언하고, 여기에 spin( )과 hold( ) 두 개의 메소드를 정의하였습니다. 이 프로토콜은 바퀴를 의미하며 정의된 두 개의 메소드는 바퀴가 움직이고 멈추는 기능을 의미하므로 바퀴를 가지는 모든 이동 수단에서 구현하여 움직임을 부여할 수 있습니다.

```swift
class Bicycle: Wheel {
    var moveState = false
    
    func spin() {
        self.pedal()
    }
    
    func hold() {
        self.pullBreak()
    }
    
    func pedal() {
        self.moveState = true
    }
```

```
    func pullBreak() {
        self.moveState = false
    }
}
```

자전거를 의미하는 클래스인 Bicycle입니다. 이 클래스는 Wheel 프로토콜을 구현하기 위한 spin( ) 메소드와 hold( ) 메소드 이외에도 pedal( ) 메소드와 pullBreak( ) 메소드를 포함하고 있으며, 움직임 상태값을 저장하기 위한 moveState 프로퍼티도 선언되어 있습니다. pedal( ) 메소드와 pullBreak( ) 메소드, 그리고 moveState 프로퍼티는 프로토콜에서 선언된 것이 아니라 Bicycle 클래스에서 직접 선언된 것입니다. 일반적인 경우 이 Bicycle 클래스는 다음과 같이 초기화됩니다.

```
let trans = Bicycle()
```

이렇게 초기화된 객체를 대입한 상수 trans는 타입 추론에 의하여 Bicycle 타입으로 결정됩니다. 이때 상수 trans가 사용할 수 있는 프로퍼티나 메소드는 다음과 같습니다.

```
trans.moveState
trans.pedal()
trans.pullBreak()
trans.spin()
trans.hold()
```

이 클래스는 Wheel 프로토콜을 구현하고 있으므로 상수 trans의 타입 어노테이션에 프로토콜 타입을 사용하여 다음과 같이 Wheel 타입 상수에 할당하는 것도 가능합니다.

```
let trans: Wheel = Bicycle()
```

하지만 클래스 본래의 타입인 Bicycle이 아니라 Wheel 타입의 상수에 할당된 trans가 사용할 수 있는 프로퍼티나 메소드는 다음의 두 가지뿐입니다.

- trans.spin( )
- trans.hold( )

실질적으로 trans 상수에 할당된 객체는 Bicycle( )이라는 인스턴스이며, 이 인스턴스의 내부에는 moveState 프로퍼티나 pedal( ), pullBreak( )와 같은 메소드들이 모두 정의되어 있습니다. 그러나 컴파일러가 읽어 들이는 trans 상수의 타입은 Wheel 프로토콜 타입이므로 trans 상수가 사용할 수 있는 메소드 역시 Wheel 프로토콜에 선언된 spin( ), hold( ) 메소드로 제한됩니다. 나머지 프로퍼티나 메소드들은 모두 컴파일러로부터 은닉되죠. 이는 trans 상수가 Wheel 타입이기 때문입니다.

비단 Bicycle 클래스뿐만 아니라 Wheel 프로토콜을 구현한 모든 객체들은 그 종류에 상관없이 모두 trans 상수에 할당할 수 있으며, 이 trans 상수를 이용하여 바퀴를 굴리거나 멈추는 작업을 할 수 있습니다. 자동차가 될 수도 있고, 기차가 될 수도 있습니다. trans 상수는 여기에 할당된 인스턴스가 무엇이든 Wheel 프로토콜을 구현한 것이기만 하면 됩니다. 단순히 이 인스턴스를 할당받아 spin( ) 메소드를 실행하여 바퀴를 굴리고, hold( ) 메소드를 실행하여 바퀴를 중단할 뿐입니다.

이처럼 객체 본래 타입이 아니라 프로토콜 타입으로 선언한 변수나 상수에 할당받아 사용하는 것은 특정 프로토콜을 구현한 모든 클래스나 구조체를 변수나 상수에 할당할 수 있다는 장점이 있습니다. 개별 구조체나 클래스 타입으로 변수나 상수가 한정되지 않으므로 실질적으로 정의된 객체가 무엇이든지 특정 프로토콜을 구현하기만 했다면 모두 할당받을 수 있습니다.

물론 클래스는 AnyObject 타입으로 변수나 상수를 선언하면 모든 클래스를 할당받을 수 있지만, 이는 클래스로 제한될 뿐만 아니라 프로토콜에 정의된 프로퍼티나 메소드를 전혀 사용할 수 없는 결과를 가져옵니다. 이와는 달리 프로토콜 타입으로 선언하여 할당받으면 프로토콜에서 선언된 메소드나 프로퍼티는 모두 이용할 수 있죠.

하나의 특정 프로토콜을 구현한 어떤 객체든지 변수나 상수에 할당하고자 할 때는 특정 프로토콜의 타입으로 정의하여 사용하면 되지만, 필요에 따라 두 개 이상의 특정 프로토콜들 타입을 모두 사용해야 할 때도 있습니다. 두 프로토콜에서 제공하는 프로퍼티나 메소드, 초기화 구문들을 사용해야 할 때가 이에 해당합니다.

다음 예는 프로토콜 A와 B가 정의되어 있고, 이를 모두 구현하는 클래스 Impl이 정의되어 있을 때, 두 프로토콜 타입으로 인스턴스를 할당받는 모습을 보여주고 있습니다.

```
protocol A {
    func doA()
}

protocol B {
    func doB()
}

class Impl: A, B {
    func doA() {
    }

    func doB() {
    }

    func desc() -> String {
        return "Class instance method"
    }
}

var ipl: A & B = Impl()
ipl.doA()
ipl.doB()
```

ipl 변수의 타입으로 사용된 A & B는 A 프로토콜과 B 프로토콜 모두를 포함하는 객체 타입이라는 뜻입니다. 이 타입으로 정의된 변수는 두 프로토콜을 모두 구현한 객체만 할당받을 수 있습니다. ipl은 클래스 Impl의 인스턴스를 할당받았지만, 클래스에서 정의된 메소드 desc( )는 사용할 수 없습니다. 대신 프로토콜 A와 B에서 정의된 doA( )와 doB( )는 사용할 수 있습니다.

함수나 메소드, 초기화 구문 등의 매개변수를 프로토콜 타입으로 정의할 경우에도 이와 동일한 원칙이 적용됩니다. 입력된 값의 실제 타입에 상관없이, 인자값은 프로토콜 타입에서 정의된 메소드나 프로퍼티만 사용할 수 있습니다.

10.3 델리게이션

프로토콜 타입으로 선언된 값을 사용한다는 것은, 여기에 할당된 객체가 구체적으로 어떤 기능을 갖추고 있는지는 상관없다는 뜻이기도 합니다. 그저 단순히 할당된 객체를 사용하여 프로토콜에 정의된 프로퍼티나 메소드를 호출하겠다는 의미가 되죠.

> *"네가 누군지 난 알 필요 없다. 다만 너는 내가 호출할 메소드를 구현하고 있기만 하면 된다."*

코코아 터치 프레임워크에서는 이러한 프로토콜 타입의 특성을 이용하여 델리게이션이라는 기능을 구현합니다.

델리게이션(Delegation)은 델리게이트 패턴과 연관되는 아주 중요한 개념으로, 델리게이트 패턴의 자세한 사용법은 이 책의 후반부에서 다시 다루게 됩니다. 간략하게 설명하자면 특정 기능을 다른 객체에 위임하고, 그에 따라 필요한 시점에서 메소드의 호출만 받는 패턴이라고 할 수 있습니다.

이해를 돕기 위해 예를 한 가지 들어보겠습니다. 자동차, 오토바이, 기차 등에서 공통으로 사용되는 연료펌프를 전문으로 만드는 회사가 있는데, 이 회사에서 만들어낸 연료펌프는 특별히 신경 쓰지 않아도 알아서 잘 굴러가다가 연료가 부족해지면 이를 연료펌프가 장착된 시스템에 알려주는 기능을 가지고 있다고 해 봅시다. 이 알림을 받은 자동차, 자전거, 기차 등의 시스템은 각자의 방법으로 모자란 연료를 보충하게 됩니다. 또, 연료 보충 과정에서 충분히 연료가 채워지면 이를 시스템에 알려 연료 보충을 중단하도록 알려주기도 한다고 가정해봅시다. 이때 연료가 부족해지는 시점이나 연료가 가득 차는 시점을 연료펌프가 장착된 시스템이 점검하는 것이 아니라 연료펌프에 위임해두고, 연료펌프가 알아서 스스로 알려주도록 하는 것이 바로 델리게이션이라고 할 수 있습니다.

조금 전의 설명을 소스 코드로 표현해봅시다. 이를 위해서는 먼저 두 개의 객체가 필요합니다. 먼저 연료의 양에 따라 필요한 알림을 전달하게 될 FuelPumpDelegate 프로토콜입니다.

```
protocol FuelPumpDelegate {
    func lackFuel()
    func fullFuel()
}
```

이 프로토콜은 두 개의 메소드로 이루어져 있습니다. 하나는 연료가 부족할 때 호출되는 메소드이며 또 다른 하나는 연료가 가득 찼을 때 호출되는 메소드입니다. 이 메소드들을 자동차, 오토바이 등 각 객체에서 나름대로 구현하게 됩니다. 연료펌프는 이 객체들의 메소드만 호출하여 연료를 보충하거나 보충을 중단합니다.

```
class FuelPump {
    var maxGage: Double = 100.0
    var delegate: FuelPumpDelegate? = nil
    
    var fuelGage: Double {
        didSet {
            if oldValue < 10 {
                // 연료가 부족해지면 델리게이트의 lackFule 메소드를 호출한다.
                self.delegate?.lackFuel( )
            } else if oldValue == self.maxGage {
                // 연료가 가득차면 델리게이트의 fullFuel 메소드를 호출한다.
                self.delegate?.fullFuel( )
            }
        }
    }
    
    init(fuelGage: Double = 0) {
        self.fuelGage = fuelGage
    }
```

```
    // 연료펌프를 가동한다.
    func startPump( ) {
        while (true) {
            if (self.fuelGage > 0) {
                self.jetFuel( )
            } else {
                break
            }
        }
    }

    // 연료를 엔진에 분사한다. 분사할 때마다 연료 게이지의 눈금은 내려간다.
    func jetFuel( ) {
        self.fuelGage -= 1
    }
}
```

연료펌프 클래스입니다. 이 클래스는 FuelPumpDelegate 프로토콜을 구현한 객체의 정보를 delegate 프로퍼티에 저장해두었다가, 필요한 시점에 프로토콜의 메소드를 호출하는 대상으로 사용합니다. 또한, 연료 눈금을 의미하는 프로퍼티 fuelGage에 대한 프로퍼티 옵저버를 작성하여 연료 눈금이 변화할 때마다 적정 수치를 검사하고 10 미만으로 떨어지면 델리게이트 프로퍼티에 저장된 객체에 lackFuel( ) 메소드를, 연료가 가득 차면 fullFuel( ) 메소드를 각각 호출합니다.

이때 delegate 프로퍼티에 저장되는 객체는 FuelPumpDelegate 프로토콜 타입으로 선언됩니다. delegate 프로퍼티는 선언된 타입으로 인해, 실제 그 객체가 어떤 타입이든지 관계없이 FuelPumpDelegate 프로토콜에 정의된 lackFuel( )과 fullFuel( ) 메소드만을 사용할 수 있습니다. 할당된 인스턴스가 나머지 프로퍼티나 메소드들도 분명 구현하고 있겠지만, 여기에서는 그 정보를 알 필요는 없습니다. 그저 필요한 시점에서 lackFuel( )과 fullFuel( ) 메소드들을 호출할 수 있으면 그것으로 충분한 것이죠.

이제 마지막으로 이 연료펌프 클래스를 이동수단에 장착해 보겠습니다. 이동수단이 되는 클래스는 반드시 FuelPumpDelegate 프로토콜을 구현해야 합니다. 그래야 연료펌프 클래스의 delegate 프로퍼티에 자신을 할당할 수 있는 타입이 될 수 있을 테니까요.

```swift
class Car: FuelPumpDelegate {
    var fuelPump = FuelPump(fuelGage: 100)
    
    init() {
        self.fuelPump.delegate = self
    }
    
    // fulePump가 호출하는 메소드입니다.
    func lackFuel() {
        // 연료를 보충한다.
    }
    
    // fulePump가 호출하는 메소드입니다.
    func fullFuel() {
        // 연료 보충을 중단한다.
    }
    
    // 자동차에 시동을 겁니다.
    func start() {
        fuelPump.startPump()
    }
}
```

작성된 클래스는 Car라는 이름의 클래스입니다. fuelPump라는 프로퍼티에 앞에서 작성한 연료펌프 클래스의 인스턴스를 할당합니다. 초기화 구문을 통해 클래스가 만들어질 때 연료펌프에 연료를 100으로 채우고, 연료펌프의 델리게이트 프로퍼티를 자신으로 설정합니다. 이제 Car 클래스를 누군가 인스턴스로 생성하여 start 메소드를 호출하면 연료펌프 역시 작동되면서 연료가 부족해지는 시점이 오면 delegate 객체를 대상으로 lackFuel( ) 메소드를 호출합니다.

delegate 프로퍼티에는 Car의 인스턴스가 할당되어 있으므로 Car 클래스에서 작성한 lackFuel( ) 메소드가 실행됩니다. 약간 복잡해 보이는 구성이지만, 델리게이트 참조를 통해 메소드를 호출할 인스턴스 객체를 전달받고, 이 인스턴스 객체가 구현하고 있는 프로토콜에 선언된 메소드를 호출하는 것이 델리게이션이라고 할 수 있습니다.

그렇다면 왜 프로토콜일까요? 앞에서 배운 바와 같이 클래스를 이용하는 경우에도 부모 클래스를 상속받은 자식 클래스의 인스턴스들은 모두 부모 클래스 타입으로 정의된 변수나 상수에 할당할 수 있었습니다. 그리고 부모 클래스 타입으로 선언된 변수나 상수에 할당된 자식 클래스의 인스턴스들은 모두 자식 클래스에서 구현한 프로퍼티나 메소드들을 봉인 당해야 했습니다. 이를 꺼내어 사용하려면 타입 캐스팅 과정을 거쳐야 했지만 어쨌든 각 클래스의 종류와 관계없이 같은 클래스를 부모로 둔 자식 클래스들은 모두 부모 클래스 타입으로 선언된 변수/상수에 할당되므로 이를 사용하면 될 일입니다.

그런데도 프로토콜을 사용하여 이처럼 델리게이션을 구현하는 것은, 클래스가 단일 상속만을 지원하기 때문입니다. 하나의 부모 클래스를 상속받고 나면 더는 다른 클래스를 상속받을 수 없으므로 기능을 덧붙이기에는 제한적입니다. 이를 극복하기 위해 구현 개수에 제한이 없는 프로토콜을 이용하여 필요한 기능 단위별 객체를 작성하는 것입니다.

iOS 앱이 동작하는 방식 대다수가 델리게이트 패턴으로 이루어져 있고, 델리게이트 패턴을 이루는 핵심이 바로 프로토콜입니다. 그런 만큼 프로토콜이 사용되는 방식과 프로토콜을 이용하여 델리게이션을 구현하는 원리에 대해 자세히 알아둘 필요가 있습니다. 델리게이트 패턴과 프로토콜에 관해서는 이후 실습 과정을 통해 다시 다루겠습니다.

10.4 프로토콜의 활용

10.4.1 확장 구문과 프로토콜

클래스나 구조체, 열거형 등의 특정 객체에서 프로토콜을 구현해야 할 경우, 객체 자체의 코드를 수정하여 직접 구현할 수도 있지만 이를 대신하여 익스텐션에서 프로토콜을 구현할 수도 있습니다. 익스텐션은 별도의 타입으로 존재하는 객체라기보다는 기존에 정의되었던 객체 자체를 확장하여 새로운 기능을 추가하는 역할이므로 익스텐션에서 프로토콜을 구현한다는 것은 일반적으로 구조체나 클래스, 열거형에서 프로토콜을 구현하는 것과 차이가 거의 없습니다.

따라서 익스텐션에서도 기존 객체의 이름 다음에 콜론을 붙이고, 이어서 구현하고자 하는 프로토콜의 이름을 나열하면 됩니다. 물론 익스텐션의 중괄호 블록에서는 프로토콜에 대한 실질적인 내용 구현이 있어야 합니다.

```
extension <기존 객체> : <구현할 프로토콜1>, <구현할 프로토콜2> ... {
    // 프로토콜의 요소에 대한 구현 내용
}
```

이때 확장하기 전 본래의 객체에서는 프로토콜을 구현하지 않았더라도 익스텐션에서 프로토콜을 구현한다면 이후로 해당 객체는 프로토콜을 구현한 것으로 처리됩니다.

```
class Man {
    var name: String?
    
    init(name: String = "홍길동") {
        self.name = name
    }
}

protocol Job {
    func doWork()
}
```

위 예제는 클래스 Man과 프로토콜 Job을 정의하고 있습니다. Man은 Job 프로토콜을 구현하지 않기 때문에 doWork( ) 메소드 역시 사용할 수 없습니다. 하지만 익스텐션을 사용하면 기존 클래스를 수정하지 않고도 Job 프로토콜을 구현할 수 있습니다.

```swift
extension Man: Job {
    func doWork() {
        print("\(self.name!)님이 일을 합니다")
    }
}
let man = Man(name : "개발자")
man.doWork()
```

[실행 결과]

개발자님이 일을 합니다

주의할 점은 익스텐션에서 저장 프로퍼티를 정의할 수는 없다는 점입니다. 만약 프로토콜에 정의된 프로퍼티를 익스텐션에서 구현해야 한다면, 이때에는 연산 프로퍼티로 구현해 주어야 합니다.

10.4.2 프로토콜의 상속

프로토콜은 클래스처럼 상속을 통해 정의된 프로퍼티나 메소드, 그리고 초기화 블록의 선언을 다른 프로토콜에 물려줄 수 있습니다. 하지만 프로토콜은 클래스와 다르게 다중 상속이 가능합니다. 즉 여러 개의 프로토콜을 하나의 프로토콜에 한꺼번에 상속하여 각 프로토콜들의 명세를 하나의 프로토콜에 담을 수 있습니다. 다음 예제를 봅시다.

```swift
protocol A {
    func doA()
}

protocol B {
    func doB()
}
```

앞에서 작성한 프로토콜 A와 B입니다. 단순히 메소드 하나씩만 정의되어 있어 다소 황량한 느낌이 들 수 있겠지만 이해 바랍니다. 설명에 혼동을 줄 수 있는 기타 부수적인 코드는 모조리 생략했기 때문입니다. 이 프로토콜 두 개를 상속받은 새로운 프로토콜 C를 정의해보겠습니다.

```swift
protocol C: A, B {
    func doC()
}
```

프로토콜 C는 A와 B를 모두 상속받았으므로 각 프로토콜에 정의되어 있던 메소드 명세들이 모두 추가된 상태라고 볼 수 있습니다. 즉 실질적인 C 프로토콜의 명세는 다음과 같습니다.

```swift
protocol C {
    func doA()
    func doB()
    func doC()
}
```

A와 B를 상속받고 여기에 새로운 메소드 doC( )를 추가한 프로토콜 C를 구현하는 클래스나 구조체 등의 객체들은 다음과 같이 A와 B, 그리고 C의 명세를 모두 구현해야 합니다.

```swift
class ABC: C {
    func doA() {
    }
```

```
    func doB() {
    }

    func doC() {
    }
}
```

이렇게 정의된 클래스 ABC는 다음과 같은 타입의 변수/상수에 할당될 수 있습니다. 선언된 타입에 따라서 사용할 수 있는 메소드의 범위는 제한됩니다.

```
let abc: C = ABC()
// abc.doA(), abc.doB(), abc.doC()

let a: A = ABC()
// a.doA()

let ab: A & B = ABC()
// ab.doA(), ab.doB()

let abc2: A & B & C = ABC()
// abc2.doA(), abc2.doB(), abc2.doC()
```

클래스 ABC는 이와 마찬가지로 다음 타입으로 선언된 함수나 메소드의 인자값으로 할당될 수도 있습니다.

```
func foo(abc: C) { }
foo(abc: ABC())

func boo(abc: A & B) { }
boo(abc: ABC())
```

이처럼 상속으로 구성된 프로토콜은 상위 프로토콜에 대한 기능들을 고스란히 가지고 있으므로 상위 프로토콜 타입으로 선언된 변수/상수나 함수의 인자값으로 사용될 수 있습니다. 또한, 프로토콜을 상속할 때 부모 프로토콜에서의 선언과 자식 프로토콜에서의 선언이 겹치더라도 클래스에서처럼 override 키워드를 붙여야 하는 제약이 없습니다.

```
protocol C: A, B {
    func doA()
    func doB()
    func doC()
}
```

상속 관계가 성립된 프로토콜은 is, as와 같은 타입 연산자들을 사용하여 타입에 대한 비교와 타입 변환을 할 수 있습니다. is 연산자는 주어진 객체를 비교 대상 타입과 비교하여 그 결과를 반환하는데 이때 선언된 변수나 상수의 타입이 아니라 할당된 실제 객체의 인스턴스를 기준으로 비교합니다. 할당된 객체가 비교 대상 타입과 같거나 비교 대상 타입을 상속받았을 경우 모두 true를 반환하고, 이외에는 false를 반환합니다.

앞에서 프로토콜 A, B, C를 이용하여 다양하게 선언했던 상수들을 대상으로 is 연산자를 사용한 다음의 결과들은 모두 true를 반환합니다. 이는 어떤 타입으로 선언된 상수에 인스턴스를 할당받았든 실제로 할당된 인스턴스가 주어진 비교 대상 조건을 모두 만족하기 때문입니다.

```
abc is C // true
abc is A & B // true
abc is A // true
abc is B // true
a is C // true
a is B // true
ab is C // true
abc2 is A & B & C // true
```

as 연산자의 사용법도 클래스에서의 타입 캐스팅과 같습니다. 객체와 비교 대상과의 타입 비교를 위주로 하는 is 연산자와는 달리 as 연산자는 제한된 범위 내에서 타입을 캐스팅할 수 있도록 해줍니다. 여기에서 제한된 범위라 함은 다음과 같습니다.

① 실제로 할당된 인스턴스 타입

② 인스턴스가 구현한 프로토콜 타입

③ 클래스가 상속을 받았을 경우 모든 상위 클래스

④ 프로토콜 타입이 상속을 받았을 경우 모든 상위 프로토콜

인스턴스 객체를 할당한 변수나 상수가 있을 때, 이 변수나 상수가 선언된 타입보다 상위 타입으로 캐스팅하는 것은 아무런 문제가 되지 않으므로 일반 캐스팅 연산자인 as를 사용하여 안전하게 캐스팅할 수 있지만, 선언된 타입보다 하위 타입으로 캐스팅할 때는 주의하여야 합니다. 실제로 할당된 인스턴스 객체에 따라서 캐스팅이 성공할 수도, 실패할 수도 있기 때문입니다.

실제로 할당된 인스턴스 객체의 타입을 기준으로 일치하거나 상위 타입이면 캐스팅이 잘 되겠지만, 그렇지 않으면 캐스팅에 실패합니다. 이는 캐스팅 결과값으로 nil이 반환될 수도 있다는 의미죠. 이 때문에 하위 캐스팅에서는 일반 캐스팅 연산자를 사용하는 대신 옵셔널 타입으로 캐스팅 결과를 반환하는 옵셔널 캐스팅(=as?) 연산자와 캐스팅 실패 가능성을 감안하고서라도 일반 타입으로 캐스팅하는 강제 캐스팅(=as!) 연산자 중에서 선택해서 사용해야 합니다.

```
protocol Machine {
    func join()
}

protocol Wheel: Machine{
    func lotate()

    init(name: String, currentSpeed: Double)
}

class Vehicle {
    var currentSpeed = 0.0
    var name = ""
```

```
        init(name: String, currentSpeed: Double) {
            self.name = name
            self.currentSpeed = currentSpeed
        }
    }
```

이해를 돕기 위해 두 개의 프로토콜과 한 개의 클래스를 준비했습니다. 프로토콜 Machine은 기계에 대한 특성을 정의하고 있고, Machine 프로토콜을 상속받은 또 다른 프로토콜인 Wheel은 바퀴에 대한 특성을 추가로 정의합니다. 클래스 Vehicle은 탈것에 대한 프로퍼티를 정의합니다. 이들 프로토콜과 클래스를 모두 모은 클래스 Car는 다음과 같습니다.

```
class Car: Vehicle, Wheel {
    required override init(name: String, currentSpeed: Double = 0.0) {
        super.init(name: name, currentSpeed: currentSpeed)
    }

    func join() {
        // join parts
    }

    func lotate() {
        print("\(self.name)의 바퀴가 회전합니다.")
    }
}
```

Car 클래스는 내부에 Vehicle, Wheel, Machine을 모두 상속받거나 구현하고 있으므로 각 타입으로 캐스팅이 모두 가능합니다. 비교를 위해 Wheel 프로토콜을 구현하지 않는 Carpet 클래스를 하나 더 작성해봅시다.

```
class Carpet: Vehicle, Machine {
    func join() {
        // join parts
    }
}
```

양탄자는 바퀴는 없지만 탈것으로 가끔(?) 사용되는 객체입니다. 두 클래스에서 공통으로 적용된 Vehicle 타입으로 배열을 하나 생성하고, 여기에 각 인스턴스를 담은 다음 이를 하위 캐스팅해보겠습니다.

```
var translist = [Vehicle]()
translist.append(Car(name: "자동차", currentSpeed: 10.0))
translist.append(Carpet(name: "양탄자", currentSpeed: 15.0))

for trans in translist {
    if let obj = trans as? Wheel {
        obj.lotate()
    } else {
        print("\(trans.name)의 하위 타입 변환이 실패했습니다.")
    }
}
```

[실행 결과]

자동차의 바퀴가 회전합니다.
양탄자의 하위 타입 변환이 실패했습니다.

변수 translist는 Vehicle 타입의 모든 객체를 저장할 수 있도록 정의된 배열 객체입니다. 실질적으로 타입이 무엇이든 Vehicle 클래스를 상속받은 객체라면 모두 여기에 담을 수 있죠. 배열에는 서로 다른 타입을 저장할 수 없지만, Car 클래스와 Carpet 클래스는 모두 Vehicle 클래스를 상속받으므로 Vehicle 타입의 배열 translist에는 저장할 수 있습니다. 이렇게 저장된 배열을 for~in 구문에 넣고 순회하면서 각각의 아이템을 Wheel 프로토콜로 옵셔널 캐스팅합니다. 그 결과 Car 클래스는 Wheel 타입으로 캐스팅에 성공하였지만, Wheel 프로토콜을 구현하지 않은 Carpet은 캐스팅에 실패한 것을 볼 수 있습니다.

이처럼 프로토콜에서의 타입 캐스팅은 공통 타입으로 선언된 객체의 인스턴스를 필요한 타입으로 적절히 변환하여 본래 인스턴스가 가지고 있던 고유한 기능들을 사용할 수 있도록 해 줍니다.

10.4.3 클래스 전용 프로토콜

프로토콜은 문법적으로 구조체에서 확장체에 이르기까지 광범위한 객체들이 구현할 수 있지만, 때로는 클래스만 구현할 수 있도록 제한된 프로토콜을 정의해야 할 때가 있습니다. 이를 클래스 전용 프로토콜이라고 하는데, 프로토콜 정의 시 class 키워드를 사용하여 클래스 전용 프로토콜임을 컴파일러에 알려주면 됩니다. 이때 class 키워드를 사용하는 위치는 프로토콜의 이름 뒤 콜론으로 구분된 영역입니다. 다음은 클래스 전용 프로토콜을 선언하는 예입니다.

```
protocol SomeClassOnlyProtocol: class {
    // 클래스에서 구현할 내용 작성
}
```

클래스 전용 프로토콜에서는 메소드를 정의할 때 mutating 키워드를 붙일 수 없습니다. 본래 mutating 키워드는 구조체나 열거형 등 클래스가 아닌 객체가 메소드 내에서 프로퍼티를 수정할 수 있게 하기 위한 목적으로 사용하는 것이니만큼 구조체나 열거형이 구현할 수 없는 클래스 전용 프로토콜에서는 사용할 필요가 없기 때문입니다. 이와는 달리 static 키워드는 클래스에서도 이용하는 것이므로 클래스 전용 프로토콜에서도 제약 없이 사용할 수 있습니다.

만약 프로토콜이 다른 프로토콜을 상속받는다면, 상속된 프로토콜 이름들을 나열하기 전에 맨 먼저 클래스 전용임을 표시해야 합니다. 클래스가 프로토콜과 부모 클래스를 표기할 때 맨 먼저 부모 클래스를 표기하는 것처럼, class 키워드와 상속 프로토콜 이름을 작성할 때는 class 키워드를 맨 앞에 작성해야 합니다.

```
protocol SomeClassOnlyProtocol: class, Wheel, Machine {
    // 클래스에서 구현할 내용 작성
}
```

10.4.4 optional

프로토콜의 다양한 활용법 중에서 마지막으로, 프로토콜에서 사용되는 optional 키워드에 대해 알아봅시다. 프로토콜을 구현할 때는 기본적으로 프로토콜의 명세에 포함된 모든 프로퍼티와 메소드, 그리고 초기화 구문을 구현해야 합니다. 그렇지 않으면 필요한 항목의 구현이 누락되었다는 오류가 발생합니다. 하지만 구현하는 객체에 따라 특별히 필요하지 않은 프로퍼티나 메소드, 초기화 구문이 있을 수 있습니다.

이런 메소드까지 모두 일일이 구현해야 한다면 상당히 번거로워집니다. 무의미한 코드도 늘어나겠죠. 이런 상황을 방지하기 위한 해법이 바로 선택적 요청(Optional Requirement)이라고 불리는 문법입니다. 이 문법은 프로토콜에서 선언된 프로퍼티나 메소드, 초기화 구문 등 프로토콜을 구현할 때 작성해야 하는 요소들을 필수 사항에서 선택 사항으로 바꾸어줍니다.

프로토콜을 정의할 때 선택적 요청을 개별 요소마다 지정할 수 있는데, 이때 optional 키워드를 사용하여 프로퍼티나 메소드, 초기화 구문 앞에 표시합니다. 이 키워드가 붙은 요소들은 프로토콜을 구현할 때 반드시 구현하지 않아도 된다는 것을 의미합니다.

프로토콜에서 optional 키워드를 사용하려면 약간의 제약이 있습니다. 프로토콜 앞에 @objc를 표시해야 합니다. @objc는 파운데이션 프레임워크에 정의된 어노테이션의 일종으로서, 이 어노테이션이 붙은 코드나 객체를 오브젝티브-C 코드에서도 참조할 수 있도록 노출됨을 의미합니다. 실제로 독자 여러분이 정의한 프로토콜이 오브젝티브-C 코드와 상호 동작할 일이 없더라도 말입니다. 또한, @objc 어노테이션이 붙은 프로토콜은 구조체나 열거형 등에서 구현할 수 없습니다. 오로지 클래스만 이 프로토콜을 구현할 수 있습니다.

정리하자면, optional 키워드가 붙은 선택적 요청 프로토콜은 클래스만 구현할 수 있다는 뜻입니다. 이런 의미에서 optional 키워드 역시 클래스 전용 프로토콜임을 뜻하는 것이라고 할 수 있습니다.

```
import Foundation

@objc
protocol MsgDelegate {
    @objc optional func onReceive(new:Int)
}
```

위 예제는 MsgDelegate 프로토콜을 정의하고 있습니다. @objc 어노테이션이 파운데이션 프레임워크에서 정의되어 있으므로 import Foundation 구문을 통해 파운데이션 프레임워크를 참조할 수 있도록 해 주어야 합니다. 이 프로토콜에는 onReceive(new:)라는 메소드가 정의되어 있는데, optional 키워드가 추가되어 있으므로 반드시 구현하지 않아도 됩니다. 이 메소드는 새로운 메시지가 도착했을 때 새로운 메시지의 개수를 델리게이트로 할당된 객체에 알려주는 역할을 합니다.

```
class MsgCenter {
    var delegate: MsgDelegate?
    var newMsg: Int = 0

    func msgCheck() {
        if newMsg > 0 { // 새로운 메시지가 도착했다면
            self.delegate?.onReceive?(new: self.newMsg)
            self.newMsg = 0
        }
    }
}
```

실제로 메시지를 받고 처리하는 MsgCenter 역할을 하는 클래스입니다. 앞에서 본 델리게이션 구현과 유사한 구조입니다. msgCheck( ) 메소드가 호출되면 새로운 메시지가 있는지 없는지를 검사해서 있을 때는 델리게이트로 할당된 객체의 onReceive(new:) 메소드를 호출한 다음, 새로운 메시지의 개수를 0으로 설정합니다. 이때 optional 키워드가 붙은 메소드를 호출할 때는 옵셔널 체인처럼 사용하면 됩니다. 다만 이때는 메소드의 결과값이 옵셔널이 아니라 메소드 자체가 옵셔널이므로 메소드와 괄호 사이에 ? 연산자를 작성해야 합니다.

```
.onReceive?(new: self.newMsg)
```

여기에서 메소드가 반환하는 값이 일반 값이라 할지라도 옵셔널 메소드 형식으로 사용하면 결과 값도 옵셔널 타입임을 주의할 필요가 있습니다. 옵셔널 메소드는 옵셔널 체인과 같은 방식으로 동작하므로 만약 델리게이트 클래스에서 onReceive(new:) 메소드를 구현했다면 구문은 실행되고, 델리게이트 클래스의 onReceive(new:) 메소드가 호출됩니다. 만약 해당 메소드를 클래스에서 반드시 구현했다는 확신이 있으면 옵셔널 연산자 대신 강제 해제 연산자를 사용할 수도 있습니다. 이때 메소드의 결과값은 일반 값이 반환됩니다. 메소드의 호출 결과가 성공이라면 말이죠.

```
.onReceive!(new: self.newMsg)
```

이제 MsgDelegate 프로토콜을 구현하고 있는 Watch 클래스를 봅시다.

```
class Watch: MsgDelegate {
    var msgCenter: MsgCenter?
    
    init(msgCenter: MsgCenter) {
        self.msgCenter = msgCenter
    }
    
    func onReceive(new: Int) {
        print("\(new) 건의 메시지가 도착했습니다.")
    }
}
```

이 클래스에서는 onReceive(new:) 메소드를 구현하여 새로운 메시지의 개수를 출력합니다. onReceive(new:) 메소드는 프로토콜에서 optional 키워드로 선언되어 있으므로 필수로 구현하지 않아도 됩니다. 새로운 메시지에 대한 도착 알림이 필요할 때만 구현하면 되죠. 만약 구현하지 않아도 별다른 문제는 없습니다. 단지 새로운 메시지 도착에 대한 알림을 못 받는 것뿐이니까요.

실제로 독자 여러분들이 사용하게 될 코코아 터치 프레임워크에서는 프로토콜마다 정의해야 할 메소드가 상당히 많습니다. 매우 디테일하게 동작하는 앱을 만들어야 한다면 이들 메소드 대부분이 의미 있는 역할을 하겠지만, 메소드 중 일부만을 사용해야 할 경우라면 모든 메소드를 구현해야 하는 것은 상당한 부담이죠. 그래서 해당 프로토콜에서 반드시 필요한 메소드들만을 제외하고 나머지는 다음 그림과 같이 대부분 optional 키워드로 선언되어 선택적으로 구현할 수 있도록 제공하고 있습니다.

```
public protocol UIImagePickerControllerDelegate : NSObjectProtocol {

    @available(iOS 2.0, *)
    optional public func imagePickerController(_ picker: UIImagePickerController, didFinishPi

    @available(iOS 2.0, *)
    optional public func imagePickerControllerDidCancel(_ picker: UIImagePickerController)
}
```

그림 10-5 프로토콜의 선택적 구현의 예

이 장을 마치며

이상으로 프로토콜에 관해 살펴보았습니다. 처음에는 프로토콜이 왜 필요한지 의문이 생길 수 있지만, 막상 앱을 만들면서 코드를 구현하다 보면 프로토콜을 사용함으로써 많은 기능을 구현할 수 있다는 사실을 깨닫게 됩니다. 이들 기능의 대부분은 우리 개발자들을 편하게 만들어주고 코드의 작성량을 줄여주는 것이기도 합니다. 지금 당장은 프로토콜의 사용 목적이 와 닿지 않더라도 실제 앱을 구현해 가면서 프로토콜의 중요성에 대해 알아가도록 합시다.

오류 처리 :
스위프트는 어떻게 오류를 처리할까요?

CHAPTER 11

프로그래밍을 하다 보면 절대 피할 수 없는 것이 오류입니다. 오류는 입력 과정에서 발생하기도 하고, 상이한 시스템 환경에서 발생하기도 하지만 경우에 따라서는 경험 부족으로 인해 오류가 발생하기도 합니다. 이런 오류를 잘 처리하지 않고 코드를 작성하면 사소한 원인에도 쉽게 다운되어 사용하기 불안한 애플리케이션이 만들어집니다. 그래서 프로그래밍 과정은 원하는 로직을 잘 구현하는 일 외에도 오류를 꼼꼼하게 처리하여 안정성을 높이는 일을 매우 중요하게 다룹니다.

스위프트에서 오류를 처리하는 방법은 크게 두 가지입니다. 한 가지는 옵셔널이고 또다른 한 가지는 이제 배울 오류 처리 구문이죠. 옵셔널은 앞에서 배운 바와 같이 잘못된 처리의 결과나 실행 도중 실패했을 때 그 결과를 오류로 발생시키는 대신 nil 값으로 반환하여 개발자가 이를 적절히 알아서 처리하도록 유도하는 개념이고, 오류 처리 구문은 스위프트 2.0 버전부터 포함된 문법으로 반환값 타입이나 코드의 흐름과 상관없이 오류를 던질 수 있도록 하는 구문입니다. 오류 처리 구문의 도입 덕분에 비로소 스위프트는 조금 더 안정적인 코드 작성이 가능해 졌다고 할 수 있습니다. 이러한 오류 처리 구문은 스위프트만의 것은 아니며 객체지향 언어 대다수에서 채택하고 있는 것이기도 합니다.

11.1 오류 처리 구문

초기에 발표된 스위프트는 옵셔널을 통해 오류를 충분히 처리할 수 있어서, 타 언어에서 즐겨 사용되는 try~catch와 같은 오류 처리 구문이 필요하지 않을 만큼 안전성이 뛰어나다는 점을 강점으로 내세웠습니다. 하지만 이 부분에는 단점이 있었는데, 오류가 발생했을 때 오류에 대한 정보를 외부로 전달할 방법이 없다는 점입니다. 특히 내부적으로 복잡한 연산 과정을 실행하거나 여러 가지 구문을 처리해야 하는 함수나 메소드에서 이런 현상이 두드러집니다. 실행하는 과정에서 발생할 수 있는 다양한 오류들을 함수 외부로 전달하기가 어렵다는 것이죠. 옵셔널 타입을 사용한다고 해도 발생하는 오류의 종류에 상관없이 단순히 nil 하나만 반환할 수 있기 때문입니다.

예를 들어, 문자열을 입력받고 이를 정수로 변환한 후 반환하는 기능을 하는 함수가 정의되어 있다고 가정해봅시다. 이 함수는 입력받은 문자열 인자값에 따라 여러 가지 오류 상황을 내포하고 있습니다. 인자값에 nil 값이 입력될 수도 있고, 정수로 변환할 수 없는 일반 문자열이나 특수 문자가 입력될 수도 있습니다. 또한, 정수로 변환할 수는 있지만 Int 타입에서 저장할 수 있는 한계를 넘어서는 값을 가지게 될 수도 있습니다.

이런 다양한 오류 상황이 있음에도 불구하고 이 함수가 표현할 수 있는 오류는 단순히 nil 하나입니다. 서로 다른 오류가 발생했음에도 불구하고 이를 자세하게 함수 외부로 전달하기 곤란할 뿐만 아니라, 함수를 호출한 외부 코드에서도 함수 내부에서 발생한 오류에 대해 자세한 정보를 받을 수 없는 것이죠. 만약 nil이 아니라 다른 형식으로 오류를 반환하고자 하면 함수의 반환 타입인 Int 타입에 대한 제약에 걸리게 됩니다.

이런 구조적인 문제점 외에도 코코아터치 프레임워크에서 사용하는 오류 처리 구조 역시 스위프트가 본래 바라던 아키텍처와 차이가 있습니다. 오브젝티브-C 기반으로 작성된 코코아터치 프레임워크에서 오류 정보를 반환하는 방식은 오류 정보를 저장할 객체를 인자값으로 함수나 메소드에 전달한 다음 필요할 때 꺼내어 사용하는 방식입니다.

이는 함수나 메소드에서 반환 타입을 준수하면서도 오류 정보를 제공할 수 있는 방법이지만, 기본적으로 오류에 대한 모든 대응을 옵셔널 타입으로 해결하고자 하는 스위프트의 언어 구조 입장에서 그다지 좋은 선택이 아닙니다. 비록 오브젝티브-C에 대한 호환성을 높이기 위해 코코아 터치 프레임워크의 구조를 거의 그대로 사용하지만, 동시에 오브젝티브-C에 대한 언어적 차별성을 두고자 하는 애플의 고민이 묻어나죠.

최근의 객체지향 언어들은 오류가 발생했을 때 함수나 메소드에서 해당 오류를 '반환(returns)'하는 것이 아니라 '던지는(throws)' 처리를 할 수 있게끔 지원합니다. 오류를 반환하는 것과 던지는 것은 다릅니다. 오류를 반환하려면 함수의 반환 타입과 일치해야 하지만, 오류를 던지는 것은 함수의 반환 타입과 일치하지 않아도 됩니다. 말 그대로 오류에 대한 객체를 반환하는 것이 아니라 실행 흐름 중간에 오류 객체를 만들어 다른 실행 흐름으로 옮겨가는 것이기 때문입니다. 이렇게 되면 함수/메소드의 반환 타입을 건드리지 않고도 효율적으로 오류 정보를 전달할 수 있게 되는 셈입니다.

스위프트에서도 결국 2 버전을 발표하면서 이러한 오류 처리 구문을 도입하였습니다. 이 때문에 코코아터치 프레임워크에서도 일부 변화가 있었습니다. 오브젝티브-C 방식처럼 오류 객체를 인자값으로 넣어 호출하던 메소드나 함수 대신 오류를 던지기 시작한 것입니다. 우리는 메소드를 정의할 때 오류를 던지고, 이 메소드를 호출하여 사용할 때 오류를 잡아낼 수 있도록 구문을 작성해야 합니다.

사실 오류 처리(Error Handling)보다는 예외 처리(Exception Handling)라는 이름으로 더 많이 사용되며 엄밀히 구분하자면 오류와 예외는 차이가 있는 개념입니다. 하지만 여기에서는 편의상 오류와 예외를 합하여 오류라는 단어로 부르겠습니다.

11.1.1 오류 타입 정의하기

오류 처리를 위해서는 오류 정보를 담아 함수나 메소드 외부로 던질 오류 타입 객체가 필요합니다. 이 객체는 하나의 일관된 오류 주제에 소속된 여러 가지 오류를 정의할 수 있어야 하므로, 보통 열거형 타입으로 정의하는 경우가 많습니다. 이 객체를 만들어 보면서 오류 타입을 정의하는 과정을 익혀봅시다

[YYYY-MM-DD] 형태를 보이는 문자열을 분석하여 연도, 월, 일 형식의 데이터로 각각 변환하는 함수가 있다고 해 봅시다. 이 함수는 문자열을 분석하는 과정에서 다음과 같은 다양한 오류를 만날 수 있습니다.

① 입력된 문자열의 길이가 필요한 크기와 맞지 않는 오류

② 입력된 문자열의 형식이 YYYY-MM-DD 형태가 아닌 오류

③ 입력된 문자열의 값이 날짜와 맞지 않는 오류

이처럼 오류의 내용은 다양하지만, 이들 오류는 모두 문자열을 날짜 형식의 데이터로 변환하는 과정에 관한 오류들이라고 할 수 있습니다. 함수가 반환할 오류는 이처럼 일관된 주제와 연관된 다양한 경우를 표현할 수 있어야 합니다. 이를 위해 가장 적합한 객체 타입이 바로 열거형이라 할 수 있죠.

오류 타입으로 사용되는 열거형을 정의할 때는 반드시 Error라는 프로토콜을 구현해야 합니다. 컴파일러는 Error 프로토콜을 구현한 열거형만을 오류 타입으로 인정합니다. 아무 열거형이나 오류 타입이라고 사용해버리면 컴파일러도 이를 처리하는 데 곤란을 겪을 것이기 때문입니다.

이때의 Error는 아무 기능도 정의되지 않은 빈 프로토콜입니다. 구현해야 할 프로퍼티나 메소드도 필요로 하지 않습니다. 실제로 Error 프로토콜의 정의를 살펴보면 다음처럼 빈 프로토콜로 정의되어 있는 것을 볼 수 있습니다.

```
protocol Error {

}
```

간혹 이처럼 아무 내용도 작성되지 않은 프로토콜을 볼 수 있는데, 이들은 모두 프로토콜의 기능 구현보다는 **프로토콜을 구현했다는 사실 자체가 중요한 경우**가 많습니다. Error 프로토콜 역시 마찬가지입니다. **이 프로토콜을 구현한 열거형은 오류 타입으로 사용해도 된다**는 인증 마크라고 할 수 있죠.

일단 Error 프로토콜을 열거형에 추가하고 나면 나머지는 우리가 원하는대로 정의할 수 있습니다. 반환할 오류 종류들을 열거형의 각 멤버로 정의하는 것입니다. 앞에서 언급했던 것처럼, 문자열을 분석하여 날짜 형식으로 처리하는 과정에서 발생할 수 있는 오류들을 정의해봅시다.

```swift
enum DateParseError: Error {
    case overSizeString
    case underSizeString
    case incorrectFormat(part: String)
    case incorrectData(part: String)
}
```

발생 가능한 오류 타입들을 멤버로 가지는 DateParseError 열거형을 정의했습니다. 오류 타입으로 만들기 위해 Error 프로토콜을 구현했죠. 이 열거형은 모두 네 개의 멤버를 가지는데, 각각 다음과 같은 오류를 의미합니다.

- **overSizeString** 입력된 데이터의 길이가 필요한 크기보다 큽니다.
- **underSizeString** 입력된 데이터의 길이가 필요한 크기보다 부족합니다.
- **incorrectFormat** 입력된 데이터의 형식이 맞지 않습니다.
- **incorrectData** 입력된 데이터의 값이 올바르지 않습니다.

물론 이 오류 타입은 필자가 학습을 위해 임의로 작성한 오류 타입입니다. 실제로 독자 여러분들이 사용할 오류 타입은 필요에 따라 상세한 타입으로 나누어 사용하는 것이 좋습니다.

11.1.2 오류 던지기

우리가 작성한 오류 타입 객체는 함수나 메소드를 실행하는 과정에서 필요에 따라 외부로 던져 실행 흐름을 옮겨버릴 수 있습니다. 이때 함수나 메소드는 오류 객체를 외부로 던질 수 있다는 것을 컴파일러에 알려주기 위해 정의 구문을 작성할 때 throws 키워드를 추가합니다.

throws 키워드는 반환 타입을 표시하는 화살표 ('->')보다 앞에 작성해야 하는데, 이는 오류를 던지면 값이 반환되지 않는다는 의미이기도 합니다. 함수나 메소드, 또는 익명 함수인 클로저까지 모두 throws 키워드를 사용할 수 있지만, 명시적으로 throws 키워드를 추가하지 않으면 오류를 던질 수 없습니다.

```
func canThrowErrors() throws -> String
func cannotThrowErrors() -> String
```

위 두 함수는 모두 문자열을 반환하지만, canThrowErrors( ) 함수는 실행 과정에서 오류가 발생하면 그 오류를 객체로 만들어 던질 수 있는 반면, cannotThrowErrors( ) 메소드는 오류가 발생하더라도 오류 객체를 던질 수 없습니다. 클로저를 이용하여 구문을 작성할 때도 이와 비슷하게 반환 화살표 앞에 작성합니다.

```
{() throws -> String in
    ...
}
```

이렇게 throws 키워드가 추가된 함수나 메소드, 또는 클로저는 실행 블록 어느 지점에서건 우리가 의도하는 오류를 던질 수 있습니다. 오류를 실제로 던질 때는 throw 키워드를 사용하는데, 이는 함수나 메소드 등에서 오류를 던진다는 것을 선언할 때 사용했던 throws 키워드와 비슷하지만 단수라는 사실에 주의해야 합니다.

실제로 날짜를 분석하는 함수를 작성하고, 실행 과정에서 발생할 수 있는 오류 상황에서 오류 객체를 던져보겠습니다. 앞서 작성한 DateParseError 오류 객체를 사용합니다.

```
import Foundation

struct Date {
    var year: Int
    var month: Int
    var date: Int
}

func parseDate(param: NSString) throws -> Date {
    // 입력된 문자열의 길이가 10이 아닐 경우 분석이 불가능하므로 오류
    guard param.length == 10 else {
        if param.length > 10 {
```

```swift
            throw DateParseError.overSizeString
        } else {
            throw DateParseError.underSizeString
        }
    }


    // 반환할 객체 타입 선언
    var dateResult = Date(year: 0, month: 0, date: 0)

    // 연도 정보 분석
    if let year = Int(param.substring(with: NSRange(location: 0, length: 4))) {
        dateResult.year = year
    } else {
        // 연도 분석 오류
        throw DateParseError.incorrectFormat(part: "year")
    }


    // 월 정보 분석
    if let month = Int(param.substring(with: NSRange(location: 5, length: 2))) {
        // 월에 대한 값은 1 ~ 12까지만 가능하므로 그 이외의 범위는 잘못된 값으로 처리한다.
        guard month > 0 && month < 13 else {
            throw DateParseError.incorrectData(part: "month")
        }
        dateResult.month = month
    } else {
        // 월 분석 오류
        throw DateParseError.incorrectFormat(part: "month")
    }


    // 일 정보 분석
    if let date = Int(param.substring(with: NSRange(location: 8, length: 2))) {
        // 일에 대한 값은 1 ~ 31까지만 가능하므로 그 이외의 범위는 잘못된 값으로 처리한다.
        guard date > 0 && date < 32 else {
            throw DateParseError.incorrectData(part: "date")
```

```
            }
            dateResult.date = date
        } else {
            // 일 분석 오류
            throw DateParseError.incorrectFormat(part: "date")
        }
        
        return dateResult
    }
```

위 예제에서 가장 먼저 살펴볼 부분은 파운데이션 라이브러리를 호출하는 import Foundation 구문입니다. 우리는 문자열 분석의 편의를 위해 스위프트에서 기본으로 제공하는 String 타입이 아닌 NSString 타입의 문자열을 사용할 예정입니다. 이 타입은 파운데이션 프레임워크에서 제공하는 것으로서 String 타입보다 사용할 수 있는 메소드가 다양합니다. 물론 String 타입과 NSString 타입은 서로 호환됩니다.

여기에 더해서 인자값으로 사용하는 문자열 일부분을 잘라내기 위해 NSRange 객체도 사용해야 하는데, 이 역시 파운데이션 프레임워크에 정의되어 있는 객체입니다. 앱을 만들거나 코드를 작성하면서 객체의 이름 앞에 NS 접두어가 붙은 객체를 봤을 땐 '아, 파운데이션 프레임워크를 호출해야겠구나'하고 생각하면 됩니다.

이어서 정의된 것은 날짜 정보를 담아서 반환할 Date 구조체입니다. 날짜 정보는 각각 연도와 월, 일로 이루어지므로 이들을 모두 모아서 반환할 수 있도록 구조체를 선언하였습니다. 이어지는 함수에서는 날짜 분석을 끝낸 결과값을 Date 구조체에 담아 반환합니다. 이 구조체는 각각의 결과값들을 담을 수 있도록 year, month, date 세 개의 프로퍼티를 가지고 있습니다.

세 번째로 parseDate(param:) 함수가 정의되어 있는데, 이 함수가 실제로 입력된 문자열를 분석하여 Date 객체에 적절한 값을 담은 뒤 반환하는 함수입니다. 필요한 대부분 구문이 이 함수에서 작성되며, 분석 과정에서 문제가 있을 경우 오류를 던지기 위해 함수를 정의할 때 throws 키워드를 추가로 작성해둔 것을 볼 수 있습니다.

parseDate(param:) 함수가 호출되면 가장 먼저 수행하는 내용은 입력된 문자열의 길이 점검입니다. guard 구문을 이용하여 점검하는데, guard 구문에서는 일단 인자값 문자열의 길이가 정확히 10일 때만 구문을 계속 진행할 수 있도록 하고 그렇지 않으면 오류를 던집니다. 우리가 정의한 오류 DateParseError에서는 입력값이 필요한 크기보다 클 때와 작을 때를 나누어 오류를 던질 수 있도록 세분하고 있으므로 여기에서도 입력된 문자열의 길이를 점검하여 다음과 같이 오류를 반환할 수 있도록 if 구문을 사용하고 있습니다.

- 문자열 길이가 10을 초과하면 DateParseError.overSizeString 오류
- 문자열 길이가 10 미만이면 DateParseError.underSizeString 오류

입력된 문자열의 길이가 정확히 10이라면 guard 구문을 통과하여 다음 단계로 진행됩니다. 함수의 실행 결과로 반환될 Date 객체의 인스턴스를 생성한 다음, 본격적으로 문자열을 분석하는 과정으로 넘어가게 되죠.

가장 먼저 분석하는 것은 연도 정보입니다. 문자열을 앞에서부터 4개까지만 읽어온 후, 이를 정수로 반환하여 연도 정보로 만들어야 합니다. 문자열을 원하는 위치에서 잘라내려면 substring(with:) 메소드를 사용하는데, 이 메소드는 범위 정보를 처리하는 NSRange 객체를 인자값으로 받습니다. NSRange 객체의 여러 초기화 구문 형식 중에서 우리가 사용해야 할 것은 NSRange(location:length:)입니다. 이는 시작 위치로부터 원하는 길이만큼의 범위 객체를 만들어주는 구문이죠.

이를 이용하여 0번째 위치부터 4만큼의 길이 범위를 가지는 NSRange 객체를 만든 다음 이를 substring(with:) 메소드의 인자값으로 넣어주면 입력된 문자열로부터 우리가 원하는 연도 네 자리 문자열을 추출할 수 있습니다. 이 값을 정수로 변환하여 Date 객체의 year 프로퍼티에 할당해주면 연도에 대한 분석 작업이 완료됩니다.

이 과정에서 만약 0~4까지의 문자열이 숫자가 아니거나 숫자로 변환할 수 없는 형식이라면 정수가 반환되는 대신 옵셔널 타입인 nil이 반환됩니다. 이를 점검하여 DateParseError. incorrectFormat 오류를 반환해주면 함수를 호출한 외부에서는 무슨 오류가 발생했는지 쉽게

알 수 있을 겁니다. 특히 잘못된 포맷에 의한 오류를 좀 더 자세히 설명하고자 연관 데이터를 추가할 수 있도록 오류 타입이 정의되어 있으므로 이를 활용하면 더욱 자세한 오류 정보를 던질 수 있습니다.

이어서 월과 날짜에 대한 분석이 차례로 진행됩니다. 분석 과정 자체는 연도를 분석한 방식과 같지만, 월은 입력받을 수 있는 값이 1부터 12까지로 제한되므로 적절한 값인지를 검사하는 과정이 guard 구문으로 추가되었습니다. 월에 할당된 값이 0보다 크면서 13보다 작은, 즉 1에서 12까지일 때만 프로세스를 계속 진행하고, 그렇지 않으면 DateParseError.incorrectData 오류를 던집니다.

날짜도 이와 비슷합니다. 입력받을 수 있는 값이 1부터 31까지로 제한되므로 이에 대한 검사 과정이 guard 구문으로 추가되었죠. 사실 날짜를 점검할 때는 2월의 경우 날짜가 28일을 넘어가는 값으로 입력되면 마찬가지로 오류를 던지도록 처리해야 맞겠지만, 여기에서는 그에 해당하는 점검은 생략하였습니다.

모든 과정이 문제없이 진행되면 연-월-일 정보가 저장된 Date 객체가 완성됩니다. 이 값을 반환하면 함수의 역할은 끝나죠. 이렇게 정의된 함수나 메소드를 호출할 때는 다음과 같이 호출할 이름 앞에 try 키워드를 붙여야 합니다.

```
try parseDate(param: "2020-02-28")
```

이 값을 다른 변수나 상수에 할당할 때도 try 키워드는 항상 함수의 이름 바로 앞에 있어야 합니다.

```
let date = try parseDate(param: "2020-02-28")
```

만약 try 키워드 없이 함수를 호출하면 컴파일러에 의한 오류가 발생합니다. 물론 오류를 던지지 않는 일반 함수는 try 키워드가 필요 없습니다. 하지만 try 키워드는 단순히 함수를 호출할 수만 있을 뿐 함수에서 던지는 오류를 잡아내지는 못합니다. 함수에서 던지는 오류를 잡아내려면 catch 구문을 사용해야 합니다.

11.1.3 오류 객체 잡아내기

앞에서 우리는 함수를 이용하여 오류 타입을 던지는 과정과 이렇게 구현된 함수를 호출하는 방법까지 알아보았습니다. 이제 남은 것은 실제로 이 함수를 호출하여 사용하면서 오류가 던져질 경우 이를 잡아내어 적절히 처리해주는 것입니다. 함수에서 던진 오류를 잡아낼 때는 다음 형식의 구문을 사용합니다.

```
do {
    try <오류를 던질 수 있는 함수>

} catch <오류 타입1> {
    // 오류 타입1에 대한 대응
} catch <오류 타입2> {
    // <오류 타입2에 대한 대응
} catch <오류 타입3> {
    // 오류 타입3에 대한 대응
} catch ...
```

do 구문은 오류가 발생하지 않는 상황에서 실행할 구문이 작성되는 영역입니다. 물론 do 구문 내에서 함수의 호출도 이루어져야 하죠. 정상적으로 처리되는 상황을 가정하고 do 구문 내부에 코드를 작성하면 됩니다. 컴파일러는 do 구문 내부에 작성된 순서대로 코드를 실행하다가 try 함수 호출에서 오류가 던져지면 이를 catch 구문으로 전달합니다. catch 구문은 switch 구문에서의 case처럼 오류 타입 각각을 지정하여 작성할 수 있는데, 이때 각 오류 타입에 대응하는 코드를 작성해야 합니다.

```
func getPartsDate(date: NSString, type: String) {
    do {
        let date = try parseDate(param: date)

        switch type {
        case "year" :
            print("\(date.year)년입니다")
        case "month" :
```

```
                print("\(date.month)월입니다")
            case "date" :
                print("\(date.date)일입니다")
            default :
                print("입력값에 해당하는 날짜정보가 없습니다.")
            }
        
    } catch DateParseError.overSizeString {
        print("입력된 문자열이 너무 깁니다. 줄여주세요")
    } catch DateParseError.underSizeString {
        print("입력된 문자열이 불충분합니다. 늘려주세요")
    } catch DateParseError.incorrectFormat(let part) {
        print("입력값의 \(part)에 해당하는 형식이 잘못되었습니다.")
    } catch DateParseError.incorrectData(let part) {
        print("입력값의 \(part)에 해당하는 값이 잘못사용되었습니다. 확인해주세요.")
    } catch {
        print("알 수 없는 오류가 발생하였습니다.")
    }
}
```

이제 작성된 함수에 다양한 인자값을 넣어 호출하고, 그 결과를 확인하겠습니다.

```
getPartsDate(date: "2015-12-31", type: "year")
```

[실행 결과]

2015년입니다

```
getPartsDate(date: "2015-12-31", type: "month")
```

[실행 결과]

12월입니다

```
getPartsDate(date: "2015-13-31", type: "month")
```

[실행 결과]

입력값의 **month**에 해당하는 값이 잘못사용되었습니다. 확인해주세요.

```
getPartsDate(date: "2015-12-40", type: "date")
```

[실행 결과]

입력값의 **date**에 해당하는 값이 잘못사용되었습니다. 확인해주세요.

날짜를 입력받아 parseDate(param:) 함수를 호출하고, 요청된 부분의 날짜 정보를 출력해주는 getPartsDate(date:type:) 함수를 작성하였습니다. 함수의 내부에서는 do~catch 구문이 작성되어 있는데, parseDate(param:) 메소드가 던지는 오류를 잡아낼 수 있도록 catch 구문에서 각 오류 타입을 명시하고 있습니다. 이렇게 오류 타입으로 나누어진 catch 구문은 그에 맞는 오류가 던져졌을 때 잡아내게 되고, 그에 맞는 출력 구문을 통해 오류 정보를 보여줍니다.

가장 마지막에 오류 타입이 작성되지 않은 catch 구문은 앞의 catch 구문에서 잡히지 않은 모든 오류를 잡아주는 와일드카드 역할을 합니다. 위 예제 구문은 단순히 오류 정보를 보여주는 데 그치지만 여러분이 향후 앱을 제작하는 과정에서는 사용자의 재입력을 유도하던가 잘못된 값을 수정하는 다양한 처리 구문이 들어가야 합니다.

오류를 던지도록 설계된 함수나 메소드이지만, 필요에 의해 오류를 던지지 않게 하고 싶을 때는 다음과 같이 try 키워드 대신 try! 키워드를 사용합니다.

```
let date = try! parseDate(param: "2015-09-31")
print("\(date)")
```

[실행 결과]

```
Date(year: 2015, month: 9, date: 31)
```

이 키워드는 강제로 해당 구문을 실행하는 것으로서, 일반적으로 try 키워드를 사용하여 함수를 호출할 경우 오류에 해당하는 경우가 생기면 실행이 멈추고 오류를 던지지만, try! 키워드를 사용하면 오류를 던지지 않고 그대로 함수를 강제 실행합니다. 따라서 이 경우 강제로 함수가 실행되지만, 오류가 발생할 경우 그대로 런타임 오류로 이어집니다.

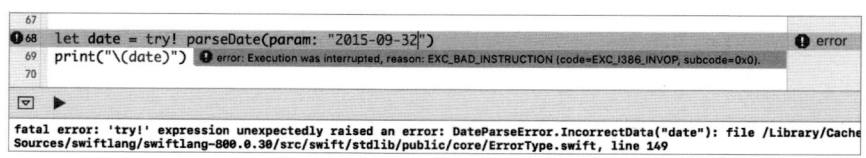

그림 11-1 런타임 오류

지금까지 새로 도입된 오류 처리 구문에 대해 알아보았습니다. 오류 처리 구문을 이용하면 손쉽게 오류를 잡아낼 수 있고, 이를 통해 다양한 오류 상황에 유연하게 대응할 수 있는 코드를 작성할 수 있습니다.

> **참고**
>
> **잘 작성한 코드란**
>
> 필자가 프로그래밍을 막 시작했을 무렵 필자가 소속된 개발팀의 팀장님이 다음과 같은 말씀을 하신 적이 있습니다.
>
> *"잘 작성한 코드란, 오류 처리를 잘해준 코드를 말한다."*
>
> 오류 처리를 잘해준 코드가 반드시 잘 작성된 코드라고 할 수는 없지만, 잘 작성된 코드가 오류 처리를 제대로 하지 않은 경우는 거의 없습니다. 안정성 높은 앱을 제작하려면 오류 처리 구문을 적절히 사용하여 예측할 수 있는 오류를 미리 잡아내고, 그에 대한 대응 코드를 작성해두는 과정이 필요합니다.

이 장을 마치며

오류 처리는 에러를 방지하고 미리 그에 대한 대비를 할 수 있다는 점에서 보다 안전한 언어로 나아가기 위한 특성이라고 볼 수 있습니다. 물론 오류처리 자체가 스위프트만의 독창적인 것은 아니지만, C 타입으로 오류를 처리하는 오브젝티브-C 와 달리 스위프트는 흐름 외부로 오류를 던지기 때문에, 이 문법을 사용한다는 것은 오브젝티브-C와는 완전히 다른 독립적인 프레임워크를 가지기 시작한다는 것으로 이해해도 좋습니다.

스위프트가 구현하는 오류 처리는 아직 조금 더 발전해야 할 부분이 있습니다. 자바나 C#에서 지원되는 것처럼 오류가 발생하더라도 반드시 실행할 수 있는 블록인 finally가 제대로 지원되지 않기 때문입니다. 물론 함수나 메소드는 이와 같은 기능을 제공하는 defer( ) 구문을 지원하기는 하지만, 위치상의 문제로 인해 오류 처리 구문 내에서 정의된 변수나 상수를 참조할 수 없는 등의 제약이 있습니다. 이는 앞으로 스위프트가 개선해 나가야 할 부분입니다.

오류 처리를 마지막으로 스위프트의 모든 문법에 대해 학습하였습니다. 방대하고 지루한 과정을 거쳐 여기까지 학습하느라 수고했을 여러분에게 격려의 박수를 보냅니다. 시작부터 무엇이가 흥미진진한 앱을 만들어보기를 기대하고 책을 폈겠지만 계속 이어지는 문법으로 인해 흥미를 잃은 분도 분명 계실 텐데요, 그럼에도 지금 이 글을 읽고 있다는 것은 여러분이 포기하지 않고 여기까지 왔다는 것을 의미할 테니 힘든 과정을 거쳐 온 여러분에게 고생했다고 말해주고 싶습니다. 수고 많으셨습니다.

이 책을 마치며

책을 작업하면서 항상 고민하는 것은 '분량'의 문제입니다. 분량이 적어서가 아니라 담을 것이 너무 많아서이죠. 이번에도 어김없이 개정 작업 과정에서 분량이 늘어나, 한 권의 책으로 담을 수 있는 한계를 넘어서게 되는 바람에 기존의 책을 문법편과 기본편 두 권으로 나누어 출간하는 결정을 내리게 되었습니다. (물론 이 글을 쓰고 있는 지금, 기본편은 개정 작업을 계속 진행하고 있습니다). 이것이 이 책이 문법편만으로 구성된 이유 중 하나이기도 합니다.

덕분에 들고 다닐 수 있게 된 것은 좋은 일이겠지만, 그와 함께 기존의 두꺼웠던 옛 모습을 잃어버린 것은 무척 아쉽기도 합니다. 그래도 괜찮습니다. 개정을 거듭할수록 분량은 계속 늘어갈 테니까요.

우리는 스위프트의 기본 개념부터 시작하여 클래스와 구조체, 옵셔널, 익스텐션과 프로토콜 등 스위프트 언어의 특성과 문법에 대해 학습해 보았습니다. 실제로 뭔가를 만드는 과정이 아니어서 길고 지루하고 힘든 시간이었을 수도 있지만, 저는 그 과정을 통해 여러분이 스위프트라는 언어에 대해 전반적으로 이해할 수 있게 되었기를 기대합니다.

이 책에서 이어지는 다음 책인 『스위프트 : 기본편』에서는 본격적인 iOS 앱을 만들어보게 됩니다. 재미있어 보이는 과정이 어쩌면 단순한 문법보다 더 복잡할 수도 있고 개념상 어려울 수도 있겠지만, 그래도 문법같이 재미없고 따분한 부분을 잘 이겨낸 여러분이라면 훌륭히 학습을 해 나갈 수 있을 거라고 믿습니다.

이 책과 관련하여 업데이트되거나 갱신된 스위프트 정보들은 블로그(http://blog.naver.com/sqlpro)를 통해 확인하실 수 있습니다. 책을 학습하면서 생긴 궁금증이나 내용에 대한 질문도 환영합니다. 단, 질문과 답변의 공유를 위해 가급적 공개 댓글로 달아주시면 좋겠습니다. ^^;

찾아보기

기타

#available	212
#pragma mark	562
@objc	611
@UIApplicationMain	120
=== 연산자	437

A

Any	513
AnyObject	511
API	213
append(_:)	253
append(contentsOf:)	253
ARC	6, 15, 436
Array(repeating:count:)	257
as	509, 606
Auto Reference Counter	436

B~C

Bool	147
break	226
case	217, 540
catch	627
Character	148
class	418, 468, 479, 585
contains(_:)	267
continue	227

D

default	217, 545
defer 블록	383
Deployment Target	113
didReceiveMemoryWarning( )	103
didSet	462
Divide By Zero	209, 382
do~while 구문	193
Double	146

E

else 구문	198
enum	539
Error 프로토콜	618
extension	555

F

Fall Through	219
fallthrough	220
final	497
Float	146

Float32	146
Float64	146
For 반복문	181
for~in	182
Forced Unwrapping	305
func	321

G~H

get 구문	453
get-only 프로퍼티	460
guard	208
Hashable 프로토콜	261, 282

I

IDE	26
if 구문	196
if 구문의 중첩	200
if~else	197
if~else if	201
import 구문	120
index(of:)	246
init	517
inout	354
InOut 매개변수	353
insert(_:)	264
insert(_:at:)	253
Int	138
Int.max	143
Int.min	143
intersection(_:)	269
Invoke	385
is	504, 606
isDisjoint(with:)	271
isEmpty	252, 264
isStrictSubset(of:)	271
isStrictSuperset(of:)	271
isSubset(of:)	271
isSuperset(of:)	271

L~M

lazy	447
let	126
LLVM 컴파일러	6, 28
macOS	34
MARK 주석	569
MD5	262
mutating	477, 559, 581

N

newValue	463
nil	19, 289, 297
NS 접두어	622
NSArray	260
NSMutableArray	260
NSRange	622
NSString	147
NSURLRequest	213

O~P

oldValue	463
optional	611
Optional Int	299
Optional String	299
override	489, 524
preferredStyle	553
protocol	576

R

rawValue	549
read-only 프로퍼티	460
remove(_:)	266
removeAll( )	267
removeValueForKey(_:)	289

repeat~while	193	var	126
required	586	void	324, 368, 374
return	209, 210, 325, 453	While 반복문	181
		willSet	462
		Xcode	27
		xcodeproj	56

S

self	443, 474
Set	262
set 구문	453
Sets	261
SHA1	262
SHA256	262
SignedInteger	140
sort( )	265
sort(by:)	398
static	468, 479, 585
String	147
struct	418
subtract(_:)	269
switch	216
symmetricDifference(_:)	269

T

throws	619
try	627
try!	627
Tuple	274
typealias	340

U~X

UIAlertController	553
UIAlertControllerStyle	553
UInt	144
union(_:)	269
Unsigned Integer	144

ㄱ

가변 인자	347
가상 키보드	99
값 타입(Value Type)	431
값에 의한 전달	355
강제 해제 연산자(Forced-Unwrapping Operator)	305
객체지향	416
객체지향 프로그래밍	422
검색 내비게이터	64
결합 연산	137
결합법칙	172
경량 문법	394, 398
고유 키(Key)	280
교집합	269
구구단	186
구문 레이블	230
구문(Statement)	179
구조체	416, 422
구현(Implement)	118, 483, 574
글로벌(Global) 변수	358
기본 자료형	138
기본 초기화 구문	429, 522
기본 클래스	481
기본값	348

ㄴ

내부 매개변수	342
내부 함수(Inner Function)	386

내부 함수의 생명 주기	386
내비게이터 영역	61
네이밍 룰	420
논리 연산자	170

ㄷ

다운 캐스팅(Down Casting)	508
다중 루프	189
다중 조건	201
단순 구문	179
단일 상속	483
단항 연산자	168
닫힌 범위 연산자(Closed range operator)	173
대리자(delegate)	573
대입 연산자(assignment operator)	176
더블 쿼우팅	162
데이터 타입	138
데이터의 무결성 검증	262
델리게이션(Delegation)	597
델리게이트 패턴	567, 573, 601
디바이스 회전	101
디버거	25
디버그 내비게이터	67
디버그 영역	74
디버깅	25
딕셔너리(Dictionaries)	9, 280
딕셔너리의 순회 탐색	292

ㄹ

라이브러리 영역	82
람다(Lambda) 함수	393
런타임 오류	25
런타임(Run-Time) 오류	538
로컬(Local) 변수	358
루프 상수	183
루프 상수의 생략	188
루프 횟수	181
루프(Loop)	181
리터럴	159, 241, 327
리턴 피드	164
리턴값	320
리포트 내비게이터	69

ㅁ

매개변수	323, 342, 350
매개상수	350
매직 코드(Magic Code)	380
멀티라인 스트링	165
메모리 부족 경고	103
메모리 스택	242
메소드	416
메소드 오버라이딩	493
메소드 오버로딩	494
메소드(Method)	420, 471
멤버 메소드	416
멤버 변수	416, 428, 444
멤버 상수	444
멤버 속성	416
멤버(Member)	416
멤버와이즈 초기화 구문(Memberwise Initializer)	428, 442
명시적 해제	305
무어(Moore, Gordon)의 법칙	25
무한 루프	193
묵시적 옵셔널	315, 441
묵시적 해제	305
문맥(Context)	391
문서 개요 창(Document Outline)	73
문자열 템플릿	157
물리 버튼	95

ㅂ

바인딩(Binding)	277
반 닫힌 범위 연산자(Half-closed range operator)	173
반복문	181
반환 타입	324
반환값	320
배열 객체	240
배열 순회 탐색	243
배열 아이템 동적 추가	252
배열(Arrays)	239
배타적 합집합	270
범용 타입	511
범위 데이터	183
범위 연산자(range operator)	172
변수	124
변수의 범위 특성	357
변수의 생명 주기(Life Cycle)	358
변수의 생존 범위	357
보조 에디터(Assistant Editor)	73
복사에 의한 전달	431
복호화	262
부동소수점	146
부모 클래스	481, 485
부분집합	271
부호 없는 정수	144
부호 있는 정수	138
분기문(Branch Statements)	195
브레이크 포인트(Breakpoints)	69, 71
브로커(Broker)	380
비교 연산자	170
빌드 허용 버전	113
빠른 도움말 인스펙터(Quick Help Inspector)	76

ㅅ

사용자 정의 함수	320
사이즈 인스펙터 탭	80
산술 연산자	168
상속	480
상수	124
상위 클래스	481
생성자(Constructor)	516
서브 자료형	143
서브 클래스	481, 485
서브스크립트	417
서브클래싱(Subclasssing)	482
선언	126, 247
선택적 요청	611
설계에 의한 안전성(Safety by design)	151
설정 창 에디터	71
소멸화 구문	417
소스 컨트롤 내비게이터	62
속성	420, 439
속성 변수	416, 441
속성 상수	441
수퍼 클래스	485
순서 없는 데이터	294
순서 있는 데이터	294
순회 대상	183
순회 탐색	243
슈퍼 클래스	481
스코프(Scope)	357
시뮬레이터	92
심벌	64
심벌 내비게이터	63
싱글 쿼우팅	162

ㅇ

아이덴티티 인스펙터 탭	78
알림창	553
암시적인 Fall Through	219
애플 개발자용 API 문서	212

애플 페이(Apple Pay)	106	원시 타입(primitive type)	435
어시스턴트 에디터	60	이미지 피커 컨트롤러	552
어트리뷰트 인스펙터 탭	78	이벤트	193
언더바	188	이벤트 루프	193
업 캐스팅(Up Casting)	508	이벤트 주도 프로그래밍	193
에디터 영역	70	이슈 내비게이터	65
엔트리 포인트	120	이율배반 사건	198
여러 줄 주석	121	이중 루프	189
연관 값(Associated Values)	549	이터레이터(Iterator)	245
연산 프로퍼티	439, 453	이항 연산자	168
연산자 양쪽의 공백	169	익명 함수	21, 384
연산자 함수(Operator Functions)	402	익명(Anonymous) 함수	393
열거형(Enumeration)	538	익스텐션(Extensions)	554
열거형의 멤버	539	인덱스(Index)	239
예약어	135	인스턴스 메소드(Instance Method)	472
예외 처리(Exception Handling)	617	인스턴스 생성 구문	423
오류 처리	21	인스턴스 생성 연산	423
오류 처리 구문	617	인스턴스 프로퍼티	440, 467
오류 처리(Error Handling)	617	인스턴스(Instance)	423
오류 타입	617	인스펙터 영역	76
오버라이딩(Overriding)	489	인자 레이블	328
오브젝트 라이브러리	86	인자값	320
오브젝티브-C에서 메소드의 구조	333	인터페이스 빌더	71
옵셔널 강제 해제	305	인터페이스 빌더	72
옵셔널 래핑(Optional Wrapping)	300	일급 객체(First-Class Object)	364
옵셔널 바인딩(Optional Binding)	309	일급 함수(First-Class Function)	364
옵셔널 언래핑(Optional Unwrapping)	300	일련번호	239
옵셔널 체인(Optional Chain)	318, 531	일반 함수	320
옵셔널 타입	299	읽기 전용 프로퍼티	460
옵셔널 타입 선언	301	읽기 전용(Read-Only)	252
옵셔널 해제	304		
옵셔널(Optional)	295		
옵셔널의 묵시적 해제(Implicitly Unwrapped Optional)		**ㅈ**	
	315	자동 프로비저닝	108
외부 매개변수	342	자식 클래스	481, 485
외부 함수(Outer Function)	386	잘못된 인덱스 참조로 인한 오류	256, 291
워크스페이스(Work Space)	57	재정의(Override)	468, 489

저장 프로퍼티	439, 441
저장 프로퍼티 초기화	449
전역 변수	358, 361
점 구문(dot syntax)	424, 476
점프 바	71
정렬 함수	398
정적 바인딩	7
제네릭(Generic)	247, 284
제어 전달문	225
조건문	195
조건에 의한 반복	182
조기 종료(Early Exit)	209
주소 추출 연산자	354
중단점	69
중첩 함수(Nested Function)	386
지역 변수	358, 362
지연 블록	383
지연 저장 프로퍼티	447
지연된 실행	414
집단 자료형(Collective Types)	237
집합	261
집합 순회 탐색	265
집합 연산	268
집합의 동적 추가	266

ㅊ

차집합	269
참조 타입(Reference Type)	433
참조(Reference)	355
참조에 의한 전달	356, 433
체인(Chain)	426
초기화	430, 515
초기화 구문	443
초기화 구문 델리게이션	526
초기화 구문에서의 오버라이딩	524
초기화 메소드	516

초기화(initialization)	127, 247, 427

ㅋ

카멜(Camel) 표기법	419
카테고리(Category)	554
캡처(Capture)	392
커넥션 인스펙터 탭	81
컨테이너 타입	183, 294
컴파일 오류	25
컴파일(Compile) 오류	538
컴파일러에 의한 옵셔널 자동 해제	312
코드 블록(Code Block)	184
코드 스니펫	87
코드 스니펫 라이브러리	87
코드 자동완성	90
콘솔 영역	75, 242
콘솔(Console)	44
콜백 함수 등록	379
콜백 함수(Callback Function)	379
콜백(Callback)	381
쿼우팅(Quoting)	159
클래스	416, 422, 471
클래스 메소드	471
클래스 전용 프로토콜	610
클로저 표현식	394
클로저(Closure)	384, 390
클로저의 범위	391

ㅌ

타입 메소드(Type Method)	479
타입 비교 연산자	504
타입 알리어스	340
타입 어노테이션(Type annotation)	150
타입 추론	151
타입 캐스팅	507

타입 프로퍼티	440, 467
타입알리어스(typealias)	146
타입으로서의 프로토콜	592
탈출불가(non-escape)	408
터치 아이디	105
테스트 내비게이터	66
텍스트 에디터	71
템플릿	83
통합개발 환경	26
툴바 영역(ToolBar Area)	58
튜플	222, 274
튜플의 인덱스	274
트레일링 클로저	403, 558
트리플 쿼우팅	159

ㅍ

파라미터	320, 323
파생 클래스	481
파운데이션 프레임워크	238
파일 인스펙터 탭	77
파일 인스펙터(File Inspector)	76
파일 템플릿 라이브러리	91
페이스 ID	105
포인터	20
포함관계 판단 연산	271
프로젝트 내비게이터	61
프로토콜 메소드	578
프로토콜(Protocol)	573
프로토콜의 명세	574
프로토콜의 프로퍼티	577
프로퍼티 오버라이딩	491
프로퍼티 옵저버	441, 462, 492
프로퍼티	416, 420, 439
플레이그라운드	41

ㅎ

하드웨어 키보드	100
하위 클래스	481
한 줄 주석	121
함수	209, 319
함수 타입(Function Types)	367
함수의 반환 타입	376
함수의 식별자	336, 370
함수의 은닉성	386
함수의 이름	336, 370
함수의 종료 구문	325
함수의 중첩	386
함수의 호출	326
함수형 언어	364
함수형 프로그래밍 패러다임	319
합집합	269
해시 알고리즘	261
해시 연산	261, 281
해시 충돌	262
헤더 파일	118
형변환	507
홈 버튼	97
확장	417
확장 구문	554
횟수에 의한 반복	182
흐름 제어 구문	179